U0727837

广州市医学理论学重点研究基地成果
广东省高校哲学社会科学重点实验室研究成果

林几论文研究

胡丙杰　黄瑞亭　陶黎阳　编著

线装書局

图书在版编目（CIP）数据

林几论文研究／胡丙杰，黄瑞亭，陶黎阳编著 .—
北京：线装书局，2024.1
ISBN 978-7-5120-5918-4

Ⅰ.①林… Ⅱ.①胡… ②黄… ③陶… Ⅲ.①林几（
1897-1951）—人物研究—文集②医学—文集 Ⅳ.
①K825.19-53②R-53

中国国家版本馆 CIP 数据核字（2024）第 045171 号

林几论文研究
LINJI LUNWEN YANJIU

作　　者：胡丙杰　黄瑞亭　陶黎阳
责任编辑：林　菲
出版发行：线裝書局
　　　　　地　　址：北京市丰台区方庄日月天地大厦 B 座 17 层（100078）
　　　　　电　　话：010-58077126（发行部）　010-58076938（总编室）
　　　　　网　　址：www.zgxzsj.com
经　　销：新华书店
印　　制：三河市龙大印装有限公司
开　　本：710mm×1000mm　1/16
印　　张：36.25
字　　数：594 千字
版　　次：2024 年 6 月第 1 版第 1 次印刷
印　　数：0001—1000 册

线装书局官方微信

定　　价：98.00 元

前　言

　　林几教授是中国现代法医学的奠基人，他为中国现代法医学的创立和发展贡献了毕生的精力和心血。他虽然英年早逝，年仅 54 岁，但却为法医学事业不遗余力地奉献近 30 年。林几教授把法医学教学、科研和检案作为终身追求的事业，并开拓性地建立起我国现代法医学的学科框架、人才培养体系、鉴定运行机制、法医遴选机制和评价体系，奠定了我国现代法医学发展的基石。在他的不懈努力下，创建了中国第一个法医学教室——国立北平大学医学院法医学教室，创建了中国第一个法医研究所——司法行政部法医研究所，创办了中国现代法医史第一本法医学杂志——《法医月刊》，培育了中国第一批法医专门人才——中国有正式法医师之始，成立第一个法医学术组织——司法行政部法医研究所第一届研究员研究会，开始接受全国各级法院委托的民事刑事案件——成为全国法医学鉴定中心，开展法医学科学研究，白手起家，编写法医学教材……在长达 30 年的法医生涯中，林几教授将他对法医学教学、科研、检案等方面的研究成果，以及对法医学发展的思考和法医学体制的探索写成专著和论文发表，用于法医学教学与人才培养、纠正古代法医学检验错误、指导和规范科学检验鉴定、促进学术交流、推动法医学知识的普及和传播，给后人留下了十分宝贵的财富，给我们树立起一座不朽的丰碑。

　　"治天下者以史为鉴，治郡国者以志为鉴。"虽然林几教授已经离开我们 70 多年，但他对我国法医学事业所做出的卓越贡献，我们永远不能忘记；他把毕生精力献给我国法医学事业的可贵精神，永远值得弘扬。数十年来，关于林几教授的纪念文章、专著，不胜枚举。如陈康颐的《我国现代法医学奠基人——林几教授》（法医学杂志，1986，2：1），郑钟璇的《林几教授和他的〈洗冤录驳议〉》（法医学杂志，1991，7（4）：145-148），黄瑞亭的《林几传》（第四次全国法医学术交流会论文集·上卷，1991）、《法医青天——林几法医生涯录》（世界图书出版公司，1995）、*Professor Lin*

Ji(1897－1951). *History of Chinese modern forensic medicine*（Forensic Sci Int，1992；53：121）、《中国现代法医学发展史述评》（福建法学，1994，2：17-23）、《中国现代法医学奠基人、法医学家、教育家林几》（福建史志，1995，6：112-113）、《中国近代法医学人物志》（《中国法医学杂志》，2011，26（6）：513-516）、《百年之功——纪念林几教授诞辰110周年》（中国法医学杂志，2007，22（2）：141-144）、《法庭科学的真谛——重温林几教授〈二十年来法医学之进步〉》（证据科学，2012，20（4）：489-499）、《林几教授与他的〈实验法医学〉——缅怀中国现代法医学奠基人林几教授》（中国司法鉴定，2014，4：110-114）、《中国现代法医学奠基人——林几》（闽都文化，2014，5：45-51）、《林几教授在日本侵华时期坚持法医学教育》（中国法医学杂志，2015，30（5）：516）、《从文化角度谈我国历史上两个划时代法医人物的出现》（法庭科学文化论丛（第2集），中国政法大学出版社，2016）、《林几学术思想及其当代价值——纪念林几诞辰120周年》（中国法医学杂志，2017，32（6）：547-551）、《宋慈与林几学术思想的比较研究——以司法鉴定文化为视角》（中国司法鉴定，2019，1：81-90），张其英、李金钟的《中国现代法医学的奠基人——林几教授》（中央大学南京校友会、中央大学校友文选编纂委员会编.南雍骊珠：中央大学名师传略.南京大学出版社，2004），王一方的《林几与中国现代法医学的发端》（中国社会科学学报，2013-5-13，B01），姚远的《创立我国现代法医学的林几》（衔命东来：话说西北联大.西北大学出版社，2018），田振洪的《林几的中国法医学史观探析》（中国法医学杂志，2020，35（2）：204-209），胡丙杰的《中国现代法医学奠基人林几论著目录系年及述评——纪念林几教授逝世70周年》（中国法医学杂志，2021，36（5）：445-453，458）。《中国法医学杂志》1991年第6卷第4期开设了"林几教授逝世四十周年纪念专栏"，发表了陈康颐的《悼念我敬爱的老师——林几教授》、丁涛的《忆林几教授》、胡炳蔚的《怀念我的老师——林几教授》、张其英的《缅怀林几老师》、朱小曼的《忆我们的好导师——林几教授》、史慧珠的《不该忘记他》、黄瑞亭的《留有清气满乾坤——纪念中国现代法医学奠基人林几教授逝世40周年》等纪念文章；1997年12月20日，上海市法医学会举行"纪念林几教授100周年诞辰座谈会"，并在《法医学杂志》1998年第14卷第1期刊登了吴军的《我国法医学奠基人林几教授》、陈康颐的《忆恩师林几教授》、黄瑞亭的《〈拟议创立中央大学医学院法医

学科教室意见书〉与林几教授的法医学教育思想——纪念林几教授诞辰 100 周年》、赵子琴的《林几教育思想与我国现代法医学教育》、孔庆洪的《弘扬林几教授精神，发展法医事业》、孙永兴的《学习前辈启迪后人为发展我国法医事业而努力奋斗》等纪念文章；《中国司法鉴定》2017 年第 6 期开设了"纪念林几教授诞辰 120 周年"专栏，发表了陈忆九的《"据学理事实，公正平允，真实不虚"——浅析林几教授的鉴定承诺》、黄瑞亭的《1936 年以前林几论文著作的综览》、田振洪的《论林几法医学教育思想的形成和价值》、马栋的《科研道德的几点认识——以现代法医学奠基人林几教授为例》等纪念文章；2017 年 10 月，司法部司法鉴定科学技术研究所编辑出版了《林几诞辰 120 周年纪念文集》。此外，黄瑞亭的《中国近现代法医学发展史》（福建教育出版社，1997）、《法医说案》（福建科学技术出版社，2017），贾静涛的《世界法医学与法科学史》（科学出版社，2000），黄瑞亭、陈新山的《中国法医学史》（华中科技大学出版社，2015），黄瑞亭、胡丙杰的《中国近现代法医学史》（中山大学出版社，2020），司法部司法鉴定科学技术研究所的《鉴证实录：50 年代司法鉴定案例精选》（科学出版社，2013）等专著中也介绍了林几法医学贡献的内容，等等。这些文章、著作和文集，从不同侧面、不同视角展现了林几教授为中国现代法医学创立和发展呕心沥血、鞠躬尽瘁所做出的卓越贡献和远见卓识，弘扬了林几教授崇尚科学、严谨求实的治学态度，公正平允、真实不虚的鉴定理念，追求真理、维护正义、开拓进取、不断创新的职业精神，以及不求名利、忘我工作、甘为人梯、乐于奉献的高贵品质，激励了一代代法医后人在学术上孜孜不倦、业务上精益求精，以高度的责任感和使命感，把个人志向与祖国法医学事业紧紧联系，紧跟时代发展，勇于开拓创新，拓展学术领域，振兴法医教育，保障科学鉴定，促进司法公正，维护社会稳定。正因为如此，中国的法医学事业才能够在继承发展，在发展中创新，才能够在新时代铸就新的辉煌。

尽管如此，上述研究仅涉及林几教授所著论文、著作的一部分，由于年代较久、资料收集困难等原因，林几教授的许多论文、著作虽已发表多年，但却长期尘封在历史文献中无人问津。有鉴于此，笔者在研究我国近现代法医学史的过程中，利用各种渠道，克服重重困难，尽力收集、整理林几教授一生中所发表的论文和著作，写成《中国现代法医学奠基人林几论著目录系年及述评——纪念林几教授逝世 70 周年》一文，2021 年发表于

《中国法医学杂志》。由于林几教授早期从事病理学研究，又曾担任卫生部门官员，参与卫生状况调查和医疗卫生法规修订工作，因此，其早期论文主要为病理学与寄生虫学论文，后期论文虽以法医学论文为主，也有不少关于医疗卫生法规和卫生管理方面的论文，而这些论文又与法医学工作紧密相关。在法医学相关的论文中，除法医学教学、科研论文外，尚有林几教授公开发表的鉴定书，包括在《法医月刊》1934年第8—11期发表的"鉴定实例专号"（共4卷100个案例），在《新医药杂志》1936年4卷第5—7期发表的"北平大学医学院疑难检验鉴定实例"（上中下3卷共50例），以及在《健康知识》《法医月刊》《北平医刊》《医药学》《医药评论》《司法行政公报》等刊物发表的鉴定书等。这些论文、著作和鉴定书，凝聚了林几教授毕生的心血和智慧，反映了我国现代法医学的发展历程，也代表了民国时期我国法医学发展的水平。这些宝贵的文献不仅具有重要的史料价值，其研究成果目前看来仍具有较高的学术水平，对中国现代法医学发展仍具有重要的参考和借鉴价值。基于此，笔者怀着无比崇敬的心情，以对历史负责的态度将林几教授的论文进行整理，按照发表时间先后进行排列，由繁体字转换为简体字，并进行注释和述评，编辑出版《林几论文研究》一书，作为"民国时期法医学文献珍藏系列丛书"的第一卷，奉献于世人面前，让沉睡的法医学历史文献"活"起来，焕发新时代的生命力，绽放出新时代的光彩，并以此缅怀历史、致敬先贤、传承文化、启迪未来，珍惜时代机遇，走向新的辉煌。

本书内容主要包括林几生平、林几论著目录及概述、林几法医学论文注释及述评三大部分。限于篇幅，本书主要收集、整理林几教授所发表的法医学及其相关论文，并进行注释和评述。对其病理学与寄生虫学论文、医疗卫生与卫生管理论文仅列论文题目和概述。由于鉴定书数量较多，将单独进行编辑整理，后续作为"民国时期法医学文献珍藏系列丛书"另卷出版。

本书是广东省普通高校哲学社会科学重点实验室（项目编号：2023WSYS007）、广州市医学伦理学重点研究基地的成果之一，由胡丙杰、黄瑞亭、陶黎阳编著。书中引用了一些专家的学术观点和研究成果。在编写过程中，还得到有关单位和许多专家学者的热情帮助，广州医科大学信息与现代教育技术中心陈戏墨主任、黄劲荣高工、王岗高工、林力嘉、林泽坤、马超锋，广州市卫生局原副巡视员梁小青女士等在文字繁简转换和校对方面付出了辛勤劳动，广州医科大学图书馆馆长袁林教授、采编部主任邱进友教授等为本书的文献收集给予了大力支持。在此一并致谢。

限于我们的学识和水平，加之时间仓促，本书难免有疏漏和不足之处，恳请各位读者、法医学同行和有关人士批评指正。

胡丙杰　黄瑞亭　陶黎阳

2022 年 8 月 18 日

目 录

林几论文研究

第一章

林几生平

20 世纪上半叶，中国从传统社会向近现代社会变革时，法医学也经历着从古代落后的仵作验案向现代法医学的嬗变。在这一过程中，一位代表人物最先将西方现代法医学引进、推广到中国，并为中国法医学事业贡献毕生精力，他的名字叫林几。林几是中国现代法医学的奠基人，是当代杰出的医学教育家、法医学专家。

林几（1897—1951）（见图 1-1），字百渊，福建侯官县（今福州市）人。1897 年 12 月 20 日生于福建省侯官（今福州市）怀德坊。林几出身于书香之家，其父亲林志均（1879—1960），字则平、宰平，号北云，清末进士，辛亥革命前留学日本攻读政法，归国后任职于司法部门，1915 年任北洋政府司法部参事兼代民事司长，1918 年任民事司长，也曾到过欧洲考察。1927 年后退出政界，在北大、清华等院校任教。中华人民共和国成立后为国务院参事室参事。林志钧先生为闽派著名诗人、法学家、佛学家、帖学家、书法家和哲学巨擘。林几的母亲梁秀筠，是"诗礼之家"的闺秀，知书达理，温淑贤惠，勤俭持家。

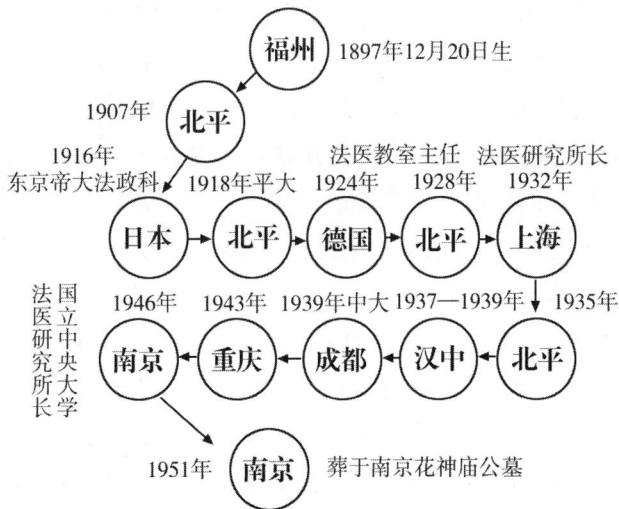

图 1-1 林几一生经历简图

引自：黄瑞亭. 林几学术思想及其当代价值——纪念林几诞辰 120 周年. 中国法医学杂志，2017，32（6）：547-551

林几的童年是在福州乌石山下怀德坊（今道山路 52 号）"竹柏山房"度过的。1902 年，在外祖父梁孝熊（清末进士，养老归里在福州光禄坊书院办私塾）座下读私塾。1907 年，随父母迁居北京，进新学堂（高小、初中、高中），接受新的文化知识教育。1916 年，到日本东京帝国大学法政科就读法学，1917 年夏因参加爱国游行被迫中止学业回国。他听从父亲（时任北京法政专门学校教务长）的劝告，1918 年考入国立北京医学专门学校①。在这里，林几接触到了现代法医学，并产生了浓厚兴趣。由于地方检察厅意识到光凭仵作和《洗冤录》是无法解决许多疑难问题的，例如毒品鉴定、人血鉴定、枪伤鉴定等。因而在案情不能得到仵作的圆满解释之时，他们往往会向北京医专求助。1919 年 10 月后，该校病理学教室和附属医院开始接受北京、天津及山西各地检察厅和审判厅委托检验人血、鸦片、烟犯，以及妊娠月数等案件，此后其他各省送验者日渐增多。1922 年夏，林几毕业后留校担任病理学教室助手，在徐诵明的指导下进行研究工作。拥有法学和医学双重背景的林几选择了法医学作为自己的专业。林几选择法医学的原因有以下几个方面：一是中国现代法医学知识几乎空白、急需改变这个现状。1923 年，轰动全国的两个旧法验尸误诊案（"陕西王案"和"无锡刘案"）激发了林几立志改良法医的想法。二是林几在日本学习法律时曾接触到有关法医方面的书籍，同时研究过法医学在日本"医事检政"中的重要作用，他感觉到法医学在维持社会稳定，推动科学技术发展方面起到不可忽视的作用。三是 1924 年，林几在《晨报六周纪念增刊》发表《司法改良与法医学之关系》一文，并联合医界人士向当时司法行政部上书，认为"法医学的应用，原普及立法、司法及行政三方面"。主张"收回法权乃当前当务之急"，林几认为法医学的重要性体现在可以帮助中国政府收回列强在华的领事裁判权。唯有改良司法，取消传统的仵作，建立完善的法医制度，方可"塞住外国人的嘴，免得再来讥笑我们是 18 世纪的司法"。要求政府重视培育法医人才，改旧法验尸为尸体解剖，提倡科学办案。

因旧法检验解决不了案件中的疑难问题，为了学习西方现代法医学理论与技术，国立北京医科大学校决定派员前往德国专攻法医学。这个历史使命落在了青年病理学助教林几的肩上。德国是现代法医学发祥地之一，也是最早在大学开设法医学课程的国家之一。1924 年岁末，27 岁的林几受国立北京医科大学校之委派赴德留学，在维尔茨堡大学医学院学习两年，

---

① 1912 年 10 月 26 日，中国第一所国立西医学校——国立北京医学专门学校正式诞生。1915 年设立裁判医学课程。1918 年，徐诵明出任病理学教授。1923 年 9 月，改建为国立北京医科大学校。1927 年更名为国立京师大学校医科。1928 年 11 月，京师大学校改组为国立北平大学，医科改为医学院，成为北平大学医学院。

专攻法医学，后又在柏林大学医学院法医研究所深造两年。1928 年毕业，获博士学位（见图 1-2）。

图 1-2　留学德国的林几博士（摄于 1928 年 4 月 2 日）

（引自：黄瑞亭. 法医青天——林几法医生涯录. 世界图书出版公司，1995）

　　1928 年，林几学成回国后，被北平大学医学院聘为教授，还被上海特别市卫生局聘为秘书，后又被聘为国民政府行政院卫生部科长，受卫生部委托参加卫生状况调查和医学法规修订工作。1928 年，江苏省政府向中央政治会议提交《速养成法医人才》案。南京国民政府准备实施《速养成法医人才》案，决定交中央大学办理。时任中央大学医学院院长颜福庆委托林几草拟培育法医人才的方案。林几写出了一份"拟议创立中央大学医学院法医学科教室意见书"。在意见书中他详细叙述了建立法医学教室的作用和意义，并规划了教室的所需设备、规模等，还提出了"分建 6 个法医学教室（上海、北平、汉口、广州、重庆、奉天），以便培养法医学人才、兼办邻省法医事件"的建议。1929 年 5 月 29 日，卫生部批准林几兼任司法行政部法官训练所教职，教授法医学。

　　1928 年，北平大学医学院病理学教室已经改称"病理学兼法医学教室"，林几推动了法医学教室的独立。1930 年，北平大学医学院创办独立的法医学教室，林几任主任教授，从事法医学教学、检案及研究工作，并被聘为《中华医学杂志》特约编辑。1931 年 11 月，北平大学医学院致信河北高等法院，称法医学教室已经建立，以后凡有刑事和民事案件需要法医检验者均可以送至医学院鉴定；医学院还愿意为监狱囚犯进行免费医治。作为交换，医学院希望平津各监狱如果遇到"无主死囚或不明死因之死囚"，可以将尸体送至医学院"试行解剖实验以究其实"。最后，医学院可以出资安葬此类尸体，减轻法院的负担。河北高等法院很快同意了北平大学医学院的提议。为了获得政府的财政支持，1931 年林几为北平大学医学院拟定《筹设北平法医学研究科及检验机关意见书》（以下简称《北平意见书》）。在这份《北平意见书》之中，林几提出在北平大学医学院法医学教室的基础上，建立华北法医研究科、华北法医检验所和北平法医人员养成所三级机构的草案。这 3 个机构均附设于北平大学医学院内。

图 1-3　司法行政部法医研究所

（引自 Daniel Asen. Dead Bodies and Forensic Science Cultures of Expertise in China 1800-1949. Columbia University, 2012.）

1932 年 4 月 13 日，林几受司法行政部之命接替孙逵方筹办司法行政部法医研究所，同年 8 月 1 日，法医研究所正式成立（见图 1-3）。司法行政部委他以"司法行政部法医研究所"第一任所长之重任（见图 1-4）。他首先明确研究所任务：培养法医人才，承办各地疑案，开展科学研究。1933 年 7 月，法医研究所开始招收法医学研究员，培养第一代中国现代法医人才，如陈康颐、陈安良、汪继祖、张树槐、张积钟、李新民、陈伟、吕瑞泉、于锡銮、蔡炳南、陈礽基、蔡嘉惠、鲍孝威、胡师瑗、谢志昌、张成镳、王思俭等17人。经过一年半的专门培训，1934年12月第1期17名研究员毕业，这是民国时期招收的最高层次的法医训练班，毕业后由司法行政部发给法医师资格证书，中国开始有正式法医师。1934年10月23日，林几教授与林惠女士（林惠的父亲林大椿是林几父亲的同窗好友）在上海八仙桥青年会结婚（见图1-5）。1934年12月，决定成立"司法行政部法医研究所第一届研究员研究会"，凡司法行政部法医研究所第一届研究员均得为该会基本会员，该所所长及教授聘为名誉会员，并制定《司法行政部法医研究所第一届研究员研究会简章》，林几任名誉会长，设执行委员5人，并于1934年1月创办中国第一本公开发行的法医学杂志《法医月刊》，为该会会刊。林几在《法医月刊》上发表大量论文，刊载《实验法医学》系列讲座，开辟"鉴定实例专栏"，开设"鉴定实例专号"（共4卷100个案例）。为了振兴中国的法医事业，在林几的主持下，详细制定了自1933—1938年的法医学工作和发展六年计划。

图1-4 任司法行政部法医研究所所长的林几
（摄于1934年1月7日）
（引自：黄瑞亭. 法医青天——林几法医生涯录. 世界图书出版公司，1995）

图1-5 林几夫妇结婚照
（1934年10月23日摄于上海青年会）
（引自：黄瑞亭. 法医青天——林几法医生涯录. 世界图书出版公司，1995）

1935 年 3 月，林几"因患十二指肠溃疡，便血月余，不堪再复重任"返回北平大学医学院任教，被聘为北平大学医学院法医学教室主任教授（见图 1-6），继续开展法医学检案和教学工作，并兼任冀察政务委员会审判官训练所教职。在林几的努力下，北平大学医学院的法医学教室建成了物证检查室（显微镜检查及动物试验）、剖验室（骨骼检查）、光学实验室（紫外线检查）、标本室、人证测验室及候验室、人证诊查室、人证长期诊查收容室、枪子弹及伤之 X 光拍片检查、文证审查室和化验室（毒物化验）。在物证斑痕检查、药品毒物及食物之化验、医师责任方面均有相应的成绩。从 1928 年起每年受理 6 起案件，到 1936 年跃升至 143 起。法医学教室的这些成果被留日医学生的大本营中华民国医药学会的机关刊物《新医药杂志》1936 年 4 卷第 5—7 期以"法医专号"刊载《北平大学医学院二十四年度疑难检验鉴定实例》50 例，并由徐诵明校长题字。

图 1-6 任北平大学医学院法医教室主任教授的林几

（摄于 1937 年 4 月 28 日）

（引自：黄瑞亭. 法医青天——林几法医生涯录. 世界图书出版公司，1995）

1937 年 7 月 7 日，卢沟桥事变爆发，平津沦陷，全民族抗日战争爆发。1937 年 9 月，国立北平大学、国立北平师范大学、国立北洋工学院和国立北平研究院迁至西安合组成立西安临时大学（后河北省立女子师范学院并入），林几教授也同时西迁，任西安临时大学医学院教授。1938 年 3 月，西安临时大学改称为国立西北联合大学，并迁往陕西汉中城固。1939 年 8 月，教育部指令国立西北联合大学改组为西北大学、西北工学院、西北师范学院和西北医学院，林几任西北医学院法医教室主任教授。林几教授与西北医学院师生住在汉中南郑县黄家坡。当时医学院教学十分艰苦。除北平医学院带来的教材外，所有实验室的器材都得由自己制作。当时医学院学生达 270 人，学制五年，包括法医学在内的课程 28 门。最为困难的是法医学和解剖学的课程教学，由于没有解剖实验用的尸体，只好寻找收集无主尸体代替，在极其艰苦条件下坚持办学，上课时还要时时防备日军空袭。1939年，林几任内政部卫生署西北卫生专员办事处秘书，并被西迁至四川成都华西坝的中央大学医学院聘为教授。1939年4月，林几还为迁至重庆北碚的江苏医学院授课，第一课就是"枪弹伤检验"。1939年11月，林几为四川法院、警署开办了第一期司法检验员训练班，学习期限为半年。1940年7月，林几再次为四川法院、警署举办第二期司法检验员训练班，学习期限仍为半年。1942年8月，林几调入中央大学医学院筹建中央大学医学院法医科。1943年7月，林几创建中央大学医学院法医科，并任主任教授，设立解剖室、病理室、毒化室、枪弹室等，开展教学、培训和检验工作。1943年12月和1944年5月，四川省委托中央大学医学院开办两期检验员初级班，1945年4月，四川省又委托中央大学医学院合作开办"第一届高级司法检验员班"，为期两年。抗日战争胜利后，林几随中央大学医学院迁回南京。1947年，中央大学医学院设立法医研究所，兼任所长，并开办"第二届高级司法检验员班"，为期两年，后根据教育部的命令，将该班改为"司法检验专修科"，即"第二期司法检验专修科"，培养法医人才郑钟璇、文剑成、林锡署、肖均、肖远淳等（据郑钟璇回忆，该班入学时30名，毕业时仅6名）。

　　1948年，林几在上海就医，确诊患有"胆总管结石症"。1949年4月，南京解放后，林几仍任中央大学法医学主任教授。1949年5月，林几病未痊愈便折返南京就职。1950年8月，前中央大学改为南京大学（后其医学院改为第五军医大学），该校医学院奉华东军政委员会教育部指示，继续招收学生，开办第三期"司法检验专修科"，为期两年，培养了朱小曼、张介克、王炳森、陆振芳等。1950年10月，林几被聘为中央人民政府卫生部卫生教材编审委员会法医学组主任委员，编审全国统编法医学教材，还被人民军医出版社聘为特约编辑、顾问。在林几教授的努力下，1951年秋，受中央卫生部委托，创办全国第一期法医学高级师资班，培养全国第一批高等医学院校法医学师资郭景元、胡炳蔚、祝家镇、吴家駅等17人。后来他们多成为法医学教育、管理、检案的专家、教授，不少人在自己所在的医学院创办了法医学系或法医学教研室，为中国现代法医学的发展起了重要作用。1951年9月，林几召集师资班学员开会座谈，介绍中央大学法医科的情况和师资班的训练计划，并征求学员们的意见。没想到，这竟是林几最后一次和学员们见面。长年操劳过度的他，积劳成疾，因胆道结石症发作，术后出血救治无效，于 1951 年 11 月 20 日病逝于南京，年仅 54 岁。去世后，按照他生前遗嘱做了遗体解剖，脏器献给了医学事业。遗体火化后，骨灰未安葬，由夫人林惠保存在家里，直到 1959 年林惠离世，才由林几三弟林津、林惠妹妹林敏、林惠弟弟林子京三人将林几、林惠夫妇的骨灰合葬于南京雨花台山上的"中国公墓"（后改称花神庙公墓）墓地（图 1-7）。他的过早去世是中国法医学界的巨大损失。

图 1-7　林几林惠夫妇合葬之墓

（引自：黄瑞亭. 法医青天——林几法医生涯录. 世界图书出版公司，1995。1959 年林几、林惠夫妇的骨灰合葬于南京雨花台山上的"中国公墓"（后改称花神庙公墓）墓地。黄瑞亭多次寻找墓地未果，终于 1991 年 5 月 26 日在南京市郊花神庙以南 3 千米的公墓找到墓地。但 2012 年，当黄瑞亭再次到雨花台拜谒林几时，当地公墓管理人员告知墓地被迁移无法找到。这张"林几林惠夫妇之墓"的墓碑是唯一留下的照片。）

林几为人正直，治学严谨，学识渊博。他亲历了我国近代法医学的落后和西方法医检验的成熟，他从蒙昧中惊起，从落后中激发，把西方先进知识融进自己传统文化的血液中，以开创我国现代法医学事业为己任，把毕生精力献给了我国的法医学事业。林几教授创建了我国第一个法医学教室——国立北平大学医学院法医学教室；创建了我国第一个法医研究所——司法行政部法医研究所；创办了我国现代法医史上第一本法医学杂志——《法医月刊》；培育了我国第一批法医专门人才——我国有正式法医师之始；成立了第一个法医学术组织——司法行政部法医研究所第一届研究员研究会；开始接受全国各级法院委托的民事刑事案件——成为全国法医学鉴定中心。革新了我国的司法检验制度，建立科学的司法检验方法，为我国现代法医学的形成与发展做出了巨大贡献，是公认的我国现代法医学奠基人、杰出的法医学教育家、活动家。他的事迹被收入《中华人民共和国人物辞典（1949—1989）》（王乃庄、王德树主编. 中国经济出版社，1989）、《中国古今名人大辞典》（庄汉新、郭居园编纂. 警官教育出版社，1991）、《中国近现代人物名号大辞典》（陈玉堂编著. 浙江古籍出版社，1993）、《福建省地方志·人物志》（1993）、《中国近现代高等教育人物辞典》（周川主编. 福建教育出版社，2018）、《法学辞海（第 3 卷）》（李伟民主编·蓝天出版社，1998）、《辞海·医药卫生分册》（夏征农主编. 上海辞书出版社，1989）、《自然杂志年鉴（1979）》（自然杂志编辑部编. 上海科学技术出版社，1980）、《福州人名志》（张天禄主编. 福州市地方志编纂委员会编. 海潮摄影艺术出版社，2007）、《福建北大人》（卢美松编. 方志出版社，2002）、《南雍骊珠：中央大学名师传略》（中央大学南京校友会、中央大学校友文选编纂委员会编. 南京大学出版社，2004）、《衔命东来：话说西北联大》（姚远. 西北大学出版社，2018）、《警史钩沉（第 4 辑总第 17 辑）》（周斌主编. 武汉出版社，2009 ）等人物传记和方志中。

第二章

第二章

林几论著目录及概述

林几教授是公认的中国现代法医学的奠基人，他将毕生精力献给了中国现代法医学事业，为中国现代法医学的创立和发展做出了不可磨灭的贡献。林几教授在长期的人才培养、科学研究和检验鉴定工作中，发表了大量论文，编写了多部讲义和著作。但是由于年代久远、资料收集困难等原因，对于林几教授的论文和著作，尚缺乏全面、系统、完整的整理和研究。

编著者通过查阅大量历史文献资料，全面收集林几教授一生所发表的论文和著作，按照系年进行编排整理，并结合其生平对其所发表论文和著作的背景、学术影响进行评述，力图完整地展现林几教授毕生的学术成就，以此作为对林几教授的缅怀和纪念。

一、林几论著系年

（一）林几教授发表论文系年

通过广州医科大学"超星电子期刊"、"超星发现系统"和中山大学图书馆"民国时期期刊全文数据库（1911—1949 年）""大成老旧刊全文数据库""爱如生数据库·晚清民国大报库（1872—1949 年）"等数据库检索作者关键词"林几""林百渊""百渊""法医学""鉴定"等，并结合已发表介绍林几论文和著作的有关文献进行比对、辨别和核实，按发表时间整理出林几已发表论文目录（如表 2-1 所示）。

表 2-1 　　　　　　　　　　林几教授论文系年

发表时间	论文题目	杂志（卷期及页码）
1923 年		
11 月 15 日	人力车夫心脏及脉搏之变态（附表）	《医事月刊》第 1 期第 38—58 页
1924 年		
1 月 15 日	现在流行的白喉症漫谈（未完）	《医事月刊》第 3 期第 28—35 页
2 月 15 日	现在流行的白喉症漫谈（续）	《医事月刊》第 4 期第 30—36 页
4 月 15 日	香山慈幼院学生肠内寄生虫检查成绩（洪式闾，林几）	《医事月刊》第 6 期第 5—77 页
4 月	十二年度国立北京医科大学校肠寄生虫检查报告（附表）	《中华医学杂志（上海）》第 10 卷第 2 期第 112—154 页
6 月 15 日	超生体染色要义并其检查方法（附表）	《医事月刊》第 8 期第 24—35 页

发表时间	论文题目	杂志（卷期及页码）
6 月	十二年度国立北京医科大学校肠寄生虫检查报告（续）附图表	《中华医学杂志（上海）》第 10 卷第 3 期第 195—245 页
7 月 25 日	新颖之血族鉴定方法（附表）	《医事月刊》第 9 期第 17—21 页
7 月 25 日	我国肠寄生虫分布区域之概况（附图）	《医事月刊》第 9 期第 35—39、41—47 页
8 月 31 日	赤痢症漫谈	《医事月刊》第 10 期第 10—20 页
9 月	蛔虫之发育经过并其仔虫经过寄主体内脏器之病解所见（未完）	《医事月刊》第 11 期第 31—37 页
10 月	不妊娠 Sterilität①	《医事月刊》第 12 期第 8—16 页
10 月	蛔虫之发育经过并蛔仔虫经过宿主体内脏器之病解所见	《医事月刊》第 12 期第 35—40 页
11 月 25 日	现在流行的白喉症漫谈（续第四期）	《医事月刊》第 13 期第 2—17 页
12 月 1 日	司法改良与法医学之关系	《晨报六周年增刊》第 12 月期第 48—53 页
12 月 25 日	通俗讲述：氧化碳②的中毒——煤毒（百渊）	《医事月刊》第 14 期第 4—9 页
12 月 25 日	蛔虫鞭虫及十二指肠钩虫病对儿童学业成绩影响之相互比较	《医事月刊》第 14 期第 40—44 页
12 月 25 日	译述：蛔仔在宿主体内经路之解剖征象	《医事月刊》第 14 期第 53—54 页
1926 年		
2 月	肠伤寒的床虫传染实验附表	《中华医学杂志（上海）》第 12 卷第 1 期第 12—26 页
6 月	最近法医学界鉴定法之进步	《中华医学杂志（上海）》第 12 卷第 3 期第 220—237 页

---

① 不妊娠：不孕症。
② 氧化碳：一氧化碳（CO）。

发表时间	论文题目	杂志（卷期及页码）
8 月	Pathologische anatomie der akute und chronische morphin und opium vegiftung（急性和慢性吗啡与鸦片中毒的病理学研究）	Deutsche Zeitschrift Medizin 1926. No. 147，Bd42（德国医学杂志）
12 月	父权确定诉讼法对血球凝集反应现象（四簇）之运用及实例	《中华医学杂志（上海）》第 12 卷第 6 期第 568—590 页
1927 年		
2 月	父权确定诉讼法对血球凝集反应现象（四簇）之运用及实例（续）	《中华医学杂志（上海）》第 13 卷第 1 期第 16—41 页
6 月	阿片及吗啡中毒的病理实验	《中西医学报》第 9 卷第 6 期第 3—4 页
7 月 10 日	谁残留的精痕之鉴定	《法律评论（北京）》第 5 卷第 2 期第 16 页
7 月 17 日	检查精痕之简便方法	《法律评论（北京）》第 5 卷第 3 期第 11 页
9 月 25 日	亲生子之鉴定：法医学上问题（附表）	《东方杂志》第 24 卷第 18 期第 91—104 页
1928 年		
4 月 9 日	对北京市政卫生改良之管见——是有望于卫生委员会者（一）	《晨报》第 3249 号
4 月 10 日	对北京市政卫生改良之管见——是有望于卫生委员会者（二）	《晨报》第 3250 号
4 月 11 日	对北京市政卫生改良之管见——是有望于卫生委员会者（三）	《晨报》第 3251 号
4 月 15 日	对北京市政卫生改良之管见——是有望于卫生委员会者（四）	《晨报》第 3255 号
4 月 16 日	对北京市政卫生改良之管见——是有望于卫生委员会者（五）	《晨报》第 3256 号
4 月 18 日	对北京市政卫生改良之管见——是有望于卫生委员会者（六）	《晨报》第 3258 号

发表时间	论文题目	杂志（卷期及页码）
4月20日	对北京市政卫生改良之管见——是有望于卫生委员会者（七）	《晨报》第3260号
8月	人力车夫心脏及脉搏之变态（附表）	《中华医学杂志（上海）》第14卷第4期第252—270页
11月	法医谈	《协医通俗月刊》第5卷第4期第1页
12月	拟议创立中央大学医学院法医学科教室意见书	《中华医学杂志（上海）》第14卷第6期第205—216页
月份不详	劳工卫生意见书	卫生部卫生刊物第3期
月份不详	健康保险计划书	卫生部卫生刊物第66期
1929年		
2月	吗啡及阿片中毒实验——脑中枢系统内病象之新发见	《中华医学杂志（上海）》第15卷第1期第42—69页
2月	林几君首都卫生五年内建设之计划	《中华医学杂志（上海）》第15卷第1期第107—118页
3月10日	痨病与小学教师及学童社会卫生问题	《科学月刊（上海）》第1卷第2期第125—133页
5月1日	调查北平特别市卫生现状报告	《卫生公报》第5期第168—172页
6月1日	参观北平第一监狱报告	《卫生公报》第6期第114—115页
7月1日	吗啡及阿片中毒实验（未完）	《卫生公报》第7期第120—123页
8月1日	吗啡及阿片中毒实验（续前）	《卫生公报》第8期第154—157页
1930年		
3月	工厂法施行细则内应规定各项关于卫生安全及工人健康保障条款之我见	《国立中央大学法学院季刊》第1卷第1期第125—146页
5月	乡村医药现况之调查（附图）	《时事月报》1930年第2卷第5期第57—62页
6月	吗啡及阿片中毒实验	《医药学》第7卷第6期第50—61页
6月	血族检验：亲生子鉴定	《国立中央大学法学院季刊》第1卷第2期第131—150页

发表时间	论文题目	杂志（卷期及页码）
1931 年		
8 月 8 日	筹设北平法医学研究及检验机关意见	北京大学医学部档案馆藏，档号：J29-3-71
1932 年		
5 月	法医学四种小实验（Vier kleine verfahren der gerichtlchen medizin）（附照片）	《国立北平大学医学年刊》第 1 卷第 1 期第 297—315 页
1933 年		
1 月 1 日	对洗冤录驳正之实验	《黄县民友》第 1 卷第 4—5 期合刊第 12—14 页
1 月	司法行政部法医研究所鉴定书（沪字第壹号）（中华民国二十一年九月十日）（附照片）	《医药学》第 10 卷第 1 期第 89—96 页
4 月	司法行政部法医研究所鉴定书（沪字第二号）（中华民国二十一年九月二十五日）	《医药学》第 10 卷第 4 期第 80—90 页
5 月	检验洗冤录银钗验毒方法不切实用意见书	《医药学》第 10 卷第 5 期第 32—37 页
5 月 15 日	司法行政部法医研究所鉴定书（沪字第十九号）	《医药评论》第 5 卷第 5 期（即第 101 期）第 43—60 页
5 月 31 日	别录：本部法医研究所鉴定江苏上海地方法院函请化验王定九伪药诈财妨害生命一案之证物陈金汁水鉴定书（沪字第一号）	《司法行政公报》第 34 期第 114—119 页
6 月 15 日	别录：本部法医研究所鉴定民人钱金龙诉张阿二等妨害饮料案鉴定书（沪字第二号）	《司法行政公报》第 35 期第 110—117 页
6 月 30 日	别录：司法行政部法医研究所鉴定书（附公字第四三号公函）：本部法医研究所鉴定江苏上海地方法院请复验青浦张老四身死原因鉴定书（沪字第三号）	《司法行政公报》第 36 期第 110—115 页

发表时间	论文题目	杂志（卷期及页码）
6月	检验烟犯意见	《中华医学杂志（上海）》第19卷第3期第362—366页
6月	各国法医学毒物检查法纲要	《医药学》第10卷第6期第36—41页
6月	司法行政部法医研究所鉴定书（沪字第三号）（中华民国廿一年九月廿八日）（附照片）	《医药学》第10卷第6期第64—71页
夏季	各国法医学毒物检查法纲要	《东南医刊》第4卷第2期第94—96页
夏季	检验洗冤录银钗验毒方法不切实用意见书	《东南医刊》第4卷第2期第104—108页
7月	检验烟犯意见	《医药学》第10卷第7期第26—30页
7月	司法行政部法医研究所鉴定书（沪字第四号）（中华民国二十一年十月十五日）	《医药学》第10卷第7期第58—72页
9月1日	检验烟犯意见（转载）	《拒毒月刊》第69期第19—23页
10月15日	别录：本部法医研究所准军政部陆军署军法司函送故犯郎砥中生前是否服毒并送该犯内脏请予化验鉴定书	《司法行政公报》第43期第156—164页
10月31日	别录：本部法医研究所化验南通县法院函送张芳桂诉张小发谋杀案内月饼有无毒质鉴定书	《司法行政公报》第44期第139—152页
11月15日	别录：本部法医研究所化验上海第二特区地检处函送未明性质之药粉十小包求鉴定其性质品类及是否制造红丸之材料鉴定书	《司法行政公报》第45期第101—110页
11月30日	别录：本部法医研究所准江苏上海地方法院函请化验唐鸿泉因毒身死饭中究有何种毒质鉴定书	《司法行政公报》第46期第116—120页

发表时间	论文题目	杂志（卷期及页码）
12 月 15 日	别录：本部法医研究所准崇明县政府函送检验施氏凤郎是否受孕四月及是否堕胎鉴定书（附表）	《司法行政公报》第 47 期第 98—103 页
12 月 31 日	别录：本部法医研究所准河北天津地院请鉴定张刘氏所按印纸之指纹是否与借据中指纹相符鉴定书	《司法行政公报》第 48 期第 121—129 页
12 月 31 日	法医研究所开办年余成绩简略报告	《司法行政公报》第 48 期第 120—121 页
月份不详	对洗冤录驳正之实验（林百渊）	《广西卫生旬刊》第 3 期第 3—5 页
月份不详	赤痢症漫谈（林百渊）	《广西卫生旬刊》第 14 期第 8—12 页
月份不详	蛔虫之发育经过并其仔虫经过宿主体内脏器之病解所见（未完）	《广西卫生旬刊》第 19 期第 7—9 页
月份不详	蛔虫之发育经过并其仔虫经过宿主体内脏器之病解所见（续）	《广西卫生旬刊》第 20 期第 5—7 页
1934 年		
1 月 1 日	《法医月刊》发刊辞	《法医月刊》第 1 期第 1 页
1 月 1 日	司法行政部法医研究所成立一周年工作报告（附图表）	《法医月刊》第 1 期第 1—20 页
2 月 28 日	鉴定实例栏（一）复验青浦张老四身死原因由（附照片）	《法医月刊》第 2 期第 63—68 页
3 月 31 日	鉴定实例栏（二）辛凤楼杀人公诉一案（附照片）	《法医月刊》第 3 期第 58—65 页
4 月 30 日	《实验法医学》绪言及总论	《法医月刊》第 4 期第 1—4 页
4 月 30 日	氰化钾中毒实验之说明（未完）	《法医月刊》第 4 期第 10—17 页
4 月 30 日	检验烟犯意见	《法医月刊》第 4 期第 44—47 页
4 月 30 日	鉴定实例栏（三）函请鉴定该尸骨系属男性或女性已死若干年月有若干年龄该骨有无中毒及被刀砍伤情形是否一人之骨有无短少等由	《法医月刊》第 4 期第 53—64 页

发表时间	论文题目	杂志（卷期及页码）
4月30日	氧化碳的中毒——煤毒（百渊）	《法医月刊》第4期第65—68页
5月31日	《实验法医学》（续前）第一章法医师	《法医月刊》第5期第1—14页
5月31日	氰化钾中毒实验之说明（续）	《法医月刊》第5期第14—20页
5月31日	检验洗冤录银钗验毒方法不切实用意见书	《法医月刊》第5期第53—56页
5月31日	鉴定实例栏（四）函请检验姚小济死因是否因伤而死并由何伤而死（未完）	《法医月刊》第5期第67—71页
5月	骨质血瘤之价值及紫外线光下之现象（附照片）	《中华医学杂志（上海）》第20卷第5期第665—672页
6月30日	《实验法医学》第二章法医师（续前）	《法医月刊》第6期第4—6页
6月30日	《实验法医学》第三章鉴定及检验（未完）	《法医月刊》第6期第6—27页
6月30日	骨质血瘤之价值及紫外线光下现象	《法医月刊》第6期第40—44页
6月30日	鉴定实例栏（四）函请检验姚小济死因是否因伤而死并由何伤而死（续）	《法医月刊》第6期第66—69页
7月31日	《实验法医学》（续本刊第六期）（附表）	《法医月刊》第7期第1—43页
7月31日	鉴定实例栏（五）函请检验王嘉如被控杀死胞兄王阿大嫌疑一案已死王阿大究竟因何身死由	《法医月刊》第7期第80—92页
8月31日	《法医月刊》鉴定实例专号弁言	《法医月刊》第8期第1—4页
8月31日	《法医月刊》鉴定实例专号（第一卷30例）	《法医月刊》第8期
9月30日	《法医月刊》鉴定实例专号（第二卷25例）	《法医月刊》第9期

发表时间	论文题目	杂志（卷期及页码）
10 月 31 日	《法医月刊》鉴定实例专号（第三卷23 例）	《法医月刊》第 10 期
11 月 30 日	《法医月刊》鉴定实例专号（第四卷22 例）	《法医月刊》第 11 期
1935 年		
1 月	法医学史谈	《浙光》第 1 卷第 1 期第 26—31 页
2 月 28 日	司法行政部法医研究所第一届研究员毕业论文专号序	《法医月刊》第 12—13 期第 2 页
2 月 28 日	司法行政部法医研究所第一届研究员毕业论文专号	《法医月刊》第 12—13 期
3 月 31 日	法医学史	《法医月刊》第 14 期第 1—7 页
3 月 31 日	哑叭①及失语（作者：张化中，林几附识）	《法医月刊》第 14 期第 7—11 页
3 月 31 日	鉴定实例栏委托机关××地方法院（来文日期二十四年×月×日）鉴定事由函请鉴定×××伪造文书案内之收据由（附照片）	《法医月刊》第 14 期第 61—64 页
3 月 31 日	鉴定实例栏委托机关××法院（来文日期二十四年×月×日）案由函询关于×××案医学上情形由	《法医月刊》第 14 期第 64—76 页
7 月	调查：医病纠纷调查录：南通尹乐仁讼案（续）：（14）司法行政部法医研究所鉴定书	《医事汇刊》第 7 卷第 3 期第 182—184 页
8 月 26 日	积极整顿检政改进法医办法意见	《京报·医光周刊》第 369 期
9 月 23 日	罪犯心理（一）	《京报·医光周刊》第 373 期
9 月 30 日	罪犯心理（二）	《京报·医光周刊》第 374 期
10 月 7 日	罪犯心理（三）	《京报·医光周刊》第 375 期

① 哑叭：亚巴。

发表时间	论文题目	杂志（卷期及页码）
10月14日	罪犯心理（四）	《京报·医光周刊》第376期
1936年		
5月	已历数年两个疑案（第一例）：棺朽掺和泥土已腐之尸体内脏毒物之检见并付骨伤及年龄之证明	《北平医刊》第4卷第5期第55—61页
5月	北平大学医学院法医学教室廿四年度疑案鉴定实例叙言	《新医药杂志》第5期第365—366页
5月	北平大学医学院法医学教室廿四年度疑案鉴定实例（法医专号上卷27例）	《新医药杂志》第5期
6月	北平大学医学院法医学教室廿四年度疑案鉴定实例（法医专号中卷14例）	《新医药杂志》第6期
6月	教授法医学的我见	《医育》第1卷第9期第1—6页
6月	已历数年两个疑案（续：第二例）：棺朽掺和泥土已腐之尸体内脏毒物之检见并附骨伤及年龄之证明	《北平医刊》第4卷第6期第53—62页
7月	北平大学医学院法医学教室鉴定检验暂行办法（附所能鉴验事件及其征费分类表）	《新医药杂志》第4卷第7期第211—217页
7月	北平东车站箱尸案之鉴定	《北平医刊》第4卷第7期第59—63页
7月	药酒与服毒	《北平医刊》第4卷第7期第51—59页
7月	北平大学医学院法医学教室廿四年度疑案鉴定实例（法医专号下卷9例）	《新医药杂志》第7期
8月10日	法医学史略	《北平医刊》第4卷第8期第22—30页
8月10日	一个指爪的检验：中国法官对医学运用错误之纠正	《北平医刊》第4卷第8期第55—59页
9月1日	鸦片之害：阿片及吗啡中毒的病理实验	《幸福杂志》第2卷第7期第28—29页

发表时间	论文题目	杂志（卷期及页码）
9 月 10 日	头发之个人鉴定	《北平医刊》第 4 卷第 9 期第 45—50 页
9 月 10 日	危险公共罪饮水加药事件	《北平医刊》第 4 卷第 9 期第 51—55 页
10 月 10 日	已腐溺尸溺死液痕迹之证出新法（附图表）	《北平医刊》第 4 卷第 10 期第 13—29 页
10 月 10 日	禁治产：心神耗弱	《北平医刊》第 4 卷第 10 期第 57—67 页
11 月 10 日	借宿凶伤九人梦中行为之心神鉴定	《北平医刊》第 4 卷第 11 期第 60—83 页
12 月 10 日	因子宫病所发的精神异常假装自杀离婚案件（附图）	《北平医刊》第 4 卷第 12 期第 59—65 页
1937 年		
1 月 10 日	文证鉴定：洗冤录银钗验毒方法之驳正；误咽性窒息死因之推定	《北平医刊》第 5 卷第 1 期第 53—58 页
2 月 10 日	踢伤阴部猝倒死之文证鉴定及物证验毒	《北平医刊》第 5 卷第 2 期第 51—62 页
3 月 10 日	英人温纳被人暗杀案之证物检验（附表）	《北平医刊》第 5 卷第 3 期第 51—70 页
4 月 1 日	枪弹检验与伤型之对照	《健康知识（北平）》第 1 卷第 4 期第 45—49 页
4 月 10 日	枪射创与子弹之砸炸伤之判明	《北平医刊》第 5 卷第 4 期第 53—55 页
4 月	已腐溺尸溺死液痕迹之证出新法	《中华医学杂志（上海）》第 23 卷第 4 期第 415—432 页
5 月 1 日	枪弹检验与伤型之对照（续）	《健康知识（北平）》第 1 卷第 5 期第 45—52 页
5 月 10 日	个人笔迹异同之鉴定（一）附书法	《北平医刊》第 5 卷第 5 期第 51—53 页

第二章 林几论著目录及概述

25

发表时间	论文题目	杂志（卷期及页码）
5月10日	个人笔迹异同之鉴定（二）附书法	《北平医刊》第5卷第5期第53—63页
5月21日	由实验证明洗冤录之银钗验毒法不切实用	《铎声》第2期第15—19页
6月1日	药粉之毒性鉴定	《健康知识（北平）》第1卷第6期第50—51页
6月10日	医师责任问题（一）	《北平医刊》第5卷第6期第57—70页
6月10日	医师责任问题（二）	《北平医刊》第5卷第6期第70—74页
7月1日	因能否人道问题而离婚涉讼	《健康知识（北平）》第1卷第7期第47—52页
7月10日	民间常见之毒毙事件	《北平医刊》第5卷第7期第63—71页
1938年		
12月15日	法医鉴定实例两则（附照片）	《中华医学杂志（上海）》第24卷第12期第971—998页
1940年		
6月	现代应用之法医学	《医育》第4卷第2期第38—45页
1941年		
4月1日	西北卫生专员办事处函请毕业生报到：秘训字第一五五六号（民国二十九年八月十七日发）（龙毓荣，林几）	《国立西北医学院院刊》第5期第5页
1943年		
6月	医术过误问题（未完）	《实验卫生季刊》第1卷第2期第33—56页
12月	医术过误问题（续）	《实验卫生季刊》第1卷第3—4期第32—48页

发表时间	论文题目	杂志（卷期及页码）
12 月	已腐溺尸溺死液痕迹之证出新法：法医学上困难问题（附图）	《实验卫生季刊》第 1 卷第 3—4 期第 52—59 页
12 月	新颁医师法之检讨	《中华医学杂志（重庆）》第 29 卷第 2 期第 165—173 页
1945 年		
2 月 1 日	漫谈社会医学及实施社会医生应与法令的联系	《社会卫生》第 1 卷第 45 期第 1—3 页
8 月	对医院诊所管理规则之检讨	《中华医学杂志（重庆）》第 31 卷第 4 期第 305—318 页
1946 年		
3 月 1 日	对改良医学教育的刍议：要如何才能配合开业医公医法医军医及医佐人员于同一目标之下为国家社会而服务（待续）	《社会卫生》第 2 卷第 1 期第 8—13 页
4 月 1 日	对改良医学教育的刍议（续）	《社会卫生》1946 年第 2 卷第 2 期第 15—19 页
6 月 1 日	1946 太平洋上的海军捕鱼团（Stowe ME 原著，百渊译）	《水产月刊》复刊号第 70—74 页
6 月	二十年来法医学之进步	《中华医学杂志（上海）》第 32 卷第 6 期第 244—266 页
1948 年		
10 月 10 日	现代法医所须知之枪弹检查（附表）（林百渊）	《国立江苏医学院十周年纪念特刊》特刊第 47—54 页

（二）林几著作

根据广州医科大学"超星电子图书"、"超星发现系统"和中山大学图书馆"馆藏书目查询系统"《瀚文民国书库》《民国（1911—1949）总书目》《中华医学会牛惠生图书馆中文医书目录》《私立上海法政学院图书馆中文书目》等查找"林几""法医学"等，并结合已发表介绍林几论文和著作的有关文献进行比对、辨别和核实，按时间顺序整理出林几所著著作目录（如表2-2所示）。

表2-2 　　　　　　　　　　　　　林几教授著作系年

时间	著作题目	出版情况
1928—1930年		
	《法医学讲义》（三卷）	司法行政部法官训练所教材
1929年		
	《法医学总论各论》（法学生用）	司法行政部法官训练所及中央大学法学院刊行
1930年		
	《法医学总论各论》	司法行政部法官训练所及中央大学并北平大学医学院讲义稿
1932年		
	《司法行政部法医研究所筹备经过情形暨现在处事务及将来计划概略》	司法行政部法医研究所刊行
1934年		
	《法医学总论》（1册）《法医学各论》（2册）	司法行政部法医研究所
	《医师用简明法医学》	东南医学院出版股刊行初版
1935年		
	《实验法医学》（各论：附中毒保险灾害医学）	北平大学医学院出版股
	《实用法医学总论》	
	《法医研究所鉴定实例》	
	《法医学讲义》	
1937年		
	《犯罪侦查学》	冀察审判官训练所刊售
	《犯罪心理学》	冀察审判官训练所刊售
	《医师用简明法医学》	北平大学医学院出版股再版

时间	著作题目	出版情况
1947—1949 年		
	《洗冤录驳议》	中央大学第二期"司法检验专修科"讲义
1947—1951 年		
	《法医学讲义》	南京大学（原中央大学）医学院医本科法医学教材
1951 年		
	《实验法医学》	1951 年 12 月 8 日，第五军医大学出版社收到林几遗作《实验法医学》原稿 495 页（300 余幅图）。1952 年 3 月 1 日，又收到一袋图片及手绘图 300 余幅
1951 年		
	《食物中毒》	1951 年 6 月，人民军医社华东分社出版发行，郑集主编，林几、周郁文、张学庸、牟善初等编辑，卢侃助理编辑。林几负责"第三章毒物及中毒的症状急救与检定"等章节的编写

二、林几论著概述

（一）林几的早期论文（1923—1924）

林几（1897—1951），1918 年考入国立北京医学专门学校，1922 年夏毕业，留校任病理学教室助手。1923 年 9 月，国立北京医学专门学校改建为国立北京医科大学校。1924 年末，他受国立北京医科大学校委派赴德国留学，专攻法医学。

据所查文献资料考证，林几教授最早正式发表的医学论文是 1923 年发表于《医事月刊》的《人力车夫心脏及脉搏之变态》一文。从毕业留校至赴德国留学的两年多时间（1922—1924）里，林几共发表 18 篇论文。其中有 14 篇是关于人体寄生虫流行病学调查、实验室和病理学检验的。他于 1924 年在《中华医学杂志》发表的"十二年度国立北京医科大学校肠寄生虫检查报告"一文，报道了北京医科大学各类成员 2641 人粪检结果，发现肠道寄生虫感染者 1247 人（占 47.21%），其中阔节裂头绦虫、犬弓蛔虫及微小三齿线虫的感染者均为中国首次报道，在中国医学寄生虫学发展百年历史中具有重要影响。也正是在这一时期，林几开始对法医学产生浓厚兴趣，并开始发表法医学方面的论文，如《新颖之血族鉴定方法（附表）》，其中颇为著名的《司法改良与法医学之关系》就是在他赴德国学习法医学前于 1924 年 12 月 1 日发表的。林几认为，这几年来，中国的司法改革与旧日相比已见成效，"惟其中尚有一项，必须彻底革新；并且如不革新这一部分，则一切司法改良，亦不能臻于完善"。"这是什么呢？就是要免除去旧式的仵作式的鉴定，而代以包括有医学及自然科学为基础的法医学（裁判医学）来鉴定并研究法律上各问题。"他疾呼"领事裁判权，我们是决心的要收回来的，那么关系重要的法医学，当然也是决心要朝着猛进改善的"，林几建议"要栽培法医学专家，当然须由有相当程度及志愿的医学专家中选拔，遣赴各国留学。其经费或由司法部及教育部供给，或由学校及志愿者筹备，再由部给予相当的津贴，则三四年后可学成归国，为社会服务"。他希冀教育界和司法界携手努力，通过法医学的进步补助司法的改善，以尽早收回领事裁判权。可见，林几当时选择法医学作为自己终身事业是经过深思熟虑的，充分体现了他的爱国情怀。

（二）林几留学德国期间发表论文（1925—1927）

林几留德期间，发表了 9 篇论文，其中 *Pathologische anatomie der akute und chronische morphin und opium vegiftung*（急性和慢性吗啡及鸦片中毒的病理学研究）在德国的 *Deutsche Zeitschrift Medizin*（德国医学杂志）杂志发表。他虽身在异国，仍心系国内法医学发展，常向国内传播现代法医学知识，分别在《中华医学杂志》《法律评论》《东方杂志》《中西医学报》等报刊发表 8 篇论文，内容集中在亲子鉴定、中毒病理和精痕检验等方面。其中，1926 年在《中华医学杂志》上发表了《最近法医学界鉴定法之进步》，指出"法医学一科，于吾国医界可谓寂寞无闻。其实，此学科研究范围包罗至广，为国家应用医学之一。亦即社会之病理学也。凡国家立法、司法、行政三方面，无不有需于法医"。并给法医学下了定义，即"故法医学者，是以医学与自然科学为基础，而鉴定且研究法律上问题者也"。并从新颖父权诉讼法之血族鉴定法、比较解剖学的人类及动物骨片之鉴别、溺死之新鉴定法、毛发鉴定之新参考及稀奇之堕胎行为等方面详述了法医学领域的新进展，具有较大的影响力。

（三）林几回国后至法医研究所成立前发表论文（1928—1932）

1928年，国立北平大学医学院病理学教室改称"病理学兼法医学教室"，由林振纲主持。这一年，林几在德国获法医学博士学位后回国，被国立北平大学医学院聘为教授。1930年，林振纲赴德国留学。林几推动了法医学教室的独立，于1931年8月正式创立国立北平大学医学院法医学教室并任主任教授。1932年4月，林几受命接替孙逵方继续筹办司法行政部法医研究所，同年8月1日，被司法行政部委任为法医研究所第一任所长。这期间，林几发表法医学论文9篇。其中，1928年12月在《中华医学杂志（上海）》发表的《拟议创立中央大学医学院法医学科教室意见书》最具影响力，他借鉴欧洲在大学设立法医研究所的经验，详细叙述了建立法医学教室的作用和意义，并规划了法医学教室所需的设备、规模，举办法医研究员和法医检验助理员训练班的课程设置等，并提出"分建6个法医学教室（上海、北平、汉口、广州、重庆、奉天①），以便培育法医学人才并检验邻近法医事件"的建议，成为我国法医学向现代化发展的一个里程碑，对以后法医研究所的成立、各大学开展法医检验工作起了积极的推动作用。

除筹建法医学教室和法医研究所外，林几于1928年7月11日被聘为上海特别市卫生局秘书，后又被聘为国民政府行政院卫生部科长，12月13日受卫生部长薛笃弼委派调查工厂、矿场卫生及劳动保险状况，其间完成《对北京市政卫生改良之管见——是有望于卫生委员会者》《林几君首都卫生五年内建设之计划》《痨病与小学教师及学童社会卫生问题》《调查北平特别市卫生现状报告》《参观北平第一监狱报告》《工厂法施行细则内应规定各项关于卫生安全及工人健康保障条款之我见》《乡村医药现况之调查（附图）》《劳工卫生意见书》《健康保险计划书》等公共卫生管理、劳工卫生及健康保险等内容的论文。其中《林几君首都卫生五年内建设之计划》一文，指出"各国卫生行政设备之进程，概括之可分为三期，即医务、防疫及保健是也。所谓医务者，即设立若干完备病院，便病人有诊治之所。所谓防疫者，即取缔一切不合于卫生原则之事件，同时建设一切适合于卫生原则之事件，以应社会之需求，并杜绝流行病之发

---

① 奉天：沈阳。

生。迨医务及防疫之设施悉臻完善,然后保健之目的方易达到"。据此原则,他拟定了首都卫生设施建设之五年计划,所需经费 500 万元。1929年 5 月 29 日,卫生部批准林几科长兼任司法行政部法官训练所教职,教授法医学。

(四)林几担任法医研究所所长期间发表论文(1932—1935)

这段时间,可以说是林几发表法医学论文的鼎盛时期。他除了在《国立北平大学医学年刊》《医药学》《中华医学杂志(上海)》《东南医刊》等杂志发表法医学论文外,还创办了我国第一本法医学杂志——《法医月刊》,并在《法医月刊》上发表大量论文,刊载《实验法医学》系列讲座,开辟"鉴定实例专栏",开设"鉴定实例专号"(共 4 卷 100 个案例),其中包括人证检验 19 例、检骨 16 例、剖尸 21 例、检胎 1 例、单检内脏 1 例、文证审查 5 例、中西药混用及小儿用药问题 1 例、物证文证伪据指纹及足迹检查 26 例。此外,还在《司法行政公报》《医药学》等杂志刊登法医鉴定案例。

(五)林几重返北平大学和西迁西北期间发表论文(1935—1938)

1935 年 3 月,林几因病返回北平,任北平大学医学院法医学教室主任教授,继续开展法医学检案和教学工作,并兼任冀察政务委员会审判官训练所教职。1937 年 9 月,国立北平大学医学院西迁至陕西汉中,成立国立西安临时大学医学院(1938 年 3 月更名为国立西北联合大学医学院,1939年 8 月独立为国立西北医学院),林几随校西迁任法医学教授,坚持法医学教学工作。其间,林几在《京报·医光周刊》发表《积极整顿检政改进法医办法意见》和《罪犯心理》,在《新医药》杂志"法医专号"上发表《北平大学医学院法医学教室廿四年度疑案鉴定实例》50 例,包括人证检查、尸体检查、物证检查、毒质检查和文证检查五大类。他还在《北平医刊》《健康知识(北平)》《幸福杂志》等发表法医学论文 30 多篇。值得一提的是,他在《健康知识(北平)》1937 年第 1 卷连载发表《枪弹检验与伤型之对照》,指出:"关于枪弹检查,(一)首须注意是否生前之枪创,抑为死后之枪创。同时有无并受他种伤? 或先受他种伤,而后被枪弹之射击。(二)次须验是否有多数之枪伤? 是否同一枪所发射? (三)须检视其射入口、射出口及创管,以决定发射之姿势、射程之远近及射出入口之大小。(四)子弹与枪之种类,并参照所述创型以决定该创口能否与嫌疑凶器相符。(五)须检验是否自杀、他杀或误杀。"

（六）林几在中央大学（南京大学）医学院期间发表论文（1939—1951）

1939—1942 年，林几任内政部卫生署西北卫生专员办事处秘书，兼任中央大学医学院（1937 年 10 月国立中央大学随国民政府西迁入川，校址设在重庆沙磁区沙坪坝松林坡，中央大学医学院迁到成都华西坝）和江苏医学院（1939 年迁到重庆北碚）法医学教授。1943 年秋，林几创办中央大学医学院法医学科，他以中央大学法医学科为基地，分别于 1943 年 12 月和 1944 年 6 月为四川高等法院举办两期为期半年的司法检验员训练班；1945 年 4 月，又为四川高等法院举办高级司法检验员训练班（即司法检验专修科前身，也称"第一期司法检验专修科"）。1945 年，林几拟定法医人才五年训练计划（该计划 1946 年得到法务部和教育部批准）。1946 年冬，中央大学医学院回迁南京，1947 年设立法医研究所，8 月续办第二期高级司法检验人员训练班（奉教育部令，将高级司法检验人员训练班改为司法检验专修科，即"第二期司法检验专修科"）。1948 年，法务部和教育部会拟计划开设法医师和检验员训练班。1950 年 8 月，国立中央大学改名国立南京大学，续招"第三期司法检验专修科"学员，训练两年毕业，为新中国培养第一批法医检验人员。1951 年 8 月，中央卫生部委托南京大学医学院举办法医学师资训练班，由部调派各医学院校毕业生 20 名（实到 19 名），训练 1 年半毕业。其间，林几发表法医学和医政管理论文 13 篇。其中，1946 年在《中华医学杂志（上海）》发表的《二十年来法医学之进步》一文从法医学运用与研究范围与法医学检验技术两方面对中国 20 世纪 40 年代法医学发展所取得的进步进行总结，也是林几教授法医学教育思想、法医学学术思想、法医学历史观、人格魅力等的集中体现，更是林几教授对法庭科学真谛的精辟诠释。此外，林几 1945 年在《中华医学杂志（重庆）》发表了《对医院诊所管理规则之检讨》一文，讨论了医师资格、权利、义务、病案管理、死因分类、死亡登记、尸体解剖，以及传染病分类、填报等，还从法律角度援引前《民法》与《刑法》中有关条文，对医疗事故"罚"与"不罚"提出了有价值的探讨。

（七）关于林几著作

林几教授一生举办多个法医学和司法检验培训班，并为医学本科生、法官、医生等讲授法医学课程。为了做好法医学教学，林几教授编著了多种法医学讲义，包括《法医学讲义》《法医学总论》《法医学各论》《洗冤录驳议》《实验法医学》等，并于 1950 年 7 月被聘为中央人民政府卫生部卫生教材编审委员会法医学组主任委员，负责编审全国法医学教材。但是，由于受各种因素的影响，加之林几教授因病过早逝世，除了《食物中毒》外，他编写的这些宝贵的法医学著作并未得到正式出版，因此对这些著作的成书时间说法不一。

关于林几教授的著作未能出版的原因，陈康颐教授 1991 年在《悼念我敬爱的老师——林几教授》一文中曾作如下说明："林教授自德回国后，曾一度兼任司法行政部法官训练所教职，编著法官用法医学总、各论三册，在 1930 年 6 月完稿。之后，即着手编著《实验法医学》，1931 年秋，给我班教学时，作为讲稿用。1933 年秋，给研究员（生）讲课时，边讲边改。1934 年，即将总论部分在《法医月刊》连续发表。1946 年冬，由成都复员南京后，曾将书稿寄去杭州新医书局出版，因内容问题，退回修改。林师即请吴幼霖整理，再寄杭州新医书局，又被退回。1951 年，法医学师资班将原稿油印后，作为主要参考书。1953 年秋，我去沈阳中国医大审校波波夫法医学中文译稿时，林师母把稿托我带去修改。1954 年 11 月我从朝鲜回来，又将稿仔细复审一遍，亲手交给人民卫生出版社徐诵明社长（徐社长是林教授的老师，也是我的老师，曾任北平大学校长兼医学院院长，新中国成立后，任卫生部教育司司长，后调人民卫生出版社任社长），徐社长对林师遗著非常重视，尽可能出版。1956 年夏，我去中国科学院开会，又去拜见徐社长。他说："林师的书稿，内容比较陈旧，引用国民党法律很不恰当，经几次修改整理后，不像他本人的笔调，问题不少，很难解决，拟寄还你校领导考虑。二军医大收到书稿后，组织法医学教研室教师脱产二个月，日夜修改整理，并分配我修改第一章绪论。书稿修改完毕后，学校派张国峰等二人送出版社，该社认为问题不少，不易解决，未曾出版。"

第 三 章

林几法医学论文注释及述评

一、人力车夫心脏及脉搏之变态①

【原文】

人力车夫因久操此种非人道之生活，其身体生理上已受摧残而起变态②。即所谓心脏之扩张及脉搏之减数是也。直接既足酿成血行器（心脏及血管）上诸疾患（例如：心瓣膜病、心囊炎、静脉瘤、动脉硬变），间接亦可为他病之素因（例如：脑出血、下腔充血、内脏出血、脑贫血）。即北京一隅，持此以图生者，已达八万有奇。循此以往，岂独为个人之危途，抑亦非国家之幸福。故余特以两月长期究其心脏及脉搏之变态，并察其与执业之关系。计得三十六例，表露如下③。俾有心人道者，于浏览之余，筹所以拯救方法，此即作者之微意也。

检查手续

（一）即查被检查者年龄。（二）营业时期。（三）所拉车性质（分家车、散车）。（四）刻下执业。（五）心部视诊、打诊、触诊、听诊所见（心脏大小以打诊所闻心脏浊音部定之，常人心右界在胸骨左缘，心左界在乳线稍内方，心尖冲动在第五肋间乳线稍内方）。（六）大动脉音、肺动脉音。（七）被检查者心部之自觉症候。（八）脉搏状态及安坐时脉数（平均常人 1 分钟 70 至）。（九）肺部所见。（十）全身状态。（十一）身长。（十二）现时自觉及他觉重要症候。（十三）营业期内所曾发生之既往疾患。（十四）及烟酒嗜好之有无。

兹将检查各例主要所见摘列一表如下：

---

① 原文刊载于《医事月刊》1923 年第 1 期第 38—58 页（这是文献可查到的林几的第一篇公开发表的文章）、《中华医学杂志（上海）》1928 年第 14 卷第 4 期 252—270 页。

② 变态：改变原来的形态。变成不正常的状态。

③ 如下：原文为"如左"。下同。

例数	年龄	现业	营业时间	拉车性质	全身状态	身长（尺①）	心脏所见摘要	脉搏性质	每分钟脉数（至）	现时疾患	营业后既往病	嗜好	检查日期
1	18	拉车	3年（15岁始）	散车	良	5.2	心尖在第五肋间乳线外2厘，第二大动脉音亢进	洪迟	58	咳嗽	去秋患赤痢②	烟（中度）	1月3日
2	24	拉车	9年（13岁始）	散车	良	5.4	心尖在第五肋间乳线外2.5厘，第二大动脉音亢进		48		常全身发剧痛，月稍曾发作一次（痛风之疑），曾患梅毒	烟（中度）、酒（强度）	1月3日
3	29	拉车	10年（19岁始）	散车	轻度贫血	6.2	心尖在第五肋间乳线外2厘，第二大动脉音亢进		45	胃扩张症		烟（强度）、酒（已戒）	1月3日
4	48	拉车	6年（42岁始）	散车	良	5.6	心尖在第五肋间乳线外2.5厘，第二大动脉音稍强	硬迟	56	慢性气管支炎	胃肠病（常腹痛，食欲不振），三年前夏日曾患淋病	无	1月6日

① 尺、厘：中国传统的长度单位，与国际单位换算大概1尺=0.333米，1厘=0.333毫米。

② 赤痢：中医称大便中带血不带脓的痢疾。

例数	年龄	现业	营业时间	拉车性质	全身状态	身长（尺）	心脏所见摘要	脉搏性质	每分钟脉数（至）	现时疾患	营业后既往病	嗜好	检查日期
5	31	拉车	9年（22岁始）	近拉家车5年	良	5.4	心尖在第五肋间乳线外2厘，心右界超胸骨右缘，第一心音不纯，第二大动脉音强	洪迟	58	慢性胃肠炎	五年前患淋疹，又曾患淋病	酒（轻度）	1月6日
6	46	闲役	24年（20岁始，前年休息三年）	家车		6.2	心尖在第五肋间乳线外4厘，心右界超胸骨右缘2厘，收缩期质性杂音，第二大动脉音矿性①，弱度阳性静脉之搏	小	48	微咳（检部无著变），依心部所见有心瓣膜病（三尖瓣及大动脉瓣）疑		酒（强度）	1月8日
7	26	拉车	8年（18岁始）	家车	高度贫血，瘦弱	5.6	心尖在第六肋间乳线外3厘，心浊音部左右大，轻度收缩期杂音	软小	55	微咳，左肺尖罗音，呼气延长（有肺尖加答儿②症候）	曾患淋病，在七年前已痊，常易感冒，左胸上部常觉钝痛		1月8日

① 矿性：亢进。
② 加答儿：来自荷兰语catarre，指医学上的黏膜炎。

39

例数	年龄	现业	营业时间	拉车性质	全身状态	身长（尺）	心脏所见摘要	脉搏性质	每分钟脉数（至）	现时疾患	营业后既往病	嗜好	检查日期
8	31	拉车	14年（17岁始）	散车	良	6.4	心尖在第五肋间，乳线外1.5厘，第二大动脉及肺动脉音亢进，心右界稍扩		50	便秘	五年前患急性淋病，二年前患梅毒	烟（强度），酒（轻度）	1月8日
9	40	果贩	16年（21岁始，37岁休息3年）	散车	唇常呈轻度紫蓝色	5.2	心尖在第五肋间乳线外2厘，心尖收缩期杂音及开张期杂音，心尖搏动较弱，第二肺动脉音亢进，心右界充胃中线	软小	54	心瓣膜病（疑为僧帽①闭锁不全），但自述无苦	二年前曾咯血，但自述已著（肺部亦无名变化），十年前患梅毒	烟（强度）	1月8日

① 僧帽：指二尖瓣，其形状似僧帽。

例数	年龄	现业	营业时间	拉车性质	全身状态	身长(尺)	心脏所见摘要	脉搏性质	每分钟脉数(至)	现时疾患	营业后既往病	嗜好	检查日期
10	44	拉车	3年（前年春始）	家车	良	5.8	心尖在第五肋间乳线外2厘，心右界稍扩，收缩期杂音，第二大动脉，肺动脉音强	硬	54	便秘（常习性），更有心瓣膜病之疑	五年前曾患梅毒	烟、酒（强度）	1月8日
11	38	仆役	14年（16岁起，大前年休息，业4年）	家车		5.2	心尖在第六肋间乳线外1.5厘，扩张期及收缩期杂音，心右界扩大，大动脉，肺动脉音强	硬洪	52	慢性胃肠炎及心瓣膜病之疑（下腿有浮肿）	前二年吐血	酒	1月8日
12	32	拉车	4年（28岁始）	半日散车	轻度贫血	4.8	心尖在第五肋间乳线外半厘，第一大动脉音强	洪	56	常胃部膨满，腹痛，便秘，与下痢交相发生（慢性胃肠病）	去年夏患伤寒，前年曾患梅毒	烟（强度）酒（轻度）	1月9日

例数	年龄	现业	营业时间	拉车性质	全身状态	身长（尺）差①	心脏所见摘要	脉搏性质	每分钟脉数（至）	现时疾患	营业后既往病	嗜好	检查日期
13	14	拉车	11个月（13岁始）	散车	良	4.4	心尖在第五肋间乳线外1.5厘，第二大动脉音亢进	洪	60	常头眩、心悸、亢进	去夏患赤痢		1月9日
14	13	拉车	11个月（12岁始），近息2月	散车	贫血	4.5差①	心尖在第五肋间乳线外1厘，第二大动脉音亢进		62	慢性支气管炎、心悸、亢进、心部苦闷感、便秘、足生冻疮	常头疼	烟（中度）	1月9日
15	47	拉车	14年（33岁始）	散车	常	5.2	心尖在第五肋间乳线外2.5厘，第二大动脉音强		54		七年前患淋病、前年患梅毒	烟（强度）、酒	1月9日

① 差：欠缺，不足的意思。下同。

例数	年龄	现业	营业时间	拉车性质	全身状态	身长（尺）	心脏所见摘要	脉搏性质	每分钟脉数（至）	现时疾患	营业后既往病	嗜好	检查日期
16	51	拉车	20年（31岁始），前在滦车	散车	瘦弱	5.8	心尖在第六肋间乳线外3.5厘，第二大动脉，心右界略扩，肺动脉音强，收缩期杂音	硬	48	常头痛，心窝痛，下腿浮肿（有心脏膜病之倾向症候）	常便秘，二十年前曾得热性病，五年前又患花柳病	烟（强度）酒（强度）	1月9日
17	26	闲役	4年（20岁始，25岁休息，业半年）	散车	常	5.8	心尖在第五肋间乳线上，心右界稍扩	软	58	咳嗽，气延长，右肺尖浊音，轻度曾啰音，肺痨症状，食欲不良	前年春末患胃肠病，吐血、便血，曾咯血	烟（轻度）	1月9日
18	21	拉车	3年（18岁始）	豪车	良	6.0差	心尖在第五肋间乳线外3厘，大动脉，肺动脉音亢进，心尖开张期，收缩期杂音，心右界超过胸骨左	软小不规	50~56	有心瓣膜病之疑（腿肿）	梅毒	烟、酒	1月9日

例数	年龄	现业	营业时间	拉车性质	全身状态	身长（尺）	心脏所见摘要	脉搏性质	每分钟脉数（至）	现时疾患	营业后既往病	嗜好	检查日期
19	15	拉车	约1年（前年冬始）	散车	轻度贫血	5.1	心尖在第五肋间乳线外2厘,收缩期杂音,心右界稍扩大,第二大动脉音强,第一音不著		58	常头晕,胸部发热感痛（或有心瓣膜病）,精神不振	去夏夜中拉车曾眩倒一次	烟（中度）	1月15日
20	36	拉车	16年（20岁起）	散车（九年）,家车（六年）	弱	6.2	心尖在第五肋间乳线外3.5厘,大动脉音不著,稍劳扩性心尖收缩期杂音	不规则,小	46—50	自云无症候,但腿微肿,心部发肿（有心瓣膜病之疑）	三年前患淋病,自云已愈	烟（强度）	1月15日
21	23	拉车	5年（18岁起）	散车	良	5.8	心尖在第五肋间乳线外1.5厘,收缩期杂音,第二大动脉音音强,浊音部左右扩大	硬	56	慢性淋病,更有心脏病之疑	五年前患梅毒,淋病,八年前患痔疾	烟（强度）,酒（中度）	1月15日

例数	年龄	现业	营业时间	拉车性质	全身状态	身长（尺）	心脏所见摘要	脉搏性质	每分钟脉数（至）	现时疾患	营业后既往病	嗜好	检查日期
22	24	拉车	6年（18岁始）	家车	良	5.6	心尖在第五肋间乳线外3.5厘，收缩期杂音，第二大动脉，肺动脉音亢进，右心界越至胸骨右缘外		54	有心脏病之疑	花柳病	酒（强度）	1月15日
23	17	拉车	3年（14岁起）	散车（曾拉家车2年）	贫血	4.6	心尖在第六肋同乳线外1.5厘，心左右界扩大，收缩期杂音，媚猫音	小，不规则	58—60	心脏瓣膜病，慢性淋病，感冒	去年患急性淋病	烟、酒	1月15日
24	14	拉车	1年（去春始）	散车	良	4.5	心尖在第五肋同乳线外2厘，第二大动脉音亢进		62				1月15日

例数	年龄	现业	营业时间	拉车性质	全身状态	身长（尺）	心脏所见摘要	脉搏性质	每分钟脉数（至）	现时疾患	营业后既往病	嗜好	检查日期
25	47	闲役	26年（19岁始，45岁休息，休业3年）	家车	常	5.7	心尖在第五肋间乳线外2.5厘，第二大动脉，肺动脉音亢进	小	58	肺尖加答儿、心悸、亢进、腓神经痛、腿肿	前年曾发作喘息	烟（强度），酒（强度）	1月19日
26	28	马车夫	7年（16岁始），23岁改今业，休业5年	家车	常	5.1	心尖在第五肋间乳线外2厘，第二大动脉音强	硬	54	慢性胃肠炎	前四年曾以伤酒吐血	烟（强度），酒（已戒）	1月19日
27	23	拉车	9年（14岁始，20岁入伍，前夏复业，解冬复业）	家车	良	5.8	心尖在第五肋间乳线外2.5厘，心音不纯，心右界稍扩，第二大动脉音亢进	硬	58	心尖时疼，心悸亢进，腿微肿，似有心瓣膜病之疑	梅毒	烟（强度），酒	1月19日
28	15	拉车	9个月（去年春始）	散车	良	4.8	心尖在第五肋间乳线外1厘，第二大动脉音亢进		58	心悸亢进，便秘，食欲不振	九岁出痘	烟	1月22日

例数	年龄	现业	营业时间	拉车性质	全身状态	身长（尺）	心脏所见摘要	脉搏性质	每分钟脉数（至）	现时疾患	营业后既往病	嗜好	检查日期
29	30	拉车	2年（28岁始，前在行伍）	散车	常	5.2	心尖在第五肋间乳线外2厘，心右界稍扩，第二大动脉音亢进，心收缩期杂音	软小	52	心部膨满，时有灼痛感，常全身发痛	前年曾患热性病，六年前在湘患疟疾	酒	1月22日
30	25	拉车	1个月（今年正月始）	散车	良	5.5	心尖在第五肋间乳线上	洪	64（无减）	心悸亢进，心部膨灼感	前二年患花柳病（横痃①）	烟（强度）	1月22日
31	37	拉车	15年（23岁始）	家车	贫血、瘦弱	6.1	心尖在第五肋间乳线外2.5厘，心脏杂音，心右界扩大		46	左肺尖呼气延长、罗音，长期微咳、肺痨	昨年患急性淋病，八月间咯血	烟（强度）	1月22日

① 横痃：省各种性病的腹股沟淋巴结肿大。

例数	年龄	现业	营业时间	拉车性质	全身状态	身长（尺）	心脏所见摘要	脉搏性质	每分钟脉数（至）	现时疾患	营业后既往病	嗜好	检查日期
32	17	拉车	2.5年（14岁始）	散车	良	5.2	心尖在第五肋间乳线外2.5厘，第二大动脉，肺动脉音强，右界避胸骨右缘，收缩期杂音，媚猫音	洪、硬	54	有心脏病之疑	前一星期感冒	烟（中度）	3月3日
33	39	拉车	14年（25岁始）	散车	常	5.6	心尖在第五肋间乳线外2厘，心浊音，左右界扩大，界著明	硬	56	常患全身筋痛、心瓣膜病	22岁受巨大火伤，心瓣膜伤，咋夏下痢	烟	3月3日
34	37	仆役	15年（21岁始，前年休息），休业年余	家车	羸瘦、贫血	6.1	心尖在第五肋间乳线外1.5厘、收缩期杂音		60	咳嗽不眠，盗汗，而肺部无著明变化，似有肺痨之疑			3月4日

例数	年龄	现业	营业时间	拉车性质	全身状态	身长(尺)	心脏所见摘要	脉搏性质	每分钟脉数(至)	现时疾患	营业后既往病	嗜好	检查日期
35	15	拉车	5月（去年9月始）	散车	良	4.6	心尖在第五肋间乳线外方（轻度）		63	心悸亢进，心部时有苦闷燥感，感冒感			3月4日
36	16	拉车	2.5年（前年夏始）	散车	良	5.0	心尖在第五肋间乳线外2厘，第一心音不钝，第二大动脉音稍强		58			烟	3月4日

依上表统计：人力车夫之心脏扩张及脉数减少，已成通例，即心尖冲动竟越至乳线之外，偏于左下方有达 3~4 厘者，甚至更下降至第六肋间，又大动脉第二音亦常亢进，间有心右界亦扩大，并多同时可闻杂音。

此种人力车夫之通例心部症状，乃可引起吾人如下之疑问：

（一）何以人力车夫之心脏扩大，且何以左界多扩大。

（二）其扩大程度与车夫年龄、营业期间有何关系及所拉车为家车或散车之心脏扩大的比较。

（三）此种扩大如得长期安歇是否可以恢复。

（四）脉搏何以减数。

兹姑借诸例加以说明。

心脏何以扩大，且何以左界多扩大：

一般在生理上，心尖冲动在第五肋间乳线内方。除下诸种关系外，皆不变其位置。

（甲）身体取左侧卧位时，心尖冲动可越乳线偏于左方，右方卧时其移动较少。且心脏多向后方转位，则心尖冲动不得触知。

（乙）深吸气时，心脏可因横膈膜之上下运动而推移，故心尖冲动亦下降；呼气时，则仍复原位。在平常安静呼吸毫不变位。

（丙）胸廓短者或畸形者，其心尖冲动亦移动。

（丁）在小儿因横膈膜高位，故心尖冲动多在第四肋间，且心脏甚倾斜，可偏达乳线上。间有可达至乳腺外者，又在老人因横膈膜低位，故心尖冲动或有下降至第六肋间者。

除上四项属于例外。其心尖冲动之扩大变位，则全属于病理现象，而此病理现象则因心脏之转位及心脏之肥大有以致之也。

人心脏转位：见于肺气肿、渗出性胸膜炎、气胸及腹水、腹部气肿及大肿瘤（凡使横膈膜上举之原因病）时，则心脏可因其邻近脏器之肿大，压迫使之转位，即可使心尖冲动下降左转或上举左转，此种疾患在研究本问题须全除外，不能适用。故以上各例心尖冲动之扩大变位，皆属于总发性之心脏自家肥大原因也。

心脏肥大之原因：

多由于血循环器有器械性障碍，其心力过劳或不足时，欲其机能之增进，则发生心脏肥大，即所谓代偿性心脏肥大。此时又因心脏不能将其内容（血液）悉量排出，心腔乃因血容量之增多，渐次扩张，所以此时心脏肥大，通常兼有心腔扩张也。

吾人又知心之生理构造及血液循环原理。在心腔中以一纵膈分为左右部，而此两部覆以可闭启之瓣状横膈，分之为上下二部，遂成为左房、左室、右房、右室。血流由上下腔二静脉管注入右心房，再经三尖瓣孔（右心横膈孔）入较大之右室，由右室因心肌之收缩力上压，血液由肺动脉瓣口入于肺动脉，在肺内因呼吸得来之氧气，与静脉血中所含碳酸①交换，乃变为洁净之动脉血，更自肺毛细管转入肺静脉，归于心脏左房（是曰小循环）。次由僧帽瓣②口（左心横膈孔）至左室。因心肌收缩内压亢进，血液乃过大动脉瓣口注入大动脉，经其反复分歧之脉管布于全身，至各脉管末梢。复由各毛细血管转入各静脉，总归于上下腔静脉，返于心脏（是曰大循环），如此环流不已，古曰血液循环，所以左室系专司大循环血液之出发。凡大循环异常，则左室因上言之原因而肥大，反之，右室专司小循环，当小循环异常时，右室常肥大，若两循环同时障碍，则左右心室皆肥大。盖此种肥大以之增进心脏机能，代偿心力之不足也。心力不足之原因为心瓣膜病。动脉系统之硬变症久时，小血管之消失。（如肾萎缩、肺萎缩、脊柱侧后弯）及与本题有关系之身体过度持续劳动是也。

第二大动脉音（由动脉收缩时血液向大动脉瓣逆流冲突紧张发生）增强，亦足为左室肥大之一征。盖心肌收缩力当左室肥大时即增强，其压迫血流之既强，故血液上冲大动脉瓣之力亦大，故音强也。

第一心音（由心室收缩期时血流与房室间瓣冲突紧张发生）不纯，则因心脏瓣膜或乳头肌异常紧张时，而血流通过，所起稍异之音响，是于心力强时发生之，故可证明当时心力增强也。心杂音分器质性及非器质性二种。前者由心瓣膜病，血行作漩涡状运动而起。其收缩期杂音，左心则见于僧帽瓣闭锁不全及大动脉口狭窄，右心则见于三尖瓣闭锁不全及肺动脉口狭窄。又上行大动脉之动脉瘤性扩张，亦足发生杂音。其开张杂音，左心则见于三尖瓣口狭窄及肺动脉瓣闭锁不全。非器质性者，则见于日久高度贫血，是因久贫血者心肌脂肪变性。

瓣膜震动次数不能如常，血流亦起漩涡状运动故也。此外更有于心瓣膜比较闭锁不全时多见之（多于肺动脉口闻之）。

---

① 碳酸：二氧化碳（CO_2）。

② 僧帽瓣：心脏左右两侧的房室瓣形状和功能不同而有各自的名称，左侧的称为二尖瓣，右侧的称为三尖瓣，因二尖瓣形状似僧帽故而又名僧帽瓣。

然而人力车夫之心脏肥大究属何类。则就诸例中，凡人力车夫之心尖冲动，无不向左下方扩大，且往往同时第二大动脉音亢进，故知其系左心肥大。间亦有心右界扩大者，即为右心亦扩大之要证。其有器质性杂音者，则屡有心脏瓣膜病之疑。

在人力车夫因挽车奔走，身体持续长期劳动，当此时全身热力之消耗极大，但热力之发生，大部由于血液循环，是因血液为分配供给全身营养分之要素，原于血液中所含之氧气，可与人体中所含其他成分起酸化作用，而发生热力。此际热力之消耗既剧，必致使血液循环次数增多。然欲血行加速，必先使心肌收缩力加强，如是则心内压亢进，血流可催进矣。故于车夫疾走时，心力乃形不足，盖此时劳动剧烈，心脏搏动数（收缩次数）先起暂时性增加，故心肌工作遂形过劳，乃发生心悸亢进、心部热感或痛苦。是在例中，凡拉车未久者皆可证明此现象。后因持续性身体过劳，心脏因习惯上搏动持续增数，心肌益形过劳，心之机能，欲胜过此永久过劳，故起代偿之机转，即心肌渐次肥大，此人力车夫心脏之所以肥大也。但此种血流增旺，与小循环关系较少，因司身体运动者为全身肌肉（人力车夫两腿尤须着力），是皆属于大循环血管系统分布区域。故依上言左心室专司大循环，当大循环异常时，则起肥大。所以人力车夫心脏之肥大，特常见于左心室。苟此种左心肥大，其代偿机能尤不足以补救心力之不足，则心脏他部亦继续肥大，以求达代偿之目的，此代偿目的即代偿其身体运动之过劳也。总之，人力车夫心脏之肥大，为因身体过劳而起之代偿性心肌之肥大。所以未能即属之病理范围，只得谓之为一种习惯的生理异常耳。

而此代偿性肥大，是否可成心脏瓣膜病，实为重要问题。然吾人皆知凡代偿性作用至一定程度，即不能增加其代偿能力。如外力仍猛进不已，则反可起惰性。故心搏动力之增加，亦至一定程度而止。如更加高度之需求（身体益增强其运动），则亦当呈惰性，即心肌疲劳。而其牵引心瓣膜之乳头肌，亦属心肌之一种，此时当然发生瓣膜机能上障碍，成为心脏瓣膜病。故乘者强车夫之过度狂奔，实非人道也。依诸例有心脏瓣膜病之疑或已诊断为心脏瓣膜病者有十一二例（总数三十六例），即占此统计之三分之一。而其余二分中，又须除去方始营业及犹在营业者。其将来如何，刻难断定。故心脏瓣膜病，自可为人力车夫之职业病，一若作教员者多患肺痨，煤夫多患炭肺是也。所以人力车夫之心脏代偿性肥大，系介于生理与病理间心脏的变态。

心脏扩大程度与车夫之年龄、营业期间及其拉车性质（即家车与散车）有何相互关系：

兹就各例观之。在未及十六岁即始业拉车者，凡十二例就中拉车最久者，营业期为九年（第一例十五岁始业），其心脏扩大、心尖冲动在第五肋间乳线外 2.5 厘，而曾拉车营业期间最短者只五个月（第三十五例，十四岁始业），其心脏扩大较微，心尖冲动不过在第五肋间乳线上。此外有营业九个月者（二十八例，十四岁始业），则扩大之心尖冲动达乳线外 1 厘。其营业至一年左右乃至三年者，其心尖冲动亦自 1—1.5—2—2.5 厘，是以知在十六岁以下之童年，即始业为人力车夫者，其心脏扩大可与职业时间之长短成正比例也。惟在第十四例，其营业期为 11 个月，近曾长期休息约 2 个月，其心脏扩大乃较轻。于同期始业之第十三例，又在第三十二例（刻十八岁、十四岁始业，营业期间二年半），为有心脏病，其心尖冲动在第五肋间乳线外 2.5 厘，则皆为例外也。

又总观各例中，十六岁以上至四十五岁以下始业拉车者，凡二十四例，其中以第三十例营业期间为最短，只一个月，其心尖冲动在第五肋间乳线外 2.5 厘。次为第六例，营业期间共 24 年（二十岁始业，四十五岁休业），近已休业二年，其心尖冲动在第五肋间乳线外 4 厘，且有心脏瓣膜病症候，是与第二十五例相较，虽拉车营业期间相同，休业期间亦相似，而其心脏变态则相差甚远。岂以心脏机能虽起适当之代偿性肥大，而其幸者，可不至贻成心脏瓣膜病。近如得长期休息，则肥大之心脏得渐缩小。而其不幸者，心脏代偿机能之肥大，尤不能胜过其身体之需要，乃可成为心病耶。又在第十六例，刻年已五十一岁，拉车二十年，其心尖冲动达至第六肋间乳线外 3.5 厘，如此高龄仍续操此劳动执业，实大堪怜矣。其余各例除曾长期休业及始业不及一年者外，心脏变态（即心尖冲动）固无论于始业年龄及营业期间之长短，皆在乳线 1—1.5—2—2.5 厘以内。且中有营业仅二年（第二十九例），其心尖冲动已达乳线外 2 厘，而营业期间较长六年（第四例）、七年（第二十例）、八年（第七例）乃至十年（第三例）者，亦不过 2 厘，或营业期间十四年（第八例、第十五例）之久，心尖冲动仅在乳线外 2.5 厘。故依此统计，似在成年以上，始业拉车者，其心脏扩大至一定程度即终止，并不与其营业时间之长短成比例也。由此更可证明心脏之代偿机能如已适足其需要（即补偿心力所不足）即不再行扩大。如越此程度，或将引入病理范围而成心脏病矣。

惟在成年始业拉车者与未成人而拉车者，其心脏扩大程度相比，虽皆历相似之同等数字（无—1—1.5—2—2.5—3）。然在未成年拉车之心脏扩大，与其营业时间成正比例，成年者则反是。故未成年拉车，其心脏扩大程度似较成年者为剧，即较易成为心脏病也。又就各例观之，未成年即始业拉车者，其后多有心脏瓣膜病症候。此亦可为前说之一证。盖因小儿体力原不如大人，兹俱从事于同等费力之一事，则其劳动亦必倍于大人，无怪乎易致心脏代偿机能起惰性疲劳也。

至于老人之不宜于拉车者，其理由亦同于小儿，现所堪注意者。即在北京此辈，小儿及老人为衣食所迫而业拉车者势在二万人以上。设社会上未能为筹较善谋生之途，则此辈同胞，皆有续患心脏病之虞，岂不可虑哉。

又比较前表，拉家车者共十三例，散车者共二十二例，拉半日散车者一例。拉家车者，其心变态较剧。就中第十例仅拉车三年（拉家车当不及一年半），心尖冲动已在第五肋间乳线外2厘，且有心脏瓣膜病之疑。第七例拉车八年，心尖冲动已达第六肋间乳线外3厘。第二十例则拉车十六年，心尖冲动达3.5厘（乳线外第五肋间），亦有心脏病。第二十二例，则拉车仅六年，其心尖冲动已在第五肋间乳线外3.5厘。第二十五例拉车二十六年，近已休业三年，而心尖在乳线外2.5厘。第二十七例拉车九年，心尖已越乳线2.5厘外。由此观之，拉家车者，不论营业期间长短，未得长期休息者，其心尖冲动皆在乳线外2厘以上，可断言也。反顾拉散车者，则有拉车至十四年之久（第三十二例，十五岁始业），心尖冲动亦不过在乳线外2厘，又一营业十四年者（第八例）亦为1.5厘。总之，除刻下年龄未及成年者外，其心尖冲动无过乳线外3厘者，盖一般皆在2厘以下也。此种事实，全与检者原来理想相违。盖初意拉家车者，每日休息时间常较多，营养亦较良，自应心脏之变态较拉散车者为良。而不意事实乃适较剧，是岂因拉家车者虽多休息，且营养佳良，而其奔走每较拉散车者为猛速，故一时身体之消耗尤大，心肌劳动亦倍于散车夫。若非得有较良营养及长时间休息，则其心脏肥大必益较甚。或现一可惊之现象于统计也。故此种代偿性心脏肥大实有关于拉车疾走之速度，在奔走过急者，往往因血压过强，血管破裂，出血而致命。故乘主切勿视此等人如牛马，任我催促，使之风驰，乃为谋代步，竟残同群，谅亦非吾人所忍为也。

此种心脏肥大如得长期安歇是否可以恢复：

复观前表，已休业三年者（第六例），其营业期间为二十四年，心尖冲动则在第五肋间乳线外 4 厘，且确有心脏病之症候。又已休业四年（第十一例）其营业时间为十四年，心尖冲动则在第六肋间乳线外 1.5 厘，亦有心脏病症候。似皆无恢复希望。但此二例，则皆归于病理范围，自不能与其他各例并论。故此外有已休业三年（第二十五例，营业二十六年），其心尖在第五肋间乳线外 2.5 厘。又休业年半（第十七例），其营业期仅四年，心尖在第五肋间乳线上。又休业年余（第三十四例），其营业期十五年，心尖则在乳线外 1.5 厘。将此四例与未休业营业时间相同者比较，则似心脏之肥大较为轻度。是知在营业期间，心脏肥大尤未成为病理变态前，若得长期安歇，似可恢复。惜所得已休业车夫之例极少，且其初未休业前之心脏原来肥大至何等程度亦无从知之。但据学理推想，凡机能代偿性之组织肥大，若身体需要无需此代偿已可充足者，则此肥大部分可自渐萎缩。如妇人产后子宫之缩小即其明证。至于既起病理变态之前二例，安知当未得长期安歇前，其心脏之扩大，不较今为甚耶。

兹又得一例，即拉半日散车者（第十二例），每日中仅拉车半日，而每日得有长期休息，其营业已达四年，心尖仅在第五肋间乳线外半厘。由此可知，安歇时间长久，足以减轻心脏之肥大，更可证明如未成病理上变态前，即得长期休业者，其心脏肥大必可缩小。但能否尽复未营业前之原来状态，则尚未知，恐再高度扩大，极易移行于心脏病，其恢复当较难耳。又其恢复之难易与营业期间长短有何关系，则亦因所集例较少，不能有所证明。此三点待后有机会时容再报告。

脉搏之变态：

平常心悸亢进、脉搏多增速，而此乃减少，亦属一种特异现象。依诸例，亦以刻下拉车的年龄分成人及未成人，分别观之，凡成人当安坐时，脉数极少达六十至者，常在四十至以上，而未成人则有达六十至以上者。此外身长高者，其脉尤迟，是知脉之迟速与本人身长有关。小儿亦属于体短之列，在生理上脉数已较大人为速，盖身高则体内血管径路亦较长，故循环一周之期较缓于身短者也。至于人力车夫，何以安坐时脉搏数竟减少，是因疾走时脉搏过度加速，血管习惯性扩大，至休息（安坐）时，脉管虽依然扩大，而脉搏数次因疾走过劳渐趋于迟缓（即心肌收缩次数减少），故血管之血容量亦减少。

此外，东西洋书籍，有关于邮差及劳力工人或运动家，亦常有心脏肥大之记载。但俱不如洋车夫之剧耳。

此次对于被检者之粪、尿、胃液及血液之化学及显微镜之检查，俱未施行。又心脏肥大部位，亦未经 X 光线映照证明，实为憾事。前所恃以为诊断者，只借学理者视触打听各诊查法，所见未敢即谓已确，设有机缘当延续研究，同志先辈幸垂教之。

【述评】

这篇文章被认为是林几最早正式发表的论文，发表于 1923 年的《医事月刊》第 1 期第 41—46 页。当时林几刚刚大学毕业留校当病理学助教，正进行学校、工厂、职业病、城市卫生环境、寄生虫病、传染病、劳动条件等流行病学调查，《人力车夫心脏及脉搏之变态》是其中一篇。

林几调查了 36 例人力车夫的心功能变化，得出人力车夫工作年限越久其心脏损害越严重，主要表现为左心室的肥大，对未成年及老年损害较重，如果在心脏器质性损害前能够得到适当休息，肥大的心脏可以恢复。作者提出应将心瓣膜病归为人力车夫的职业病，体现作者关心底层民众疾苦，并希望利用自己所学解决底层劳动者所遭遇的职业病风险，积极为国家卫生事业贡献出自己的一份力量。

二、超生体染色要义并其检查方法①

【原文】

生体染色②（Vitale Färbúng）及超生体染色③（Supravitale Färbúng）为现在最流行最有兴趣之细胞染色法。自此等染色法发表以后，生物学界即大受震动，世界学者趋之若鹜，但至今未解决问题，尚属甚多，兹姑录所知者于后，以聊供同志之研究参考。

当动物生活时期，注入或使之内服适量某种色素，经过一定时间，该种色素被生活的一定细胞所摄取，即在细胞内现其机转，而成为颗粒状色

---

① 原文刊载于《医事月刊》1924 年第 8 期第 1—11 页。林几于 1924 年 4 月 15 日完成于北京。
② 生体染色：活体染色。
③ 超生体染色：从机体内取出活细胞，使其摄取无毒或毒性较小的某种染料而选择性染色的一种方法。

素颗粒，是名曰生体染色。但有数种细胞，在动物生活期内，甚难将一种色素液中之色素摄取，径待动物死后，该细胞亦将行死亡，或将该种组织细胞，由动物体内取出，而陷该细胞于不良营养状态之下——亦几死亡之际，始在细胞原浆内发现有色素颗粒，此种颗粒染色，为在细胞死战期①内——当物质代谢机转非常减退时所发生，是名曰死战期染色（Agonele Färbúng），因须与生体染色相区别，故又称之为亚生体染色（Subvitale Färbúng）或超生体染色（Supravitale Färbúng）。

以前学者如 Grawitz、Naegeli、Plato 等氏及美国之血液学专家，每将超生体染色与生体染色并为一谈，仅有 Pappenheim 氏曾区分之为两种，但 Pappenheim 氏所谓之超生体染色颗粒，其中系包括有死后可染性颗粒。

施行超生体染色颇属不易，必须有巧练技术、精制药品及相当设备，方能得优越之结果。此时吾人，在细胞原形质内，可见有被染色之色素颗粒，此种颗粒，在一般的死后染色及生体染色往往不能检出，细胞核当超生体染色时亦全不着染，是与生体染色所见者一致，而核小体此际仅被淡染。

超生体染色法，其所以比较困难者，多因超生体染色，只限在细胞生活力疲乏以后——乃至细胞死亡之直前间——数分钟内现出，且因细胞及所用之色素种类不相同之故，并所施行实验方法之得法与否，其能获前言之同样结果者固较罕也。又若染色时间稍久，则终将发生死的染色，此际除细胞核亦被感染之外，细胞原形质则形成平等染色——而不见有颗粒存在，或一时的在原形质内略能见有不明了之染色颗粒。

凡生体染色容易感染之色素，大概皆难于发生超生体染色，以两种染色时间的关系，并组织及细胞环境性状之不同，故稍加注意即可区别之。又色素容易发生超生体染色者，概易发生死后的颗粒染色，但在色素液中，所含有之色素粒子非常细微时，其扩散力既大，则与真正超生体染色液性状相似，盖亦如生体染色时，对盐基性色素之摄取，扩散力极大者——则细胞颗粒之着色力弱，扩散力适大者——则生体染色强，扩散力小或色素液呈胶质性者——则生体染色极劣，甚至不能感染。

细胞将死亡时所以能发生超生体染色者，即由于将死细胞膜之性状的变化，因此际在的细胞外之色素分子，易于渗透至细胞内，而细胞又无力

---

① 死战期：濒死期。

自将多量色素排出，以致细胞内所含色素浓度增加，遂发生特别之颗粒染色。然有一部分研究家主张，此种有色颗粒，乃细胞原形质内之色素沉淀物①，此说在今虽无足据，但亦可姑备吾人之考虑也。一般学者每谓，当超生体染色时，细胞原浆内之一定有形成分（细胞颗粒或颗粒基质）对色素有选择能力，其选择能力之标准即以各种色素之带电（荷电），故各种色素间，对细胞之着染能力亦发生差异。由此可知，细胞内所现之颗粒，确为染色之颗粒，并非色素沉淀也。此外，此种染色，并与色素之浓度、扩散能力、动物体温及细胞内外的 H-Ionen② 等，俱有连带关系。

例在一般色素液，其浓度小时，则对细胞之染色时间须长，其浓度大时，则染色时间自可缩短，顾③浓度愈大，则其毒性亦愈烈，在超生体染色殊不宜之也（宜用相当浓度之稀薄液）。又对试验用之动物温度，曾经测得，如能保持在 37℃（恒温动物体温）者，其染色度尝较优于在低温者，且所需染色时间亦较短，此即在生体染色时亦然也。又细胞内外之 H-Ionen 度强时，可诱致染色之速度增迅，但细胞内外之 H-Ionen 度常有一定限度，若超过此限度，则染色之速率顿减，若 H-Ionen 度过小，则不现有染色颗粒。

因其对各方面关系，既如是复杂，故研究超生体染色者，第一须注意超生体染色所需用之色素，因一种色素所引起之色素反应，与所发生之超生体染色范围大有关系，就大概而论：

酸性色素，发生超生体染色的范围最小；

中性色素，发生超生体染色的范围略广；

盐基性色素，发生超生体染色的范围最大，殆与酸化酵素④（Oxydase 分 Labile 及 Stabile-Oxydase 两种）颗粒之分布范围相似（或谓稍窄，大概因检查方法不完全之故）。

摄取生体色素为阳性之细胞，在超生体染色时，多属阴性，惟在高等脊椎动物之肾脏腺细胞等，则对于两种色素皆为阳性，当此时两种颗粒状态及分布范围，各有不同，故吾人推测，此两种细胞内之基质，虽然有一部分相同，而大体则各不一，盖在各种细胞中，有一部分能摄取生体盐基

---

① 沉淀物：原文为"沈淀物"。
② H-Ionen：德文，氢离子。
③ 顾：应为"故"。
④ 酸化酵素（Oxydase）：氧化酶。分为 Labile（不稳定型）及 Stabile（稳定型）两种。

性色素及超生体盐基性色素，间更有并能摄取生体酸性色素者，此外有 Eo-sinophile Leukocyten①及 Lieberkür 氏腺②中之 Paneth 氏细胞——则不能摄取生体酸性色素——而能摄取超生体酸性色素及盐基性色素，其一种细胞中之颗粒或颗粒基质，能摄取两种色素者，在复染色时常可现两种色素之混合色，此种细胞颗粒为有两性（Amphoter）之性状。

　　兹将前人所研究已有结果之各种颗粒性白血球，在超生体染色发生之色素反应，列表如下③。

色素种类		α 颗粒	β（E）颗粒	γ 颗粒	杂色颗粒
盐基性色素	Methylgrun（甲基胍）	–	–	–	–
	Fuchsin（复红）	–	–	–	–
	Vesuvin（苯胺棕）	–	–	–	–
	Safranin（番红）	±	+	+	+
	Methylviolett（甲基紫）	±	+	+	+
	Brillant-Kresylrot（亮甲酚红）	+	++	++	++
	Neütralrot（中性红）	++	++	++	++青色及褐色
	Naphtholblau（萘酚蓝）	++青色	++褐色	++青色	++
	Tolidinblau（甲苯胺蓝）	++	++	++	++
	Toluidinblau（甲苯胺蓝）	+	+	+	+
	Azur Ⅰ（蔚蓝一号）	±	±	+	+
	Azur Ⅱ（蔚蓝二号）	+	+	+	+
中性及两性色素	Muscarin（毒蕈碱）	±	+	+	+
	Janus Grun（詹姆斯绿）④	++	++	++	++
	Indophenolblaú（吲哚酚）	+	+	+	+

---

①　Eosinophile Leukocyten：嗜酸性粒细胞。

②　Lieberkür 氏腺：又称利伯屈恩隐窝（crypt of Lieberkuhn），小肠腺。

③　如下：原文为"如左"。

④　Janus Grun（詹姆斯绿）：一种活体染色剂，能穿透细胞膜，特异性的染色剂，常用作线粒体专一性活体染色剂。

色素种类		α 颗粒	β（E）颗粒	γ 颗粒	杂色颗粒
酸性色素	Malachitgrün（孔雀石绿）	++	–	–	–
	Trypanblaü（台盼蓝）	+	–	–	–
	Trypanrot（台盼红）	+	–	–	–
	Pyrrolblaú（吡咯烷）	±	–	–	–
	Brillant–Alizarinblau（灿烂茜素）	+	–	–	–
	Cyanosin（氰氨酸）	–	–	–	–
	Erythrosin（红霉素）	–	–	–	–
	Phloxin（根皮红）	–	–	–	–
	Sulfotamin（磺胺）	–	–	–	–

依上表之实验结果，就盐基性色素而论，其中以 Naphtolblaú 为最适宜于超生体染色，Neútralrot① 次之，此外，尚有 Tolidinblaú 亦颇合用，但因有剧烈毒性，往往使用以后，瞬顷间即起细胞之死后染色，所以非技术极精者，不敢贸用，在昔有人用 Methylen-biaú 等色素，施行超生体染色者，其结果多不良，盖染色后，同时常伴有颗粒之死后染色，故刻对于此品已不常用。就中性色素而论，则以 Janus grün、Muscarmin 为较佳。就酸性色素而论，则以 Pyrrolblau 为其代表，但俱不逮于 Naphtolblau 等盐基性色素远甚。

据胜沼氏之实验，当施行超生体染色时，色素细胞往往因色素之毒作用及其他不明的原因，虽在血温状态之下，竟亦发生细胞核染色（即细胞死后染色状态），但如果技术精敏，则虽用毒作用较弱之色素，例如 Safranin、Methylenblaú 等，亦可得甚美丽之超生体染色。吾人所采用之超生体染色色素，以毒性更弱者为宜，因如是则细胞核之着色较缓，易于发生超生体染色，在前表所揭之各种色素，多系此类。

超生体染色之种种方面，与生体染色具有极深密的相互关系，在今之学者，多专就血球一部分而研究，关于组织细胞方面的报告，仅有 Arnold、Fisched、清野、杉山等氏之零片断简而已。

（一）关于血球之检查方法：有种种，而其要领，即在能使血球与色素

---

① Neútralrot：中性红染色，活细胞被染成红色，而死细胞不着色。

相混合，而不伤害其血球以染色，术式大抵有二种如下：

第一，对人之检查

（甲）Pappenheim 氏法，先将适量色素溶液，滴于载物玻璃上，匀抹干燥之后，将新鲜血液滴下，上覆以覆盖玻璃，即可施以镜检。

（乙）Rosin 等氏法，先匀涂色素液于覆盖玻璃上，待其干燥后，更将血滴向另一覆盖玻璃面滴下，次将两玻璃面相对平匀摩擦，而检查之。

（丙）胜沼、清野等氏法，滴新鲜血液于载物玻璃上，先覆以覆盖玻璃，次由覆盖玻璃之一端，渗滴入色素液，而自他端用吸墨纸，将色素吸引，此法较便。

（丁）佐藤氏法，切耳垂成一小创，使血液涌出，即乘此血滴涌出之时期起，至创口闭合将呈止血状态之直前时期止，在此较短时间内，就此耳垂血滴上，加滴以色素液，速以清洁之玻璃棒，将血滴及色素滴平等混合，经数秒钟后，径行涂抹镜检，此法颇佳。

第二，在生活动物血管内，注入多量色素液，因凡能发生超生体染色之色素，多含有毒性，故注射时或注射之直后，此动物即行毙命，当此际在此动物血管内之血液，不论在何部采取之，皆可见超生体染色现象，用此法常可得极美丽之标本，但被试验动物，必定致死，所用色素液必须大量，故颇不经济。

又据一般实验，用盐基性超生体染色色素者，曾得大略之结果如下：

在恒温动物，一般白血球为阳性，赤血球为弱阳性（Maus oder Ratte）。

在变温动物，一般白血球为阳性，赤血球亦为阳性（蛙）。

核染色之发生时期，在施行超生体染色，经过一定时间后，即发生细胞核染色，此即为超生体染色与死后染色相移行之时期。据胜沼氏经验，若用毒作用较弱之 Brillant-Kresylblau、Naphtholblau 等染色，则此时白血球尚暂时有殖食作用，并呈 Amoeba 样运动（大单核球所见）。此外，有人将血液涂抹标本，先用 Formol 蒸汽，历短时间固定以后，其染色结果与在血温状态下染色时之所见，颇行相似（胜沼氏用 Pyrrolblau 液染），而与上述之超生体染色颗粒之分布状态比较，则大有悬殊，若仿 Oxydase 反应之分类，亦可称前者为易动性超生体染色（Labile Supravital Färbúng），后者为固定性超生体染色（Stalile Supravital Fävbúng）。若将色素液注射于动物体内，则其结果在较大之脏器片及骨干组织片上，不过当固定时显见颗粒，倘用大量之 Tolúidinblaú 注射以后，短时间（即在血液内含有多量色素液时）做成血液涂抹标本，数分钟后，竟发生核染色，且同时并现有颗粒，此种颗粒之分布状态，则与真正之超生体染色颗粒不同，故宁谓为死后染色为当。

（二）关于组织细胞之检查法。

（甲）简便方法，将上述各种色素液，用 Ringer 氏液①适宜稀释之，将可检之组织片，用针尖搔爬，或将自生活体所取出之脏器切片，浸已稀释之超生体色素液中，染色后镜检，此法既如此不完全，当然不易得较优之结果。

（乙）繁杂方法，在有经验之生物学者，每用灌注装置方法，其法即先将色素液用 Ringer 氏液稀释成 0.1% 之稀薄溶液，更自动物体内剔出脏器，径由其血管施行灌注试验，使发生超生体染色，惟此法当试验恒温动物时，须保持该脏器组织于与生活体体温相同之温度，故须于有适温之小室内行之。据清野氏实验施行，肾脏之 Neutralrot 灌注试验时，曾检见有一种鲜明颗粒。此外，更将曾用盐基性超生体染色素及用酸性超生体染色素，所染成各种细胞之结果，汇表如下，以供参考。

甲　恒温动物（Maús und Ratte）

细胞种类	染色	
	摄取超生体盐基性色素	摄取超生体酸性色素
结缔组织成形细胞	+	−
脂肪细胞	(+)	−
软骨细胞	+	−
平滑肌细胞	+	−
横纹肌纤维	+	−
心肌细胞	+	−
黏膜圆柱上皮细胞	+	−
角膜上皮细胞	+	−
角膜实质细胞	+	−
副肾②皮质细胞	(+)	−

① Ringer 氏液：林格氏液，也称任氏液，由英国生理学家 Ringer 所发明，属于平衡盐溶液的一种，是一种比较接近两栖动物内环境的液体。

② 副肾：肾上腺。

细胞种类	染色	
	摄取超生体盐基性色素	摄取超生体酸性色素
副肾髓质细胞	+	−
黏膜杯状细胞	+	−
肝脏腺细胞	+	−
肝脏星芒状细胞	+	−
肠腺 Panethpnuezt 氏细胞①	+	+
膵脏②细胞	+	−
膵脏 Langhan 氏岛细胞	+	−
唾液腺腺细胞	+	−
肾脏腺细胞	+	−
肾脏蹄系部细胞	+	−
组织性肥胖细胞	++	−
组织球性细胞	+	−
组织中 Eosin 嗜好白血球	+	+
+阳性（即着色），++强阳性，（+）弱阳性，−阴性		

乙　变温动物（蛙）

细胞种类	染色	
	摄取超生体盐基性色素	摄取超生体酸性色素
皮肤上皮细胞	+	−
角膜上皮细胞	+	−
黏膜毡毛上皮细胞	+	−
黏膜杯状细胞	+	−
黏膜圆柱上皮细胞	+	−

---

① 肠腺 Paneth 氏细胞：原文为"肠腺 Pauezt 氏细胞"。

② 膵脏：胰脏。

细胞种类	染色	
	摄取超生体盐基性色素	摄取超生体酸性色素
肺呼吸上皮细胞	+	−
浆膜被覆上皮细胞	+	−
脂肪细胞	(+)	−
软骨细胞	++	−
结缔组织成形细胞	+	−
皮肤颗粒腺细胞	+	−
水晶体纤维	+	−
平滑肌细胞	(+)	−
横纹肌纤维	(+)	−
心肌细胞	(+)	−
胃腺细胞	−	(+)
肝脏腺细胞	+	−
肝脏星芒状细胞	++	−
舌腺细胞	+	−
皮肤黏液腺细胞	+	−
膵脏腺细胞	+	−
膵脏 Langhan 氏岛细胞	+	−
肾细尿管第二部	++	−
肾细尿管第四部	+	−
副肾皮质细胞	+	−
副肾髓质细胞	+	−
组织球性细胞	++	−
组织球性肥胖细胞	++	−
+阳性　++ 强阳性 (+) 弱阳性　− 阴性		

林几论文研究

【述评】

林几认为，以前学者常将超生体（濒死期）染色与生体（活体）染色并为一谈，但现在了解到超生体染色颗粒包括死后可染性颗粒。即病理组织学染色包括生体（活体）染色、超生体（濒死期）染色和死后可染性颗粒的染色。

本文就活体细胞和濒死期（包括超生体染色和死后可染性颗粒）细胞的染色方法进行了详细的阐述，虽然一些染色方法现在已不再使用，另外由于受到当时技术条件的限制，对于细胞质内的颗粒染色无法解释，例如詹姆斯绿只可以特异性的染色线粒体，线粒体着色后表现为光镜下的胞浆颗粒样改变，因此本文介绍的染色方法对于当时法医病理学的发展提供了强大的技术支持。其中一些方法目前仍在使用，例如台盼蓝染色和中性红染色目前常用于死细胞和活细胞的鉴别。

三、新颖之血族鉴定方法①

【原文】

近血清学之研究，益趋新颖，除引用细菌学之免疫作用，以供各该种传染病之诊断、预防或治疗者外，尚有人报告，借人类血液凝集反应之异象，可判断人类种族之统系。但此问题，研究者刻尚在进行期间，上言之伟大目的，果能达到与否，固难臆断，第从所陈最近结果观之，似有可成之奢望。几②不敏，而好其说，兹特汇译数例，略参所见，以贡诸同好，谅不我哂也。

此说首创之时，仅据 Landsteiner③ 氏说，凡同种血球凝集现象——当得区别人类血液之特异构造一语。虽少所征实，而后人因之，得追行研究，

---

① 本文原文刊载于《医事月刊》1924 年第 9 期第 1—5 页，作者署名：林几，单位：北京·医大，完成时间：十三·六·八（1924 年 6 月 8 日）。

② 几：指林几。

③ Landsteiner：即 Karl Landsteiner（卡尔·兰德施泰纳），奥地利著名医学家，1900 年发现 A、B、O、AB 四种血型中的前三种，于 1930 年获得诺贝尔生理学或学奖，被人们称为"血型之父"。

故其功仍未可没也。

Von Dungern[①] 氏，则区分人类血液为 O、A、B、AB 四种。Dungern 氏假定，甲之赤血球[②]，可被乙之血清所凝集，而乙之赤血球，可被甲之血清凝集，如是即甲之血液中有 A 之构造，乙有 B 之构造。然更有并无 A 及 B 之构造，即对于 A 及 B 之血球，皆能凝集者，定名为 O。又有对 A 及 B 之血球，俱不能凝集者，定名为 AB。Dungern 氏在 Heterbnrny 实验 348 人，并调查其遗传之关系。

Maús 氏，则区分为一、二、三、四，四类。

第一类之血清 能凝集他类血球，而第一类之血球，则不能被他类血清所凝集。

第二类之血清 能凝集第三类及第四类之血球，而不能凝集第一类之血球。

第三类之血清 能凝集第二类及第四类之血球，亦不能凝集第一类之血球。

第四类之血清 对第一、第二及第三类之血球，俱不能凝集。

故 Maús 氏之第一类，与 Dungern 氏之 O 相当，第二类与 A 相当，第三类与 B 相当，第四类与 AB 相当。此种假定，原无关要，例如，有一某甲，其血球遇某乙之血清起凝集反应，而乙之血球遇甲之血清亦起凝集反应，更有某丙之血清遇甲及乙之血球俱不起凝集反应，而某丁之血清遇甲乙及丙血球俱起凝集反应。吾人既知，凡本人血球，遇本人血清，断不能起凝集反应。不同构造之血球与血清，倘相遇时，则可起凝集反应。由是吾人，可借之以判，甲与乙为不同构造之两血族（即第二及第三类）。丙之血清中兼含有甲乙两血族之不同构造（即第四类），故俱不起凝集反应。而丁之血清中，对甲及乙血族之构造俱无存在，故皆起凝集反应，且对兼含有甲及乙两血族构造之丁血清，亦起凝集反应（即第一类），兹将其相互关系，胪列[③]作表如下[④]。

---

① Von Dungern：原文为 Van Jungern，德国海德堡实验癌症研究所医生，与波兰科学家 Ludwig Hirszfeld 一起提出 A 和 B 为两个独立遗传的基因，A 和 B 型共显性，并且都对 O 型显性，证明血型符合孟德尔遗传规律。

② 赤血球：即红细胞。

③ 胪列：罗列，列举。

④ 如下：原文为"如左"。

林几论文研究

血清	第一类（O）			第二类（A）			第三类（B）			第四类（AB）		
血球	A	AB	B	O	B	AB	O	A	AB	O	A	B
凝集反应	+	+	+	－	+	+	－	+	+	－	－	－

又据松田氏实验，即用 Dungern 氏之已定为 A 血清，选得被 A 血清所凝集之血液，即取此人血液之血清为 B，共实验得 200 人，在临检前须先制被检者血球液，其采制法颇繁，兹姑赘录于后，以便参考。

将枸橼酸钠，溶于生理食盐水内，约成为 1.5%。后将此溶液倾置在一瓩①之小试验管内，自被检者之耳垂或指端或静脉，取出血滴，滴入净试验管内，徐徐振荡，以防血液凝固，然后放在远心沉淀器上沉淀②，去其上清，加于上言之生理食盐水中，使之混合，即成为被检血球液。

反应之检查方法，即分置 A 及 B 两种血清，于两个小试验管内。各容约 0.1 毫升，然后在试验管内，滴入被检血球液，约 1 毫升，混合之，放在室温内约 1 小时。此际经 A 管起凝集现象，其血球以 A 血清，可以凝集者，即为 B。又经 B 管可起凝集者，即为 A。若 A 及 B 管，俱能起凝集现象者，即为 AB。其俱不起凝集者，即为 O。

但以吾人经验，似无先制定血球液之必要，只需将已鉴定得之 A 及 B 血清，盛之于消毒小试验管内，妥加保存，勿致浑浊。至检查时，用净玻璃棒，点滴 A 及 B 血清，分置于拭净之玻璃片上，成两点，勿待其干燥，迅速刺破被检者之耳垂或指端（该部先用 Aether③或酒精消毒，取出以耳垂为佳），成小创口，涌出血滴。将此血滴滴于血清片上，以净玻璃棒，轻轻匀涂之，使与血清混合，待约半乃至 1 小时干燥后，即可现各样凝集现象。有两滴血清上俱呈凝集者；有俱不凝集者；有 A 滴血清起凝集，而 B 滴不起者；有适反是者，即可分为四种。又吾人或先将被检者血滴，滴于玻璃片上，后以两玻璃棒分加 A 或 B 血清于其上，亦可得同一结果。所难者，即难得已鉴定最初之 A 血清，如既得有 A 血清，即可进行试验，倘使旧有血清用罄，或旧血清已浑浊不堪用，则可择已知之被检属于 A 或 B 者，用注射器采其肘部静脉血液（10-20cc④即已足用），置于净玻璃管内，放置

---

① 瓩：毫升。
② 远心沉淀器上沉淀：离心机上离心。
③ Aether：乙醚，现作麻醉剂使用。
④ cc：cubic centimeter，立方厘米，即毫升（ml，milliliter）。

一日，倾出血清，再施沉淀，用其上之纯清为代。

依此标准，对家族的检查，若父母血液为同种构造时，其子女当亦有此构造，若父母血液为不同构造时，其子女则参有其构造。结果子之血球，对父及母之血清，俱不起凝集反应，而为 AB，即同种血液不能起凝集反应也。苟非为亲生子，则子之血球，对父或母之血清中，或一当发生凝集现象，故此问题，在法医学上，已具有相当价值，若更进而言之，借是或可追寻世界民族之统系。苟能集成一精确统计，必有大可观处也，第惜地大人博，调查方面已多困难，况各族互婚，血族久已侵乱，恐不易获美满希望，同仁先生其有意于斯乎。

此外吾人，并得一觉悟，即现时流行之，以任何人血液，注射补充于过度失血患者，如不先鉴定为否同种，则有反促患者血球凝集之虞，其危险殊甚，按：前次欧战中，以健人血液急救失血过多之战士，颇或神效，则此种鉴定，在临床治疗上，亦有相当价值矣。

【述评】

我国古代有滴血验亲、滴骨验亲之说，林几认为需以科学实验进行评价。因此，林几将"血型鉴定"以"新颖之血族鉴定方法"作为题目加以介绍。文中介绍了 Von Dungern 氏和 Maus 氏对血型分类的对应关系，详述了松田氏实验检测血型的试验方法，以及自己试验得出的更简便的方法，供大家借鉴，并且探讨了血型在输血和临床治疗上的意义和价值。

四、不妊症 Sterilität[①]

【原文】

"你说呢，娶了这一位媳妇，已经八年，还不替我们抱个孙子，白花[②]不见，先得个女花也是好的。学我们养儿子的人，谁不望着娶个媳妇抱弄

---

① 原文刊载于《医事月刊》1924 年第 12 期第 8—16 页。不妊症：不孕症。
② 白花：根据民间传说，人之生是因为花魂临世，人之死是因为花魂离世。白花代表男孩，红花代表女孩。

孙子呢？昨日要叫他们小俩口①到南城观音庵里去，求求送子娘娘，亦许菩萨可怜我们心诚，就送给我们一个白胖小官官来，那才好呢。你道谁知好心倒碰着钉子，他们俩不但不听话，还要说生育是身体关系，跟菩萨没有相干，气得我一句话也不再说。你看这世道，小人们（即年轻人之意）连菩萨都不相信，哼，还不成了反叛么。"一位老太太说着，由烟榻上，慢慢地抬②起身来，徐徐咳了两声，满脸鸡皮皱纹，露出极不心快的相儿。

"嗳，太太，你也不用生气，现在少年们做事，都是这般。至于抱孙子呢，就抱出来大了，知道他，还认得我们、认不得我们。现在外面已经是另一世界，你看一部分学生，还有主张讨父的呢，哼哼。"一位糟鼻子的老翁摇着身子抱着膝盖，斜坐榻旁，这样的答话，并接着安慰。他的她——令正③说："若像你我这一个孩子同媳妇，素日亦幸儿没有那样忤逆，年轻气壮的，待日来还许会生，你不看，陈参议陈文森的太太，不是娶了十二年也没生育，陈老太爷家里亦急得了不得，在大前年，就跟他儿子纳一位小星，却不想到去年，他的太太倒争志气，竟养一个孩子，而小老婆倒没信呢，你说生不生儿子是有准的么，听说这位姨奶奶，还很讲自由，很不规矩，因要争宠要提前生儿子，于是就逢庙逢山，都去烧香，在那吉祥庵雍和宫里，什么笑话都演了出来，求神呀，借种呀，参大欢喜禅呀，直闹得和尚姑子时常望家跑，可真不像样子。好啦，你别气了，勤吃几口烟，睡吧。"

以上一段事迹，是那老翁的儿子，第二天来见著者说的，并希望着著者对于妇人的不妊娠，加以合于学理的说明，所以就引起作本题的意思。以下所言，亦就是著者，对那少年所缕谈的。

不妊娠原因包括说起来，总不外：

甲、原因于男子的。及

乙、原因于妇人的——两项。以我辈做医生的眼光，不妊症——要说是妇人不能生育就无宁说是男子不能生殖，因为其主因十分之七，总属做于丈夫的方面，这是事实俱在，并不是做医生的好替妇人作空言的辩护。

且说受胎的机转，原由于男女性两生殖细胞的融合而起，所以能受胎与否，须以下列两项为前提：

———————————

① 小俩口：原文为"俩小口"。

② 抬：原文为"檯"。

③ 令正：称对方嫡妻的敬词，旧时以嫡妻为正室。

第一，男女各有健康之生殖细胞排出否，属于男性者为精丝，属于女性者为卵子，自勿庸赘。

第二，两性生殖细胞之会合，有无障碍。

无论男或女，任一方面发生故障，而结果统一是——那个妇人未有生育，如果因为不见他生育，就单独归罪于他，岂不太冤枉了么。所以吾人当施行诊断时候，必须让那夫妇并受检查，考其原因，加以治疗，方是公平，方能有效。

惟在男女两方，对不妊症的原因，俱可区分为——不能房事（Impotentia Coeundi）及不能生殖或不能受胎（Impotentia generandai S, Concipiendi）二项。一般无子的缘故，泰半就由于不能生殖。

甲、属于男子的原因

一、男子不能房事：1. 天阉（先天性畸形）；2. 阴茎外伤，如宦官或损伤，又多数青年因患淋病，阴茎遂强度弯垂（后天性畸形）；3. 曾罹重症全身病者（如糖尿病、脊髓痨、肾脏炎、各种恶液质等）；4. 中毒症——就中以阿片（大烟）上瘾大者为甚；5. 神经衰弱者；6. 房事过度——最为常见，这是青年夫妇所宜慎重的（按此话系对老翁令郎说的）。

二、男子不能生殖，又可分为不能射精 Aspermatismus 及精丝①缺乏 Azoospermie。所谓不能射精者，即是虽能交接，而精液不能排出，例如射精管闭锁，或身体衰弱，俱能致此，又避忌交接者，亦能使精液不能排出。所谓精丝缺乏者，实为男子之最大原因，即在精液中，竟无精丝，或即有之而数甚少或精丝不健康——其运动非常微弱，或精丝已全死亡。此在淋病患者，往往发生有两侧淋病性副睾丸炎，精液输路闭塞，所以妇人无由受妊。又常手淫不自保重者，精液每较形稀薄，且神经益多衰弱，亦不易得子。吾人检查精虫，以新鲜精液镜检为佳，惟手淫所得者往往只有摄护腺②分泌液，内原不含有精虫，勿能作准。

乙、属于女子的原因

一、女子不能房事：1. 石女即锁阴（Gynatresien），以部位的区别，又可分为处女膜闭锁（Atresia hymenalis）、腔③闭锁（Atresia Vaginalis）；2. 腔挛；3. 外阴部或腔部——有肿瘤或腔高度瘢痕狭窄，盖受胎必须精丝能进

---

① 精丝：精子。

② 摄护腺：前列腺。

③ 腔：指阴道。

入内生殖器，方得与卵子会合，否则无由受妊，然此种故障，原甚罕见。比较的①，仍以不能受胎为主因者较多。

二、女子不能受胎：

1. 子宫喇叭管②、卵巢之发育不完全，子宫闭锁，两侧之喇叭管（输卵管）闭锁等，能致卵巢所排卵子不能达到子宫，则绝对不能受胎，然此种故障，比较稀有；就中子宫体及喇叭管闭锁，在后天性亦能获见，如施该部搔爬手术或腐蚀——或患重笃炎症后，有时其内壁肥厚，逐形闭锁；反之或子宫及喇叭管壁，合并起萎缩状态（Verkümmerungszustand），则亦得同样结果。惟吾人所遭，女子之不能受胎一症并不常见有上述之各种绝对原因，往往系由于相对的缘故，以引起受胎困难，兹姑自生殖器下部向上顺次略述其概要于次。

2. 腔卡答（Katarrh）及膀胱腔瘘时，腔分泌物（白带）甚多，此种分泌物与尿皆系酸性，而精丝则在 Alkali 性液中，方能维持生活，若至酸性液中，即时顿失其生活力，所以此际自男外生殖器，在腔内射出之精丝，皆成为不健康的或死亡的。在有淋病者，白带一定增多，凡正当女子发生淋病，概由其男人所贻害，故原因仍在男子。

3. 外子宫口狭窄，固有妨于受胎，且其位置并子宫腔部之形状，亦与受胎有相当关系。受胎最适宜者，即子宫腔部与腔道须成为直角位于中央，外子宫口向后位置为佳，此时子宫腔部，可浸没于新射出精液内，精丝最容易由子宫外口达于子宫内，至喇叭管与卵子会合。

4. 子宫颈管卡答时，其分泌物不但为精丝通行的阻碍，并对精丝生活力亦有影响，又颈部发生肿伤时，往往可为精丝上行的阻碍，如患癌肿，尤多不能生育。

5. 内子宫口狭窄，设子宫弯曲异常，如子宫后屈或病的子宫前屈时，常致本症。

6. 子宫高度畸形或发育不全，自然不能受妊，但是属于先天性的，本所鲜有。

7. 子宫内膜炎，此最常见，尤以淋病性内膜炎为多，其内膜分泌异常，对受胎影响甚大，而淋病则多自男子所传染，故其罪仍须男子负之。

8. 子宫肿疡，殊以筋肿易致不妊症，其原因则由肿疡能引起子宫腔变

① 比较的：对比而言。
② 喇叭管：输卵管。

位及狭窄，且常并发内膜炎，对精丝之通过，甚形困难。

9. 喇叭管炎，喇叭管为输送卵子之专道，月采卵巢成熟滤泡所排出之卵子，运至管腔内，备与精丝会合（受精）后，再送之于子宫。兹此要道发炎，输送功用当然减退，即其分泌物亦有害于精丝及卵子之生活，至喇叭管炎之原因，则亦多为淋菌传染。

10. 慢性卵巢炎，卵巢滤泡之外的白膜，往往肥厚，成熟之滤泡（内藏新卵子）不易发生破绽，卵子乃不能排出，又卵巢周围炎（Perioophoripis）时，卵巢多为纤维性被膜所包裹，亦有碍于滤泡之破裂，此种炎症，淋疾又是他的重要原因。

11. 卵巢肿疡，足致内生殖器位置异常，故亦每成为受胎障碍，如非两侧卵巢全部俱生肿疡（如卵巢肉肿等恶性肿疡）设尚有一小部分卵巢组织健存，则仍有产排卵子机转，当未能决其不能妊娠。

12. 骨盆腹膜炎，时因其渗出物或脏器愈着结果，能使生殖器位置变更，甚至喇叭管腹腔端，竟成闭锁，或全卵巢皆愈着包被，卵子逐不能进喇叭管内。

13. 骨盆结缔组织炎，因其渗出物或瘢痕性萎缩，常引起生殖器位置变常，有碍于受胎。

以上十三项局部原因之外尚有：

14. 全身营养障碍，例如肥胖症萎黄病恶液质及中毒症，其中尤以吗啡（阿片）中毒等常致卵巢萎缩，制卵之机能减退，此际常发无月经症（Amenorrhol）更无须言及受胎。此外，当结核病（肺痨）时，间有不妊者，惟属少数。

15. 神经异常，如精神病者，往往有不任交接，或 Hysterie 妇人，嫌近男子，当然不妊。

当著者说的时候，那位少年听着，很①用心，时而点头，时而痴住，等到著者住口，即刻就很诚恳的请教不妊症的疗法，于是我就说：

至于疗法呢，惟一②就在灭除病因。除一般先天性畸形或没法治，其余在女子之生殖器变位及后天性畸形，皆可经医生施相当手术，以求治愈。倘其原因系由于全身病的呢，则只须治好了其原来疾病，使身体安养得强壮，亦自然就能够生育。若患了肿疡，恶性的必须手术摘去病的生殖器，

---

① 很：原文为"狠"。下同。
② 惟一：原文为"唯一"。

如子宫癌两侧卵巢肉肿内皮细胞肿等，不治即有性命之忧，此时要保全住大人生命，当然施行摘除手术，而手术后之能生育与否，自不能议及；若为良性的肿疡，施手术后，痊愈了，自然能同没有病的人一样，可以生育。又淋病，实为不妊症之最大原因，必须自家珍重勿犯，即患了即须勤治，如在男女两方俱检知，并无著明异常，而久未妊者，则可注意下之数点。

一、交接后，妇人于一定时间内，身体取侧卧位或骨盆高位，以防精液流出。

二、禁止房事及手淫，分床二三个月，身体皆安健后，待月潮后约一星期内再行房事，常可达到受胎的目的，即所谓寡欲多男是了。

三、子宫头或腔部有轻度卡答时，白带增多，能消耗精丝之活动力，则常宜用稀薄 Alkali[①] 性溶液，例如 3%～5% 磷酸曹达洗腔，用防分泌液之防害精丝，闻有奇效。

四、温泉对不妊症虽无直接效力，惟对生殖器疾病颇有相当效果，故用之亦可收间接效力。

五、人工受胎法，以健男无花柳病的精液约 0.5 毫升[②]，在无菌操作之下，以注射器向子宫内注入，其注入时间以月潮后一星期以内为宜，但其成绩不确，常伴有危险，故勿滥用，此在老夫少妻而无子者及天阉或不能射精与精丝缺乏者，偶有行之。

【述评】

本文从男女两方面详细解释了男女不孕症的原因，指出不孕症中男性原因占了70%，通过不孕症知识的普及，有利于纠正社会上不孕埋怨女性的陋习，对于女性家庭地位的提高具有积极的意义。文中简单总结了不孕症的治疗方法，有利于社会民众加强对此疾病的防治，不再求助于非科学的方法。

① Alkali：碱性。
② 毫升：原文为"立仙"。

五、司法改良与法医学之关系①

本增刊宣告延期一月出版，林君以是篇见惠，嘱为列入，特为刊载于此。编者志。

【原文】

全世界里，现在独剩了我们中国，还带着国际不平等的领事裁判权②箍子，其有损于国家的主权，自不待言。然而在 30 年前的日本及近来的暹罗③，当初还不是亦曾受了这种无理的待遇么？可是人家因为国民能一致努力的结果，将旧式的司法着着革新，到了现在，那一国还再敢藐视他们；他们已经先后地把领事裁判权的箍子解去了。所以我们如要想收回领事裁判权，亦得要预先改良司法。换一句话说，就是以彻底的司法改良，为收回领事裁判权的准备。如果司法的各方面确已完全革新，其文明程度能超过列强现行的制度，就是退一步，亦得与列强在水平线上并列，那时节他们难道还有所借口，霸着不还么？

这几年来，国人心目中何尝不希望着，准备着，得收回领事裁判权；所以对种种方面从事改革，如改订法典及审判制度，改良监狱制度，整顿司法行政，栽培法界人才，等等。其中且有一部分业已努力改革，倘若跟旧日黑暗情形相比较，不得谓没有相当的进步。惟其中尚有一项，必须彻底革新；并且如不革新这一部分，则一切司法改良，亦不能臻于完善。可是在一般人的脑海里，好像还没有觉得这是改良司法的极重要一桩事情。

这是什么呢？就是要免除去旧式的仵作④式的鉴定，而代以包括有医学及自然科学为基础的法医学（裁判医学 Gerichtlich Medisine）来鉴定并研究法律上各问题。

① 原文刊载于《晨报六周年增刊》1924 年第 12 月期第 48—53 页，作者署名：林几，完成时间：十三.十二.五（即民国十三年十二月五日，1924 年 12 月 5 日）。
② 领事裁判权：帝国主义国家通过不平等条约在半殖民地国家取得的一种特权，即外国在华侨民不受我国法律约束，而由其本国领事依照其本国法律对其行使管辖权。为外国在华侨民脱离中国司法管辖的一种特权。
③ 暹罗：泰国的古称。
④ 仵作：旧时官府检验命案死尸的人。

法医学的应用，原普及立法、司法及行政三方面。例如立法的时候，所制定的法律，必须采纳医学知识为法律的基础。在行政方面，如死因的检查，若由于传染病所致死，而不加以消毒的处置，则可以成为社会之祸患，此时行政方面当然须借重于法医。但此两方面尚属法医的副职务，其主要职务，即系为司法的鉴定人。

多数的医师或法曹①，总以为法医鉴定人，只需具有普通医生知识的，就可以充分的判断，又何必特修法医专科呢？但在实际上，则往往非经专门的法医人才，不能作正确的鉴定。比如对一件最简单的殴打案件，其"创伤预后鉴定"，医生常不能够规定得一定治愈的日期，只能说"大约须经几星期或更多的时间"。此在医学上原不成为问题，然在法律上，法官必须依其最少或最多时间为标准，定一确定的时期，以便对加害者加以相当的处罚。轻伤的偿金即足了事；其长久不能治愈的创伤，则需科以刑罚，其处罚固大相悬隔，若是鉴定的时期过有出入，则加害者或被害者，无论哪一方将受意外的损失。况且一般外科医生，常常偏重于治疗的研究，对于所发生创伤，系由于何种凶器及当时使用凶器的方法，多未能判别；就是病理学者，虽仅能发现疾病的所在，而对直接的死因，往往亦不能遽断；就中尤以初生儿是生产②或死产的鉴别，更少有经验的了。又若普通的化学家、药学家，固巧于检定大量药品，而对少量的证品，极微量的毒物，就多无从着手了。更有那腐败的产物，在人体内原非罕见，往往具有与毒物类似的化学反应；当尸检的时候，是否有毒，尤难鉴定。像这种的学问，须推法医学家特别研究得精到了。

法医学范围既如是伟大，溯在 16 世纪，欧洲就有提倡应用的了。在1507 年，Bamberger 氏曾出版有 "Peinlich Halsgerichtsordung" 一书，到1532 年 Carls 氏续著有同类的刑律。据这两种书内所载：凡发生杀人、杀小儿、坠胎及中毒等事件后，医生需出庭为鉴定人。到现在，欧、美、日本各国，不但刑事民事问题，要采用法医学，作合于科学的检查同判断；即如正时兴的保险法，亦归于法医的范围。此外有多数学者主张，犯罪人及禁治产③者，为国家病人，其犯罪行为，为国家疾病；而须研究其所以犯罪

---

① 法曹：古代司法机关或司法官员的称谓。

② 生产：活产。

③ 禁治产：民国时期法律术语，即对心神丧失者（如疯癫、白痴），由于失却知觉作用，民法上禁止其自行治理财产。

的原因，检查犯人身体及心理状态，并对于犯罪行为，须研究预筹防范于未然的救济方策，所以法医学范围益形扩大，即成为社会病理学了。现在俄国法律，对儿童犯罪，必须经司法官、医生及教师的共同审判，考其所以犯罪的缘故。如果系因为脑系统有病，或身体上有其他障碍，能致该童一时呈异常举动，当然就交与医生去治疗；如由于教育不足，知识薄弱，致有出轨行动，当然交与教师特别训导。其立法乃比世界各国更进一步了。

我国以前对于人命案件，亦由仵作本着《洗冤录》的经验，对被害者或证品作仵作式鉴定。其中虽有一部分，系自经验得来，平心而论，或不无可以借重的地方，然而大部分则不合于学理。这些都因为他们流充差役，毫无学识，第知墨守陈法，食古不化。如此下去，虽再过千年，恐怕还是守着九百年前宋人著的《洗冤录》蓝本。那如何能与世界科学进步的各国相并驰呢？

最近医大①病理教室，曾接到边省三年前已判决的命案。当地审判官尚称细心，因前后两次仵作检验结果，不能相符，故将该案尸身的检验书，及第二次的验断书，送京征判。只看着两书上附绘的人形图，内脏骨骼的位置，就已多错误了。尤妙的，是第二次验断书的内容，施行蒸骨验尸法。其法用麻绳穿骨骼，放在坛子内，掘地烧炭而闷蒸之。据说再注以酒醋，在日光之下，张起红色油纸伞，能瞧见已腐烂的尸体，固有伤痕，尽现在骨上，或呈红色，或淡红色，或青紫色的阴影，这称作血瘢。其实历时已越三年，即使当初打伤之后，血液果然直渗到骨头上边，然而经了如许长时间后，皮肉也都已腐化了；何况是血液，早起了分解，血液内所含的血色素亦早已消灭，安能复呈红色呢？万万没有无论轻重的伤痕，到了人死之后，都可以直渗到骨，以待皮革化的时候，预备着供给仵作检验的道理啊！所以他们亦因为有时在伤部骨头上，寻不出所必须看见的血痕，于是更曲为解说"凡男子下部受伤，则血瘢在上下牙根里骨，伤左者见右，伤右者见左"，这真不知凭什么根据，实在过于理想得玄妙了。然而玄妙是跟科学不能并立的，当这个时代是不行的了。

尚有平常仵作检查中毒与否，就用圆扁两根银棍，扁的自尸口探入，圆的自肛门探入，就凭这样子的一探，瞬间即行抽出，如棍呈黑色，擦不去，就判验为中毒。其实最易使银变黑的，莫如硫化水素②（因成为硫化

---

① 医大：指国立北平大学医学院。
② 硫化水素：硫化氢。

银，其化合力甚锐）。凡食了含硫物品入肠，设与水素①化合，则遇银必使之变黑。那么，食松花蛋的，不幸猝然死了，其死因不明，而在尸检的时候，就许银棍变黑，难道就疑他中了毒么？凡人在生的时候，肠里边本常有种种气体，到时候发酵腐败的作用益大，此类能使银棍变黑的机会，实在很多。其是否中毒而死，又如何可以遽然借根银棍来判别呢？再者中国人常说，食砒霜者死后，用银棍探验，必定变黑。其实砒化银，系呈紫色斑点，且其化合力，决不像硫化水素对银来得锐猛；若以为只要银棍上下一探，瞬间抽出，就可以起了化学的变化——成了砒化银，那就未免太无化学的常识了。

然而以上所说的银棍，对硫化水素还算是能将他试验得出来的。更有内服盐酸、青酸②、火柴（磷）、Digitalis③、Strychnine④、吗啡、阿片、升汞等多数毒剂而死的，若用银棍去检查，敢保其不至于变黑，这难道就算不是中毒吗？更有吃了甲种的无毒食品，次再服乙种的无毒食品，而两种食品所含成分适好可以化合成为有害的物质，其量多了，当然也有害于身体了，譬如服了自来血⑤后再喝茶，自来血内含铁质甚多，茶内含有单宁酸，于是原来虽都是溶解性的物品，而结果即变了不溶解性的单宁酸铁，则肠之内容染成黑色，倘若我国法庭遇到此类的案件，又要怎么样推究呢？

至若血痕检查，如单凭肉眼的判别，在多量的时候，就平常人亦都能知道。但逢着极微血迹的类似斑点，那就极易误认了。如铁锈及经水浸过的旧朱漆木器上所留的水痕，俱与血滴痕迹相似，那就非用化学及物理学的检查，不能区别了。更进一层说，此部斑痕的确是血，而是否人血，亦属一重要问题。且即是人血，这血痕还是由创口血管里喷溅出来的呢？还是由口吐出来或咯出来的呢？其中情形出入甚大，岂可冒昧判断的吗！

又听说，还有一种滴血辨认亲骨的方法，据《洗冤录》所载，没有同在一骨的一部，有两个结果的反证（就是亲人滴血沁了进去，只见此等例；而另外一人，亦在此骨同一地方滴血，决不渗入，无例）。若拿我们医学的眼光看起来，这个实在有点荒谬，不能成立。因为凡是骨未腐，骨膜未损，

---

① 水素：氢。
② 青酸：氰酸。
③ Digitalis：洋地黄。
④ Strychnine：士的宁。
⑤ 自来血：中药名，为茜草科植物岩泽兰的全草，可以活血调经，补气养血，生肌，止咳。

其上滴了血液，当然不能沁入。如入土多年，骨已朽霉，骨膜已损失，那么，不论亲人不亲人的血，滴到石灰质——骨的上面，当然可以沁入。不过碰巧恰滴在骨质小孔的去处，那就不论新旧骨殖①上，亦都可以渗入了。所以我说这个法子，大概是古人留以安慰多年寻亲骨殖不着的孝子罢了，可惜在科学上实在太没有根据。

要像这样件作的刑事检查，当着这科学万能时代，怎么能够得到外人的信任呢？就连本国稍具有医学及化学知识的人们，对他亦是不放心呀！对这种事实，在司法界上如不彻底的改良，无论哪一方面尽管粉饰十分文明的模样，而其法律的施行，既无真确鉴定为根据，难道能算得尽善了么？那要命的箍子——领事裁判权，又何日能收得回来呢？人生最紧要的是生命，法律是生命的保障，而法医学就其最小应用范围而说，已经是这层保障的柱石；如法医学不完备，那就是这层保障有点靠不住，何以大家对于法医学都很漠然呢？

领事裁判权，我们是决心的要收回来的；那么，关系重要的法医学，当然也是决心要着着②猛进改善的，而对于运用法医学的人才，当然更是所需要的了。然而环顾国内，欲寻一法医学专家，竟不可得。（裁判化学家，在北大只有一位，指纹研究家，在警官学校只有数位。）普通医生对法医的研究，既不精细，即在各地国立或省立医校，亦未设有法医学专科；就是北京医科大学，亦不过把他附在病理教室，作为一门功课而已。现在我国既需要法医学专门的人才，即须急速地栽培法医学专家，并设相当优美的法医学检验室。

要栽培法医学专家，当然须由有相当程度及志愿的医学家中选拔，遣赴各国留学。其经费或由司法部及教育部供给，或由学校及志愿者筹备，再由部给以相当的津贴，则三四年后即可学成归国，为社会服务。然仅有一空拳赤手的法医学家，则无论何等精明，亦无能为精细的检查，所以须由教育部或医校另筹小款，即在各地医校内，略事检验室的布置，设有余裕，再行扩充。各地司法机关，如遇有必须法医检验的案件，可以分别就近送去鉴定，若是，则在各方俱不多费，那么，政府就是很穷，为了准备收回国家根本的主权，难道还惜小费吗？且在医校教育方面，既有进步，借此教室，更可无限制地栽培出无数的法医学专家，或兼富有法医学知识

① 骨殖：尸骨，尸体腐烂后剩下的骨头。
② 着着：读作 zhe zhe，一步一步地，逐渐地。

的医生。在司法机关方面，除借以鉴定案件，更可塞住外国人的嘴，免得再来讥笑我们是18世纪的司法，这一举尚不只是两得了呢！若以为我国地域广阔，穷乡僻壤，何来医生，对于检尸等等当地检查，仍不能免要靠仵作。然此种问题，甚易解决，只要在各医校法医学教室内，附设一法医学专班，招了中学卒业程度的学生，专习法医二年，其人数即够分配了。就是每一检察厅具用三名，在全国才有几个检察厅呢？也不怕不够分配。况且有些地方，当地仅有精于剖验的医生，尚可临时聘用，所以在事实上并不至发生困难的。

此种栽培法医学专家的实行，是刻不容缓的了。缓了一天，司法的基础就晚一天巩固，对收回领地裁判权，就晚一天免去外国人的口实。现在世界里法医学的进步，常与自然科学并驾齐驱。自犯罪搜索学进步之后，就将人身测定法及指纹法归附于法医。自血清学的进步后，人血及兽血的鉴定就十分便当。最近尚有 Van Jungern① 氏、Maus 氏、松田氏等，利用前哲 Landsteiner 氏说的一句话："凡同种血球相凝集，依此现象，当得区别人类血液之特异构造"。而谓借血清凝集反应，有四种异象，可以为血族的鉴定（其较详记载，在艾酉学会所出版的《医事月刊》第9期中，余会略为述及，在此自勿庸赘）。此外自 X 光发现以后，对身体内异物检定，亦大便利。如此诸端，可知法医学的进步，在今日已有一日千里之势，安能不急起力追，以辅助司法的改善呢？我们总希望着教育界及司法界携手努力，则收回领事裁判权的日期，亦非远了。

【述评】

这是一篇中国现代法医学史上的重要文献之一，它开启了中国现代法医学制度的改革，对中国现代法医发展史和林几法医学术思想的研究都有重要的史料价值。

林几在《司法改良与法医学之关系》一文这样表述：改良司法收回治外法权包括"改订法典及审判制度，改良监狱制度，整顿司法行政，培养法界人才等"，"惟其中尚有一项，必须彻底革新；并且如不革新这一部分，则一切司法改良，亦不能臻于完善"。这"就是要免除去旧式的仵作式的鉴定。而代以包括有医学及自然科学为基础的法医学（裁判医学）来鉴定并

79

---

① Van Jungern：指 Von Dungern。

研究法律上各问题"。那么，改良司法与法医学有什么关系呢？林几认为，传统法医检验功效与影响是有限的，而现代法医学涉及立法、司法及行政三方面。多数的医生或法曹，总以为法医鉴定人，只需具有普通医生知识就可以充分地判断，何必专修法医专科？但实际上，则往往非经专门的训练的法医人才，不能做正确的鉴定。例如，一般外科医生对于所发生的创伤系由何种凶器及使用凶器的方法，多未能判别；病理学者，虽能发现疾病所在，而对于直接死因，往往不能判断；对于初生儿是生产或死产的辨别，更少经验了解；普通化学家、药学家，对极微量的毒物多无从着手；对于腐败的产物往往具有与毒物类似的化学反应，当尸检时，是否有毒，尤难鉴定。需推法医学家专门研究。国外，凡发生杀人、杀小儿、堕胎及中毒等事件后鉴定人需出庭，而这些法医学鉴定，传统仵作检验已失去功效，不能胜任。因此，要收回治外法权，必须改良司法；要完善司法改良，必须建立专门法医鉴定机构和专门培养法医人才。

　　林几认识到，欲发展现代法医事业，首先面临的问题在于法医人才的培养。然而由于旧观念束缚、经费困难和师资缺乏等因素，法医人才培养困难重重。林几也注意到当时国内法医人才的匮乏和培养体制的不理想，"环顾国内，欲寻一法医学专家，竟不可得。普通医生对法医的研究既不精细，即在各地国立或省立医校，亦未设有法医学专科；就是北京医科大学，亦不过把它附在病理教室，作为一门功课而已"，很显然，这种法医人才的现状远不能适应法医事业发展的需要。为了较快改变这种局面，他向行政当局建言：当务之急应当采取两个对应措施：首先，急速栽培法医学专家，设立完备的法医学检查室。要栽培法医学专家，可以采取选派有相当程度的医学家，赴各国留学，由国家公派或给予相当的津贴。待这些法医学专家学成回国后，政府设法筹款在各地医校内设立检验室，以利于他们开展工作。其次，考虑到"我国地域广阔，穷乡僻壤，何来医生，对于检尸等等当地检查，仍不能免要靠仵作"的现实情形，他建议各地政府在当地医校附设法医学专班，招生学生专习法医二年，即可应付当前之需。

　　在中国近代，西方列强根据强迫中国政府签订的不平等条约获得了领事裁判权，是对中国独立司法主权的剥夺。林几教授呼吁培养新式法医学专家，培养科学的法医学人才，进行司法改革，为领事裁判权的收回提供强健的司法体系保障。体现出忧国忧民、反帝反封建的爱国情怀。林几教授从银棒试毒、滴血辨认亲骨两个典型的旧式仵作式的鉴定抨击旧式司法的弊端，详细阐述了培养新式法医专家的必要，对于组建以医学及自然科学为基础的法医学提出了初步的建议和构想。

由《司法改良与法医学之关系》一文可见，这一时期的林几不仅意识到发展法医学的重要意义，而且高度重视法医人才的培养，并积极向当局建言献策，在法医学教育对象、教育方法等方面有了初步的认识。但这种认识还不够具体，而且对法医学教育目标、规划、内容等基本问题还未有论及。因此该文的发表可视为林几法医学教育思想的萌芽。

六、氧化碳①的中毒——煤毒②

【原文】

冬天既到，北地严寒，非生烟不足以取暖。而细民蠢蠢，到了冷的时候，只知道求暖是一桩乐事，但不知，凡事情乐得太过，就要生悲的，且看下一段的事实。

"哎呀！顺子的娘！你上那里去，直到这时候才回来，我的头好晕，耳朵直嗡嗡的响，心里直发呕，好像醉了酒似的。"一位四十多岁没有胡子的男人，躺在火炕上哼声的说。

"别不是你又喝多了酒吧！你看脸亦是通红的。"那屋门开处，进来了一位三十多岁粉面鲜衣的妇人，俏声着说。她更继续着说："我去厨房里泡点浓茶给你喝，定定心，好好睡着就好了。"她一面说着，一面脱下外衣，换了家常服装，就开那紧闭的房门，独到隔院的厨房里去，等了约半个钟头，手里提着一壶开水，回到她自己的卧室里。

"咳！屋子里的气味，比厨房里还大"，她一时将茶冲好了，同时回过头来，对她的男人说道，"喝点茶吧，喝茶吧！"然而坑上睡的并没有应答，只听得睡得打呼。

"你看真睡得香，泡茶的工夫儿，他会睡的什么着了。"她一面说着，一面走近坐在坑缘上，一手端着茶慢慢地品，喝了几口，转瞬向着坑左睡

---

① 氧化碳：指一氧化碳。

② 原文刊载于《医事月刊》1924 年第 14 期第 1—6 页，后又刊载在《法医月刊》1934 年第 4 期第 65—68 页，作者署名：百渊。两文发表时的"开场白"不同，内容基本相同。

的一个小孩——他们的女儿——望着，更微笑地说："你看顺子亦睡得这么香，两个颊儿红得像胭脂。哎！屋里气味真不好，别是火太暖了吧。"说着转身半倚着坑上用手理一理那小孩（顺子）所盖的被衾，嘴里还说道："乖乖睡着吧。"忽然那小儿手足不住地轻轻抽起来了，她于是喊着："顺子！顺子！乖！你做什么梦，别害怕，娘在这里呢。"谁想顺子仍是不醒，大有要起惊风的样儿，吓得她急急将顺子抱在怀里，并大声向她的男人喊："快起来！快起来！！顺子病了，惊风！！快起来！怎么一个大人，会睡得这样的死，喊了半天亦不醒，快起来！"说着用一手去推他，而他仍然睡的打呼，好像是毫无知觉似的，那猪肝样的酱糟脸，映着半明不暗的煤油灯下，特别觉得难看。

"怎么了！"说着，一位六十多岁老太太推开房门来问，并一面走将进来。

"太婆！小顺子不好了！抽风呢。"那媳妇很凄惶着答应。

"你看！他们爷俩的脸儿怎么这样的红，还睡得人事不懂，别是熏了煤吧。"一位六十多岁斑白发的老汉接声着，已经踱将进来，走到炕前一望，口里说："幸不妨事，快！快！快！将他们都抬卧院子（天井）里，换一换新鲜空气，就会醒过来的，媳妇们亦都别在这屋里，快出来！不然连你们亦要熏着了，这屋门开大点，真不懂像这么大的一个人，只知道取暖，窗户上糊得连空眼都不留一两个，难怪要受这罪呢"……

列位请先猜猜这是怎么一桩事，那老头子的治法有灵没灵。

凡木炭、石炭等燃烧的时候，煤如透了（即完全燃烧），就会发生一种无色无臭助燃且比空气重，名叫二氧化碳（CO_2）的气体，这种气体虽不会直接毒死人，可是设若空气里边含这种气体到 5%～15% 的时候，则由动物肺所呼出的二氧化碳，必定不能畅快地排出，换一句话说，亦就是新鲜空气不能畅快地吸入，遂致体内二氧化碳多量累积，其结果亦与吸入一氧化碳相同，可以使人昏晕而致命的。所以二氧化碳，可以作为熏煤的助凶。

凡木炭、石炭等燃烧的时候，煤如未完全烧透（即未完全燃烧），亦会发生上言的一氧化碳（CO）气体，这种气体虽亦是无色无味并且无臭的。然而如同世上越是坏人，越不摆在面上，它的毒力确是很大，它虽不帮着物体燃烧，而却能自己燃烧，如在煤火上所发生的青蓝火焰，就是这个气体自己燃烧的现象。当它燃烧的时候，能与空气里的氧气化合，变成二氧化碳，化学程式就是 $CO+O=CO_2$。

其所以有毒的原因，是因为一氧化碳能与动物体内赤血球①的血色素结合，倘若多量吸入这种一氧化碳，赤血球的血色素都与它结合成氧化碳 Haemoglobin（Carboxyl haemoglobin），而不变为氧化 Haemoglobin，于是赤血球遂失去做氧气输送者的资格。大家想，我们体内一时绝了氧气，难道不要死么？像这种憋死的原因，不由于气道外边，所以医学上名称叫作内窒息。

人们既中了煤气，先刺激中枢神经，于是初有头晕、呕吐，渐起痉挛（抽风），再渐趋于麻痹，遂陷昏迷，若此种气体吸入达 0.8 瓦②以上，即足致命。在点煤气灯（水月灯）所在，末世悲愤的人们，往往放出煤气灯的气来而不燃着，使一氧化碳源源输入屋内，不能变为二氧化碳，以遂了他们的自杀志愿，其所以能致死亦是一样。

中毒经过久了，心脏、肾脏及肝脏都可以起退行性变化。

照这样的推究起来，被煤熏而昏死的，皆因为吸入多量的碳氧气（一氧化碳或二氧化碳），而不能吸入新鲜空气。那么那老头子的经验疗法，确是不错的了。被熏闭的人，移在新鲜空气所在，解开衣衾，别怕他冻着，再上下推移其上肢以助他呼吸，如此不久，知觉就能够渐渐恢复。惟头痛、呕吐、衰疲、食欲不振等等症状，则更要几天方能够见愈，如给一点醋汤喝喝，很可以开胃醒神，不过在中了煤毒以后，往往发生或残贻有精神异常，很不容易好的，倘若中毒的人，全身已经冰凉，呼吸已经绝了许久，心跟脉搏亦停止，那当然是莫能救的，其所以致死的原因，多半由于内窒息后呼吸麻痹、脑出血、脑软化。

前所述的老头的儿子及孙女，还因为发觉得早，所以还能有救，不然要是到第二天才开门，恐怕连那小顺子的娘，都一块要赴阎王宴去了，岂不危险吗？

咳，一年到了冬天，耳目中总不断要看见煤熏的事实，我们如要避这个危险——预防中煤毒。

第一，住屋内，空气必须流通，在屋高处多开几个窗眼，或用卷窗更好。

第二，所燃的煤必须要燃透了（即烧红了），或用有烟筒的洋炉，放煤气到屋外去更为妥当。

第三，如在屋内炉上，放一壶开水，使水蒸气蒸发，或用一盆石灰水

---

① 赤血球：红细胞。

② 瓦：张锡纯《医学表中参西录》"西医用药分是以柯兰某（gram，克）为起点，合中是二分六厘四毫。东人依其法而易其名曰瓦。"即 1 瓦＝1 克。

亦可，那么就有多少量煤气，亦会与石灰水化合成碳氧化钙[1]（$CaCO_3$）及水 [$Ca(OH)_2 + CO_2 = CaCO_3 + H_2O$]，就没有毒了。

【述评】

该文用通俗的语言，科普了煤炭燃烧时产生一氧化碳和二氧化碳的机制，科学地提出了预防氧化碳中毒的科学方法。在当时文盲率超过80%的社会文化背景下，这种科普性的短文对于预防意外煤气中毒死亡发挥着积极的作用。

林几很早就认识到，科普从本质上说是一种社会教育。其基本特点是社会性、大众性和持续性。法医知识并非讳莫如深，法医知识能够服务大众。法医科普的社会化、大众化和经常化，不失时机地渗透到各种社会活动之中，形成规模宏大、富有生机、社会化的法医知识传播，继而提高法医学的社会地位。林几提倡法医专家面对社会开展法医科普的思想和做法，在今天仍有重要的启发价值和现实意义。

此外，林几除了编写法医学教材培养法医师、法医研究员以外，还编写《简明医师用法医学讲义》《法官用法医学讲义》；在北平大学医学院、中央大学医学院、西北联合大学医学院、东南医学院、江苏医学院等大学授课时为医学生编写《法医学讲义》；编写了《罪犯心理》；在病逝之前的1951年6月还参与编写出版《食物中毒》一书，该书介绍了法医中毒学在食物中毒中的作用。

因此，林几一生不仅致力于法医学鉴定，还致力于法医学知识的普及，其目的是使大学师生、医院医生和大众、社会了解法医学的内涵，帮助高校师生、医院医生了解法医学知识，满足大众、社会了解法医学专业内涵和发展趋势的热切要求。为法医学走向大众，走向社会做好铺垫。具体地说，医生了解法医学有助于证据固定和防范医疗纠纷，大众了解法医学有助于对证据保存和鉴定的采信，这是法医学最终受社会认可和学科走向成熟的重要标志。林几的学术思想和他的大众法医学理念为后人树立了典范。

---

[1] 碳氧化钙：碳酸钙。

林几论文研究

七、最近法医学界鉴定法之进步①

【原文】

一、新颖父权诉讼法之血族鉴定法

二、比较解剖学的人类及动物骨片之鉴别

三、溺死之新鉴定法

四、毛发鉴定之新参考及稀奇之堕胎行为

法医学一科于吾国医界，可谓寂寞无闻。其实此学科所研究范围包罗至广。为国家应用医学之一，亦即社会之病理学也。凡国家立法、司法、行政三方面，无不有需于法医。就中尤以社会民众病状的调查及其病因的研究，以共谋救济政策并供立法与行政时之参考为首要（故社会医学 Soziale Medizin，Medicine Socialism、保险医学 Versicherŭngs Medizn 、Medicine of insurance 灾害医学、unfallheikŭnde Medizin、Medicine of accidents 等科亦包含于内）。即其应用上最小范围，亦助司法之各种刑事案件之鉴定，并伪病或匿病之检查。故法医学者，是以医学及自然科学为基础，而鉴定且研究法律上问题者也。夫法之所贵，赏罚必信，苟被检举或嫌疑犯者，犯罪行为证据，不甚充分，则乌可遽施以判决。吾国对刑事案件，自古以来已能注意及斯。惜后人每食古不化，墨守陈章，于是延至今日，犹凭借于千余年前宋人经验所录，非科学之《洗冤录》，以为刑检之蓝本。且将鉴定要务委于不学无术毫无常识仵作之手，似难免有蔑视法律尊严之诮。观《洗冤录》中所载陈法，虽在实际上亦有可供引用，然其荒谬绝伦，类若神话，乃全凭于古人理想者亦确非鲜。吾人固至爱吾中华，至仰吾古人，佩其富有理想，伟有创作，而实不屑于后人之不能追踪精研，推旧更新，以致当此科学世界，终落于人后，不亦怨哉。（《洗冤录》中不合于科学原理诸点，忆前冬因应北京《晨报六周纪念刊》征稿，曾草《收回领事裁判权与法医学之关系》一篇，已略论及，兹不复赘，又闻英人在华某君②曾对此录亦有同

---

① 原文刊载于《中华医学杂志（上海）》1926 年第 12 卷第 3 期第 220—237 页，作者署名：林几。

② 在华某君：指英国人德贞（John Dudgeon，1837—1901），字子固，英国格拉斯哥大学医学硕士，1863 年受伦敦会派遣来华进行医学传教 38 年，1873 年他在《中西闻见录》连载发表《洗冤新说》。

类批评，惜未能寻得其文稿也）。然则如是，其刑事所鉴定者，遽能确以为信乎？其果能合于现在时代文明国家之制度乎？法律为人民之保障，法医鉴定，则更为法律尊严信实之保障。设法医鉴定，乏所根据，则法律所对人民保障，又复云何哉？顷国人皆知努力以改良司法，希即收回法权，司法界及医学界人士，亦渐感本科对本国之需要，几①虽不敏，心窃好之。现特于研究之余，选择各国成书所未载，而为最近法医界中新颖已解决问题，简要适宜者，罗举数端，用贡诸邦人君子之前，惟匆忙间，容有不逮，敢乞教益为幸。

一、新颖父权诉讼法之血族鉴定方法。

近数年来，法医学研究家趋势，皆偏向于个人的血液诊断（Eindividuelle Blǔt diagnose）。盖血清学之研究，既日有进步，除引用细菌学之免疫作用，以供各种传染病的诊断预防或治疗者外，更有人报告，谓可借人类血液凝集反应之现象而判断②人族之系统。

此说首创之时仅据 Landsteiner 氏说（约三十五年前），由同种血球凝集现象（Isoagglutinationserscheinǔng, Phenomenon of Irogglǔtination）当得区别人类血液之各特点构造。即因血清之凝集素（Agglǔtinine）遇赤血球之 Agglǔtinogene（拟译为凝集原，注入动物体内可成为 Agglǔtonine），而结果可呈凝集或不凝集两种现象，后人因之，遂得进加研究，故 L 氏之功亦未可没也。

于是依血球与血清之凝集现象。可分之为甲、乙、丙三簇。

甲簇之血清，遇乙、丙两簇之血球，皆可呈阳性凝集反应。

乙簇之血清，只对丙簇血球能生阳性反应，对甲簇血球呈阴性反应。

丙簇之血清，只对乙簇血球能生阳性反应，对甲簇血球呈阴性反应。

后 Jansky 及 Moss 等氏实验结果则区分人类血液为 1、2、3、4 四类。

一般代表赤血球之 Agglǔtinogene（凝集原即 Agglutionableǔ substanzen）用 A 及 B 代表，血清之凝集素用 α 及 β。血液中参有 A 及 B 或 α 及 β 者用 A + B 或 α+β 代表之。

A 与 B 即血液中之 Rezeptoren③ ［拟译为（遗传之诱导体）］，在遗传上为 dominant④（特殊或特性遗传）。反之，更有一种特有质（Eigenzchaft,

---

① 几：指林几。
② 判断：原文为"制断"。
③ Rezeptoren：德文，现译为"受体"。
④ dominant：显性。

property）并非 Rezeptor①，在遗传上为 Rezessiv②，名之为 O。

Van Jansky 氏在 Heterburg 实验得 348 人，并调查其遗传关系，Van Jansky 氏分血簇③为 O、A、B、A+B 四种不同构造。盖系顺赤血球内所有 Rezeptoren 及 O 而假定分簇之次第。

即：赤血球内有 O 之构造者——为 1 簇，其血清不能凝集他类血球。

赤血球内有 A 之构造者——为 2 簇。

赤血球内有 B 之构造者——为 3 簇。

赤血球内有 A + B 之构造者——为 4 簇。

而同时 Moss 氏亦假定 A 及 B 为两不同构造之血簇。而以血液内无 A 及 B 构造，其血清不能凝集他簇血球者，为 1 簇，名之为 O。于是依血液内所有 Rezeptoren 及 O，并其血清凝集他簇血液之现象，而定分簇之次第。即：

血液内有 O 之构造者——为 1 簇，其血清能凝集他簇血球。

血液内有 A 之构造者（A）——为 2 簇。

血液内有 B 之构造者（B）——为 3 簇。

血液内有 A + B 之构造者——为 4 簇。

当日两氏，只谓因血液之不同构造所起之互异凝集现象，遂假定人类有 1—4 簇存在。然皆用 O、A、B 并罗马字码为标识，以致使人常生迷离扑朔之感。其实两氏所区分 2、3 则彼此相称，而 1、4 则互相倾倒。在最新工作中之 Beck 氏曾用 Jansky 氏所定标准血清（Test serum）多方精察，证明其分类与（Moss）氏所假定者在事实上固无二致。兹将其关系作表于下④，当较得明了也。

Grupp Nach	Jansky（分簇）	1	2	3	4
	Moss（分簇）	四	二	三	一
赤血球含之（O 不含者）Agglŭtinogene		O	A	B	A+B
血清含之 Agglŭtinine		α+β	β	α	O

87

① Rezeptor：德文，现译为"受体"。

② Rezessiv：德文，隐性。

③ 血簇：血型。

④ 下：原文为"左"。

盖此种分类标识，原无关紧要。例如，有一某甲，其血球遇某乙之血清可起凝集反应，而乙之血球遇甲之血清亦起凝集反应，更有某丙之血清，遇甲及乙之血球俱不起凝集反应，而某丁之血清遇甲、乙及丙之血球，俱可起凝集反应。

吾人既知，凡本人血球遇本人血清，断不起凝集反应。惟不同构造之血球与血清，倘相遇时，则可起凝集反应，由是吾人可借之以判甲与乙是不同构造之两血簇。即 2、3 簇是也，丙之血清中兼有甲乙两血簇 2、3 之不同构造，故俱不起凝集反应，即为 Moss 氏之 4 簇 A+B，而 Jansky 氏之 1 簇 O 也。而丁之血清中对 2、3 甲乙两簇血球之构造俱无存在，故皆起凝集反应。且对兼有甲乙两簇不同构造之丙血液，亦起凝集反应，是即 Moss 氏之 1 簇 O，Jansky 氏之 4 簇 A+B 也。兹将两种标准血清对他种血簇赤血球所发生凝集现象及其相互关系，胪列于下表便供参照。

标准血清（Test serum）		血球之 Agglŭtinine	聚集反应现象 阳性（+）阴性（−）
Von Jansky	Von Moss		
1 ($\alpha+\beta$)	四 ($\alpha+\beta$)	（一）O（4）	−
		（二）A（2）	−
		（三）B（3）	−
2 (β)	二 (β)	（一）O（4）	−
		（三）B（3）	+
		（四）A+B（4）	+
3 (α)	三 (α)	（一）O（4）	−
		（二）A（2）	+
		（四）A+B（1）	+
4 (O)	− (O)	（二）A（2）	+
		（四）A+B（1）	+
		（三）B（3）	+

故用两氏所定标准血清，施行血球凝集反应检查者，得结果如下：

Grupp nach Moss 血清	Grupp nach Jansky 血清	反应之结果，本 Jansky 氏分类，附注（一）（四）为 Moss 分类
簇（四）4	簇1	对4即（一）、2、3三簇之血球俱无能凝集即 Jansky 氏 O
簇3	簇3	能凝集2、1即（四）两簇血球而不能凝集4簇即（一）之血球即 B
簇2	簇2	能凝集3、1即（四）两簇血球而不能凝集4簇即（一）之血球即 A
簇（一）1	簇4	能凝集他簇血球，而4簇之血球则不被他簇血清所凝集即 Jansky 氏 A+B

然 Glenn、Radvin、Oeleeker、Diemer 诸氏则反对血球可分为四簇之说。谓4（一）簇 Jansky 氏 O 之结果，系因技术上错误所致，故不起反应。此说在曩①年颇有一部分势力，迨今经各国专门学者证明，仍宗两氏四簇为当，普通习惯为便利上，多用 Moss 氏分簇方法。

血簇鉴定之应用当施行反应检查之先，检者须先注意之要点，不外三端。

（一）血簇在遗传（Die Erblichheit der Blutgrǔppen Heredity of the bloot groups）上有何原理根据。

（二）血簇之不变性（Die Unveränderlickeit der Bluegruppen，Juvariableness of the blootgroǔps）。

（三）标准血清（Test serum）（或曰试验血清）是否不失其精敏发生反应之能力。

关于第一项——血簇在遗传上有何原理根据。

数十年来，历经多数生物学者，精微辩论，刻仅有二点，吾人可借此原理之根据。即 Mendel 氏定律（Mender's Gestz，Mendel's law）（见注）及 Agglǔtinogene 确实有特殊遗传力（Dominanten）存在。

（注一）Mendel 氏定律（Johann—Gregor 氏为奥国博物学者，1822—1884），即依 M 氏实验，证明得第一代杂种的子孙，于两亲中之一方面性质较多存在者，则其第二代杂种子孙所存在此方面之性质，可确实呈至一定程度。

---

① 曩：以往，从前，过去的。

最近尚有人报告初生儿血液构造，仅有 1/3 与母亲之血族之血统相关。此种勇敢之判断，既少实据，吾人自未敢遽信。

v. Düngern、Hirschfeld、Lattes 及 Jervoll 诸氏，即依前之理由，遂主张利用此种血球之特性（Blutkörpercheneigenschaft）的存在。可由一个小儿以寻访其两亲，若此事实完全真确，则在法医界上，可勿虞父权及立嫡诉讼法（Petermitätou. Legalität sprozesse，Affilation suit）之难于鉴定矣。但据 Lattes 氏自己观察，在所实验一部分族谱（Stammbaŭm）系统中，偶有几个家族——例如 Weszezky、Mino 等族，极可触目惊心，此数族中，其小儿之血液殆有属于其他血族，而不属于其两亲者。此种结果不外两种解释：（1）即检者技术上的错误。（2）即被检者为不合法律之小儿。因刻所得类例甚多，故欲确定结果，惟俟之异日耳。

Schiff 及 Adelsherger 两氏记载，谓在其实验中，有类似例外之遗传的定律发现。渠等曾检人之生殖器官，证明其有常态或病态征象，与遗传血统上有关云云。故欲依其统计，在遗传生理学（Erbbiologie）的检查，制定家族的血统统计，然其根据不甚充分，且蔑视遗传定律，故时人仍多属望于 Lattes 氏之前项结果，能早日确定也。然此种检查方法（凝集反应）之可以引用于法医，当然无疑。

关于第二项——血簇之不变性。

据 Lattes 及 v. de Castello 氏等等实验，证确得在十二岁乃至满二十一岁间确无一例由一已定之血族而移行于他血族者（其一至十一岁及二十二岁以上之各龄者被检数甚少，未能断定）。故血簇之不变性，至少亦有一定经过时期也。

且依实验上可说，血簇虽受外来之影响——如金鸡纳霜（Chinin）、砒（Arsen）之内服或以脱（Ether）[1] 或哥罗仿（Chloroform）[2] 之麻醉，并无特性刺激体疗法，皆不起变化。但此种血簇不变性实验，尚未完全证确。是否对各种外来影响皆不起变化，殊未能以空言解决。Marciales 氏虽云证实有二十六例之无论如何难得推翻血簇不变性之证明，然仍惜其太少也。

关于第三项——标准血清是否不失其精敏发生反应之能力。

则可有两个答复：（一）检者技术之优劣，及（二）血清之良否。

（一）检者技术之优劣。不良技能的成绩，实有可发生疑问。其中殊以

---

① 以脱（Ether）：乙醚。

② 哥罗仿（chloroform）：氯仿。

假的及自家的凝集（Pseǔdo ǔnd aǔtoagglutination）现象，可使吾人误认之为真的凝集。据 Lattes 氏实验，假的凝集现象较真的为弱，约较淡薄一倍（一比二）。故在有经验者，当然易于鉴别。为 Lattes 氏之一言促醒，多数实验者，皆对假的凝集不再有疑难。后 Gereney 氏又证实血液之自家凝集，在适当温度的可以免却，故血清之析出须在较凉处也。

更有 Schütz 及 Wöhlrich 两氏又引证谓，有时赤血球之 Agglǔtinable substanz（凝集元），可被洗净，俾至凝集现象不克显出。

故施行法医鉴定时，检查技术如非熟练，将不免有不确实之处。

（二）血清之良否。所采用标准血清之良否，实为裁判血簇鉴定时最不可忽视之一端。

一般贩卖的血清（Hamotests），吾人不知其历时之久暂，故亦不能辨其凝集力（Agglutationskraft）的强弱，甚不适用。最妙莫若在被检者左右，寻其已知系属何簇者，现取其血液，制为新鲜血清，以施实验，则每次皆有新鲜标准血清。必可得灵敏著明①之异簇凝集反应。如因手续上困难，则保存已定簇之血清于较冷所在，则亦可耐较久之需。

惟据 Schütz 氏在 Bonner 卫生教室中之最后实验，谓曾偶然见已确定之标准血清，处于甚稳当定型手续及定量血液之实验上，而不意竟缺乏反应。且即使在其无反应之血滴上，再另加以他簇血清，亦不发生沉淀。故 Schütz 氏以为施行血簇鉴定，如专用一定血簇之一种标准血清，非在任何条件之下，皆必呈凝集之功能。因专恃一种标准血清，往往招不满意的结果。所以同时须用多种同血簇之标准血清，作比较观察为妥。又 Schiff 氏曾交换家兔及天竺鼠（豚鼠）血簇，以作血簇鉴定为实验。结果有时血清现高度血簇的固有性——即起强度凝集反应——发生此血簇之特有沉淀。此报告发表后，经各专家试验，亦俱认为是有"可能"，故此后不但凝集实验范围因之扩大，即在血簇诊断（Blutgrǔppen diagnose）上亦有所受益矣。

血簇鉴定之实验方法。

据松田氏谓曾用 Jansky 氏之已定为 A 血清，选得被 A 血清所凝集之血液，而定之为 B，共实验得二百人。在临检前须制被检者之血球液，其采制法颇繁，兹姑赘录于后，以便参考。

方法：将枸橼酸钠，溶于生理食盐水内，约成 1.5%②。后将此溶液倾

---

① 著明：显著，明显。

② 1.5%：原文误为"105%"。

第三章　林几法医学论文注释及述评

91

置在 1 毫升小试验管内。自被检者之耳垂或指端或静脉取出血滴，滴入净试验内，徐徐振荡，以防血液凝固。然后放在远心沉淀器上沉淀①，去其上清，加于上言之生理食盐水中，使之混合，即成为被检血液球。

其反应之检查方法，即分置 A 及 B（2 及 3）两种血清于两个小试验管内，各容约 0.1 毫升，然后在试验管内滴入被检血球液约 1 毫升，混合之，放在温室内约一小时。此际经 A 管起凝集现象，其血球以 A 血清可以凝集者即为 B。又经 B 管可起凝集者即为 A。若 A 及 B 管俱起凝集现象者即为 A+B（Jansky 氏 4 簇），其俱不起凝集者即为 O（Jansky 氏 1 簇）。

但一般经验，似无先制定血球液之必要，只须将已鉴定得之 A 及 B 血清，盛之于消毒小试验管内，妥加保存，勿致混浊。至检查时用移血法（Transfusion）即可得著明反应，且可免不确定的阴性凝集反应之发生。

方法：用净玻璃棒两端，点滴 A 及 B 血清，分置于拭净之玻璃片上，成两点，勿俟其干燥，迅速刺破被检者之耳垂或指端（该部先用 Ether 或酒精消毒——取血以耳垂为佳）成小创口，涌出血滴，将此血滴滴于血清点之玻璃片上，以净玻璃棒之同端，轻轻匀涂之，使与血清混合，待约两三分钟后，即可现各样凝集现象。

有两滴血清上，俱呈凝集者，有俱不凝集者，有 A 滴血清起凝集而 B 滴不起者，有适反是者，即可分之为四种。

又吾人或先将被检者血滴，滴于玻璃片上，后以两玻璃棒分加 A 及 B 血清于其上，亦可得同一结果。所难者，即难得已鉴定最初之 A 血清，如既得有 A 血清即可进行试验（得 B 亦可）。

倘使旧有血清用罄，或旧血清已混浊不堪用。则可择已知之被检属于 A（2）或 B（3）者，用注射器采其肘部静脉血液（10~20mL 已足用）置于净玻璃管内，放置一日，倾出血清再施沉淀，用其上之纯清为代，苟能每次实验得些新鲜血清则犹妙矣。

依此标准对家族的检查。若父母血液为同种构造时，其子女当亦有此构造，若父母之血液有一为 O，而其他为 A（或 B 或 A+B）时，则子女之血液大都为 A（或 B 或 A+B），小数为 O。若子之血液为 A（或 B 或 A+B）则其血球可被其父母之一（O）者所凝，因此可判断其为亲生子否。

血簇当然与种族有所关系，据闻欧美人 A（2）多于 B（3），澳洲人 O

---

① 远心沉淀器上沉淀：离心机上离心。

（1）多于其他，亚洲人B（3）多于A（2）。忆曩年母校病理教室曾用Moss氏标准血清检定一部分国人，其结果亦B（3）簇较多。

此外吾人并得一觉悟，即现时流行之，以任何人血液，注射补充于过度失血患者，如不先鉴定为是否同种，则有反促所用注入Spender（施与者）之血球，在患者体内凝集之虞。其危险殊甚。按：前次欧战中，以健人血液急救失血过多之战士，颇获神效。则此种鉴定在临床治疗上，亦有相当价值矣。

又闻日本札幌大学医科法医学教室白井氏曾引用人类同种血球凝集现象原理，将人之精液及唾液亦区分得同样四族类。果此实验的为精确，则对多数奸行嫌疑者的个人鉴定，又增一线之光明矣。

二、比较解剖学的人类及动物骨片之鉴别

法医对骨的鉴定，在完全骨片时，依其形状及其大小，当然易于判别。较小骨片，则可磨取其一部分，以作研磨标本施行镜检。此法在比较解剖学，尚未完全对人骨及兽骨判别明了之前，吾人只知人骨之Havers氏小管①（Haversschen canäle，H's canals）较动物骨之H氏小管为粗大，而少。但在组织学上胎儿之骨与猿类相近，小儿之骨片与犬、猫、狐狸等骨，如仅睹其一部分，亦难区别。故人骨与动物骨之区别遂不借重于理想的试验，用Uhlenhüth氏反应（Uhlenhüthschen Reaktion）（为德国细菌学者，1879一）。盖因骨质中原有蛋白质存在，故利用此蛋白质之沉降素反应的特殊性，以鉴别骨质中所含不同类之蛋白质（用对人血清免疫之家兔特殊血清的万倍免疫价）。然此法手续甚繁，颇不便于法医之实用。一般生物学解剖学者及法医学者遂益努力于比较解剖学的（Vergleichend Anatomische，comparative anatomy）观察。近Hey、Piga及de Petinto等氏，纷纷俱有报告，其内有一大部分，堪称满意。中尤以Kenyeres及其学伴Wada两氏之记载，最为详尽，氏依组织学的鉴别（histologische Differenzierung）证实。

小碎骨之横断面上，可见人骨之H氏小管，约较兽骨之H氏小管大有三倍，其数甚稀而排列著明。

再据Fana氏经验，横走小管在兽类骨质中者，乃与人骨所见相反，几无一显著者，且在Havers氏小管周围之中心带层（Kongentrirche Schichtung，concentratcd stratification），人类有非常明了排列。

---

① Havers氏小管：哈弗斯氏管，骨密质当中的纵向排列的微细管道。

（注二）H 氏小管，为沿骨致密质长径之小管，与多数横走小管相吻合，其内容有脉管、淋巴管存在，末端吻成网状。

此种骨的鉴别法，虽然不及完全骨之易于鉴别，但在法医学上，却常遇极小骨片。需吾人趋探其来源，故 Hey 氏等对此发明皆极赞许。盖在前固未曾有简便明了之人兽骨鉴别如此法者也。一言蔽之，即在人类与兽类骨片断面上，可借 H 氏小管周围及致密中心层的不同关系而辨别此骨也。惟 H 氏小管之阔及位置，可因愈着或吸收官能上之变化而受影响。是曾实验得人、马、猿、犬、兔等骨，皆能证实之。

三、溺死之新鉴定法

关于溺死（Ertrinkǔng，death from drowning）法医上最要之鉴定，即此尸体系生前溺死抑或死后被掷于水。此种鉴定，以前专借气管、肺及胃内有溺死液存在。其中大半夹杂多少水草、虫类、泥砂，以为鉴定。而据最近有 Paltauf's 氏证实，溺死液既充满，即可压破肺胞结缔组织，经淋巴道、毛细血管及血管，顺小循环之轨路，注入左心室，故于验尸时在左心室可施行化学的（Lachte 氏说）、比色的（Kolorimetrische）或物理学的证明方法以鉴定之。

又 Schwarzacher 氏曾对 Carrara 氏所发表之"证明血液稀释（Blǔtverdünnǔng）检查法"加以证实。在左心室用电的机力测量（Elektrische Leitfähigkeitsmessungen）其周旋阔度（Verwendungsbreite）。但此法过于复杂，以精微器械学的仪器，仅适用于如此狭窄范围，实不经济，且不便于法医实行检查时个人之运用也。

四、毛发鉴定之新参考及稀奇之堕胎行为

昨年 Könttuitz 氏报告曾收集十五种动物毛发，检查后，设明其各种不同征象，故此文可作为法医检查之毛发的明了比较。

人发之上皮细胞甚小，互相重叠，皮质最阔，平均大不越 0.15 粍①，髓质甚细，呈颗粒状，有间断或至全缺之处。毛之尖端及毛根部常缺色素，一般色素伴年龄作一度增加，老年又渐减。各种民族发色不一，毛黑者含色素较多。

兽毛一般髓质较阔，而因族类之异，其髓质细胞呈种种有构造定型排列。其中有竟如花纹者，惟惜其形态繁多，限于篇幅，且无彩绘，亦不足

---

① 粍：毫米。

以说明，兹不赘及。

据 Muller 及 Patoir 氏报告，有用胰皂或其他物品以行堕胎者。

即用 4000 块白胰皂①或 6000 黑胰皂之浸液，陆续注入于子宫内胎之下，可达堕胎目的。

又 Lochte 及 Kockel 氏报告，曾接收有趣味之案件，即用报纸及木锯木以求堕胎者，而贻甚明了之痕迹。如此堕胎行为皆用非常用品，是意料所难及，故吾人施行法医检视，必须慎察考虑之也。

【述评】

林几在《最近法医学界鉴定法之进步》一文指出："吾国对刑事案件，自古以来已能注意及斯。惜后人每食古不化，墨守陈章，于是延至今日，犹凭借于千余年前宋人经验所录，非科学之《洗冤录》，以为刑检之蓝本。"林几对我国古代法医学辉煌成就感到自豪，同时也认为，时代进步了，科学发展了，法医学要与时俱进，不断发展，才能适应时代要求和社会发展，才能满足服务审判的需要。这就是林几撰写这篇文章的宗旨。

文中综述了近期各国法医学的新进展，重点介绍了血型鉴定在父权诉讼法中的应用原理。结合当时的科学知识提出尽量使用新鲜血清避免假阴性的产生，注意假凝集现象，假凝集较真凝集约淡薄一倍，可以借此辨认。提出对于过度失血患者注射血液时可以根据血型鉴定结果，输注同种血型的血液，对于预防体内凝集具有积极的意义。对于人类及动物骨片的鉴别建议使用比较解剖学的方法，借哈弗斯氏管周围及致密中心层的不同关系来辨认人与兽骨。并介绍了溺死之新鉴定法，毛发鉴定之新参考及稀奇之堕胎行为。

这篇文章是林几在德国留学期间撰写并向国内中华医学杂志投稿发表的论文，表明他重视传播现代法医学新进展和关心国内法医学发展。

---

① 胰皂：又称肥皂、胰子。有黑色和白色之分。

八、急性和慢性吗啡与鸦片中毒的
病理解剖学研究[①]

【原文】

未找到。

【述评】

这是林几（德文名：G. Lynn）在德国留学时完成的博士论文，德文题目 "Pathologische anatomie der akute und chronische morphin und opium vegiftung"，汉译为 "急性和慢性吗啡与鸦片中毒的病理解剖学研究"。1935 年11 月至 1936 年 1 月下旬，林几以北平大学医学院法医学教室主任教授身份应邀访问日本 3 个月。台湾学者陈重方先生在日本 "国立公文书馆" 数据库收集到相关资料（见图 3-1、图 3-2），通过邮箱发送给黄瑞亭。黄瑞亭根据陈重方先生在日本 "国立公文书馆" 数据库所检资料，作了整理和研究，2017 年在《中国司法鉴定》第 6 期（总第 95 期）第 21—24 页发表《1936 年以前林几论文著作的综览》一文。其中包括林几教授亲笔填写的 "著作论题"，包括林几 1923—1935 年间发表的论文题目 33 篇。其博士论文 *Pathologische anatomie der akute und chronische morphin und opium vegiftung* 发表在 *Deutsche Zeitschrift Medizin* 1926. No. 147, Band 42。但遗憾的是，由于 *Deutsche Zeitschrift Medizin* 杂志几度更名，以及受战争等因素影响，经多方寻找，迄今未能找到林几教授的博士学位论文，目前我们只能通过他在国内发表的《阿片及吗啡中毒的病理实验》《吗啡及阿片中毒实验：脑中枢系统内病象之新发见》等文章了解其主要内容。

① 该文 1926 年 8 月发表于 *Deutsche Zeitschrift Medizin*. No. 147, Band 42.

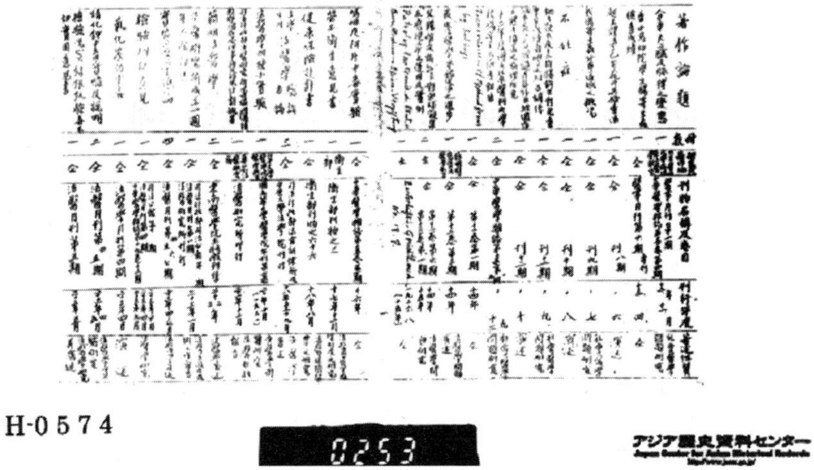

H·0574

图 3-1　日本"国立公文书馆"资料，图为林几亲笔字迹（论文著作）

H·0574

图 3-2　日本"国立公文书馆"资料，图为林几亲笔字迹（论文著作）

九、父权确定诉讼法对血球凝集
反应现象（四簇）之运用及实例①

【原文】
一、应用之原理及定律
二、应用之技术及必需的注意点
三、四血簇之血球凝集现象应用于父权确定诉讼法之实例

一、应用之原理及定律

吾人利用 Mendel 氏定律并同种血球之凝集现象原理，遂分得人类血球为四簇。历经东西多数学者研究日有阐明。其各氏学理略已摘陈前稿（本刊第 12 卷第 3 期第 222 页），勿庸复赘。惟此血簇检定对法医学上之应用方法，曩时尚乏确定可靠报告。故概从略。兹 Lattes、Ottenberg、Düngern、Hirschfeld、Dynke、Büdge、Mino、Reinheimer 及 Cliff 并 Plüss 诸氏之伟大实验，既均先后披露，即各氏学说亦能渐趋于一致。适个人更实地经验得父权确定诉讼案两例，内容颇有足纪，故特集述于后，聊供我华医法界之参考。第忙中或失不逮，尤祈知者匡教是幸。

一般所用实验血清（标准血清 Test serum）之分簇法，皆用 Jansky 及 Moss 两氏所定符号为标准。而两氏符号之差别及其相互关系有表如下：

第一表

Jansky 氏分簇法	Moss 氏分簇法	赤血球中之 Agglütinogene（凝集原）	血清中之 Agglütinie（凝集素）
I	IV	O	α+β
II	II	A	β
III	III	B	α
IV	I	A+B	o

① 该文为林几在德国留学时所写，1925 年 6 月 15 日完成于德国慰慈堡（Würzburg）。原文连载于《中华医学杂志（上海）》1926 年第 12 卷第 6 期第 568—590 页和《中华医学杂志（上海）》1927 年第 13 卷第 1 期第 16—41 页。

其所以四者间能发生凝集与不凝集互异现象，在理解方面皆以为有如细菌学之补体结合作用。故可作理想图如下。

（下图遵 Jansky 氏所定标准）

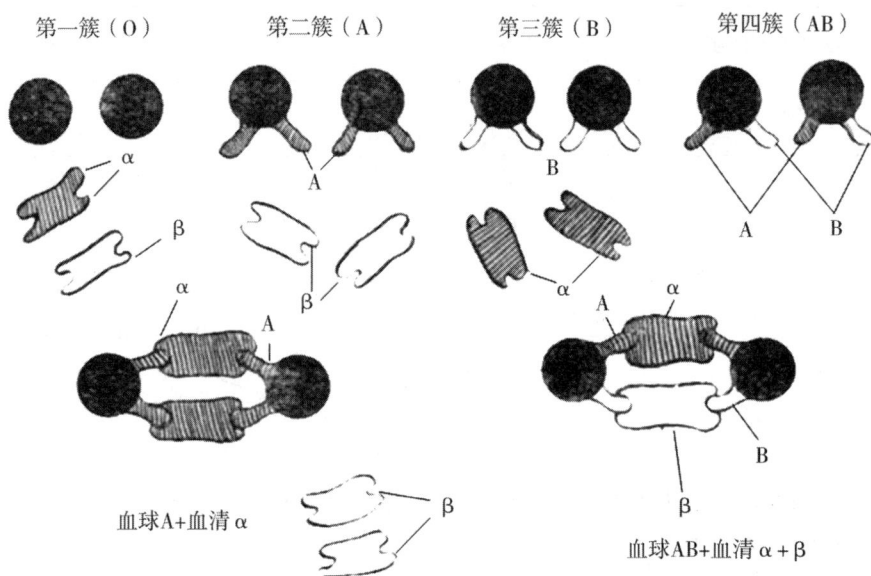

第一簇（O）　　　第二簇（A）　　　第三簇（B）　　　第四簇（AB）

血球A+血清α

血球AB+血清α+β

吾人既阅前图当能明了四血簇间之相互关系。以后即可专述其对于父权确定诉讼法之应用及学理并方法。惟为便利起见。以后代表四血簇即专用 O、A、B 及 AB 四种符号，以免读者有扑朔迷离之感。

利用此血簇检定于父权确定诉讼法（Paternitatsklage）之首先实验者为 Düngern 与 Hirschfeld 两氏。即试以已知两亲之血簇，以确定其子女所属之血簇。据两氏报告可归纳之如下表。

后人检查殆可遵此表。以按图求骥，诚至便也。

第二表

两亲血液凝集现象	子女血液凝集现象
O×O=	O
A×A=	O或A
B×B=	O或B ⎱ 同
O×A=	O或A ⎰ 同
O×B=	O或B

又两亲血簇属于：O×AB、A×AB、B×AB 或 AB×AB 时，则其子女之血

簇可分属于：O、A、B 或 AB。

反而言之，即当在法医学应用上。设：

第三表

既知母所属之血簇为：	O	O	O	A	A	B	B
假定父所属之血簇为：	O	A	B	O	A	O	B
则子不得属于下列之血族：	A B 或 AB	B 或 AB	A B 或 AB	B 或 AB	A 或 AB	A 或 AB	A 或 AB

同　　　　同

后 Plüss 氏更根据个人实验设定有"设已知子及母之血簇求证其父所属之血簇"，表如下：

第四表

小儿所属之血簇	母亲所属之血簇	则父亲所属必不得为下项之血簇
O	此项证明属于不可能，吾人已知 O 之发生在各簇间均属可能	
A	O O B	O B B
B	O O A	O A A
AB	O O O A B	O A B A B

Ottenberg 氏等则对 Dŭngern 及 Hirschfeld 两氏所厘定者微有疑难。因根据本人观察结果，有未能与前表一致者也。但 Dŭngern 及 Hirschfeld 氏又谓

亦不能完全否认之。而 Bǔchanan 氏则反对尤力。Bǔchanan 氏以为此四种血簇反应，须与 Mendel 氏定律能相符合。在遗传定律上，有隔代后方呈露其特殊遗传性者（即祖之特殊遗传性质不显于子而显于孙），故遂有下列第五表修正之拟定。

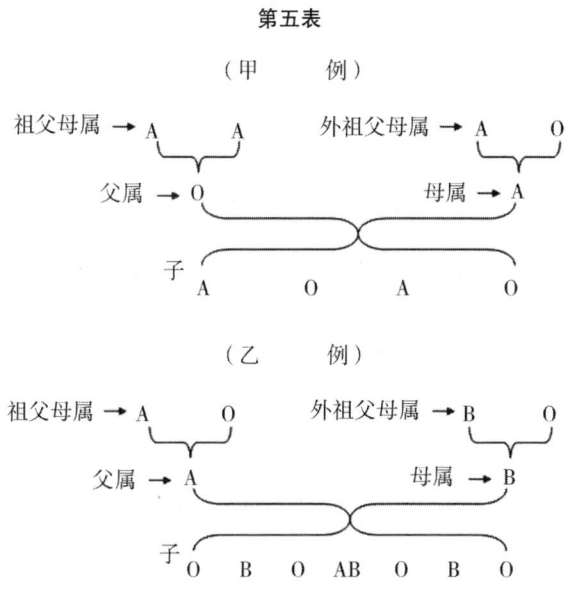

第五表

（甲　　例）

祖父母属 → A　　A　　　外祖父母属 → A　　O

父属 → O　　　　　　母属 → A

子　A　　O　　A　　O

（乙　　例）

祖父母属 → A　　O　　　外祖父母属 → B　　O

父属 → A　　　　　　母属 → B

子　O　B　O　AB　O　B　O

据 Bǔchanan 氏个人曾检得 139 姓家族共 603 人。故所言甚促起一般研究者之注意。就 Dǔngern、Hirschfeld、Lattes、Ottenberg 诸大家，对 Bǔchanan 氏所说亦认为有充分理由及证据外，表示与 Bǔchanan 氏有同一观察者，尚有 Dynke、Bǔdge、Jervell、Keynes、Tebǔtt-Connel、Kirihara（日本人，曾检日本及朝鲜人家族 120 姓，340 小儿，其结果与 Bǔchanan 氏相近）、Dossina 诸氏。于是对第二表有左（下）项推测之改正：

（A+AB）（B+AB）= AB。乃引出 Rassen index。Hirschfeld 氏规定 A/B 之发生由于［A+（AB）］/［B+（AB）］之方式。近再经多数学者实验研究。将 O、A、B、AB 四簇之相互结果。括分为下列七式：

第六表

1	O×O	此项已规定必等于 O，故第七表中统计不及之
2	A×A	即 A×A，A×AB，AB×AB，凡有 A 者皆属之
3	B×B	即 B×B，B×AB，AB×AB，凡有 B 者皆属之

4	A×无A	即 A×O, AB×O, A×B, AB×B
5	B×无B	即 B×O, AB×O, B×A, AB×A
6	无A×无A	即 O×O, O×B, B×B
7	无B×无B	即 O×O, O×A, A×A

统计经上言诸氏及 Learmouth、Weszeczky、Avdeieva-Grizevicz 氏等检查得有下列之结果。

第七表（家族系指一姓夫妇而言）

甲组：两亲之血簇相同者

两亲血簇	子女血簇		对照 Dǔngern 及 Hirschfeld 两氏统计则属于：
	属于 A 者	属于无 A 者	
A×A （即 A×A, A×AB, AB×AB） 共 182 家族	320 人 占 80.9%	76 人 占 19.1%	83A-17 无 A
	属于 B 者	属于无 B 者	
B×B （即 B×B, B×AB, AB×AB） 共 41 家族	88 人 占 83.0%	18 人 占 17.0%	75B-25 无 B

乙组：两亲之血簇不同者

两亲血簇	子女血簇		对照 Dǔngern 及 Hirschfeld 两氏统计则属于：
	属于 A 者	属于无 A 者	
A×无A （即 A×O, AB×O, A×B, AB×B）共 432 家族	540 人 占 57.7%	398 人 占 42.3%	59A-41 无 A
	属于 B 者	属于无 B 者	
B×无B （即 B×O, AB×O, B×A, AB×A）共 274 家族	331 小儿 占 53.4%	289 小儿 占 46.6%	50B-50 无 B

林几论文研究

无 A×无 A （即 O×O, O×B, B×B） 共 281 家族	属于 A 者	属于无 A 者	全属于无 A（即 100.0%）
	13 小儿 占 2.2%	558 小儿 占 97.8%	
无 B×无 B （即 O×O, O×A, A×A） 共 578 家族	属于 B 者	属于无 B 者	全属于无 B（即 100.0%）
	24 小儿 占 2.0%	1161 小儿 占 98.0%	

故吾人可依第七表之统计而确定两新定律：

1. 两亲属于 O，则其子女决亦永属于 O。方式：O×O＝O。

2. 两亲属于无 A 或无 B，则其子女决亦属于无 A 或无 B（即其子女决不有 A 或 B）。方式：无 A×无 A＝无 A，或无 B×无 B＝无 B。

至于上表中，所有少数两亲属于无 A（或无 B），而其子女血簇反应呈 A（或 B）簇凝集现象者，则可归之于技术上偶然观察的错误或该子非由乃亲所生。

然 Bǔchanan、Learmoǔth、Weszecky、Mino、Avdeieva－Grizevicz 诸氏，则对前之新律，又略有异议。但大多数学者则主张该律实足为据也。

就中 Mino 氏曾检得 90 姓家族，中有 17 姓家族之两亲，系均属于 A（即 A×A），共有 59 子，中有 40 个小儿属于 A，19 个属于无 A（为 82.6% 与 17.4% 之比），故 Mino 氏主张宜根本不承认前项值之公式。其实验所得特异结果，有如第八表：

第八表

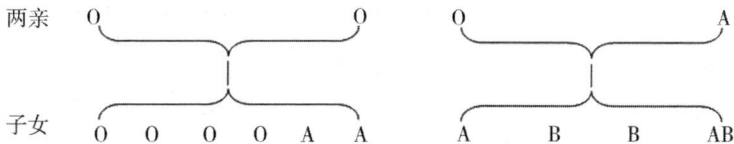

但公式 O×O＝O，系经历次学者检验所公认。故对 Mino 氏实验之 O×O＝A，疑为所检家族中有越出法律之生子，不能遽谓前项定律之有所不合也。至于 O×A＝B 及 AB（即无 B×无 B 而生 B），亦认为有同样错误。

此外，Plüss 氏曾检得 84 姓俄人家族，共 195 个小儿，其结果有 O×A＝B 两例。又 Avdeieva-Grizevicz 氏检得 84 姓西班牙人家族，亦获有不合定律之结果，然其数皆甚微，迨亦可视为例外也。

  Bǔchanan 氏主张至少须检定三代之血簇，因隔代遗传现象，据其个人观察，实可用下列第九表以证明之。

第九表

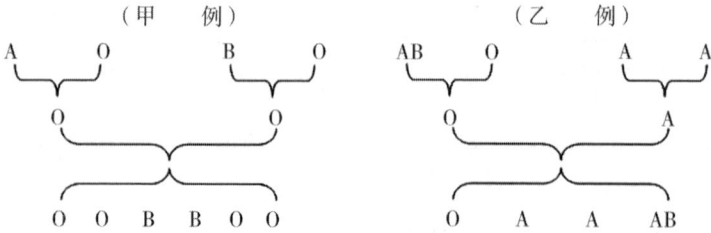

  众口嗷焉，莫定一是。兹特将各氏所有异征报告，汇成一表如下：

第十表（凡加（）者皆异征之血簇）

实验者姓氏	两亲所属 之血簇	各子女所属之各血簇					
		1	2	3	4	5	6
Bǔchanan	O×O = O×A = O×O = O×O =	O A O （AB）	O A （A） （AB）	（B） （AB） （AB）	（A） O O	O	O
Learmoŭth	O×O	（A）	O				
Weszeczky	O×A = O×B =	O （A）	（B）				
Mino	O×O = O×O = O×A = O×A = O×A = O×A =	O O O （AB） A O	O O （B） A （AB）	O （A） （B） （B）	O （A） （AB） （AB）	（A） （A）	（A）
Avdeieva–Grizevicz	O×A = O×A = O×B =	（B） （AB） （A）	（B） （A）	（B）			
Plüss	O×A =	A	（B）				

  然 Plüss 氏因曾检得 53 姓 A×无 A 之两亲，共有 145 个小儿，就中有 85

个小儿属于 A（58.2%），有 60 个小儿属于无 A（41.8%），其百分比例相差无几。故该氏仍主以 Dǔngern 及 Hirschfeld 氏定律为当。更依 Dǔngern 及 Hirschfeld 两氏自家实验。

1. 曾检得属于（无 A×无 A）之 20 姓家族，共有 50 个小儿中仅有 2 儿不属于无 A。

2. 又检得属于（B×B）之两姓家族，共有 4 个小儿均属于 B。

3. 再检得属于（B×无 B）之 29 姓家族，共有 81 个小儿中 44 个属于（无 B），37 个属于 B。

至于 A 与无 A 之相互遗传关系，据近 Ottenberg 氏曾检得属于 A×无 A 之两亲 23 姓，共有 65 个小儿，于中有 25 个属于 A（39%），40 个属于无 A（61%）。Ottenberg 氏遂凭其个人之经验并各专家之报告，制成下式遗传之表解。其说则与第七表所发生之两新定律相一致也。

第十一表（□形格为男性，○形格为女性）

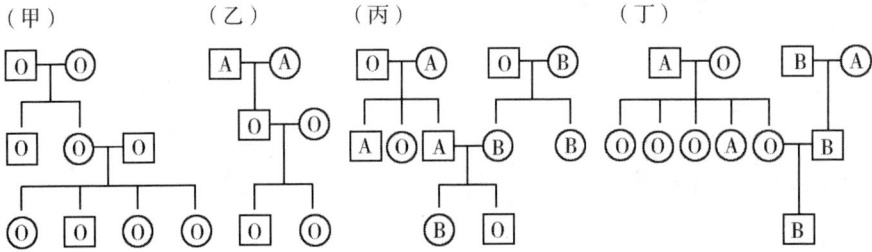

（即 O×O＝O）　（即与 Bǔchanan 主张异处）　（证明 O 可由任两簇结合而发生）

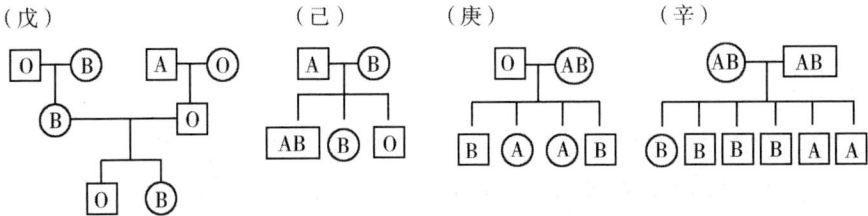

综以上诸端，据 Lattes 氏意见，吾人对此血簇鉴定自仍当以 Dǔngern 及 Hirschfeld 两氏之实验，并依第七表统计后所确定之两新定律为标准。

吾人既知，设两亲系属于不同之两血簇，则其子女可分属于不同之血簇。但究竟居在某种相互情形之下，其子嗣所属血簇之各数，呈何比较，是诚为重大且极有趣味之问题。最近有 Schiff 及 Ziegler 两氏统计得 100 个不同血簇小儿。得其百分比较如下表：

第十二表

两亲之血簇	小儿所属血簇之百分率				备考
	O	A	B	AB	
O×O =	14.29	–	–	–	全属于 O
O×A =	12.36	17.42	–	–	多属于 A，次 O
O×B =	5.67	–	6.73	–	属于 O 及 B，相差无几，当因被检人数过少之故
O×AB =	–	2.42	2.42	–	分属于 A 及 B，而无属于 O，及 AB 者（?）
A×A =	2.68	12.86	–	–	分属于 A，属 O 者甚微
A×B =	2.45	3.45	2.91	4.10	分属于四簇，以 AB 簇数最多
A×AB =	–	2.53	1.05	1.48	分属于 A、B 及 AB，以属 A 簇数最多
B×B =	5.6	–	2.12	–	分属于 O 及 B，属于 O 者较多
B×AB =	–	0.48	1.05	0.58	分属于 A、B 及 AB，以属 B 簇数最多
AB×AB =	–	0.16	0.10	1.20	分属于 A、B 及 AB
总计	38.01%	39.26%	16.18%	6.38%	
就中比较合于前项定律者占	37.8%	39.4%	16.4%	6.4%	

仅就此表视之，确能符合于前律也。次在前有人疑此血簇凝集反应，可因年龄而变更，后经多人证得罕有变者，其中尤以初生儿血簇所属之鉴定，对法医学有莫大关要，故特摘录各关系报告如下。

1. 据 Dyke 及 Bǔdge 氏曾检得初生儿与两亲间血统，作表于后。

第十三表（内缺 B×B，B×AB 以及 AB×AB 两亲之例）

两亲之血簇	初生儿总例数	初生儿之血簇				备考
		O	A	B	AB	
O×O	31	31	–	–	–	全属于 O
A×A	15	4	11	–	–	属 A 者多
O×A	32	16	16	–	–	
O×B	12	5	–	7	–	
A×B	5	1	1	1	2	分属于各簇，以 AB 者为最多
O×AB	1	–	–	1	–	被检人数过少
A×AB	1	1	–	–	–	

按：第十三表内容亦与前项定律无差违点，故益可证明前项定律之可靠。

2. 又 Jones 氏亦检得 197 个初生儿之血簇，据云亦与前项定律相合，兹将其百分率录之于后。

第十四表（Jones 氏）

初生儿所属之血簇	O	A	B	AB	A+AB 及 B+AB
百分率统计	47.2%	35.5%	13.7%	3.5%	2.06%

3. Dossena 氏更统计有初生儿之血簇表如下

第十五表（内惟缺 AB×AB 两亲之例）

两亲之血簇	初生儿总例数	初生儿之血簇				备考
		O	A	B	AB	
O×O	31	31	–	–	–	全属于 O
O×A	57	20	37	–	–	属 A 者多
A×A	14	1	13	–	–	属 A 者特多
O×B	14	6	–	8	–	
B×B	4	1	–	3	–	属 B 者多

两亲之血簇	初生儿总例数	初生儿之血簇				备考
		O	A	B	AB	
A×B	15	1	7	7	–	分属于 A、B 及 O（少）
O×AB	7	2	2	3	–	分属于 A、B 及 O（?）
A×AB	6	–	5	1		皆缺 O 及 A B
B×AB	2	–		2		

就上诸表观之，初生儿之呈 O 血簇反应者，除其两亲系属于 A×AB 或 B×AB 者外，在各簇两亲之配合亦均能发生。又 O×O＝O，及无 A×无 A（或无 B×无 B）绝无等于 A（或 B）者，俱能与前律相合。故可证明小儿乃至于为初生儿，其血簇与成年人固无有外定律之异态也，即 A×无 A（B×无 B）所生子女，其属于各簇数字的比较，亦同以前各表颇能一致。惟此项关于特殊遗传力的各簇间相互比较多寡的问题，至今尚无确定界限及著明研究发表，吾人自不能强为臆断。第据历次报告（除其只有极少人数之统计，实不足为凭者外）可概括作下列之结论。

第十六表，即：（凡可注意项皆加"＿＿"）

O×O＝O——<u>公认之定律</u>。
A×A＝A 及 O——<u>属 A 者占绝对多数</u>。
B×B＝B 及 O——其比较不明何故 O 与 B 之百分比率相差无几，然在实验统计上，分配于 O 者亦较少于 B。
A×O＝O 及 A——<u>两簇分配数几相等</u>。
B×O＝O 及 B——<u>两簇分配数几相等</u>。
A×AB＝A、B 及 AB——<u>而无分配于 O 者</u>——<u>多属于 A 者</u>
B×AB＝A、B 及 AB——<u>而无分配于 O 者</u>——<u>多属于 B 者</u>
AB×AB＝A、B 及 AB——<u>而无分配于 O 者</u>——得例甚罕，各数比较不明。

依上项之拟定，在法医学应用上，可作为亲生子鉴定之比较便利的参考。倘能精益求精，追踪研究，则此种统计必可有实地应用于鉴定之一日，足以代《洗冤录》中之滴血辨亲法也。海内君子，其有意见于斯乎？

关于血簇遗传之关系，久苦无一大规模复杂的家族系统之检点。近有 Keynes 氏曾集 56 人，制成一血簇遗传表解，如下：

第十七表

A ┬ A 　　　　　　　　　　已死 ? ┬ ? 已死

O A T O O A T O O　A T AB　　已死 ? T A O O 已死 ? T O ? 已 O T O O T A

A　　A　O　　A AB T B　AB T O A A O T O O　T A A T A O O T A

B A A A B　B　　　O　O　AO O O A A A O O O O O A

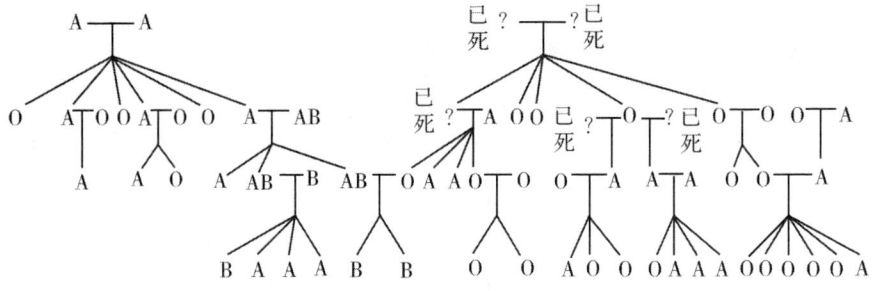

此种调查诚属难能可贵，但在实际上仅凭此一例，亦不过可略供吾人之参考，固未足为血簇遗传之定型。然细考此表结果，则无违反于前之定律。故实足坚吾人对前项定律的信仰。

总结前纪各氏之检查统计共达有九百姓家族，逾两千个小儿，就中仅有 29 个小儿系出于 17 姓家族者，其血簇之凝集反应上，呈不合前项定律之现象。依此绝对少数之特异征象，即可推想得其所以致违背定律之原因，殆非由于检者技术之不当，即系该儿乃不合法律之亲生子，因此吾人对前项定律，可证确其实堪供法医学上的应用。然此种应用，决不可遽用为绝对的父权或亲子之鉴定。盖 O×O 虽等于 O，而 A×A（B×B）亦可等于 O；A×A 既非只等于 A；AB×AB 又可等于 A，B 及 AB。而血液凝集现象又仅能区分得四簇，故甚难据以为判也。所以予以为吾人欲应用此种鉴定，只能作为血簇鉴定之比较的缩小范围的判断。亦如近检精痕之利用 Ultraviolett（紫外线）灯而已。兹宜再将已确定诸端罗举于后，以便有心人之参考。

第十八表

子之血簇	母之血簇		
	O	A	B
A	O、B	（不能鉴定）	O、B
B	O、A	O、A	（不能鉴定）
AB	O、AB	O、A	O、B
子为 O 时亦不能鉴定	父不得为此血簇		

亦即：

1. O×O = O

2. A×A = O 或 A　　　又同式 B×B = O 或 B

O×A = O 或 A　　　又同式 O×B = O 或 B

3. O×AB = A 或 B（据一般统计罕有等于 O、AB 者，惟例少不敢以据）

4. A×AB = A，B，或 AB（据前项统计未有等于 O 者，惟例少不敢以据）

B×AB = A，B，或 AB（据前项统计未有等于 O 者，惟例少不敢以据）

AB×AB = A，B，或 AB（据前项统计未有等于 O 者，惟例少不敢以据）

同人既俱感得人类血簇分簇有过少之嫌，以致发生无限疑难。于是有 Bernstein 氏，遂根据其实验，创数学的统计法（Mathematische Statistischen Methoden）。惟此说刻既罕文献存在，不能即视之为确。然仍宜摘其要义简录于下，用供国人浏览研究之也。Bernstein 氏假定人类始初只有三个 Gene，即以 A、B 及 R 代表之，其后迨因各族互婚结果遂形成下列之型（Formel）。其型之分类与固有一般血簇分类之相互关系如下：

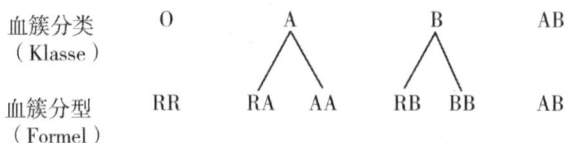

血簇分类（Klasse）	O	A		B		AB
血簇分型（Formel）	RR	RA	AA	RB	BB	AB

此外，更假定 p，q 及 r 为三个 Gene 之百分率

遂定得公式如下：

$$\frac{1-\sqrt{B+O}}{p}+\frac{1-\sqrt{A+B}}{q}+\frac{\sqrt{O}}{r}=1$$

Bernstein 氏自谓依其工作法，至少可证实各血簇之百分率总数（Prozentsŭmmen 即 p+q+r）常在 100% 左右。应用此法并证明其说非谬者，已有 Gŭthrie、Hŭck、Coca 及 Klein 数氏。于是四分簇法，遂有分为六型之趋向，即分：A 为 RA 及 AA，又 B 为 RB 及 BB，但此说尚未得多数学者之证实，犹在于考虑并检验之期间耳。

（附）我华及亚洲民族之血簇分配现象

世界民族之数繁矣，据历年来既往统计观之，则各民族所属之血簇，各比较有多寡不同，是对法医学上，亦略有关系。故今将曾见于记载之亚洲民族四簇血液凝集反应报告，悉录其百分率于后，以备国人之参照。我华地广人众，过少之人数检查实未足为准。况此种调查又属甚鲜，搜索文献仅获数章，亦所以聊胜于无者也。惜其中之出于我华人工作成绩者，未书中文姓氏，无能猜译，只好依样糊涂，直录之耳，而未得誉扬大名终是为歉。

第十九表（中国组）

报告者姓名	总人数	属O%	属A%	属B%	属AB%	A+AB及B+AB%	备考
Baǔ 及 Verhoff	592	40.2	25.0	27.6	7.2	0.92	
Cabrera-Wade	—	32.0	24.0	34.0	10.0	0.7	
Kilgore 及 刘瑞华	100	28.0	36.0	25.0	11.0	1.3	见 China Med Jour. 32, 21, 1918
刘瑞恒 及 Wang（王）	1000	30.0	25.0	34.0	10.0	0.79	见本刊 6, 118, 1920
Coca-Deibert	111	29.0	32.0	29.0	10.0	1.08	
Liang（梁伯强）	1000	38.3	30.0	25.7	6.0①	1.13	见 Arch f Hyg. 94, 93, 1924
Li-Chi-Pan（李啓盤）	1500	31.3	38.1	20.7	9.9	1.2	见本刊 11, 252, 1924
Fǔkamacki（日人）	80	33.7	33.7	25.0	1.6	1.2	
Fǔkamacki（日人）	199	26.6	26.6	38.2	8.6	0.75	此项专检满洲人

（中国外其他国组）

	报告者姓名	总人数	属O%	属A%	属B%	属AB%	A+BB及B+AB%	备考
日本	Fǔkamacki	170	24.1	45.3	20.2	10.6	18.2	
	Haya 及 Kobayashi	353	24.0	40.5	16.0	20.0	16.0	
	Kirihara	502	29.4	42.2	20.6	1.8	11.8	
	Matǔbara	—	32.5	37.0	19.2	11.3	15.8	

---

① 原文误为 "60.0"，应为 "6.0"。

报告者姓名		总人数	属 O%	属 A%	属 B%	属 AB%	A+BB 及 B+AB%	备考
印度	L. u. H Hirschfeld	1000	31.3	19.0	41.2	8.5	0.6	
安南	L. u. H Hirschfeld	500	42.0	22.4	28.4	7.2	0.8	
高丽	Fǔkamacki	363	28.2	32.8	26.4	12.6	1.1	
	Kirihara	948	26.3	32.7	32.2	8.8	1.01	
阿剌伯	L. u. H Hirschfeld	500	43.6	32.4	17.0	5.0	1.5	

依此统计可归纳得各注意点如下：

我华人血液之凝集现象属于 A、O、B 三簇之总百分率，殆无多差减，以属 A 者为最多，O 次之，B 再次之。约当 5.41∶5.18∶5.17 之比例式，属于 AB 者一般皆少之也。

日本人则以属 A 者占最多数，约合 O 之一倍及 B 之二倍半。其比例式作 A∶O∶B=4.1∶2.7∶1.9，所特别者即属于 AB 者与 B 之数甚相近约为 1.3。

安南①人则以属 O 者最多，B 次之，而属 A 之数约差属 O 者一半。其比例式作 O∶B∶A∶AB=7.0∶4.7∶3.7∶1.2。

高丽②人则与我华人相类，各簇之比较数相差无几。其比例式作 A∶B∶O∶AB=4.3∶3.6∶3.4∶1.3。

印度人则属 B 者占最多数，O、A 次之。其比例式作 B∶O∶A∶AB=5.2∶3.9∶2.1∶1.05。

阿剌伯③人属于 O 者占最多数，A 次之，B 少，AB 尤少。其比例式作 O∶A∶B∶AB=1.9∶0.81∶0.4∶0.1。

二、应用之技术及必需的注意点

血液凝集反应之实验技术，实至简易，惟须慎防与真正凝集现象酷似之自家凝集（Autoagglǔtination）或假凝集（Pseǔdoagglǔtination）的误认。

---

① 安南：越南古名。

② 高丽：公元 918—1392 年朝鲜半岛历史政权。

③ 阿剌伯：阿拉伯民族。

甲、自家凝集：

据一般研究，谓血球之自家凝集，系寒冷时之生理现象（以前有 Donath、Lo-Mo-naco、Panichi、Grisconi 诸氏主张系因于疾病）。今欲证明其是否 Autoagglǔtination，有下列三法。

1. 近 Mino 氏曾实验结果。设血液在摄氏 0°~5°，则必发生简纯的赤血球堆积，而不溶散之现象，至较高温度虽达 37°尤无影响。

2. Lattes 氏曾实验得，已起自家凝集之血液，如再加以 1：4 之稀释（血 1：生理食盐水 4）则可消失，反之已起真正凝集者，虽稀释至 1：80，仍能保持其凝集现象。

3. 外据 Lattes 氏在镜下曾证明得起 Autoagglǔtination 之赤血球系呈缗钱样构造（Geldrollenbildǔng：一串连叠），在肉眼上则如膏堆分配不匀，较淡于真凝集现象。此血球堆积密度之现象在健康男女、妊妇及病者（已实验者有蚓突炎、肺炎及 Sepsis 等）俱略有区别（大概女较男密，妊妇更密，故肉眼外观乃作不匀净之凝块，镜下则可见大小不等之血球凝块，其间隙颇大，蚓突炎之血球凝块密度较稀于肺炎，而较粗密于妊妇，肺炎则略稀于 Sepsis）。但此类报告尚未促起多人之注意，至今犹无较妥之比较统计也。

外，Mino 氏又主张自家凝集及假凝集皆关于血清有否溶血素之存在。如血清为带有溶血性质血请（即 Serum globǔlingehalt）则不起凝集反应，Hirschfeld 氏则反对 Lattes[1] 氏之观察，因据渠本人实验，当血液迅速沉降（Blǔtsenkǔngsgeschwindigkeit）时，亦可发现类似于缗钱样之构成。当血液中自家凝集素（Autoagglǔtinin）吸收之后，决无起自家凝集者。又当血液紧张增进（Hypertonic）时（加以 2%~5%NaCl），亦有发生自家凝集者。但其实验结果，亦承认在 0~5°C 低温中，血球必发生自家凝集之现象。次，Mino 氏又谓更有血球自家的胶牢样堆积，名之曰 Panhämagglǔtination（广泛赤血球凝集），系由于 Panhämagglǔtinin（广泛赤血球凝集素）之作用。然此种名词皆未果证确其物质实际上存在与否也。

设吾人欲求避免自家凝集之发生，则于血液中加以 5% Lecithin-Emǔlsion[2]（Lattes 氏实验，Lecithin-Emǔlsion：为 1%Lecithin 与生理食盐水之配合液）或 1.5%枸橼酸钠生理食盐水溶液。

总之，吾人应用此法时，对上言各端，固不可不知。为谨慎起见，检

---

[1] 原文误为"Rattes"。

[2] Lecithin-Emǔlsion：卵磷脂-乳浊液。

查时须先制血球液为妥。在既起凝集现象者，不妨再施以稀释实验及温度的比较以作鉴别。

乙、假凝集：

据 Lattes 氏实验，谓系一种血液之堆集（Agglomeration），亦呈缗钱样构造。肉眼外观乃比真凝集为淡（因血液相堆集，在平面上不匀，有许多间隙存在，故乍睹外象，以为较淡，若在镜下则血液堆积处色反较浓，而空隙处只有血清之黄或淡黄赤色或无色而已）。其原因由血清之浓稠（Serum konzentration），故欲避免假凝集之发生，可稀释所用标准血清至 1：2 以上。至于既起假凝集之后，可借显微镜之观察 Lattes 氏及 Schiff① 氏、Plüss 氏所实验之震荡实验以鉴别之。因果系假凝集，则震荡后可使一部分血球之堆积松解故也。

依上列各注意点，为避免发生 Autoagglŭtination 及 Pseŭdoagglŭtination 起见，在临检前须先制被检血液球。

甲、血液球之制法：

方法：将枸杞酸钠溶于生理食盐水内约成 1.5%（或用 Lecithin-Emulsion）。后将此液倾置在 1 毫升之小试验管内，自被检者之耳垂、指端或静脉，取出血滴，滴入净试验管内，徐徐振荡以防血液凝固，然后放在离心机沉淀，去其上清，加于上言之生理食盐水中，使之混合，即成为被检血球液。

乙、反应之检查方法：

即分置 A（β）及 B（α）两种血清于两小试管内，各容约 0.1 毫升，然后在试验管内滴入被检血球液约 1 毫升（十倍于血清量）混合之，放在室温内约 1 小时。此际经 A 管起凝集现象，其血球以 β 血清可凝集者即属 B 簇，又经 B 管可起凝集者即属 A 簇。若于 A 及 B 管俱能起凝集现象者即属 AB，其俱不起凝集者即属 O 簇。

但在已有充分经验之检者，似亦可省却先制血液球之烦。只须将 A 及 B 标准血清，盛于消毒小试验管内，严封之，妥加保存，勿至混浊，在一般室温内，血清之温度总不至降在 5℃ 以下。惟每因防日久血清起蛋白质腐败作用，当须藏放于冰箱或冷气装置中。则临检前，先须测其温度，且不妨先放在孵蛋器内微温之（低温）。殆检查应用时，用净玻璃棒点滴 A 及 B 血

---

① 原文误为"Schoff"。

清，分置于拭净玻璃片上，成两点，设在寒地或冬令，则将此玻璃片放在孵卵器内，以免血液触冷而起自家凝集现象。次，勿待所滴血清干燥，急速刺破被检者耳垂或指端（该部先用 Ether、酒精消毒，取血以耳垂为便）成小创口，涌出血滴，将此血滴于血清片上，但量勿过多，次以净玻璃棒轻轻匀涂，使血液与血清充分混合，以免血清之过浓有起假凝集之虞也。待约半乃至一小时干燥后（可放在孵卵器中），即可现各样凝集现象。又，吾人或先将被检者血滴，滴于玻璃片上，后以两玻璃棒分加 A 及 B 血清于其上，亦可得同一结果。所要者，若不先制被检血球液，即须实行稀释试验及镜下之检别耳。然在实验时，苟对温度及血清浓度上加有充分注意，大抵不致有误也。

此种 Test serum（标准血清）之制定，颇属困难。最好能先求得Jansky[①] 或 Moss 氏血清 A、B 各一种，如既有 A 或 B 之任一种血清，亦勉强可进行试验，以征求 B 之血清（即遇 A 能凝集之血清，然虽能凝集仍需疑其非 B 而为 AB）。倘旧藏血清用罄或已浑浊不堪用，则可择已知之被检属A（IIβ）或 B（IIIα）簇者（体健者为妥），用注射器采其肘部静脉血液（10~20 毫升已足用），置在净玻璃管内，放置一昼夜（或电气远心沉淀器中沉淀一小时以上），倾出上清，再施沉淀，取其上之纯清为代。贮血清之玻璃小管，以消毒之贮注射剂者为宜，用毕可再以火融封其口。

三、四血簇之血球凝集现象应用于父权确定诉讼法之实例

例案一：（第一次检查）

案由：×年×月×日由 N 地检察厅送来某姓父女两人，女年十九未嫁，已育两女皆健在，刻怀中又已有妊。据检察厅提出检举理由，系因有人告发该女与该亲父有奸行嫌疑，故控告：（1）渎伦罪之成立；（2）该父对其女所育之女须负法律上养育责任（德律私生子，男者对该私生子须负十六年间继续养育费）。依此缘由：（1）渎伦罪之发生往往属于有精神病者，故送该父女来，请求鉴定该人是否有精神病，或一时的精神异常，并其对法律上之责任能力。（2）该女称又有身，请求诊断系几个月的妊娠，何时可以分娩。（3）能否推知该女所育的出于其父否。

检查：依上案由，遂将该男某、女某于×年×月×日×时，分别在本法医

115

---

① 原文误为"Jencky"。

学教室①施行必要的检查。

甲项：女某，年十九岁，N 地生人，现住某处，某职业。

既往历：女某，年十九岁（1904，7，14），七岁（1912 年）入某小学校，十岁（1915 年即欧战之第二年）卒业，转入某中学（德学制：小学三年中学九年），因大战结果，不半年该校因需要上改为临时后方医所。女遂转入同级之半日学校，并随母在后方局勤务（即洗衣、洗菜、缝衽、烹调等杂务。德战时男丁赴敌，此种事务统由妇女在后方作义务担任）。战事既了（1918 年秋），父归，明年女年十四岁（1919），随父母迁于 F 堡，辍学，随母业洗濯，此间身体已渐发育（即谓乳腺及阴毛在外观上之发育），甚健，无重病。后母于 1920 年七月病死，父十月间又因事入监。女孤身寄养于某洗衣店，作业自活，时年已十五岁，即渐交有男友。翌年（1921）×月父出监，女年十六岁，三月三日随父归故乡 N 城 D 村，四月七日又随父到 N 城谋事，共租一屋。阅一星期父女均得职业，终日忙碌非夜不面，女在某洗涤店中操作，夜散工仍归与父同屋而居。伊父每夕工息常至酒店沽饮，据女述父习如此，自母逝后纵饮益甚，出监失业，乏资少饮，然每因是性益暴急，屡挞其女，并强弃 F 堡职业而同返 N 乡。殆父既得事，遂又纵饮。同年五月间一夕（不记何日），女已卧息，父归已登床，而女正在朦胧间，忽觉父又下床，径来就女床，女但闻其酒气冲人，无力以拒，后遂以为常，十一月间因妊大，不耐操作，辞所事。翌年（1922）正月十七日夜，在某施医院产长女某（因就诊时妄报年已十八岁，故该院证书乃大二岁）。父因女失业且生一女，生计上益形不堪，甚愤怒，然女仍甚爱护新儿，自誓必以力保育之，当年四月乃就某人家为乳儿保姆（证书上亦假岁），并携所育女往，离父而居。1924 年四月又失业，然已有余蓄，乃合某媚同开一洗衣店于某处，并迎父同居，父待女遂不复虐，两人各有所收入，生活上甚感畅适。九月间又妊，翌年（1923）六月十九日生次女，自哺之。今年（1926）正月起又有娠（正月二十六日为最后月经期）。（以上均由女自述）

后又有紧要问答摘书于下：

1.（问）当十五岁在 F 堡，既交有男友，是否即因之失身。（答）因生

———————————

① 本法医学教室：从案情看，本案发生在德国，而且该文完成于德国，因此"本法医学教室"应指林几当时留学的乌尔兹堡大学法医学教室。

活困苦，见他邻女皆多交游，羡乃效之，遂为一中学生所欺乃失身（按德律：女年不满十八岁有奸，即以强奸论）

2.（问）第一女怀妊时，月经系在该年第几个月第几日停止。（答）四月尾，大约是二十五六日。

3.（问）女父径登女床，系五月何日，系月初或月尾。又大约距经期前或后几日。（答）是五月初，大概五月三或四日。距月经期后一星期多，又云十日左右。

4.（问）以后是否永与父同床。（答）亦不一定。

5.（问）当时尚有其他男友否。（答）有某某数人。

又根据该女所入小学及初级中学校证书，谓该女在校颇勤敏而天资不甚佳，性好笑，多话，颇活泼。成绩中等，长于缝纫、手工及体操，而数学最劣。据于历事雇主给证，则云颇勤敏，对正当工作，尚无贻误，惟好修饰多交游。

遗传历：

血系		履历	死因、年纪或现在生活	本人及其血统之兄弟姊妹有无患精神病或自杀、嗜酒者
曾祖	父	姓名		无
		生地	六十三岁死于脑出血	
		职业		
	母	姓名		
		生地	不知，早于曾祖父死	
		职业		
外曾祖	父	姓名		无
		生地	不知，未见过	
		职业		
	母	姓名		
		生地	九十七岁死，死因不知	
		职业		

血系		履历	死因、年纪或现在生活	本人及其血统之兄弟姊妹有无患精神病或自杀、嗜酒者
祖	父	姓名	四十二岁死于兵	本人好酒
		生地		
		职业		
	母	姓名	六十岁死于心脏病	无
		生地		
		职业		
外祖	父	姓名	四十岁病死于肠伤寒	本人好酒
		生地		
		职业		
	母	姓名	七十二岁死于卒中	无
		生地		
		职业		
父		另见		本人好酒
母		姓名	三十三岁死于肾脏炎，有 F 堡官医证书	一姨嫁某，闻曾入精神病院，已愈又出院
		生地		
		职业		
姊妹		123456		
兄弟		123456	弟十四岁时因肺炎死（一九二〇），有 F 城官医证书	
子		123456		
女		123456	一九二二年正月十七生，一九二五年六月十九日生，皆健	

林几论文研究

依上遗传历，由警察厅调查伊姨某①，曾患 Hysterische Psychoneŭrosen②，经某地某医院治疗，于 1918 年 7 月 30 日入院，8 月 19 日退院。据其本人言，退院后年来间亦发作，但不甚剧。

现在历：

身体症状：姿势举动如常，身体发育优良，中等身长。据云在 15 岁时即增长，最速 16 岁已俨如成人。皮肤白泽，筋肉及皮下脂肪俱丰腴，无贫血症象，容颜时含笑态，两颊苹果色，两眼清澄极流动，额发稍低，眉长弯而不连，颜面筋面左右平均无忽起的变态，鼻端正，鼻骨不凹，咀嚼运动及共同运动如常，无作嘴痉挛及口唇、颊部搐搦等象。头形如常，发长，作黑褐色，颇多，眼睑不贫血，眼瞳孔对光反应如常，两侧大小相同，视力、眼底及视野检查无变态。齿列颇阔粗，口角不下弯，口盖及舌上无瘢痕，舌不颤动，说话甚清楚，无口吃及失语，喉咽部如常，肺听、打诊③如常，心悸亢进，大动脉第二音亢进，无他变化。脉搏初次检查 90 次，至阅三小时安坐后 80 次。至乳腺膨满，有乳汁甚稀薄，乳晕著明④呈褐黑色，腹部腹壁略紧张，妊娠瘢痕已著明，腹部内脏无变化、无压痛。据云日来胃口不佳，常呕吐，下部阴毛黑多，有数毛虱附蛋于上，大、小阴唇著明着色，无梅毒瘢痕，有分泌物少量，镜检无淋菌存在。内诊腔黏膜平滑，多分泌物。膣之前穹窿部作糊泥样柔软，可触得有儿头大肿疡，未越耻骨弓，子宫穹部已后转，不易触得。子宫外口柔软，可插入示指一部，不闻有子宫杂音及小儿心音，母亦未觉得胎动。据云月经前十一星期已不来（十三岁秋已始有排经），自云大便如常，惟尿意有时频急，检尿含蛋白少量，无糖反应。反射机能——膝盖腱及 Ashilles 氏腱反射及 Pabinski 氏足现象皆如常，胸壁划疹著明。运动机能——无麻痹失调及震颤搐搦并压疼等，肌运动无障碍、无萎缩，步行如常，关节不紧张。感觉机能——击首（以打诊槌轻击）无疼敏感，皮肤湿冷试验如常外，无头痛及脊髓压痛。惟日来食欲不良，易口渴，呕酸，腰围酸（不甚）等。妊娠自觉症已渐开始。

精神症状：语言举止姿势俱如常，表情多作欢乐感，惟问及如此事致汝父再入监则如何，则答自吃其力亦足以养两儿。父果不幸入监固致我怀

---

① 伊姨某：她的姨妈某某。

② Hysterische Psychoneŭrosen：德语，歇斯底里性精神神经症。

③ 打诊：叩诊。

④ 著明：显著，明显。

伤，然又有何法。（言时面颜红赤初颇兴奋，而即惨淡凝睇）望善相救。其他问答及理解力（数字计算力及读报）皆清楚，惟遇单数之繁四则题则较迟钝或竟不能答 [例 937－673＝？，一分钟半后答。又（937－563）＋（43×59）＝？，五分钟后云不能强之，又六分钟算出已错误]。而答辩则无迁远并矫情处，不问亦能守规不言。指南力、记忆力甚佳（所举各事皆能述其日期及当时情形），并无妄觉及妄判的理解。注意力不甚强（以相类书图视之，第一、第二次问其上区别不能全对，至第三次方全对），抽象及追象俱颇佳，惟因所受教育有限，智力不足（如德于几大城，大川，兴登堡何人，刻在何处等。小儿所宜知者，而中有不能答出。一半亦因平日在见闻上注意力减弱故耳），联合观念似略涩滞（问其身家事对将来事势，毫无顾虑）。但无强迫观念、错乱等象，判断力则不甚强。书写亦能合于其所受教育程度，无乱斜大小过度不均等现象。意志行为毫无不安兴奋及其他异常障碍。

诊断：据前项检查得诊断得如下。

1. 该女身体甚旺，发育甚早。

2. 该女已有三个月妊娠。

3. 该女无精神病，惟因教育不足，智力及判断力不强。

4. 该女之遗传历及症状上观查，必系神经质者。

鉴定并理由：

1. 该女已有三个月妊娠，大约本年 10 月 3 日分娩。

2. 依女供，乃父实有犯渎伦罪之可能，惟此项责任能力保留，待检查该女之父某后再行鉴定。

3. 依女供其第一女儿怀妊开始期系在与父行奸之前，但其行奸期适在末次月经期之后一星期左右，故亦有受妊之可能。然女又多外遇，日时既多，不能确忆其期，故对女所生第一女，系出于乃父与否，无能推定。又第二女妊娠前，女供亦不能明其系出于何人，故亦不能推定。

附：近有血簇检验新法，须检父母及所生子女之血簇反应或能作一比较可靠之亲生子鉴定法，但血簇检验学理上尚未完全解决，故不能作为确定之证据，第可作为参考。然如适其检验结果能确合于该血簇反应之定律，则亦可作为正当之鉴定。

乙项：男某，年 47 岁，N 地生人，已娶，妻死，现住某处，某职业。

既往历：

男某，年 47 岁（1878. 7. 9），6 岁（1885）入某小学（私塾），10 岁

（1889）入某中学校，越三年因贫辍学，在某小店中充小伙计，1898 年 19 岁应征入伍，在某军团充机关枪兵，1901 年退伍，就某酒贩荷役①。1903 年正月 21 日娶妻，在 N 地某礼拜堂结婚，1904 年 7 月生长女，大战中又入伍，隶某军，旋战于俄法境内，有功授至某连队长，战后 1918 年退伍，年已 39 岁归家。翌年（1919），携妻女赴 F 堡，就某火柴厂工头职，据该厂所予之证书云，作业甚勤，惟性好酒，与同辈口角乘衅，终致 1920 年 10 月 16 日因故脱离该厂，惟尚无不正当行为。据本人供称，1920 年 7 月初三其妻病死后，自己觉甚无聊，放饮无度，益致穷困。又据警厅方面报告，该人某当 1920 年 9 月 14 日夜九时，因泗酒殴伤同事某甚重，被当地警厅拘留，经审判科罚苦工至 1921 年 3 月 3 日释放，当时亦曾经当地法医官证验，确当时因过饮发生暴动②，惟其折算所用酒中含有之酒精量并不越 10gr③，故只能轻减其行为责任，该人并非有精神病云。又据自供，出监后益无聊，依女为活，穷困益甚，更在 F 堡无能自足，故同女迁归故乡。而据警察报告，则该人于出监后，尚有一度盗窃行为，但罪案并未成立，即当 1921 年 4 月 21 日在某公园街角，欲窃绺④一妇人钱囊，转为物主所觉，而谅其贫，并给以五马克，嘱警释放，乃拘于警厅一昼夜完案。（以上均该人自述，并警厅所调查案卷摘要）

　　某人既携女归 N 乡祖屋居，4 月 13 日经某人介绍得入现业之某酒厂服务，因对前事有戒心，故自后虽夕必在饭店与同伴相聚，亦未敢纵饮，然每夕必亦略饮。惟检厅来文亦云，据调查该人所常至酒店及其同伴，则该人饮酒并不多量，惟嗜酒甚，每见他人饮即流连不忍去，己必亦傍小饮。但其间每值厂中发薪，则常大饮，惟尚无与人争閧⑤事。问其何以与女有奸，则初辩无有，系仇人指摘，己因家贫，无余屋，故与女同居。后以女言质之，遂吐实，云实因妻死，女长而艳，一夕酒醉后实起此心，后亦甚悔。两小女（指其女所育者）殆皆非所出，因女在外多朋友。

---

① 荷役：码头装卸工。

② 暴动：暴力行为。

③ gr：gram，克。

④ 窃绺：剪断人家系钱包的带子或剪破人家衣袋以窃人钱财。

⑤ 閧：同"哄"。

遗传历：

曾祖		外曾祖	
父	母	父	母
姓名、职业、生地	姓名、职业、生地	姓名、职业、生地	姓名、职业、生地
死因及时候不知	六十二岁死于肺痨	四十一岁死于普法之战①	死因及时候不知，第记曾见过一面
不知其详（有无精神病等）	不知其详（有无精神病等）	不知其详（有无精神病等）	不知其详（有无精神病等）

余见前甲项。

现在历：自述平常无重病。

全身症状：中度体格，营养状态不良，皮肤弛缓，自云以前颇胖壮，皮下脂肪瘦失，筋肉不丰，但无贫血症状，两颧赤色，发粗糙，褐棕色，虽有少数黄白者，易于拔脱，前额发际较低，颜面肌左右平均，口角稍下弯，无特别运动痉挛、搐搦等。眼球及眼结膜轻度充血，瞳孔稍强直，虹彩呈褐黄绿色。自述每久视物，即觉眼前如有小动物跃动（幻视）。常起头痛（全头）、眩晕及全身酸痛感，每在饮酒大量之后第2、3日尤甚，故近乃不敢多饮。齿列粗大而稀，左上下第一白齿、右下犬齿，皆有蚀孔，口腔、咽喉无异常，颈淋巴腺稍大。肺打诊，右肺尖有浊音，听诊呼音延长，惟无 Rasser，不咳（故未检痰）。心尖越左乳线外扩2.5cm，心悸亢进，脉搏细速。胃有压疼，据云胃部常发不快感，嘈杂，胃发疼多在食前，未曾有吐血，食欲并不减，然年来人觉消瘦，胃内容检查多黏液及游离盐酸（当日适空腹故即行检查）。大便三四日方得一次，不易下，而有时又起下痢症象，然量甚少（未检大便）。脾如常，肝下缘易触得，打诊浊音部略向下移动，略一指宽，深呼吸时无痛感（肝症候不著，疑系硬变初期，亦无黄疸、腹水、海蛇头②及脾肿症象，殆因肝尚未起萎缩，门脉系统未起淤血之故）。以上胃肠症状据其自述已将历一年。下腹部左鼠蹊部有斜横走瘢，长三寸许，据云系当21岁时患淋症后所起肿物（横痃）治愈后之遗痕。龟

---

① 普法之战：1870年普鲁士与法国之间爆发的战争。

② 海蛇头：caput medusa sign，水母头征，指脐部见一簇曲张静脉向四周放射，形如水母头的体征。可听到静脉血管杂音。常见于显著门静脉高压。

头上无残痕，尿道外口无红肿、分泌物及狭窄。肘腺、腋腺不肿大，左鼠蹊腺略大，阴囊软，左附睾略大无压疼，右睾高位，尿道外口虽无分泌物，而阳举极易，施以精液检查，极易生精，但甚稀薄，细菌检查无淋菌，尿意频急，自云每不能自禁，尿量少而浓，呈酸性，有少量之赤色尿酸盐结晶。化学检查蛋白质弱阳性，阴毛甚粗糙，易脱落。反射机能——膝盖腱反射不著、Ashilles 氏腱反射消失、Pabinski 氏足现象不著、跖①面反射不著。腹壁紧张，过敏，皮上划疹甚速现出。运动机能——坐或直立时，有时每不自禁全身发震颤（当场亦发二次），令直立闭目碰足横伸两臂，而伸舌则舌颤动尤著，全身亦相继发颤，但以意志犹能勉强停止之。据自云常于烦躁时节，自觉左臂上肌起搐搦，当时连拿物皆不便甚，幸非常发。肌肉无萎缩，步行如常，当震颤或全身酸疼后，步行每发软，关节紧张。感觉机能——轻槌前头部，即过敏疼感，皮肤湿冷感如常。

精神症状：语言除发生全身震颤时外，不发生震颤。无蹉质及失语，举止姿势正常。表情常郁郁，对此案多苦辩，甚继以泣。有时精神极兴奋，伸拳怒目，呶呶不平。计算力不弱，记忆力不甚佳。所举各事常加错误而更正，成语复述亦每落下一二字，指南力②尚无大障碍，述及本身履历中事无错误（时代常误），而对宗戚之死亡及各大事皆言记不清。当检查时无妄觉发现，但据本人自言曾有幻视，注意力极散漫，抽象及追象、判断力并智力均平常。

诊断：依上诸点

1. 该男某患有慢性酒精中毒（Alkoholismǔs），为中酒性麻痹狂。

2. 右肺尖有初期加卡③及胃加卡（多酸性）。

3. 此外更有心脏衰弱及初期肝硬变症候，此两者亦系 Alkoholismǔs 之分症。

鉴定：

1. 该人既系中酒性麻痹狂。当前妻死后，急性酩酊之际，精神当然异常，对亲生女起有猥亵行为，亦认为精神异常之一种举动。

2. 查该人精神状态虽有异常，但尚不至于心神丧失，故渎伦罪当然可以成立，惟可略减轻其原动的责任。

---

① 跖：原文为"蹠"。

② 指南力：定向力。

③ 加卡：卡他性炎症。

3. 所育两女是否所出，所答见甲项中。

例案一：（第二次检查）

案由：越一周后，于×年×月×日上午 10 时，由某地检察厅又送来父某女某，并其女所育两小女，来请求试行血簇凝集反应之鉴定。又精神病之鉴定，原不限一二次，该男某患中酒性麻痹狂，症状虽甚著明，然为慎重，当行复检。

检查：男某及女某所检结果同前。两小女亦健硕，无病或其他异常，兹为省篇幅起见，皆从略，仅将血簇鉴定一则摘录如下。

依前述方法，先取甲、乙、丙、丁四净试验管内，各容 1.5% Lecithin-Emŭlsion 1 毫升。次急刺取该被检者耳垂血，分别盛于子、丑、寅、卯，四试验管中。

某父	由右耳垂取血滴滴于子管中	
某女	由左耳垂取血滴滴于丑管中	徐徐震荡，用电气沉淀后，倾弃上清，以血液分倾于甲、乙、丙、丁管内
长幼女某	由左右耳垂取血滴滴于寅管中	
少幼女某	由左右耳垂取血滴滴于卯管中	

倾子管于甲管，丑于乙，寅于丙，卯于丁，遂制成血球液四份。后用 Jansky 氏所定 Test serŭm A 及 B 两种血清分别倾置在四小试验管内，每管容血清 0.1 毫升。共为 1、2、3、4、5、6、7、8 八管，单数号码属 β 血清，双数号码属 α 血清（β 为 A 簇，α 为 B 簇）。

依例假定不凝集者为阴性（−）凝集者为阳性（＋）。

后倾（并放于孵卵器内一小时后结果）：甲血球液於 1（A）及 2（B）管，结果 1 为−，2＋，是为某男属于 B 簇；

乙血球液於 3（A）及 4（B）管，结果 3 为−，4−，是为某女属于 O 簇；

丙血球液於 5（A）及 6（B）管，结果 5 为＋，6＋，是长幼女属于 AB 簇；

丁血球液於 7（A）及 8（B）管，结果 7 为−，8−，是少幼女属于 O 簇；

鉴定：依上各簇结果观之，据各定律原理可作下列之说明：

甲项：无 A×无 A，决不能得 A，故该长幼女（B×O 决不能得 AB），可谓非其父所生。

乙项：B×O＝O 或 B。又凡子为 O，母亦为 O 时，则不能判断，况 A×A（B×B）亦均可得 O。故该少幼女固有出于其父之可能，但亦不一定出于其父，即不能据以为断也。

例案二：此节以简单明晰文字表写，因在精神及身体并既往历上皆无特别处，被检者皆健甚。

案由：妇甲已嫁于男乙两年，因故于 1925 年 2 月 19 日离婚。至 3 月 12 日，妇甲又与其素友善者男丙再结婚，是月二十六日月经即未来（最后月经期系在 2 月 24、25、26 三日）。阅九个月即当年 12 月 27 日，产一男，现健存。丙因谓此男系出于乙，乙不承认，甲已亦不能自明，故起诉，历经二次推算，皆以为只根据妇甲所言最后月经期推算，则乙、丙两男皆有使甲受妊之可能（乙在前一周、丙在后一周），又据某产科医生证明该儿为九个月早产儿，依法律规定（婚后二百日，最长妊娠期内 300～302 日）即不用依十个月完成产期折算，而丙甲成婚后亦已逾二百日，然乙甲之离婚则不逾三百日，是皆可为是儿之父，况甲丙在未成婚以前已有奸情之嫌疑。

检查（血簇）：依法先制甲（妇）、乙（男乙）、丙（男丙）、丁（小孩）之血清液，次用 Jansky 氏标准血清检查。

结果：甲对血清 B 为＋，对 A－，是甲（母）为 B 簇。丁对血清 B 为－，对 A＋，是丁（子）为 A 簇。丙对血清 B 为－，对 A－，是丙（男丙）为 O 簇。乙对血清 B 为－，对 A＋，是乙（男乙）为 A 簇。

鉴定：根据公式 O×B＝O 或 B，决不能等于 A，故此见儿非男丙所生。又因母为 B 子为 A 时，则其父不得为 B 或 O，应为 A 或 AB。又 A×B＝A 或 O 或 B，或 AB，故此儿应系出于男乙。

一九二五年六月十五日

德国慰慈堡旅次

文献（从略）

【述评】

本文在该文前半部分综述了血液凝集反应的各种学说，提出了无法解释的现象，例如，两亲无 A（或无 B），而其子女出现 A（或 B）。因受当时科学技术的限制，最后只能将之归结为技术上偶然观察的错误或非亲生子。但林几当时已经认识到血型鉴定在法医学上的应用前景，指出"倘能精益求精，追踪研究，则此种统计必可有实地应用于鉴定之一日，足以代《洗冤录》中之滴血辨亲法也"。例如，孟买型（"伪 O 型"）于 1952 年才在印度孟买市发现。当时根据数学统计方法建立起来的血型鉴定原则已较《洗冤录》中的滴血辨亲法更加符合科学规律。后半部分总结了避免自家凝集和假凝集的方法，用两例案件介绍了血型鉴定在父权判定中的运用，主要使用价值体现在父权排除上，对于父权的确认还没办法分辨。这在当时 DNA 亲子鉴定技术尚未发明时，是相当准确和科学的父权排除方法，将最新的血型分型用于法医学检案是中国近代法医学逐步融入先进的自然科学技术，与世界接轨的开始。

这里，有一个法医学历史观问题，就是如何看待我国古代法医学中"滴血辨亲法"。林几认为，由于当时技术水平不发达，我国古代法医学"滴血辨亲法"有其局限性，但早于西方血型检验提了出来，可惜后人没有进一步研究，使得我国法医血型鉴定落后于西方。但不能因"血型鉴定原则已较《洗冤录》中的滴血辨亲法更加符合科学规律"而否定中国古代法医学。而是采取科学的态度，承认不足，不断吸收、引进先进的科学技术促进我国法医学的发展。林几这一观点，是他的法医学历史观精华之一，值得研究。

十、阿片及吗啡中毒的病理实验[①]

【原文】

在海外闻得国内上海各地拒毒会的努力呐喊声，不觉对国内禁烟情形生十分的感叹。兹将新近所研究的《阿片[②]及吗啡中毒的病理实验》一篇，节录数行公诸报端，亦所以聊促黑籍[③]诸君的猛省。用动物中毒的实验，考其死体解剖及病理组织的变化，证明在中央神经系统[④]，无论有慢性或急性中毒，均有下列的著名变化。

---

① 原文刊载于《中西医学报》1927 年第 9 卷第 6 期第 3—4 页。
② 阿片："鸦片"的旧称。
③ 黑籍：旧时称吸鸦片等毒物成瘾的人。
④ 中央神经系统：指中枢神经系统。

在急性中毒动物死体脑部，起急性脑细胞的坏死，脑胶质的浑浊淀粉样变性，内皮的剥裂及出血。在慢性中毒动物死体脑部，起脑细胞之脂肪化，乃至于坏死等退行性变化，此外，脑组织内之小血管淤血或出血。

其他脏器内，当急性中毒时不过充血或小出血，当慢性时则肝、肾、心肌组织每起脂肪变性、淤血，全身有恶液质及浮肿等副症象。

故凡因阿片或吗啡中毒而死者，可谓之脑死（Hirntod）。以前谓在数种急性传染病（如伤寒、败血症、猩红热及赤痢①）及其他毒物的中毒（如碳酸磷、Voronal 等）时，往往亦呈此现象。惟对阿片及吗啡中毒之脑现象，犹罕议及之者。

凡嗜阿片吗啡者，因主精神之脑中枢，发生上言之脑变化，故精神皆形退化。其初虽暂因药力、毒性的刺激，引起一时精神的亢进，而日久则非受此毒力刺激不能提神，此脑细胞及胶质之变化，则为受毒性的猛烈刺激后，一时营加剧的灵敏工作，遂渐呈衰疲乃至死灭的一种现象。吾人既知脑细胞是既死即不能复生，于是因脑力之衰疲，遂成为精神障碍（Psychioschen Storung）。既成习惯，则精神对此刺激的反应力量，日趋微弱，当初用一定少量毒力刺激后，精神的一时亢进可以支持至一定较久的时间，迨后非渐加用量，此有效时间必至缩短。终至脑中枢虽有该毒力刺激，而精神亦不起一时的亢进。脑之机能遂完全消失。

【述评】

林几在该文开宗明义地指出："在海外闻得国内上海各地拒毒会的努力呐喊声，不觉对国内禁烟情形生十分的感叹。"这就指出了中国当时毒品泛滥和禁毒困难的原因，以及毒品危害所在，于是完成"阿片及吗啡中毒的病理实验"加以阐述。

林几将自己在德国留学时所进行的关于阿片及吗啡中毒的病理实验部分结果提前展示给国内读者，便于广大学者理解毒品的危害。实验发现阿片或吗啡中毒危害主要集中在中枢神经系统，可以解释毒品依赖性形成的相关机制，详细结果发表于 1929 年《卫生公报》第 7 期第 120—123 页和第 8 期第 154—157 页，及《中华医学杂志（上海）》第 15 卷第 1 期第 42—69 页。

---

① 赤痢：出血性痢疾。

十一、谁残留的精痕之鉴定[①]

【原文】

此种鉴定，在从前法医学界，属于不可能之列，兹经多数学者实验，利用血球凝集反应分簇法原理，以施于他种体液的个人的诊断，是因普通人之体液细胞中，均含有与遗传攸关之个性特质。本人之体液析出液，遇本人之他种体液细胞，绝不起凝集反应。而甲之体液遇乙之体液，设甲乙两人为不同簇，则可起凝集反应，根据此同样理由，可以作精液或唾液（汗、泪等亦然，但在法医学上不关紧要）的个人的诊断。此项实验，经专家研究，已十余年，近方证明其属于可能范围，亦如血球之能分之为四簇。第其中犹未能使人十分满意者，即因分簇太少，有时仍不能借以确证，且得例不易，亦未能遽定人类精液各簇间之相互关系，但对奸情行为系出于何人之鉴定，已得一线光明矣。

（十六年六月柏林）

【述评】

文中提出有学者正努力将血球凝集反应分簇法原理应用到精液的个人认定上，为精液的个人鉴定提供了一个新的研究方向。后续发明的鉴别精斑 ABO 血型的吸收试验、中和试验及解离试验等，都是基于这一原理。

十二、检查精痕之简便方法[②]

128

【原文】

用肉眼观察，类似精痕之痕迹极多，故对精液斑痕之检查，在法医学

---

① 原文刊载于《法律评论（北京）》1927 年第 5 卷第 2 期（总 210 期）第 16 页。

② 原文刊载于《法律评论（北京）》1927 年第 5 卷第 3 期第 11 页，林几于民国十六年六月完成于德国柏林。

界每感困难。无论何种斑痕，只要滴落在可嫌疑部位，即须施以极繁杂之检查，而对目力不能审视之斑痕，反无由加以注意。近因利用紫外线灯光，能对各种化学物质，映出各别不同之颜色光彩之现象，试应用之于精液斑痕之搜索，大见功效，是因精液之成分内，含有多量蛋白质、脂肪及灰质（钙），此种含钙与蛋白质、脂肪黏稠液体，当其干燥后，无论多寡乃至于肉眼中所不能辨认者，在紫外线灯之特别暗装置下，必可显出甚明亮类似水银（肉眼）光泽，微带淡紫蓝色之灰白色斑迹。故自此种装置发明后，对精液残痕之搜索极形便利。据个人实验，即使煮沸洗涤过的附有旧精痕之布块，虽在显微镜下会用种种适当方法检查，犹莫能证明精丝者，而映于此种特别光线装置下，亦必显出甚明了之现象。

（十六年六月柏林）

【述评】

文章介绍了一种灵敏度高、特异性强的显现精痕的方法——紫外线灯检测，这一技术目前仍在应用。

十三、亲生子之鉴定：法医学上问题①

【原文】

亲生子的鉴定，在以前法医学界，认为属于不可能范围。虽我华当前八百余年，已有《洗冤录》（宋淳祐丁未宋慈著）一书，内曾载有滴血验亲一项。但至今日科学昌明世界，此类不合于科学原理、类乎神话的记录，当然未能邀得世界专门家②的引用。殆近数年来，因个人的血清诊断（Eindividuelle Blut diagnose）学日益进步，其影响于法医学界，殊形伟大。最初不过对"是否人血"一层，能借血清以诊断，而至今日则更进以解决"此系属何种血簇"，于是吾人对于父权确定诉讼法（Paternitatsklage），遂得一相当解决机会。

---

① 原文刊载于《东方杂志》1927 年第 24 卷第 18 期第 91—104 页，林几于民国十六年四月三日完成于德国柏林。

② 专门家：专家。

昔奥国大生物学者 Mendel 氏（1822—1884 年）依据实验，证明得"动物第一代杂种子孙，于两亲中之一方面性质较多存在者，则其第二代杂种子孙所有在此方面之性质，可确实呈露至一定程度"。——是即世所赞美之曼台尔遗传定律[①]是也。今日之血簇鉴定原理，亦不外由此定律推演而成耳。是后更有 Landsteiner 氏，据其生平经验，谓"由于同种血球凝集现象，得以区别人类血液之构造各异"。因是血统之个性鉴定，遂益引起世界学者研究之兴趣。于兹四十年来，经无数医学者、生物学者并血清学专家追踪精研，方获有今日之优良成绩，对于亲生子之鉴定法，前途竟放一线光明。

所谓血球凝集反应现象者，即血清滴遇赤血球液滴后，于相当温度环境及时间内，可呈凝集或不凝集现象。血液与血清间其所以能发生凝集与不凝集互异现象者，在理解方面，诸说均认为有如细菌学之补体结合作用，即因血清中之 Agglutinine（凝集素），遇赤血球中之 Agglutinogene（凝集原），设为同族则不凝集，设为异族则起凝集。凡本人之血液遇本人之血清，当然绝对不起凝集反应。

一般代表赤血球之凝集原用 A 及 B，血清之凝集素用 α 及 β。设同一血液中参有 A 及 B 或 α 及 β 者，用 A+B 及 α+β 代表之。

A 与 B 及 α 与 β，即血液中之遗传诱导体（Rezeptoren），在遗传上为 Dominant（特殊或特性遗传），反之更有一种特有质（Eingenschaft）（Property 并非 Rezeptoren），在遗传上为 Rezepsiv，名之为 O，O 在血球及血清内皆可存在。故历来实验家，遂可将人血分隶于四种凝集反应现象之下。比如：

在甲血液中有 A 血球，同时并有 β 血清	设	甲血球液	遇	乙血清
在乙血液中有 B 血球，同时并有 α 血清		乙血球液		甲血清	则起凝集作用。
在丙血液中含 A+B 之血球	则	丙血球液	遇	甲血清
				乙血清	不起凝集作用
在丙血液中含有 O 之血清	则	丙血清	遇	甲血球液
				乙血球液	起凝集作用

———————————

① 曼台尔遗传定律：孟德尔遗传定律。

在丁血液中含 Rezessiv 之 O 血球	则	丁血球液	遇	甲血清	起凝集作用
				乙血清	
				丙血清	
而丁血液中含有 α+β 之血清	则	丁之血清	遇	甲血球液	不起凝集作用
				乙血球液	
				丙血球液	

此四种即为四血簇（Blutgrupp），其最要者即须先制定标准血清（Test serum）。一般因习惯上常用 Jansky 及 Moss 两氏所定者为标准，而两氏假定血清分簇之次第，又适将一四两项互相差错。故为便于了解起见，列表如下：

第一表（标准血清）

Jansky 氏分簇法 血清	Moss 氏分簇法 血清	赤血球凝集原	血清凝集素	反应结果
一	IV	O	α+β	对任何簇之血球俱不起凝集现象。
二	II	A	β	能凝集三及一两族之血球，而不能凝集四族之血球。
三	III	B	α	能凝集二及一两族之血球，而不能凝集四族之血球。
四	I	A+B	O	能凝集他族之血球，而四族之血球则不能被他族血清所凝集。

吾人既阅前图，当能明了四血簇间之相互关系。以后即专述对亲生子鉴定之各种公式。惟为便利起见，以后代表四血簇，专用 O、A、B 及 AB 四种符号，以免读者有扑朔迷离之感。

首先利用血簇检定父权确定诉讼法（Paternitatsklage）之实验者为 Dungern 与 Hirschfeld 两氏。即试以已知两亲之血簇，以确定其子女所属之血簇。据两氏报告可归纳之如下表。后人检查殆可遵此表，以按图索骥，诚至便也。

第二表

两亲血液凝集现象	子女血液凝集现象
O×O =	O
A×A =	O 或 A
B×B =	O 或 B
O×A =	O 或 A
O×B =	O 或 B

又两亲血簇如属于：O×AB、A×AB、B×AB 或 AB×AB 时，则其子女之血簇分属于：O、A、B 或 AB。

反而言之，即当在法医学应用上，设：

第三表

既知母所属之血簇为：	O	O	O	A	A	B	B
假定父所属之血簇为：	O	A	B	O	A	O	B
则子不得属于下列之血簇：	A		A			A	A
	B	B		B	B		
	AB	AB	AB	AB	AB	AB	AB

后 Plüss 氏更根据个人实验，订有"设已知子及母之血簇，求证其父所属之血簇"表，如下：

第四表

小儿所属之血簇	母亲所属之血簇	则父亲所属必不得为下项之血簇
O	此项证明属于不可能，吾人已知 O 之发生在各簇间均属可能。	
A	O	O
	O	B
	B	B
B	O	O
	O	A
	A	A

小儿所属之血簇	母亲所属之血簇	则父亲所属必不得为下项之血簇
AB	O	O
	O	A
	O	B
	A	A
	B	B

惟 Ottenberg 氏等，则对 Dungern 及 Hirschfeld 两氏所厘定者，微有疑难。因根据本人观察结果，有未能与前表一致者也，但 Ottenberg 氏又谓亦不能完全否认之，惟 Buchanan 氏则反对甚力。Buchanan 氏以为此四种血簇反应，须与 Mendel 氏定律能相符合，在遗传定律上有隔代后，方呈露其特殊遗传者（即祖之特殊遗传性质不显于子，而显于孙），故遂有下列第五表修正之拟定。

第五表

（甲　　　例）

祖父母属 → A⌒A　　　外祖父母属 → A⌒O

父属 → O　　　　　　母属 → A

子　A　　O　　A　　O

（乙　　　例）

祖父母属 → A⌒O　　　外祖父母属 → B⌒O

父属 → A　　　　　　母属 → B

子　O　B　O　AB　O　B　O

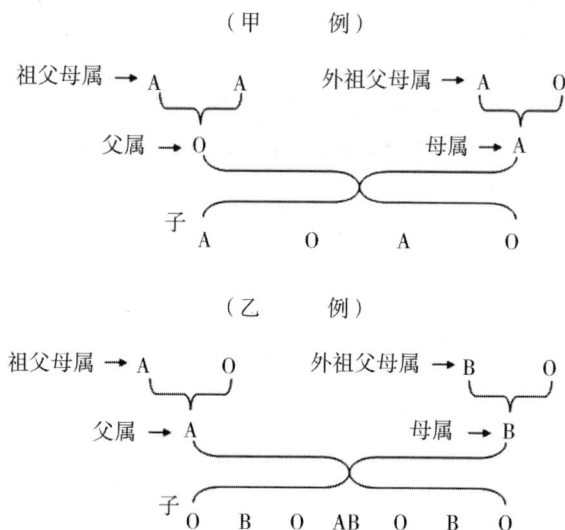

Buchanan 氏个人曾检得 139 姓家族共 603 人，故所言颇能促起一般研究者之注意。就中 Dungern、Hirschfeld、Lattes、Ottenberg 诸大家对 Buchanan 氏所说，亦认为有充分之理由及证据。其外，表示与 Buchanan 氏有同一观察者，尚有 Dynke、Budge、Jervell、Keynes、Tebutt-Connel、Kirihara 诸氏，

于是对第二表有下项推测之改正：

（A+AB）（B+AB）＝ AB。

乃引出 Rassen index。Hirschfeld 氏规定 A/B 之发生由于［A＋（AB）］／［B＋（AB）］之方式。近再经多数学者实验研究，将 O、A、B、AB 四簇之相互结果，括分为下列七式：

第六表

1	O×O	此项已规定必等于 O，故第七表中统计不再及之
2	A×A	即 A×A，A×AB，AB×AB，凡有 A 者皆属之
3	B×B	即 B×B，B×AB，AB×AB，凡有 B 者皆属之
4	有 A×无 A	即 A×O，AB×O，A×B，AB×B
5	有 B×无 B	即 B×O，AB×O，B×A，AB×A
6	无 A×无 A	即 O×O，O×B，B×B
7	无 B×无 B	即 O×O，O×A，A×A

将上述诸氏及 Learmouth、Weszeczky、Avdeieva-Grizevicz 氏等检查，统计起来得有下列之结果：

第七表（家族系指一姓夫妇而言）

甲组：两亲之血簇中含有相同遗传性质者

两亲血簇	子女血簇		对照 Dungern 及 Hirschfeld 两氏统计则属于：
有 A×有 A （即 A×A，A×AB，AB×AB） 共 132 家族	属于有 A 者	属于无 A 者	83A–13 无 A
	320 人占 80.9%	76 人占 19.1%	
有 B×有 B （即 B×B，B×AB，AB×AB） 共 41 家族	属于有 B 者	属于无 B 者	75B–25 无 B
	88 人占 83.0%	18 人占 17.0%	

林几论文研究

乙组：两亲之血簇不相同者

两亲血簇	子女血簇		对照 Dungern 及 Hirschfeld 两氏统计则属于：
有 A×无 A （即 A×O，AB×O， A×B，AB×B） 共 432 家族	属于有 A 者	属于无 A 者	
	540 人占 57.7%	398 人占 42.3%	59A－41 无 A
有 B×无 B （即 B×O，AB×O， B×A，AB×A） 共 274 家族	属于有 B 者	属于无 B 者	50B－50 无 B
	331 小儿 占 53.4%	289 小儿 占 46.6%	
无 A×无 A （即 O×O，O×B，B×B） 共 281 家族	属于有 A 者	属于无 A 者	全属于无 A （即 100.0%）
	13 小儿 占 2.2%	558 小儿 占 97.8%	
无 B×无 B （即 O×O，O×A，A×A） 共 578 家族	属于有 B 者	属于无 B 者	全属于无 B （即 100.0%）
	24 小儿 占 2.0%	1161 小儿 占 98.0%	

故吾人可依第七表之统计而确定两新定律：

（一）两亲属于 O，则其子女决亦永属于 O。方式：O×O＝O。

（二）两亲属于无 A 或无 B，则其子女决亦属于无 A 或无 B（即其子女决不有 A 或 B。）方式：无 A×无 A＝无 A，或无 B×无 B＝无 B。

至于上表中，所有少数两亲属于"无 A"（或"无 B"），而其子女血簇反应呈"有 A"（或"有 B"）簇凝集现象者，则可归之于技术上偶然观察的错误或该子非由乃亲所生。

然 Buchanan、Learmouth、Weszecky、Mino、Avdeieva－Grizevicz 诸氏，则对前之新律，又略有异议，但大多数学者则主张该律实足为据也。

就中 Mino 氏曾检得 90 姓家族中有 17 姓家族之两亲，系属于"有 A"（即"有 A"×"有 A"），计其 59 子中，有 40 个小儿属于"有 A"，19 个属于"无 A"（为 82.6% 与 17.4% 之比），故 Mino 氏主张宜根本不承认前项之公式。其实验所得特异结果，有如第八表：

第八表

两亲　O ⌣ O　　　O ⌣ A

子女　O O O O A A　　　A B B AB

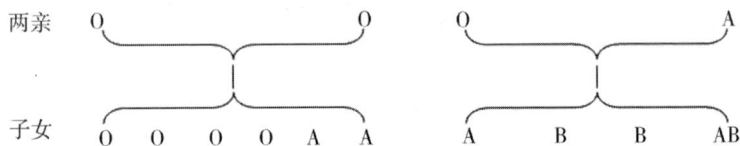

　　但前项公式 O×O＝O，系经历次学者检验所公认。故对 Mino 氏实验之 O×O＝A，疑为所检家族中有越出法律之生子，不能遽谓前项定律之有所不合也。至于 O×A＝B 及 AB（即无 B×无 B 而生 B），亦认为有同样的错误。

　　此外，Plüss 氏曾检得 84 姓俄人家族，共 195 个小儿，其结果有 O×A＝B 两例。又 Avdeieva-Grizevicz 氏检得 84 姓西班牙人家族，亦获有不合定律之结果，然其数皆甚微，迨亦视之为例外可也。

　　Buchanan 氏主张至少须检定三代之血簇，因隔代遗传现象，据其个人观察，实可用下列第九表以证明之。

第九表

（甲　例）　　　　　　（乙　例）

A　　O　　B　　O　　　AB　　O　　A　　A

O　　　　O　　　　　　O　　　　　A

O O B B O O　　　　O A A AB

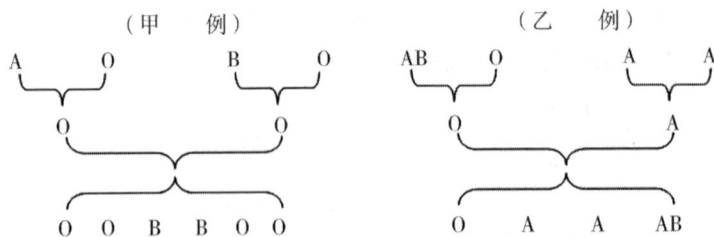

　　众说纷纭，莫衷一是。兹特将各氏所有异征报告，汇成一表，如下：

第十表（凡加“（ ）”者皆异征之血簇）

实验者姓氏	两亲所属之血簇	各子女所属之各血簇					
		1	2	3	4	5	6
Buchanan	O×O＝	O	O	（B）	（A）	O	O
	O×A＝	A	A	（AB）	O		
	O×O＝	O	（A）				
	O×O＝	（AB）	（AB）	（AB）	O		
Learmouth	O×O	（A）	O				

实验者姓氏	两亲所属之血簇	各子女所属之各血簇					
		1	2	3	4	5	6
Weszeczky	O×A = O×B =	O (A)	(B)				
Mino	O×O = O×O = O×A = O×A = O×A = O×A =	O O O (AB) A O	O O (B) A (AB)	O (A) (B) (B)	O (A) (AB) (AB)	(A) (A)	(A)
Avdeieva-Grizevicz	O×A = O×A = O×B =	(B) (AB) (A)	(B) (A)	(B)			
Plüss	O×A =	A	(B)				

然 Plüss 氏因曾检得 53 姓"有 A"בּ无 A"之两亲，共有 145 个小儿，就中有 90 个小儿属于"有 A"（58.2%），有 85 个小儿属于"无 A"（41.8%），其百分比例相差无几。故该氏仍主张以 Dungern 及 Hirschfeld 氏定律为当。更依 Dungern 及 Hirschfeld 两氏自家实验。

1. 曾检得属于（无 A ×无 A）之 20 姓家族，共有 50 个小儿中仅有 2 儿不属于无 A。

2. 又检得属于（有 B ×有 B）之两姓家族，共有 4 个小儿均属于 B。

3. 再检得属于（有 B×无 B）之 29 姓家族，共有 81 个小儿中 44 个属于无 B，37 个属于有 B。

至于"有 A"与"无 A"之相互遗传关系，据近 Ottenberg 氏曾检得属于"有 A"×"无 A"之两亲 23 姓，共有 65 个小儿，于中有 25 个属于"有 A"（39%），40 个属于"无 A"（61%）。Ottenberg 氏遂凭其个人经验，并各专家报告，制成下式遗传之表解。其说与第七表所发生之两新定律相一致。

第十一表（□形格为男性，○形格为女性）

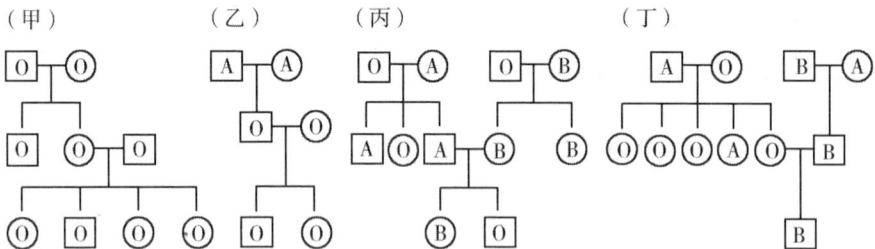

（甲）　（乙）　（丙）　　　（丁）

（甲，即 O×O＝O）（乙，即与 Buchanan 主张异处）（丙，证明 O 可由任两簇结合而发生）

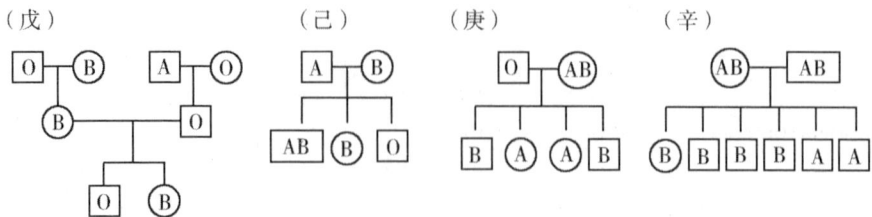

（戊）　　　（己）　　（庚）　　（辛）

综以上诸端，据 Lattes 氏（意大利研究此问题专家）意见，吾人对此血簇鉴定，自仍当以 Dungern 及 Hirschfeld 两氏之实验，并依第七表统计后所确定之两新定律为标准。

吾人既知，若两亲系属于不同之两血簇，则其子女可分属于不同之血簇。但究竟居于某种相互情形之下，其子嗣所属血簇之各数，呈何比较，是诚为重大且极有趣味之问题。最近有 Schiff 及 Ziegler 两氏统计得 100 个不同血簇小儿。得其百分比较如下表：

第十二表

两亲之血簇	小儿所属血簇之百分率（%）				备考
	O	A	B	AB	
O×O＝	14.29	－	－	－	全属于 O
O×A＝	12.36	17.42	－	－	多属于 A，次 O
O×B＝	5.67		6.73	－	属于 O 及 B，相差无几，当因被检人数过少之故。
O×AB＝	－	2.42	2.42	－	分属于 A 及 B，而无属于 O 及 AB 者（？）

两亲之血簇	小儿所属血簇之百分率（%）				备考
	O	A	B	AB	
A×A =	2.68	12.86	–	–	多属于 A，属 O 者甚微
A×B =	2.45	3.45	2.91	4.10	分属于四簇，以 AB 簇数最多
A×AB =	–	2.53	1.05	1.48	分属于 A、B 及 AB，以属 A 簇数最多
B×B =	5.6	–	2.12	–	分属于 O 及 B，属于 O 者较多
B×AB =	–	0.48	1.05	0.58	分属于 A、B 及 AB，以属 B 簇数最多
AB×AB =	–	0.16	0.10	1.20	分属于 A、B 及 AB
总计	38.01	39.26	16.18	6.38	
就中比较合于前项定律者占	37.8	39.4	16.4	6.4	

　　仅就此表视之，确能符合于前律也。从前有人疑此血簇凝集反应，可因年龄而变更，后经多人证得，无有变者，其中尤以初生儿血簇所属之鉴定，对法医学有莫大紧要，故摘录各关系报告如下。

第十三表（内缺 B×B，B×AB 以及 AB×AB 两亲之例)

两亲之血簇	初生儿总例数	初生儿之血簇				备考
		O	A	B	AB	
O×O	31	31	–	–	–	全属于 O
A×A	15	4	11	–	–	属 A 者多
O×A	32	16	16	–	–	
O×B	12	5	–	7	–	
A×B	5	1	1	1	2	分属于各簇，以 AB 者为最多
O×AB	1	–	–	1	–	被检人数过少
A×AB	1	1	–	–	–	

　　按：第十三表内容，亦与前项定律无所差远，故益可证明前项定律之可靠。

（一）据 Dyke 及 Budge 氏所检得初生儿与两亲间血统作表于后。

（二）又 Jones 氏亦检得 197 个初生儿之血簇，据云亦与前项定律相合，兹将其百分率录后。

第十四表（Jones 氏）

初生儿所属之血簇	O	A	B	AB	A+AB 及 B+AB
百分率总计	47.2%	35.5%	13.7%	3.5%	2.06%

（三）Dossena 氏更统计有初生儿之血簇表如下：

第十五表（内缺 AB×AB 两亲之例）

两亲之血簇	初生儿总例数	初生儿之血簇				备考
		O	A	B	AB	
O×O	31	31	–	–	–	全属于 O
O×A	57	20	37	–	–	属 A 者多
A×A	14	1	13	–	–	属 A 者特多
O×B	14	6	–	8	–	
B×B	4	1	–	3	–	属 B 者多
A×B	15	1	7	7	–	分属于 A，B 及 O（少）
O×AB	7	2	2	3	–	分属于 A，B 及 O（?）
A×AB	6	–	5	1	–	皆缺 O 及 A B
B×AB	2	–	–	2	–	

就上诸表观之，初生儿之呈 O 血簇反应者，除其两亲系属于 A×AB 或 B×AB 者外，在各簇两亲之配合亦均能发生。又 O×O＝O 及无 A×无 A（或无 B×无 B）绝无等于 A（或 B）者，是俱能与前律相合。故可证明小儿乃至于为初生儿，其血簇与成人固无有外定律之异态也，即有 A×无 A（有 B×无 B）所生子女，其属于各簇数字的比较，亦与前各表能相一致。惟此项关于特殊遗传力的各簇间相互比较，多寡问题，至今尚无确定界限及著明研究发表，吾人自不能强为臆断。第据历次报告（除极少人数之统计，实不足为凭者外），可概括作下列之结论。

第十六表（凡可注意项皆加"＿＿＿＿"）

（一）O×O＝O——<u>公认之定律</u>

（二）A×A 及 O——<u>属 A 者占绝对多数</u>

（三）B×B 及 O——其比较不明，百分率上属于 O 与 B 之数，相差无几，然在实验统计上，分配于 O 者亦较少于 B。

（四）A×O 及 A——<u>两簇分配数几相等</u>

　　　B×O 及 B——两簇分配数几相等。

（五）A×AB＝A、B 及 AB——<u>而无分配于 O 者</u>——多属于 A 者

　　　B×AB＝A、B 及 AB——<u>而无分配于 O 者</u>——多属于 B 者

　　　AB×AB＝A、B 及 AB——<u>而无分配于 O 者</u>——得例甚罕，各数比较不明

依上项之拟定，在法医学应用上，可作为亲生子鉴定之比较便利的参考。倘能精益求精，追踪研究，则此种统计，必可有实地应用于鉴定之一日。刻虽有借此法，以作亲生子之证明，然必须适洽机缘，相关系之被检查者的血簇反应，能适在定律检查可能范围内，方能应用之也。

至于血簇遗传关系，久苦无一大规模复杂的家族系统之检查。近有 Keynes 氏曾集 56 人，制成一血簇遗传表解，如下：

第十七表

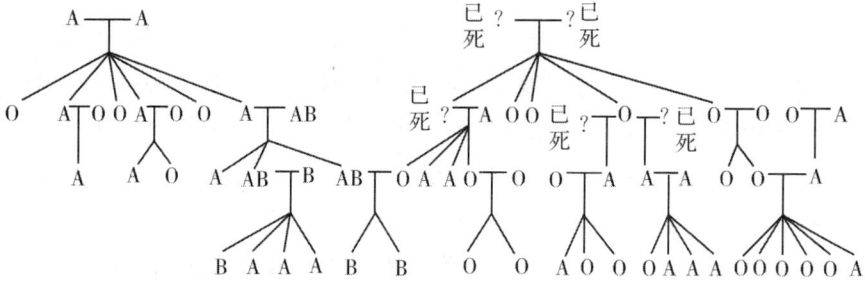

此种调查诚属难能可贵，但在实际上仅凭此一例，亦不过可供吾人之参考。固未足为血簇遗传之定型，然细考此表结果，则尚无违反于前律之处。实足增固吾人对前律之信仰也。

总括前纪各氏之检查统计，共达九百姓家族，逾两千个小儿，就中仅有 29 个小儿系出于 17 姓家族者，其血簇之凝集反应上，呈不合前项定律之现象。依此绝对少数之特异征象，即可推想得其所以致违定律之原因，殆非由于检者技术之不当，即系该儿乃不合法律之亲生子耳。因此，吾人对前项定律，可证确其堪供法医学上的应用。然此种应用，决不可遽用为绝对的父权或亲生子之鉴定。盖 O×O 虽等于 O，而 A×A（或 B×B）亦可等于

O；又 A×A 既非只等于 A；AB×AB 又可等于 A、B 及 AB。此血液凝集现象又仅能分为四簇，故颇难据以确判也。所以予以为吾人欲应用此种鉴定，只能作为血簇鉴定比较之缩小范围的判断，亦如近检精痕之利用紫外线灯而已。兹宜再将已确定诸端，罗举于后，以便有心人之参考。

第十八表

子之血簇	母之血簇		
	O	A	B
A	O、B	（不能鉴定）	O、B
B	O、A	O、A	（不能鉴定）
AB	O、AB	O、A	O、B
子为 O 时亦不能鉴定	父不得为此血簇		

亦即：

（一）O×O＝O

（二）A×A＝O 或 A 　　又同式 B×B＝O 或 B

　　　O×A＝O 或 A 又同式 O×B＝O 或 B

（三）O×AB＝A 或 B（据一般统计罕有等于 O、AB 者，惟例少不敢为据）

（四）A×AB＝A，B，或 AB（据前项统计未有等于 O 者，惟例少不敢以据）

　　　B×AB＝A，B，或 AB（据前项统计未有等于 O 者，惟例少不敢以据）

　　　AB×AB＝A，B，或 AB 　（据前项统计未有等于 O 者，惟例少不敢以据）

同人既俱感得人类血簇分簇有过少之嫌，以致发生无限疑难。于是有 Bernstein 氏，遂根据实验，创一数学的统计法（Mathematische Statistischen Methoden）。惟此说亦不能即视之为确，兹姑摘其要义，聊供同人之浏览研究也。Bernstein 氏假定人类始初只有三个 Gene，即以 A、B 及 R 代表之，其后迨因各族互婚结果，遂形成下列之型（Formel）。其型之分类与固有一般血簇分类有如下之相互关系：

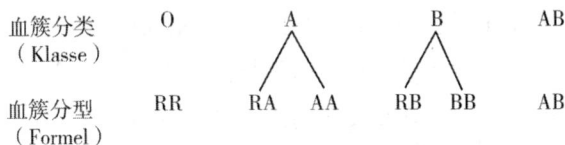

血簇分类（Klasse）	O	A		B		AB
血簇分型（Formel）	RR	RA	AA	RB	BB	AB

外更假定 p，q 及 r 为三个 Gene 之百分率，遂定得公式如下：

$$\frac{1-\sqrt{B+O}}{p}+\frac{1-\sqrt{A+B}}{q}+\frac{\sqrt{O}}{r}=1$$

Bernstein 氏自谓依其工作法，至少可证实各血簇之百分率总数，即（p+q+r），常在 100% 左右，应用此法并证明其说非谬者。已有 Gŭthrie、Huck、Coca 及 Klein 数氏。于是四簇法，遂有转成六簇之趋向，但此说至今尚未得多数专家所公认，是犹在于考虑并检验之期间耳。

（附注）本文因限于篇幅，凡检查手续及必须注意要点之涉乎专门技术者，概不详述。关于此端，作者曾在《中华医学杂志》（十二卷第三期、第六期，十三卷第一期）内述及，请读者参看。

十六年四月三日于柏林

【述评】

文中介绍了各学者使用血型分类进行亲生子鉴定的原理。部分内容与 1926 年发表在《中华医学杂志（上海）》第 12 卷第 6 期第 568—590 页的《父权确定诉讼法对血球凝集反应现象（四簇）之运用及实例》一文重复。

十四、对北京市政卫生改良之管见
——是有望于卫生委员会者①

林君几，留学德国，专研究《法医学》及《社会医学》，曾取得医学博士学位。近见北京市卫生应改良之点甚多，乃本其所学，著为是篇。市政当局能采纳施行，则造福市民不浅，特介绍之。记者识。

【原文】

新正返国，见北京市卫生益趋腐败②，不胜感叹。当此戎马扰攘时代，衮衮诸公③，容或无暇及此，而吾侪市民只好在此不卫生社会之下，冒险度

---

① 原文连载于《晨报》1928 年 4 月 9 日第 3249 号、4 月 10 日第 3250 号、4 月 11 日第 3251 号、4 月 15 日第 3255 号、4 月 16 日第 3256 号、4 月 18 日第 3258 号、4 月 20 日第 3260 号。

② 益趋腐败：越来越差。

③ 衮衮诸公：指身居高位而无所作为的官僚们。源自唐·杜甫《醉时歌》："诸公衮衮登台省，广文先生官独冷。"

日而已。近闻内务部有卫生委员会之设，见可执政诸公，对于吾民之幸福犹未全忘也。惟内战未息，行政多艰，该会名隶内务部，职司筹划全国卫生行政事宜，在势未能完全行使其职责。且就目下经济及人才之能力而论，决亦未能多所发展。吾意可先就其小者、迩①者着手，事易举而效亦易见，如就首都市内，先作比较经济的便利的筹划，然后饬请各该管行政机关，联合施行，以促成社会卫生之刷新，则吾民斯利焉。

京中办理能有想当之成绩，再推行而及于各市，亦复何难。该会所聘专门委员，多系医界名宿。夫举事须才，才须有学，用非所学，即等于所用非才。今该会济济多才，则市政卫生有应改良者，定能次第进行，吾人亦可借此机会，就其管见所及，述之于后，或亦足供当局之参考也。

北京现在市政卫生状态，应改良者甚多，择其简而易举者，约有二十项分述如下：

【第一】饮料

（甲）自来水。据闻自来水公司的滤水碳层，已多年未换，似已失其严密滤过之功效。该公司虽设有检验室，而未必有实行检验，一切消毒药目亦不按期放置，以致水内大肠菌及其他病原菌时常存在。刻下天气渐暖，百病丛生，如赤痢、霍乱、肠伤寒等流行病，多半由于饮食物不洁所传染。而饮料又属吾人日用所必需，自来水系京师百万居民寄命之源，今腐败如斯。请问该会应否直接或间接饬令该公司力加改良。如该公司尚不觉悟，则可用改革卫生名义，加以监督，每数日由该会或该管机关，派专门技士前往检查。设仍不悛②，尽可加当事人以相当处罚，且接收该公司为官办，亦无不可。

（乙）井水。（1）苦水井内之水，含矿质太多（能使饮者发生甲状腺肿（大脖子）及肠胃病，切宜饬使封塞。（2）甜水井太浅者，水益不净，务使掘深，或令封闭。其近井侧处如有沟道，则水流在地，皆能相通，井水因是必含有败菌，是皆足为病之源，宜亦令之闭塞。又在井侧近地，如有厕所，则切须将厕所除去，并施禁令。井之周围，皆须设栏，上置盖，以防溺人或脏物之倾入。夏日将近，临井每设有水槽，以供人饮，而生水入腹，易致疾病，宜加禁止。此皆易举之事，而对人民卫生，实最为切要者也。

（丙）水缸。人家水缸，勤令常洗，加放白矾，外加缸盖，亦可冀免

---

① 迩：近。

② 悛：悔改。

不洁。

【第二】沟道

京中沟道原甚通畅，虽建于元明，未能合乎近世科学的建筑，然较之今日沟道之淹没闭塞、污物高积者尤为愈也。应设法筹款挖通，并禁止向沟眼内倾入固体脏物，沟眼外宜护以木盖，蔽以铁饰，撒以石灰。沟道可引入护城河，流归四郊之一定储池内，加以消毒。此种工程甚大。然际兹各地兵祸，灾黎遍地之时期，尽可以工代赈，一举两得。果官应对此种公益事件，有一切实计划及相当办理成绩，则此项经费，未必难筹。其整理办法，有使馆界内之例可循。

【第三】城河以及洼地

（1）北京城河。河身过阔，水流不急，垃圾倾弃，河淤水臭，滋生蚊蚋，足引疾病。宜浚①而净之（刻近春夏之交，须先投以药剂，扑灭孑孓②），夏日添设浴场，亦助民众卫生，且亦生微利之一法也。（2）洼地。宜填高或顺势引导，勿使雨后久蓄臭水，丛生蚊虫，有碍卫生。

【第四】垃圾处置

京中居民，每将煤灰与垃圾放置一处，由土车运弃于城内空地，或倾之于城河之内，以致该处臭气冲天，蚊蝇聚生，飞散全市，引导瘟疫。有时雨雪，清道夫更用此秽土填铺道路，实不卫生，切宜取缔。为今之计，应令居民日常即将厨下秽物与煤土分别放置，将各户垃圾用车运至城外之指定地点，于定期加以焚化。此种垃圾焚化（无煤渣在内）可为种植肥料，果有经费组织一制肥公司，亦一办市政之利源也。

【第五】煤灰处置

煤灰为北方都市之特产品，亦是北京城之第一排泄物，如不杂有垃圾，原并不秽，尽可堆于一定地点，以备他用。例如，和灰泥可以填铺马路，烧制砖瓦，至少限度，仍可再供制煤心之用。设加以实业上经营，亦是有利之物。

【第六】厕所

（1）京中公私厕所。秽臭不堪，而小街曲巷，便溺随地，招蝇虫，播疾病，损首都之观瞻。而实非无法可治之事。宜于公私大小便所，撒以石灰，则可杀灭蝇蛆，避免臭气。宁在各处多设公共厕所，而对随街便溺者，

---

① 浚：疏通或挖深水道。
② 孑孓：蚊子的幼虫。

绝对严加处罚，此等事务，只在警察之负责与否而已。（2）粪之处理。北京尚有粪户承担，以车运粪，招摇过市，臭气冲天，行人掩鼻，诚为万国都市所未见之怪现象。此次返京，街中颇少此车，或因警厅已知注意，甚望以后更能竭力取缔之也。在日本及上海租界，对粪车之通过，只限在天明或半夜之一定时间内，各户倾粪，亦限在一定时间，此法甚善，尽可师之。（3）粪桶水的处置。一般皆由粪夫随手泼地，日晒尘飞，败菌扬起，极不卫生，切宜禁止，使必倾弃于临近沟内。（4）粪厂。刻已迁在城外，然其制肥方法极其简单，不但未加消毒，且多消费原料，只将粪泥相和，堆由爆干，即以送贩，是实足为四乡传染病之媒。故宜令居户对便所及便桶内，倾点石灰酸水，此水宜由官平价免税，按户劝购。是在各户所费甚微，而全市及四乡之卫生有赖。

【第七】清道夫之泼水

"无声三尺土，有雨一街泥"的北京，每到夏日，便有多数清道夫沿街泼水，使空气暂得湿润，灰土不至飞扬，此项实属善政。惟常闻渠辈有用脏水（厨下水）泼街者，日晒水干，菌随土扬，极不卫生。宜请警厅，切戒清道夫役以后泼街用水，须专用净水。但此等事件，皆系警厅卫生处所管，惟卫生委员会原集合各机关办卫生人员于一堂，故即附陈于此，望加注意是幸。

【第八】食品

市中贩品，往往见有腐烂瓜果、鱼肉及不洁冰水之类，故在公共市场，宜时时派员检查，如发现上类贩品，即须禁止贩卖。如有经费，须建设一二屠宰场及检验所，专门检查食品。在文明诸邦，市政卫生之成绩，即以上下水道（自来水及沟道）及屠场设备完善与否为标准，谅亦委员诸公所深知者也。渗冰之水，及非开水制成之酸梅汤等，均宜禁止售卖，对于售者订定罚则，以重民命，叫卖摊上之蜜渍品及糖饼等，皆以使之放在有盖盒内，以免不洁尘土之吹入，因此种不清洁的结果，与寄生虫及传染病之发生甚有关系也。

【第九】药品及烟酒成分之检查

（甲）中国至今药局处方标准药量，尚未厘定，在医师及药剂师营业上俱感不便。有因此引起药用量之差误，实属危险。该会对于此点，务须着手进行。

（乙）我国对一般药剂，亦尝加以验查。惟舶来药品，往往未知其所含

林几论文研究

成分，便任其畅卖，其戕害身体与否，固无由知，然服用总属危险，故宜加以化验。凡一切药品，皆须粘贴有化验印花，方许贩卖。

（丙）烟草中如渗含毒质，伤害脑力及血液者，便须禁售，故须分开加以化验。

（丁）酒之检查。

（1）酒中所含酒精量之厘定，自属重要。

（2）惟闻往往有以木醇渗水，假充烧酒，此种酒精毒力甚强，对神经系统，作害尤巨，故务须禁止。

（3）饭店酒中，往往私自添加鸽粪，或闹杨花等药，此药对人体作用之结果，虽不尽可知，惟用此类酒后，极易发生兴奋、头痛、头晕等症象，是其对神经之有害，因已可知，亦宜加以禁令。酒系剋世界社会卫生问题之一，其少量固对人体不无微益，而多量或长期嗜饮，则每可酿成种种疾病之发作，且更与精神病的遗传有密切关系，望该会能注意及之。

【第十】传染病之防范

（甲）传染病院。

（1）传染病人之须隔离，以防其感染蔓延，是乃人所尽知。惟北京有百余万居民，仅有传染病院一所，似嫌不足分配，故若有相当经费，须于相当地点，添设一所，或即立分院数所。吾人对传染病之蔓延，务要在贫民社会中，多加注意防范，切勿专以中等以上富裕人家为标准也。

（2）其他中外公私设立医院原少设有隔离病室，故对此种病院，平时务尽其收留传染病人，惟到疫病猖獗时候，须将全城各病院，择定几处，以充临时之传染病院。该院在一定时期内，不得收诊非传染病人，此种规定，皆订立法令，方足补吾国传染病院设立有少之弊也。

（乙）预防注射及种痘。

此节北京早已实行，惟望益能认真颁布，强迫预防注射的法令。凡全城病院及诊察所，皆负有施行预防注射及种痘的义务，药品由国家供给，全行施诊，唯对经济较裕者，可以酌收较廉诊费，此办法在我国人民知识未普及，卫生设备不完全时代，尤为需要。且为的确的有效行为。至如何强迫劝导居民，要在行政及卫生机关之努力耳。

（丙）杀蛆、杀蝇、杀蚊运动之提倡。

如前述之河水、污池及厕所的改良、净除的能办到，则蝇蚊势可扑灭。蛆及孑孓，系蝇及蚊之幼虫，杀蛆及孑孓则蚊蝇又何由生，近年青年会曾实行捕蝇运动，惜未能从根本解决，故亦无甚著效，望该会再加以提倡，是对于防传染病实有裨益之举也。

（丁）公共卫生的注意。京中目下，百业虽甚凋零，唯食店、旅馆、浴堂、理发所、戏院等类公共场所营业，尚属不恶，而其不卫生状态，诚难枚举。例如肺痨病的厨师、病兽的熟肉、旅店中未消毒传染病人的居室、淋疾梅毒患者用过之浴堂公用手巾、疔疮或皮肤病患者之公用剃刀、花柳病或砂眼病人之公用脸布等等事件，果一念及，不寒而栗。故对此等场所及学校、军队、工厂的社会卫生法令，皆宜分别详密订定公布，力促实行为尚。

（戊）大规模卫生队组织法之规定。中国虽有红十字会，而全国医界人士未曾全体加入，一旦有事，每感药械不充，医士不足，故望该会能明白订定章程。凡身居华土、业医药之人员，于必要时节，对公共卫生防疫及后方军医事务，皆负有相当的责任。此种大规模之组织非有充分经费、严密章程，并物质的相当准备不可。顾刻下国蔽民贫，似亦无力创办，然值此干戈连年、疠疫遍地，原在意中，故对此种组织，益感重要。宜由该会厘订详章，联合全国中外慈善团体及原有医师学会、军医队等，取一有计划、有组织的公共进展，经营一层。除有各慈善团体等捐募外，并可于庚款中设法分润一部分也。

【第十一】保康会及保康银行之设立

（甲）保康会。统计人民个人之收入，提出一定微细成数入或由个人缴纳保康金若干于该会，设一旦该人有病，即可选保康会所指定之医院治疗，该病院对此病者，系全行施诊（住三等病室），或只收 1/5 乃至 1/2 用费（住头二等）。而另由保康会，每月津贴该院以一定之经费，或凭人数计算，或凭该病院病室房间计算，皆视所订章程或保康会与该院所订契约为定。此种办法甚有利于多数人民，亦消弭社会阶级不平等的一端也。然会费之征收，须由国家在所得税中一并收纳，不然经济稍裕者，必自私自利，盖富者有病，固不患无诊治费也。而贫者附纳之保康金，其数有限，该会施护必致受累于经济矣。

（乙）保康银行。前述保康会，系为贫民及中等社会人民之福星，对富有者便宜较少。故为全体人民保健起见，对此种会费之征收，需取强迫手段。而保康银行性质，则对贫富社会，皆属有益。故可随个人之意愿，加以征收。银行内主要目标可分四种：

（子）保健金随时随意或一定数量储蓄小款，俟有疾病或关系人疾病时，可凭医师证明，自由支取所储蓄款项，以供疗养。故保康会之纳金系无偿的，而保康银行，则以纳金储蓄为标准，且对存户可予微利。凡在该行存款者，苟生疾病，则往所指定医院求治，可以凭单，照八成或九成的计算。

（丑）残伤之保险金。凡平常曾按期纳一定款项，苟一旦遇有意外，致肢体残废或死亡者，则该行发予以一定保险费，以供其个人以后之生活。设一生无恙，则至死后，亦可由其子系或委托人支取一定数目之款项，但所得支取款数之多寡，以纳费时间之比例为标准。其支给方法，则可分两种：一种与存款之积数相同，而外附予以一定利息；一种与存款之数不同，只分等级给以相当款项，亦无利息，其规则详章自须力谋民便，严密制定也。

（寅）养老金。分两种方法：一种以个人每月或每年收入之三百分之一，交纳于银行，俟该人至一定年限后（五十岁或六十岁）可取得一定数目（五千元、万元）之养老金。但无利息，且不与实存款多寡成比例。一种以各人每月收入百分之一，交纳于银行，俟该人至一定年龄或死亡后，可取得其存款所有之积数，且有利息。

（卯）生活储蓄金。每月纳定款存储于银行内，至若干年后，停止交款，在俟一定年数后，可由银行支给存款人以一定款项，资谋生活。例如每月交款十元，六年后总基数为七百八十元，即不再纳存款，再俟四年后，每月可由银行支予十二元，至后六年或六年以上为止，亦即长期计利储蓄法也。既有便于小民，又有利于社会经济的流通。设存款未至一定年限，欲即取出积数，亦可自由，但须以无息或一定低息计算之。

【第十二】尸体之剖验

（1）由法律规定，对数种原因尚未阐明之疾病死体，均交医校解剖，以资研究，以发医理。此对于生者大有裨益，文明诸国早已实行之矣。

（2）暴死之尸，宜交法医学者剖验，以审定有否刑事案件的证据，或传染病的发作，是乃有关于司法行政、医事之措置也。望该委员会能竭力提倡之。

【第十三】筑公共坟场

在乱葬岗或城内外贱地，时见有露尸曝臭，此须饬警，指定地界，设立公共坟场，外加围篱，防野犬等侵入作害。如下葬已经十年，无人验取，则可于场中一定地点，予以焚化，以填出葬地。惟焚场须有相当设备，焚尸甚臭也。

【第十四】通俗卫生刊物以及卫生讲演

（甲）刊物。由该会编发刊物，固亦可为该会成绩之一种。然如欲求宣传之普及，则莫如商请各种报纸，增设通俗卫生讲述一栏，稿件由该会按日送发，或由报馆聘请有知识之医员编述，则在该会既可节省经费，而识字之民众，亦得稍受卫生之渲染（在该会中不过设一通俗卫生编辑所而已）。

（乙）讲演。中国不识字人民尚居多数，刊物之宣传势难普及，故宜就各区中之宣讲所，添卫生讲演，每日二次，每次一刻钟，当能收得相当效果也（太久，一般市民对此难感兴味）。

【第十五】取缔庸医

（甲）北京中西医之开业虽曾加以甄别，但其取缔章程尚未尽善，故须由该委员会组织考试委员会，实行甄别中医。法医委员会实行评判、审察医师执业上之得失。

（乙）（1）内务部所定西医考试章程宜即废止。因所有应举之士，皆系看护助手之辈，虽或能操一部分之技术，但对全病之原理毫无学识。而病之机转，常不限定于局部，人体之构造，又极玄妙复杂，即一般由医校正式卒业而未曾实习临床者，使之诊视，犹或误事，何况事理不明，只解针灸之末艺者耶？故西医考试章程，直可废止，即禁止不明医理之庸医开业也。（2）无论中外医校卒业生，必依德、日两国办法，须颁有卒业文凭外，更领有学校或他医院各科实习共一年以上程度之证明书，方准其具领开业执照，自行独立开业应世。

（丙）外人①在我国欲行医者，亦宜有下项资格，方准其领取执照。（1）有医校正式卒业证书及实习一年以上证书。（2）须有该国公使馆，对该人学术及人格之证明书。（3）受中国官厅方言考试能及格者。盖逢诊问病，实属必要，非有苛求于外人也。如方言考试未能及格，可使其雇用翻译随诊的保状，亦可准其开业。（4）对外人之执照费，例须比本国人为昂。

【第十六】人力车夫之取缔

（甲）常见有十一二龄童子及高龄之人勉强拉车，此种牛马生活，断非

---

① 外人：外国人。

老幼年者所能胜。昔年余曾特检有人力车夫心脏及脉搏之变态。知其变象系介于病理与生理之间，极易因之发生心脏及脉管疾病，在根本上，此种不人道生活，原宜绝对禁止。无奈国弱民贫，只好缓加取缔，用资民生。但对小儿及老人，仍望官厅须加禁止，予以救济，是不但可免车夫之生命危险，且可免乘客倾跌之虞也。

（乙）一般车夫每隔一月或一周须至治验所检验一次，如有疾病倾向，即当暂使静养。此举有需经费，须由车业公会与慈善团体共同担任，愿在该委员会指导之下，促实行之。

（丙）每年警厅皆为车夫制发号衣，余意衣之整齐，不过美观，而今吾人宜重卫生，对车夫卫生之要，首在遮阳，故对车夫之帽式，必须大而且厚，方能热光不透，荫被全身。例如山东之草帽大笠，固为最佳，惜价太昂。日本亦定有人力车服之制服，样式颇佳，恐亦非吾民财力所能办，故拟此帽，特用竹笠，外蒙淡黄色油布纸制造，值当较廉，既免日晒，又可遮雨，诚两便也。

【第十七】花柳病之检查

（甲）北京警厅虽设有验治所，但往往妓女恃有人情，抗不应验。其实花柳病系关系于全数之嫖客及其家族后嗣之康健，对于妓女个人之痛苦，犹其小者也。疾病之害人，亦非能利用金钱所能免验，故宜强迫严厉施行，按期征验。拒不应召者，即行禁止营业，严加处罚，仍须强其诊治。

（乙）花柳病之传染，不仅由于女性，故对女子宜加以如下法律上之保护，即凡患花柳病之男女，要求与异性或同性交接者，对方得以严辞拒绝之。如不听者，得告发于有司，以强奸伤害论。

（丙）凡以花柳病传染他人而致人受传染者，得以伤害论。

【第十八】各种医事法令之审定颁布

我国尚无完善之医事法令，今政府既知注重卫生，自当根本上与吾民谋幸福。各种医事法令，皆为直接或间接人民生命之保障，故望卫生委员会能聘请专门家，会同内法各部特派人员，共组一医事法令修订委员会，参考各国法律，酌量国内情形，详加订修。各种医事法令，俾便人民，是属至要。兹姑举各项医事法令名目于后，以供参考。

（1）医师法令（内容：医师资格、学位、开业证、各种诊断书程式）

（2）医师法施行规则

（3）医师会令

（4）关于病院等之广告规则

（5）齿科医师法并其施行规则

（6）病院、诊察所及药房规则

（以上应以内务部令颁布之）

（7）关于医师责任之规定（《刑法》）

（8）关于医师业务上秘密之规定（《刑法》）

（9）关于医术过失之规定（《刑法》）

（10）传染病预防法令

（11）传染病预防法施行规则

（12）传染病预防法之清洁法、消毒法的规定

（13）海港检疫法令

（14）结核预防法令

（15）结核预防法施行规则

（16）关于癞病①法令并其施行规则

（17）种痘法令并其施行规则

（18）禁鸦片吗啡等毒剂法令并其施行规则

（19）禁酒法令并其施行规则

（20）砂眼病预防法令并其施行规则

（21）花柳病预防法令并其施行规则

以上皆应以内务部令颁布者

（22）法律上对鉴定人及证人的规定（刑诉民诉）（系法律问题）

（附）刑事诉讼费用规定（司法部令）

（附）陪审法（司法部令）

（附）民事及刑事事件有关之证人及鉴定人的出庭书式（司法部令）

（23）法律上对于刑诉的鉴定及检案规定（初鉴定，再鉴定及最后鉴定规则）（法律问题）

（附）鉴定书法令式例（内务部令）

（附）临场检查法律上规定及报告书之程序（法律问题，司法部令）

（附）尸体检查及剖检法令（内务部令）（《刑法》）（医施）

（24）死体之法医学的检查时，法医师所措置的规定（司法部令）

---

① 癞病：慢性传染性皮肤病之一。出《诸病源候论》卷三七。即疠风，麻风病之一种类型。

（25）死亡诊断书，死体检案书，死产证书，及死胎检案书的记载方式之规定（内务部令）

（26）死尸等解剖保存之取缔规则（内务部令）

（27）药品营业及药品取缔规则（内务部令）

（28）儿童保护法及私生子保育法等规定（内务部令）

（29）精神病看护法及其施行规则（内务部令）

（30）精神病院法（内务部令）

（31）灾害保险法令（同上）

（32）工场法并其施行规则（内务部令）（我国似尚无劳动法，此法之修订系法律问题）

（33）健康保险法（同上）

（34）灾害检查报告书程式（同上）

（35）生命保险（商法）法律上规定（法律问题）

（36）生命保险之诊查报告书之程式（内务部令）

（37）残废保护法令（内务部、司法部令）

（38）法律上残害偿罚之规定（法律问题）

（39）屠杀及食品检查令，及其施行规则（内务部令）（附）屠杀场规则

（40）饮料品检查令及其施行规则（同上）

（41）关于北京公共卫生清洁问题布告（警厅布告）

（42）关于社会卫生法令（内务部令）：学校卫生规则、工场卫生规则、旅店卫生规则、食店卫生规则、戏园及各种娱乐场卫生规则、浴堂及理发所卫生规则、商场卫生规则等。

（43）庸医取缔令（内务部令）

（44）北京中医营业及考试的规定（警厅通告）

【第十九】路旁植树

京尘十丈，热日侵人，而砂土干燥，植木如不加灌溉，往往不长，然亦由于无人保护之故，所以各街植树，宜由临旁户主负责保护灌溉。一方由警厅严行取缔残害树木事件，初由警厅或市政公所发树，付与该户，于一定地点种下，以后树死，即责该户补种为偿。故觉可由警厅公布一种保护列树规则，以资居民遵守。此举在公德心薄弱之中国社会内，不得不如此执行之也。果能依议实行，则一年后可使行人有荫，满城青翠，植物与

动物间有密切相互生存之功用，对城市气候之调节，颇有关系，亦属热心注意市民卫生者，所不宜忽略者也。

【第二十】禁狗

（甲）市中野狗成灾，随处便溺，故有主之狗，须交狗主禁约，而无主之狗，即宜捕杀，或送与须用动物实验所在，以供实验。

（乙）疯狗即眼红乱咬乱吠者，无论有主无主，皆宜捕杀。

以上所举二十项。皆属京中卫生的切要问题。想新成立之卫生委员会，对此必能注意，吾人且拭目静观诸公德政之成效，谅必不至于虎头蛇尾，空负筹办卫生之美名也。

【述评】

本文陈述了北京当时的市政卫生状态，从20个方面详述其改革方法。以此希望政府可以重视北京市卫生每况愈下的现状，积极协调各方力量改变现状，造福市民。其中涉及法医学的内容有第十二条"尸体之剖验"和第十八条"各种医事法令之审定颁布"中的"法律上对鉴定人及证人的规定（刑诉民诉）（系法律问题）、法律上对于刑诉的鉴定及检案规定（初鉴定，再鉴定及最后鉴定规则）（法律问题）、死体之法医学的检查时，法医师所措置的规定（司法部令）、死亡诊断书，死体检案书，死产证书及死胎检案书的记载方式之规定（内务部令）、死尸等解剖保存之取缔规则（内务部令）"等。林几还提出了垃圾分类处理，以及由法医委员会实行评判、审察医师执业上之得失等多个有远见卓识的建议。

本文体现了林几的"法医科学技术观"，就是不仅要探讨法医科学技术的本质、法医科学技术发展的规律，还要处理好法医科学如何服务社会及如何为人类造福。正如这篇文章记者按语中开宗明义所说的那样："林君几，留学德国，专研究《法医学》及《社会医学》，曾取得医学博士学位。近见北京市卫生应改良之点甚多，乃本其所学，著为是篇。市政当局能采纳施行，则造福市民不浅，特介绍之。记者识。"

十五、法医谈①

【原文】

　　法律乃立国之本，法医则为法律信实之保障。现在吾国对于此项学科鲜有专才，法医检验仍袭旧弊。其实此学科研究及实用之范围，包罗至广，为国家应用医学之一。凡立法、司法、行政三方面无不有需于法医，就中尤以社会民众病状之调查及其病因的研究，以共谋救济政策，且供立法与行政之参考者为首要。故社会医学、社会病理学、保险医学、灾害医学、裁判医学、裁判化学及精神病裁判学均在内。即其应用上较狭范围，亦足供司法之各种刑事民事案件之鉴定，并伪病或匿病之检查。故法医学即以医学及自然科学为基础，而鉴定研究法律上问题者也。夫法之所贵，赏罚必信，苟被检举或嫌疑犯者，犯罪行为证据不甚充分，则乌可遽施以判决。吾国对刑事案件，自古以来，已能注意及斯，惜后人食古不化，墨守陈章，以致当兹科学世界，尤复袭用七百年前，宋人所集《洗冤录》以为刑检之蓝本。吾人固至爱我中华，至仰我古人，佩其富有理想，艰于创作，而惜后人不能追踪精研，推旧更新，延至今日终落人后，不亦悲夫。观《洗冤录》中所载，亦偶有足供吾人之参考，然其荒谬绝伦，类若神话者，确属非鲜，是乌能合乎科学原理，而作文明国家法律之鉴证乎。且历来更将刑检要务，委诸毫无常识不学无术之仵作，是诚难免有蔑视法律尊严之消。在欧西各国，每遇有关于法医事件，统先由各城指定官医施行初检，择取检材，送交各大学校法医学教室，更请专家详细检查。故所鉴定案件，事无大小，必详必确，亦所以昭大信于公民，尊法律重国本也。有唐之制，于各府县均置有经学及医学博士一人，可见昔日专制时代，犹知慎刑恤命，对于医事行政之注重矣。然有唐之世，实乃吾华文化昌明时代也，书曰惟刑之恤，诗曰在泮献囚，殆因上古治世，虽未明科学新理，而其慎于用法，以申民冤，立意固至善也。明代之后，犹于各府县分置教官及医官，是与唐时施设之精意，已相悖戾。迨至前清中叶，刑章益弛，同治末年虽沈葆

---

　　① 原文刊载于《协医通俗月刊》1928 年第 5 卷第 4 期第 1 页。

桢曾奏请解除仵作禁锢，而仍格于当事之昏聩，竟未实行。光绪之季，效法图强，亦知注意法检，曾于刑曹①设检验学习所。惜乃因人设官，辍遂无继。今者党国维新，努力求治，训政肇始，百事待兴，国人皆耻国权之旁落，改良司法收回法权乃当今之急务。况人民智识增高，对旧日非科学之鉴定，已失信用。且国宇辽阔，人才缺乏，各地医师之分配尚未普及，一般开业医师忙于职务，对于病理、精神病及医事法令等，有关于法医常识，每未暇多加研究，故对新法刑检之实行，诚感非便。今为应时势之要求，此项人才之栽培及实验教室之建设，更属刻不容缓。此时宜择适中地点，设立一专门法医研究科及附设之法医检验室，特聘专家主持其事，以资养成法医专门人才，并实行有关于法医学事件之鉴定。夫用人以才，则才方得其用，用非所学，则等于不学而用。际兹科学昌明时代，固非徒托空言所能有济，故欲养成法医人才，非设有法医学检验室以供实习，不足有增研究者之经验，且无补于事实也。

【述评】

本文从现代法医学角度，指出"法医学为国家应用医学之一"，阐述广义法医学和狭义法医学的概念与应用范围。并通过中国和欧洲各国法医学发展的对比，呼吁建立以医学及自然科学为基础的法医学的重要性和紧迫性，提出设立现代法医学研究机构和培养法医学人才的初步设想。这在当时的社会历史条件下，是极为难能可贵的。

十六、拟议创立中央大学医学院
法医学科教室意见书②

【原文】

为建议于中央大学医学院内创立法医学科教室，借以培育法医专门人

---

① 刑曹：分管刑事的官署或属官。
② 原文刊载于《中华医学杂志（上海）》1928年第14卷第6期第205—216页。

才，实行新法鉴定事。窃意法律乃立国之本，法医则为法律信实之保障。现在①吾国对于此项学科鲜有专才，法医检验仍袭旧弊。其实此学科研究及实用之范围包罗至广，为国家应用医学之一，凡立法、司法、行政三方面无不有需于法医，就中尤以社会民众病状之调查及其病因的研究，以共谋救济政策，且供立法与行政之参考者为首要。故社会医学、社会病理学、保险医学、灾害医学、裁判医学、裁判化学及精神病裁判学均在内，即其应用上较狭范围，亦足供司法之各种刑事民事案件之鉴定，并伪病或匿病之检查。故法医学即以医学及自然科学为基础，而鉴定且研究法律上问题者也。夫法之所贵，赏罚必信，苟被检举或嫌疑犯者，犯罪行为证据不甚充分，则乌可遂施以判决。吾国对刑事案件，自古以来，已能注意及斯，惜后人食古不化，墨守陈章，以致当兹科学世界，尤复袭用七百年前宋人所集《洗冤录》以为刑检之蓝本。吾人固至爱我中华，至仰我古人，佩其富有理想，艰于创作，而惜后人不能追踪精研，推旧更新，延至今日终落人后，不亦悲夫。观《洗冤录》中所载，亦偶有足供吾人之参考，然其荒谬绝伦，类若神话者，确属非鲜，是乌能合乎科学原理，而作文明国家法律之鉴证乎。且历来更将刑检要务，委诸毫无常识不学无术之仵作，是诚难免有蔑视法律尊严之诮。在欧西各国，每遇有关于法医事件，统先由各城指定官医施行初检，择取检材，送交各大学校法医学教室，更请专家详细检查。故所鉴定案件，事无大小，必详必确，亦所以昭大信于公民，尊法律重国本也。有唐之制，于各府县均置有经学及医学博士一人。可见昔日专制时代犹知慎刑恤命，对医事行政之注重矣。然有唐之世，实乃吾华文化昌明时代也。书曰惟刑之恤，诗曰在泮献囚，殆因上古治世，虽未明科学新理，而其慎于用法，以申民冤，立意固至善也。明代之后，犹于各府县分置教官及医官，是与唐时施设之精意，已相悖戾。迨至前清中叶，刑章益弛。同治末年，虽沈葆桢曾奏请解除仵作禁锢，而仍格于当事之昏聩，竟未实行。光绪之季，效法图强，亦知注意法检，曾于刑曹设检验学习所，惜乃因人设官，辍遂无继。今者，党国维新，努力求治，训政肇始，百事待兴，国人皆耻国权之旁落，改良司法收回法权乃当今之急务，况人民智识增高，对旧日非科学之鉴定，已失信用，且国宇辽阔，人才缺乏，各地医师之分配尚未普及，一般开业医师忙于职务，对于病理精神病及医

---

① 现在：原文误为"现任"。

事法令等，有关于法医学常识，每未暇多加研究，故对新法刑检之实行，诚感非便。今为应时势之要求，此项人才之栽培及实验教室之建设，更属刻不容缓。此时宜择适中地点，设立一专门法医研究科及附设之法医检验室，特聘专家主持其事，以资养成法医专门人才，并实行有关于法医学事件之鉴定。夫用人以才，则才方得其用，用非所学，则等于不学而用。际兹科学昌明时代，固非徒托空言所能有济。故欲养成法医人才，非设有法医学检验室以供实习，不足有增研究者之经验，且无补于事实也。

此种特别研究科及检验室，内容设备诚极繁杂。须并有病理学、细菌学、毒物学、化学及精神病学、产妇科学等临床及法医学的特有检查用具之设备。预计只开办费一端，已须超过五万三千元。顾刻国力疲敝，经济困难，为省国力而济实用，作较便利之计划，固莫若附立此种研究科及检验室于本国设备较良医学院内。则所需经费可以节省，教授人才亦不虞缺乏，盖于一专门医学院内必须设有化学、药物、病理、精神病、产妇科等教室。利①其既有之各种设备，及已聘之专门人才，合作通融，则其所省者岂只开办之所需，即经常经费亦可减少。

考中央大学医学院，设在沪②滨，而上海离新都③仅隔带尺之水，地居全国海线中央，交通极便，为亚陆商埠之中心，有万邦居民之杂处，虽该校开办未及二年，而内容已颇完善，若得附设法医学检验室及研究科于内，则实称最便。然助理人员亦所必须，故宜于研究科外，更立一法医检验室助理员特班，分别训练专门鉴定及助理人员，即法官、警、探及一般医师尽可于相当期间前来切磋，受益当不浅也。

预计若不特兴建筑，就于该医学院内，指定三五相当屋舍，再筹得开办费一万元、月常费—两千元（即常年经费二万元），已可成立一组织较完备之法医学科教室，并创办法医学研究科及法医检查助理员训练班。再一二年后，人才养成，即可分配于各地司法、保安机关执行新法初检，并可创修各地之相当医事法令，调查社会之疾苦，用保法律之庄严，增人民之幸福焉。兹将法医学科之组织计划，及各种筹办预算分列于后，备供参照。

---

① 利：利用。
② 沪：指上海。
③ 新都：指南京。

甲、法医学科教室之组织计划

一、法医学科教室组织系统

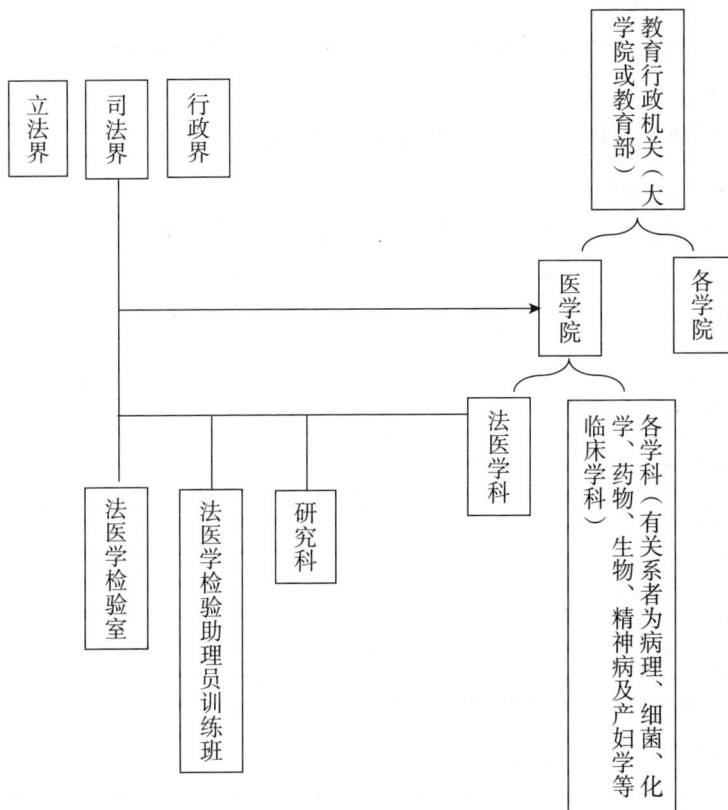

立法界　司法界　行政界

教育行政机关（大学院或教育部）

医学院　各学院

法医学科

各学科（有关系者为病理、细菌、化学、药物、生物、精神病及产妇学等）

临床学科

法医学检验室　法医学检验助理员训练班　研究科

二、法医学科教室组织人员

法医学科教室，应聘科主任教授一人，教授、副教授、讲师、教员及助教若干人，雇用技手①、书记②若干人，其各课程拟即请医学院有关系各科之专门人员兼任。

兹拟先聘一副教授暂摄本教室主任职务，外聘副教授一人，讲师二三人，教员二三人分担教职。助教一二人，技手二人，书记一人助理事务。

三、法医学研究科

（一）研究员资格：以医科专门以上学校卒业生或曾在病理学及精神病学教室研究各一年以上者。于一定期前来中央大学医学院报名，经一度口

---

① 技手：技术员。
② 书记：书记员。

试或笔试并心理测验，认为合格者。

（二）研究期间：二年，四学期，每日授课 4 小时，每学期共 600 小时，四学期共 2400 小时。

至于个人或分组之课外研究时间，须临时酌定并可由教室酌收其实验消耗费用。

（三）研究课目：因国内医校及中学程度不齐，故斟酌情形，添加下列非完全属于法医学功课：

第一学期：25 个星期，每周授课 24 小时，则共 600 个小时。

课目	时间（小时）	每周时间（小时）
一、解剖学	125	5
二、局部解剖学并绘图实习	100	4
三、有机化学并实习	125	5
四、病理组织学并实习	125	5
五、精神病学总论	50	2
六、细菌学	50	2
七、血清学	25	1

第二学期：同上。

课目	时间（小时）	每周时间（小时）
八、病理解剖学	100	4
九、比较解剖学	125	5
十、无机化学并实习	150	6
十一、精神病学各论	50	2
十二、鉴别诊断学（有关于法鉴定者）	125	5
十三、药性学	50	2

第三学期：同上。

课目	时间（小时）	每周时间（小时）
十四、病理解剖实验	100	4
十五、毒物学总论、各论	200	8
十六、裁判化学总论	50	2
十七、中毒之动物实验	50	2
十八、法医中毒学	75	3
十九、法医学总论及验伤学	125	5

第四学期：同上。

课目	时间（小时）	每周时间（小时）
二十、法医学各论	125	5
二十一、裁判化学各论	75	3
二十二、法医精神病学	75	3
二十三、社会医学	25	1
二十四、行政医学	25	1
二十五、生命保险医学	25	1
二十六、灾害医学及例案之说明	50	2
二十七、医事法令概要及其运用	25	1
二十八、法医学例案说明及讨论	50	2
二十九、法医学检验及实验	75	3
三十、指纹学并实习	25	1
三十一、法医检验摄影术	25	1

以上①课目时间得酌量增改。

（四）研究员人数；第一班名额暂定 40 至 50 名。

（五）甄别

---

① 以上：原文为"右"，下同。

入校：有专门医校卒业文凭者经口试及心理测验。无文凭者须有曾在病理或精神病学科实习一年以上证书，更经主要科目（化学、病理、精神病、生理、产科）笔试及心理测验，认为及格者。

出校：经各学科分科口试或笔试及法医例案讨论平均积分认为及格者，予以研究科卒业证书。又自愿退学，或成绩过劣不堪造就，及品行不良者，均可予以出校。

（六）研究员在校之条件及待遇。（1）恪守院规。（2）纳研究练习费（另行规定）。（3）在校所受待遇与该学院学生相同。（4）卒业后荐充各地检验医官或荐在本校或他医校法医学教室服务。

四、法医检验助理员训练班

（一）助理员训练班生资格：初级中等学校卒业程度，或公私医校所设练习生特班卒业者，于一定期内，来院报名，经国文、博物、化学笔试及口试认为合格者。

（二）训练期间：一年，每学年 50 星期（10 星期为假期），每星期授课 24 小时，一年共 1200 小时）。

（三）教授课目

第一学期：共 600 小时，每日授课 4 小时，每周 24 小时，共 25 个星期。

课目	时间（小时）	每周时间（小时）
一、解剖学（同研究科）	125	5
二、局部解剖学并绘图实习（同研究科）	100	4
三、细菌学（同研究科）	50	2
四、生理与病理学概论	125	5
五、化学并实验	75	3
六、普通药物学	25	1
七、普通毒物学并实验	25	1
八、法化学检验法概论	25	1
九、精神病学总论（同研究科）	50	2

第二学期：同上。

课目	时间（小时）	每周时间（小时）
十、病理解剖学（同研究科）	100	4
十一、精神病学各论（同研究科）	50	2
十二、鉴别诊断学（有关于法医鉴定者）（同研究科）	125	5
十三、法医检验学概论	75	3
十四、法化学检验法并实习	75	3
十五、法医精神病学概论	50	2
十六、法医学各论并实验	125	5

以上课目得酌加增改之。

（四）学生人数：第一班名额暂定 50~60 名。

（五）甄别：

入校：经相当考试。

出校：经各学科笔试及口试及格者予以卒业文凭。又自愿退学，或不堪造就，及品行不良者均可予以出校。

（六）在校之条件及待遇：（1）恪守院规。（2）纳学费（另行规定）。（3）在校时与医校生受同等待遇。（4）卒业后荐充各县法医检验助理员或法医学科教室技手。

（附）经费：研究科及检验助理员训练班之开办费，所需无几。而常年经费所需甚大。约为 1 与 20 之比。

五、法医学检验室

（一）施设：凡医学院其他教室既有之设备且可以通融使用者，本检验室概可酌省。

（二）性质：为医学院法医学科教室之实习研究室，并接受各处有关于法医学检验事件。

（三）人员：即以医学院专门教授人员担任研究及检验。

（附）经费：检验室开办费略有所需，而内容置备完善后，则常年经费所费甚少，约为 9 与 1 之比。

乙、法医学科教室经费概算

天、开办费项：预算此项共需 9700~10000 元正。

一、屋舍布置费，预算此项约需 2000 元整。

（a）讲堂，2 间，预算 1000 元，如借用其他讲堂此项可省。

（b）化验室 1 间，检查室 1 间，预算 600 元①整。

主要用具如下：

用具	数量（个）	费用（元）
药品存橱	2	70
有格木架	2	40
显微镜检桌	1	20
流水（冲洗）水柜	1	40
内科诊查床	1	60
妇科诊查床	1	80
小移动手术器械台	1	60
器械存橱	3	120
化学化验桌	1	20
药品陈列短架	3	20
天秤石台架	1	20
紫外线灯木架	1	10
孵卵器木架	1	10
标本贮橱	1	70
其他电灯等及相当室内椅桌等购置		100

---

① 600 元：按表中所列各项费用，合计实为 740 元。

（c）主任室兼图书室，1 间，预算 290 元整。

用具	数量（个）	费用（元）
检品保险橱	1	100
书架	2	20
书橱	2	70
椅桌	1 套	70
其他室内相当用具		30

（d）事务室，即裁判室兼法医教职员会议室，1 间，共预算需 130 元整。

用具	数量（个）	费用（元）
长桌	1	30
衣架	1	10
小桌	2	10
椅	10	30
其他室内相当用具		50

二、图书费：预算此项 300 元。

按图书购置可多可少。法医学书籍价皆甚昂，兹先划出 300 元，为购必须应用之中、英、德、日本法医学参考书之一部分，以后更按月在经常费内划出 60~100 元，为添购杂志及新旧名著之用。

三、器械费：预算此项约需 6000 元。共 130 余件，内属于法检特用者 41 件，价约 3700 余元。兹将详细名单及价目约数另列表于后。

四、药品费：预算此项约需 700 元（共 148 种）。

按各种化验试药原剂并色素原不必多购。只须各种件数略为齐备即可。惟法医及法化学试药必须精制药品，否则往往失效或有流弊。此项系消耗品，故每月须划出 50 元添置费，以便购办。

五、标本购置费：此项预算约需 300 元。

（a）幼灯标本映片——约需 100 元，可以暂缓。

（b）实物标本——无价，约估 200 元。

计：初生儿头骨标本、二岁儿头骨标本、猴头骨标本、牛狗腿骨标本、成人骨骼标本全份、男女骨盆各一份，其余标本在适当时间后自行制造。

六、研究科及法医助理员训练特班招生开办费。此项预算 300 元。

七、其他筹办运费及杂费等约 200 元。

以上统计共需开办费 9800 元整。

地、常年经费，预算此项全年 20000 元整。即预算每月需费 2000 元整，下列各项预算系按月计算：

一、教职员薪金。预算每月 1500 元，按中央大学校教职员薪份阶级。

	主任教授	暂缺	
	教授	暂缺	
	副教授，兼摄本科主任事	1 人	300 元
	副教授（毒化）	1 人	260 元以上
	讲师	2 人	200 元以上
（以上专任）			
	助教	3 人	暂先设 1 员
雇员	技手	2 人	
兼任	教员，下专任之讲师	3 人	
雇员	书记	2 人	暂设 1 人

二、药品添置费，此项预算每月平均需用 50 元整。

三、图书，60 元整。

四、耗消品属器械添置费，40 元整。

五、器械临时修理费，20 元整。

六、纸张笔墨灯火等一切消耗费及用具添置费，100 元整。

七、各地检验出动费，每月平均需用 100 元整。此项或可由当地法庭供给。

以上统计每月共需经常费 1800 元整，全年[①]共 12 个月，故总需常年经费 20000 元。

按：此意见书，系因十七年夏初，江苏省政府提出于中央政治会议，

---

① 全年：原文误为"全国"。

有"速养成法医人才"一案，经议决交大学院①办理，大学院批交中央大学校，中大②乃令吴淞之医学院核复。又在最近颁布之《训政时期国民政府施政纲领（草案）》，关于司法部项内，亦有"养成法医人才"一项。故医学院院长颜福庆博士，以其③系专门研究法医学科，乃嘱其草此。惟国内法医人才过于缺乏，以个人管见所及，容或难免遗漏，兹特公诸报端，便征识者纠正为幸。

依上项计划，预计至少须于十年内，在全国适宜地点，分建六个法医学室（上海、北平、汉口、广州、重庆、奉天）以便培育法医学人才，并检验邻近法医事件。且可创收各地之医事法令，执行各地医事不法之纠正事件。

预计在各地司法及保安行政机关，至少需各设有一员以上之法医官，及二员以上之检验助理员。即全国共有若干县及市区，便须准备培育有县市总数之 2.5 倍以上法医学人员，方足敷全国之分配。

【述评】

这是一篇中国现代法医学史上的重要文献之一，也是研究林几教育思想和早期中国现代法医发展史的重要史料。

辛亥革命后，民国政府先后颁布了《刑事诉讼律》（1912 年）和《解剖规则》（1913 年），法律允许用剖验尸体的方法解决案件中有关死因与中毒问题，这是中国现代法医学发展的基石。但是，由于中国法医人才匮乏，在民国建立的近几十年里，法医学检验仍然沿用尸表检验的陈旧方法，现实严重滞后于法律，特别是 20 世纪 20 年代初出现的由仵作验尸造成的不良影响（例如无锡"刘廉彬案"），激起了社会舆论和各界人士的强烈不满，要求发展现代法医学的呼声日隆。林几这篇文章就是基于这种背景写的，旨在改变中国法医人才缺乏的现状和仵作尸表验尸断案这一沿用千年的不科学检验方法。正如林几在该《意见书》中所明确指出的那样：人民知识增高，对旧日非科学之鉴定已失信用。要改良法医，发展现代法医学，创办法医学教育、养成法医人才。

---

① 大学院：南京国民政府于 1927 年 10 月设立大学院主管全国教育，1928 年 10 月改组为教育部。

② 中大：指中央大学。

③ 其：这里指林几。

林几教授这篇文章写于 1928 年。当时，林几刚从德国学成归国，由北平大学医学院借调中央卫生署参与修订法规。林几敏锐地看到中国法医学发展落后症结在于法医学教育的落后。与法医学教育发展好的欧洲对比，我国法医学教育刚处于起步阶段。虽然 1915 年林几的母校国立北京医学专门学校列有裁判医学课、浙江省立医药专门学校列有裁判化学课，但这些课程是为医学、药学专业学生设置的普及教育，授课教师由病理学和药学教授兼任，而就全国而言也仅此几所医学院开设，还没有专门培养法医人才的专门教室，虽然这些为临床医学生增设法医学课的措施对法医学发展是有益的，但对法医学检验来说显然是很不够的。正如林几在该《意见书》中所说的那样：一般开业医师忙于职务，对于法医学常识、法令每未暇多加研究，对新法刑检之实施，诚感不便，且中国国宇辽阔，人才缺乏，各地医师分配尚未普及（何况法医），"今为应时势之要求，此项人才之栽培及实验教室之建设，更属刻不容缓！"这便是林几撰写该《意见书》，力陈时弊，呼吁开展法医学教育的另一历史背景。

林几在该《意见书》中这样写道：此意见系因十七年（1928 年）夏初，江苏省政府提议于中央政治会议，有《速养成法医人才》议案，经议决定交大学院办理。大学院批复中央大学，中大乃令吴淞之医学院核复。又在最近颁布国民政府纲领草案中关于司法部项内亦有《养成法医人才》一项。故医学院院长颜福庆博士以其系专门研究法医学科乃嘱其草此。由此可见，由于法医人才缺乏，法医检验仍由仵作进行旧法检验已引起社会各界人士的强烈反对，提倡现代法医学已是大势所趋。林几为应形势要求，受委托"建议于中央大学医学院内创立法医学科教室，借以培养法医人才，实行新法鉴定"。这也是该《意见书》得以面世的又一历史背景。

该《意见书》首先对什么叫法医学下了定义。林几认为：法医学即以医学及自然科学为基础而鉴定且研究法律上问题者也。法律乃立国之本，法医学则为法律信实之保障。法医学研究及实用之范围包罗至广，为国家应用医学之一，凡立法、司法、行政三个方面无不有需于法医。故社会医学、社会病理学、保险医学、灾害医学、裁判医学、裁判化学及精神病裁判学均在内。目前所应用的刑事、民事案件之鉴定，实际上乃法医学应用之较狭之范围。由此可知，林几把为刑事、民事审判服务的法医学应用叫狭义法医学，而把为社会服务、为人民造福所有法医学应用称之为广义的法医学。林几提出既然法医学有这么重要的用途，那么面对"吾国鲜有

（法医）人才”的现状应该改变，法医学教育的意义重大，办学“刻不容缓！”。

该《意见书》博古通今，从中国古代悠久法医学历史谈起，论证今天发展法医学教育事业的重要意义。他说："吾国对刑事案件自古以来已能注意及斯。惜后人食古不化、墨守陈章，以至当兹科学世界尤袭七百年前宋人所集'洗冤录'为刑检之蓝本。""观《洗冤录》中所载不合科学原理之处，不能作为文明国家之证！且历来将刑检要务委诸件作行使，是诚蔑视法律尊严之诮。""在欧西各国，每遇有关法医事件统先由各城指定官医施行初验，择取检材送交各大学法医学教室，请专家作详细检查，故所鉴定案件，事无大小，必详必确。亦所以昭大信于公民，尊法律重国本也。"林几认为，现代法医学教育是继承古代遗产，学习国外先进经验，发展自己法医学的必由之路。否则，法律不允许！社会进步不允许！科学发展不允许！

关于法医学机构设置问题，林几认为应从法医学的来源科学寻找立足点。因为，法医学是医学的应用学科之一，所以该《意见书》中林几分析国内情况后认为："此种特别研究科及检验室，内容、设备繁杂，需并有病理学、细菌学、毒物学、化学及精神病学、产妇科学等临床及法医学的特有检查用具之设备。顾刻国力疲散，经济困难，莫若附立此种研究科及检验室于本国设备较良的医学院内。"这是中国现代法医学机构设在医学院内的早期规划，也是中国现代法医学教育的先声。这篇文章发表后二年，林几回北平大学医学院首创法医学教室，开始了他法医学教育的科学实践。

林几在该《意见书》中对法医学科研机构选址和发展谈了自己的构思。林几说："考中央大学医学院，设在沪滨。而上海地居全国海线中央，交通极便，又为亚陆商埠之中心，万邦居民之杂处。虽该校开办未及二年，而内容颇完善，若得附设法医检验室及研究科于内，则实为最便"，"另在全国适宜地点，分建六个法医学教室（上海、北平、汉口、广州、重庆、奉天），以便培养法医人才并检验邻省法医事件"。林几这一规划在当时没有实现，中央大学医学院法医科没有办成，但四年后他担任设在上海真如的司法行政部法医研究所第一任所长，三年内他成功培养了一批法医人才，并把学生分配至全国各地法院和医学院工作，特别在北平、上海、广州法医学发展十分活跃。当时有人赞喻：南至两广、北至热察，法医随处设置，颇得各界人士的信赖。林几本人又在抗战期间（1943 年）在重庆创立中央大学医学院法医科，又成功地培养了三期法医专修科。并在中华人民共和国成立后开办第一届全国医学院校法医学高师班。林几把中国法医学发展视为己任，把法医学教育作为自己终身职业，体现了一个教育家的远大目光。

林几在该《意见书》中指出法医学在医学院中设置应抓三件事，第一是确定法医学教授。林几认为要办成高质量的教育需要高质量的教师。他一生在北平、上海、重庆、南京培养法医人才，所聘的教授有林振纲、徐诵明、汤腾汉、黄鸣驹、黄鸣龙、陈康颐、汪继祖等，他们中有的是他的导师，有的是他的学友，有的是学科带头人，有的是自己培养的学生后来成为自己的助手。他认为"要设立一专门法医学研究科，需特聘专家主其事，以养成法医人才，实行有关于法医学事件之鉴定"。第二是实践。林几在该《意见书》中明确指出法医科的任务是向社会开放，接受检案。他认为，教育培养人和检验受案是不矛盾的。教师没有检案经验，学生没有实际操作都是不行的。他说"欲养成法医人才，应设有法医学检验室以供实习。否则，不足有增研究者之经验，更无补于事实也"。所以，在林几看来，法医授课教师首先是检案专家，然后才是把自己经验传授给学生的教育家。他无论在北平、上海、重庆、南京都首先规划受案范围和服务项目。他的这一教育思想一直沿袭至今。第三是用人。林几培养的学生都是理论和实践很强的学者，这就创了"重实践、重实干"的一代学风，这一点林几在该《意见书》中讲得很明确："夫用人以才，则才方得其用，用非所学则等于不学而用"。也就是说，所培养的法医人才应该有坚实的理论基础和实际检案能力，这样才能适应实际需要。同样，法医人才要在实际检案中不断提高，否则也不能成才。这便是林几的用人原则。

在该《意见书》中林几首次提出三种法医人才培养计划。即法医研究员，法医检验助理员和培训留在法院内部的旧检验吏。研究员资格：以医本科以上大学毕业或曾在病理学及精神病学教室研究一年以上，经考试并心理测验合格者；助理员资格：中等学校卒业或相当学历，经笔试及口试合格者。研究员学习二年，四学期授课共 2400 小时。检验助理员学习一年，授课共 1200 小时。研究员分配至医学院或高等法院任教师或法医师；检验助理员分配至医学院或地方法院任医技人员或检验员。林几这一计划因当时中央大学法医科未办成而未实现。四年后林几任法医研究所所长后实现了这一计划，其中法医研究员毕业后由司法行政部任命为法医师，这是中国历史上首次出现法医师的职称。1935 年，林几再度提出三种人才培养计划，即法医研究员、各省法院法医师、各地方法院检验员。1946 年，林几在中央大学医学院创办法医科进而提出四种人才培养计划，即高校法医师资、法医研究员、各省法院法医师、各地方法院检验员。林几在二十多年法医生涯中深感法医教育的艰难和培养法医人才需要师资的重要性，他高瞻远瞩，首次提出师资培养计划。当时政府已批准，林几高兴地在《二十年来法医学之进步》一文中通报了这一消息，可惜因经费等问题而停办。林几这一计划直到中华人民共和国成立后才得以实现。1951 年，来自全国各高校医学本科毕业的优秀人才集中在南京大学医学院接受训练，这就是全国第一届法医高师班，这批学员为日后中国现代法医学的发展作出了重要的贡献。

该《意见书》中对法医人才培养计划及课程设置十分详细。课程安排除了要求学员掌握法医学基础学科知识外，显然注入了广义法医学的内容，即除法医学在刑、民事中应用外，还有法医学在社会、行政、生命保险、灾害等领域中应用。值得一提的是林几在课程中提出了"法医精神病学"的概念和课程设置，这是中国最早的提法，说明林几已把法医精神病学提到与法医中毒学、法医验伤学、法医病理学同样位置去研究，并要求学员掌握。这一课程计划以后在法医研究所、中央大学医学院等教学中使用，为培养法医人才起了重要的作用。

该《意见书》明确提出了法医学教育的地位。林几把法医科列到与各临床学科同等地位，而法医科有别于临床各科之处，则是直接接受社会各界有关涉及法律案件的法医学检验，这也是临床各科无法比拟的，所以在社会上有重要的地位。林几在该《意见书》中把法医学教育提到"保法律之庄严，增人民之幸福"的位置上来，值得一提的是，林几在该《意见书》中提到法医科内设法医研究所的设想，类似于欧洲某些国家的法医体制——大学研究所体制，但林几又说，"法医科于 1~2 年后人才养成，可分配至各地法院执行初验"。"至少各县需各设一员以上法医官，二员以上助理检验员，即全国共有若干县、市、区便需培育县总数之二倍半以上法医人员（作者注：民国时期法医设在法院内，全国 3500 余个县（区），加省市级法院，法医人员要培养近万名），方足全国之分配。"所以，林几认为法医学教育是很有发展前途的学科。林几在该《意见书》中又说："预计至少需十年，在全国适宜地点分建 6 个法医学教室，培养人才，并检验临省法医事件"。林几的规划是在大学建立研究所（全国6个）培养法医人才和检案、科研，各地法院法医完成初验，"择取检材送交各大学法医教室，请专家详细检查"，并打算在十年内完成这一工作。从那时算起十年，即1928~1938年为打基础阶段，然后是完成大规模全国近万名的法医培训计划，可惜林几这一愿望在当时因为战争和其他原因未能实现。

林几完成的这部中国现代法医学发展史上重要的历史文献是林几法医学教育思想的结晶，也是他一生为之追求、奋斗的纲领，同时林几在毕生的法医学教育生涯中，不断充实、完善、升华。他的这一思想精髓在于用现代教育的手段，继承祖国法医学宝贵遗产，引进国外先进技术，发展中国现代法医学；在于他重人才、重实践的用人之道；在于他勇于创新、循序渐进地培养法医各层次人才的教育手段；在于他执着追求法医学教育事业的思想品格，最终他建立了自己一整套培养中国法医人才的法医学教育体系，影响并促进了中国法医学的发展，成为法医界公认的中国现代法医学奠基人、法医学家、法医学教育家、活动家。总之，林几的一生是杰出法医教育家的奋斗史，充满了许多令人兴奋而值得学习的事迹，而他对法医学教育的深刻视野、创造力和决心，是他成为卓然不同的法医学科学家的关键。

十七、吗啡及阿片中毒实验[①]
——脑中枢系统内病象之新发见

【原文】

吗啡及阿片之流毒于吾华，可谓甚矣。然国人仍多沉迷不醒，嗜之若渴，真所谓饮鸩犹酣，同于自戕，岂不谬哉。今者，斯毒祸延全国，富有者以吸阿片为豪，贫穷者乃打吗啡弥瘾，伤财弱种，猖獗日盛。虽然政府屡颁禁令，而吸者自吸，视若具文，殆以未知其为害之所以，与其为害之

① 原文刊载于《中华医学杂志（上海）》1929年第15卷第1期第42—69页，相似的内容还发表于《卫生公报》1929年第7期第120—123页及《卫生公报》1929年第8期第154—157页，《医药学》1930年第7卷第6期第50—61页。

林几论文研究

切已。故遂未信其有害于已及众也。不敏[1]负笈[2]德国，研究之余，因对斯毒，痛心疾首。曾得机会，加以实验，证确此毒，对神经中枢之脑，作害尤钜。兹不敢羞管窥之征，谨以贡诸邦人君子之前，效掷砖之引玉，望此后能使我社会，对于禁烟事件，能增一切已同情之伟大新势力也。

甲、文献之参照

据以前记载，急性吗啡中毒解剖所见，不过脑及皮肤之充血，间有言谓于脑室内，亦见起异常充血现象者。脑液虽然增多，而出血征象，则属稀见。Strassmann 氏谓曾见一例中毒两日后尸体之脑内，有定型的大脑紫斑（Purpura cerebri），系一种散在性陈旧之出血点。此外，亦有偶于脑中，见水泡及贫血者，尸体之瞳孔一般不狭小，肝常淤血，且亦偶有蓄水（ödematös）[3] 者。Trögen 氏曾见肺出血，急性中毒之心脏内容，常为暗黑色流动性血液，下腹部脏器一般充血，胃黏膜间有黏膜下溢血，胃内容略含阿片之特殊臭味，膀胱及下部肠壁多弛缓，其肌层强度充血。

慢性吗啡中毒解剖所见的以前记载，只谓在注射创口，常有皮肤脓疮，不及于最有价值之全身症状，如属早期性消瘦（Marasmus Praecox），全身一般的萎缩及贫血，脑、肺或皮下之偶发水肿（ödem），肠管之偶见刺激现象等。又 Trögen 氏谓，除前述各症象之外，更可见气管支[4]或肠黏膜之肥厚及小循环的淤血（右心肥大，肺动脉变性）。Weber 氏报告：曾见一例动脉硬变。Sysak 氏报告，有一例肝及肾之淀粉样变性（Amyloid leberniere）、西米脾[5]（Sagomilz）及心扩张。

以上所举诸征象，皆系数十年来，各先哲对吗啡中毒一部分之阐明。总而言之，急性吗啡中毒之标征，只为一般室死[6]的所见（Evstickuugstod—Befund）。在慢性吗啡中毒，则伴发有恶液质（Kachxie）、皮肤之创伤、传染或续发性疾病（如肺痨、胃扩张）。

至于吗啡或阿片中毒之病理组织上所见，延至今日，尚乏有系统详尽之报告。惟脑之病变，有人曾加注意，但亦多属于零篇断简耳。据 Schütz

---

① 不敏：作者的谦称。释义为不才、不明达、不敏捷。
② 负笈：背着书箱，指游学外地。
③ 蓄水（ödematös）：现译为"浮肿、水肿"。
④ 气管支：支气管，下同。
⑤ 西米脾：淀粉样变沉积于脾脏，肉眼观脾脏呈散在的灰白色半透明的颗粒，形如西米，故称西米脾。
⑥ 室死：窒息死。

氏记录云，于动物实验时，曾发见奇特之脑细胞脂肪变性，中毒稍久者，即可见细胞之变态。此外，更屡见有脑血管充血及毛细管出血。长期中毒者，可见毛细管壁之同质化（Homogenisirung）及增殖肥厚。凡已起脂肪变性之毛细胞及细胞，往往有流动性渗出液之渗出，并常见脊髓后索（Hinter-Stängen）神经纤维亦起变性。这种报告与 Nonne 氏所发表之慢性酒精中毒极为相似。于是一般人士，遂谓吗啡或阿片中毒之脑变象，亦不过如酒精等中毒的所见，无足称异，故未追踪研究，实大可惜。又 Nissls 氏虽专门对各种毒物发生之神经节细胞（Ganglienzellen）的病变略有讨论，第未能作全部精详的研究，亦属憾事。其他诸氏对此点之意见，更寥若晨星，难以称据。

只有 Eving 及 Weber 两氏，先后略有发表。Eving 氏谓本人证明得有脑脂肪变性、硬变（Sklerose）及神经细胞之 Tigrolyse（虎斑样浑浊溶解）：细胞原浆浑浊溶解，内含破坏之核质，外观如带黑纹。Weber 氏谓曾见有高度神经节细胞之脂肪变性及大脑皮质血管之肥厚。

又 Creŭtzfeld 氏曾举一例，历数个月之慢性吗啡中毒，其解剖所见，有脑皮质细胞之脂肪变性（Verfettung）及脑血管内细胞在皮质中之游离。次在线状体（striatum）[①] 部，有多量渗出之铁质。但一般因吗啡及阿片之中毒，在欧洲社会发生者极鲜，故此种不完全且无系统而甚有趣味之报告，亦未能促进法医学及社会医学界之猛进焉。

至于吗啡或阿片中毒之全身脏器组织所见，搜遍文献，亦仅寥寥。Pilliet 氏谓见一犬之肝脂肪变性。Hormiuchi 氏谓凡因吗啡中毒而起高度恶液质之动物，往往可证明其副肾（肾上腺）皮质肥大，且其髓细胞亦有膨大者。Sysak 氏见有两例：（甲例）系急性中毒而合并有结核病者，其内脏起急性黄色肝萎缩（Akute gelbe Leberatrophie）——肝小叶坏死，其周围起脂肪变性及其附近部之脂肪浸润，肾及心肌亦发生脂肪变性，脾出血。（乙例）系慢性吗啡中毒，其内脏起萎缩性淀粉肝（Atrophische Amyloid Leber），多量脂肪浸润之淀粉肾，而脂肪变性则只见于副肾、胰（Pankreas）、精囊及脾，脾梁起脂肪变性，脾实质淤血，故外观呈西米脾样。

似此种简略断片之报告，只堪聊供吾人研究之参考，余对以上所见颇有疑焉。

---

① 线状体（Striatum）：现称为"纹状体"，下同。

乙、实验

敝人对此题，曾作有系统的多数实验，除所遇吗啡中毒尸体之例外，并用多数家兔、豚鼠及大白鼠以供实验。对于各动物每日行三四次以上之常量皮下或静脉内的吗啡毒质注射。此外，更对少数动物施以超过极量之多次注射，每次相隔 1 小时乃至 3 小时，终待动物之自死，或继续注射经过 1 日乃至 6 日后而杀死之，施行病理的检查。毒物用量：则对最能经久之动物，例如家兔即用至 5.25 克吗啡注射量，豚鼠用至 2.04 克吗啡量，大白鼠用至 0.1 克吗啡量，或用 0.5~1.0 克阿片量之饲食。

（一）中枢神经系统所见

（1）尸体解剖三例：其中一例系急性吗啡中毒，其中二例系慢性吗啡中毒。此次实验，凡中枢神经系统所见，多系前哲所未详及者也。

主要所见，即系全脑之肿大及大脑皮质高度的变性，尤以在前部之脂肪变性为著。脑神经节细胞（Ganglienzellen）削缩，且起剧烈之变性，在第三及第五皮质层中间，此种现象益为明显。脑胶质细胞（Gliazellen）亦有起高度脂肪变性者，但非全部的现象。一般脑血管壁皆呈脂肪化，管壁之内皮细胞多数均化为脂肪颗粒。

急性中毒时，在脑所见，甚为特别，即有多数神经节细胞发生急性病变，呈 Tigrolyse 及膨胀现象，此种急性细胞病变，只见于前脑（Frotalhirn）及海马角（Ammonshorn）全部，在后头叶（Occiptial-lappen）反不著明。在脑之中央深部病变只见于线状体（Striatum），但远不如皮质之剧。延髓（Medulla Oblongata）及脊髓之病变，比较为轻，在软脑膜（Pia）有轻度纤维性的增殖。在急性中毒者，特可见出血的浸润，神经纤维（Nerven fasern）病变极不著明。

神经节细胞病变之强弱，因中毒程度而异。在慢性中毒者，则一般起高度变性，且在一定之皮质层内，可见一部分神经节细胞原质（Ganglien elementte）之液化（Verflüssiung）。此外血管壁之脂肪变性，亦较急性中毒者为强。又在一慢性吗啡中毒尸体之脑部，证明有皮质血管之纤维性退行性变性，即系形成为血栓原因之动脉硬变现象。

此次在急性例中，于半球髓（Hemisphären mark）部，发现有胶质阿米巴样变态（Glia amobidose），是在慢性例中未曾有之。

（2）动物试验。脑部之病变，随中毒程度及经过时间而不同。且其局部所见，亦因动物之种类而有异，其紧要有价值之征象，即如前述之脑神经节细胞的病变。

一般急性中毒之动物，即用超极量吗啡注射者，常发呼吸困难（Atemnot）、痉挛（Krämpfen）及遗尿等症状。解剖所见，在脑部可证明前言之Tigrolyse及肿大现象，脑血管仅充血。

若长期中毒之动物，其经过达八日以上者，则脑部之病变益倍著明。神经节细胞多半发生高度软化，原形质渗出（Plasma auflösung），细胞核的崩溃（Keruzerfall）。但在更久之吗啡中毒者，其细胞病变（脂肪变性）亦不增甚。惟常更佐有其他慢性病变的征象，例如高度之萎缩及呈老人性退行性的变性等是已。

在动物实验，凡脂肪变性之细胞及血管，往往形成无有腔孔。此种现象在家兔中毒实验中，偶可证得。若在豚鼠所见，即极明了。若在大白鼠，则各例孔腔皆完全充满，一般神经节细胞均呈胶质反应（Glia reaktion）。血管皆高度充血。在中毒较久之动物，脑血管壁多形成肥厚，所以脑之解剖，据肉眼所见，即呈高度充血现象。

惟特在短期急性中毒者，可见脑膜及脑皮质之血管溢血，脊髓纤维之剥落。

无论为人或动物，脑部之所见，其公共病变，即属局部的细胞变性，但其部位各有不同。家兔之脑的病变，在前脑皮质三层至五层内尚颇剧烈，在海马角之病象尤著，而在脑深部之病变，则比在人脑深部之所见者为强，且系介在线状体的前方。豚鼠之脑的病变，只见于皮质及线状体，而在皮质之病象较轻，在线状体部之病变较剧，且可寻见自脑中央深部达至皮质的一部分脑神经核（Hirn nervenkernen）的剧烈病变。大白鼠则仅在皮质稍有病变，反之在线状体及脑中央深部达至脊髓部分之神经节细胞，皆呈著明的脂肪变性。

中毒症象：动物一般有剧烈之颈及躯干的肌强直（Muskel rigiditat）、痉挛、战栗等症象。昔生物学者曾证明大白鼠对吗啡中毒所发生之痉挛，有一定型的姿势，即为所谓强直性痉挛。

（二）肺部所见

（1）尸体解剖

一般高度淤血，急性者有出血，仅如一般记载，无新发现。惟在急性中毒例中，肺组织镜检，知有脂肪栓子（Fett embolie）存在，但此或因不明之外伤（？）导致，非由于吗啡中毒而起。

（2）动物实验

一般淤血，多发生有胸膜下出血及胸膜的增厚，亦有并发下叶性肺炎者，镜下可见著明肺充血。在多例中其肺泡（Alveolen）内，往往充有水肿液（ödem flüssigkeit）及赤血球，偶有见出血者（大白鼠尤多），甚至连大气管支①皆充满血液，常在肺泡内，充填有水肿液。而液内浸存有多量脱落破坏之脂肪变性的肺泡上皮。豚鼠特常发生气管支肺炎（Bronchopneumonie）及剧烈气管支炎。

（三）心脏所见

（1）尸体解剖

两慢性例，均有高度心肌脂肪变性，肌纤维区分不明，甚至不能辨别，细胞核破碎，此部分呈格外平滑状态。

（2）动物试验

一般心内充满流动性血液，镜下于急性中毒者，尤可见心肌较明了之横纹。于较久中毒者，其心肌则已起脂肪变性，但此种现象，并非一定。只在较久中毒之动物试验，方得见之。而动物对吗啡之注射，往往不耐久用，即竟死亡。本次试验仅得长久中毒家兔5例，得见心肌有显明脂肪变性存在，余例均不著明。在其他动物慢性中毒者，固亦可起高度心脏之变性。在豚鼠则罕见发生如家兔之高度心肌脂肪化者，一般只见脂肪变性之开始行迹而已，更有虽经较久毒物之注射，但心肌仍如常态。在豚鼠例中，常见新鲜之心肌出血，在大白鼠各例，则往往缺有心肌变性现象。

（四）肝脏所见

（1）尸体解剖

急性者，可见肝实质出血及高度充血。慢性者，肝起高度淤血性萎缩（Staunngs atrophie），小叶中心肝梁，呈强度脂肪变性及削缩，门脉周围有结缔组织（Bindengewebe）增殖及浸润，呈芒状细胞（Sternzellen）也有起变性者。

（2）动物试验

一般所见与尸体解剖所见相似。家兔之肝，起淤血，小叶界限十分不著明。经过二日之亚急性中毒动物，在镜下可证明有充血及实质细胞之轻度脂肪浸润。在较久中毒动物之肝，则起异常充血，有多例已发生中心肝

---

① 气管支：支气管，下同。

梁之削缩及高度脂肪变性，而在小叶边缘及近边缘部，脂肪化之势渐渐减轻，即在肝细胞内，亦不见有许多脂肪滴存在。此种现象于本次试验可以证明，凡是中毒时间经过愈久，则兔之肝小叶的脂肪变性，亦愈向周围扩大。其经过五日以上者，肝小叶中心即可证明有坏死，其肝细胞及细胞核皆破坏崩溃，肝小叶中心毛细管腔异常扩张，且在小叶周围之星芒状细胞，亦往往发生脂肪变性。若在经过 10 日后者，则每可见肝组织之软化，肝小叶全部脂肪变性，势渐伸及间质。再久者，则可见两三个肝小叶之迅发性脂肪化及剧烈之肝小叶的坏死。但到此时期，动物每先已死亡，有时在肝小叶周围，可见有少量铁质存留。吾人于家兔肝内常见肝毛细血管出血。

最特异者即豚鼠中毒后。急性者，一般肝不起充血。稍久中毒者，则肝常反呈苍白色或灰黄色之贫血现象，弹力性益减，甚脆。仅于最久中毒者，肝内可证明有高度淤血，其中有一例亦可见肝梁的削缩。在豚鼠之主要病变，即为脂肪变性，一般在早期已甚著明。中毒愈久，其脂肪变性程度亦愈剧，往往浸入间质，各小叶因脂肪变性乃互相融合，界限极不著明。星芒状细胞一般亦起脂肪变性，但不一定均能寻见。在经过最久极慢性中毒之豚鼠肝内，曾见有脱肪（Entfettung）[1] 现象，系一种高度变性之表征，其细胞原浆已起特别之复合分解（Eigenartige Schollige Entmischung），肝细胞内仅现不著明小点滴，此际甚难见有大脂肪滴存在。于中毒历 10 日后之豚鼠肝小叶周围，常见有多量血色素分解产生之 Hämosiderin（颗粒状色素）[2] 沉着，外更于肝内，见有铁质散在，是系因较久之吗啡中毒，其肝实质每有小出血所致。

急性中毒大白鼠之肝，一般发生充血。而慢性则充血不甚著明，间有见肝组织内小出血者。较久注射吗啡者，其肝组织内有较富之脂肪，亦如常态之吸收甚多量脂肪后之状态。但此种状态，在中毒各例均属一致，非若常态肝内之吸收多量脂肪，系偶然之现象也。但在大白鼠肝内所发生脂肪变性，远不如尸体及家兔与豚鼠的剧烈。只要经七乃至九日后，所含脂肪量即渐减少，偶然在细胞原浆（Plasma）内，含有脂肪小滴而已。此种脱脂肝之现象，在长期经过慢性中毒之动物最为明显。大白鼠中毒后，在肝之特征，即常见细胞原浆之复合分解的溶解及空泡样的退行性变化（Vaküalige Entartüng），其细胞核尚有完全存在者，而不见有 Hämosiderin 沉着。

---

① 脱肪（Entfettung）：脱脂。

② Hämosiderin（颗粒狀色素）：含铁血黄素。

林几论文研究

（五）肾脏所见

（1）尸体解剖

主要者，即肾实质之脂肪变性。皆见于慢性例中。一例，自肾集合管至直尿细管①之管状部（Henlesche Schleifen）及移行部（Schaltstücke），均起脂肪变性。一例，则只在直细尿管部见有轻度之变性。慢性一般皆充血，间质有一部分增殖。急性者不见有脂肪变性，而充血甚剧，有多数丝球体②发生出血。

（2）动物所见

家兔之肾，在肉眼及镜下只见充血。曲尿细管（Tubuli contorti）③上皮浑浊，其长久中毒者，在直尿细管之移行部及管状部，可见高度之脂肪变性。在曾经十日之慢性中毒的家兔肾脏，可见有大脂肪滴形成之高度脂肪变性。而在曲尿细管内亦可见有小滴之脂肪变性，但此只有在长期慢性中毒之动物方偶得证明之。Hämosiderin 在肾则未证见。

豚鼠肾脏只见有脂肪之浸润，亦以直尿细管之管状部及移行部为著。较久中毒者，亦可见大脂肪滴缺少及脂肪破坏等脱脂现象。在曲尿细管及集合尿管（Sammelrohren）部，即常态已可见有少量脂肪存亡，此际可见相类之脂肪滴增多。

大白鼠肾脏所见，只有轻度充血，而无脂肪变性。在十例慢性中毒例中，只有一例发生，但同时并发有间质肾脏炎（Interstitielle Nephritis），故其发生脂肪变性，似未必由于吗啡之中毒。

（六）脾脏所见

（1）尸体解剖 急性者有出血，慢性者无变化。

（2）动物试验 一般无甚变化，屡见有高度淤血，只在家兔偶见脾髓（Pulpa）出血。

（七）睾丸所见

（1）尸体解剖

急性者只高度充血，于慢性之一例见精细胞（Sammenzellen）内含有脂肪颗粒，且间质细胞亦起非常高度脂肪变性及充血。

（2）动物试验

家兔及大白鼠解剖均无变化，海猪之长期中毒者，精细胞及间质每起

---

① 直尿细管：肾直小管。

② 丝球体：肾小球。

③ 曲尿细管（Tubuli contorti）：肾曲小管。

高度脂肪化，慢性阿片中毒者，几无一例不呈此等病变。

（八）膀胱及肠管内容

各动物试验中，家兔诸例甚觉特别。急性者，当死前往往遗尿，故膀胱空虚。在经时稍久之慢性中毒，则必蓄尿，其量多在 10～20mL 以上，有一家兔蓄尿达 60mL 之多。

兔肠管内每有多量内容存留，海猪及大白鼠一般在膀胱及肠内，无多内容存留。

丙、结论

一、吗啡或阿片中毒后，所发生于神经中枢系统之病变较重

对吾人之主要病变，系在大脑前部皮质，第三层与第五层间病变尤著。神经节细胞皆起退行性病变，脑血管壁亦发生变性，对动物所发生脑之病变与尸体解剖所见相类。惟其部位因动物之种类而异，多在脑之深部。

二、因吗啡或阿片中毒之死，系一种脑死（Hirntod）

大脑系吾人智慧之府，大脑之前部尤为重要。吾人凡一思虑，其死去脑细胞万万分之几，但此细胞既死后即不再生。故人之精神乃因年老而渐自然减退也。凡急性吗啡中毒者，在脑及全身脏器，往往可见高度充血及出血，而主要病变，则属脑神经节细胞之起 Tigrolyse 及膨胀现象，即时可惹起生命的危险。而慢性者，其较缓和之毒力，亦足促成多数脑神经节细胞及胶质细胞发生高度退行性病变。由于毒力之刺激作用，致神经细胞之机能一时亢进。凡人打吗啡针或吸阿片后，其精神必一时间内顿觉兴奋，思想力非常周密，但须知此时脑细胞之死亡，亦必倍增，殆毒力一退，乃倍感疲劳，是为生瘾。其吸打之次数因个人欲望之要求，必须增多，否则亦须增加用量，使其毒力能益持久。但身体细胞对于一定量毒力刺激之反应，久乃成为习惯，顽固不灵，终致非用大量毫无反应，多数之脑细胞即已死却，故人之精神益觉萎顿，甚至非借毒力之刺激，精神也无能稍振，终日昏沉，懒于思索，其身虽存，脑已半死，此种症象，与本次实验解剖所见，尽相符合。该部脑细胞既逐渐坏死，移行成为脂肪变性。故吾人所见脑细胞之脂肪变性，即为脑细胞之老死状态。

依据先哲文献所载，由吗啡中毒发生之中枢神经系统病变，尚未有明确之发见，有谓其现象颇与慢性苛加茵①中毒（Cocainismüs chron）（据 Meier

---

① 苛加茵：可卡因。

氏记载）及慢性酒精中毒（Alkoholismus chron）（据 Bonhoeffer 氏记载）相似者。急性吗啡中毒于脑之所见亦非特别。吾人在各种急性传染病（肠窒扶斯[1]、败血症、猩红热、白喉）中毒及磷（Phosgen）、CO、Veronal[2] 等尸解的实验，亦会见之。亚急性中毒，则有特别著明之病变，即神经节细胞之液化及自身浑浊、坏死与崩溃是也，在人脑则著见于前部，在兽脑，则著见于纹状体（Striatum），其神经节细胞必有著明之脂肪变性。考兽类之脑对脂肪之物质代谢（Fettstoffwechsel）机能，即在平时其脑中脂肪之存在已各不相同，家兔在较前部，大白鼠在较后部。故此次动物实验所见，脑细胞之脂肪变性的著明好发部位，亦各不相同也。

吗啡毒质，对脑之作用系直接的，所以其毒力径达于中枢之脑实质，于是神经节细胞遂首受剧烈的影响。当慢性吗啡或阿片中毒，常起一种中枢神经系统障碍之续发症象，即所谓全身恶液质及贫血是也。恶液质（Kachexie）及贫血两症象，不仅续发于吗啡及阿片之慢性中毒患者，凡生理上之老人及癌肿、恶性贫血、结核及精神病患者，皆常见之，精神病中凡患早发性痴呆（Dementia praecoxe）及忧郁症（Melancholie）者，必有此项症象。吗啡及阿片之慢性中毒，既亦生恶液质及贫血症象，同时多并发早期性削瘦[3]（Marasmus praecox），是一半由于全身之营养不良，一半疑即由于中毒后，体内脏器对脂肪有特别之需求，故每移行皮下脂肪于各内脏器也？（疑说）。

详考他种毒物中毒之动物实验记载，虽亦有发生相当反应现象者（即特有重笃之脑部病变），但尚无如此特别之脂肪变性的发现。又考 Methyl-alkohol-Retina、Nicotin、Botulismus-Medulla、Storain-Vordorhorn 等毒物，对一定之脑中枢，有特别的 Angriffspünkt（即所谓着力点、集注点）。但吗啡之对脑中枢，则无一定毒力反应发生之所在地。不过在脑之病变，以皮质层内，较为著明。而同时在其他脑部，亦泛发较轻的病变。其所以在脑皮质之病变特为著明者，殆因毒质及与脑质间感受性上有相互的关系，即皮质之神经节细胞，易受吗啡毒质之刺激。故吾人可称大脑皮质，系吗啡中毒对人的毒力反应之好发部位（Prädilektionsstelle），但非一定之集注部位也。

---

① 肠窒扶斯：肠窒扶斯（肠チフス）是来自日本的译名，绪方郁藏于 1855 年刊行的《疗疫新法》最早使用这个译名来称呼 Typhoid 这个病名。1908 年，丁福保将宫本叔、桥本节斋、寺尾国平所著的《新伤寒论》汉译出版，首次将窒扶斯杆菌与肠窒扶斯这个病名介绍至中国。丁福保认为，肠窒扶斯这个病症造成的发热证状，与中医所谓的伤寒相近。

② Veronal：佛罗拿，一种安眠药。

③ 削瘦：消瘦。

此种脑神经节细胞及胶质细胞之脂肪变性与空泡性的细胞坏死病变，既未曾见于他种毒物的中毒，故吾人可称之为吗啡、阿片或其化合毒物之慢性中毒的特征（病理所见）。

　　此外因吗啡毒力之作用，更可诱起神经系统组织内之血行障碍及血管壁之变性。前者，即一般所共知之脑部高度淤血，在急性中毒者，且常见有渗出性出血（Diapedis blutungen），甚至有如他种毒物（Phosgen，Veronal，CO）中毒时发生真正之脑紫斑，亦属一种特征的现象。在人及兽之较久慢性中毒者，俱可证明之。即前述在海马角部（Ammonshorn regionen）所见之高度病变及一般慢性血管壁变性是也。

　　其余脏器因吗啡中毒所发生的病变，皆有关于中枢神经系统的反射，但并非特有现象，或且竟如酒精中毒之发作现象，但不规则者耳。在急性中毒，其内脏一般高度充血，尸解所见诚与呼吸麻痹（Atemlähmung）及窒息（Erstickǔng）者相似。而吗啡之毒力，确能使血管、神经发生麻痹，此种作用可引起血流之沉滞及管壁之变性。

　　肺病变之特征，即常起淤血性出血（Stauungsblutungen）及水肿，使一部分及全部肺泡不能营其固有之机转①（空气的交换）。考其原因，大概系因毒力之作用，使血液内容由血管壁自由渗出。此渗透作用之缘起，即由于血管、神经之麻痹，血行缓慢、淤血及管壁内皮细胞脂肪变性之故耳。Strassmann，Sysak 诸氏常于急性中毒发现正常出血，本次动物试验亦曾见有三例，但在一般充血及出血现象，皆如前述为渗出性者也。

　　除上述各特有病变外，凡长期之慢性中毒，更可证有其他种种慢性的病变。但据 Sysak 氏之报告，谓曾于经过只一日半之急性吗啡中毒尸解，证明有高度之肝中心的坏死及实质脏器之脂肪变性，此例所见，与磷、Chloroform 及菌（Pilz）之中毒现象极为相似。Sysak 氏意以为，此种急性中毒，所以能发生以上所举之症象，则由于吗啡毒力所发之物质代谢障碍（Stoffwechselstörungen）及脂血症（Lipämie）所致。但何以于短期内，竟起如此剧烈的物质代谢障碍及脂肪症，则仍属疑问。其实肝内之脂肪成分系由于营养的吸收（Nahrungsresorption）而令肝之机能（Leberfunktion）既起障碍（毒力的作用反射而起），遂对脂肪之容受缺乏有脂肪分解酵素（lipolytischer Fermete）的酸化作用或能动作用（Oxydation oder Aktivierung），以

---

　　①　机转：机能。

致脂肪之可动性（mobilisierung）停止。于是，在肝内之脂肪量乃愈积愈多，此种脂肪增多的肝小叶之脂肪化，当然系因慢性的毒力刺激之机转而起。余在急性吗啡中毒有一例及动物试验与其他前哲的报告中，俱可反证 Sysak 氏所谓只一日半经过的一例（即在急性吗啡中毒，竟已发现肝小叶中央之坏死及实质脏器之脂肪变性）在事实上为可疑。惟在酒精及苛加茵中毒，往往可证明有若是之肝坏死及实质的脂肪变性。昔 Erzer 氏曾试验，在苛加茵中毒后，仅三十分钟之人肝中已可见小滴状的脂肪浸润。又在动物试验（用鼠），中毒后历一日乃至两日，即可见高度之肝坏死，此系苛加茵对肝之迅感性中毒作用（Elektive Giftwirkung），固与 Phenythydrat、Amylenhydrat、Paraffinöl 之作用相类似。但余所实验中，无论为尸体或动物，均未见有此现象。前述 Sysak 氏之例，据云合并有肺痨、小叶性肺炎（Lobuläre pneŭmonie）、渗出性胸膜炎（Excudative Pleuritis）及肝硬结（Konglomerat-tuberkel der Leber）。故尸解所见肝之症象疑系由他病所诱致，并非由于吗啡的急性中毒。

急性或慢性中毒在实验上所见，实质之脂肪变性以肝脏最为著明，心肌及脑组织次之，肾及睾丸一般所起病变较微。然在长期之慢性中毒例中，亦可见有剧烈之变性。然终未见有如磷或慢性酒精中毒所发生之肝实质大部分迅发的高度脂肪浸润。

此种吗啡或阿片的慢性中毒，既能发生各内脏之脂肪变性，则在人体之外表，遂起有高度贫血、羸瘦及恶液质，于动物则只见其体重的锐减，盖因麻痹性的毒力，可诱发肠之弛缓（Darm-atonie），以致营养吸收机能发生变化。据 Schnebel 氏物质代谢机能的检查，谓此际肠对脂肪之吸收及酸化作用，皆甚迟钝，于是因营养吸收机能之不健全及直接细胞工作之热力的消耗，遂形成全身之早期性削瘦，更加以循环亦有障碍（对皮下水分之摄取当然不能充分），遂即形成恶液质、浮肿、贫血等症象。而肝、脑、心肌及肾等内脏，亦因体外营养供给之不充分（肠吸收机能不健全）及脏器内细胞工作之直接热力的消耗，遂对脂肪之需求倍加紧急。故余疑发生于内脏之脂肪变性的脂肪滴，大部分即自皮下移行而来，而脏器各细胞因被吗啡毒力之作用，对脂肪之酸化机转发生迟滞（或可谓脂肪之可动性的停滞）。所以各内脏实质细胞内，即积有不动性的脂肪或半动性的脂肪，但亦有谓内脏之脂肪成分增多，系由于血行障碍。例如，肝实质有淤血性病变的，吾人常可证明有并发脂肪的浸润或肝小叶变性坏死等症象者是也。

海猪及大白鼠对肝脂肪之脱脂，系一种饿饥状态的现象，故多见于长期慢性中毒死体，因身体营养的障碍，所食物品又乏脂肪而热力之消耗在高度中毒时愈须增多，遂引起肝内存储脂肪之减少。本次实验可证明，在中毒期间愈久者，肝之脱脂现象愈形著明。而肝细胞之坏死及他种退行性病变亦渐发生。此种细胞内脂肪之消失，据 Lubarsche 氏记载，已详论之，（R. 氏谓长期之营养中断及高度之物质代谢疾病，细胞内之脂肪皆渐消失。），故可引之为据。

由慢性吗啡中毒所发之内脏脂肪变性，甚属高度。一如在慢性传染病及他种毒物之慢性中毒时所见，贫血及恶液质两种症状亦然。例在长期慢性 Chloral 或 CO 中毒，即亦可见此种症象（据 Tacksch、Roos 氏报告），是皆因酸化作用机转减退及细胞物质代谢机能障碍所发之一般症象也。前 Schnerbel 曾观察一犬之吗啡中毒，发生有脂肪尿（Lipurie），但对肾脏脂肪变性无所说明。

肝之起淤血性充血者，如前动物实验及慢性中毒例中之所见，其内有一例起淤血性肝萎缩。在家兔则见有肝小叶中心之坏死，是系因吗啡中毒所发之高度循环障碍所致。用他种睡眠药而惹起中毒者，在肝之病变亦甚著明。Samejama 氏曾报告有 Dial 及 Veronal 中毒之实例如下：在心、膀胱有变性，脾、肾及肺起萎缩，且有出血，而在肝则只有坏死及肝细胞之空泡变态[1]（Vaŭkolisation）（此细胞之空泡变态甚似前哲，Erzer 氏报告之苟加茵中毒所见），并未提及肝实质之脂肪变性。

较久吗啡中毒例中，皆可证明有高度血管的病变，除前述在脑及肺血管之病变外，在心及肝常见有渗出性出血，血液之高度破坏。在本次动物试验，尚无能证确。仅于少数动物肝中，见有血色素分解物质存在，是以疑在长久经过后，内脏中皆有 hämosiderin 沉着。

各动物实验，其肺之所见颇为一律。只有极强或次强度充血，毛血管壁如有变性，则发生淤血性渗出性之出血及水肿，发[2]气管支炎及气管支肺炎，肺泡内充满液体，肺空气之交换困难，酸化之原力愈弱，故动物甚羸瘦，且疲于运动（生前）。

Sysak 氏之慢性吗啡中毒所见，有肺出血，一般内脏发生淀粉样变性，睪丸起萎缩。但此种症象不仅在吗啡中毒时有之，又为慢性创伤传染所再发之皮肤脓疮与慢性小肠结肠炎（Chron Enterocolitis）、胆石疝痛、肺疾患及贫血所发生之各种疾病之共有症象。但在吗啡中毒时亦常发之。

---

① 变态：变性。

② 发：发生。

膀胱内尿之蓄积，似可为吗啡中毒之慢、急性的诊断依据。急性者常遗尿，即因膀胱肌之起急性痉挛。慢性者蓄尿，即因膀尿肌之弛缓。此种现象在本次实验屡可证得之也。

参考文献（从略）

【述评】

本文详细阐述了吗啡及阿片中毒对中枢神经系统，以及其他器官的病理损伤，并对一些学者的结论提出自己的看法，对于不同的观点，设计动物实验加以验证。从尸体解剖案例及动物实验观察到的现象，详细解释了吗啡及阿片中毒对脑中枢神经系统的病理影响。一方面案例观察，另一方面动物实验验证，两方面病理改变一致的情况下得出吗啡或阿片中毒引起的中枢神经系统病变最重，这也解释了中毒者为何会出现精神异常的临床症状。这种科学求证的方法，引领着法医学向科学探究出发。

十八、血族检验：亲生子鉴定①

【原文】

兹分鉴定原理定律及应用之技术必要的注意点两项言之：

（一）血族鉴定法原理及定律

近数年来，法医学研究家趋势皆偏向于个人的血液诊断（Eindividuelle Blut diagnose），盖血清学之研究既日有进步，除引用细菌学之免疫作用，以供各种传染病的诊断、预防或治疗者外，更有人报告谓可借人类血液凝集反应之现象而判断人族之系统。

此说首创之时，仅据 Landsteiner 氏说（约三十五年前），由同种血球凝集现象（Isogglutinationers Cheinung，Phenomenon of Isogglutination），当时区别人类血液之各特点构造，即因血清之凝集素（Agglutinine）遇赤血球之 Agglutinogene（拟译为凝集原，注入动物体内可成为 Agglutinine），而结果可呈凝集

---

① 原文载于《国立中央大学法学院季刊》1930 年第 1 卷第 2 期第 131—150 页。

或不凝集两种现象。后人因之遂得进加研究，故 L 氏之功亦未可没也。

于是，依血球与血清之凝集现象可分之为甲、乙、丙三簇。

甲簇之血清，遇乙、丙两簇之血球皆可呈阳性凝集反应。

乙簇之血清，只对丙簇血球能生阳性反应，对甲簇血球呈阴性反应。

丙簇之血清，只对乙簇血球能生阳性反应，对甲簇血球呈阴性反应。

后 Janaky 及 Moss 等氏实验结果，则区分人类血液为 1、2、3、4 四类。

一般代表赤血球之 Agglutinogene（凝集原即 Agglutionableu substanzen）用 A 及 B 代表，血清之凝集素用 α 及 β。血液中参有 A 及 B 或 α 及 β 者用 A＋B 或 α＋β 代表之。

A 与 B 即血液中之 Rezeptoren（拟译为"遗传之诱导体"），在遗传上为 dominant（特殊或特性遗传）①。反之，更有一种特有质（Eigenzchaft property）并非 Rezeptor，在遗传上为 Rezessiv②，名之为 O。

Van Jansky 氏在 Heterburg 实验得 348 人，并调查其遗传关系，Jansky 氏分血簇为 O、A、B、A＋B 四种不同构造。盖系顺赤血球内所有 Rezeptoren 及 O 而假定分簇之次第，即：

赤血球内有 O 之构造者——为 1 簇，其血清不能凝集他类血球。

赤血球内有 A 之构造者——为 2 簇。

赤血球内有 B 之构造者——为 3 簇。

赤血球内有 A＋B 之构造者——为 4 簇。

而同时，Moss 氏亦假定 A 及 B 为两不同构造之血簇。而以血液内无 A 及 B 构造，其血清能凝集他簇血球者，为 1 簇，名之为 O。于是依血液内所有 Rezeptoren 及 O，并其血清凝集他簇血液之现象，而定分簇之次第，即：

血液内有 O 之构造者——为 1 簇，其血清能凝集他簇血球。

血液内有 A 之构造者（A）——为 2 簇。

血液内有 B 之构造者（B）——为 3 簇。

血液内有 A＋B 之构造者——为 4 簇。

当日两氏，只谓因血液之不同构造所起之互异凝集现象，遂假定人类有 1—4 簇存在。然皆用 O、A、B 并罗马字码为标识，以致使人常生迷离扑朔之感。其实两氏所区分 2、3 则彼此相称，而 1、4 则互相倾倒。在最新工作中之 Beck 氏曾用 Jansky 氏所定标准血清（Test eserum）多方精察证明，其分类与

① Dominant：显性。
② Rezessiv：隐性。

Moss 氏所假定者在事实上固无二致。兹将其关系作表于下①，当较明了也。

GruppNach	Jansky（分族）	1	2	3	4
	Moss（分族）	四	二	三	一
赤血球含之（O 不含者）Agglutinogene		O	A	B	A+B
血清含之 Agglutinine		α+β	β	α	O

　　盖此种分类标识，原无关重要。例如，有一某甲，其血球遇某乙之血清可起凝集反应，而乙之血球遇甲之血清亦起凝集反应，更有某丙之血清，遇甲及乙之血球俱不起凝集反应，而某丁之血清遇甲乙及丙之血球，俱可起凝集反应。

　　吾人既知，凡本人血球遇本人血清，断不起凝集反应。惟不同构造之血球与血清，倘相遇时，则可起凝集反应，由是吾人可借之以判甲与乙是不同构造之两血簇，即 1、2 簇是也，丙之血清中兼有甲乙两血簇 2、3 之不同构造。故俱不起凝集反应即为 Moss 氏之四簇 A+B，而 Jansky 氏之 1 簇 O 也。而丁之血清中对 2、3 甲乙两簇血球之构造俱无存在，故皆起凝集反应。且对兼有甲乙两簇不同构造之丙血液，亦起凝集反应，是即 Moss 氏之一簇 O，Jansky 氏之 4 簇 A+B 也。兹将两种标准血清对他种血簇赤血球所发生凝集现象及其相互关系，胪列②于下表，便供参照。

标准血清 Testserum		血球之 Agglutinine	聚集反应现象 阳性（+）阴性（−）
Von Moss	Von Jansky		
四（α+β）	1（α+β）	（一）O（4）	−
		（二）A（2）	−
		（三）B（3）	−
二（β）	2（β）	（一）O（4）	−
		（三）B（3）	+
		（四）A+B（4）	+

---

① 下：原文为"左"，下同。
② 胪列：罗列，列举。

标准血清 Testserum		血球之 Agglutinine	聚集反应现象 阳性（＋）阴性（－）
Von Moss	Von Jansky		
三 （α）	3 （α）	（一）O（4）	－
		（二）A（2）	＋
		（四）A＋B（1）	＋
一 （O）	4 （O）	（二）A（2）	＋
		（四）A＋B（1）	＋
		（三）B（3）	＋

故用两氏所定标准血清，施行血球凝集反应检查者，得结果如下：

Grupp nach Moss 血清	Grupp nach Jansky 血清	反应之结果， 本 Jansky 氏分类，附注（一）（四）为 Moss 分类
簇4（四）	簇1	对4即（一）、2、3 三簇之血球俱无能凝集，即 Jansky 氏 O
簇3（三）	簇3	能凝集2、1即（四）两簇血球而不能凝集4簇即（一）之血球，即 B
簇2（二）	簇2	能凝集3、1即（四）两簇血球而不能凝集4簇即（一）之血球，即 A
簇1（一）	簇4	能凝集他簇血球，而4簇之血球则不被他簇血清所凝集即 Jansky 氏 A＋B

　　然 Glenn、Radvin、Oeleeker、Diemer 诸氏则反对血球可分为四簇之说。谓4（一）簇 Jansky 氏 O 之结果，系因技术上错误所致，故不起反应。此说在曩年颇有一部分势力，迨今经各国专门学者证明，仍宗两氏四簇为当，普通习惯为便利上，多用 Moss 氏分簇方法。

　　据数年检查各民族实验结果，得确定之新定律如下：

1	O×O	此项规定必等于 O
2	A×A	即 A×A，A×AB，AB×AB，凡有 A 者皆属之
3	B×B	即 B×B，B×AB，AB×AB，凡有 B 者皆属之

4	A×无 A	即 A×O，AB×O，A×B，AB×B
5	B×无 B	即 B×O，AB×O，B×A，AB×A
6	无 A×无 A	即 O×O，O×B，B×B
7	无 B×无 B	即 O×O，O×A，A×A

即：（凡可注意项皆加"＿＿＿＿"）

O×O＝O——<u>公认之定律</u>。

A×A＝A 及 O——<u>属 A 者占绝对多数</u>。

B×B＝B 及 O——其比较不明，何故 O 与 B 之百分比率相差无几，然在实验统计上，分配于 O 者亦较少于 B。

A×O＝O 及 A——<u>两簇分配数几相等</u>。

B×O＝O 及 B——<u>两簇分配数几相等</u>。

A×AB＝A、B 及 AB——<u>而无分配于 O 者</u>——多属于 A 者。

B×AB＝A、B 及 AB——<u>而无分配于 O 者</u>——多属于 B 者。

AB×AB＝A、B 及 AB——<u>而无分配于 O 者</u>——得例甚罕，各数比较不明。

依上项之拟定，在法医学应用上可作为亲生子鉴定之比较便利的参考。在应用上可用下表：

子之血簇	母之血簇		
	O	A	B
A	O、B	（不能鉴定）	O、B
B	O、A	O、A	（不能鉴定）
AB	O、AB	O、A	O、B
子为 O 时亦不能鉴定	父不得为此血簇		

亦即：

1. O×O＝O
2. A×A＝O 或 A　又同式 B×B＝O 或 B
   O×A＝O 或 A 又同式 O×B＝O 或 B
3. O×AB＝A 或 B（据一般统计罕有等于 O、AB 者，惟例少不敢以据）
4. A×AB＝A，B，或 AB（据前项统计未有等于 O 者，惟例少不敢以据）
   B×AB＝A，B，或 AB（据前项统计未有等于 O 者，惟例少不敢以据）
   AB×AB＝A，B，或 AB（据前项统计有等于 O 者，惟例少不敢以据）

但同人既感人类血簇分簇有过少之嫌，以致发生无限疑难。于是有 Bernstein 氏，遂根据其实验，创数学的统计法（Mathematische Statistischen Methoden）。惟此说刻既罕文献存在，不能即视之为确。然仍宜构其要义简录于下，用供国人浏览究研之也。Bernstein 氏假定人类始初只有三个 Gene，即以 A、B 及 R 代表之，其后迨因各族互婚结果，遂形成下列之型（Formel）。

其型之分类与固有一般血簇分类之相互关系如下：

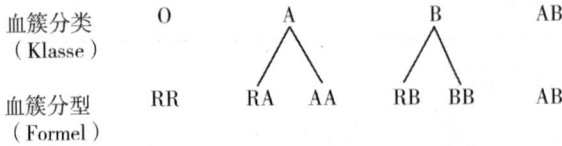

血簇分类（Klasse）　　O　　　　A　　　　　B　　　　AB

血簇分型（Formel）　　RR　　RA　AA　　RB　BB　　AB

外更假定 p、q 及 r 为三个 Gene 之百分率，遂得公式如下：

$$\frac{1-\sqrt{B+O}}{p}+\frac{1-\sqrt{A+B}}{q}+\frac{\sqrt{O}}{r}=1$$

Bernstein 氏自谓依其工作法，至少可证实各血簇之百分率总数（Prozentsummen 即 p+q+r）常在 100% 左右，应用此法并证明其说非谬者，已有 Guthrie、Huck、Coca 及 Klein 数氏。于是四分簇法，遂有分为六型之趋向，即分：A 为 RA 及 AA，又 B 为 RB 及 BB，但此说尚未得多数学者之证实，犹在于考虑并检验之期间耳。

（二）血簇鉴定之应用

当施行反应检查之先，检者须先注意之要点，不外三端。

（1）血簇在遗传（Die Erblichheif der Blutgruppen，Heredity of the blootgroups）上有何原理根据。

（2）血簇之不变性（Die Unveranderlickeit der Bluegruppen，Juvariableness of the blootgroups）。

（3）标准血清（Test serum）（或曰试验血清）是否不失其精敏发生反应之能力。

关于第一项——血簇在遗传上有何原理根据。数十年来，历经多数生物学者精微辩论，刻仅有二点，吾人可借此原理之根据。即 Mendel 氏定律（Mender's Gests，Mendel's law）（见注）及 Agglutinogene 确实有特殊遗传力（Dominanten）存在。

（注一）Mendel 氏定律（Johann—Gregor 氏为奥匈帝国博物学者，1822—1884），即依 M 氏实验，证明得第一代杂种的子孙，于两亲中之一方面性质较多存在者，则其第二代杂种子孙所存在此方面之性质，可确实呈至一定程度。

最近尚有人报告初生儿血液构造，仅有 1/3 与母亲之血族之血统相关。此种勇敢之判断，既少实据，吾人自未敢通信①。

V. Dungern、Hirschfeld、Lattes 及 Jervoll 诸氏，即依前之理由，遂主张利用此种血球之特性（Blutkor percheneigenschaft）的存在，可由一个小儿以寻访其两亲，若此事实完全正确，则在法医界上可勿虞父权及立嫡诉讼法（Petermitatou. Legalittatsprozesse, Affilation suit）之难于鉴定矣。但据 Lattes 氏自己观察，在所实验一部分族谱（Stammbaum）系统中，偶有几个家族——例如 Weszezky、Mino 等族，极可触目惊心。此数族中，其小儿之血液殆有属于其他血族，而不属于其两亲者。此种结果不外两种解释：（1）即检者技术上的错误；（2）即被检者为不合法律之小儿。因刻所得类例甚多，故欲确定结果，惟俟之异日耳。

Schiff 及 Adelsherger 两氏记载，谓在其实验中，有类似例外之遗传的定律发现。渠等曾检人之生殖器官，证明其有常态或病态征象，与遗传血统上有关云云。故欲依其统计，在遗传生理学（Erbbiologie）的检查，制定家族的血统统计，然其根据不甚充分，且蔑视遗传定律，故时人仍多属望于 Lattes 氏之前项结果能早日确定也。然此种检查方法（凝集反应）之可以引用于法医，当然无疑。

关于第二项——血簇之不变性。

据 Lattes 及 V. de Castello 氏等等实验，证确得在十二岁乃至满二十一岁间确无一例由一已定之血簇而移行于他血簇者（其一至十一岁及二十二岁以上之各龄者被检数甚少，未能断定）。故血簇之不变性，至少亦有一定经过时期也。且最近已有报告，由初生乃至十五岁之小儿血簇反应毫无变化，尤足证实血簇系不变性者矣。且依实验上，可说血簇虽受外来之影响——如金鸡纳霜（Chinin）、砒（Arsen）之内服或以脱（Aether）或哥罗仿（Chloroform）之麻醉，并无特性刺激体疗法，皆不起变化。但此种血簇不变性实验，尚未完全证确，是否对各种外来影响皆不起变化，殊未能以空言解决。Marciales 氏虽云证实有二十六例之无论如何难得推翻血簇不变性之证明，然仍惜其太少也。

---

① 通信：通通相信，完全相信。

关于第三项——标准血清是否不失其精敏发生反应能力。

则可有两个答复：（一）检者技术之优劣；及（二）血清之良否。

（一）检者技术之优劣。不良技能的成绩，实有可发生疑问。其中殊以假的，及自家的凝集（Pseudo und autoagglutination）现象，可使吾人误认之为真的凝集。据 Lattes 氏实验，假的凝集现象较真的为弱，约较淡薄一倍（一比二）。故在有经验者，当然易于鉴别。为 Lattes 氏之一言促醒，多数实验者皆对假的凝集不至再有疑难。后 Gereney 氏又证实血液之自家凝集，在适当温度下可以免却，故血清之析出，须在较凉处也。更有 Schutz 及 Wohlirch 两氏又引证，谓有的赤血球之 Agglutinable substanz（凝集元）可被洗净，俾至凝集现象不克显出。

故施行法医鉴定时，检查技术如非熟练，将不免有不确实之处。

（二）血清之良否。所采用标准血清之良否，实为裁判血簇鉴定时最不可忽视之一端。一般贩卖的血清（Hamotests），吾人不知其历时之久暂，故亦不能辨其凝集力（Agglutationskraft）的强弱，甚不适用。最妙莫若在被检者左右，寻其已知系属何簇者，现取其血液，制为新鲜血清，以施实验，则每次皆有新鲜标准血清，必可得灵敏著明之异簇凝集反应。如因手续上困难，则保存已定簇之血清于较冷所在，则亦可耐较久之需。

惟据 Schutz 氏在 Bonner 卫生教室中之最后实验，谓曾偶然见已确定之标准血清，处于甚稳当定型手续及定量血液之实验上，而不意竟缺乏反应。且即使在其无反应之血滴上，再另加以他簇血清，亦不发生沉淀。故 Schutz 氏以为施行血簇鉴定，如专用一定血簇之一种标准血清，非在任何条件之下，皆必呈凝集之功能。因专恃一种标准血清，往往招不满意的结果。所以同时须用多种同血簇之标准血清，作比较观察为妥当。又 Schiff 氏曾交换家兔及天竺鼠（豚鼠）血簇，以作血簇鉴定为实验，结果有时血清现高度血簇的固有性——即起强度凝集反应——发生此血簇之特有沉淀。此报告发表后，经各专家试验，亦俱认为是有"可能"，故此后不但凝集实验范围因之扩大，即在血簇诊断（Blutgruppen diagnose）上亦有所受益矣。

血簇鉴定之实验方法

据松田氏谓曾用 Jansky 氏之已定为 A 血清，选得被 A 血清所凝集之血液，而定之为 B，共实验得二百人。在临检前须制被检者之血球液，其采制法颇繁，兹姑赘录于后，以便参考。

方法：将枸橼酸钠溶于生理食盐水内，约成 1.5%[①]。后将此溶液倾置在 1 毫升[②]小试验管内。自被检者之耳垂或指端或静脉取出血滴，滴入净试验管内，徐徐振荡，以防血液凝固。然后放在离心机[③]上沉淀，去其上清，加于上言之生理食盐水中，使之混合，即成为被检血液球。

其反应之检查方法，即分置 A 及 B（2 及 3）两种血清于两个小试验管内，各容约 0.1 毫升，然后在试验管内滴入被检血球液约 1 毫升，混合之，放在温室内约一小时。此际经 A 管起凝集现象，其血球以 A 血清可以凝集者即为 B。又经 B 管可起凝集者即为 A。若 A 及 B 管俱起凝集现象者即为 A+B（Jansky 氏 4 簇），其俱不起凝集者即为 O（Jansky 氏 1 簇）。

但一般经验，似无先制定血球液之必要，只须将已鉴定得之 A 及 B 血清，盛之于消毒小试验管内，妥加保存，勿致混浊。至检查时，用移血法（Transfusion）即可得著明反应，且可免不确定的阴性凝集反应之发生。

方法：用净玻璃棒两端，点滴 A 及 B 血清，分置于拭净之玻璃片上，成两点，勿俟其干燥，迅速刺破被检者之耳垂或指端（该部先用 Aether 或酒精消毒——取血以耳垂为佳）成小创口，涌出血滴，将此血滴滴于血清点之玻璃片上，以净玻璃棒之同端，轻轻匀涂之，使与血清混合，待约两三分钟后，即可现各样凝集现象。

有两滴血清上俱呈凝集者，有俱不凝集者，有 A 滴血清起凝集，而 B 滴不起者，有适反是者，即可分之为四种。

又吾人或先将被检者血滴，滴于玻璃片上，后以两玻璃棒分加 A 及 B 血清于其上，亦可得同一结果。所难者，即难得已鉴定最初之 A 血清，如既得有 A 血清即可进行试验（得 B 亦可）。

倘使旧有血清用罄，或旧血清已混浊不堪用，则可择已知之被检属于 A（2）或 B（3）者，用注射器采其肘部静脉血液（10~20mL 已足用），置于净玻璃管内，放置一日，倾出血清，再施沉淀，用其上之纯清为代，苟能每次实验得些新鲜血清则尤妙矣。

依此标准对家族的检查。若父母血液为同种构造时，其子女当亦有此构造，若父母之血液有一为 O，而其他为 A（或 B 或 A+B）时，则子女之血液大都为 A（或 B 或 A+B），小数为 O。若子之血液为 A（或 B 或 A+B）

---

① 1.5%：原文误为"105%"。

② 毫升：原文为"甠"。

③ 离心机：原文为"远心沉淀器"。

则其血球可被其父母之一（O）者所凝，因此可判断其为亲生子否。

血簇当然与种族有所关系，据闻欧美人 A（2）多于 B（3），澳洲人 O（1）多于其他，亚洲人 B（3）多于 A（2）。忆曩年北平医校病理教室曾用 Moss 氏标准血清检定一部分国人，其结果亦 B（3）簇较多。

此外，吾人并得一觉悟，即现时流行之以任何人血液注射补充于过度失血患者，如不先鉴定为是否同种，则有反促所用注入 Spender（施与者）之血球，在患者体内凝集之虞。其危险殊甚。按：前次欧战中，以健人血液急救失血过多之战士，颇获神效。则此种鉴定在临床治疗上亦有相当价值矣。

又闻日本札幌大学法医学教室白井氏曾引用人类同种血球凝集现象原理，将人之精液及唾液亦区分得同样四簇类。果此实验的为精确，则对多数奸行嫌疑者的个人鉴定，又增一线之光明矣。

（三）应用之技术及必需的注意点

血液凝集反应之实验技术实至简易，惟须慎防与真正凝集现象酷似之自家凝集（Autoagglutination）或假凝集（Pseudoagglutination）的误认。

甲、自家凝集

据一般研究，谓血球之自家凝集，系寒冷时之生理现象（以前有 Donath、Somonaco、Panichi、Griscani 诸氏主张系因于疾病）。今欲证明其是否 Autoagglutination，有下列三法。

1. 近 Mino 氏曾实验结果。设血液在摄氏 0~5℃，则必发生简纯的赤血球堆积而不溶散之现象，至较高温度虽达 37℃尤无影响。

2. Lattes 氏曾实验得，已起自家凝集之血液，如再加以 1:4 之稀释（血 1:生理食盐水 4）则可消失。反之已起真正凝集者，虽稀释至 1:80，仍能保持其凝集现象。

3. 外据 Lattes 氏在镜下曾证明得，起 Autoagglütination 之赤血球系呈缗钱样构造（Geldrollenbildung：一串连叠），在肉眼上则如膏堆分配不匀，较淡于真凝集现象。此血球堆积密度之现象在健康男女、妊妇及病者（已实验者有蚓突炎[①]、肺炎及 Sepsis 等）俱略有区别（大概女较男密，妊妇更密，故肉眼外观乃作不匀净之凝块，镜下则可见大小不等的血球凝块，其间隙颇大，蚓突炎之血球凝块密度较稀于肺炎，而较粗密于妊妇，肺炎则

[①] 蚓突炎：阑尾炎。

略稀于 Sepsis）。但此类报告尚未促起多人之注意，至今犹无较妥之比较统计也。

外 Mino 氏又主张自家凝集及假凝集皆关于血清有否溶血素之存在。如血清为带有溶血性质血请（即 Serum globulingehalt）则不起凝集反应，Hirschfeld 氏则反对 Lattes 氏之观察，因据渠本人实验，当血液迅速沉降（Blutsenkungsgeschwindigkeit）时，亦可发现类似于缗钱样之构成。当血液中自家凝集素（Autoagglutinin）吸收之后，决无起自家凝集者，又当血液紧张增进（Hypertonic）时（加以 2%～5%NaCl），亦有发生自家凝集者。但其实验结果，亦承认在 0～5℃低温中，血球必发生自家凝集之现象。次 Mino 氏又谓更有血球自家的胶牢样堆积，名之曰 Panhamagglutination（广泛赤血球凝集），系由于 Panhamagglutinin（广泛赤血球凝集素）之作用。然此种名词皆未果证确其物质实际上存在与否也。

设吾人欲求避免自家凝集之发生，则于血液中加以 6% Lecithin-Emulsion（Lattes 氏实验，Lecithin-Emulsion：为 1% Lecithin 与生理食盐水之配合液）或 1.5%枸橼酸钠生理食盐水溶液。

总之，吾人应用此法时，对上言各端固不可不知，为谨慎起见，检查时须先制血球液为妥。在既起凝集现象者，不妨再施以稀释实验及温度的比较以作鉴别。

乙、假凝集

据 Lattes 氏实验，谓系一种血液之堆集（Agglomeration），亦呈缗钱样构造。肉眼外观乃比真凝集为淡（因血液相堆集，在平面上不匀，有许多间隙存在，故乍睹外象，以为较淡，若在镜下则血液堆积处色反较浓，而空隙处只有血清之黄或淡黄赤色或无色而已）。其原因由血清之浓稠（Serum konzentration），故欲避免假凝集之发生，可稀释所用标准血清至 1∶2 以上。至于既起假凝集之后，可借显微镜之观察，Lattes 氏及 Schiff 氏、Pluss 氏所实验之震荡实验以鉴别之。因果系假凝集则震荡后可使一部分血球之堆积松解故也。

依上列各注意点，为避免发生 Autoagglutination 及 Pseudoagglutination 起见，在临检前须先制被检血球液。

（甲）血球液之制法：

方法：将枸橼酸钠溶于生理食盐水内约成 1.5%（或用 Lecithin-Emulsion）。后将此液倾置在 1 毫升之小试验管内，自被检者之耳垂、指端或静脉，取出血滴，滴入净试验管内，徐徐振荡以防血液凝固，然后放在远心沉淀器沉淀，去其上清，加于上言之生理食盐水中，使之混合，即成为被检血液球。

（乙）反应之检查方法：

即分置 A（β）及 B（α）两种血清于两小试验管内，各容①约 0.1 毫升，然后在试验管内滴入被检血球液约 1 毫升（十倍于血清量），混合之，放在室温内约 1 小时。此际经 A 管起凝集现象，其血球以 β 血清可凝集者即属 B 簇，又经 B 管可起凝集者即属 A 簇。若于 A 及 B 管俱能起凝集现象者即属 AB，其俱不起凝集者即属 O 簇。

但在已有充分经验之检者，似亦可省却先制血球液之烦。只须将 A 及 B 标准血清盛于消毒小试验管内，严封之，妥加保存，勿至混浊，在一般室温内，血清之温度总不至降在 5℃ 以下。惟每因防日久血清起蛋白质腐败作用，当须藏放于冰箱或冷气装置中。则临检前，先须测其温度，且不妨先放在孵蛋器内微温之（低温）。殆检查应用时，用净玻璃棒点滴 A 及 B 血清，分置于拭净玻璃片上，成两点，设在寒地或冬令，则将此玻璃片放在孵卵器内，以免血液触冷而起自家凝集现象。次勿待所滴血清干燥，急速刺破被检者耳垂或指端（该部先用 Aether、酒精消毒，取血以耳垂为便）成小创口，涌出血滴，将此血滴于血清片上，但量勿过多，次以净玻璃棒轻轻匀涂，使血液与血清充分混合，以免血清之过浓有起假凝集之虞也，待约半时乃至一小时干燥后（可放在孵卵器中），即可现各样凝集现象。又吾人或先将被检者血滴，滴于玻璃片上，后以两玻璃棒分加 A 及 B 血清于其上，亦可得同一结果。所要者，若不先制被检血球液，即须实行稀释试验及镜下之检别耳。然在实验时，苟对温度及血清浓度上加有充分注意，大抵不致有误也。

此种 Test serum（标准血清）之制定，颇属困难。最好能先求得 Jansky 或 Moss 氏血清 A、B 各一种，如既有 A 或 B 之任一种血清，亦勉强可进行试验，以征求 B 之血清（即遇 A 能凝集之血清，然虽能凝集仍需疑其非 B 而为 AB）。倘旧藏血清用罄或已浑浊不堪用，则可择已知之被检属 A（IIβ）或 B（IIIα）簇者（体健者为要），用注射器采其肘部静脉血液（10～20 毫升已足用），置在净玻璃管内，放置一昼夜（或电气远心沉淀器中沉淀一小

---

① 容：容量。

时以上），倾出上清，再施沉淀，取出上之纯清为代。贮血清之玻璃小管以消毒之贮注射剂者为宜，用毕可再以火融封其口。

【述评】

　　文中介绍了 Jansky 和 Moss 两位学者对血型分类的原理和方法，是对1924 年发表在《医事月刊》1924 年第 9 期第 17—21 页的《新颖之血族鉴定方法》一文展开的详细阐述。第三部分内容与 1927 年发表在《中华医学杂志（上海）》第 13 卷第 1 期第 16—41 页的《父权确定诉讼法对血球凝集反应现象（四簇）之运用及实例（续）》一文第二节内容重复。

十九、法医学四种小实验①
（Vier kleine Verfahren der garichtlchen Medizin）

【原文】

　　法医学有价值之研究固多，而下列四种小实验，亦颇有趣味。兹谨录实本刊，聊博知者一粲②，并希教正为幸。

　　甲、昆虫发育对尸体经过时日鉴定之研究。

　　乙、紫外线光装置对法医学上应用之研究。

　　丙、洗冤录验毒方法之驳正。

　　丁、人工尸蜡之实验。

　　甲、昆虫发育对尸体经过时日③鉴定之研究。

　　（A. Ueber die zeit des todes durch das wachstum des jusekten）

　　一般验尸，对死后时间之判断，皆借尸体本身的变化。例为尸体之冷厥、死斑、僵直及腐败现象等为鉴定之根据。兹略分述其关系为下：

　　（一）尸体冷厥：凡慢性病死者，四肢末梢往往未死以前已先冷厥，死后渐及全身。而急死者，四肢不至在死前冷厥。据经验大约在死后 20 分钟

---

　　① 原文刊载于《国立北平大学医学年刊》1932 年第 1 卷第 1 期第 297—315 页。作者及单位：林几，国立北平大学医学院法医学教室［Von Dr. med. G Lynn, Aus dem Institut gerichtlichen Med der med. Fakultaet, Universitaet Peiping（Pekıng）］，完成于 1931 年 10 月 24 日（24. Okt. 1931）。

　　② 一粲：粲然一笑。

　　③ 时日：原文误为"的日"。

乃至 1 小时左右，四肢、鼻尖、耳壳方始冷厥。殆死后逾 10 小时内外，才波及全身。然此种征象，与死者体格及气候有关，所以只能作为死后 10 小时内外，死时判定之证据。

（二）死斑：或名尸斑。凡死后，尸体因血液失去循环能力，渗出血管①，而下就于身体下方部位之皮下，呈淡红乃至紫红色。平均在死后 3—10 小时间，开始发现；15 小时间，特别显明；3—5 日左右，渐因腐败作用之进行，变为绿褐污斑，日趋消失。故此种征象只能为死后 24 小时乃至 3—5 日内外，死时判定之证据。

（三）僵直：死后肌肉，因腐败作用，产生肉乳酸，随意肌中，因肌元质凝固，遂致肌纤维萎缩，故发生僵直。大约死后 2 小时，项部、鄂下诸肌先始僵直，8—12 小时渐及全身。故此种征象，只可作为死后 2—8—12 小时间以内死时判断之证据。

而强直继续时间，在初生儿平均死后 20 小时间继续存在，一岁婴儿平均死后 40 小时，大人平均死后 45—50 小时。过此时间，即形缓解。故此种征象，只可作为初生儿死后一日间之判定，乳儿而死后不及两日之判定，大人死后 2 日乃至 2 日半之判定。

（四）腐败现象。大概为下：

（a）死后 24—36 小时：腹壁呈污绿色，眼球软化，角膜浑浊。（按个人经验，夏日温热地带只半日已呈此现象。）

（b）死后 3—5 日间：下腹部呈黑绿色，各处皮肤生绿色斑，鼻、口漏渗血色臭液。

（c）死后 8—12 日间：全身黑绿色，下腹部内因腐败气体作用而膨胀，此际爪甲尚坚联不脱。

（d）死后 14—20 日左右：全身表皮腐败、剥落，露出污褐色真皮，各处皆发生腐败水泡，皮下组织内有腐败气体，按之作哗啵②感，眼呈污赤色，爪甲易于落脱。

故根据腐败现象，以判定死后时日，最多不过逾 20 日。而 20 日之后，约 4 星期乃至 6 个月左右全身软部渐成糜粥状，软化流去，只余骨骼，是曰骨化。所以为如见尸体已经骨化，便是死后已逾 4 星期以上之证。然据多数报告，夏日小儿尸体，虽死后 2 星期，已经完全骨化。Puppe 记载一老人尸体只 16 日已高度腐败，可见骨殖。以个人所见，有成人死后仅 6 星期，其

---

① 渗出血管：尸斑之血液并未渗出血管。
② 哗啵：［bì bō］，象声词。

尸体已完全骨化。盖尸体腐败作用进行之缓速，须视时令、温度、死者体温、死因，乃至葬殓处置，并水分及空气之流通而各异。倘专恃此项以作死时之鉴定，则殊难凭准。故应由其他方面，再寻适当证据，始足供法医学死时鉴定之参考。

惟昆虫发育，由产卵、孵化、幼虫、作蛹乃至变为成虫，均有一定时期之间隔。故研究好产卵于尸体之蝇类，似堪为死时判断之确证，况蝇虫系寄生于尸体之体外寄生动物（Epizoen，epizoa）。其发育顺序，决不为尸体腐败所影响，且亦与其他环境罕有关系。所以对死时之鉴定，诚具有相当价值。

前在德国慰慈堡大学①法医学兼社会医学教室研究时，曾试行蝇蛆发育之实验，自15年②3月起至9月间，先后用解剖遗弃孩尸5具及牛肉若干，放置于阴凉地洼室内，试作蝇蛆培养，以考蝇卵孵化后蝇蛆发育经过时日，测量逐日蛆长之③尺度，乃作蛹变蝇之时期。

其中由卵－蛆－蛹者约600个，多用沸水或醇浸杀，前后只留50个蛹，改放在小铁纱笼内，饲以牛肉（其实蛹不能食，故只在未成蛹及变蝇后，放少许于笼内。）覆以药棉、湿纸纱布等，共有37个蛹变为蝇，能飞。而在绵纸等上，遗有蛹壳。

史传齐桓公死七日，诸子争立，尸虫出户，所谓尸虫者，即蝇蛆也。按：夏日停尸，大概半日左右，金蝇（即绿豆蝇）及草蝇，即来纷集，死后约一二小时，在尸之眼眦、口角、鼻孔、耳孔、腋窝、脐窝、膣腔④、大小阴唇皱襞间、肛门部等处，产生多数长圆形，白黄色蝇卵堆积隐处，互相粘接。

（图一、尸之口角蝇卵摄影，七月停尸九小时后，蝇即飞集产卵于尸之口角及各腔隙。从略）

---

① 慰慈堡大学：维尔茨堡大学（Julius-Maximilians-Universität Würzburg），成立于1402年12月10日，至今已有600多年的历史，是当今德国历史第四悠久的大学。

② 15年：指民国十五年，即1926年。

③ 之：原文误为"文"。

④ 膣腔：阴道。

林几论文研究

蝇蛆发育经过实验表月份		III	IV	V	VI	VII	VIII	IX	发育顺序
正午室温	最高	45℃	50℃	62℃	75℃	81℃	80℃	75℃	发育顺序
	最低	40℃	45℃	56℃	61℃	67℃	72℃	65℃	
平均湿℃		81℃	85℃	83℃	75℃	80℃	75℃	70℃	
日数（温度用F氏表，蛆长用粍①）	一星期 ½	卵	"	"	"	"	"	"	卵
	1	卵	"	"	2.0	2.0	卵	卵	蛆（幼虫）日长1粍
	2	1.5	2.0	2.0	3.0	3.0	2.0	2.0	
	3	2.0	3.0	3.0	4.0	4.0	3.0	3.0	
	4	3.0	4.0	4.0	5.0	5.0	4.0	4.0	
	5	4.0	5.0	5.0	6.0	6.0	5.0	5.0	
	6	5.0	6.0	6.0	7.0	7.0	6.0	6.0	
	7	6.0	7.0	7.0	8.0	8.0	7.0	7.0	
	二星期 8	7.0	8.0	8.0	9.0	9.0	8.0	8.0	蛆日增长半粍
	9	8.0	9.0	9.0	9.5	9.5	9.0	9.0	
	10	9.0	9.5	9.5	10.0	10.0	9.5	9.5	
	11	9.5	10.0	10.0	10.5	10.5	10.0	10.0	
	12	10.0	10.5	10.5	11.0	11.0	10.5	10.5	
	13	10.5	11.0	11.0	11.5	11.5	11.0	11.0	
	14	11.0	11.5	11.5	12.0	12.0	11.5	11.5	
	三星期 15	11.5	12.0	12.0	"	"	12.0	12.0	至长12粍即不再长，且渐枯缩作蛹
	16	12.0	"	"	"	"	"	"	
	17	"	"	"	"	"	"	"	
	18	"	(移)	(移)	"	"	"	"	
	19	"	"	"	"	"	"	"	
	20	(移)	"	蛹	"	蛹	"	"	
	21	"	蛹	蛹	蛹	蛹	"	蛹	

---

① 粍：毫米。

200

蝇蛆发育经过实验表月份		III	IV	V	VI	VII	VIII	IX	发育顺序
正午室温	最高	45℃	50℃	62℃	75℃	81℃	80℃	75℃	发育顺序
	最低	40℃	45℃	56℃	61℃	67℃	72℃	65℃	
平均湿℃		81℃	85℃	83℃	75℃	80℃	75℃	70℃	
四星期	22	蛹	蛹	"	蛹	"	蛹	蛹	
	23	（杀）	（杀）	"	"	"	"	"	
	24			"	"	"	"	"	
	25			"	"	"	"	"	
	26			"	"	"	"	"	
	27			"	"	"	"	"	
	28			新蝇	新蝇	新蝇	"	"	
五星期	29			"	"	新蝇	新蝇	新蝇	
	30			"	"	"	"	"	
	31			"	"	"	"	"	
	32			"	"	"	"	"	新蝇
	33			"	"	"	"	"	
	34			"	"	"	"	"	
	35			"	"	"	"	"	
	36			"	"	"	"	"	
	37			"	"	产卵	"	"	
	38			"	产卵	产卵	产卵	产卵	产卵
	39			产卵	产卵	产卵	产卵	产卵	
组数		32个	79	20	124	157	104	52	588
备考		用一尸，移，即移入纱笼内	用一尸	重蛹字系二期作蛹，"系继续	原状用一尸	用一尸并拍照	用孩尸	用牛肉	

据 Pupe、Strassmann 及 Lear Fischer 诸氏报告，仅知尸体上，如有蝇蛹

壳发现，则此尸体大约在死后三四星期左右。

而依本次实验表中所示，则测定蝇蛆之增长等，亦得为尸体死后时日经过之判断。吾人由此可获有下列之结论。即：

（子）半日后………尸体有蝇纷集，但停尸于有避蝇装置所在者，不在此例。

（丑）1日左右………尸体隐部腔口，可见蝇卵，间有逾20小时，已可见孵化蝇之幼虫（即蛆），为长1—2粍之细蛆，此种现象在暑日尤易睹见。所以在夏季蝇之发育似较其他各月稍快半日乃至20小时。

（寅）2日后………蛆长2粍以上乃至3粍，以后每逾一日即增长一粍。

（卯）9或10日后………蛆长9粍，以后日只增长半粍。

（辰）14、15日后………蛆长12粍即不再增长。而越4、5日渐形干萎，能自觅隐蔽处渐变为蛹[1]。（故在实验时到此时期，宜预移只于覆低等下）

（巳）21、22日后………蛆已干缩成蛹，作椭圆形，自身不能移动（以针触之可见轻微缩动），亦不需食。

（午）28、29日后………新蝇破蛹壳而出（初不能飞，半日或1日后方能飞，自行觅食,），逐日增大。

（未）5星期左右………新蝇似已长成。

（申）5星期半左右………新蝇能产卵。

故在一尸体上，如发现蛹壳及新蝇卵，似可推定其死时系在1个月以上，只见蛹壳亦可断定系在1个月以内，但蝇长能飞即第二次下卵于尸者，未必由于先次蛹之所变，此应加以注意者也。

（图二、尸之眼眦蝇卵照七月停尸20小时后摄，停尸半日蝇即来集，旋遂产卵于尸之眼眦耳腔。从略）

查能寄生于尸体之昆虫，除蝇蛆外尚有 Jineola biselliella、Rhizophagus parallel Anthrenus muscorum、Hister cadaverinus、Alliphora vomitoria、Sylpha abscura 等，散见于各种记载，种类繁多，往往亦因地方而各不同。其形态或为蛾，或如天牛，或为金龟甲虫，或为牛粪虫。至其发育顺序及脱化（由蛹变为成虫时期曰脱化）时期，刻犹未有详尽报告。然于尸体停放半日（即死后半日）内，即能纷集产卵者，则未见之也。

又据此次实验结果，在三月蝇卵之孵化发育，似有稍缓，夏季似为稍

---

① 蛹：原文误为"粍"。

速，其间相差约一日，惜适因病中辍，翌年又有别项工作。故未能将冬春数月，蝇虫发育现象，再详实验。然除热带外，冬及春初固鲜蝇也。

此结论，除适用于推求死之时间外，并对假报死时之纠正，亦可引证。惟切须参合其他事况，方堪作准耳。

乙、紫外线光装置对法医学上应用之研究

（B. Ueber den UItraviolette-Strahlen-Apparat in der glrichtl Med）

利用交流电力，变压后发光，通过水银层，光线经水银层之滤过。只有紫外线光，能透映于物体，此际物体之色彩，每异于寻常。往往平常光线下，视为同色彩者，而在紫外线光下，竟呈不同之变化。又或平常光线所能照见者，而在紫外线光下，竟因透光关系，不显物形，全成黑暗。此种发光器，当然须特制暗箱装置。起初学术界，只应用于化学矿质之鉴定。1926年秋，出席 Düsseldorf 全德法医学会时，见有报告应用紫外线光，检索精斑及改造文迹者，遂予注意。于是此后对一切检材皆试施以紫外线之检验。同时更常见杂志记载，如血液及其他体液，并不明了之手纹、纹身、皮下溢血、细旧瘢痕等，亦可借紫外线较强透射力之检索易于区别。故知紫外线光在法医学上应用诚至广也。而个人试验所得，价值虽属无多，但亦颇可参考。并摘录实验结果如下：

（一）精斑：虽极微淡，为目力所不能睹者，但映于紫外线装置下，即立显斑迹。精斑呈白蓝色略带紫辉，边缘有强曜晖带，与周围黑暗现象，适形相反。故格外明了，一索即得。但此种现象实不能作为精斑确实之判断。因凡含灰质（钙、钾、钠）之脂肪或蛋白质皆可呈此现象。

本人曾屡加实验，如灰油、白胶、唾液、脓汁、鼻涕、白带、蛋清等斑，均呈与精斑相类之辉斑（检查 17 次），惟绿色脓汁及鼻涕干斑，则带绿色，亦有曜辉（检查 5 次）。

（二）白肥皂：检查施精斑检索实验中，偶然先用肥皂洗手，后在紫外线光装置下检查，忽见两手背掌皆发与精斑同样之斑点，大愕，初不解其故，取洗水滴巾上，检之毫无所得，后取白肥皂涂布或纸上，施紫外线光检查，结果竟同于手上所映。此项事实，在法医学检查上甚关重要，因衬衣裤等，如加洗濯，常着肥皂，而精斑检索物证，又常即为衬衣衬裤。吾人得此经验始知紫外线光，不仅使精斑能呈边带强曜晖之白蓝紫色也。

后更取皂水煮洗衣服检查，则无论为棉织或毛织品，其纤维缝中，必嵌有与精斑类似之小晖点，灿若明星。苟厚涂肥皂于衣上，用热水濯洗数过，则除纤维缝外，可见布面有大小不等部落样，白蓝色淡薄之块片，亦微有光辉。而此块片边缘之淡紫蓝色曜光似亦较精斑为弱，惟仅据此点，依个人经验，犹未敢遂引为精斑与肥皂斑之区别（检查50次）。

又用有色肥皂试验，其光彩即因皂变而变。曜晖略减，而带浑浊淡薄之颜色。用红皂发桃红灰色，用绿皂发淡土绿色（检查7次）。

（三）丝织品：在紫外线光下亦发曜晖，而略带黄蓝紫色。光较弱淡，其质地染色，则所显色彩亦因而异。黑色、紫色及深蓝色者光辉最黯。如用白色丝巾检查，乍见颇与极淡精斑相似，惟精斑只是数块散在，曜光边缘较明。白丝巾乃一片同质样无分强弱之曜晖，且在肉眼及手之触觉亦能区别之也。

倘白丝巾上薄涂精液，俟干燥后施行紫外线光检查。则在精斑部周围略为浑浊，精斑部特别明亮，仍有曜晖边缘存（检查5次）。悬空丝巾，对光映看，可见在巾上附着有不整形、不同大之多数不透光小块。如所涂精液较多，则该局发硬。此项实验对检查丝织品物证甚有裨益。

（四）血痕：无论浓淡大小，在紫外线光下呈土棕色，毫无曜晖。如血痕所着部，质地系黑色或士棕色，便非仔细寻索不易检见，此法对微小稀淡血痕检查甚为适用。盖铁锈等在此光下并不作士棕色，棕色棕在此光下亦作棕色浮光，因有光辉，故易区别。红墨水斑则发红色，其斑滴以稀盐酸顷刻脱色，在斑周围发淡红晕（检查18次）。

（五）尸蜡（Adipocere）：尸体小局部因特殊环境往往不腐败而发生碱化脂肪，形成尸蜡。其初形成部位甚小，肉眼常不能辨。倘放在紫外线光下检查，必可见有大小如珠带有淡紫黄色光辉部分。检者当试验时，适兼研究人工尸蜡。曾有一孩尸局部，成为尸蜡，偶试施以此种光线检查，不意竟获上述结果。后再取教室中所存尸蜡标本检验，亦得同样现象（检验3次）。盖尸蜡即由于尸体脂肪之碱化。而碱化脂肪之成分，亦近于肥皂。故显与肥皂相类之光象。所妙者即肉眼未能发现部位，而在此光下便立索见也。

（六）蜡油：在紫外线光下似精斑，发淡黄晖（检查4次），可以区别。而肉眼上，见稀薄蜡油溶滴于毛织品上，固与真正较浓精液之凝块，有时甚相似也，但蜡油滴如较大，在肉眼亦易鉴别。

（七）乳斑：牛乳，呈白黄色带褐黄色边晕。人乳，呈紫光，带淡紫色边晕（检查各5次）。

（八）骨骸：火烧骨殖，呈带白紫色光辉（检查 12 次）。平常骨殖，呈暗黑紫色（检查 8 次）。

（九）毛发：人毛、兽毛皆呈黑色，假发呈灰白褐色（检查 10 次）。

（十）改涂文字：由紫外线光下透视，可辨改篡笔迹，浓淡不同（检查 5 次），墨书亦然（检查 3 次）。又经抹销文字，在纸上可透见较淡字影，及纸纤维被擦损痕迹（检查 4 次）。

（十一）瘢痕、纹身、皮下溢血及指纹等：如不著明，目睹不清，则在紫外线光下即格外明显（检查 6 次）。

丙、洗冤录验毒方法之驳正

［C. Ueber die Unrichtigkseit Gftuntersuchungsmethode in Alter Chinesischer Gerichtl. med，Buch（Hsi-yaen-Lu）］

《洗冤录》内载：

（1）验毒用银钗，皂角水揩洗过，探入死人口内。以纸密封良久取出，作黯黑色，再用皂水揩洗，其色不去。如无，其色鲜白。

（2）有服毒已久，蕴积在内。试验不出者，须先以银钗探入死人喉讫，却用热糟醋自下罨。渐渐向上，须令气透，其毒气熏蒸，黑色始现。如便将热糟醋自上而下，则其热气逼毒气向下，不复可见。或就粪门上试探，则用糟醋当反是。

（3）服毒中毒若生前吃物咽下，入肠脏内，试验无证，即自谷道内，试其色即见。

又据《洗冤录集证》内载：

（4）砒石毒死者，用银簪探入咽喉谷道，良久即取出，青黑色。用皂水洗擦不去。

（5）服断肠草身死者，用银簪探入咽喉谷道，以纸密封良久，取出作青黑色，用皂角水擦洗不去。

（6）吞鸦片烟死者，用银簪探入口内谷道，取出俱青黑色，用皂角水揩之不去。

（7）服宫粉（即铅粉）身死者于咽喉谷道各用银钗探入，良久取出，俱黑色，用皂角水洗擦不去，委系中毒身死。

其余对毒草、乌头、鸭嘴草、水莽草、莨菪、巴豆、苦杏仁、果实金石药品、冰片、灰汁、酒毒、鸩毒、河豚毒、蛇涎毒等中毒，乃至于衣有暑毒（疑即热射病，非毒）、粪有粪毒（疑系硫化水素或沼气）、空房有邪气毒（疑系沼气）、蛊毒（似系一种动物性毒）死者，皆有中毒症象之记录。惟是否用银钗探喉，可以变黑，无有明文，似有疑义。大抵因中毒死后，有者，用前述方法①，银钗变色；有者，又不变色，故即《集证》中亦未加采录。但《洗冤录》对中毒症状，无论何种中毒，所举多半雷同，实难以供鉴别。且银钗探毒，即较晚出版之《洗冤录集证》《洗冤录汇编》《无冤录》等，亦知其不足为一切中毒之共同证据。故对于汞中毒，则谓黄金试之变白，盐卤中毒，触银变黯，洗之即去。此种论调实已有损《洗冤录》内载（1）项之信用矣。

兹就曾经《洗冤录集证》所承认用银钗探毒，可使变黑者（断肠草，不知是何种植物，故除外未施实验），分别实验得结果如下：

（a）在本学院法医学教室（十月二十二日）对河北高等法院分院送检毒物之既已证明为亚砷酸（信石）者，插入银针，煮 2 小时，针上毫无黑斑发生。

（b）翌日继续取银币一元入蒸发皿，加水及亚砷酸结晶与腐肉肠胃组织，共煮 2 小时，银币毫不变黑，再浸一昼夜，依然如故。

（c）以一银币投入蒸发皿内，加硫化砷 1 瓦②，肉 5 瓦，水 30 瓦，加微温，立即发现银币上有黑黄色黯，越 15 分钟，全币皆显黑黯黄色。又另取一银币投入皿中，皿内加雄黄（即不纯之硫化砷，内③含硫黄量较少，非剧毒品）1 瓦，肉 5 瓦，水 30 瓦，加温越 15 分钟后，银币上仅发微黄色。依此实验可知银之变黑，固由于硫，不由于砷。

（d）取鸦片粉末 10 瓦和一银币，加水煮沸 2 小时，银币上毫不变色。

（e）取宫粉（铅粉）1 瓦，和肉 5 瓦，水 30 瓦，煮沸后，投一银币，越 20 分钟，毫不变色。

（f）取氯化镁④（盐卤）1 瓦和肉 5 瓦，水 30 瓦，煮沸后，投一银币，越 20 分钟，毫不变色。

依以上实验结果已证确银对砷、铅、鸦片及盐卤并不能直接发生化学作用，此实与化学原理相符。就以化学而言，银与砷或铅之合金固皆非黯黑，且加以常温并未能发生化学作用。惟独硫化物触银则立可使变为硫化

---

① 方法：原文为"于法"。

② 瓦：克。

③ 内：原文误为"肉"。

④ 氯化镁：原文为"绿化镁"。

银，外观呈黑色晕，其接触之时较久者，其化合部分较深，洗揩不去。如接触较少时间或硫化物分量微少，则仅在银质表面生一层黑斑点，揩之可去（黑-黄-淡黄-白）。而硫化物中之硫化水素（即硫化氢[①]）系气体。如银触此气体，便即变为硫化银。

又在生理学上言之，凡腐败蛋白质中，必含有硫化氢成分。于是吾人之胃肠内容，因消化作用，食物分解，所有含有蛋白质之物品皆可产生此种硫化水素，故在大便中亦当然含有此种物质。

又人死后死体[②]腐败，肠胃尤先腐败。则自尸体组织所含蛋白质，因腐败亦当然可以产生硫化水素。惟其量多寡，则因腐败分解情形而异。如胃肠饱满（内容充盈）则产生硫化水素必多，是以《洗冤录》验毒结果。可信皆系硫化水素对银发生化学之作用，并不关于中毒与否也。在胃肠内容（粪便）多时，或正当腐败之蛋白分解作用强时，用银钗探入尸口或肛门，历时稍久，必定变黑。如胃肠空虚或蛋白分解作用程度已过或其作用尤未甚强时，则所产生之硫化水素气体甚少，用银针探之往往不至变，即或变色，而洗揩即褪。在《洗冤录》称之为秽气，其实系硫化物与银化合成分过少之故耳。至于加热糟罨（见2项）可以促进硫化水素与银之化合，又亟合于化学之原则，凡原质如不自相化合者，加温及水，往往可以促进其化合力。不意吾华千余年前，已解用此良法也，然对尸体胃肠及其内容产生硫化水素，致银针变黑一端，竟误认为中毒确证。千古以来，不知冤却几多人犯矣。古人不知科学，固不足论，只望今人，勿再食古不化，墨守陈章耳。苟不予信，则请参考下列，今春在宁[③]中央大学教授法医学事前之实验，当明究竟。

（g）将常人大便，取放瓦皿内，插入银针，放在日光下晒一两个小时或于皿底加火蒸之，结果 10 例中有 7 例银针变黑揩之不去，2 例银针发黯，擦之可去，1 例银针不变色。

（h）将皮蛋（腐蛋）2 个，破壳加温水捣匀，插入银针，15 分钟后，已发黑黯色斑，洗之不去。

（i）本人连服亚细亚丸（补血剂——含亚砒酸及铁），3 日大便呈黑色（含铁），取供试验。其排出后，犹未失去温度者，插银针，少顷即发黑晕，其与不变色交界处揩后成黄黯色。其隔一日同一大便，已失去温度者，插入

---

① 硫化氢：原文为"硫化轻"。

② 死体：尸体。

③ 宁：指南京。

银针，历一小时仍不变色，再加沸水，少顷即变。但其变色原因，是由于硫化物，抑由于亚砒酸，固不可分，然如参阅（a）（b）两项实验，则知谓由于砒，勿宁谓由于硫化银之作用也。依以上（a）－（i）各项实验，可得一结果。

（子）硫化水素为肠胃内容腐败产物之一种，是在尸体及人体内均常存在，而对银适可使之变色。故《洗冤录》验毒方法所验结果，即使银钗变黯，亦不一定即为中毒。

（丑）砒，亚砒酸，对银不起直接化学作用，即历时长久，加温，加水，亦无效果。

（寅）铅对银亦不起直接化学作用（宫粉内含铅）。

（卯）鸦片对银亦不能使之变黑。

（辰）盐卤遇银并不能使之变色，《洗冤录集证》所载事例，亦系由于硫化水素关系，并非由于盐卤。

按：《洗冤录》乃宋孝宗淳熙元年提刑官宋慈集录历代检伤验毒方法之大成，流传至今，已逾七百余载。当时欧西科学犹在黑暗时代，而我华对于刑事检验已经利用复杂方法，约略暗合于化学物理的原则。诚亦堪为我国之光荣。惜后人未能追踪精研，以致终落人后，不亦悲夫。但就中验毒方法，误事尤大。故特施实验，以破众惑。惟验水银（汞）中毒，专用黄金，确可应用，仅附此仲明。

丁、人工尸蜡

（D. Ueber das Uerfahran der Knenstlichen Adipocerebildung）

形成尸蜡之原因，学说纷纷，为证实尸蜡之成因，曾施一种实验。即先后取肥胖之初生儿尸两具（皆男性，一具体重 5093 瓦，一具体重 3608 瓦）及生死不满一星期女婴尸一具（剖验系因心脏畸形，作扁桃核状，有两个心尖故心停，急死，其体重 5106 瓦），浸于自来水注流之下面盆中，盆底加细砂，每月加 1000 瓦之 3% 石灰水于盆内，结果女婴孩及第二具之初生儿尸均渐腐败。十六七日乃至二十日内外，尸体生丝斑，不及星期，软部糜烂软化，仅余韧带骨骸。

另一具男性初生儿尸，历两星期，在右臀部半浸于水所在，发现尸体蜡小点，逐渐扩大。至五星期右臀、右上臂之一部，皆成黄蜡样颗粒形硬凝小块，有胙肉燥臭，触之有硬感。

（图三、尸蜡，初生儿尸蜡实验后第十二星期左右臀部形成尸蜡之一部分缩影：①残存腐败未脱落之皮肤；②残存未脱落之皮肤；③皮下碱化脂

肪成为尸蜡部分。从略）

而尸体其他部分已腐败生绿斑，亦有生白绿毛者。逾两个半月只余右臂部及右上臂近肩胛部，成为两大块尸蜡，余部皆已软化糜烂，消失。

按：脂肪，系由脂肪酸三分子，甘油一分子，脱去三分子水分而成。兹尸体中因腐作用，使尸之皮下脂肪中，脂肪酸与脂肪甘油分离，同时流水注入，与脂肪甘油匀合，再和以灰质，遂形成碱化脂肪。故此次实验，可得一结论，即尸蜡之形成确由于尸脂石碱化也。

参考文献（从略）

【述评】

文中通过 4 种小实验探究了蝇蛆对晚期死亡时间推断的作用，科学地引入了法医昆虫学；观察了不同物品在紫外线装置下的颜色变化，总结出精斑颜色变化的特殊性，目前这一方法仍在实际检案中使用；运用不同物品遇银针后的颜色变化，得出银针变黑是因为硫化物的作用，驳正《洗冤录》中银针验毒的错误方法；解释了尸蜡形成是由于碱和尸体皮下脂肪皂化而成。文章宣传了一种科学的探究精神。

二十、对洗冤录驳正之实验[①]

【原文】

按：《洗冤录》乃宋孝宗淳熙元年提刑官宋慈集录历代检伤验毒方法之大成，流传至今，已逾 700 余载。当时欧西科学，犹在幼稚时代，而我华对于刑事检验已经能利用复杂方法，约略暗合于化学物理的原则。诚亦堪为我国之光荣。惜后人未能追踪研究，以致终落人后。但就中验毒方法，误事尤大，故特施行实验，以破众惑。

据《洗冤录》内载：（一）验毒用银钗，皂角水洗毕，探入死人口内，

---

① 原文刊载于《黄县民友》1933 年第 1 卷第 4—5 期第 7—9 页（署名：林几）及《广西卫生旬刊》1933 年第 3 期第 3—5 页（署名：林百渊）。

以纸密封良久取出，作黯黑色，再用皂水揩洗，其色不去，如无，其色鲜白。（二）有服毒已久，蕴积在内，试验不出者，预先以银钗探入死人喉讫，却用热糟醋自下罨。渐渐向上，须令气透，其毒气熏蒸，黑色始现。如便将热糟醋自上而下，则其热气逼毒气向下，不复可见。或就粪门上试探，则用糟醋当反是。（三）服毒中毒若生前吃物咽下，入肠脏内，检验无证，即自谷道内试其色即见。

又据《洗冤录集证》内载：（一）砒石毒死者，用银簪探入咽喉谷道，良久即取出，青黑色。用皂水洗擦不去。（二）服断肠草身死者，用银簪探入咽喉谷道，以纸密封良久取出，作青黑色，用皂角水揩洗不去。（三）吞鸦片烟死者，用银簪探入口内谷道，取出作青色，用皂角水揩之不去。（四）服宫粉（即铅粉）身死者，于咽喉谷道各用银钗探入，良久取出，俱黑色，用皂角水洗擦不去，委系中毒身死。

其余对毒草、乌头、鸭嘴草、水莽草、莨菪、巴豆、苦杏仁、果实金石药品、冰片、灰汁、酒毒、鸩毒、河豚毒、蛇涎毒等中毒，乃至于衣有暑毒（疑即热射病，非毒）、粪有粪毒（疑系硫化水素或沼毒）、空房有邪气毒（疑系沼气）、蛊毒（似系一种动物性毒）死者，皆有中毒症象之记录。惟是否用银钗探喉，可以变黑，无有明文，似有疑义。大抵因中毒死后，有者，用前述方法，银钗变色，有者，又不变色，故即《集证》中亦未加采录。但《洗冤录》对中毒症状，无论何种中毒，所举多半雷同，实难以供鉴别。且银钗探毒，即在较晚出版之《洗冤录集证》《洗冤录汇编》《无冤录》等，亦知其不足为一切中毒之共同证据。故对于汞中毒，则谓黄金试之变白，盐卤中毒，触银黯而洗之即去云云。此种论调，实已有损《洗冤录》之信用矣。

本人因为求事实彻底之明白，曾分别施以实验，深知该书所载，此种似是而非之验毒方法大不可靠。中古以来，不知遭此错误验断，三木刑逼之下冤屈多少人犯矣。兹将实验分甲、乙两种述下：

甲种实验：（一）对法院送检毒物之既证明为亚砒酸（信石）者，插入银针，煮2小时，针上毫无黑斑发生。（二）翌日继续取银币1元，放蒸发皿内，加水及亚砒酸结晶，与腐肉及肠组织共煮2小时，银币毫不发黑，再浸一昼夜，依然如故。（三）以一银币投入蒸发皿内，加硫化砒1瓦，肉5瓦，水30瓦，加微温，立即发现银币上有黑色点，约15分钟，全币皆显黑黯黄色。又另取一银币投入皿中，皿内加雄黄（即不纯之硫化砒，内含硫黄量较少，非剧毒品）1瓦，肉5瓦，水30瓦，加温越15分钟后，银币上仅发微

黄色。依此实验，可知银之变黑，固由于硫，不由于砒。（四）取鸦片粉末 10
瓦和一银币，加水煮沸 2 小时，银币上毫不变色。（五）取宫粉（铅粉）1
瓦，和肉 5 瓦，水 30 瓦，煮沸后，投一银币，越 20 分钟，毫不变色。

依以上五项实验结果，已证确，银对砒、铅、鸦片及盐卤并不能直接
发生化学作用，此实与化学原理相符。就以化学而言，银与铅或砒之合金
固皆非黝黑，且加以常温并未能发生化学作用。惟独硫化物触银，则立可
使变为硫化银，外观呈黑色晕，其接触时间较久者，则化合部分较深，洗
揩不去。如①接触较短时间或硫化物分量微少，则仅在银质表面生一层黑斑
点，揩之可去（由黑-黄-淡黄-白）。而硫化物中之硫化水素（即硫化氢）
系气体。如银触此气体，便即变为硫化银。

又在生理学上言之。凡腐败蛋白质中，必含有硫化氢成分。于是吾人
之胃肠内容，（大便）因消化作用，食物分解，所有含有蛋白质之物品，皆
可产生此种硫化水素，故在大便中亦当然含有此种物质。

又人死后尸体腐败，肠胃尤先腐败。则自尸体组织所含蛋白质，因腐败，
亦当然可以产生硫化水素。惟其量多寡，则因腐败分解情形而异②。倘胃肠饱
满内容充盈，则产生硫化水素（硫化氢）必多，是以《洗冤录》验毒结果，
可信皆系硫化水素对银发生化学之作用，并不关于中毒与否也。在胃肠内容
（粪便）多时，或正当腐败之蛋白分解作用强大时，则用银钗探入尸口或肛门
（穀道口），历时稍久，必定变黑。倘胃肠空虚或蛋白分解作用程度已过或其
作用尤未甚强时，则所产生之硫化水素气体甚少，即用银钗探之，往往不
至变色，即或变色，而洗揩即褪。在《洗冤录》称之为秽气，其实系因硫
化物与银化合成分过少故耳。至于加热糟罨（见《洗冤录》记载第二项）
可以促进硫化水素与银之化合，又恰合于化学之原则。凡原质如不自相化
合者，加温及水，往往可以促进其化合力。不意吾华千余年前，已解应用
此良法矣。然对尸体胃肠及其内容产生硫化水素能致银变黑一端，竟误认
为中毒确证，诚为大谬。古人不知科学，固不必论。只望今人，勿再食古
不化，墨守陈章而已。苟不予信，即请参考下列之乙种实验。

乙种实验：（一）将常人大便，取放瓦皿内，插入银针，放在日光下晒
一两个小时或于皿底加火蒸之，结果 10 例中有 7 例银针变黑揩之不去；2
例银针发黯，擦之可去；1 例银针不变色。（二）将皮蛋（须腐败蛋）2 个，

---

① 如：原文误为"加"。
② 异：原文误为"疑"。

破壳加温水捣匀，插入银针，15 分钟后，已发黄黯色斑，洗之不去。（三）本人连服亚细亚丸（补血剂，内含亚砒酸及铁），3 日大便呈黑色（含铁），取供试验。其排出后，犹未失去温度者，插银针，少顷即发黑晕，其与不变色交界处揩呈黑暗色。其隔日同一大便，已失去温度者，插入银针，历 1 小时，仍不变色，再加沸水，少顷即变。但变色原因，是由于硫化物，抑由于亚砒酸，固不能判别。然参阅甲种实验（一）、（二）两项实验，可知实由于砒，勿宁谓由于硫化银之作用也。

以上甲、乙两种实验，可得二结论。

（一）硫化水素为肠胃内容腐败产物之一种，是在尸体及人体内均常存在，而对银适可使之变黑。故用《洗冤录》验毒方法所验结果，即使银钗变黯，亦不一定即内中毒，且或多为非毒。

（二）砒、亚砒酸、宫粉、铅、鸦片、盐卤等对银[1]不能起直接化学作用，即历时长久，加温水，亦无效果。《洗冤录》内所有记载中毒银钗变黑之事例，全系误会。盖即使确为中毒，而用银钗试探口咽肛门亦不一定必能变黑。故非中毒者亦可变黑，亦可不变色。是中毒者亦可不变色亦可变色。如此事实，又何堪借以定献耶?

【述评】

林几指出："《洗冤录》乃宋孝宗淳熙元年提刑官宋慈集录历代检伤验毒方法之大成，流传至今，已 700 余载。当时欧西科学，犹在幼稚时代，而我华对于刑事检验已经能利用复杂方法，约略暗合于化学物理的原则。诚亦堪为我国之光荣。惜后人未能追踪研究，以至终落人后。但就中验毒方法，误事尤大，故特施行实验，以破众惑。"

林几得出结论：银对砷、铅、鸦片及盐卤并不能直接发生化学作用，此实与化学原理相符。就以化学而言，银与砷或铅之合金固皆非黯黑，且加以常温并未能发生化学作用。惟独硫化物触银，则立可使变为硫化银，外观呈黑色晕，其接触之时较久者，其化合部分较深，洗揩不去。如接触较短时间或硫化物分量微少，则仅在银质表面生一层黑斑点，揩之可去（黑–黄–淡黄–白）。而硫化物中之硫化水素（即硫化氢）系气体。如银触此气体，便即变为硫化银。

---

① 银：原文误为"铅"。

林几认为，700 余年前，西方尚处幼稚时代，中国古人已考虑用法医验毒来办案了，其方法"约略暗合于化学物理的原则"，这是"我国之光荣，惜后人未能追踪研究，以致终落人后"。这里，由于时代所限，我国古代检验，林几用"约略暗合于化学物理的原则"，表明林几肯定我国古代法医学成就，也指出必须用现代科学实验加以研究和纠正。同时，林几从历史的角度，从古代科学技术发展水平低下的角度，指出："《洗冤录》内所记载中毒银钗变黑之事例，全系误会。"林几对我国古代检验的评价，是客观、公正的，值得赞扬。

二十一、各国法医学毒物检查法纲要①

【原文】

甲、预备试验

在检查一未知毒物时，须先行预备试验，将所得结果，作定性实验之标准。预备试验之要点有三，如下。

（一）辨色：例如发蓝色，则有安尼林②中毒之疑。发鲜红色，则有氰酸或一氧化碳中毒之疑。胃、肠、口腔黏膜发白，如煮沸样，则有碱性毒中毒之疑。口腔、胃黏膜发黑，有流注烧灼样者，则有硫酸等中毒之疑。

（二）辨臭：例如发酒或甜味臭，则有酒精（醇）、迷蒙精③中毒之疑。如发芳香性气味，则有挥发性毒物之疑。如发洋葱臭，则有植物碱或磷中毒之疑。其余各有特种臭味之毒剂，则检尸之肠胃，每可感其特别之臭味。总之，凡有异常气味，均可疑为有毒或中毒。

（三）辨质：在排泄物、药品、饮食物、弃物中，如检见有晶形固体细粒、粉末或浓团油剂或植物屑片，则有矿物性、植物性毒物或药品混杂存在之疑。

乙、定性初步试验

检材经预备试验后，可依其所含毒物挥发性及溶解性之不同，而按下列手续分别鉴别之。

---

① 原文刊载于《东南医刊》1933 年第 4 卷第 2 期第 94—97 页及《医药学》1933 年第 10 卷第 6 期第 17—22 页。

② 安尼林：苯胺。

③ 迷蒙精：氯仿。

毒物概分为四大属，检验时应将全部检材分为四份，以两份留备复检，一份以专检第一、二、三属毒物，一份以专检第四属毒物。倘检材之量甚微，不足分为四份，应先通知委托鉴定者，申述理由，方得将全部消耗检验（或分为两份，以一化验，一留复验）。

（一）第一属毒物，即挥发性毒物：一般与第二、三属皆属于中性，又因蒸馏方法不同，可概分为二次步骤。

（子）在寻常蒸馏中挥发性毒：先将检材溶液加酒石酸，使成酸性，置于玻璃球瓶内，用水浴机蒸馏之。如有氰酸、醚、醇、迷蒙精、磷等毒物，即可于馏液中，施行该各种毒质之实性特有反应检出之。

（丑）在水蒸气蒸馏中挥发性毒：前项（子）检材，在寻常蒸馏时，通入水蒸气，施行蒸馏。如有石炭酸、安尼林等不能挥发于普通蒸馏之毒物，但可挥发于水蒸气蒸馏者，即可检出〔但据实验，（子）项毒物即用（丑）项水蒸气蒸馏，亦可析分，故检材少时，可径用水蒸气蒸馏法〕。

但经水蒸气蒸馏后挥发之毒物，又可分二种。一种即加酒石酸可以析出者，如石炭酸及硝基醌。一种即加苛性钠可以析出者，如安尼林及毒人参精（可宁）及动物性之尸体毒、人参精（尸毒之一种），分别析出后，再施各种毒物之实性特有反应试验，以相鉴别。

（二）第二、三属毒物，即不挥发性毒物：将检验第一属毒后，所不能挥发检材之残渣，分为两部分，分别检查。

（子）第二属毒：取其一部分，加酒石酸移于瓷皿内，在水锅上蒸发，而取其干燥残渣，加纯酒精（醇）浸出其抽出物，用 Stas-Otto 氏法检查第二属毒物，即植物硷毒，如番木鳖（士的宁）、吗啡、烟草精及各种菌类等。

如为各种动物毒（如斑猫、蛇、蝎、蜈蚣、蚁、蜂、河豚及海鱼、贝类多为有毒）或尸毒（如尸体可卡因、尸体士的宁、尸体捕蝇菌精、尸体吗啡等，当尸体腐败后往往发生），亦可由 Stas-Otto 氏法抽出物中分别检出。而尸毒等与植物性碱各毒，一般化学反应几相雷同，不易区别。惟有用动物试验及一、二种特别试药反应，方能证实。

此外，细菌毒亦可属于此类，但应另用细菌血清学检查及动物试验，以为鉴别。

（丑）第三属，即金属性毒：将其他一部分不能挥发检材之残渣，加浓盐酸及氯酸钾等，使其崩坏后，利用其对水之可溶性及不溶性关系，而施下列步骤。

（1）如砒、铜、汞等，经盐酸、氯酸钾崩坏后，变成可溶性之氯化盐，由该溶液依定性分析方法，分别检定各该种金属之特有实性反应。

（2）如银、铅，则用前法崩坏后，即形成氯化银或氯化铅而沉淀，故可由遗下残渣中滤出。

（三）第四属毒物，即强酸强碱性毒：如硫酸、硝酸、盐酸、草酸及钍（阿摩尼亚）[①]、苛性钠、苛性钾等皆属之。

检法，取另一份检材细碎后，加水稀释。次用石蕊红蓝试纸触之。（如检材原为液体，当然可径行用试纸检验）如红试纸立变蓝色，则为酸性毒。如蓝试纸立变红色，则为碱性毒。如变色不著明，则为弱酸性或弱碱性。倘检胃内容之液体弱酸性时，多系生理状况，不能即谓含有毒质。如皆不变色，则为中性。

但据本所实验，凡含有机性淀粉成分及动物或植物性蛋白之检材，经日久腐败，必可产生有机酸（普通或高级）。往往致原含于该检材内之碱性毒质，为腐败有机酸所中和。此时如用试纸试验，反呈酸性或中性。

既知系酸性或碱性后，应再行各种酸或碱毒质之实性特有反应，以鉴别是系何种酸或何种碱。

丙、毒物定性之实性检查

各属毒物非施实性检查，不能确定其确系何种毒质。而毒性种类繁多，每一种皆有多种特别试药。或对某数种试药反应虽然互同，而对某一、二种试药反应又形互异，故验毒决不能只施一、二种试验，而遽行判断。在设备方面，除化验用械外，对比臭、比味、比刺激力、比色、比重、比溶解度、比融熔点乃至紫外线分析机、显微分光镜、矿物镜及动物试验，皆须有相当设备也。各种方法甚繁，应在专门毒物检查学中述之，纲要不赘。

丁、毒物定量

定性不过只能知其系何种毒物，而对该毒质分量则须行定量检定。盖化学成分，往往在人体原亦存在，或因药用，体内曾留其少量。故非定量，无以证明。例如铁则含于人血，磷则含于脑及骨质，砒则常为辅剂，且各毒质之有害作用之证明，亦多借定量方能确实。

定量设备须有精微天秤[②]、比色计、电力滴定器等精繁设备。

---

① 钍（阿摩尼亚）：amonia，氨。

② 精微天秤：分析天平。

戊、一般毒物检验表（名词按中华药典）

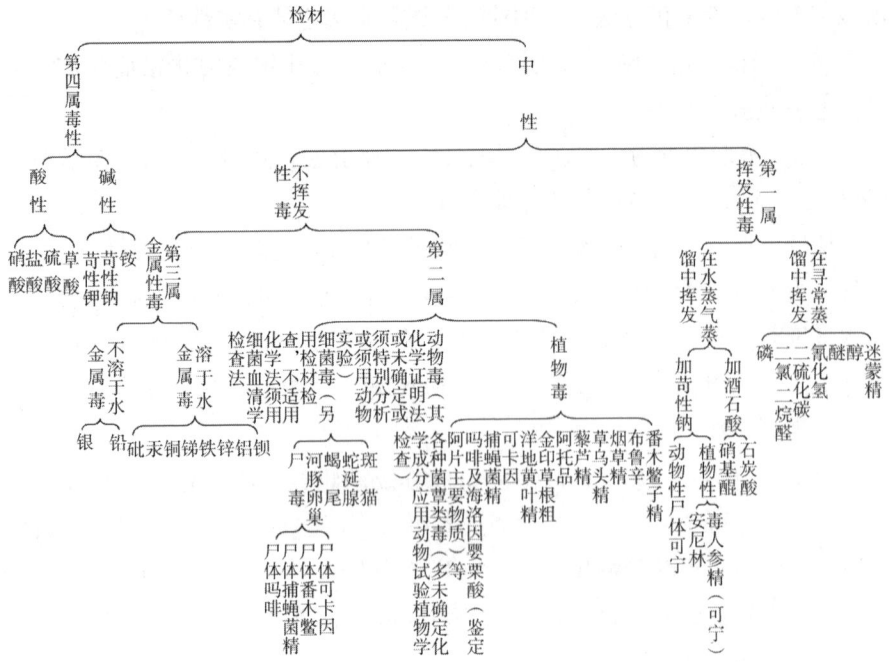

检材

- 第四属毒性
  - 酸性：硝盐酸、硫酸、草酸
  - 碱性：苛性钾、苛性钠、铵
- 中性
  - 性不挥发毒
    - 金属性毒（第三属）
      - 金属毒不溶于水：银、铅
      - 金属毒溶于水：砷、汞、铜、锑、铁、锌、铝、钡
      - 化学法查用细菌学、检菌法血清用、查细菌须特用、须确实或化、物用别确证毒、分定明、动物析或法其、另
        - 尸河豚、蛤蟆卵尾腺、蛇涎、斑猫
          - 尸体吗啡、尸体捕蝇菌、尸体番鳖精、尸体可卡因
    - 第二属
      - 植物毒：阿片精主要毒质、吗啡精、捕蝇菌精、可卡因、洋地黄叶精、金鸡纳、阿托品、藜芦精、海洛因、草乌头精、布鲁辛、烟草精、番木鳖子精
      - 检查各种成分应用类多等（鉴定）、动物试验植物学、毒物质未确定
  - 第一属挥发性毒
    - 在水蒸气蒸：馏中挥发、加酒石酸、加苛性钠（动物性尸体可宁）、植物性（安尼林、毒人参精可宁）
    - 在寻常蒸：馏中挥发、磷、二硫化碳、二氯化烷醛、氰化氢、醚、醇、迷蒙精、石炭酸、硝基醌

【述评】

文中详细介绍了各国常见毒物分类及定性、定量检查方法。

二十二、检验洗冤录银钗验毒方法
不切实用意见书[①]

【原文】

法医研究所呈请法部令各地法院禁用。

据《洗冤录》内载：（1）验毒用银钗，皂角水洗过，探入死人口内，

① 原文分别刊载于《医药学》1933 年第 10 卷第 5 期第 15—20 页，《东南医刊》1933 年第 4 卷第 2 期第 104—108 页，《法律评论（北京）》1933 年第 10 卷第 33 期第 35—38 页，《法医月刊》1934 年第 5 期第 53—56 页，《司法行政公报》1933 年第 33 期第 88—92 页及《安徽高等法院公报》1933 年第 5 卷第 1—2 期第 392—395 页。此外，还以《由实验证明洗冤录之银钗验毒法不切实用》为题发表于《铎声》1937 年第 2 期第 14—18 页。

林几论文研究

以纸密封良久取出，作黯黑色，再用皂角水揩洗，其色不去，如无，其色鲜白。（2）有服毒已久，蕴积在内。试验不出者，须先以银钗探入死人喉讫，却用热糟醋自下罨。渐渐向上，须令气透，其毒气熏蒸，黑色始现。如便将热糟醋自上而下，则其热气逼毒气向下，不复可见。或就粪门上试探，则用糟醋当反是。（3）服毒中毒，若生前吃物咽下入肠脏内，试验无证，即自谷道内试，其色即见。又据《洗冤录集证》内载：（4）砒石毒死者，用银簪探入咽喉、谷道，以纸密封良久，取出作青黑色，用皂水擦洗不去。（5）服断肠草身死者，用银簪探入咽喉、谷道，以纸密封良久，取出作青黑色，用皂水擦洗不去。（6）吞鸦片烟死者，用银簪探入口内谷道，取出俱青黑色，用皂角水揩之不去（7）服宫粉（即铅粉）身死者，于咽喉、谷道各用银钗探入，良久取出，俱黑色，用皂角水揩之不去，委系中毒身死。

其余对毒草、乌头、鸭嘴草、水莽草、莨菪、巴豆、苦杏仁、果实金石药品、冰片、灰汁、酒毒、鸩毒、河豚毒、蛇涎毒等中毒，乃至于衣有暑毒（疑即热射病，非毒）、粪有粪毒（疑系硫化水素或沼气）、空房有邪气毒（疑系沼气）、蛊毒（似系一种动物性毒）死者，皆有中毒症象之记录。惟是否银钗探喉可以变黑，无有明文，似有疑义。大抵因中毒死后，有者，用前述之法，银钗变色；有者，又不变色，故《集证》中亦未加采录。但《洗冤录》对中毒症状，无论何种中毒，所举多半雷同，实难以供鉴别。且银钗探毒，即较晚出版之《洗冤录集证》《洗冤录汇编》《无冤录》等，亦知其不足为一切中毒之共同证据。故对于汞中毒，则谓黄金试之变白，盐卤中毒，触银变黯，洗之即去。此种论调，实已有损《洗冤录》内载（1）项之信用矣。

兹就曾经《洗冤录集证》所承认用银钗探毒，可使变黑者（断肠草，不知是何种植物故除外未施实验），分别实验得结果如下：

（甲）前据河北高等法院分院送检毒物之既已证明为亚砒酸（信石）者，插入银针煮2小时，针上毫无黑斑发生。外所检10例，砒酸毒杀案件，亦试用纯银检验，并不发黑。

（乙）翌日继续取银币一元，入蒸发皿，加水及亚砒酸结晶与腐肉肠胃组织，共煮2小时，银币毫不变黑，再浸一昼夜依然如故。

（丙）以一银币投入蒸发皿内，加硫化砷1瓦，肉5瓦，水30瓦，加微温，立即发现银币上有黄色黯，越15分钟，全币皆显黑黝黄色。

（丁）另取一银币投入皿中，皿内加雄黄（即不纯之硫化砒，内含硫黄量较少，非剧毒品）1 瓦，肉 5 瓦，水 30 瓦，加温，越 15 分钟，银币上仅发微黄色。依此（甲）、（乙）、（丙）、（丁）四项实验，可知银之变黑，固由于硫，不由于砒也。

（戊）取鸦片粉末 10 瓦和一银币，加水煮沸 2 小时，银币上毫不变色。

（己）取宫粉（铅粉）1 瓦，和肉 5 瓦，水 30 瓦，煮沸后，投一银币，越 20 分钟，毫不变色。

（庚）取盐卤（氯化镁）1 瓦和肉 5 瓦，水 30 瓦，煮沸后，投一银币，越 20 分钟，毫不变色。

依以上实验结果已证确银对砒、铅、鸦片及盐卤，并不能直接发生化学作用，此实与化学原理相符。就以化学而言，银与砒或铅之合金，固皆非黝黑，且加以常温，并未能发生化学作用。惟独硫化物触银，则立可使变为硫化银，外观呈黑色晕，其接触之时较久者，其化合部分较深，洗揩不去。如接触较少时间或硫化物分量微少，则仅在银质表面生一层黑斑点，揩之可去（黑-黄-淡黄-白）。而硫化物中之硫化水素（即硫化氢）系气体，如银触此气体，便即变为硫化银。

据生理学上言之，凡腐败蛋白质中，必含有硫化氢成分。于是吾人之胃肠内容，因消化作用，食物分解，所有含有蛋白质之物品，皆可产生此种硫化水素，故在大便中，亦当然含有此种物质。

当人死后，死体腐败，肠管尤先腐败。则自尸体组织所含蛋白质，因腐败，亦当然可以产生硫化水素。惟其量多寡，则因腐败分解情形而异。如胃肠饱满（内容充盈），则产生硫化水素必多。因内容粪便等乃有机成分，原易于腐败也，是以《洗冤录》验毒结果，可信皆系硫化水素对银发生化学之作用，并不关于中毒与否也。

在胃肠内容（粪便）多时，或正当腐败之蛋白分解作用强时，则用银钗探入口口或肛门，历时稍久，必定变黑。如胃肠空虚或蛋白分解作用程度已过或其作用尤未甚强时，则所产生之硫化水素气体甚少，用银针探之，往往不至变色，即或变色，而洗揩即褪。在《洗冤录》称之为秽气，其实系硫化物与银化合成分过少之故耳。

至于加热糟醋，可以促进硫化水素与银之化合，又极合于化学之原则，凡物质如不自相化合者，加温及水，往往可以促进化合力。不意吾华数百年前，已解用此良法也，然对尸体胃肠及其内容产生硫化水素，致银针变黑一端，竟误认为中毒确证，千古以来，不知冤却几多人犯矣。古人不知科学，固不是论，只望今人，勿再食古不化，墨守陈章耳。苟不予信，则请参考下列实验当明究竟。

试将常人大便，取放瓦皿内，插入银针，放在日光下，晒一两个小时或于皿底加火蒸之，结果 10 例中有 7 例银针变黑，揩之不去，2 例银针发黯，擦之可去，1 例银针不变色。又将皮蛋（腐蛋）2 个，破壳加温水捣匀，插入银针，15 分钟后，已发黑黯色斑，洗之不去。是可证明腐败蛋白，能产生硫化水素，使银变黑也。

又试连服亚细亚丸（补血剂：含亚砒酸及铁），3 日大便呈黑色（含铁），取供试验。其排出后犹未失去温度者，插入银针，少顷即发黑晕，其与不变色交界处揩后，呈黄黯色。其隔一日同一大便已失去温度者，插入银针，历一小时仍不变色，再加沸水，少顷即变。但其变色原因，是由于硫化物，抑由于亚砒酸，固不可分，然如参阅前两项实验，则知谓由于砒，毋宁谓由于硫化银之作用也。依以上各项实验，可得一总结果。

（子）硫化水素为肠胃内容腐败产物之一种，是在尸体及人体内均常存在，而对银适可使之变色。故《洗冤录》验毒方法所验结果，即使银钗变黯，亦不一定即为中毒。

（丑）砒、亚砒酸对银不起直接化学作用，即历时长久，加温加水，亦无效果。

（寅）铅对银亦不起直接化学作用（宫粉内含铅）。

（卯）鸦片对银亦不能使之变黑。

（辰）盐卤遇银并不能使之变色，《洗冤录集证》所载事例，亦系由于硫化水素关系，并非由于盐卤也。

总之，用银钗探入尸体口腔、肛门验毒一法，实不可用。因使银钗变黑者，并非砒酸铅等毒质之作用，乃富于蛋白质之腐败物发生硫化水素之作用。所以中毒者，验时银钗亦可不变为黑，非中毒者验时银钗亦可变之为黑。如此结果，岂堪再为法律定献之凭证耶，故应行严禁，不得再行援用。

至于以后验毒事件，须行化验及病状之调查，以供定献。其办法，拟有五项如下：

（1）调查中毒未死者及证人等所共见中毒后发生之症象，附卷，并抄送与化验者参考。

（2）搜集中毒后吐物、血液（口鼻各部流出之血液或吐出之血液）、尿、大便，乃至染有排泄物斑迹之衣服、布片等物品，交付化验。

（3）搜集嫌疑毒物或含毒物质，如药粉、药水、生药及生熟饮食品等，交付化验。

（4）由医生验报中毒未死者之现在症象或验死者外表征象，附卷，并抄送与化验者参考。

（5）必要时施尸体剖解，取出脑、心、肺、肝、胃、肠、肾及胃肠、膀胱内容，交付化验。

然化验场所，应择化学设备完全者，否则对精微毒物定性定量便不可能。而委托一般医师化验，更不如委托化学师化验为妥。盖一般医师，系专门于诊疗疾病，对于植物学、药物学、化学、毒物学、法化学学识，原非充分者也。

以后法医验毒事件，以送至本所或各大学化学科、药科为最妥，因此种机关，方有精微化学化验之设备也，而毒物学设备，则国内甚罕，虽各大学化学科亦往往缺如，此亦不可不通晓之也。

【述评】

林几根据 1932 年发表于《国立北平大学医学年刊》第 1 卷第 1 期第 297—315 页的《法医学四种小实验》一文中获得的实验结果，完成《检验洗冤录银钗验毒方法不切实用意见书》，一方面在《医药学》《东南医刊》《法医月刊》等杂志发表，一方面以法医研究所名义呈请司法行政部令各地法院禁用洗冤录内记载的银钗验毒方法。司法行政部遂在《司法行政公报》刊载，《法律评论（北京）》《安徽高等法院公报》等转载。

他建议运用科学实验对旧式的法医学毒物鉴定方法进行验证，取其精华，去其糟粕，体现了老一辈法医学工作者追求科学、实事求是的优良学术作风。

从文中，我们还可以看到，1932 年法医研究所专门上文"呈请法部令各地法院禁用洗冤录银钗验毒方法"，说明在 20 世纪 30 年代，全国法医学发展很不平衡，各地法医学水平参差不齐，法医研究所已开展尸体解剖、毒物化验等现代法医学鉴定，而在全国，特别是偏远地方，由于法医人才匮乏，仍然采用件作式"银钗验毒方法"，林几不仅规划法医研究所法医鉴定工作，还关注中国法医学鉴定水平，值得赞赏。

二十三、检验烟犯意见^①

OPINIONS ON THE EXAMINATION
OF OPIUM ADDICTS

【原文】

按：近月以来，各处法院行政官署及医院或私人，每以检验烟犯正确方法相询。兹查一般现用检验烟犯各法，结果多难真确。其原因并非由于试药之不锐敏，方法之不优良，乃根本上吸用阿片后，阿片有毒成分，能若干达入人体，又经若干时间，方可达于血内，达于内脏，达于尿内而排出，至今无人能作一明晰断言。故对此问题，实有讨论研究之必要。

（一）一般吸用阿片，皆施以燃烧，而吸其炭化后之烟气。按：植物性有机物，既经燃烧，其大部分物质，皆已炭化毁灭；故阿片主要成分，如吗啡及罂粟酸等，究竟能否升华，混同烟气入于人体？又倘能入人体，其所入分量，能达若干？实一先决要点，而关于吸入阿片主要成分分量问题，对吸用烟泡之大小，泡数之多寡，吸用次数，并各次时间之间隔，莫不有密切关系。况阿片膏内，原掺和有阿片、水分及其他杂质。故就阿片膏而论，其含毒成分亦非一定。如此种种事实，系因时因人而异，故对所吸阿片内毒质含量问题，遂不易立加解决。

据近日，本所实验结果，阿片燃烧炭化后，升华随烟气入人体之有毒成分，其量虽微，而证明得吗啡及罂粟酸，均确可升华，随烟入于血液及消化器中。罂粟酸乃阿片之特有成分，所以持之与吗啡鉴别者也！（关于此项问题，刻正继续研究实验中）

（二）现在一般医师、化学师等，竟视验尿方法，为检验烟犯之唯一证据，实属误会。按：阿片之验证，以能检见罂粟酸及吗啡为主要证据。此两毒质，虽均含于阿片之内，但焚化后，其入人体之分量，当然更少。即据各国最新裁判化学药物学内记载：由皮下注射吗啡（吗啡由阿片提炼精

制而成，故阿片之内必有吗啡。在外国罕吸阿片者，故实验多用吗啡。）后，越 15 乃至 20 分钟，于血液及消化器中，方可验得吗啡。其移行成分，据实验不过能得 7%乃至 8%（注射皮下，其量不过如此；焚烟吸入，其量定更减少）。历 2 小时后，即不易检见。盖其毒质皆已随血液分布于脑、肝、肾各内脏，而即停留储蓄于各内脏细胞中（此际对于活人，自不能取出内脏，加以化验）。然其排泄时间又不一定，或竟不排泄（由尿）。且愈习惯于吗啡者（瘾大者），其排泄物尿中检见之机会愈形减少。所以吾人如对初次吸用阿片者，在吸后 2 小时，由尿中反易检见。而对大瘾者，往往反形不明。

因所入人体之毒质，可储留于各内脏，不立时排出，遇无毒质排出时间，验尿便呈阴性。而一旦恰遇所蓄于体内之毒质，因生理机转，由尿排泄，则行验尿，便呈阳性。故验尿有时为阳性，而有时又呈阴性。但须注意者，验为阴性，固不能作准，不得鉴定为"不吸阿片"。而验为阳性者，便可据以作准，得鉴定为"确吸阿片"。且迭次检验，只要有一次为阳性，便可确定无疑。盖常人体内，决不应含有阿片成分而排出之也。惟因病曾施麻醉剂，例如盐酸吗啡等注射者，又以前曾吸阿片，刻已戒除者，则现在虽原无吸用阿片或打吗啡针行为，而阿片成分因旧储于内脏关系，有时仍可由尿中排出。如适施以检验，便亦可呈阳性反应.

前项所谓检验为阳性，系指吗啡及罂粟酸之特有实性反应而言，一般化验人，往往不知化学原理。（1）只施以植物性类盐[①]基抽出法（如 Stas-Otto 氏法等）后，便认为问题已经解决，其实抽出之物质内，不过含有植物性类盐基，凡植物性食品、药剂等内，往往亦有植物性类盐基存在，而吗啡等不过为植物性类盐基之一种，故不能以检见植物性类盐基，即谓为有阿片成分也。（2）或不先行抽出法，而直接对尿，实施阿片、吗啡之实性反应，其结果亦多失效。且施行抽出法，必须有相当化验需用物械，否则往往不能检见。

验尿方法之难，系在毒质由尿排泄期间之无定。然此乃人类自然生理之机转。欲由尿以证明有无阿片成分存在（曾否吸用阿片），决无法免除此种困难。而多检数次，亦未始非慎重追索之途径。10 次中只要有 1 次为阳性，便可认为曾吸阿片或打吗啡针矣！

---

① 类盐：指不是由酸碱中和后得到的生成物，但也具有盐的水解等性质的化合物。

一般因事实之证明，验尿得阴性者，未必即非烟犯。故对验尿得阳性者，亦生未必确为烟犯之疑。但在化学原理上言之，如化验结果对该物质实性反应皆呈阳性，则必为该物质无疑。倘该物质亦系人体内之固有成分之一种，则犹须加以定量以资鉴别。然阿片主要成分之吗啡、罂粟酸等，固皆非人体组织构造之固有成分也。故如验得人尿或胃液、血液中，含有阿片主要成分，便可确定曾吸阿片（吸香烟、吃咸菜等，决不能亦排出与阿片成分相同实性反应之物质）。只以此种毒质在体内经过机转时间未能确定，致检验方面发生无限困难。而化验人手续不备，试药不精，被验人吸烟时间、分量与检验时间不能预知及尿量之不足（应有 1800mL[①] 尿方敷化验），亦皆可影响于检验结果。现法院送检烟犯，多逾一二日。其毒质往往于未验前，已经随尿排出。至验时无尿或尿少，或在此次尿中并未含有由体内排泄之阿片成分（毒分储于内脏不即排出），则虽明知其吸阿片，而验尿当然亦呈阴性。

倘据法律之解释，能以"凡吸阿片上瘾者，或虽未上瘾，而搜见烟具烟膏，或见其正在吸用阿片者，方为阿片罪"。则旧法验瘾，施行三五日长时间之暂时禁闭，实亦一较妥之办法。此法亦甚适合于科学原理，惟对被验者烟酒等类之供给，须严行断绝。因此类物品，对人亦略有提神之效能，在短时间内，便可暂以抵瘾。又睡眠对小瘾，亦可遮瞒，并须注意。

现科学日新，对检验吗啡中毒方法，颇多改良。如验血球中类脂体，亦为新法之一。又对验尿之试验及手续，亦多更正。其法散见于各文献中，惟西人应用麻醉品方法，与华人有异。华人焚吸阿片，西人注射吗啡。故其检验方法，是否适用于华人，足供法律之定献，实有待于研究。本所[②]自去秋开办以来，见各地烟禁日弛，烟犯日多，已对此问题着手实验。惟送所此类实例甚少，颇感研究材料缺乏。近正与上海地方法院订定执行检验规约，拟即取该院烟犯尿、血为研究材料。而此种实验，须假以较长时间，集千百人统计，方能得一线之结果。俟研究有得，当即发表，以供国内各地之需用。蒙各方以调验烟犯最正确方法相询，现在所用验尿方法，既如前述，对阴性者，未必准非烟犯，而有一次阳性者，便确为烟犯。故此法仍可应用，不过须多次验尿，尿量须多，最好在吸烟后 2 小时内受验，其结果较为锐敏。故对法院送检手续，须予改速。至于化验人，应

---

① mL：原文为"立方公分"，即立方厘米。
② 本所：指司法行政部法医研究所。

用化验方法，宜以检定阿片成分之特有定性实性反应为妥。至于禁闭数日验瘾方法，亦宜并行。倘验尿无征，便须验瘾，并再行验尿。兹姑拟检验烟犯办法如下：

（甲）暂禁隔三五日，严禁烟、酒、茶及昼寝（渴予白开水）。

（乙）反复验尿，注重吗啡及罂粟酸实性反应，而对结果阴性者，不能即视为不吸阿片。

（丙）实行侦查口供。

（丁）对容貌、体格、皮色、齿形之诊视及指甲缝齿垢之试行化验（或人虽吸阿片，而诊视毫无征象，或人因调制烟膏，指甲缝内即或沾有阿片）。

但（丙）、（丁）两法，只能备作参考，然有时亦可获得意外结果也。

【述评】

林几制定了一整套方法，即怀疑烟犯，需先查尿，然后观察至少 3~5 天以"验瘾"；同时，收集其每天的尿进行检查。然后再进一步查看皮肤包括手指有无烟熏迹及手臂上有无注射针眼（这里指注射毒品的针眼，因注射部可见溃结成疮。法医学上用以判断其是否注射毒品的证据之一。）。

为了进一步确定是否吸烟及毒物进入的途径，林几把烟犯分为几种：(1)有瘾有毒。所谓瘾指医学上的成瘾，吸毒者一旦成瘾就对毒品有依赖性。一旦戒除会出现流涕、流泪等现象。有瘾有毒即观察到以上现象也能检查出体内有毒存在。(2)无瘾无毒。(3)无瘾有毒。即偶有吸烟吸毒未成瘾；或已戒除而体内慢慢排出。(4)有瘾无毒。有意伪证，以他人之尿供验；或新吸生瘾而体内蓄毒少已排尽等。

林几指出："吸鸦片者，因鸦片中含吗啡及其罂粟酸、那尔可丁、那尔采音（阿片的衍生物）等成分，均升华于胃肺，故胃液及尿中可检见。而注射吗啡、吸海洛因者，尿中只含吗啡，不含阿片的其他成分"。这样，林几又把吸（注）毒加以区别开来，找到中毒的途径。

林几通过分析总结检验烟犯的 4 种办法。解释了尿液验毒的弊端，提出尿检阴性者，不能视为不吸阿片，对于可疑之人要采用多种方法来确定。文中的分析说明体现了严谨的科学态度和严密的逻辑关系。

二十四、《法医月刊》发刊辞^①

【原文】

世之学术，因研究而日新月异。人之行为，随环境而变迁无穷。以科学之方式，判人事之是非，此法医学所以为当务之急需也。法医研究所有研究班之设，集教授学员平时研究所得，发为月刊。举凡学术事例之足供研究参考者，公开登载。学术则包括法律、医药、理化、生物学、毒物、心理、侦查各科。事例则分别民事、刑事各案。有意见之商榷，或事实之鉴定。但求真确，不涉虚夸。深愿法政界、医药界之有志于斯者共同讨论，而期进步焉。

林几　二十三年元旦

【述评】

1934 年 1 月，中国现代法医学史上第一份法医学期刊——《法医月刊》创办，该文介绍了创刊宗旨、稿件来源，以及研究论文涉及的学术范围，正如林几在发刊辞所说："法医研究所有研究班之设，集教授学员平时研究所得，发为月刊。举凡学术事例之足供研究参考者，公开登载……有意见之商榷，有事实之鉴定。但求真确，不涉虚夸。深愿法政界、医药界之有志于斯者共同讨论，而期进步焉。"可见《法医月刊》的创办主要是作为学员和教授法医研究成果的发表、学术信息的交流平台。依此宗旨，该刊登载的内容很多是专业性极强的法医学论文、译著，以及化验、检验实验分析，投稿人主要是研究所的学员和教师，这对于促进法医学术的发展和法医学专业教育的深入发挥了重要作用。本刊的创立还可以更好地传播先进的法医学知识，成为中国法医学期刊的先锋和典范。

---

① 原文刊载于《法医月刊》1934 年第 1 期第 1 页。

二十五、司法行政部法医研究所
成立一周年工作报告①

【原文】

（一）缘起

　　夫法医之为专门学科，于司法设施上颇占重要，不独刑事检验为然。即所有人证、物证无一不须科学的方法为鉴定之标准也。吾国法医人才极感缺乏，故每逢疑难案件，辄无明确鉴定借以定谳。而外人③方面更得借口我国司法制度不良，侵我法权，虽经交涉，终未收回。故为谋改进司法设施，亟应创立专门法医，以求适合科学之鉴定。庶可杜绝外人口实，而维持法律之公允与尊严也。

　　司法行政部有鉴于斯，遂有筹设法医研究机关计划。在第三二四中央政治会议议决，亦认有培育法医人才之必要，当经国府洛字第二六八号明令在案。民国十八年部委孙逵方开始筹备，十九年七月设法医检验所筹备处于上海，并在真茹购地建屋，久未就绪。至廿一年一月突以日兵压进，真茹被占，遂暂停顿。四月十三日，几④奉部令接任筹备，改名为法医研究所。五月后，日兵始退，收回所址，交涉结果尚鲜损失。又以检毒、验伤、验病等，急需仪器、药品，乃于力求撙节之中，酌行购置，至七月抄一切

---

① 原文刊载于《法医月刊》1934 年第 1 期第 1—20 页。
② 一周：指一周年。
③ 外人：外国人。
④ 几：指林几。

粗全，将竞备处实行结束。八月一日法医研究所正式成立，迄今以及一载。所有经过情形，并将来计划择要略陈梗概。虽不敢言成绩，而经验所得事实俱在，故分别诠次如下：

(二) 布置及设备

甲、布置：除所长室及各科室人员办公室、礼堂、会议室、档案室、收发室、宿舍、会客室及汽车间等外，开办时原特设有化验室、毒物检查处、物证保管室、天秤室、储药间、病理组织检查处、紫外线光分析①处、剖验室、摄照室、暗室、第一、二人证诊查室、心神鉴定收容室、候诊室、认尸室、尸体防腐冷藏室、图书室、标本室、各种机器间（冷机、热机、汤机、水机）、公堂、人证候讯室、印刷室等。最近于经常搏节之余，更新建眼耳鼻科病暗检处、成殓场、焚秽炉、制腐冷藏柜、动物饲养室、杂物贮存室。又因来年度招收研究员，更行布置研究员讲堂及实习室，增购图书仪器，共约二千余元。而井水滤台及高压电煤气机等亦渐装置完全。自来年度起，更拟添设光学部、购置 X 光机、分光机以供化验及人证年龄或内伤、伤型程度之鉴定。来年春暖并决定开毒药圃，以供种植研究。

乙、设备：所中所备大小仪器、机器皆订购自德、美、法三国。显微镜及各种扩大镜②等皆用德国蔡司工厂出品。试药色素、化学品皆用德、美精品。玻璃器一部分用叶那世界名厂，一部分采用国货。家具等皆经专家绘图设计，饬匠配制。各仪器中，如紫外光分析装置、分度大分光镜、显微分光镜、对物测微计、直角照辉测定器、电力滴定器（化验定量用）、显微化学用器、精微天秤、生寇名厂精制之电力搅拌器、电力沉淀机、电力干热器、电力冰箱、电力水浴装置、电力浸出装置、特型血清检定保温器、孵卵器、立体照像机、显微照像机、立体显微镜、物证反映机、证物照像器、枪弹物证及指纹鉴定采取器等，均为国内各专门医学研究机关罕有之珍贵仪器。此外，并置有运尸棺、运病人、运物之卡车专司运送。设动物饲养室，以自制人及动物血迹鉴定血清、亲子鉴定血清，并饲养化验或检查试验需用之动物。设心神鉴定收容室，全屋皆软壁，以收容精神病患者。设冷藏柜，通以冷气，内有 30 个尸台，专备收容尸体，不使腐败。其中新建六台为制腐冷藏柜（已腐者用），是皆为国内所鲜有之设备。将来并拟对

---

① 分析：原文误为"分拆"。
② 扩大镜：放大镜。

尸体美容术暨长期防腐事件加以创办。而关于心理学及精神检查、应用电力等机械，在经济可能范围内，亦当继续增置。现则与上海各学院或研究院所切实联络。使所有物械、图书可彼此暂行通融借用。至于一般诊查、剖验病理检查、生理化验、化学定性定量分析、动物试验、细菌培养、血清试验等需用物械，并诊验救急药品及各种大小消毒器、冷气机、碳酸瓦斯机、滤水器、汤机、蒸馏水机、暖气炉、自流井水平台等，应有尽有。惟水井前春曾毁于日兵，今年已行另凿完工。

（三）职掌范围、职务分配及系统

甲、职掌范围：

凡各省各地有关于检验化验之尸体及物证、文证并伤害赔偿、心神鉴定、个人鉴别、伪伤、伪病一切有关于法医事件，无论各级法院、机关、团体，均可送所依据最新科学方法实施检验。即个人为本身及事实一切证据，亦可来所请行检查。由所出具鉴定书或证明文件，以资凭证。并招收研究员、见习生，以广造就。编译法医书籍，厘定尸格①检验标准，统创及调查法医制度，以促进检验及鉴定之改善。

乙、职务分配：

本所组织：据部颁本所暂行章程第七条，本所置所长一人，科长兼技正二人，技正二人，技士七人至九人，事务主任一人。事务员六人至八人并技佐办事员、书记、练习生等若干人。各科下得设股，股置股长一人，各实验室得置主任一人。

现主要技术部分，因预算关系只设有技正三人，技士七人，技佐九人，其中第一科科长及第二科技正由所长自兼。

按本所定章，本所更得置名誉技术专员若干人。惟专门人材难得，现只陆续聘有病理学专家徐诵明（平大校长兼平大医学院病理学教室主任教授）、林振纲（平大医学院病理学教授）、Robertson（李斯特研究院病理主任）、高麟祥（李斯特研究院病理部研究者）、杨述祖（自然科学研究所病理系研究者）、谷镜汧（上海医学院病理学主任教授）、余濆（细菌血清专家）、汤飞凡②（李斯特研究所细菌血清研究者）。

化学药物毒物学专家汤腾汉（山东大学化学社主任教授）、Read（李斯

---

① 尸格：验尸单格，验状。
② 汤飞凡：原文误为"汤飞尼"。

特研究所药物部主任）、黄鸣龙（前卫生署化学组主任）、外科学专家李祖蔚（东南医学院外科教授）、工业化学专家张克忠（天津南开大学工化部教授）、心理学专家郭一岑（暨南大学心理学系教授）。凡遇疑难专门事件有所咨询或共同研究，是对于检务获益甚大，而对于国家则节省经费，利用人才两全之法也。

丙、组织系统表

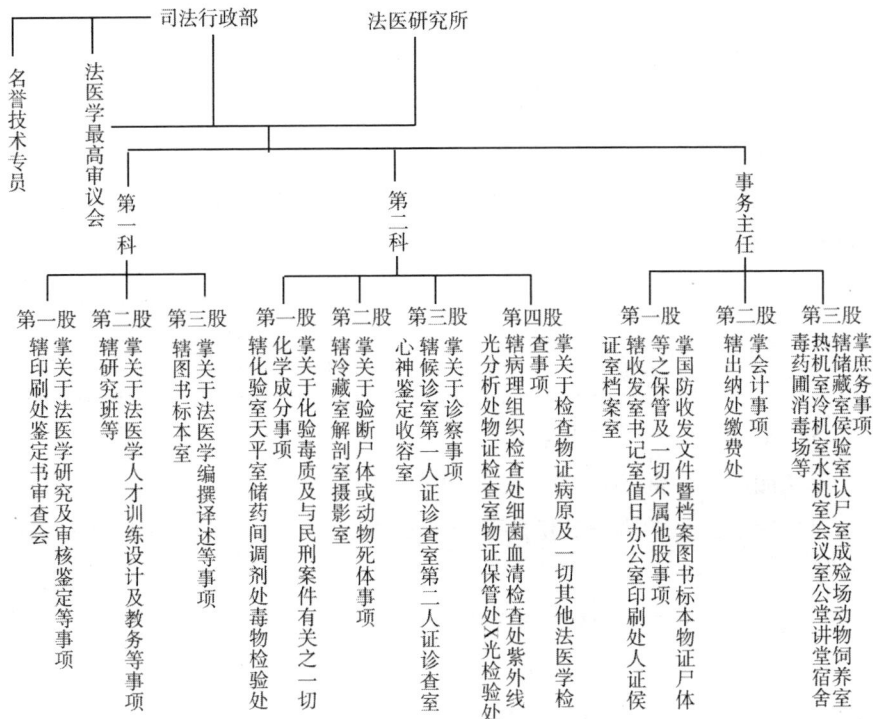

组织系统表：

司法行政部 — 法医研究所

- 名誉技术专员
- 法医学最高审议会
- 第一科
  - 第一股：掌关于印刷处鉴定书审查会、辖印刷处鉴定书审查会等事项
  - 第二股：辖研究班等、掌关于法医学研究及审核鉴定等事项
  - 第三股：辖图书标本室、掌关于法医学人才训练设计及教务等事项、掌关于法医学编撰译述等事项
- 第二科
  - 第一股：辖化学化验室天平室储药间调剂处毒物检验处、掌关于化验毒质及与民刑案件有关之一切化学成分事项
  - 第二股：辖冷藏室解剖室摄影室、掌关于验断尸体或动物死体事项
  - 第三股：辖候诊室第一人证诊查室第二人证诊查室心神鉴定收容室、掌关于诊察事项
  - 第四股：辖病理组织检查处细菌血清检查处物证保管处X光检验处、掌关于检查物证病原及一切其他法医学检查事项、光分析处物证检查室物证保管处X光检验处
- 事务主任
  - 第一股：辖收发室书记室值日办公室印刷处人证侯、掌国防收发文件暨档案图书标本物证尸体等之保管及一切不属他股事项、证室档案室
  - 第二股：辖出纳处、掌会计事项、掌会计缴费处
  - 第三股：辖储藏室冷机室水室会议室公堂讲堂宿舍、掌庶务事项、认尸室成验场动物饲养室等、热机室冷机室水室会议室公堂讲堂宿舍、毒药圃消毒场等、辖储验尸室冷机室水室会议室公堂讲堂宿舍

（四）经费预算及支配

本所二十一年度经常费预算为 53784 元，每月计 4482 元。二十二年度起，因开设研究班招收研究员（暂定 40 名），所务扩充，各项费用均形激增。惟为紧缩经费起见，故仍按最底额编制预算，经核准计全年度仅为66000 元。每月为 5500 元。兹将该两年经费之支配，并附增减比较，例表如下：

第一款	经常费	二十一年度按月各项支配	二十二年度按月各项支配	二十一年度二十二年度各项支配增减比较	附　记
第一项	俸给费	2797	8332	增 1035	本项二十一年度各职员俸给以折扣支领预算，二十二年度则以十足支领预算
第二项	办公费	1045	588	减 457	
第三项	购置费	530	200	减 330	
第四项	特别费	110	880	增 770	二十二年度招研究员内，十名每名按月应补助三十元，聘请教授不支薪，只酌送车马费，统归入本项之内
总　计		4482	5500	增 1018	

（五）成立一周年经办事项

本所职掌，按部颁本所暂行章程第一条，系掌理关于法医学之研究，编审民刑案件之鉴定检验及法医人材之培育事宜。故本所应司职务得归纳为四大类，即：

（一）检验一切关于法医学事项。

（二）研究一切关于法医学问题。

（三）编审关于法医学图书章则。

（四）培育法医人才。

兹将本所成立一年来经办上述各类事项分述如下：

甲、检验关于法医学事件。

（子）检验事件。概分为三大类：即人证检查、死体检查及物证检查。兹已呈部颁行有本所鉴定检验实施暂行规则及征费表（另期登刊）。

（丑）检材之来源。可分二大部：（一）为法院委托之民刑事件，由本所检验或审查并行鉴定者。（二）为行政官署、团体、个人请托本所检查解释或审查有关于法医疑问者。前者得据检查结果编定鉴定书。其证据检材不充分者，则只具检查说明书。而委托文件审查者，则只出文证审查说明书。后者如各官署、病院、医生、律师乃至个人皆得请托检查。本所即按检查结果，具简明报告事。倘所委托只为解释关于医学等疑点者，则本所只按学理予以书面解释。

（寅）开办一年经检事件统计：去年八月本所成立，即行迅速布置内部，拟定各种需要章程，并呈部行文各省开始接受检务，至九月各地高等法院方陆续送到疑难案件数起，此后虽日渐增加，然只限于疑难案中究属不多。至本年三月接收上海地方法院法医处检务，派员驻沪办理，受理该地方法院一切普通案件。于是检务激增①，计平均每月普通检案总数在百四五十起，而疑难者不过二十起。综自去年九月至今年七月共解决疑案 95 件，普通案件 2200 件。就中验尸及验烟犯为最多，人血检查次之，皆在 25% 以上。人证检查、文证鉴定、验骨等，则只 5%。勘验则限于人力及物械不敷分配，故仅受理江苏高等法院委托之上海白脱尔贩制毒品案内造药厂勘查而已。兹将各项统计表列后：

检验疑难案件统计表

（二十一年八月至二十二年七月）

---

① 激增：原文误为"缴增"。

检验普通案件统计表
（二十二年三月至七月）

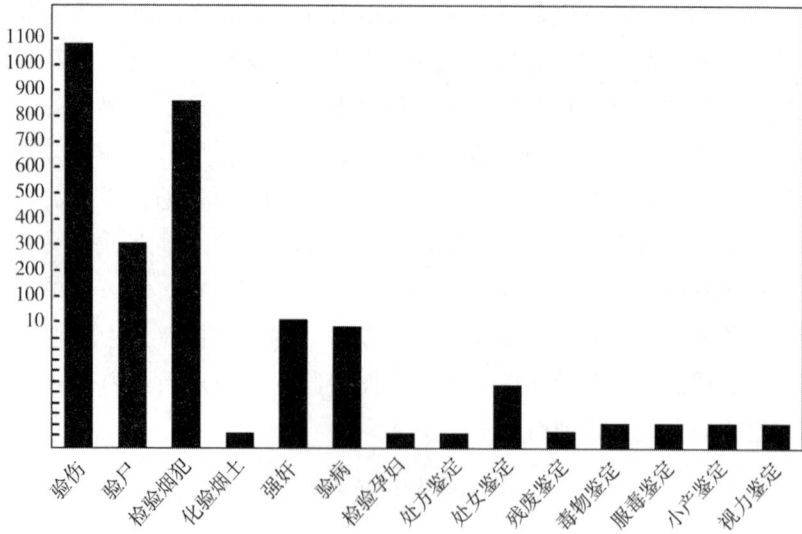

纵轴刻度：10、100、200、300、400、500、600、700、800、900、1000、1100

横轴类别：验伤、验尸、检验烟犯、化验烟土、强奸、验病、检验孕妇、处方鉴定、处女鉴定、残废鉴定、毒物鉴定、服毒鉴定、小产鉴定、视力鉴定

检验疑难案件省别表
（二十一年八月至二十二年七月）

省别	数量						
江苏	70				上海		
山东	5						
湖北	4						
浙江	4						
河北	3						
广西	3						
安徽	3						
四川	1						
江西	1						
湖南	1						

乙、研究工作

法医学科为欧洲之较新科学，其应用范围涉及医、法、警三界，乃国家社会应用医学之一。故研究法医学应以医学、生物学、化学、药物学、毒物血、侦查学、社会医学、法律学、经济学等为基础，而更行追精研

究。然因系较新科学，在欧美各国对法医学中问题，亦多未完全解决。若就吾华情形而论，则更无相当研究专门机关。本所职责所在，对于法医问题，自当加以精密之研究，以求法医学科，能切用于吾华。惟自去秋开办以来，职员忙于检务，致个人研究工作进行较缓。兹仅将所已研究问题列后，以便参考，其中已竣各件当陆续由司法行政部公报或国内外医学杂志发表之。

研究问题一年来计有：

（一）慢性阿片中毒之白血球内类脂体颗粒之研究（已竣一部分）。

（二）述曚药成分及毒力之研究（已竣）。

（三）尸毒研究及实验（未竣）。

（四）鱼毒研究及实验（已竣）。

（五）骨上血瘀与伤痕关系之研究（已竣）。

（六）《洗冤录》验毒方法之驳议及研究（已竣）。

（七）现代法医学验毒方法之表解（已竣）。

（八）少量碱质含于淀粉食品内经腐败发酵产生有机酸而中和碱性之实验（已竣）。

（九）各种动物毛之测定及比较（未竣）。

（十）骨殖之年龄、性别鉴定研究。

（十一）人骨、禽骨、兽骨组织学之比较检查（已竣）。

（十二）生前、死后溺水及毒伤之实例（已竣）。

（十三）前置胎盘子宫破裂胎儿死产于母体腹腔内之实例（已竣）。

（十四）紫外光线分析机对一切化学品及血痕、精斑、指纹、假毛等之映视反应检查（未竣）。

（十五）亲生子鉴定之实例（已竣）。

（十六）各种化学、生物学液性物显微镜、分光镜吸收线之比较测验（未竣）。

（十七）螯吸血、昆虫胃内及其排泄物中人血中成份之证明（未竣）。

丙、编审关于法医学图书章则

（子）图书设备。法医学所关于学科已多，国内专门科学图籍又罕，故不得不借重欧美、日本图书，以资参考。惟本所限于经费，除职员私有者外，所中关于法医学图书设备不满三千元。兹一年中于极力撙节一切消耗而增购图书七百元，现计备有中、德、日、法、英五国文献，共六百余种。

惟仍虑不足，近更与上海医学院、自然科学研究所（中日庚款所办）、李斯特研究所（英人办）、中华医学会切实联络一切书籍可互相借用。中外杂志方面，亦订有轮借办法，可省经费而资实用。

（丑）已行编译者。本所因年来检务甚忙，已编述者只下列应用各题。

A. 计译述者有：

1. 饮料水含毒质试验法

2. 鸦片中毒试验法

3. 化学碱性分析试验全篇

4. 困醇（Phenol）[①] 反应实验法

5. Cresol 反应试验法

6. 吗啡定量试验法

7. 死体腐化后发酵之定性化验法

8. 血之反应法及吗啡定量法并续译尸体腐化碱性毒物类

9. 鸦片一般反应法及砒质微量分析反应法

10. 砒质定量反应法

11. Brucin 试验及反应法

12. 士的宁试验及反应法

13. 砒素历史

14. 鱼子中毒例

15. 副肾精之化学反应等

B. 计编纂者有：

编拟检验烟犯意见书（已发表）。

编拟各国法医学毒物学检查法纲要（已发表）。

编拟检验洗冤录银钗验毒方法不切实用意见书（已发表）。

（寅）拟行编纂正收集国内外材料者，如医用法医学、法科法医学、物证检查法、鉴别诊断学、中毒学、裁判化学、灾害医学、生命保险医学、健康保险概要、社会医学、侦察学、个人鉴定学、法医精神病学、伪匿病伤学、监狱卫生学、鉴定实例、罪犯心理学、狂人心理学、亲生子鉴定法等。然断非短时间所能编成。

---

① 困醇（Phenol）：苯酚（石碳酸）。

（卯）已行颁定各种重要章则计：

本所暂行章程 一种

本所办事细则 一种

鉴定检验实施暂行规则 一种

法医审议会章程 一种

保管及招领尸体章程，成殓场停柩管理章程 二种

仪器保管暂行规则 一种

名誉技术专员章程 一种

各实验室管理章程等 十七种

本所研究员章程 一种

丁、培育法医人才

我国唐制，于各府县均置有经学及医学博士一人，可见专制时代犹知慎刑恤命，对于医事行政之注意矣。明代以后犹于各府县分置教官及医官，是与欧洲各国设有官医意义相同。按：官医在欧资格至深，非经大学或专门医科卒业，研究论题，考得博士学位，再在法医等教室研究二年以上，更经国家之严格官医考试后不得充任。而既充官医，则政府指派地方服务，凡该处民刑检务非官医不得为鉴定人，同时并许自耳开业行医，兼机关或慈善团体之医师，对该处卫生行政居顾问地位。故其收入既丰，资格亦妥，一切疑难案件均能胜任。反顾我华，则委检验要务于仵作之手，至今即仵作人员亦甚缺乏，故本所应行培育二种法医人员，一即法医师，一即法医助理员。惟限于所址及经费并顾虑目今之须要，故先行培育少数法医师。本年开办肇始，至六月间对教务及实习场所皆略布置就绪，当即并部开始招收法医研究员，专收曾经国内外医科大学或高等专门以上学校卒业生四十名，除招考（有津贴）及自费各十名，更由全国各高等法院共保送二十名，分平沪二处招考，甄别甚严，定在九月一日开学，卒业期一年半，分三学期授以下列法医学应知学识：

附研究员暂定课目表

	课　目	第一学期每周授课研究时间（共18时）	第二学期每周授课研究时间（共20时）	第三学期每周授课研究时间	备考 每周1小时，每学期约25小时
人证鉴定基础学	个人鉴定学		1		主要为指纹、足纹、齿痕个人身体测定，年龄鉴定，亲生子检查，性别鉴定，妊娠，流产，猥亵等行为鉴定
	个人鉴定实习		分组实习		
	侦查学（犯罪搜索学）		1		
	侦查学实习		分组实习		
	外伤鉴别诊断学	2	1		主要为分类预后及瘢痕对工作能率
	外伤鉴别诊断实习	分组随同实习		分组出勤实习	
	鉴别诊断学、诊断检验学	2			包括内科、小儿科、产科、妇科、皮肤科、花柳、耳科、鼻科、喉科、眼科、腺病科、齿科等医化学、X光等
	诊断检验实习		2		分组每人至多每事一次
	精神病鉴别学	1			

司法行政部法医研究所研究员暂定课目表

课　目		第一学期每周授课研究时间（共 18 时）	第二学期每周授课研究时间（共 20 时）	第三学期每周授课研究时间	备考每周 1 小时，每学期约 25 小时
					司法行政部法医研究所研究员暂定课目表
	法医精神病学		1		
	法医精神病鉴定实习		临床实习		
	伪病伪伤鉴定学	1			
尸体检验基础科学	验尸学	1	1		死体外表、内脏、骨骼之检验，死时、死因、伤盘等鉴定
	尸体检验实习	分组随同看验	分组实习		
	病理组织诊断学	1	1		
	病理组织实习	2	2		
物证检验	物证检验学	1	1		
	物证检验实习	分组实习			
	中毒学总论	1			
	中毒学各论		1		
	毒物分析化学	2	2		法化学研究员之必需研究课目，法医研究员可同自由研究（不上课），可由教授定期演讲
	毒物化学实验	分组实习			法化学研究员必须实习

课　目		第一学期每周授课研究时间（共18时）	第二学期每周授课研究时间（共20时）	第三学期每周授课研究时间	备考
					每周1小时，每学期约25小时
基础科学	生物化学	分组实习			法化学研究员必须自由研究课目
	食品化学	分组实习			
	卫生化学	分组实习			
	医化学	分组实习			
	药用化学	分组实习			
	药理学	分组实习			
	药性学	分组实习			
	药典	分组实习			
法医师须知科目	社会医学		1		自由研究（不上课）可行演讲
	社会卫生法令及统计		1		
	监狱卫生学（兼行刑卫生）		1		
	灾害医学、劳动保险医学		1		
	鉴定实例	1	1	1	
	心理学（常人心理、罪犯心理、狂人心理）	1			
	生命保险医学		1		

司法行政部法医研究所研究员暂定课目表

林几论文研究

司法行政部法医研究所研究员暂定课目表				
课 目	第一学期每周授课研究时间（共 18 时）	第二学期每周授课研究时间（共 20 时）	第三学期每周授课研究时间	备考 每周 1 小时，每学期约 25 小时
法医法典、医事法制学、法医史	1			
研究论题		由教授指定一题		一题或数人合作，或一人两题，须视问题难易而定

此外，凡医学之关系之学科：（一）生理；（二）解剖；（三）组织；（四）胎生；（五）病理；（六）诊断；（七）细菌；（八）血清；（九）原虫；（十）寄生虫；（十一）传染病；（十二）热带病；（十三）血液病；（十四）内科；（十五）外科；（十六）产科；（十七）小儿科；（十八）妇科；（十九）鼻科；（二十）眼科；（二十一）耳科；（二十二）喉科；（二十三）皮肤科；（二十四）花柳科①；（二十五）中枢精神病科；（二十六）齿科；（二十七）卫生等专门学科，优生学、动物学、动物比较解剖学、植物学、药物学、生药学、制学处方学、看护学、医用物理学、光学，皆须浏览自行研究。

研究员卒业后，由部授以法医师证书，非医师不得为法医师，故非有高等专门以上医校卒业资格，再经本所训练后者，不得充任法医师。

（六）**逐年进行计划**

（1）二十二年度②计划

甲、最近必须之添置

法医检验及研究应用之物械。原应包括医学校各分科医院、药学校暨③化学专科所有之设备，盖机械图书愈完备则对鉴定愈方便，不但速率可以增进，即对证据搜索亦增便利，筹备时因限于经费只采购目前必不可少之应用物械，故将来仍应继续添置其中最要者如下：

1. 增购 X 光机。此种器械时对人证之内伤、骨伤、劳动机能、保险赔偿及年龄等鉴定甚为需要，计须洋六千元至一万元，现已准备有适用房屋

---

① 花柳科：性病科。

② 二十二年度：指民国二十年度。下同。

③ 暨：原文误为"盛"。

一间以备安置。

2. 属于法医学及化验等参图书，并订购各国法医学各种杂志，自制图表、植物标本及模型。所内原购书已有法文一小部分，其实法医事研究机关应关之书籍，除法医、病理、生理、精神病等医学刊物外，对化学毒物、药物、物理电学、血清、经济学、心理学等亦甚需要。现即医学书籍且未完备，杂志更无经费订定，实大缺憾，故拟请款五千元专购图书又一切图表、植物标本及模型，如有专门技术人员皆可自制，故拟分别物色人才，现在关于图表及检材证物标本已能自制，惟模型较为难办。

3. 增其他化学等仪器用具。现所备化学及各种器械不过一份，为检案增多同时须检验多件时则必不敷用，故须陆续添置，即在经常费内撙节开支，分月摊购。

乙、训育法医师即法医研究员。拟先招收研究员，俾得造就专门法医师，俾卒业后内部分发各高等法院任用。

法医师专司各地法院勘验事件，勘验结果如有疑窦[①]，须行进一步之检验者，可送至本所化验、剖验检查或诊验。又凡上诉案件，亦当送所检验，而地方法院亦皆应任用一法医师或普通医师（有医师资格未由本所卒业者）及二三助员（无医师资格者称为助理员），专司初级检验、收集物证、保存现验是项，招收详章，业已登部核准，已行招收研究员在所研究。

丙、增设教务股。专筹备招收及聘请教授、管理研究员一切事宜（现已增设）。

丁、增开毒药圃。法医研究所除正房、平房及验尸场外，所余之地基面积尚广，拟即以该空地一方开建毒药圃。盖我国地广物博，植物学材生产甚多，而未经证明成分之毒药，自属甚多，故拟加以将究自施栽种，将来即利用本所设备提炼精制，务得正确结果，可知某药有某项效能，对何种疾病，生何种反应。其为毒物亦可研究其成分，庶可筹谋解救并确定检验毒杀物证之方法，此种药类种子难得，肥料如异，随时择适用者先行栽种。

戊、增设光学部。现在摄照室系与冷藏室合并一间，然多数珍贵照像器具及附件无处陈列，且该处摄影光线不良，故俟 X 光线机购到后，将 X

----

① 疑窦：疑问，可疑之处。

光机、紫外线光机、分光镜机及物证映机、幻灯机、反映机并照像等光学物械合设一光学部，并修一暗室。

（2）二十三年度计划

甲、公开研究。创设研究室容纳有志研究法医学者来所研究，盖法医研究所为研究学术机关，若研究人员只限于招收定数之员生，似嫌太狭。故增公开研究办法。其计划凡有医法化学专门以上学识有志于法医学者，均可到研究，酌收材料费，似此既能符研究之定名，又不影响于费用，更可借以培植人才，一举而三得焉。惟显微镜架数必须增多，又屋宇问题，亦费踌躇，预计显微镜于既有四架之外，应再增购四架，需洋三千元。又将正楼各办公室内腾出一间，再将楼上、下走廊略施隔断，便可分数小室，略加设备，所费无多，约五六百元即可收容学者自由研究。

乙、筹建讲堂及实习室共五间。现在所中房屋不敷应用，勉强开一研究员研究室，而只可容四十名，按全国需要相差甚巨，且同时欲训练法医助理员及刑事警察，即无讲堂及实习室，故应建屋五大间，估计约须八千元，而讲堂及实习室内设备则须四千元。

丙、设总机间。现所内大楼之内因原建有两机间（冷机、热机），马达响动日夕不停，有碍办公，且皆用电油，引火极易，为安全起见，应于楼外隙地多建一平屋，将冷气机、汤机、水汀机、煤气机等皆移于其内，计约需款不过二千五百元，而可得相当之安全。现教务、检务日多，楼下原屋亦可腾出为办公处所。

丁、创设法医研究所北平分所。本所人员既少，勘验事件势难普遍。故应将全国分为五大区，除真茹为总所外，在北平、武汉、广州或梧州、重庆四地设立分所，而现在国步艰难，似只能利用各地已有法医学科设备者先行着手。查北平大学医学院原设有法医学教室，亦系由几①创办，内容设备虽不及本所完善，但稍加添置便敷应用，且教授及其他各科书籍、仪器尚皆完备，堪以互相借助。况北大、清华等之化学设备、协和之医学设备均优在，必须时亦可设法问之借取，故如设分所于北平大学医学院并用以训练研究生，所费既存而功效倍著，预计月有二千元即可成立。

---

① 几：指林几。

戊、增建宿舍。真茹位置处沪郊外，既招研究员及练习生后，势须供宿，若于附近租屋，则每月需费至少二百元，故拟于空地另建平屋十数幢，估计大约六千元左右。

己、增设图书储存室。现在图书无储存专室，合并于阅读室，对图书保管上颇感困难，现有书籍较少，故尚可暂时应用，将来图书增多，拟增一室。

（3）二十四年度计划

甲、增设心神鉴定收容室、研究室、杂物室零星屋宇。本所现只有一间心神鉴定收容室，以后鉴定该种案件增多必不敷用，故拟增建五间。又研究、杂物室等屋宇，本所原无此项设备，亦拟增建二十间，估计约须一万元左右，现已计划一地基备用。

乙、增设分所：拟再于武汉、广州、重庆三处设立分所。该分所暂设于各地医学校或设备较完全之医院内，所有技术人员可由总所抽选成绩良好之研究员补充之，其经常费因既附设于学校、医院之内，自较减省。预计可由各地法院分担一部分，由该所维持一部分。

丙、派员出洋考察各国法医设施。法医设施各国不同，而设备种种每随科学发明而日新月异，故为维持本所人员学识之增进及设备之完善，应每届三年即派技术人员支用原薪出洋留学。并由部给与相当旅费及服装费，则其对我国法医学之进展定多裨益。

丁、设法医助理员训练班。讲堂、实习室既建，即可招收高中或医校肄业及①医院练习生或无法医师资格之法医百名来所训练。以便分发于各地方法院为助理员，收集检材并检简单案件。

戊、购人证检查用械。现人证检查，除普通诊病用械外，对刑事侦查、心理查验、精神查验及匿病、伪病、伪伤等查验特种仪器皆暂缺如。惟此类用械甚为精微，价值奇昂，总计约须万元。但系法医研究所所需图仪器，应行购备。

（4）二十五年度计划

甲、增设侦察科。查欧美警署法医，必附设有侦查科。盖法医侦察与其他侦查不同，是以帮助鉴定，拟增设此科。

---

① 及：暨，原文误为"习"。

乙、训练刑事警察。刑事警察为侦查案件必备之人员，凡有案件发生必先报于公安机关，俟其察勘后再报法院。而一般警察既不知应如何保存证据，或利用相当侦索罪犯，所以当场之人证、物证、指纹、足迹等。每遭无意义之纷乱消失，对警察及定案有重大关系。所以拟增设此班，即由法院中抽选曾在初中卒业较聪明心细之法警送所，加以半年以上之授课及实习。并由部商同首都警察厅于招练警官警士时决定增设此课，其教材应归本所编审。如能照此进行，则十年之内全国法医可有一相当之系统组织。

丙、颁定法医检验标准格式（如尸格等），编订医科、法科及警科法医学课本。

（5）二十六年度计划

甲、办学校。每一高等法院至少须法医师一名，助理员二三名。地方法院至少须法医师一二名，助理员四五名，县法院或县法庭至少须法医一名，助理员二名，以全国统计需用人才奇多，况刑事警察亦属需要，故应扩充特办一学校，以专造就多数各级法医人才，派充各分所暨各级法院技术之员之用。

乙、扩大所内组织。预计届时国内安定，全国疑难案件皆可送所检验，则原定组织之人员决不敷用。再办学校，教授人员、检验人员尤难分配，故应扩大组织，并将各科详细分组，各聘专门人员担任。

丙、增建校舍。所内人员及学生增多，则原有屋宇自不敷用。本所内空地甚多，现已计划一区备用（如图）。

丁、订定法医制度分全国为五大区，每区有一分所专检验疑案，更据各县人口案件之繁简，由本所呈部分配相当人数之法医师，并拟颁定法医制度系统如下：

个人 | 公共团体 | 行政官署 | 最高法院 | 各地方高等学院

司法行政部

委托询问

法医研究所 —— 法医学审议会分所

各高等法院法医 —— 刑事警察 | 法医助理员

有法医学侦查知识之警察官佐

地方法院法医 —— 刑事警察 | 法医助理员

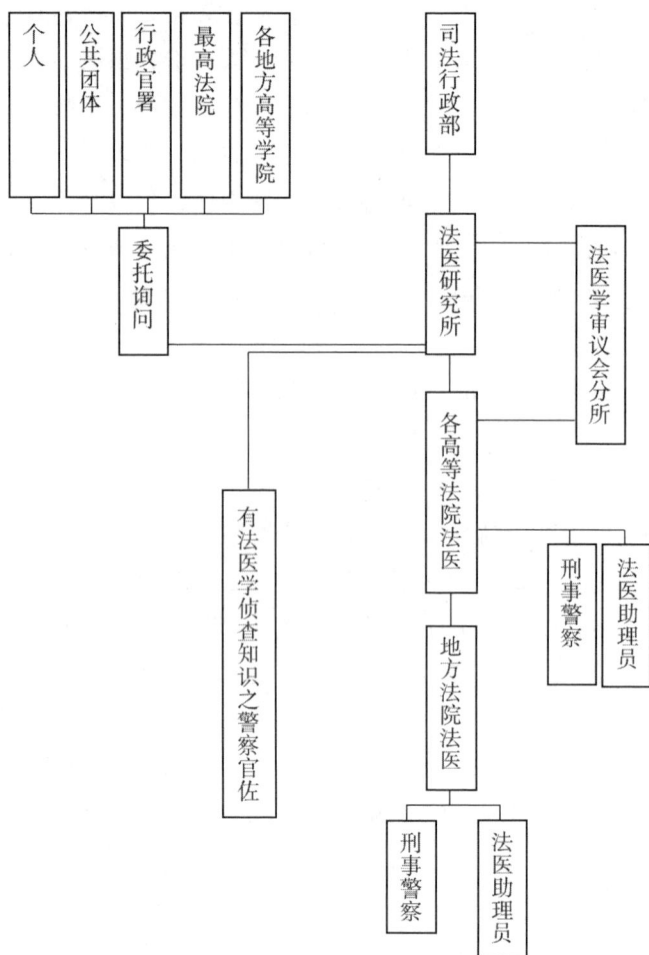

（6）二十七年度以后计划

甲、筹设精神病监。现因国内私人及公共之精神病收所、疯人院等，设备皆不妥善。对于精神病者之处置全未按科学方法疗治，势使精神病人不能得法律之保障，日夕备受不科学设备之管理，以病势日笃不获痊愈。故一般家中虽有病人，亦不忍送往疗禁，是对于社会影响甚大，危险亦甚大。故拟由政府及捐募两方面，集款四五十万元。即在本所西北地基内建一合于新科学治疗之精神病监，以收容精神病者。在初办时经常费或须请部拨给，至办理成绩已良，则该监收入便可自给。

乙、筹划烟犯戒烟所。现在鸦片、吗啡、海洛因等麻醉品，流毒甚广。有此瘾者，即为违禁。按禁烟法须予监禁，然身入监中，断难再准有毒物之供给。故监禁时即无烟以止其瘾，势必瘾发生病，是即又非一般监中所能容，故在本所北面地基内设一烟犯禁烟所，于监中强迫戒烟。凡禁烟的大约三星期可以断瘾，预计假定设立收容一千人，则须有房屋二百间，床一千架，加以医用药品仪器设备，则建设费约须十万元。而经常费可由禁烟罚金及犯人方面征取，不必另筹。

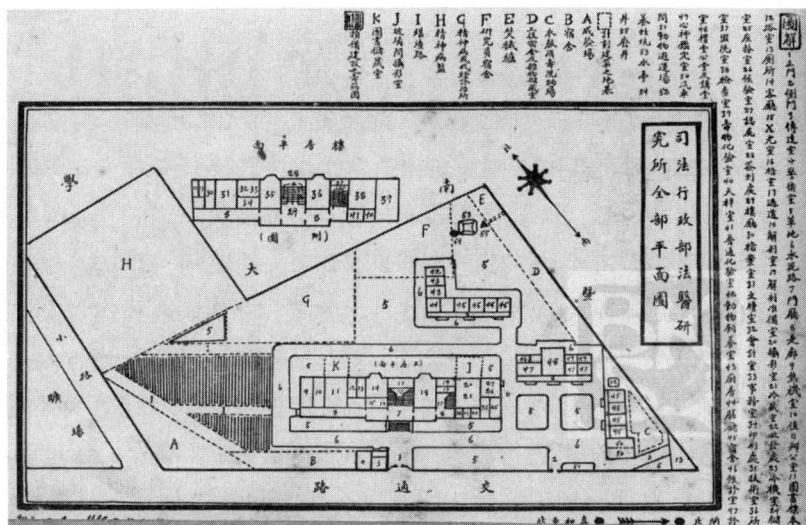

图解：1 正门 2 侧门 3 传达室 4 警卫室 5 草地 6 水泥路 7 门厅 8 走廊 9 热机室 10 值日办公室 11 图书标本 12 浴室 13 厕所 14 客厅 15 X 光室 16 暗室 17 过道 18 解剖室 19 解剖准备室 20 摄影室 21 冷藏室 22 收发处 23 冷机室 24 储室 25 庶务室 26 候检室 27 认尸室 28 签到处 29 楼厅 30 档案室 31 文牍室 32 会计室 33 事务室 34 印刷处 35 技术室 36 所室 37 盥洗室 38 检查室 39 毒物化验室 40 天秤室 41 普通化验室 42 动物饲养室 43 厨房 44 膳厅 45 宿舍 46 候诊室 47 诊室 48 礼堂公堂及讲堂 49 心神鉴定室 50 汽车间 51 动物游运场 52 养蛙坑 53 水亭 54 井 55 废井。▢ 计划建筑之地基。A 成殓场 B 宿舍 C 衣服消毒洗晒场 D 工役宿舍及杂物储藏室 E 焚秽炉 F 研究员宿舍 G 精神病或戒烟诊治所 H 精神病监 I 煤渣路 J 玻璃间摄影室 K 图书储藏室。▨ 预备建设之毒药圃。

【述评】

1932 年 8 月 1 日司法行政部法医研究所成立，该文章从科室布置、设备购买、职务分配、经费消耗、工作业绩、人员培养等几方面讲解了研究所成立一年内的具体工作，并提出了未来 6 年的规划。从文章提供的建筑平面图看，研究所已经初具规模，科室完备，人员配置合理，各地可以按照这个方案，建立自己当地的法医研究所，以满足当地司法鉴定的需要。

二十六、实验法医学[①]

【原文】

绪　言

法者乃立国之本，法医者则为法律信实之保障。现吾国对于此学鲜有专才，法医检验仍袭旧弊，其实此学科研究及实用范围包罗至广，为国家应用医学之一。凡立法、司法、行政之方面无不有需于法医师，即其需要之最小范围亦可助司法之各种《刑法》民事案件之鉴定，并伪病或匿病之检查。故法医学者，是以医学及自然科学为基础而鉴定且研究法律上问题者也。

一般医师，法曹每以法医学之鉴定，凡有普通医学知识者莫不能之，此实大谬。然法医学在司法行政方面之运用，固注意于检验，殆非未习普通医学之解剖、生理、病理、胎生、细菌、化学、显微化学、显微镜学并精神病学、内外科等临床学科者所能胜。夫法之所贵，赏罚必信，苟被检举或嫌疑犯者犯罪行为不甚充分，则乌可遂施以判决。吾国对刑事案件自古以来已能注意及斯，惜后人每食古不化，墨守陈章，以致当兹科学世界，尤复袭用七百年前宋人所集洗冤录以为刑检之蓝本。吾人固至爱我中华，至仰我古人，佩其富有理想，艰于创作。而惜后人不能追踪精研，推旧更新，延至今日，终落人后，不亦悲夫。观洗冤录中所载，亦偶有足供吾人之参考。然其荒谬绝伦类若神话者，确属非鲜，是乌能合乎科学原理，而作文明国家法律之鉴证乎。且历来更将刑检要务委诸无科学学识或毫无经验仵作及开业医生之手，是诚难免有藐视法律尊严之消。在欧西各国，每遇有关于法医事件，统先由各城指定官医施行初检，而此种官医必须由正式医校卒业，在病理及精神病教室研究三年，再入法医学教室服务二年以上者方得充任。由官医初检、择取检材送交各大学校法医教室，更请专家详细检查。故所鉴定案件事实大小必详、必确，亦所以昭大信于公民，尊

① 此文为林几的长篇系列论著，连载发表于《法医月刊》1934 年第 4 期第 1—4 页、《法医月刊》1934 年第 5 期第 1—14 页、《法医月刊》1934 年第 6 期第 4—6 页、《法医月刊》1934 年第 6 期第 6—27 页、《法医月刊》1934 年第 7 期第 1—43 页。

法律重国本也。有唐之制，于各府县均置有经学及医学博士各一人，可见昔日专制时代犹知慎刑恤命，对医事行政之注重矣。然有唐之世，实乃吾华文化昌明时代也，书曰惟刑之恤，诗曰在泮献囚，殆因上古治世，虽未明科学新理，而其慎于用法，以申民冤，立意至善也。明代以后，犹于各府县分置教官及医官，是与唐时施设之精意已相悖戾。迨至清中叶，刑章益弛，同治末年虽沈葆桢曾奏请解除仵作禁锢，而仍格于当事之昏聩，竟未实施。光绪之季，效法图强，亦知注意法检，曾于刑曹设检验学习所，惜乃因人设官，辍遂无继。今者，党国维新，努力求治，训政肇始，百事待兴，国人皆耻国权之旁落，改良司法、收回法权乃当今之急务。况人民智识增高，对旧日非科学之鉴定已失信任，且国宇辽阔，人才缺乏，各地医师之分配尚未普及。故对于新法刑检验之实行颇感困难，是以法界及警界人士尤有知晓普通法医学常识之必要，斯免临案判事，失所参考依据也。

总　论

法医学在吾华虽有七八百年之历史，惜后人未能以科学研究推新，遂致反落人后，实大可惜。欧西当十八世纪，本科之名方始发生，同时法学甚为进步，两种著名书籍：一为1507年出版之奔湃哥（Bamberger）氏刑律，一为1532年出版之客罗氏（Carls）第五刑律。据两氏所述，凡遇杀人事件，或毒杀事件，或堕胎事件时，须请医生出庭作证，以鉴定事件是否确实，此后医生遂知有研究法律上问题之必要。适当时尸体剖验亦甚发达，身体内部之构造用吾人肉眼能以直接观察，因以上二种原因，遂产生法医学科。故法医学在前亦称裁判医学或鉴定医学。殆及近代，法医学运用之范围日益扩大，除司法鉴定案件外，在立法界上，如对劳工法之劳工疲劳调节及灾变原因并预防之研究，生命保险之康健保险法，精神病者之保护法，及医师法并各种卫生条例之拟定等，莫不与法医学有密切之关系。更据法医学、哲学及心理学者研究，俱认犯罪行为系出于社会或个人之疾病状态，故制定法律必须有相当医学、生理学上之知识。次在行政界上，卫生行政机关、市政府、公安等对于路毙或死因不明尸体之剖验、疫病之检查、灾害之鉴定、败药毒质之化验等等，亦莫不有需于法医，故旧用裁判医学之名义不如用法医学为佳。

法医学在科学上之地位有如下[①]表：

---

① 下：原文为“左”，竖排。

化学毒物学　法学　心理学　医学

预防医学——临床医学——基础医学

法医学

卫生学

法医检验学　法医精神病学　法化学　社会医学　保险医学　灾害医学　各种法律

社会的预防医学　个人的预防医学

个人医学　研究的科学医学

国家医学

应用的科学医学

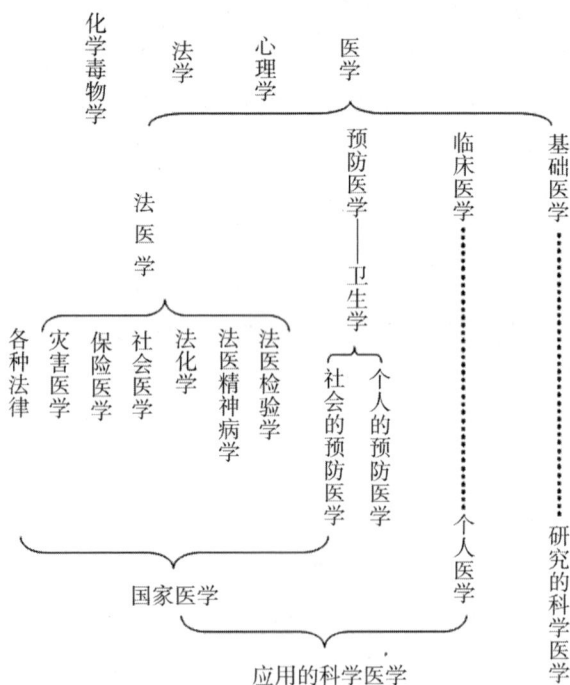

　　法律上之检证，原为检定事实以资裁判或确定证佐之有无，鉴别此证佐必需有法医学之知识。故医事鉴定人可伴随法官，辅助法官之检证，检证之际通常由该处法官指定鉴定事项，命令鉴定人鉴别之。但如无法医学与其他鉴定上之知识，则法官亦不得强所不能，故通常检案多以法庭所认可之医士为主。然在事实上，有时被害者之亲族可以请求法庭命令某医士鉴定或请法官临场指定鉴定事项，命令鉴定之。

　　在各地方司法及行政机关、地方法院、公安局、卫生局亦宜设有相当法医学识之警员，以备初度检验所辖区内之检伤、检案事件，此种法医人员在各国名曰"法医警员或法医检验员"。有时亦可聘专任或兼任之专门法医学者担任，而至正式检查则须绝对由专门法医师在设备较完之法医教室中检查之，且同时得分一种或各一种检材于一处以上专门教室实行分检或先后时间分数次复检，故一般鉴定人宜除所需用检材部分外，更留下同检材之他部分以供复检。

　　此种检验法院或公安局须征以相当之检验费，此种检验费多由被害者本身或关系人担任，但鉴定人如在司法或行政机关有法医检验之俸给者，则临时自勿庸再给。

第一章　法医师

第一节　医师条例

按内政部颁定之《医师暂行条例》，有下列之规定：

第一章　总纲

第一条　在医师法未颁布以前，关于医师之认许依本条之规定行之。

第二条　凡具有下①列资格者，由内政部卫生署审查后给予医师证书者，其未经核准给证者不得执行医师之业务。

内政部卫生署审查医师资格，得组织审查委员会，其立程另定之。

第二章　资格

第三条　凡年在二十岁以上具有下列资格之一者，得呈请给予医师证书。

一、在国立或政府有案之公立、私立医学专门学校以上毕业，领有毕业证书者。

二、在外国官立或政府有案之私立医学专门学校以上毕业，领有毕业证书或在外国政府领有医师证书者。

三、外国人曾在各该国政府领有医师证书，经外交部证明者。

四、经医师考试及格，领有证书者。

第四条　有下列各款情事之一者，虽具有前条资格仍不得给予医师证书：

一、非因从事国民革命而曾判处三年以上之徒刑者。

二、禁治产者②。

三、心神丧③失者。

其给证在前，事发在后者应随时将证书撤销，但二、三两款之原因消灭时，得再发给此项证书。

第三章　领证程序

第五条　凡请领医师证书者，应备证书费5元，印花税2元，半身二寸相片两张，履历书一纸，连同毕业证书、证明资格文件，缴由所在地该管官署转报卫生署验收后，核给证书。前项转报程序，设有卫生局地方，由卫生局呈由该主管机关，未设卫生局地方，由公安局呈由主管机关，未设卫生局及公安局地方，由其他行政官署呈由主管机关，按月汇报卫生署。

---

① 下：原文为"左"，下同。

② 禁治产者：禁止其自行治理财产（民国时法律术语。禁止对象为不具备责任能力者）。

③ 丧：原文误为"表"。

第六条　已领之证书如有损坏、遗失等情，呈请补领时，应缴证书费2元，印花税2元。

第七条　在本条例施行前已领有部颁执照并与第三条所定资格相符者，准其缴纳换证费2元，印花税2元，呈请换领新证。其仅在地方官署注册领照，未经领有部照者，仍须依照本条例第五之规定补领部颁证书。

第八条　条例施行后，凡现在开业之医师未经领有部证者，应由该管官署限期令其呈领。

前项开业之医师，已遵令请领部证，未奉颁给前，该管官署得酌量情形发给临时证领书，准其继续执行业务。

第四章　义务

第九条　凡医师欲在某处开业，须向该管官署呈验部颁证书请求注册。

第十条　医师之开业、歇业、复业或移转、死亡等事，应予十日内，由本人或其关系人向该管官署报告。

第十一条　医师非亲自诊察不得施行治疗或开给方剂及交付诊断书，其非亲自检验尸体者亦不得交付死亡诊断书或死产证书。死亡诊断书、死产证书之程式定之。

第十二条　医师执行业务时，应备治疗簿，记载病人姓名、年龄、性别、职业、病名、病历、医法。前项治疗簿应保存五年。

第十三条　医师处方时，应记明下列事项。

一、自己姓名、证书及注册号数并加盖私章。

二、病人姓名、年龄、药名、药量、用法、年月日。

第十四条　医师对于诊治之病人交付药剂时，应于容器或纸包上，将用法、病人姓名及自己姓名或诊治所逐一注明。

第十五条　医师如诊断传染病人或检验传染病之死体时，应指示消毒方法，并应向该管官署据实报告。

第十六条　医师当检查死体或妊娠之死产儿，如认为有犯罪之嫌疑时，应于二十四小时内向该管官署报告。

第十七条　医师如无法令所规定之正当理由，不得拒绝诊断书、检案书或死产证书之交付。

第十八条　医师关于其业务，不得登载及散布虚伪夸张之广告。

第十九条　医师除关于正当治疗外，不得滥用鸦片、吗啡等毒剂药品。

第二十条　医师关于审判上、公安上及预防等事，有应遵从该管法院、公安局所或行政官署指挥之义务。

第五章　惩戒

第二十一条　医师于业务上如有不正当行为，或精神有异状不能执行业务时，应由该管官署交由地方医师会审议后，暂令停止营业。

第二十二条　本条例施行后，凡未领部颁证书或证书撤销与停止营业者，概不得擅自执行业务，违者得由该管行政官署处三百元以下之罚金。

第二十三条　医师受撤销之处分时，应于三日内将证书向该管官署缴销。其受停业之处分者，应将证书送该管官署，将停业理由及期限记载于该证书里面后，仍交由本人收执。

第二十四条　医师违反本条例之规定时，除他条已定有制裁者外，得由该管行政官署处五十元以下之罚金，其因业务触犯《刑法》时，应依刑事法规之规定送由法院办理。

附　则

第二十五条　本条例自呈经国民政府核准之日施行。

故按该条例第十一条至第二十条各规定之关系医师实有为法律上鉴定人之义务。盖法律上须择有特别学识、技能者，方得充鉴定人。更因须绝对负责，故应用自然人，所以鉴定人对于鉴定案件，必须以各人名义签名、盖章、具结①，以昭信实，且不得无故拒绝或延误。

第二节　法医师之责任

兹将医师之责任分析如后：

医师之责任表

医师道德	医师法定之责任	
	预防责任	报告责任（中毒死者、变死者、传染病者等报告）
		鉴证责任（法庭上为鉴定人、证人）
	诊断责任 检验责任 化验责任	职务上秘密责任 尸体解剖②之鉴定 犯罪行为及嫌疑物证之鉴定 医术过误之鉴定 伪伤及伤程度之鉴定 伪病、匿病、疾病之鉴定 药物、毒物化验之鉴定

---

① 具结：旧时对官署提出表示负责保证的文件。

② 解剖：原文为"解部"。

医为仁术，法医师在法律上不纳营业税，诊断书、鉴定书等亦无粘贴印花之必要，在法律上所予医师之便利有四：

一、因信用之关系，得宣言不为法律上之证人及鉴定人。

二、因治疗目的，在业务上正当之行为时，得施损伤于人，故对医师业务上过失及忽略之鉴定，必要注意其是否出于正当医术行为。

三、因治疗目的，在业务上正当之行为时，得授予人以药品乃至有限量之含毒物质。

四、在法律上医业不认系一种营业性质之事业。

然医者在法律上所担负之义务有九：

一、在医师条例（医师法令）范围内动作。

二、为鉴定人及证人。

三、无故不得拒诊。

四、制成死亡诊断书、疾病诊断书、尸体检验报告书、鉴定书等。

五、诊见中毒者、变死者或传染病者后，相当时期内（传染病预防条例①第八条规则订在十四小时以内）须行报告于死者或病者所在地之管辖官署。

六、有救急之义务。

七、对医术过错负十分之责任。

八、负职务上之秘密责任。

九、作伪证或伪鉴定者，受法律上之处罚（见刑事民事诉讼法）。对能行检验者，自可施以检验。对学力或设备上不能检验者，亦须完全申明，不得含混。对得证实结果，固然算是鉴定，须行报告。就是反面的结果，亦必须同时报告，不得遗漏或从略。

故法医师对于医学——鉴定或检验之责任：（一）要依实具报。（二）要精详周密。法官所询问诸点，固要明白答复，诚实鉴定。即非法官新询，而由该物证发现者，亦须详为陈明。（三）在可能范围内，务求鉴定者之速成，以免两造②受连带较久之侦查不能自由。（四）对在事实上不能连日鉴定，或事实上不能鉴定者须预陈明。（五）除法定手续不完全，或对于鉴定事件须先调查，或检验有关之人证、物证或文证者外，检案不得延缓。（六）鉴定人在受委鉴定时期内对该案必须严守秘密，又对本人或配偶或亲属之关系案

---

① 条例：原文为"条件"。

② 两造：指有关争讼的双方当事人。

件，得请求回避，拒绝鉴定。（七）鉴定完了之案件，除在庭已宣告者，皆须永守秘密。（八）如系关系人请求对所鉴定者须守秘密，则医师不得泄露，关于妇女之检验尤须注意。（九）当鉴定时得有助理人员，法官或法庭书记、法警在旁作证。（十）凡关于精神病及妇女事件之鉴定，应求法官并传被检者之亲属随同在旁作证。（十一）鉴定人宜预告随同在旁作证者，若非鉴定人有所询时，不得发言或行动。（十二）对所送来检材，非不得已，不得全部皆供检验，以便再度或他人之复行鉴定。如必需全部消费方能达到检查目的者，应先征求所委法庭之同意。（十三）鉴定案件皆须签名盖章，并具诚实公正之结文。（十四）其本人检验结果认为不完满者，得向委托者提出声明，请加委他人复验，或将检材送交其他有设备之机关详验。

第三节　法医师临案需要之手续及处置

（甲）法医师受委托为鉴定人后，应履行必要之手续如下：

（一）收到法庭委托鉴定函件或请赴检验之传票（传票须在鉴定前2日—1周以前收到）。（二）自决有否拒绝鉴定或作证之必要，且有无业务上应拒绝鉴定、作证理由。（三）具复法庭（但须在订定鉴定时期前二日以上）。（四）准备一切应用物械并消毒药品。（五）诊断、尸检、化验如不能当时即完成鉴定者，得请于法官，亦可请移至较便场所检验，然尸检最好勿庸移动，就地检查为要。（六）在本人及设备上不能鉴定事项，须伸说明白。（七）鉴定书应有一定格式。（八）鉴定书上必须将临场诸人共同列名，并详记检验地点、时日。（九）具鉴定书后，如法庭需要出庭说明者，不得届时拒绝。（十）对鉴定检材必须珍惜，余留相当部分必须退还法庭以供复检，而余留退还部分必须严密封置，签章作证，而后交人携交法庭。如路途遥远者，亦可用双挂号交邮，其邮费得由法庭征还。（十一）刑事案件得向法庭请求日费、旅费、鉴定材料费，民事案件更得于法庭之日费、旅费外，请求相当之报酬。

（乙）法医师为检验之必需得施行下列之处置：

一、剖验尸体得将病伤组织切留，施行病理或化学检查，必要时得请求开棺发墓。

二、诊查男女身体及心神状态，在必要时并得申述理由，请求法院传唤被检者之直系亲属、监护人或原告，施以心神或身体之诊查或讯问。

必要时并得切割病伤组织，以施肉眼及显微镜之检查，但须以不至增加伤势病情为原则，且对病伤人证受检者，应施以救急及消毒防范处置，惟须预得委托法官等之同意。

三、分别检验一切物证及其他物品，必要时得消耗该物品之全部或一部，或变更其性质。

四、审查一切文证报告及病历、处方或笔迹、单据之涂改。

五、调阅有关系之文件、案卷、证物。

六、请求法院或委托者详细调查、讯问，或径由鉴定人亲自向自诉人、被告或证人发问。

七、必要时得行摄影、绘图或制模，或取留人体或证物之全部或一部存证。

八、实验需要时，得施动物试验或其他对照检查。

第四节　法医师拒绝鉴定之范围

凡受法院或其他机关团体、个人委托鉴定或检验案件，在一定条件下得拒绝受理：

一、因医师业务上以前曾受委托严守秘密之事件发生诉讼者，该医师得根据民刑诉讼法上之规定理由拒绝为证人或鉴定人。

二、凡本人或配偶或亲属之关系案件，得根据民刑诉讼法上之规定理由，请求回避，拒绝为证人或鉴定人。

三、未经委托机关或关系人证明确系需验者，得请机关或个人证明后，再行检验，否则不应受理。

四、送检物品封裹不妥，封识不明，件数不符，有发生错误或更易情弊之疑者，得陈明理由退回，不予受理。

五、送检物证、文证不完①或损毁，无由施检者，得说明理由不予受理。

六、送检尸体已完全腐败而病伤又未及骨者，得说明理由不予受理。

七、物质已变更或不存生者②，得拒绝受理。

八、个人对委托鉴定事件，学力、经验自觉不足，或佐验物械设备不全者，可声明理由不行接受，或请加委或改派他人参同检验，有时并得接受该案之一部分，而将他一部分陈述不能接受理由，予以拒绝。

九、来文需检该案之目的系现代科学能力所不能证确者，得拒绝接受或只检其能合于科学之部分。

---

① 不完：指不完整、不完备。
② 不存生者：不存在者。

十、惟不得以曾为该案鉴定人或证人为拒却之原因，第对不同级法院上诉复验之同一案件同一检查目的者，得申请回避，如法院以为勿庸回避者，仍应检验。

第五节　法医师之资格

法医既系一种专门学科，在原则上凡法医师须由医学专门以上学校卒业，更在病理学、化学、精神病学教室实习，得有相当经验后，更往法医学研究所实习至若干年数，经法医学界公认其学识足以胜任者，方得充之。德国制度在城乡均设有公医，公医资格须由医科大学卒业后，在法医病理、精神病及主要临床科目各科实习至三年以上后，方得准与。公医试验所录后，始得充为公医，而公医性质颇似昔日中国之官医。公医有权参与当地医事行政及法医检查事件，然亦只限于检材之收集，而对验伤及中毒、精神病等鉴定，则须由各大学校内法医学教室专家检查。刻我国公医制度未克实行，医校设备似欠周密，故对法医师资格，在事实上不能过于严格，然亦不可过于草率，以贻大误。故暂拟有下列办法，以促法医之改良。

（一）设法医研究班，招收已由专门医学校卒业生，实习研究一年半后，分配于地高厅专任对法医学检查，此种研究班宜附设于设备完全医学校，则一切需费可省，几①奉司法行政部令，在上海真茹创设法医研究所，于民国廿二年已招收该班。

（二）设法医检验班，招旧检验吏及曾卒业于各医校药房之练习生及助手等，训以新法检伤及解剖、病理等法医基础学识。俟一年之后，分配之于各级检厅、公安局，充检验员或助手，以采取检材送于中央法医研究所或设备较完全之医校法医学教室，再行详密鉴定。

（三）设立中央法医研究所，如附设于医学校法医学教室，则所费甚省。如独立设立，则所费较巨。司法行政部有鉴法医之重要，于民国十八年开始筹备，廿一年八月成立法医研究所于真茹，以检验、研究法医事项，并培育法医人才为职掌。

（四）在以上三项未能实行完成以前，只好先由检验吏或当地开业、有中外医学专校卒业证书之医师，担任检材的采集，次送所有检材于真茹法医研究所或国立医学院或专门以上医学校，施行法医鉴定。

而法官对临案检伤所聘请医师资格的注意点如下②：

---

① 几：指林几。
② 如下：原文为"如左"。

（第一）　必须物色有中外医学专门以上学校卒业证书之医师，而能得有开业证书及病理、法医、解剖等教室实习证书者尤妙。

（第二）　该医师应自声明对法医病理或精神病、产科、妇人科等有相当经验者，否则国内一般医校医院助手、看护出身之医师，虽亦有开业证，但对病理、解剖则决无实习的机会，然法医尸检基础学识皆出于病理、解剖的经验，故对于此点法官切宜注意。

至于精神病的鉴定，系医学中较难学科，非法医专家、内科及精神病学者，殆难作真确之诊断，故在无此种医师地方，法官若遇此种案件，宜缜密询问其个人之既往症，以考其有无遗传关系（但母之家族亦须调查），因精神病往往与遗传、梅毒及酗酒①有关，也询问其邻右及他人，并佐以普通医生检见之现在症象，及未发生此案前诊视医生之诊断，便可解决此案。

（第三）　对于中毒之鉴定，化学检验尤非普通医师所能，故法官如遇此种案件而该地又无专门法医学专家，则只好委托普通医师解剖尸骨，具解剖所见报告书，并选所需供化学检材料（内脏），全部送托真茹法医研究所、医校法医学教室或化学化验室，由专家精密化验，并作鉴定。倘为慎重起见，对中毒鉴定宜分送于三处化验，以资对照，但各毒质往往在人体内亦含有相当微量。故中毒鉴定书中有时不但对有无毒物及何种毒物应加以说明，即对毒物总量是否可致人于死一层，亦须计算清楚，加以说明，以资评断。在一般医师、化学师之鉴定，往往只就法官所询各点作复，而法官对于毒量一层又往往忽略不问，实为大谬。所以选择法医师之资格对毒物之鉴定，必须兼能定性及定量分析者为妥。

第二章　法律所需之法医

法官与法医师之业务极为相类，法医师之责任即以保持公私于健康状态，法官之责任即坚守公私之权利义务是否有被侵害。故对于经世济民之旨，实相一致。因责任目的相同，所以法律家与医师间常发生密切关系及种种交涉，而以研究此共同点为主题者，即为法医学。

第一节　法官于法医之运用

法官于法医学之运用，简而言之如下②：

---

① 酗酒：嗜酒。
② 如下：原文为"如左"。

1. 凡遇一案必求其是否须施鉴定。

2. 其所欲鉴定之要点何在。

3. 应否立行尸解剖验或仅行检材鉴定。

然后法官对法医师人选方便加以选择，兹列举应行检验诸项于后，以供临案之忝照。

（第一）检尸其注意点：（1）何以致死。（2）是否有附证。（3）自杀或他杀或过失灾厄。（4）死之时期。

例（一）对杀人嫌疑案件，在尸体检验时则须求验其：（1）凶伤情形。（2）致命伤及死因何在。（3）外观上如无致死伤而死亡者，是否有内损伤。（4）其内损伤是否因死者原有疾病或其他原因。（5）凶器与伤痕能否相称，是何种凶器，血流之状态如何。（6）死后日期之推测。（7）有无死后伤①。（8）有无旧伤痕。（9）死伤场所之情形。（10）有无可供附证物（指纹、足痕、衣服、毛发及邻近遗弃可疑物件等）。（11）是他杀、自杀、过失或灾厄。

检验凶器及附属证物，则须求鉴定血迹：（1）是否血痕。（2）是否人血。（3）经过时日之推测。（4）血量之推测（不一定可能）。（5）如非人血，则系何种血液。（6）血迹内有无掺杂水分或其他化学品。（7）血迹外交有何可疑勘为证据的检见（如精液、毛发、化学药品等）。

例（二）对毒杀嫌疑案件，发现中毒尸体，鉴定人解剖后须将采集检材施行化验。因凡遇中毒嫌疑案件，往往须经两番鉴定，一即尸体解剖验，可由一般病理学识之医师行之，并委托此鉴定人将需要之鉴定检材（胃、肠、心、膀胱、脑之内容及组织）取出，书封密移交法庭，另委托法医学专家或化学家检验之。其注意点如下：（1）尸检时对各脏器现象详加检视，并具报告记录。（2）取集之检材存贮于各容器内，委托法医学专家或化学家化验。（3）除毒质及中毒症状外，在剖验时所见。（4）对有关系之证物，如为药瓶、药包或药品，亦须并送化验。（5）对死者中毒后症状之调查。（6）毒药来源之探索（因与毒剂贩卖案有关）。（7）尸体毒质总量与致死量之鉴定。

例（三）灾厄死尸之鉴定：（1）有无其他原因致死。（2）死前遇厄，抑死后遇厄，对火烧场尤宜注意。（3）其他可疑物证。（4）与生命保险

---

① 有无死后伤：原文为"有后伤"。

关系。

例（四）缢死疑案之鉴定。凡疑系一般学术或鉴定人能力所不能鉴定者，则应征求多数专门家意见，而选其较①能做法律家证据者，以助判决，但在判决中宜予有平反之机会。

譬如有一病人缢死，尸体发现他无所知，则对此病人之自杀或生前被人乘其因昏迷之际轻轻扶使上吊，而预挂绳圈一傍，再立一椅而倾倒之于地，伪作是病人自家登椅上吊蹴倒之势。然在此际又有可疑的事实，即该死者实无自杀之必要，并其他可以致疑之点，则此种尸体之剖解甚属重要。其注意点如下：（1）是否的确缢死，无他种外象伤痕等。（2）解剖病的现象，与死者体力是否能自动上吊的拟判。（3）尸体总重量与嫌疑犯之体力的测定。（4）在尸身衣服上指纹并手纹方向、姿势及悬尸姿势的检定。（5）悬尸近处足痕的测检。（6）遗嘱笔迹的检查，如能发觉确与嫌疑犯者有关，则可为谋害证据。

例（五）溺死疑案之鉴定。其注意点：（1）生前入水，或死后入水，或醉后入水。（2）有无其他被害行迹如伤痕、绳痕。（3）肢体如有缺损部位，须验明是生前伤，抑生前或死后被鱼虫类或木石类所致伤。（4）左右心内血液比重的检查。（5）胃、肺、气管、食道内水、污质、水草有无之检查。

例（六）对路毙无名尸之检查：（1）注意死因为病、为饥、为虚弱、为伤杀或为中毒。（2）是否传染病，有无施行消毒及防疫处置。（3）附埋前后尸身物证之检查。（4）已否发生尸蜡、干蜡之变化。

例（七）久病致死而有被害嫌疑案。病死者无中毒情形，然亦无医师正确诊断书及死亡鉴定书，同时更有人控告或传言该人因服不适宜物品，譬如久服泻药体正弱，而一旦予以大量发汗剂（而不强心），则病者往往虚脱致死，是在解剖上固无中毒及被害症象，然如细心按日调查药方及药店，并死者家中所存药品及死者未病前之体格、病时症象互相对照，便可作为杀人证据之附证。然所侦查范围实超过一般医学之外，非专门法医研究家不克推求详确也。

（第二）检验妊娠、杀儿、堕胎、生产事件

除杀儿行为外，其余检验由专门产科医师亦能检知，惟须预避与被检者有交情或有相当关系之医师。

———————————

① 较：原文误为"校"。

例（一）妊娠嫌疑鉴定：（1）是否处女。（2）妊娠之状态与自觉及被觉症象是否相符。（3）最后一次月经时期及平常月经时期及状态。（4）有无胎儿心音。（5）内诊所得膣腔、子宫及外诊所得卵巢、子宫现象。（6）子宫口已否开放，是否经产妇。（7）有无卵巢、子宫、喇叭管①等疾病。（8）诊断是否妊娠，现在已怀几个月，大约预算几时生产。

例（二）杀儿事件鉴定：（1）是否初生儿（重量大小）。（2）是否②足月生产。（3）是否死产，有无死产原因。（4）生产后有无生命之经过。（5）产后经过时日。（6）已死经过时日。（7）时产母之侦查主要者：（子）是否已嫁，夫系何人，是否生存。（丑）何时怀妊，何时生产（在产后一个月内检查，可知大约生产日期）。（寅）是否流产，或早产，抑为生产。（卯）产母有无精神异常状态。

连合两种鉴定，方能鉴定该儿系此妇人所生，抑系被杀或非被杀害。

例（三）堕胎行为鉴定：（1）嫌疑妇人之内诊检查，是否曾妊娠而流产。（2）妊娠至第几个月流产。（3）流产胎的检见。（4）用何方法使致流产。（5）所用药品及器械是由何处购得，有无医师之处方笺而购买此药。（6）非自行堕胎者，是否托他人代施手术。（7）所流产之胎儿有无生命，可否生存。（8）药品毒质及成分。（9）母体何故须行堕胎，有无疾病。（10）何人代施流产手术，以何理由代之施行。

例（四）生产之鉴定：见例（二）第七项。

（第三）对强奸及猥亵行为之鉴定。

例（一）对强奸事项之注意点：（1）两性之年龄。（2）女者是否处女。（3）阴部受伤情形。（4）周围情况之调查。（5）精虫的检见。（6）有无胎致花柳病。（7）有无毛、血痕等附证物。（8）男女精神状态。

例（二）对血族通奸事项之注意点：（1）血族关系。（2）男女之心神状态。（3）成奸及事实之始末。（4）奸后有无结果，及对结果之处置。（5）有生产之结果，可并行亲权之鉴定。

例（三）对鸡奸事项之注意点：（1）被奸者肛部状况。（2）第一次抑为多次。（3）局部原来有无疾病。（4）有无因与疾病。（5）行奸者阴部形状之检查。（6）两方精神状态的检查。（7）其他附证物，如小衣上之毛发、精液及迷药、肚肠药等之检查。

---

① 喇叭管：指输卵管。
② 否：原文误为"吾"。

（第四）对亲权问题之鉴定。如民事中之遗产私生子案、遗腹子案。其注意点：（1）须查知怀妊日期。（2）生产日期。（3）该母之平常月经期及妊前最后一个月之月经期。（4）该父之死亡日期或同房日期。（5）小儿年龄及发育状态。根据以上各节可连合成一种时期的证据。（6）法医专门家对小儿及儿父母比较解剖学上及形态学之注意及鉴定（且与遗传有关）。（7）在可能范围内可施行血簇之检血法（四簇赤血球凝集反应）。

（第五）对离婚案件之鉴定。

例（一）因奸情理由之起诉：（1）对行奸事实之证见。（2）精液、毛发之鉴定（是否精液及毛发，是否人之精液及毛发，是否此人精液及毛发）。（3）其他物证之鉴定。

例（二）因生殖器机能缺乏之起诉：（1）对生殖器机能力之检查。（2）对生殖器机能缺乏原因之检查，是否因于疾病或外伤，有否恢复正常机能之可能。（3）两性精神状态之鉴定。

（第六）对责任能力案件之鉴定。皆宜交法医学专家或精神病学者、内科学者详细鉴定。其注意点如下：（1）年龄。（2）有无遗传关系。（3）现在症象。（4）原因之调查（如失恋、忧郁、惊动、疾病、服毒、耽酒①等等，皆为原因及助因）。（5）得病之程度。（6）有无恢复常态之可能。（7）禁治产与准禁治产之关系要点。（8）与康健保险的关系。（9）对本案临发生前之病状。（10）是否伪狂。（11）有无匿狂。（12）原有知识程度。（13）对责任能力之鉴定。（14）有无负责之监护人。（15）该病曾否经医师诊视，调取医证。

（第七）物证之鉴定。

例（一）毒物之检验：（1）尸体内所采集之检材注意点见（第一）尸检项。（2）药品及饮食物内含有毒物之检查是否与第（3）毒质相同，是否入人体可以致死，且所发生中毒症状是否与死者所发生之症状相同。（4）系何类毒质。（5）毒质来源之调查。（6）侦查授予毒物责任问题。

例（二）对毛及骨之鉴定。其运用点：（1）是否属于人。（2）新或旧之毛发或骨殖距今的时间。（3）如为人的毛、骨，则须鉴定毛、骨所属之性别。（4）所属之年龄。（5）所发见之毛、骨，系出于一人或一人以上之多数人，且须别为几人。（6）属于何种人的。（7）曾经化学（药剂）及物

---

① 耽酒：同"酖酒"，嗜酒。

理（压榨或土壤埋存）的处置事实否。（8）有无生体受伤断离之痕迹。（9）其上有无附着组织及其他物证。

例（三）断离小部分之肢体：（1）是否属于人。（2）属于何性。（3）何种人（职业关系）。（4）何地人。（5）上有特别标记或文身、炙痕及受伤等痕迹否。（6）腐败现象并断离生体时间之推测。（7）附属物证（如手掌中握物、足印等，裤上精液之检查）。（8）手纹、指痕之鉴定。（9）断离部创痕之鉴定。（10）曾否经化学或物理学之处置事实。

例（四）血痕、精斑及类似斑痕之检查：（1）确是何种痕迹。（2）是否属于人的。（3）有无掺杂。（4）原来流动状态。

（第八）初犯、再犯案之鉴定。须用法医之指纹与身体特征之检查，如人身测定及齿的检查等。

（第九）犯罪遗物之鉴定。在窗门或被杀者之衣服等上有嫌疑犯者之指纹、足痕①，可付之鉴定。又嫌疑犯者衣服上有被杀者指纹、血迹否，次行凶物械之付验，又非凶器而为死主所未有物具之付验，依法集检物证，则可鉴定得犯罪大概属于何种职业者。

（第十）对病及伪病或匿病与伤及伪伤之鉴定。精神病则必须由法医学专家、精神病学者或内科学者检查，伤可由法医学专家或外科学者检查。其注意点：（1）有无病或伤。（2）致病及现伤象。（3）将来的预后。（4）治愈后对工作之能率程度。（5）须经若干时候方得复原。（6）现在工作能力。（7）与保险医学之关系。

（第十一）对医用药械②及技能是否确无责任上之错误或疏失之判断。其注意点：（1）病者或被施手术者当时症候及事后情况之调查。（2）征求专门家对此案的意见。（3）请法医专门家对责任上错误或疏失之主点予以明白，当时消毒之不完全等等，皆可以引证于书籍记载，以为判断之根据。（4）注意发生于现在的结果。（5）请法医家或医学家对其结果的预后（有遗残症）加以最轻、最重并最多症变的说明。（6）必要时须对预后工作能率程度加以说明。

（第十二）对于伪证物之证实：（1）伪证不合于事理的反证的证据。（2）伪证物检查流所鉴定伪证物主点的实检，关于：（1）项，属于医药及

① 足痕：原文误为"足疗"。
② 药械：原文为"药机"。

人体构造、怀妊①、疾病等者，须归法医检验。关于（2）项，往往都须经法医检查，例如遗嘱、笔迹之改换等。

第二节　法官对应检案件之责任

凡有须鉴定之案件，法官应遵守民刑两诉讼法中关于鉴定之规定，请专任、特聘或临时所请之鉴定人，当场履勘，或在相当地点施行鉴定。其最要者，即事先对鉴定人资格及能力之选择，鉴定人既到场，即宜告以所欲鉴定之主点，并为伪证及不确实鉴定在法律上之处分，再次请鉴定人依法申明，于鉴定书上具结。

法官对应检案件：（第一）责任即在监督鉴定人所鉴定者是否真确。（第二）则视鉴定结果能否恰于案情。（第三）鉴定结果能合于何种法律及何种条文，而予嫌疑犯者以最公平之判决。（第四）设在情理上有可原谅之点，而在鉴定上证据认为真确者，则须援引法律从轻判决。（第五）设鉴定结果尚未能有确定之鉴定，切勿遵引为判决之证据，宜另用他法，以求案件之真实。（第六）各检案件须通知鉴定人以大约期限，但不宜太紧。（第七）事先须询明检验需费，并征收鉴定费于原告或被告以付与鉴定人。（第八）事先须询明鉴定人，当检验时需要何种设施准备。

此外，法官必须注意下列②十项：

一、法官对刑事验尸事件须亲莅场，然不得已时，亦得委托负责人员代为莅场。

二、法官须注意鉴定人检查报告当场情形与法官当场所见情形是否相符，如有疑点须谨记于簿册内，以便驳问，尤以死尸验伤时，凶器与创口状态，凶所的状况，并致命伤的所在及死亡经过时期的推测为紧要，因以上各节每为一般验尸者所忽略也。

三、法官须对鉴定人检查报告所采鉴定方法加以是否合乎法医检查的考虑，并勿惮使鉴定人反复陈述。

四、法官须对所有在场外检查之物证及附件予以数量、名称及形式的登记，并当场严密封闭后，再转交他处检验，如受委鉴定人亦在场时，须使随同盖章封闭。

委托鉴定人之委托公函内，亦宜记明委检物证之数量、名称及形式，

---

① 怀妊：怀孕。
② 下列：原文为"左列"。

同时并须言明鉴定的限期及应保留相当余部送回法院以备复检（即再鉴定及最高鉴定）。

五、法官检案临场，宜静听鉴定人检查报告后，再予以驳问，若疑鉴定人检验未必确实或有遗漏者，须更请第二、三人共同鉴定或收集各鉴定人之意见，而征询于其他法医专门人员以作判断。

六、鉴定人之鉴定书须附于该案件记录。

七、法官对全案内容，甚至嫌疑犯之姓名俱可勿庸告知鉴定人，但因鉴定人之声请告知者，不在此例。

对一切物证可编成号数付托鉴定，并可将一案之数件物证分交数处付托鉴定，或一物分交数处付托鉴定。惟对有精神病嫌疑者，则须预告鉴定人以姓名、年龄、住址，以便鉴定人对既往症之调查及是否本人之判别，又对精神病者之检查，在可能范围内，须并传被检者之亲人或日夕相近之人莅场，以便讯问。

八、对有关于妇女或亲族起诉之案件行法医检查者，须于该原、被告之家族中择一与女被检者比较血族最亲之妇人莅场，在旁作证。

九、对中毒之检查，须注意于毒量、毒质种类，并考其是否可因之致死，且发相当症候否及有无其他疾病。

十、对损伤赔偿问题与保险法令有关者，宜根据保险法令。又与保险法令无关者，宜采取身体伤害所生①劳动率减退的程度而定赔偿，但此劳动率减退程度之确定，非专门法医学或保险医学专家不能确定判断。而一般医师因未习法医之保险医学，随意轻重伤情（按：此种伤情不宜重在当时伤势如何，而要在既愈之后，发生之工作能力障碍如何，故此种赔偿宜分为三步：一即当时之治疗，二即愈后之辅助，三即因伤致死或致残疾之恤金）。适百华尚无残伤劳动率之比较标准，故益感无法厘定。是对工矿、商业等民事及刑事诉案甚有关系，宜予注意。

第三章　鉴定及检验

第一节　鉴定人及证人

由法院送致传票，不论何人皆有为证人发证言之义务，而鉴定人则须视能力能否鉴定，由法院选任之。故鉴定人乃证人中具有特别证言能力者

———————————
① 所生：所产生。

也。此虽为国民公共之义务，而有特别智识之医师则被传为鉴定人或证人之机会，自较常人为多。证人既受传票而不出庭作证或无理由拒绝具结或证言者，则法院对之可发拘票或处以罚锾（刑事案件百元以下，民事案件五十元以下），并征收因证人不出庭所发生影响之费用。然对鉴定人则不得用拘票，但可罚锾。又证人对罚锾无缴纳能力者，在《刑事诉讼法》规定得以二元易科拘留一日，倘再行拒绝者，不论民刑案件均得再科以一百元以下之罚锾，然对鉴定人不得将罚锾、易科拘留。至既被拘提，或无正当理由拒绝具结或证言鉴定之证人或鉴定人，不得向法院请求法定应得之费用。

证人或鉴定人因拒绝具结证言或鉴定致遭法院罚锾及赔偿费用之处分者，在刑事诉讼事件得于裁定后五日之内提出抗告，对民事诉讼事件得于即时抗告，当抗告时应停止执行。

证人及鉴定人均有具结之义务，但应否具结有疑义者，得命于陈述完毕后行之。证人具结文内应记载据实陈述，并无匿饰增减等语。

鉴定人之鉴定书、说明书内应记载系公正平允真实不虚字样，而具结文内应记载必本其所知为公正之鉴定字样。而证人及鉴定人之证言或检验笔录、鉴定书等，法官得当众宣读之，惟该笔录有无修正，应预征证人或鉴定人之同意，如有修正须立盖章，必要时鉴定人须出庭陈述或说明解释。

凡医师、药剂师、药商、产婆、宗教师、辩护人、公证人及其业务上之佐理人，或曾居此等地位之人，因业务信用上原有保守他人秘密之义务，故得根据此种理由以拒绝鉴定或证言。又公务员或曾为公务员者，有守职务秘密之责任。如所隶机关不准许其充证人或鉴定人，则法院不得讯问，但对妨碍国家利益之案件不得拒绝。

此外，为被告之亲属或原有亲属关系现已消灭者及为被告之未婚配偶或法定之代理人、监护人、保佐人，乃至因证言或鉴定可致自身或前列关系人受刑事追诉者，得拒绝证言或鉴定。

凡关于诉讼事件，不论何人不得于公判开庭以前不保守相当秘密。

鉴定人与律师出庭时均有一定席位，而证人则往往无之。又鉴定人得随时在场，而证人非经讯问不得在场，并禁止谈论案情，其居处亦由法官指定。至鉴定人数，由法院酌定，并得改委或增加之民事诉讼，并得命当事人指定鉴定人数。

传唤证人或鉴定人出庭，应由检察官或审判法官具名盖章，送出传票。

林几论文研究

传票中应记载下列事项：（一）证人或鉴定人之姓名、性别、住址、职业。（二）应行作证之案件。（三）应到之日、时、处所。（四）如无正当理由不到者，除得命赔偿因不到所需之费用外，科以五十元或百元以下之罚锾，对证人并得拘提。（五）发票之法院，而传票之送达除急速处分外，至迟应在到案日期二十四小时前送达，而证人及鉴定人在场者，虽未经传唤得径行讯问，讯问证人及鉴定人至迟不得逾到案之日，其讯问应命就所讯事项始末连续陈述，非必要时不得讯问与本案无关或与证人及鉴定人本身或其法定关系人之名誉、信用、财产有损害事项，更不得用强暴、胁迫、利诱、欺诈及其他不正方法以讯问，惟当事人得以法定理由拒却鉴定人，但鉴定人已提出报告或陈述后者，不得拒却。

检验鉴定时期一般不得逾二周至一个月，而对被告心神状况之检验，鉴定人得声请预定期限送入医院或其他适当处所，且当宣布禁治产时，必须鉴定人到庭对被宣布者指实其病状。

第二节　检查及勘察

甲　检查

法医检验可分别为三种，即生体①检查、死体检查及物证检查是也。

（子）生体检查。身体检查者即以：（1）诊察生理及病理之状态。（2）现存症状或残疾程度。（3）确定病态与犯罪行为，关于法律之结果为其检查之目的也，其中尤以对外伤、内伤程度之诊定，瘢痕结果治愈或残伤治愈后障碍程度、工作能率之评定、伪病、匿病、伪伤、匿伤或对自觉症状重轻的判断及附属物证的鉴定。

兹列生体检查事项如下：（一）各种疾病，尤以对于外科、内科、妇人科、花柳科、眼科者为多。（二）精神病者责任能力、处分能力。（三）生殖器机能、半阴阳、处女、妊娠、分娩等关于生殖器之状态。（四）年龄的关系，例如对结婚之当否，儿童、老人之处分能力，儿童发育状况。（五）遗传形态学、亲权之鉴定、个人异同鉴定。（六）伪病、伪伤等。（七）物证等。

（丑）死体②检查。死体检查者，即检验尸体。最要者即鉴别死因，如死因系出于变死，则更须确定如何以致死（他杀或自杀或过杀）。通常检查死体，不但仅检尸之外表，且必须检验内部，故须行尸体解剖。凡人发现

---

① 生体：即活体。
② 死体：即尸体。

一尸体即须于相当短时间内报告于就近之公安局或警署，或该村、乡之曾受行政机关委托管理该村乡事务者后，由公安局请适当医师临场检查其表面，并施以诸般之调查。若认为无犯罪关系，则交付尸体于尸亲或相当关系人，倘无相当关系人及尸亲，则由行政机关代为埋葬，且加标征，如已查明死者之关系人系在外地，则须设法速行通知。然此非街村制度完善及各地医师分配平均之后不克实行，但在较大城市则尽可按此办理。若据临场医士之陈述及调查认为对死因有犯罪行为之可疑，或类于重大事件者，须急报告于当地之司法机关（地方法院、县法院），则司法机关须于一定时期内委托检察官或推事会同鉴定人员临场检尸，其最要之检查目的，则属于致命伤之检验或有无中毒及灾厄致死之嫌疑，并是否尚有其他致死原因等存在，此种鉴定每须施行尸体解剖，其中尤以中毒及不明死因之检验，在事实上非断行尸体解剖无能证明。

凡鉴定人为求检查结果的发现，可请求于检查官或推事，即在当地或其他相当场所施行解剖。

凡检查官、推事、原告、尸亲、当地行政机关负责人员及司法机关，对任一尸体皆有请求施行解剖之权。

且检察官、推事、当地行政机关及鉴定人，如对于应行尸体解剖之尸体（如中毒死嫌疑尸体、死因不明之尸体、传染病死之尸体、受有内伤之尸体）而无理由竟不施以尸体剖验者，则应以轻忽责任、渎职或故意匿报人命论。

死体检查之次要者，即为附证之检查。除凶器与伤口之比较及附证之手纹、足痕等往往须在当场检查外，一般物证检查皆由检察官、推事或当地行政机关或法院所委托之鉴定人等采集送交真茹法医研究所或各医学院法医学教室，由专门人员检定之，对于中毒毒性、量之鉴定，则尤非一般医师之所能，但采集检材则为事实上方便起见，可由一般医师检定之，如该地无相当医师能充鉴定人者，宜于最短时期内设法聘他地医师或法医检验人员来行鉴定，而在事实上决不至发生流弊者，亦可由检察官、推事、检验吏负责采集检材送至相当地方医院或法医学教室施行检查及鉴定，但此系不得已之变通办法耳。

然死亡之鉴定必须多方谨慎，详密检查。倘仅以外表或局部伤痕为标准，则往往误事。昔在德检一案，一人被殴归死，其被殴部则为头部，且系轻度打击，而死后在面部、头部、腹背部并无伤痕，于是疑为脑血管破裂出血（中风）或脑震荡所致。但解剖结果脑乃无病变，而肝则硬变萎缩，一部裂断出血甚多，死者生前嗜酒，素有黄疸病，方知其致死原因系由于内脏裂断出血过多所致，但其原因虽出于病理而裂断，应有诱因。据证人所述，被告当夕不过因死者醉后出言不慎，略予面部之掌击，惟死者返家时登楼梯，曾一跌后扶起就寝，因系单身无人照料，越至翌日，方知已死，故死因系出于病后跌伤病部至重要脏器断裂失血而死，于是乃脱被告于罪。然如为脑出血，则被告则确有过失杀人嫌疑矣。

（寅）物证检查。至于物证之检查，则有血液、精液、毛发、胎便、尿、吐泻物、胃肠内容、脏器及衣服、手套、布类、药剂、凶器、械皿、物具、骨殖、文件、指纹、足痕、牙痕、处方等等，皆可供法医之审查或化学的、显微镜的、光学的或血清学的检查。

乙　勘察

法官及鉴定人莅出事场所检验尸体或与犯罪行为有关系之物体时，必须有精密的注意及锐利的观察。

（子）尸验检查

（1）视尸体之位置。如在荒山中者，多系他杀。如在楼梯之下者，亦系他杀。

（2）视尸体之姿势。如有强奸时，有一种特殊之姿势。

（3）视尸体衣服之状态。整齐与否，若不整齐有争斗之痕迹者，则多为他杀。又衣服如有破损，亦系由于争斗所致。凡尸体或所着衣服上如附有血迹，则此血迹之部位、量数、形状皆须详加注意，若血迹甚多，则对血迹排列之状况亦须考虑。

（4）视尸体毛发的状态。就中头发紊乱与否，发乱者为争斗之证。又有无落发，亦须检查。发际有无创伤或凶具（钉）。亦须检查。

（5）视暴力痕迹之有无。即有无创伤、皮下出血、索痕等。

（6）视尸体各部之开口部有无异物插入。例如肛门、口腔、生殖器内有无布片、纸、泥土、药品、钉、剪等物。

（7）视尸体手中有无凶器。如有时或为自杀，但他杀后将凶器置于被害者手中，乘死者未曾断气亦可作伪如自杀，故不可不加以注意。又手中有无发握着，若有发则大概系加害者之发，此时对发须详细检查，若系白色则为年老者之证，若发上附着异物等，则可推知加害者为与异物有关系之人。又溺死者，往往有米泥沙等，则不得视为证据。

（丑）周围状况检查

（1）视周围有无血迹。若有血迹则对分量、形状、排列的状态均宜注意，此在鉴定时至为重要。例如在楼梯下发见尸体，其头盖已破折，则或因死者不注意跌死，然如在楼上能发现血迹，则必非因过失而死，乃他杀后抛下楼梯也。

（2）周围有无指痕等迹。行凶时大抵精神亢奋，手多出汗，故指纹容易附着。若指纹明了，固易解决，若不明了，则吾人可用种种方法，使其明了。其余足痕、鞋痕、步迹、咬痕亦应注意。

（3）周围有无凶器。若有凶器则与尸体所有之损伤是否一致。例如刀之于切伤，棒之于挫伤及皮下出血亦甚重要。

（4）周围有无毛发。若见毛发而尸体确有毛发脱落部分，在显微镜下所见之性质亦相同者，则此毛发当然属于尸体，否则为他杀。又对毛发之切断面亦宜加以注意。

（5）加害者有无物品遗落于尸体的周围。如手巾、纽扣、靴、鞋之类。

（6）周围地上有无争斗痕迹。有无足痕、家具等散乱样式。

（7）毒杀时周围有无呕吐物、粪便及毒物。若有毒物尚须检验毒物与毒杀症状是否一致。

现场检查结果极精密，则对自杀、他杀、自他伤之区别、灾厄死之原因多得借以判明。

第三节　检验鉴定之实施章则

现我国已颁布者，只有《解剖尸体规则》《司法行政部法医研究所鉴定检验实施暂行规则及其征费分类表》，兹录之于后，以供参考。

子《司法行政部法医研究所鉴定检验实施暂行规则》（廿二年六月　日颁行）

第一章　总则

第一条　本规则依《司法行政部法医研究所办事细则》第十五条之规定订定之。

第二条　关于鉴定检验事项，除另有规定外，依本规则规定办理。

第三条　本所得受理各高等法院送请鉴定检验人证、尸体、动物死体、文证、物证等法医事件，各地方等法院行政官署、公私团体或个人对有关于法医学未验或已验疑难事件，亦得送至本所鉴验。

第四条　凡各法院验定人员对于民刑案件检定方法有所疑问时，得函请本所解释，由本所于两星期内答复之。

第五条　各省高等法院重大疑难案件，事实上碍难送所检验，拟请本所派员前往勘验者，须经呈奉司法行政部核准先期令行本所，但有紧急情形时不在此限。

前项检验费用均由该法院负担之。

第六条　凡当地法院与本所订定有特别规约者，其征费及检验手续得按该规约处理。

第七条　凡行政官署、公私团体或个人委托检验之事件，只以心神检查、伤害或保险赔偿检查、文证审查或检验、物证审查或化验及其他民事案件之检验并法医学理之说明等为限。

第八条　凡委托本所鉴验者，须用书面陈述经过事实及其鉴定检验之目的。

第九条　凡委托鉴验人证、尸体案件，应先由委托机关团体或个人函询本所需要手续、检验日期、需要时间、地点及检验事前之一切准备，但物证、文证等得随函送至本所施行鉴验。

第十条　委托鉴定事件如有下列情事之一者，得不给鉴定书，但应声叙不给理由。

一、送检物证、文证不完全或损毁，无由施以检验者。

二、尸体已完全腐败，而病伤又未及骨者。

三、物质已变更或不存在者。

四、人证调查未完全者。

第十一条　凡检材不充分者，得由检查人报告所长，具文原委托机关申述或征取之。

第十二条　凡检验事件，除不得已情形外，不得将该送验材料全部消耗或变更其性质。如因检验之必要应行全部消耗或变更其性质者，应预向委托机关团体或个人声叙理由，取得书面同意后方得实施。

第十三条　委托各种鉴定或说明解释等时，应照表缴费。其检验鉴定等费类别，附表定之。

第十四条　鉴定检验事件之期间应力求迅速，非有下列情事之一者，不得延缓鉴定检验。

一、法定手续未完具者。

二、对于鉴定事件须先期调查或检验与该案有关系之人证、物证或文证者。

第二章　检验

第十五条　本所检验事件，得按事实上之需要施行下列之处置。

一、剖验尸体得请求开棺发墓。

二、诊查男女身体及心神状态在必要时并得申述理由，请求法院传唤被检验者之直系亲属、监护人或原告施以心神或身体之诊查或讯问。

三、分别检验一切物证及其他物品。

四、审查一切文证报告及病历、处方或笔迹、单据之涂改。

五、调阅有关系之文件、案卷、证物。

六、请求法院或委托者详行调查讯问，或径请由本所承办鉴定之人员亲自向自诉人、被告或证人发问。

第十六条　施行心神及妇女之检查，须由法院预传其监护人或亲属到所作证并看护，施行尸体及人证检验时，除推事、检察官外，诉讼当事人及其亲属均得莅场旁观，但须得本所长及莅场法官之许可。

前项到所作证及莅场旁观之人数，由本所所长及莅场法官预先酌定之，旁观者于检验时不得任意发言及其他有碍秩序之行为。

第十七条　凡委托鉴定检验事件到所后，应由所长分配技术人员施行检验，检查结果需用特别技术，鉴定者得由检查人报告所长，必要时添派或聘请专门人员参同检验。

第十八条　关于专门技术之鉴定检验为本所设施所未备者，得由本所代为介绍或转送至中外相当专家或专门教室施行检查，其费用应由委托机关团体或个人负担之。

第十九条　检验必要时得施对照实验、动物试验，并摄影或绘图。

第二十条　检验事件第一次无结果者，必要时得施行复验。凡施二次以上检验者为复验，得按复验结果给予鉴定说明书或检验报告书。

第三章　人证诊验

第二十一条　本所诊验人证事项如下：

一、体格检查。

二、乳儿乃至童年年龄鉴定及一般成年年龄之测算。

三、病及匿病、伪病之诊验。

四、伤及匿伤、伪伤之诊验。

五、生殖机能、交接机能、妊娠日期、生产、流产、早产、坠胎、异常妊娠、半阴阳及花柳病之诊验。

六、关于猥亵行为及其损伤之诊验。

七、精神病、神经病、一时性神经异常、处分能力、责任能力及禁治产事件之诊验。

八、畸形、肢体异常及病后、伤后对于工作暨作犯能率并伤害灾害赔偿问题、保险问题之诊验并研究。

九、盲、聋、哑、残、病真伪及其程度之诊验。

十、关于违禁品、鸦片、吗啡、海洛因等嗜好之诊验。

十一、发育异常及儿童智能发育障碍等之诊验。

十二、个人异同诊验（须有原来像片）（即宣告失踪者之复籍时或对再犯、多次犯之鉴别及对个人之指定）。

十三、亲生子及遗传诊验（在有条件下为可能）。

第二十二条　施行心神鉴定，必要时得收容于心神鉴定收容室。

又施行伪病、伪伤或匿病、匿伤及烟犯鉴验，必要时得收容于指定住室。

第二十三条　凡收容精神病者应有其家属或监护人伴同看护。

第二十四条　诊验结果需病理学、细菌学、血清学、生物学、化学检查及动物试验者，得采集被检人之血、尿、痰、脓、粪、吐物、脑脊髓液及其他体液，暨因施行手术所割之组织等检材施行检验。

所采取检材得酌行留证。

第二十五条　诊验结果需照像、制模者，得派员立时或订期施行之。

第二十六条　诊验结果需 X 光摄映者，得通知原委托者或介绍被诊察人至指定处所拍照，取得其诊断书及影片到所备查。

第二十七条　凡送重伤、重病或精神病者到所诊验，必要时本所诊察人得征求被诊察人、法官或其护送人、监护人、亲属同意，施行救急治疗处置。

第二十八条　凡须经多次诊验者，其次数及时间由本所通知原委托法院、机关团体或个人，其住所长期诊验者，须由委托诊验者或被验人照表缴纳住诊费、膳费。

第二十九条　本所对被诊精神病人或凶暴者，必要时得暂时禁闭或镣铐。

第四章　死体①检验

第三十条　验尸应先验有伤部，次及他部，一般得按下列手绩检查并剖验之。

一、死之标征：

甲　假死者心音、脉搏。

乙　厥冷②程度。

丙　死斑③。

丁　血液下就。

戊　死后强直。

己　腐败现象及特殊变化。

庚　死体昆虫发育状况。

二、死者外表检查：

甲　身长。

乙　体质及营养状态。

丙　尸位姿势。

丁　容貌。

戊　前身：皮表状态、颜色、有无伤痕、病瘢及附着物，其注意部位如下④：

1. 头部：发际⑤、头顶、额角、颜面、眼窝、眼球、鼻孔、唇齿、口外腔、耳孔。

2. 颈部：喉部及两肩锁骨上缘部⑥。

3. 两臂：两手各手指及手指缝。

4. 两腿：两足各足趾及趾甲缝。

5. 胸腹部：两肩前部、两肘窝⑦部、胸肋部、腹部、脐孔、鼠蹊部⑧、腰围、外生殖器、会阴及其孔窍。

---

① 死体：尸体。

② 厥冷：即尸冷。

③ 死斑：即尸斑。

④ 如下：原文为"如左"，下同。

⑤ 发际：原文误为"发除"。

⑥ 锁骨上缘部：原文为"锁上缘部"。

⑦ 肘窝：原文为"腿窝"。

⑧ 鼠蹊部：指人体腹部连接腿部交界处的凹沟，位于大腿内侧生殖器两旁，在人体解剖学上属于腹部。其附近区域称为腹股沟。

林几论文研究

己　后身：皮表状态、颜色、有无伤痕、病瘢、附着物，其注意部位如下：

1. 头部：后头及耳部后侧。

2. 项部：颈椎骨及项围。

3. 肩胛：两肩胛部、两季肋部。

4. 脊部：胸椎骨、腰椎骨。

5. 腰部：两侧腰部、臀上部。

6. 臀部：肛围及肛门。

三、死体内部剖验：

甲　头部：皮下、头盖骨、硬软膜、各静脉窦、盖内腔、脑（大脑、小脑、延脑、脑下垂体）部、脑液、眼窝、上腭骨、鼻骨、耳骨。

乙　颈部：口内腔、舌、下腭骨、喉部、喉头结节、甲状腺、颈部血管、神经、气管、咽部、食管、颈椎骨。

丙　胸部：胸膜、肋骨、肋间动静脉、神经、胸骨、剑突、左右肺之各叶、心（左右心房室）及其卵圆孔、并冠状动静脉、气管及支气管、肺及其动静脉并胸椎骨，对女子尸体须增验乳腺，对小儿尸体须增验胸腺、乳腺。

丁　腹部：腹膜、小肠、十二指肠、肠间膜及其淋巴结、大肠、盲肠、蚓突①、直肠、胃、肝、膵②、脾、两肾、输尿管、下行大动静脉、膀胱、脊髓、神经干、并胃肠、膀胱等内容、腰椎骨、荐骨③、尾闾骨④。

对男尸必要时须增验阴囊、睾丸、摄护腺⑤及骨盆内部。对女尸必要时，须增验骨盆腔径、耻骨缝合⑥、卵巢、输卵管、子宫、阴道内腔。

戊　骨骼：头骨、脊骨、肋骨有伤可以致死，但对四肢骨有伤者，亦应注意。对婴儿尸体应检骨核。

四、堕胎、死胎及杀儿行为之死体。

五、畸形、半阴阳、缺损、瘢痕、文身及其他特殊异常状态。

六、尸体附着衣服、凶器、药料、物品等。

---

① 蚓突：指阑尾。

② 膵：胰的旧称。

③ 荐骨：骶骨。

④ 尾闾骨：尾骨。

⑤ 摄护腺：前列腺。

⑥ 耻骨缝合：耻骨联合。

第三十一条　剖验婴儿尸体及溺死者，必要时应先验胸部。因奸死伤尸体应先检阴部、遗落毛发、口腔、舌、乳及抵抗征。

第三十二条　验尸应辨其死时、死因，有伤者应分别生前或死后之损伤，在证据可能范围内应证实或推定其为自伤、他伤或误伤，并注意有无抵抗征或动物及化学药物所致之创伤。

第三十三条　验尸对外表无外伤及疾病可见之暴死体，应注意有无内损伤、内出血或曾大量失血（贫血），暨脑与冠状动静脉栓塞、脑底主动脉或心脏等血管硬变、脂肪心或心脏瓣膜异常、内耳浸水、微小创、传染、特别毒物中毒等特殊死因。

第三十四条　验尸应检定凶器与伤口之大小，损伤之部位、方向、深浅、创底状态及附着物质，或据伤形而推定凶器及行凶之姿势。

第三十五条　尸体内子弹、针、钉、刀等异物或其碎片存在者，应取出保留作证。

第三十六条　检验尸体得酌量保存其全部或一部，并得用科学方法制成标本以备考证。

第三十七条　剖验尸体由所长指派主验人员及助理人员，其助理人应于验尸前准备一切手续及需用之药品、器械，验尸时帮同解剖检查，验尸后应行摄影、洗尸、消毒及缝合尸体、送交保管或交领尸人领埋之。

第三十八条　剖验前不得用各种消毒药水洗手或洗尸体。

第三十九条　验尸应于送到后八小时以内行之，惟冰冻僵硬尸体，须候软化后立时执行之。

第四十条　死因已明者或已经高度腐败乃至已形骨化之尸体，即使剖验亦无所见时，主验人得对法官或委托者申述情由，只施以外表之检查，惟伤势及骨者仍当施以骨之检验。

第四十一条　验尸目的为验毒者，于行解剖后得将该尸体之组织、脏器、体液、排泄物、病的产物等，全部或一部妥行装封，呈交所长另派专门人员负责化验。

尸体已腐败者，得将骨骼及溶化或凝结之腐物并附着之衣服、殓具等交施化验。

第四十二条　医事鉴定人员剖验时，对于尸毒、脓毒、破伤风、狂犬病等创伤、传染及其他传染病须严加预防。

第四十三条　送所检验之尸体，其随身遗存衣服、物件或棺内附物，在必要时得由本所或承办鉴定人陈请法官同意依法施行检验。

第五章 物证、文证之检查化验审查

第四十四条 检查物证、人证，除化验毒质须另行处置外，余皆施行检查或审查。其检查事项如下：

甲 人体及动物死体一部分之检查。

乙 凶具及凶器、发电机、发火机、一切制药化验等机件及物理性毒检查。

丙 人及动物各种体液、排泄物及其斑迹检查。

丁 人体及动植物组织肉眼及显微镜检查。

戊 毛发、毛羽及麻棉丝等纤维检查。

己 一部分人骨或动物骨质检查。

庚 指纹、足纹、鞋袜痕、步迹、齿痕及耳型之制模、摄影及检查或审查。

辛 印鉴、纹迹、涂改书迹、单据、病历、处方、各种检验诊查报告意见及其他文证检查或审查。

壬 其他关于生理学、病理学、寄生虫学、细菌学、血清学或生物学检查。

癸 X 光检查及其他无所属之法医学检查。

第四十五条 本所化验事项如下：

一、动物及肉类制品。

二、已熟饮食物。

三、生蔬、生菌、生果及一切鲜干植物。

四、茶、咖啡、烟草。

五、颜料、染料、香料、化妆品、油漆等。

六、水、冰、雪、汽水、矿泉。

七、乳类、油类、酒、醇、木醇及酒油。

八、糖蜜、盐、酱油或其他调味剂。

九、饮食物用器或其原料。

十、成药及违禁麻醉毒品。

十一、化学原剂及混合或化合物。

十二、生药。

十三、中毒尸体或尸骨。

十四、中毒嫌疑之吐物、尿、粪、胃肠内容、血液等。

十五、其他显微、化学之化验。

第四十六条　送来化验检材，除已指定化验一定成分而该种成分系可延长时日不至挥发①分解者外，余均需于十二小时内开始化验。

第四十七条　凡物证、文证检查目的兼涉及法医学范围以外之问题，得掺和其他化学方法研究之。

第四十八条　检查化验时对所需用种种药品、血清等，应先检该药品、血清等适用效率及有无腐坏。

第四十九条　各种仪品及检材盛器于检验时，须预行检查，不得损漏，并不得有毒、有害或化学物质残存，使用后须先行洗净、消毒保藏以备再用。

第五十条　检材有毒或腐败之虞者，必要时应行消毒处置。

第五十一条　对血簇及血迹等血清学、生物学检查，须用新盛器以免贻误。

第五十二条　凡毒药及有爆发性②、燃性药品或化学品，暨含有此种物质之器械，应加特别保管以免危险。

第五十三条　凡送检物证、文证有研究价值者，本所得酌情留其一部分或全部分保存之。

第六章　勘验

第五十四条　凡勘验人证，得应用本规则第三章人证诊验各规定。勘验尸体，得应用本规则第四章尸体检验各规定。勘验物证，得应用本规则第五章物证、文证之检查化验审查各规定。

第五十五条　勘验死伤、人证或尸体物证，必要时主验人得向法院申述理由，订期移送本所或请增加检验人数详行检验。

第五十六条　勘验时应注意周围环境事态之调查，而行摄照、笔录并收集可疑物证之送检。

第五十七条　勘验后经法官同意者，得宣告简明结果。

第七章　鉴定及鉴定书说明书并检验报告

第五十八条　凡检验或审查事件完毕者，应由负责人员拟具报告，由所长交付审查。审查结果认为无误者即行编拟鉴定书，认为有疑点者，应

---

①　挥发：原文为"发挥"。

②　爆发性：爆炸性。

更行复验。

第五十九条　凡法院委托检验案件，其未能得确定结果者或委托审查案件证据不充分者，只能依据学理解释给予说明书。对于行政官署、公私团体及个人之委托检验事件，均给予检验报告。

前项说明书或检验报告仅供参考之用。

第六十条　凡本所出勤履勘人员，得根据勘验事实、个人意见编定勘验报告说明书，但须经本所审查送出之。

本所出勤履勘人员对该勘验报告说明书须行盖章，其法院指定会同勘验人员同意于该报告说明书者，可加入盖章得不另具报告。

第六十一条　凡各种鉴定书、说明书、检验报告等，须按法定格式填造之。

前项格式由本所另定，但须呈部备案。

第六十二条　前条鉴定书、说明书、检验报告拟定后，须经所长召集原检验人等会同审核后签名、盖章，执行鉴定交由事务室具文送复。

第六十三条　前条检验、审查及编拟鉴定书、报告书之人员，即为法律上之鉴定人。

第六十四条　鉴定书、说明书应备五份，检验报告应备二份，分别存查。

第八章　附则

第六十五条　凡送到物证等经检查终了，制就鉴定书具复后，本所保留六个月，逾期无人来领，得自由处置之。

第六十六条　凡送到文件经检查终了，制就鉴定书具复时，随文附还原送机关团体或个人收执，但必要时得酌留或摄影作证。

第六十七条　检查或剖验终了之尸体，应由慈善机关或领尸人员负责领殓埋葬之。

其无主尸体得由医学机关具领研究或由本所自由处置之。

第六十八条　本所各实验室管理规则由所颁定之，但不得与本规则抵触。

第六十九条　本规则自呈奉司法行政部核准之日公布施行，如有未尽事宜，得随时并请修正之。

丑　司法行政部法医研究所征收鉴定检验费用分类表

甲　人证鉴定（以每人计算）

一、体格检查	2 元
二、乳儿乃至童年年龄鉴定及一般成年年龄之测算	6—10 元
三、病及匿病、伪病之鉴定［映 X（爱克司）光者，须另征费，又精神病、花柳病另有规定］	4—8 元
四、伤及匿伤、伪伤之鉴定［映 X（爱克司）光及立体照片者，须另缴费］	4—8 元
五、盲、聋、哑、残疾真伪及其程度之鉴定	4—8 元
六、畸形、肢体异常及病后、伤后对工作能率，暨作犯能率之鉴定	每次 6—10 元
七、发育异常及儿童智能发育（低能儿）障碍等之鉴定	6—10 元
八、亲生子及遗传诊验（在有条件下为可能）	14—40 元
九、个人异同鉴定（如已宣告失踪者之复籍时或对再犯多次犯之鉴别，但须有原人、像片或指纹或耳型）	10—30 元
十、生殖机能（不妊症）、交接机能、妊娠、生产、早产、流产、半阴阳（性的鉴定）及花柳病之鉴定	6—10 元
十一、关于猥亵行为及其损伤之鉴定（包括处女、初产、多产、强奸、鸡奸、兽奸、色欲异常、意淫、血淫等事件，而因奸致死者归验尸）	8 元
十二、心神鉴定（凡关于精神病、神经病、一时精神异常，并处分能力、责任能力、禁治产等问题之研究及解释）	每次 6—10 元
十三、关于违禁品鸦片、吗啡、海洛因等嗜好之鉴定	6—10 元
十四、关于传染病传染力之研究及解释	6—10 元
十五、医师、药师等责任问题之研究及解释	10—30 元
十六、关于伤害赔偿、保险赔偿问题之解释或鉴定	8—16 元
十七、关于违反公共卫生罪案件之研究及解释	8—16 元

（附）因检验身体须施血清学、细菌学、化学、生物学诊断者另参照丁项缴费。

乙　物证鉴定

（子）物证检查（以案件计算）	
一、物品上含有人或动物新鲜之血、精、尿、粪、脓、痰、唾液、腹水、胸水、白带、月经、恶露等体液及羊水、胎便、胎垢及其类似物痕之鉴定	6 元
二、物品上含有人或动物陈旧之血、精、胎便及其类似物痕等之检验	6 元
三、凶器及致伤物具上附着之脑浆或其他内脏痂片之检查	6 元
四、器具、机械及物理性毒物之鉴定（有时须与伤口及其他物证对照）	8—16 元
五、毛发及动物毛羽，暨麻、棉、丝之鉴定，皮货真伪之审定，毛类商品高下比较之鉴定	6—24 元
六、一部分人骨或动物骨质鉴定	6—10 元
七、指纹、足纹、袜鞋痕、步迹及齿痕、耳型等鉴定	6—10 元
八、印鉴、涂改笔迹等异同鉴定	6—10 元
（丑）物证化验（以案件计算）	
九、动物及其肉类制品之毒力并毒性之研究及鉴定	10—40 元
十、已熟饮食物毒质定性及定量之鉴定	10—20 元
十一、生蔬、生菌、生果及其他一切鲜干植物对生活体有害作用之研究及鉴定	10—40 元
十二、茶、咖啡、烟草等含否毒质及定量之化验	6—12 元
十三、着色料（颜色及染料）毒性及毒力之检查	6—12 元
十四、水、冰、雪、汽水、矿泉等刈人及动物、植物有害作用之鉴定	4 元
十五、乳类、油类对饮用或使用者有害作用及其含量分析之鉴定	6 元
十六、酒及醇、木醇及酒、油等成分及有害作用之鉴定	6 元
十七、糖蜜、盐、酱油或其他调味剂成分及有害作用之鉴定	8—16 元
十八、饮食物用器或其原料毒质鉴定	5 元
十九、成药毒性、毒量并毒力之研究及鉴定	10—30 元

二十、生药毒性、毒量并毒力之研究及鉴定	8—40元
二十一、毒剂、药品之毒力鉴定	6—10元
二十二、化学品纯杂或有害作用之鉴定	8—20元
二十三、中毒嫌疑者之吐物、尿、粪、胃内容、血液等毒质鉴定	10—20元

丙　死体验断（以每一死体计算）

一、死因、死时之测定	6元
二、剖验病伤研究死因，并生前与死后损伤之鉴别	6元
三、剖验并中毒症象之诊断	6元
四、尸体全部①内脏毒物定性化验	10—20元
五、尸体全部内脏毒物定量化验	16—40元
六、骨骼生前年龄、性别鉴定（在可能范围内者）	10—40元
七、尸骨伤痕、病痕及凶器之对照鉴定（在可能范围内者）	8—20元
八、尸骨之化验（金属毒质中毒有验）	20—50元
九、坠胎、死胎、死产及杀儿行为对法律问题之研究及鉴定	4—16元

丁　文证及其他补助鉴定

一、文证及药方、病历等审查并解释或鉴定	6—12元
二、人体或动物体组织病理学检查	4元
三、细菌学诊断	2元
四、血清学诊断	2—10元
五、生理化学诊断	1元
六、X（爱克司）光诊断（经本所介绍或自往他处映摄）	8—30元
七、立体摄影	2—6元
八、制模检查	10—80元
九、普通摄影（得自往他处摄影）	1—4元
十、动物试验	1—10元

---

① 尸体全部：原文为"尸体全部份"。

附（一）以上各鉴定费用统为机关收入，对人证及尸体以每名计算，对物证以每一案件计算，惟法院送检刑事案件得酌减半数征收，民事不减，均由委托者照缴或代为征缴。

附（二）关于人证住所检试应缴各费如下：

甲 住验药费，以每人每日计（伙食在外）	2元
乙 住验费，以每人每日计，不用药者不收，用药者视药品价值酌行增减	1—10元
丙 精神异常特别看护费，以每人每夜计	2—5元

上甲、乙二项为机关收入，丙为看护人员报酬，由委托者照缴或代为征缴。

附（三）保管尸体费，每日3角。

附（四）停柩费，不逾24小时者不收费，逾24小时者，每日2角，每月6元。

附（五）尸体美容术费，每具50至100元。

附（六）尸体长期防腐、手术费，每具200至500元。

附（七）关于运送人证、尸体、棺柩车费，缴费办法如下：

甲 上海闸北及租界内或真茹乡镇附近，可通汽车场所，每次接2元，送2元。

乙 上海南市及其他可通汽车场所，每次接3元，送3元。

附（八）凡出勤勘察、诊病、验尸者，得征收车费6元，如在上海区域以外，得按实数征收（旅费及日费）。

上列各条中规定征收之费，自附三至附七皆为机关收入，附八为出勤人员公费，均由委托者照缴或代为征缴。

寅 解剖尸体规则

解剖尸体规则

（二十二年五月内政部公布）

第一条 凡教育部有案之医学院及医学专科学校（以下各条简称医学校院），暨其附属之医院或中央及地方政府有案、设备完善之医院，为学术上研究之必要，得依照本规则之规定执行解剖尸体。

第二条　解剖分普通解剖及病理剖验二种，前者限于医学校院行之，后者凡前条所规定之医学校院及医院均可行之。

第三条　解剖之尸体，以下列各款为限：

一、为研究死因必须加以剖验之病死体。

二、生前有合法之遗嘱，愿供学术研究之尸体。

三、无亲属收领之刑尸体。

四、无亲属承领之病死体或变死①体。

第四条　前条各款之尸体付解剖前，除由官署交付者外，均须填具呈报书，呈报该管地方官署，如为第一款之尸体时并须得其亲属之同意。

呈报书式样另定之。

第五条　凡尸体于呈报该管地方官署后，经过六小时方可执行解剖。如该管地方官署认为必要时，在据报后六小时以内得以书面命其停止解剖。

第六条　普通解剖之尸体如学术上认为必要时，或病理剖验之尸体于不毁损外形范围内，得酌留一部或数部以资研究。

前项病理剖验之尸体，如因研究上须酌留一部或数部而必致毁损外形时，有亲属者须得其同意。

第七条　尸体剖验时，如发见其死因为法定传染病或中毒及他杀、自杀时，应于解剖后十二小时以内报告当地各该主管机关。

第八条　执行解剖之医学校院或医院，须立簿册登记下列各事项：

一、尸体姓名、年龄、性别、籍贯。

二、尸体来历。

三、付解剖原因。

四、解剖年月日。

五、解剖后之处置。

　　但无法知其姓名、年龄、籍贯者，第一款可填未详字样。

第九条　经解剖之尸体除有亲属者由亲属领回外，解剖之医学校院或医院应妥为殡葬并加标记。

第十条　执行解剖之医学校院或医院，应在每年一、七两月将半年内所解剖尸体详细造册，汇报该管地方官署转报内政部备查，其册内应载下列各事项：

---

① 变死：一说，上海方言，指因疾病而缓慢地、渐进地走向死亡；二说，指非正常死亡，包括自杀、事故死、灾祸死、不明原因死等死亡。

一、尸体姓名、年龄、性别、籍贯。

二、尸体来历。

三、解剖年月日。

四、有无留作纪念部分。

五、解剖后各处置情形。

第十一条　本规则如有未尽事宜，得随时修正之。

第十二条　本规则自公布之日施行。

第四节　鉴定书类

一般则以答复法官所委托事件之检查结果，名之曰鉴定。答复行政机关主管人员所委托事件之检查结果，名曰检案。而划个人委托的人证检验之结果，即曰诊断。故对法院委托案件，其结果确实者，可用鉴定书答复。对机关团体或个人委托案件得用检验报告书答复。其结果未臻完满或原为文证审查事件或证据不充分者，得用说明书答复。鉴定及检案之结果，或以口头陈述，或书面陈述。口头陈述者，直接由法院书记官当场编入笔录。书面陈述者，即提出鉴定书、检验报告书或说明书，此种书类称曰鉴定书类。鉴定书类在法庭对众发表，故鉴定人对鉴定书类之文字须加慎重，不得为模糊的断语，不得过于简略，不得次第凌乱、前后不应。此鉴定书类既编入记录，必须在一定期内保留之，有时须行复验、再鉴定或最高鉴定者，此最初提出之鉴定书类须附卷参照。

鉴定书类内或陈述内容切忌为法律家及公众所不能理解者，故对专门隐僻名词，或只用外国文字，或引用最新未十分确定学说，皆当谨避。

鉴定书类：（1）必须对手续、结果及施行鉴定之时间详细记明。（2）鉴定人及检验人之签章切勿忘却。（3）莅场法官、鉴定人或助检人员之姓名及职务并须分别列入。（4）又字句之修正、删添部分应负责盖章。苟上述各项有一项未完全者，法官及行政机关主管人员得退还此鉴定书、检验报告或说明书。

鉴定书类应具有各种格式，兹分述如次：

甲、鉴定书及检验报告

一般鉴定书或检验报告书应具有下列之各项：

（1）冒头：（一）受委托年月日时。（二）委托法官或机关名称。（三）事件名称。（四）受命令者地点。（五）鉴定事项据由。（六）施行检查开始及终了日期、时候。（七）检查所在。（八）参与检查者职业、姓名（私人更须列入本人住址）。

（2）检查记录：（一）对检件所施检查方法。（二）客观的所见，不得含有丝毫主观的意见，总之须绝对的实在报告是耳。

（3）说明：综合检查之结果与现在学术所确定之原理及个人之经验，对所鉴定事项之各项加以因果关系的说明。

（4）鉴定：据报检查所见及说明之理由，对所鉴定事项之各项下一极简明之结论，其内：（一）先答复法院之所请托检明之各项。（二）列入在请托检明各项外，因个人检验而得之结果。

（5）记名调印：（一）最后记明提出鉴定书之年月日。（二）负责鉴定人之亲笔签名盖章。

鉴定书格式在华，尚无一定，兹拟一大概如下：

（1）外皮中央书《鉴定书》

××省（市）××县××街（乡）××巷（村）××号

发现×××××××××××××××事件

××法院××××法官委托×××为鉴定人

中华民国　　年　　月　　日　　午　　时

（2）内容：第一项冒头，第二项检查记录，第三项说明，第四项鉴定，第五项记名

调印

住址

兹将法医研究所所用鉴定书、检验报告书、勘验报告书等各录一份于下以供参考：

（I）鉴定书

委托机关：浙江江山县法院检察处

来文日期：二十三年四月十三、二十日

鉴定事由：送检×××诉×××等杀人案，内证物柴刀及小衫裤上指纹、血迹并开列疑点，请鉴定由

检材件数：柴刀一柄、小衫裤一套、指纹一纸

来件日期：四月十三、二十日

检验日期：四月二十日起

检验地点：本所物证检查室、光学室、血清检验室、指纹检验处、照相室

鉴定日期：五月七日

司法行政部法医研究所鉴定书××字第×××号，附××字第×××号公函

为鉴定事，案准浙江××法院检察处公函第×××号内开："案查县属民人×××诉×××等杀人一案，前经本处派员前往验明尸体，当场检出凶器沾有血迹之柴刀一把，嗣又赴被告×××家搜得亦似染有血点之小衫裤一套，是项证物疑实甚多，均认为有研究之必要。相应开列疑点并检同是项证物及捺取该被告×××之指纹，一并函送贵所查照，希即代为依法检验，并希于检验完毕，填具鉴定书类，连同前项证物及鉴定费收据，一并送处以资核办"等由，准此。计送到证物小衫裤一套，柴刀一把，指纹一纸。当于收到日验明封识不误，即交由本所物证检验室、光学检验室、血清检验室、指纹检验室，详加检查。惟因来文所附×××当庭所捺指纹不明，经行文原法院重行印取。旋准公函第458号内开："案准贵所函以本处前送×××等杀人案内被告×××所捺之指纹多不清晰，嘱为重印送所等由。准经将该被告×××之指印重行捺就，相应将是项指印函送贵所查照检验为荷"。当于收到该证物指印一纸之日，重交由本所指纹检验处、照像室，重行详细检验。兹据检验结果，编定说明，鉴定如后：

天 检验

甲、一般检查：

送检证物系盛包裹内，外面严封不误，启封内为证物，即蓝布小衫裤一套，木柄柴刀一把，指纹一纸，兹为便利起见，将上列各件暂编为五组，以备分别检查。

【第一组证物】系蓝布短衫一件，身长约62公分，[①] 阔51公分，衣之全部，均破碎补缀。查该证物全部均甚清洁，袖端及领缘并无污痕附着，似已经干洗者。其前身之中缝近胸部，有淡黄色污痕一块，形状不规则。经检者加画圈记，以备血痕检查。其余各处，均未见可疑之污痕。

【第二组证物】系蓝布单裤一条，全长约95公分，其前后面，均有多处补缀，其表面甚清洁，其腰及左右腿下端，均无泥垢附着，为已干洗之证。在其左裤腿之内侧近裤缝部，有尘埃样小点状污痕一块，表面不隆起，略有硬感，由检者加以圈记，留作血痕检查。

【第三组证物】系木柄镰刀一具，长22公分，宽7~8公分，其上面附有多量点状、直行、斜行、锥状等之赤褐色污痕，表面隆起发光辉，触之

285

---

① 公分：旧称，重量指克，长度指厘米。

呈硬感，经检者取各污痕少许，备作血痕检查。

【第四组证物】系木制刀柄一柄（即第三组证物之刀柄），长约 45 公分。其下端约 10 公分左右处，散布次碳酸铅（Plumbum Subcarbonicum）后，用软刷轻拭，显有手指之乳嘴纹，约当全指纹之半，其下端有不规则之掌纹，但乳线多参差不甚清晰，遂将指纹先行摄影，留备检查。

【第五组证物】系×××当庭所捺之蓝色指纹印痕一纸，共十指，其乳嘴线之排列及其方向，均颇明显，留作比对检查。

乙、紫外线光分析检查：

将第一、二、三组证物分别置于紫外线光分析机下映视，结果：（1）第一组证物呈深紫色，是为血痕预备检查之阴性反应，多非血痕。（2）第二组证物在左裤腿内侧，近裤缝部有淡紫棕色小点状污痕一块，为血痕之阳性反应，有血痕可疑。（3）次检第三组证物全刀面污痕，均作紫棕色，为血痕之阳性反应，亦有血痕之可疑。

丙、血痕预备检查——（化学检查）：

将证物一、二、三组之可疑污痕，用清洁小刀刮取少许，分别置于滤纸上，施行下列之血痕预备检查（化学检查）。如为阳性者，则有血痕之可疑，阴性者，则多非血痕。

（子）亚得儿（Adler）氏法：

将刮取一、二、三组证物之可疑污痕，分别置于清洁滤纸上，先加以弱碱性之 3% 过氧化氢液 1 滴，然后再加含有冰醋酸之宝斯丁（Benzidin）无水酒精溶液。结果：（1）第一组证物内，不显有翠蓝色之阳性反应，故非血痕。（2）第二组及第三组证物，均显有翠蓝色（即血痕预备检查）之阳性反应，是有血痕之可疑。

（丑）愈疮木脂酊及过氧化氢（Tinct Cuajak, Oxyfful Probe）法：

方法①；将证物一、二、三组之可疑污痕，刮取屑片后，分别置于清洁滤纸上，滴加过氧化氢 1 滴，再加以愈疮木脂酊 2 滴，结果：（1）第一组证物，不显蓝色反应，故非血痕。（2）第二、三组证物，均显蓝色反应（即本法血痕预备反应），即阳性反应，有血痕之可疑。

丁、血痕之实性反应——显微镜及显微分光镜检查（结晶检查及吸收线检查）：

───────────────

① 方法：原文为"法"。

分别剥取证物各组之污痕，滴加溶剂。使其经相当时间，发生一种定型结晶。故可借血色素之有无，以证明有无血液之存在。凡有血痕之部分，应可检见血色素。试以下两法检查之：

（子）结晶检查：

一、黑民结晶检查（Hamin Cryst Process）：

取证物上各组之污痕，分别置于载物玻璃上，加以精制食盐少许及冰醋酸 1~2 滴，置于醇灯上加热，约 1~2 分钟，冷却后，移于显微镜下检查，结果：（1）由第一组及第二组证物，均未检见黄褐色菱板状之结晶，是为黑民结晶检查呈阴性反应之证，应非血痕。（2）由第三组证物，则见有黄褐色菱板状之结晶甚多，是为黑民结晶之阳性反应，是为血痕。

二、还原血红质结晶检查（Hamochromoger Cryst Process）：

将证物上各组之污痕分别置于载物玻璃上，加以高山氏液（Takajama Lüsung）少许，置于醇灯上加热至 2~3 分钟，约达 70~80℃，冷却后，施以显微镜检查。结果：（1）由第一、二组证物，均未检见橘红色菊花状或针状之结晶，是即无还原血红质结晶，乃血痕实性检查呈阴性反应之证，应非血痕。（2）由第三组证物，则见有橘红色针状及菊花状之结晶，是即血痕实性反应呈阳性反应之证，确为血痕无疑。

（丑）显微分光镜之吸收线检查：

将制就还原血红质之阳性反应标本，置于显微分光镜下检查，其吸收线在 D-E 间，显有一较宽之吸收线。再取真正血痕，行对照检查，其现象相同，故可证明所检证物呈阳性反应者，确为血痕无疑。

戊、生物血清学检查：

本次系采取最适用之血清沉降素反应（Precipitin Reaction des Serums）。此检查，须先制妥家兔之抗人血沉降素血清，其法较繁。且须定其沉降价达两万倍者（即血痕比血液稀薄达两万倍时仍可检知），方可应用。

将前检证物第三组之血痕，刮取少许，置于清洁消毒小玻璃管中，加以已消毒之生理食盐水少许浸渍，置于冰箱内经 2~3 日，使其徐徐溶解，再经电力远心沉淀，制成检材液。然后用消毒之净吸管，吸取沉淀管中检材各 0.9 公撮①，注于消毒之净小玻璃管内，次各加以 0.1 公撮之特制家兔抗人血沉降素血清，置室温内，历一小时，显见有重微云雾状之沉淀，再

①　公撮：毫升。

放于特制保温箱中，逾半小时，即现有著名云翳样之淡黄白色沉降物，是即为抗人血血清沉降素之阳性反应。故该证物上之各血斑，确为人血无疑。

同时并行对照检查，即在盛有生理食盐水、牛血清及人血清三试管内，加以同一家兔抗人血沉降素血清，其结果仅人血清管内，立显有白色云雾状沉淀，而食盐水及牛血清中，均澄明不浑浊及沉淀，后放置于保温箱中 8 小时，亦不发生沉淀现象，故此次之血痕，确为人血无疑。

己、刀柄上指纹及捺印指纹之比对检查（扩大镜①检查）：

（A）第四组证物之刀柄下端约 6 公分处，施指纹显出法后，见有指纹，约为全指纹三分之二，其乳嘴线中央部有二环形，其外线则呈球心性之旋纹，应为涡状指纹，左右外角只印有左侧，右侧缺如，故不能定其分类价。仅知其分类价应为（Ⅶ）（Ⅷ）或（Ⅸ）。即将该圆柄上所附指纹实行放大摄影，俾成平面，然后以与×××当庭所捺各指纹相比对。

（B）第五组证物即×××当庭所捺之十指纹如下②：

（第一）左手指纹印痕：

（一）拇指指纹（即第一指纹），其中央部呈短线状有分歧，互相连络，外绕以乳嘴旋纹，应与涡状纹相称，其左右外角均未印就。故仅知其分类价应为（Ⅶ）（Ⅷ）或（Ⅸ）。

（二）食指指纹（即第二指纹），其中央部呈短线状，外绕以乳嘴样旋纹，其左右外角均未印着，只知其分类价应为（Ⅶ）（Ⅷ）或（Ⅸ）。

（三）中指指纹（即第三指指纹），其中央之乳嘴纹，上下互相围绕，作球心性排列，应为涡状指纹，左外角未印着，故仅知其分类价应为（Ⅶ）（Ⅷ）或（Ⅸ）。

（四）无名指指纹（即第四指指纹），其中央乳嘴纹作球心性旋纹围绕，而左右角相差两线，应为中流涡状指纹，其分类价应为（Ⅷ）。

（五）小指指纹（即第五指指纹），其中央乳嘴纹作长形旋纹，不甚规则。应与涡状指纹相称，其左外角较右外角高约三线，其分类价应为（Ⅶ）。

（第二）右手指纹印痕：

（一）拇指指纹（即第一指纹），其中央部有略斜形短线五根，互相吻合，其外围绕以球心性旋纹，应为涡状指纹，其左侧之外角未印着，故仅

---

① 扩大镜：放大镜。

② 如下：原文为"如左"。

知其分类价应为（Ⅶ）（Ⅷ）或（Ⅸ）。

（二）食指指纹（即第二指指纹），其中央部之乳嘴线呈旋涡状之球心性排列，并有小分歧，应为涡状指纹，其左侧之外角未印着，故只知其分类价应为（Ⅶ）（Ⅷ）或（Ⅸ）。

（三）中指指纹（即第三指指纹），其乳嘴线系自小指侧迴行复归同侧，应为乙种蹄状指纹，将外角之中央点与中心蹄线之顶点结合成为一线，其交叉线之差为十根，分类价应为（Ⅸ）。

（四）无名指指纹（即第四指指纹），其中心乳嘴线作长椭圆形，呈球心性排列绕，应为涡状指纹，其右侧之外角未印着，故仅知其分类价应为（Ⅶ）（Ⅷ）或（Ⅸ）。

（五）小指指纹（即第五指指纹），其中央部之乳嘴线作长椭圆形，呈球心性围绕，应为涡状指纹，其右外角较左外角高约二线，为中流，其分类价应为（Ⅷ）。

因欲检第四号证物柴刀木柄上之指纹是否为第五证物×××当庭所捺十指指纹中之任何一指指纹，故应先将以上（B）项所检之左右手之指纹呈涡状纹者一一摘出。与（A）项所检柴刀木柄上涡状指纹共行扩大镜比对检查。但结果其中央部乳嘴线之位置及其外角乳嘴线之形态、分歧或中断等征象，均不相同。故该证物柴刀柄上之指纹，与送检之蓝色各指印纹完全不符，应为另一人之指纹。

地　说明

（一）凡血痕经紫外线光分析机下映视，则显土棕色或紫土棕色无光泽斑块。如不作此种色彩，便非血痕。又经化学之血痕预备检查，结果为阳性者，便有为血痕之可疑，阴性者，便非血痕。

次经血痕实性反应之结晶及吸收线检查，结果如能发现黑民结晶，还原血红质及血色素或还原血红质吸收线者，即确为血痕。无结晶及血色素吸收线发现者，即非血痕。

如已证明为血痕，但是否人血，犹有疑问。故须经生物学抗人血之家兔特殊沉降素血清检查。其发生沉降现象者，即可决为人血，不发生沉降现象者，则决非人血。

（二）据前检验用肉眼视查、紫外线光分析检查、血痕预备检查及实性反应检查，在该送检证物第一、二、三组上，只第三组证物经紫外线光映视，呈为土紫棕色，血痕预备检查呈为阳性，血痕实性检查检见有黑民结晶、还原血红质结晶及其吸收线，故确为血痕。再经生物学之抗人血血清沉降素反应检查，证明确有沉降现象，故该血痕，确为人血。

而第一组证物小褂经同各种检查法检查均为阴性，故非血痕，又第二组证物裤子，经紫外线光映视及血痕预备检查，虽呈阳性，而实性检查，则未证明有黑民结晶、还原血红质结晶及其吸收线，故仍非血痕。既非血痕，当然无需再检是否人血。

（三）据前检验得证明该证物第四组柴刀木柄上指纹数，只一个为涡状指纹，但外角不明，故不能定其为分类价（即不能辨其为上流、中流或下流）。（图一、凶刀柄之指纹，从略）

又据前检验得证明该证物第五组×××当庭所捺指纹，共十个，其中除右手中指为蹄状指纹外，其余九指均为涡状指纹。

按指纹学，以每人十指所印各个指痕，排列顺序之指纹分子价数目（即左手五指为分子，右手五指为分母）为标准，则全世界可谓绝一人[1]雷同者。但本次送检第四组证物只有一个指纹，而欲与第五组证物之十个指纹比对，当然不能适用指纹价之排列顺序方法。盖甲人之甲指一指，仅可与乙人之甲指及本人或乙人之他指同型。然绝对无甲乙两人十指同型，且排列顺序亦相同者也。故其指纹价，分母分子之数字，全数亦不至雷同。

惟各人手指，虽为同一指纹价之指纹型，而其各指纹线纹之数目、中心、位置、高低、旋角、分歧、断连每互不同。故吾人对单一指纹异同之鉴别，只有借各一指纹之纹路，作对照比较检查。本次经将柴刀木柄上指纹，用粉剂显出后，施以放大摄影，俾成平面，以与×××当庭所捺各指状指纹，放于强光下，用扩大镜逐一将纹线对比辨视。结果：该×××各指指纹，皆与刀柄上指纹不符。故应非同一人之指纹。

上[2]说明皆据学理事实，兹仅鉴定于后：

鉴定：

据前检验及说明，得鉴定该送检证物（一）柴刀染有血痕，确为人血。而褂裤上所附污痕，并非血痕，当然亦非人血。（二）刀柄上所显出独一指纹，与×××当庭所捺十指纹不符，故应非同一人之指纹[3]。

上鉴定系公正平允，真实不虚，须至鉴定者。

---

① 绝一人：应为"绝无一人"。

② 上：原文为"右"，下同。

③ 非同一人之指纹：原文为"非一人之指指"。

中华民国××年××月××日　　所长 林几

（Ⅱ）勘验报告书

委托机关：××××法院

案由：勘验×××鸦片上诉一案所有机件证物

勘查日期：二十二年五月二十四日下午

勘查地点：×××××××里××××香料制造厂

所派出勘人员：技正××× 技士×××

法院、法院另聘：会勘人员×××

司法行政部法医研究所勘验报告书

为勘验报告事。案准×××××法院第××××号公函，内开。案奉××××××第××××号训令，内开。查××××等鸦片上诉一案，所有机件证物尚有鉴定之必要。合行令仰该院就近延请制造化妆品技师一人、制造药品技师一人、司法行政部法医研究所法医教授一人，并由该院派推事、书记官各一员，偕同上开专门人员，并通知该管公安局，前往×××××××里新屋××××××厂，鉴定所有机件，究竟系制造香水，抑或制造红丸、吗啡及其他毒品之用。另凭上海市公安局函送开列该屋内证物清单。逐件点名所有药料、药水，每类取出若干，用玻璃瓶装载、封妥，送法医研究所试验，各项原料，究为制造香水之用，抑制造吗啡、红丸或其他毒品之用。妥慎办理，从速呈复。以凭核办等因，奉此。本院为延请专门技师，曾经分别派员接洽，兹定期本月24日下午2时，派推事、书记官各一员，陪同前往实施鉴定。相应函请贵所选派法医教授一员，于是日下午1时来院，以便会同前往鉴定等由。准此，当即由本所派技正、医学博士×××，毒物学专门技士×××按该院约定日期，届时会同履勘。兹据该员等具报，编定勘验报告说明于后。

天　勘验

查该香料制造厂。在洪庆里区域一隅，位临小溪，地处偏僻，近路口之大门上方有白炽灯一盏，上书有"上海香料制造厂"字样。现该厂屋内已驻有警士，各门关闭，门上贴有两种封条：一为公安局元月十二日封，一为上海地方法院三月二十七日查封。偏左侧之两排平房，即为该厂工作处所。临大门左侧房内，有多数之蒸馏水瓶，内盛有生发水一类之配剂，案上置有舶来之原料数瓶（见摄照一），所谓香料成分者，仅此而已。与该屋相通之他一房两面乃至三面，多环有木制台案之上方。每一等距离内不远，即装有电气插头多个，案之一隅，有德国依默（E. Merck）牌之纯硫酸多瓶（Sulphuric acid pure），并有一瓶发烟硝酸（Nitric acid）。其他尚有容量至五千公分①之平底球形烧瓶（Boiling flasks）数个，瓶内遗留褐色乃至灰褐色之残余药剂，有成为液体者，有因自然挥散而成为固体者。临窗一隅之案下，有麻布包裹之大瓶一个，内盛有透明易流动之液体，能发刺鼻流泪之特臭醋酸（Acetic anhydride）成分之疑。特倾出一瓶，供化验（检材1）。同房内之右侧地下，有白磁罐一具，内发现褐色类烟膏之水溶液，特取少许，以供化验（检材2）。邻该屋之右侧屋内右方，有国货之大花磁缸两个，缸之上部，装有电气混合发动机（Mixing motors）。其木制旗瓣已经取下，置于对方之陶器瓮上，临窗之中央部，有陶制缸，盛有醋样嗅之液体，并混有外形类似烟膏之残渣，亦取出少许，以供化验（检材3）。在该器之近旁，又有盛器一具。其中装有多量之漆样物，并混有褐色水，亦取一瓶，以供化验（检材4）。该地上尚有碳酸钠（Na_2CO_3. Sod. carbonate）两铁罐，均系原料品，尚有漆样小块一筒及黄土样物一包，亦各取一瓶，以供化验（检材5及6）。门外有普通井一口，位于长形庭院之极端，对此门即为他一排新屋之最末间，在此屋门之左方，有电气发动机（Electric motor）一具，连于铁制坦克（Tank）②系供给该厂水力水量之主要机械，近旁有干燥器（Fauuing③ apparatus for drying）一具，对面又有干热箱（Dry heat Ovens 或曰保温箱）一具，向左有一门，门外为一长形之胯院，院墙之一隅，有大小不等铁制镀锌瓮10数个（见摄照二）。启开多作二烷醚（ether；Acthylether-（C_2H_5）$_2$O）、醋酮（Acetone（CH_3）$_2$CO）之特有嗅味。在该处多数铁瓮之旁，有蒸馏水瓶2个，瓶中液体呈洋干漆样，有烟膏臭味，特倾出一瓶，以供化验（检材7）。由原路返回屋中，其面左之门，能与另一屋相通，屋内有纱滤之铜制漏器，更有成为数个之锥形者，案上有普通滤纸数张，滤纸上余有残渣少许，亦带回化验（检材8）。外尚有蒸馏器（Distillators）一具，在案上并有原料两盒，其一为食盐（Sod. chloride），一为骨炭（Carbon animal），临右窗之案上，有蒸馏水之大瓶一，其中盛有淡褐色透明之液体，呈醋酮臭，亦倾出一瓶，以供化验（检材9）。深入本排房之第三间屋内，安设有滤器架（Filter stands）及吸气瓶、多孔磁制漏

---

① 公分：旧称，重量指克，长度指厘米。这里指毫升。
② 坦克（Tank）：（储存液体或气体的）箱，罐，缸。
③ Fanning：吹，扇（风）。原文误为"Fauuing"。

斗、阴压①吸气管（见摄照三）等，系阳压②滤过装置。吸气瓶内有褐色之液体，倾出其一部，以供化验（检材10）。案上一隅，又有多数用尽之氯仿③瓶（Chloroform，CHCl₃）及亚伦麦亚氏（Erlen mryers flasks）瓶，该屋里间之案上，有两个热水漏斗（Hot water④ filter apparat）及天平等。余外尚有普通实验室用之螺旋蒸馏管数个，其他无关紧要之物品尚多。兹仅就其重要有关系者，详录具报。

地　说明及勘验结果

机器种类至繁，而一种机器，每可有数种用途。如该厂之电气发动机，既可用之于发电，又可用之于抽水吸气，随其附带之机件，而工作能力可以千变万化。又该厂之铜制蒸馏器，可作水之蒸馏，又可作酒精之蒸馏，更可作收还有机溶剂（Organic solvenlis）之需。又如球形之平底烧瓶，平底之锥形烧瓶，均为普通制造场或化学试验室常用之用具。何能就几个烧瓶而作单独的鉴定，但制造一物，得由其种种用具之各种用途，综合而比较之，则所鉴定之目的，亦不难于解决。故此次所勘验机件之鉴定，系就该厂全体之机件，而加以详细之考察。如是，则鉴定结论，方能合理。兹根据前勘验报告，仅具说明如下：

甲、说明：

（子）香料制造厂应有之设备及原料：按香料制造厂，应系专制造香料原剂，设能将各种原剂配合，而成一种化妆、香料之日用品，则可称之为化妆品制造厂，但至少亦应备有多种香料化制品之原剂，方能与香料制造厂之名称相符。查香料原剂之制造，可分为二类：一系取之于天然植物之花、茎、叶成分中者，一系用种种之有机化学品，借工业原料（硫酸、烧碱、有机溶剂、氧化剂、还原剂、矿物质、盐类以精炼（Purify）、集成（Synthesis）者。设该厂为制造第一类天然香料，则在该厂内，首先应藏有多量含有香味之植物花、茎、叶等物品，盖普通提炼植物之香油，须用下列之五种方法：（一）漫浸法（Maceration）。（二）蒸馏法（Distillation）。（三）压榨法（Pressure）。（四）吸收法（Absorption）。（五）浸出法（Extration）。（一）、（三）、（四）三法为采取植物性香油特有之方法，而偏查

---

① 阴压：负压。
② 阳压：正压。
③ 氯仿：原文为"绿仿"。
④ water：原文误为"unter"。

该厂内，并无此机件之设备，惟有大件关于（二）、（五）两法之机件设备。

按该厂所有（二）、（五）两项设备，在（五）浸出法，则除用以精炼植物香油外，又能用之精制其他有机化学品或抽出植物性类碱质（Alkoloid），即吗啡等及植物性糖质（Glycoside）。在（二）蒸馏法，则可为收还有机溶剂或行蒸汽蒸馏之装置。查该厂所有之醚（Ether）、醋酮（Acetone）等，固均系有机溶剂，但应有严密精良之浸出器（Extractor）以抽出植物香料。然该厂实在无此种精良浸出器之设备，故得证明该项有机溶剂，并非用之以制造香油，既非用之以制造香料，当然系用以制造吗啡等毒质。

若用蒸馏法以抽出香沸，则应有斯麦尔（Schimmel）一类之蒸汽蒸馏装置，查该厂之蒸馏器只能用作收还有机溶剂或作蒸馏水之用，不堪用以制造植物香油。既不堪以制造植物香油，当然系用以制蒸馏水，或收还制造阿片毒质所用之溶制（如醚、醋酮等），总之该厂机件设备固不能用之以制第一类天然香料也。

设该厂如为制造第二类人造香油（Synthetic perfume），则该厂应藏有多种之化学原剂及种种脂肪性（Aliphatic① serieis compound）、芳香性（Carbocyclic Serieis componud）及醇酯醛（alkohol，ester，aldehyde）等化合物，查该厂各实验室中，毫无此等物质存在。而又无用此种物质所做成之人造香料存在，故得证明该厂亦非制造第二类人造香料者。

（丑）提炼麻醉毒品应备之机件：查该厂之重要机件，除大件搅拌（即混合），漏过干燥各类机件为其特征外，无专门制造种种香料之机件可以寻出。按上列之三类机件，实为制造植物性碱质即阿片及吗啡毒质之必须机件。又该厂之盛器中，随处可取得褐色残液或漆样凝块，殊与香料制造厂之现象不合（此种凝块或残液，曾取送本所，详行化验），且香料均有挥发性香味，均有自然挥发消失之特性，入该厂各实验室时，应有香气之感觉。又各种盛器上应皆为密闭之装置，而勘验该厂各室并无香气，各机件多为开口（Open form）并无密塞，即确不堪用以制造香料。

（丙）制造麻醉毒品，应有之原料药品：查该厂之实验室中曾发现有制造阿片毒质之化学原料，如碳酸钠、氯仿、无水醋酸（Acetic anhydride）、兽炭等，设以上之各种原料，离开该厂而鉴定，固不能决断其确系制造阿片毒质之原料，但有此原料，而有此机件，至少可证明该项原料，能精炼

---

① Aliphatic：原文误为"Aliphetic"。

阿片毒质或制造海洛因（diocethy① morphin，Heroin）无疑。

（丁）其他证据：设该厂果为香料制造厂，则在该厂中，应发现有该厂商标之香料出品及印刷商标，说明书、盛瓶及特殊之瓶塞、瓶签等，但结果皆无所见。又在临大门之左侧房内，虽然生发水一类之香料配齐数大瓶，但未发现贴有该厂商标之盛瓶一个。此种设置，显系遮掩外人耳目，使人不注意也。兹根据说明，就发现之主要机件，而为鉴定如下：

（1）电气发动机（Electric motor）：发动用。而在该厂，则用为抽水、吸氧以供给全场之水量及精制毒品滤过之用。

（2）蒸馏器（distillator）：蒸馏用。在该厂用为收还有机溶剂（如氯仿、醋酮、以脱）或作蒸馏水用（因用药，可以收还较为经济）。

（3）磁制多孔漏斗：滤过用。滤除阿片膏中之不溶性物质（Insoluble matter like Resin，mucus，Gum）及其他杂质。

（4）干燥箱及干热器：使物质干燥用。而在该厂则为制造阿片粉末（Opium pouder）之用。

（5）电气混合发动机（Mixing motor by electrioity）：系沉淀剂（如碳酸钠 sod，carbonate）后，用以混合者，使毒质成纯粹游离状态，而析出，借以精炼毒质（由阿片提炼吗啡、科代因②或再精炼海洛因等）。

（6）吸气瓶：系连通阴压、吸滤管，将混合液滤清。在该厂则用为分离阿片中之不溶性残渣者。

（7）热水漏斗：系滤过。在冷时为固体之药液或易析出结晶之母液者。在该厂用以分离纯粹吗啡等结晶者。

（8）天平：称量药剂之必需品。

（9）玻璃蒸馏管：系一般蒸馏之用者。

（10）球瓶及锥形瓶：以盛精制液或分离液及其他种种用途。在该厂在各瓶内，多盛阿片成分之残液或残渣。

乙、结果：

总之勘验结果，在该厂内所见一切机件及存在之原料药品，均不能用之以制造香料。在临门左房内，虽有数大瓶配成之生发水及少数之舶来品香料等，但系为避掩耳目，故意之陈列。不但在该厂内，无任何种香料商

---

① diacetyl：二乙酰基，原文误为"diocethy"。

② 科代因：可待因。

标、成品盛器、香料化妆品定型塞器，并出品说明书等检见。且即一切配合原料及机件，亦均为精制阿片中吗啡、科代因或海洛因之设备，又在各实验室盛器中，多半盛有阿片样残渣残液，并无制造香料原料之香气。此种原料及残渣等，均已交付化验，另行鉴定。

上勘验说明结果，皆系公正率允，真实不虚，须至勘验者。

中华民国　　年　月　日　　　　　　　所长　林几

（Ⅲ）检验报告书

委托机关：淞沪警备司令部

来文日期：二十三年四月十八日

案由：送检×××案内证物白粉系何原料，作何用途，请化验由

检材件数：白粉 34 小包

来件日期：四月十八日

检验日期：四月十八日至二十五日

检验地点：本所毒物检查处、化验室

检字第壹号

司法行政部法医研究所检验报告书

为报告事，案准淞沪警备司令部法字第（无）号公函，内开："案准京沪沪杭甬铁路管理局，解送贩卖毒品犯×××等一案到部，业经饬交军法处讯办在案。惟查本案抄获毒品白粉四大箱，究竟系何原料？作何用途？亟应化验。相应检同各箱白粉样品备函送，请查照，即希尅日①分别化验鉴定，函复过部，以凭核办"等由，准此。计送到 A 箱白粉样品 8 小包，B 箱白粉样品 6 小包，C 箱白粉样品 10 小包，D 箱白粉样品 10 小包。经验明外面封识不误。交由本所毒物检验处及化验室，分别详行详验，于本月 25 日 9 时检验竣事，复经审核对照不误。兹据检验结果，编定检验报告于后：

天　检验

检材原分为 A 字计 8 包，分第（1）至（8）号。B 字计 6 包，分第（1）至（6）号。C 字计 10 包，分第（1）至（10）号，D 字计 10 包，分第（1）至（10）号。总计检材共为 34 小包。

————————————

① 尅日：严格限定日期。

（甲）理学检查：

由检材外表之色泽、晶形、嗅味之不同，可分为四类：

子类：内为送检检材（B）字之第（3）、（4）二号，（C）字第（1）、（2）、（3）、（4）、（5）、（6）、（7）、（8）、（10）九号，（D）字第（1）、（2）、（3）、（4）、（5）、（6）、（7）、（8）、（10）九号，共计 20 小包。该 20 小包检材，均为纯白色之结晶性粉末，触于舌端，有砂状感，无嗅气，味微甜。在氯仿或醚（chloroform or ether）中均不溶解。

丑类：内为送检检材（A）字之第（3）、（4）、（5）、（6）、（7）、（8）六号，（B）字之第（2）一号，共计 7 小包。该 7 小包检材，均为白色结晶状之粉末，晶形互相粘和，成为白色不等大之块状或粉末，味甚甘，极易溶解于水。

寅类：内为送检检材（A）字之第（1）、（2）两号，（B）字之第（1）一号，（C）字第（9）一号，（D）字第（9）一号，共计 5 小包。该 5 小包检材，均为白色，柔韧有丝光之针状结晶，但无臭味苦。

卯类：内为送检检材（B）字之（5）、（6）二号，即原号之副 16 号及正 16 号两号，共计 2 小包。该两包检材，均为面粉色之粉末状物，其中含有光耀之晶形，具持久性苦味感，有粘滑性，其显微镜下结晶照片附粘于后。

（乙）化学检查：

（第一）（子）、（丑）、（寅）、（卯）四类检材之定性检查：

（1）子类检材之化学检查：

取（子）类检材每包中物证各少许，共重约 5.0 公分[①]，其 1.0 公分量，能溶于 6 倍之冷水中。对于铔性银液（ammoniacal silver sol.）及非林氏液（Fehlong's solution）均发生还原作用。合并前理学检查结果，得证明（子）类检材中 20 小包（20 号）之物证，系纯乳糖（milk sugar，lactose）。

（2）丑类检材之化学检查：

收丑类检材每包中物证各少许，共重 3 公分，分为 3 份，一份加浓硫酸，则渐渐炭化。一份加非林氏液煮沸，无著明之还原作用发现。他一份加稀酸，长时间煮沸，能发现转化糖（d. lac vulose，invert suger）。故得证明该丑类检材 7 小包是为蔗糖（sucross，saccharose）。

---

① 公分：这里指"克"，下同。

（3）寅类检材之化学检查：

取寅类检材每包中物证各少许，共重约 2.5 公分，先溶解于纯酒精中，检材能全溶解，不留有残渣。再将酒精蒸发后，残渣溶解于蒸馏水中，施行下列之化学检查：

a. 单宁酸反应（tonnic acid R）：能发生白色沉淀。该沉淀能溶于过量之单宁酸溶液中，呈黄褐色透明液。

b. 氯酸钾盐酸反应（amalin acid R）：残渣遇钲蒸汽，变为红紫蓝色。

根据 a、b 两项之化学检查及（甲）之理学检查结果：得证明寅类检材 5 小包，系纯咖啡素（caffeine）。

（4）卯类检材之化学检查：

卯类检材原为（B）字号（5）、（6）两号。由（甲）理学检查，可推知（5）、（6）两号物证，系混合物。故分别施行精制操作后，再行化学检查。方法①：先取（5）号（即副 16 号）检材 3.08 公分，用酸性酒精及蒸馏水反复精制，再取（6）号（即正 16 号）检材 3.0 公分，依法精制。取（5）及（6）号检材之不溶解于酒精的残渣，施行（A）项化验，暨溶解于酒精之挥发残渣，施行（B）项之化验。如下：

（A）项化验：残渣加蒸馏水，强力振摇，溶解呈浆粉糊样，不呈酸性，加醋酸铅不发生沉淀，加碘试液显蓝色。故得证明该（5）、（6）两号检材中，含有少量淀粉、糊精（dextrin with starch）。

（B）项化验：将（5）、（6）两号检材之酒精浸液挥发，分别将残渣同蒸馏水溶解，加入碳酸钠液，使呈碱性，用氯仿醚（chloroform ether）振摇分离氯仿醚液，移之于水浴上挥发，一部作残渣之化验，一部作水溶液之化验，如下：

一、残渣之化验：

钒硫酸反应（Mandalin's R）：呈美丽紫蓝色。

重铬酸钾硫酸反应（Pot. bichromate sulphuric acid R）：发生紫蓝色条纹。

铈硫酸反应（Cerium Oxide Sulphuric acid R）：先为紫色，再变为杏红紫色。

---

① 方法：原文为"法"。

二、水溶液之化验：

锌粉过氯化铁反应（Reduction R）：生持久樱红色现象。

硫氰酸复盐生成反应（the compound salts of this cyanate R）：水溶液中，加硫氰酸钾液数滴。静置之，生成美丽之白色结晶形物质（照片）。

根据上一、二项之化验结果，得证明该（5）、（6）两号检材中，含有士的年①素（即马钱子精 strychnine）。

（第二）（子）（丑）（寅）（卯）四类检材中含否吗啡，安洛因②，高根③等违禁毒品及一般配制红丸佐剂金鸡那素④之检查：

（1）各取（子）、（丑）、（寅）、（卯）四类检材中各小包检材之相当量，施行吗啡、安洛因之实性检查：

（一）蚁醛硫酸反应（Marqui's R）：不生玫瑰色。

（二）亚硒酸硫酸反应（Mecke's R）：不生绿色或蓝色。

（三）铜片反应（Olivar's R）：不生酒赤色。

（四）钼硫酸反应（Frochde's R）：不生紫蓝色。

根据上列（一）、（二）、（三）、（四）四项之检查，得证明（子）、（丑）、（寅）、（卯）四类各检材中，均不含有吗啡、安洛因违禁毒品及其盐类制剂混合物、化合物或诱导体。

（2）各取（子）、（丑）、（寅）、（卯）四类检材中各检材之少量，施行高根之实性检查：

（一）生理检查（Fhysiological test）：各取检材尝试之，除甜咸、苦咸外，均无麻痹神经作用。

（二）安息香酸基之检查（Benzoic radical test）：各检材加少量醇及硫酸，热之，均不发生安息香酸二烷醇之芳香。

根据上（一）、（二）两项检查，得证明（子）、（丑）、（寅）、（卯）四类各检材中，均不含有高根（cocaine）及其盐类制品，化合、混合物或其有毒诱导体。

（3）各取（子）、（丑）、（寅）、（卯）四类检材中各检材之少量，施行金鸡那素之实性检查：

---

① 士的年：士的宁。
② 安洛因：海洛因。
③ 高根：cocaine，可卡因。
④ 金鸡那素：Quinine，奎宁。

荧光反应（Fluorescene R）：不发生蓝绿色荧光现象（在紫外线分析机映光下检查）。

根据荧光反应之检查：得证明（子）、（丑）、（寅）、（卯）四类各检材中，均不含有金鸡那素（Quinine）。

地　说明及结论：

（一）来文询抄获毒品四大箱究竟系何原料：据前检验得证明送检检材（B）字内第（3）、（4）号，（C）字内第（1）、（2）、（3）、（4）、（5）、（6）、（7）、（8）、（10）号，（D）字内第（1）、（2）、（3）、（4）、（5）、（6）、（7）、（8）、（10）号各小包，共计20小包，均系纯乳糖〔检验列于（子）类检材〕。

送检检材（A）字内第（3）、（4）、（5）、（6）、（7）、（8）号，（B）字内第（2）号，各小包，共计7小包，系蔗糖〔检验列于（丑）类检材〕。

送检检材（A）字内第（1）、（2）号，（B）字内第（1）号，（C）字内第（9）号，D字内第（9）号，共计5小包，均系纯咖啡素（Coffeine）〔检验列于（寅）类检材〕。

送检检材（B）字内第（5）、（6）号（即原号之正、副16号小包），共两小包，为糊精淀粉与士的年素之混合粉剂〔检验列于（卯）类检材〕。

（二）来文询抄获毒品四大箱内物质究竟可作何用途：据前验明之检材（子）类乃纯乳糖，味甜，系医药上需备品，为配置散、粉剂时之矫味料，或为丸衣之被复制。检材（丑）类乃蔗糖，味甘，系由甘蔗或甜莱菔等植物中提制而成，俗称为洋白糖，乃普通之食用品。且检材色极白净，晶形甚细，故除供食用外，更可充药品之调味料。

检材（寅）类乃纯咖啡素，按：咖啡素大量含于咖啡树中及茶叶中，有兴奋神经系统之功能，并有强心利尿作用，与他药配制，可谓镇痛剂，列于内政部卫生署颁定中外剧药表中第一类，每日极量0.15公分，乃医药中必需品，并非阿片类麻醉毒品或其代用品。

检材（卯）类乃糊精、淀粉及士的年素三种物质之混合剂。按：糊精、淀粉均为粘滑剂中之赋形料，乃配制药丸、药粉、药饼之常用品。士的年则为毒物，列于内政部卫生署颁定之中外毒药表中第一类，但无麻醉中枢神经效力，并非阿片类之麻醉违禁毒品或其代用品，乃一般药商应备之医药品。内服后，有兴奋脊髓神经，并可使嗅觉、味觉感应增锐，常为强壮健胃剂，每与他药配合，制成水剂、粉剂或注射剂，但多量内用时，可致人发痉死亡。

故用量须有限制，其一次极量为 0.005 公分，一日极量为 0.015 公分。

（三）再据前（第二）项各类检材详验结果：得证实其内并未含有吗啡、安洛因、高根等违禁麻醉毒药及一般配制红丸之金鸡纳素等佐剂。盖一般制贩之红丸或白丸中，必含有违禁麻醉毒品，而配佐以金鸡纳素、咖啡素、士的年及其他药品并矫味料、赋形料。

按禁烟法"第一条本法称烟者，指鸦片及代用品"。"前项代用品指吗啡、高根、安洛因及其同类毒性物或化合物"。但经前化验，证明：证物为乳糖、蔗糖、咖啡素及士的年素与淀粉、糊精之混合物。既非鸦片，亦未含有吗啡、高根、安洛因等阿片之代用品，而各本质在药物学、生理学方面，亦不具有阿片同类之麻醉神经中枢之毒性，且绝对非阿片或其代用品之化合物及混合物。

又按内政部卫生署颁定麻醉药品表内，只列有：（1）大麻（印度大麻）及其制剂或混合物。（2）古加英（高根）及其盐类制剂混合物，并其他一切有毒诱导体。（3）双醋吗啡（海洛英即安洛因）及其盐类制剂或混合物。（4）爱哥宁（Ecgonine）及其盐类制剂混合物，并其他一切有毒诱导体。（5）二烷吗啡（ethyl-morphine，dionin）。（6）吗啡及其盐类制剂混合物，并其他一切有毒诱导体。（7）阿片及其制剂或混合物。（8）印度班麻（Bhang）。（9）印度大麻油脂（cannabinol）。（10）古加（coca）。（11）二烷可待英（dihydrooxy-codeinone）。（12）印度于查麻（ganja）（13）印度瓜扎麻（guaza）。（14）印度哈西虚麻（Hashish）。（15）Laudaine（劳但宁）。（16）溴—烷化吗啡（morphine methyl bromide）。（17）那碎英（narceine）。（18）那可芬（narcophin）。（19）全鸦片素（papaveretum）。（20）帕帕佛林（papaverine）。（21）蒂巴英（thebaine）。（22）托派古加英（tropa cocaine）。二十二种麻醉药品，而查本案送检检材，已证明为乳糖、蔗糖、咖啡素及士的年素与淀粉糊精之混合品。既非上述之各种麻醉药料，亦非其盐类制剂混合物、化合物或其毒之诱导体。（图二、显微镜下士的年素结晶像，从略）

再按麻醉药品管理条例第二条："本条例称麻醉药品者，指供医药用及科学用之鸦片、高根、安洛因及共同类毒性物或化合物"。第三条："麻醉药品之输入及分销，由内政部卫生署指定总经理机关负责办理。麻醉药品之输入数量，每年由行政院会议决定。麻醉药品之制造，在未有特许制造法规以前概行禁止"。又禁烟法第十九条："关于医药用科学用及其代用品，由国民政府指定机关办理之"。故照法律前项所列麻醉药品，即使目的系供医药之用，其贩卖制造亦须受法律之严格限制，非普通医院、药房皆可自由贩卖、配制者也。惟本案送检证物，经前检验结果，并无前列麻醉药品成分存在，故亦未得视之为麻醉药品。

上检验及说明结果：系公正平允，真实不虚，须至报告者。

中华民国　　年　月　日　　　　　　　　　所长　林几

乙　说明书

凡法院委托检验案件，其未能得确定结果者，或委托审查案件证据不充分者及文件证据委托审查者，均只能依据学理解释给予说明书。兹录法医研究所之文证审查说明书及检查说明书附后以供参考：

1. 文证审查说明书

委托机关：××××法院

来文日期：二十二年八月二十六日

案由：函请审查过期脑膜炎血清失效若干并注射此血清有无危险及延误病机由。

审查日期：二十二年八月二十六日至九月二十日

××字第四号

司法行政部法医研究所文证审查说明书

为说明事，案准安徽××地方法院第××号公函，内开："本院受理×××过失致死一案。据告诉人×××供称：'其子×××，年六岁，于本年一月十八日发生疾病，至二十一日进本城×××医院请医诊治。其时伊子身体发热，神志昏沉，头向后仰。由×××诊视，认为脑膜炎，非用血清注射不可。经同意后，即每日注射一针，到七、八针后，又添惊风及肺炎病。并打肺炎针，小孩病状时好时坏，至二月四、五日，见所用血清纸盒三个，上面注有二十一年十一月三十日及十二月三十日为失效日期。又仿单内载有失效日期已到期者，不可用等字样。曾督邀人向该院质问，据称此项血清，系贮藏冰箱内，虽系过期，仍然可用云云。随后又向××医院借用当期血清，继续注射，仍无起色，至同月十一日遂将小孩抬出，复请××医院诊视，据该院医生谓已无可挽回。到家后次日即行身死。经函询卫生署，据复函称：过期血清，若增加注射量，用于腰脊注射时，有危险等语。故小孩之死，系该医生施用失效血清所致'云云。讯据被告供称：'此项血清，系保存于五度至二十度之冰箱中，虽属过期，但其失效力甚微。与未过者，实属相等，且该小孩于第一次注射以后，即已逐渐收效。其抽出之脓球，亦逐渐减少。至第八次注射之后，则所有以前病状，如眼向上翻、头向后仰、手足强直、不能平卧种种现象，均已除去。×××因省费起见，请停止注射。仅过二日，脓球忽又增加，遂又照常注射。脓球又渐减少。至二月八日×××要求向××医院借用当期血清，当经借来注射，与原用血清，效用相等。至十一日小孩之病，已大有起色。×××又以住院费用太巨，坚欲出外。本院因该小孩同时患有大叶性肺炎，尚未痊愈，且此病最忌移动，动则难免危险。以此力劝暂勿出院，×××绝不允，及迁出以后，又经他医诊治，施用何药，本院概不得知。其小孩致死原因，或以肺炎病移动，致生命①危险，或以其他医药不合，遂致丧命，皆在意中。×××因本院催索欠费，遂以失效血清为词，妄为告诉'云云。同时并引证中外医药书籍，以证明贮藏冰箱之血清，虽经过有效期间，但所失效力极微，决不致贻误病机，以为反证。本院查核该被告所述病状、经过情形，按诸该院关于病人实验报告单，原不得谓为无据。惟此种过期血清，是否绝对不可施用。前在侦查中，据本院法医及安徽高等法院法医，先后鉴定意见书，其见解不同，且有相反之断定，兹有应行解决者数点：（1）过期血清，其失去效力，达于百分之几，即绝对不能施用？（2）贮藏于5℃至15℃或20℃冰箱之血清，于满一年之失效日期已到后又过期一月或二月，究应减少效力百分之几？（3）用此种血清注射脑膜炎病，是否足以致病人于死？（4）假定不能致病人于死，然每日注射一次，至十余日，是否定以贻误病机？（5）此种血清，如果不合注射，则被注射之患脑膜炎病者，能否延长其生命至于20余日之久？（6）大叶性肺炎病未经痊愈时，是否切忌移动，如果移动，是否即有生命危险。凡此各点，皆非有医药专门智识，不能断定。贵所不乏专家，必能予以满意之解答。除将原血清外皮纸盒2个及照抄各件附寄，借供参考外，相应函请查照办理，并希详予函复"。外计附录安徽合肥地方法院法医×××及安徽高等法院检察处法医×××鉴定书各一件，卫生署便函一件，原血清外皮纸盒两个，等由，准此。当于该文证到所日，分别交付专家审查。经认定治疗血清类别甚多，其功率及绝对失效期间，保存之最适宜妥当方法并毒力程度，每因制造场所出品而有不同。故须其将（一）、（二）、（三）、（五）四点，查询原制造机关，候复以供参考。查该原血清外皮纸盒上签明系中央防疫

---

① 生命：原文为"生"。

处出品，故即径先函询该处。据复内开："径覆者，案准贵所函开案准安徽××地方法院嘱为鉴定注射过期脑膜炎血清，有无危险及失效若干等由到所。查该案内血清，系由贵处制造，兹开列问题中四点与原制造处有密切关系者，请迅查照见复为荷：（一）该血清过期后其失去效力达百分之几，是否绝对不能试用？（二）该血清贮藏于5℃15℃或至20℃冰箱之内，一年之有效日期已满后又过期一月或二月，究减少效力百分之几，有人谓（据艾迪生学说）血清贮藏于摄氏表5度至6度之冰箱内，年只减去效率7%，故该血清贮存至一年有两个月者，只失效率8.02%。贮存至13个月又10日之久者，只失去效率7.09%（上海检疫处检查血清以失效率25%，不准出售）等语，是否适合于贵处所制脑膜炎血清？（三）用该过期血清加量注射于脊髓，是否可以反招危险？（四）该过期血清，如果不合注射，则被注射之患脑膜炎者，能否延其生命至20余日之久（据医师诊验，并有肺炎）？以上四点，务希详细答复，以供参考"等因，准此。本处特就问题之四点答复如下：（一）该血清过期后，若保存得法，其效力在学理上虽逐渐减少，非即绝对不能试用，致其失去效力至百分之几，因不能作动物试验，尚难为明确之断语（请参阅第二点之说明）。（二）血清效力每年减少之比例，原与贮藏之温度有关，何种血清在何种温度，减少效力百分之几，研究斯学者，亦多有所论列（兹特摘抄报告数则，附请参阅）。惟对于脑膜炎血清效率究竟为若干，既不能作动物试验，又未见专门学者有何确实之报告，然综合其他血清之失效率而研究之，则脑膜炎血清经过若干年月，应减少百分之几，似可推定其一般。至本处此种血清，经过一年效期一月或二月，在学理上不能谓其效力已完全失去。本处对于过期制品，于仿单上特别声明不可使用者，为昭慎重耳。（三）脊髓注射，原有定量，若为增加而过其定量，立刻发生不良结果，若立刻无不良之结果，则增加之量，似未曾有妨碍。（四）过期血清效力之减少，在学理上系渐进的，前已言之，不能一概谓过期之血清，不合注射。如果注射过期血清后，病者生命尚能延长至20余日之久，愈其谓注射过期血清之不合，不如谓延长此短时间之生命正系过期血清之效验，较为合理。既据医师诊断，病者兼患肺炎，则或者病者之死系死于肺炎也。又特为郑重声明者，本件临床一切实在情形，全不明了。兹就来函所告情形，姑为学理上之论断。是否之处，统祈卓裁。相应函复查照为何等情。后经本所详密汇合审查，兹按所开应行解决六点，研究解释于后：

（一）过期血清，其失去效力达于百分之几，即绝对不能施用。该血清如保存得法，虽过期仍可使用。但在学理上，效力确渐减少，当其效力未完全消失以前使用之，对该脑膜炎症，当然可以维持其相当效率。所谓上海检疫处检查血清，以失效用25%者不准出售一语，系防贩卖减轻效力之血清或失效之血清者也。但当地尚无不过期血清出卖或并无同样血清出卖。则医师为救急起见，亦可暂用该过期血清，故失去效力达百分之几即绝对不能适用一语，在有血清贩卖地方，则必须用未过期血清，凡已过期减去效率之血清，皆不当应用。惟在无过期血清贩卖之地方，则医生可酌量情形，试行救急。

（二）贮藏于5℃至15℃或至20℃冰箱之血清，于满一年之失效日期已到后又过期一月或二月，究竟减少效力百分之几。按艾迪生学说（血清储藏于冰箱内经过若干时间，减少多少效力），是不过为一种学说。此种问题，在研究斯学者论列颇多，至今尚未能对脑膜炎血清失效期，有一确实报告。盖此种血清之失效期，因不能作动物试验，所以未能有明确之断语。但据中央防疫处，即该血清之制造者答复，综合其他血清之效力，则对该处所制之脑膜炎血清，经过一年效期后一月或二月，其效力并未完全失去。该处对过期制品于仿单上特别声明不可使用者，不过为昭慎重耳。

（三）用此种血清注射脑膜炎病，是否足以致病人于死。按：使用脑膜炎血清，须行脊髓注射，而脊髓注射，原有定量。倘增其量，便立刻发现不良结果。若注射后当时并未有不良现象发生，则该血清对于病人似未有碍。

（四）假定不能致病人于死，然每日注射 1 次至 10 日，是否足以贻误病机。使用过期减少效力之脑膜炎血清，当然对疾病之治疗减轻其有效能率。查脑膜炎病只有用脑膜炎血清方有特效，其他疗法多属无验。故当地如无未过期之血清，则连日注射已过期一、二个月之血清，对病者未必无效。不过其效率当然不能与未过期之血清相等耳。所以是否贻误病机，须视当地当时有无该不过期血清贩卖而定。况脑膜炎病即使继续注射不过期血清，对于该病，亦非绝对可救，此点须注意。

（五）此种血清如不合于注射，则被注射之患脑膜炎病者，能否延其生命至 20 余日之久。按：脑膜炎病，如该血清不合注射，则被注射后当时即生命危险，断不能延其生命至 20 余日之久。愈其谓注射过期血清之不合，不若谓延长此短期之生命，正是此过期血清之效力，较为合理。且据该医师诊视死者小孩，同时患大叶性肺炎，尚未痊愈。故死者之死因，是否由于肺炎，抑由于脑膜炎，现既未行尸体解剖，实无从加以判明。

（六）大叶性肺炎病未经痊愈时，是否切忌移动。如果移动，是否即有生命危险。按：小孩患大叶姓肺炎必发高热，确以勿移动为宜。倘行移动，往往可致热度增高，疾势增剧，发生危险。

（七）总之，过期血清，以不用为宜。但在无不过期血清贩卖处所，则医师亦可用保存于冰箱5℃以下之稍过期血清，以救急症。如该脑膜炎血清，系对病人有碍，则使用注入于脊髓后，立时即发不良症象，决不能延长生命至20余日之久。

至脑膜炎血清，保存于相当冷度之下过若干时日能保持若干效率问题。现研究血清学者，学说纷纭，尚未有确定之可靠之报告。但据该制造血清者声言，所制贩之脑膜炎血清，虽过一年有效期后一两个月，仍然对该脑膜炎病，有相当之效力。

脑膜炎症除用血清疗法外，他种治疗多属失效。故该医师于应急时间使用该过期血清，似不负有医术错误责任。

上说明系限于文证内容，据学理作公正平允之意见，须至说明者。

附录（一）×××鉴定书（×××地方法院法医）

兹将鉴定×××（即××医院医士）注射失效血清是否是足以杀人一案，说明如下：

（一）血清失效之成分及不能使用

据艾迪生氏发明血清，在平常温度每年平均失其效率20%，在摄氏表15度每年失去效率10%，在摄氏表5度每年失去效率之6%等语。据上海检疫处检查血清，失去效率25%，不可售出使用。

（二）本件注射是否足以致死

查××医院之血清贮藏在摄氏表5度至6度之冰箱内，年只减去效率7%，×××注射×××（即×××）之血清：（1）该血清定一年为失效期。（2）标签上一瓶载明民国21年11月30日为失效期，两瓶载明民国21年12月30日为失效期，按此计算，一瓶14月之久，只失去效率8.02%，又两瓶13月又10日之久，只失去效率7.09%，皆未达25%。据上说明，×××使用之血清，尚不至致人于死，特为鉴定如下：……。

（三）×××鉴定书（安徽高等法院法医）

按：脑炎为小儿传染病之一种，急性者二三日即失其生命。亦有延长两星期者。治疗此病，非用血清不可。查此种血清，有一定之有效期间，

林几论文研究

过期即失其效力，虽贮藏于暗室或冰库中，亦不能保存而显治疗之效用也。

（四）卫生署便函

径覆者，接诵大函，借悉种切。查脑膜炎血清，失效日期已逾数月者，虽系存贮冰箱中，其功效决不能与不过期者相等。故只可为应急之用，若增加注射量，用于腰脊注射时，有危险。苟医生无相当经验，此项加量用法，更非所宜。现在贵邑脑膜炎疫症既流行甚剧，可先按原量应用，一面从速设法购办新品，以免贻误病机。用特复请查照为荷。此致×××诸君。

中华民国　　　年　　月　　日　　　　　　所长　林几

2. 检查说明书

委托机关：江苏××××法院检察官

来文日期：二十三年二月十三日

案由：送检×××即×××一名究竟有无伤痕请检验由

检材件数：×××即×××一名

来件日期：二月十三日

检查日期：二月十三日

检查地点：本所人证第一诊查室

××字第十号

司法行政部法医研究所检查说明书　附　字　第　号公函

为说明事，案准江苏××××法院检察官第××××号公函内开："查×××即×××诉×××伤害一案，业经本院法医验明×××即×××无伤在案。兹据×××即×××状请复验前来，相应饬警将×××即×××送请贵所迅予验明，该×××即×××究竟有无伤痕？填具验单书函复，并希将×××即×××验后饬回"等由。准此，当于饬警押送×××即×××到所日，讯明正身不误，交由本所人证第一诊查室施行诊验。兹据检验结果，编定说明如后：

××时，在浦东招商局码头与小工×××口角，被×××打及左侧头部，后又来工人多名，内有两人从后袭击，腰部受拳，当时口吐涎血，左腰发痛，至下午往××医院求诊，曾施医治，而延至2月2日，口涎内始不带血，而腰痛仍时发作，现病已痊。平时吸纸烟，只能饮半两酒，亦不常饮。父母俱存，在乡务农。妻存，有女一，方一岁。本人以前未曾患传染病、花柳病，亦未曾受伤。

验得×××即×××体质佳良，姿态平稳，体重160磅，身长174公分，眼结膜有砂眼，头部、左腰部外表无伤痕，左腰部以手触之，云有微疼，但乘其不注意，再加压迫，又不感痛，故该部在客观上，当系无伤。

胸腹部听诊、打诊、触诊均无异常，脉搏 68 至，尿呈白色，澄明，无蛋白质及糖分发现。

地　说明

据前检验，在该×××即×××身体外表，并无伤痕发现，即便以前曾受拳击腰部，而亦应痊愈。惟所诉系左腰受击，而腰部之内中为肠、肾，局部现已无症状发现。又诉称吐涎带血，则所受之伤应不在腰部，而为背之上中部，其内乃胃或肺脏位置，现据自诉人云涎中已无血丝，则本所亦无从检验是否胃中吐血，抑为肺中咳血。盖其胸腹部已完全详诊，无一切症状发现也。至于曾否受伤？受伤后曾否涎中带血（吐血）？抑为痰中带血（肺血）？曾否发腰痛？当日尿之化验结果如何？应另侦查××医院诊治该人之病历为据，本所无从臆断。

结果：该×××即×××即使或曾受伤，应已治愈，现毫无伤痕及内损伤症状存在，惟曾否受伤？可另侦查前为诊治之医院或医师，以佐定谳。

上说明系公正平允，真实不虚，须至说明者。

中华民国　　　　　年　　月　　日　　　　　　　　所长　林几

丙　法部颁定之验断书、侦查笔录、法医研究所出勘检务简明报告表、法院刊用之伤害鉴定书、伤单、烟犯鉴定书并普通鉴定书。

我国法界惯用之验尸记录称为验断书，其内容、名词、图式系沿宋时宋慈惠父①所著洗冤录而来，颇不合于科学原理。然该验断书系经部颁，凡内地检验尸体外表，仍均使用。其他各种鉴验书类，皆颇简明，尚适用于普通之检验报告，但对疑难案件殊属过略，然大体分项、格式尚可应用也。兹分录于后，以供参考。

（1）司法行政部颁验断书格式

验断书　　　附尸图

已死　　　　生年　　　岁　　　人　　　职业

勘得：

尸体所在地方

①　宋慈（1186—1249）：南宋福建建阳人，字惠父，号自牧，被誉为"世界法医学之父"。1247 年撰成《洗冤集录》并刊刻五卷。此外，《名公书判清明集》中尚收录宋慈书判 9 篇（可参见黄瑞亭、胡丙杰、刘通编著《名公宋慈书判研究》，北京：线装书局，2020）。

尸身所在方向

尸身所附衣物

量得：

身长

膀围

胸高

验得：

仰面：面色、全身、肤色

致命：顶心

致命：偏左

致命：偏右

致命：囟门

致命：额颅

致命：两额角　　　左右

致命：两太阳穴　　左右

不致命：两眉　　　左右

不致命：两眉丛①　　左右

不致命：眉间

不致命：两眼泡②　　左右

不致命：两眼睛　　左右

不致命：两颧　　　左右

不致命：两腮　　　左右

不致命：两颊　　　左右

不致命：两耳　　　左右

不致命：两耳轮　　左右

不致命：两耳窍　　左右

不致命：两耳垂　　左右

不致命：鼻梁

不致命：鼻准③

---

① 眉丛：聚集的眉毛。

② 眼泡：原文为"眼胞"。

③ 鼻准：鼻前下端隆起之顶部，鼻尖。

不致命：两鼻窍　　　左右

不致命：人中

不致命：上下唇吻

不致命：上下牙齿

不致命：口

不致命：舌

不致命：颔①　　　左右

不致命：两颏　　　左右

不致命：咽喉

不致命：食气管

不致命：颈　　　左右

不致命：两血盆②　　左右

不致命：两肩井③　　　左右

不致命：两腋

不致命：两膀

不致命：两肘窝

不致命：两臂　　　左右

不致命：两手　　　左右

不致命：两手腕　　左右

不致命：两手心　　左右

不致命：十指　　　左右

不致命：十指肚　　左右

不致命：十指甲缝　左右

致命：胸膛

致命：两乳　　　左右

致命：心坎

致命：肚腹

致命：两胁肋④　　　左右

① 颔：指颈上方、下颌下方的柔软处。

② 血盆：缺盆穴，即锁骨上窝。

③ 肩井：指肩峰的位置。

④ 肋：原文误为"助"。

致命：脐肚　　　　左右

致命：腰前　　　　左右

致命：小腹　　　　左右

不致命：两胯　　　左右

不致命：茎物　　　左右

致命：肾囊

致命：肾子

妇人致命：产门

女子致命：阴户

不致命：两腿　　　左右

不致命：两膝　　　左右

不致命：两臁肕①　　左右

不致命：两脚腕　　左右

不致命：两脚面　　左右

不致命：十脚指

不致命：十脚指甲

合面：肤色

致命：脑后

不致命：发际

不致命：项　　　　左右

致命：两耳根　　　左右

不致命：两肩甲　　左右

不致命：两膀　　　左右

不致命：两肘　　　左右

不致命：两臂　　　左右

不致命：两手腕　　左右

不致命：两手背　　左右

不致命：十指　　　左右

不致命：十指甲

不致命：两后胁肋　左右

① 臁肕：健壮的小腿。

致命：背脊　　　　　　上中下

致命：腰

不致命：两臀　　　　左右

不致命：穀道①　　　　左右

不致命：两腿　　　　左右

不致命：两膝弯②　　　　左右

不致命：两腿肚　　　　左右

不致命：两脚踝　　　　左右

不致命：两脚跟　　　　左右

不致命：两脚心　　　　左右

不致命：十脚趾③　　　　左右

不致命：十脚趾肚　　　　左右

不致命：十脚趾甲缝　　左右

验毕　　　　男（女）尸一具

致死之理由：

莅验官：

法医：

死者亲属：　　　　　地邻：　　　　人证　　　物证　　　凶犯

中华民国　　　　　年　　月　　日

附尸图及验断书，增改各条与前清部定原图格不同之点分列于后。

一、验断书。原称尸格，仅限于尸体一部，兹拟及于尸体以外关系重要者，如尸身所在地方、尸身所在方向、尸身所附衣物，暨尸属、证人等类。自不能仍袭旧称，酌改名验断书。（图三、验断书，从略）

二、勘得。查旧日官吏相验尸体，另有勘单一纸，详记尸身所在地及其方向并衣物等类，关系重要酌添。

三、量得。查洗冤录详义验尸门，有身长、膀阔字样，而旧例勘单亦多载件作喝报身长、膀阔情形，似胸高亦有关系酌添入，并分勘得、量得、验得三种。

① 穀道：谷道，指后窍，即直肠到肛门的一部分。

② 膝弯：原文为"膝湾"。

③ 趾：原文为"指"。

四、肤色。查旧用尸格有面色二字，诚以面色之发现，足辨别致死之原因，而全身肤色似亦有重要关系酌添。

五、囟门。囟门在顶心前三寸，原图距顶心太近误。

六、额颅。紧接发际，原图稍低误。

七、额角。在发际下左右两角与额头相平，原图列在发际之上误。

八、太阳穴。在眉际之末，斜上少许，原图列在额角部位误。

九、眉丛。系左右两眼眉丛聚处，原图列中正误，以上四项据许氏《洗冤录详义》①尸图说改正。

十、眉间。眉丛即认为左右两眉丛聚处，若两眉中间受伤将无从填写，据实用法医学第一图添。

十一、腮（在颧骨下，颊之上，虚软无骨处），颊（即俗呼下巴骨之两旁，原图格合而为一误）。

十二、颔（下唇至末即下巴骨之正中），颏（喉结之上，两旁虚软无骨处，原图格亦合而为一误，以上二项据许氏尸图说改正。

十三、食气管。在咽喉下译名喉头，据实用法医学第十一图改正。

十四、颈（项前也自颏至喉上统名为颈），项（头后也即受枕之处，原图格合面为一均列合面误，本项据许氏尸图说并实用法医学人体外部名称第一图改正）

十五、两血盆。原称两血盆骨，既系验尸伤目不必称骨，据京师地方检察厅签注删骨字。

十六、肩井。肩井为肩胛骨②之陷中，并非骨名，原图格误为肩甲，例在仰面。

十七、肩甲。原图误列仰面，今改列合面，据许氏尸图说并实用法医学全体剖解后面图改正。

十八、膀。原图格称胳膊误，据许氏尸图误改正。

十九、肘窝。臂节也，原图格称腴秋，与合面称腴肘两歧，据许氏尸图说改正，并京师地方检察厅签注添窝字。

二十、臂。自肘下③至腕上谓之臂，原图仰面、合面均缺，据许氏尸图说增入。

---

① 《洗冤录详义》：（清）许琏撰，四卷，为《洗冤集录》的一种增注本。

② 肩胛骨：原文为"肩颗骨"。

③ 下：原文误为"不"。

二十一、腋。在膀与胁之间，近上凹处，肢①即肢也，手足四肢也，原图格作腋肢误。

二十二、胁。腋下至腰上总名也，其骨为肋，原图格分为左右肋，左右胁误合同面，以上二项均据许氏尸图说改正。

二十三、脊背。在项下腰上共 12 节，据京师地方检察厅签注及实用法医学全体剖解后面图改正，并酌加上中下字样以示区别。

二十四、腰。在脐上五分，肚腹两旁环至后面，统名为腰，原图误两旁为胁、中为腰眼，据许氏尸图说并实用法医学人体外部第一图改正，并酌加前后字样以期明显。

二十五、膝湾即曲瞅。据京师地方检察厅签注改正，以与仰面符合。

二十六、十脚指、十脚指甲。原图格脚指均作趾，趾即足之异名并非脚指。

二十七、十脚指、十脚指肚、十脚指甲缝。同上。以上二项，据许氏尸图说改正。

二十八、格内两耳、两眉、两手，暨口字样，系取包括主义，图中实无从界线，原图或界或不界并无标准，兹一律删去。

二十九、唇齿，原图照格分唇吻、牙齿，而所界之线并不分别兹合，唇齿为一与原图眼睛胞同列。

三十、脐肚小腹部位，大、广，照京师地方检察厅签注增左右二字。

（2）侦查笔录（法院用）格式

部定诉讼用纸第　　　　　号

中华民国　　　　　年　　　月　　　日为　　字第　　号

一案在×××××法院第　　　侦查室侦查，出席职员如下

检察官：×××

书记官：×××

本日侦查到案者为（下为空白红直格纸）……………………………………

………………………………………………………………………………………………

………………………………………………………………………………………………

………………………………………………………………………

---

① 肢：读作 zhī，古同"肢"。

（3）法医研究所出勤检务简明报告表格式

司法行政部法医研究所出勤检务简明报告表　　　年　　月　　日第

号

检验地点

	案由		
被检	男	名	年　岁　人　　　年　月　日　身（死伤病）
	女		
	物		
	主要征象		
	检法纲要		
			将　　　　移所详行　　　　验有无
结果已（未）鉴定			

主验者：×××

（4）法院应用之鉴定书格式

结文：

今蒙选为鉴定人，谨当本其所知，为公正之鉴定。此结

鉴定人：×××

伤害鉴定书：　　　　　第　　　号

　　姓名：　　　　　　性别：

　　年龄：　　　　　　职业：

　　籍贯及住址：

甲、来历

乙、鉴定目的

丙、检查

丁、说明

戊、鉴定

中华民国　　　　　年　　月　　日　　　　鉴定人

（5）法院应用之伤单格式

伤单：

验得受伤人　　　年　　岁　　　人　职业

头面部		颈肩部	
胸腹部		背臀部	
肢指部		阴阳部	
致伤之理由及断定			
莅验官： 检验吏：			

（6）烟犯鉴定书（法院用）格式

结文：

今蒙选为鉴定人，谨当本其所知，为公正之鉴定。此结

鉴定人：×××

烟犯鉴定书　第　　　号

　　姓名：　　　　　性别：

　　年龄：　　　　　职业：

　　籍贯及住址：

甲、来历

乙、鉴定目的

右者是否吸食鸦片或其他代用品

丙、检查

右者

丁、说明

戊、鉴定

中华民国　　　　　年　　月　　　日　鉴定人：

（7）普通鉴定书格式

结文：

今蒙选为鉴定人，谨当本其所知，为公正之鉴定。此结

鉴定人：×××

普通鉴定书　第　　　号

甲、来历

乙、鉴定目的

丙、检查

丁、说明

戊、鉴定

中华民国　　　　年　月　日　　　鉴定人：

丁、诊断书

医师应病人或负看护病人义务者个人要求，得发与诊断书（一曰健康检查书）。是以备官署、学校乃至工厂、商店人员疾病或损伤时之证明，其样式因用途而多歧。普通诊断书则应具有下列之必要项：

一、名称：诊断书

二、本人住所、籍贯、职业、氏名、年龄、性别。

三、既往症、现在症。

四、诊断病名①、治疗法、预后。

五、年月日、医师之住所及姓名签印。

在吾华医事名词尚未统一，故对诊断书之审查应有下列四项之标准：

一、诊断书应用国文（中文），不全用外国文。

二、医用名词下，必须时须附以拉丁原名。

三、医师须曾得当地政府之开业执照者（即得卫生署认可得充医师者），方得发给诊断书，否则以伪证罪论。

四、违反以上三项之诊断书应可认为无效。

诊断书例

诊断书（一般用者）

××君，女性，年××岁，××××人，职业：××××，现住××××街××巷××号。

既往症：右者素健，幼年曾患一回麻疹，十余日方痊。外无疾痛。当二三日前自觉身体违和、头痛、恶寒、食欲减退，昨夜发热、恶寒、四肢发疼。

现在症：体格稍小，营养中等，体重120磅，体温摄氏39度5分，颜面潮红，眼结膜充血尤著，舌苔厚黄，咽头黏膜赤肿，扁桃腺肿大，脉搏

---

① 病名：原文为"痛名"。

一分间 96 至，无头疼，心脏浊音部无扩大，肺部无浊音，心音稍亢进而无变调，呼吸音常态，腹部脏器无异常，大便每晨通一次，硬度如常，有四肢及腹部疼痛，尚有恶寒，尿中无蛋白及糖等。

诊断：流行性感冒及咽部扁桃腺炎。

治法：用××××法治疗，现在治疗中。

预后：约须就床调治一星期左右。

上诊断系照××君现在症象加以诊定，须至诊断者。

医师×××印

年　　月　　日　　时

戊、死亡诊断书及死因分类表（附死产票）

医师据学术经验能确定人之是否死亡。凡人死亡，据《修正特别市及市生死统计暂行规则》第四条"死亡时其同居之亲属，须于三日内带同医师或中医师所给死亡诊断书报告该管警区，取得殓葬许可证方得殓葬。其赤贫无力延医者，得将死亡情形报由该管警区转知卫生局或科派员查验，填给殓葬许可证。死亡人为孤独或变死者①，其乡镇长及邻居负报告之义务。初生婴儿于尚未报告警区前即死亡者，应生死报告同时行之。"及《医师暂行条例》第十七条"医师如无法令所规定之正当理由，不得拒绝诊断书、检案书或死产证书之交付"。并第十条"医师非亲自诊察，不得施行治疗或开方剂及交付诊断书，其非亲自检验尸体者，亦不得交付死亡诊断书或死产证书。死亡诊断书、死产证书之程式另定之"。等规定。故凡一医师实有填写诊断书、检案书（即检查报告及鉴定书、说明书等）、死亡诊断书及死产诊断书之义务。兹录内政部颁定之死亡诊断书格式及死因分类表如下（死产诊断书内政部未曾颁定代，而颁有市死产票）。

1. 死亡诊断书

（一）姓名
（二）性别
（三）年龄

---

① 变死：一说，上海方言，指因疾病而缓慢地、渐进地走向死亡；二说，指非正常死亡，包括自杀、事故死、灾祸死、不明原因死等死亡。

（四）籍贯	
（五）住址	
（六）职务	
（七）死亡日期	
（八）死亡地点	
（九）死亡原因	
（十）诊治经过	
中华民国　　　年　月　　日　医师署名盖章 　　　　　　　　　　　　医师住址	
附记	

2. 市死产票　第　　号

		姓名	年岁	籍贯	职业	住址
（一）	父					
	母					
（二）怀孕月数						
（三）分娩日期						
（四）分怀①处所						
（五）产儿性别						
（六）死产原因						
附记						

中华民国　　　年　月　　日（此票由市卫生局保存）

---

① 分怀：指分娩和怀孕。

3. 死因分类表

死亡名称	俗名	主要症状	报告时应注意之事项	备考
一、伤寒或类伤寒		发热逐日增高，初便秘下痢，胸腹部或发小红疹，或神识不清，或躁狂，三四星期后，往往肠出血		
二、斑疹伤寒		突然发热，延长二、三星期，先在腹部发无数帽针头大红疹，后及全体，神识不清		
三、赤痢		发热，便前腹痛，便时里急后重，便量少而次数多，排出黏液或血液，左下腹部有压痛性索条		
四、天花	痘疹、痘疮	发热，全身初发红斑，后变水泡，终成脓疱，面部更多，脓疱中央凹陷		此病多见于未曾种痘的小孩
五、鼠疫（黑死病）	核子瘟	发热及疹状种种不同，腺疫头部及四肢弯曲部起疙瘩或鼻及皮肤出血，肺疫咳嗽，咯红痰	此病非经医师确实诊断后，万不得轻报	此病死亡及传染均急速
六、霍乱（虎疫、虎列拉）	瘪螺痧、吊脚痧	大吐大泻，大便呈米泔汁样，四肢厥冷，指螺发皱，皮卷起，不易复原，眼窝陷没（颧骨高耸，腿筋抽痛）	此病非经医师确诊后，不得轻报	
七、白喉	喉风、喉症	发热，喉部肿痛，生灰白色不易括离之膜，声嘎，呼吸困难		此病上身不发红疹，与猩红热不同
八、流行性脑脊髓膜炎		发热，剧烈头痛，后头部更厉害，腰及四肢疼痛、呕吐、昏矇、呓语、感觉过敏、怕强光大声、项部强直、牙关紧闭、颜面痛苦，或全身反张，或腹部陷没		

死亡名称	俗名	主要症状	报告时应注意之事项	备考
九、猩红热	痧疹、红斑痧、喉痧	发热，发细小鲜明猩红色疹子，在前后胸部，速达全身，各疹蚀合，咽喉红肿疼痛		以上九种，系本部所公布之法定传染病
十、麻疹	瘄子	发热，全身发小红疹，起于面部渐达胸腹部，以至四肢，眼红怕光，流泪，咳嗽，口腔黏膜常有一种特有的斑点（克波力克氏斑点）		此病小孩患者多
十一、疡毒	伤行走	生疮疖后或外伤后，伤部溃烂、化脓，全身发热		
十二、其他发热及发疹病			前列几项发热疹病须另报	
十三、狂犬病（恐水病）		被狂犬咬后，10日至数月间伤处红肿、疼痛，或麻痹，食欲缺乏、失音、吞咽困难，尤怕见水，发热，初神经过敏，常起剧烈抽风，后入麻痹状态以死	应有早期报告	
十四、抽风症			流行性脑脊髓膜炎须另报，小儿易发抽风，如因发热而抽风者，须报告热病	
十五、产褥病				此项包括小产、难产、产后出血过多、产后腿肿①、产后发热、产后抽风、乳病等

---

① 产后腿肿：原文为"后腿肿"。

死亡名称	俗名	主要症状	报告时应注意之事项	备考
十六、肺痨		咳嗽，经过数月以上，咯粘稠浓厚的痰，有时咯血，或痰内带血，身体渐渐瘦弱，下午潮热，晚上①出虚汗		
十七、其他痨病（肠痨、肾痨、喉痨、骨疽等）	膝关节疽、俗名鹤膝风	往往不能发觉病因，而渐渐瘦弱，出虚汗，或亦发热	如兼有咳嗽、咯痰的症候时，须报痨病	
十八、呼吸系病（肺痨除外）		多有咳嗽、咯痰或胸部痛，或呼吸困难，有时发热	此种咳嗽，勿误报肺痨	此项除肺痨外，包括一切气管及肺之疾病
十九、腹泻及肠炎（三岁下）		泄泻、发热		
二十、其他肠胃病		多有呕吐、便秘、肠泻、心窝痛、腹痛		此项包括食积、肠寄生虫等一切胃肠疾病
二十一、心肾病	痰喘、膨胀、虚肿	心跳气喘、四肢或颜面浮肿，或膨胀，浮肿部指压则现凹陷，小便少		此病多见于老年人或中年人
二十二、衰老及中风	老病、痰症	五十岁以上的老人，没有何种疾病，渐由衰老而死者，为老病。中风症状是突发倒在地，人事不省而死，幸而不死，则半身不遂	老人患喘腿肿时，须报心肾病	中风多发生然于平日爱喝酒或肥胖的人，且老年人多
二十三、初生衰弱及早产	胎病、奶疾	生后即不会吃乳，或脐部出血，或满身生疮	抽风者须报抽风，生出无气者，须报出生死	此项包括初生儿，一月内之各种疾病

---

① 晚上：原文为"晚下"。

死亡名称	俗名	主要症状	报告时应注意之事项	备考
二十四、中毒及自杀				中毒包括食物中毒及毒药中毒，自杀包括服毒、自缢、自刎等。但往往须经法医证明
二十五、外伤				此项包括被杀，或误伤，如刀伤、枪伤、碰伤、压伤等
二十六、其他原因				此栏备填注上列 25 种死因以外的原因
二十七、病原不明			此项只在万分不得已时报之	

第五节　再鉴定、最高鉴定及记录鉴定

鉴定之结果，仅予法官以医学知识之补助，并不得以左右裁判之判决。简而言之，即所鉴定结果采用于司法与否，全系于司法官方寸之内。故鉴定之结果如有错误理论或实地上有不合理之点，或结论所达到之程度不能认为完满，则司法官得更委托其他医师再行鉴定，是名之曰再鉴定。若检材送至司法行政部法医研究所或医科大学法医学教室鉴定者，则名之曰最高鉴定。

所以，鉴定人当鉴定时不得将全部检材完全使完。惟非全部使完不能施行鉴定者，鉴定人得向司法官提出理由之申明，请求许可。

死体剖检鉴定之时，最初鉴定人之最重要职务即在实况的报告，此报告应立即由司法书记官或鉴定人之助理人随鉴定人客观之口头报告记录之于检验记录，检验后由记录人宣读一遍，但鉴定人得当场与记录者酌改报告中之文字句法，然后交之于法官。

此外，检验记录中附图及映照①亦为鉴定人职务之一，大足为鉴定补证。

至于尸体初检后既已腐败者，则再解剖时，往往难得优果，然若委托法医专门家检验，往往能获意外之发见，但切须注意因初检时所检验方法发生之变态。

鉴定书中若有怀疑之点，而检材又无余存，则司法官只能依据一件鉴定记录以判定，则称之为记录鉴定。

（实验法医学总论完，各论待续）

【述评】

此篇内容名之为《实用法医学》，为林几于 1934 年连载发表在《法医月刊》第 4 期第 1—4 页、第 5 期第 1—14 页、第 6 期第 4—27 页、第 7 期第 1—43 页的系列文章。

林几对法医学定位是实验性的科学，这和他的教育、学术思想、法医科学史观和职业品德、创业精神是相一致的。林几毕生献给法医学事业，毕生进行科学实验，是中国当之无愧的现代法医学奠基人。

为什么取名《实验法医学》呢？这是有原因的。林几的"实验法医学"观点很早就已形成。我们可以看看林几最早有关"实验法医学"的文章。《医事月刊》1923 年第 1 期和 1924 年第 9 期上就发现有林几"人力车夫心脏及脉搏之变态"和"新颖之血族鉴定方法"的文章，前者是临床检查和病理学分析，后者是血清学实验室检验。而林几这段时间还在北平大学医学院读书和留校任病理助教期间。1926 年，林几在《中华医学杂志》上发表"最近法医学界鉴定法之进步"。1927 年，在《东方杂志》上发表"亲生子之鉴定"，在《法律评论》上发表"谁戕留的精痕之鉴定""检查精痕之简便方法"及在《中华医学杂志》上发表"确定诉讼法对血球凝集现象之运用及实例"，主要是血清学实验、亲子鉴定和精斑检验方法等。这段时间林几在德国留学。1928 年，林几在《中华医学杂志》上发表"拟议创立中央大学医学院法医学科教室意见书"，正式提出法医学教育思想和实验法医学观点。1929 年，在《卫生公报》上发表"吗啡及阿片中毒实验"文章。这期间林几刚回国，之后就创办北平大学医学院法医学教室。由此可

---

① 映照：拍照。

见，林几在开始接触法医学、留德专攻法医学和从事法医学工作都把科学实验作为法医学研究的重点。

林几在《实验法医学》中阐述了建立以医学及自然科学为基础的法医学的重要性以及必要性。提出涉及医学的法律问题，应有专业的法医来鉴定，有了法医司法鉴定制度的初步雏形。林几还详细列举了法医师如何获得资质、职业责任、义务、以及拒绝鉴定的范围；法官在法医师进行案件鉴定中的责任；身体检查、尸体检查及物证检查的项目，以及各项目的收费标准；详细解释了鉴定书类别、规定了统一的格式，并举实例讲解每种鉴定书的书写规范。文章列举项目详细，各项规定科学、合理，为中国现代法医学司法鉴定各项规章制度，以及操作规范的建立提供了详细的蓝本。从文末附注"实验法医学总论完，各论待续"来看，这部分内容只是林几《实用法医学》的总论部分，但遗憾的是，其《实用法医学》的各论部分内容，并未见发表。

二十七、氰化钾中毒实验之说明①

【原文】

事实：最近法医研究所受理崇明县政府送验之男性×××人尸体一具。因告发人×××等诉×××等殴斗杀人。而被告×××等，则诉死者×××人，系他因所致死，并无殴斗事实。该案发生时距今已隔9个月，初由该县请法医相验，外面无伤，认为内伤。但未施行剖验。告发人屡控不已。故特送真茹法医研究所详验。结果：证明系氰化钾中毒。按：氰化钾为工业用品，华人知利用以毒杀者，颇为罕见。据既往记载，氰化钾中毒如延60日后，便不易检见。本次时阅②9个月尤能证明，但量甚少。故特汇引学理，以为说明。

① 该文连载于《法医月刊》1934年第4期第10—17页及第5期第14—20页。作者署名：林几、胡兆炜。
② 阅：经过，经历。

天　检验

甲、尸体外表检查

验得死者男性，身长 168 公分，胸围 89 公分，腹围 77 公分，上肢长 76 公分，两手微握，指甲作淡红色，下肢长 98 公分，两足平伸，趾甲亦作淡红色。

全身皮肤作淡红色，甚似冻死体。尸斑在身后，作红色。在颜面、后头及右下腿部及肩胛部，皆附着有白色霉菌样物。

眼、耳、鼻及阴囊已腐败，全前身，呈半干枯样。

仰面无伤痕，腹部陷没，眼球凹下，干皱已不可辨，鼻已下陷，鼻耳软骨已消失，沿脊髓两侧之皮，已腐脱，湿润，露出真皮。按外表检查，无异状。查本案为验毒，故须施行剖取心、肺、肝、胃，以供检验。

乙、尸体剖验

（一）切开皮下脂肪作红黄色，肌肉作鲜红色。按：该尸体，已死后阅 9 个月，经过长夏，仍未腐败，而呈干枯状态，或系由于中毒，肌肉外观等于未腐。切取一块，以备化验。

（二）切开胸腔。在肋骨后，胸腔，作淡红色。血管稍怒长，但无出血。心囊壁肥厚，内有红葡萄汁样血水，约 35 公撮①。

（三）心：重 380 公分②，与左拳握时同大。长 15.5 公分，高 5.5 公分，宽 13 公分。心外壁血管怒张，冠状动脉无变化，而脂肪甚多，呈第二度之脂肪心，其脂肪量，由心尖起将全心被覆。在心后侧外壁上，有小溢血斑（小毛细管出血）。心瓣膜正常，心肌纺锤亦甚肥大。在左心内膜无溢心点。左心壁肥厚达 2.1 公分，右心壁 0.6 公分，黏膜充血，右心瓣膜，稍有血溢点。

（四）肺：右肺重 1290 公分，长 30 公分，宽 23 公分，高 5.0 公分。表面作灰绿色，在表面上已有瓦斯③发生，表面上可见肺内有充血状态，作紫红色之斑点。切面作紫红色，用水洗后，可见鲜明之红色。切下一片，作显微镜组织检查。

左肺重 1000 公分，长 28 公分，宽 10 公分，高 4.5 公分。两肺气管支④

---

①　公撮：毫升。
②　公分：旧称，重量指克，长度指厘米。
③　瓦斯：gas，气体。
④　气管支：支气管。

部，有粉红色泡沫。高度与胸膜愈着，表面作殷红色，下叶似已糜烂，切面与右肺相同，亦呈高度充血之状态。肺尖部无硬结，肺门部淋巴腺有肿胀，似有胸膜炎及肺炎之征。

（五）肝：重 2140 公分，特呈不正之长方形，长 29 公分，宽 18 公分，高 6 公分。表面平滑无结节，胆囊萎缩，无郁胆。在边缘部，有小毛细管出血。切面作黄紫白色，似有脂肪变性及郁血①状态，切开流出多量血液。剪下其平滑之一块，做病理标本检查。其余交化验室化验。

（六）胃：表面血管全怒张，内储一半内容。在浆膜上，可见溢血点，尤以大小弯部著明②。黏膜在小弯有甚大之一块出血及糜烂面，呈绒毛状，乃强腐蚀之状态。在胃壁上有多数出血斑，出血著明。此种情形似有中毒之可疑。胃内容为米饭，染成粉红色，以刚果氏试纸试之无变化，而用 Lackmus 试纸，则呈碱性。全部送化验室化验。

（七）脾：重 190 公分，长 11 公分，宽 10 公分，高 2.5 公分，作斜方形。表面呈淡紫白色，皱襞著明，似稍萎缩。切面作淡紫色，似有出血或郁血状态。切取一块，送病理检查室检查。

（八）肾：左肾重 190 公分，长 12 公分，宽 7 公分，高 2.7 公分。被膜易剥离，外观呈贫血状态，作淡紫色，星芒状毛细管无充血。在外壁附有多数白色小点，按之有硬感，似一种寄生性物或似石灰质。切面有出血状态，表面所见之白色小点直行透穿肾组织入于内面。切取一块作病理检查。

右肾重 180 公分，长 11.2 公分，宽 2.7 公分，高 6 公分。作紫白红色，被膜易剥离，星芒状血管无怒张。切面与左肾同，有出血状态。取作病理标本。

以上之内脏一部，送化验室化验。

（九）肠：肠间膜脂肪较多，淋巴腺不肿胀，内容作黄糜样。肠黏膜作红色，在小肠部，有多量瓦斯。黏膜层毛细管多作贫血状态，滤胞③轻度隆起，其近回肠部，有少许充血，在大肠部，黏膜层有多量粘液，其毛细管比较充血。似有加答儿样④。而全肠黏膜，无溃疡可见。

丙、病理组织学显微镜检查报告

将送检×××内脏，各剪下 2 小块，投于清洁冷水中，充分洗涤，置于福

---

① 郁血：淤血。
② 著明：明显，显著。
③ 滤胞：滤泡。
④ 加答儿样：卡他性炎（catarrhal inflammation），是指黏膜组织发生的一种较轻的渗出性炎。

尔马林液（Formalin Lösung①）内，经24小时，使其固定后，再用流水不断洗涤一昼夜。再通过增进强度之酒精及木油（Xylol），用地蜡（Paraffin）制成切片标本，薄约5米克伦②（μ），经苏木精（haematoxylin）–嗜依红（Eosin）染色，用树脂封锁后，施以显微镜检查。

（一）心脏：在显微镜下，见有横断面及纵面心纤肌维及细胞核，均甚明晰。可证明组织尚未腐败，间质内血管高度充血，并有少量脂肪浸润现象。在纵断面心肌纤维上，有多数纤维碎片，是为心肌断裂（Fragmentatis Cortis）之证，其间质内，均正常。

（二）肺脏：左肺，在肺膜层，有多量纤维。其基底部，有毛细管增生、充血及少数圆形细胞浸润。肺胞壁毛细管，亦高度扩张充血，而肺胞腔有少数脱落上皮，大多数肺胞均破裂，呈肺气肿（Emphysem③）样，其他各部未检见病象。

右肺，肺胞壁毛细管高度充血，肺胞腔内充满赤血球，均破坏，作红色颗粒状，并混有脱落上皮细胞及含有血色素之上皮细胞，但细胞膨大甚著，是为心瓣碍障细胞（herzfehler zellen）。其他各部，均相似，故该肺应有郁血及出血征象。

（三）肝脏：肝梁细胞大部均已模糊，境界不明，颇与坏死组织相似，但其中静脉及间质内血管、肝梁间毛细管，均高度充血。并在间质内有少量圆形细胞浸润。次，在另一部分，近肝组织边缘，细胞核尚可检见，其原浆亦模糊不清，故该肝组织，系有急性实质性肝炎。此种现象与中毒或急性传染病有关。

（四）脾脏：脾被膜略较萎缩，其髓质内之脾窦，均高度扩张、充血。脾小节及中央动脉均正常。后在另一部分，检见有散在性之出血灶，甚著明。

（五）肾脏：左肾，在显微镜所见，大部分尿细管均闭锁，呈实性肾炎征象，细胞核消失，丝球体高度充血，在Bowmon氏囊，有少量之渗出物及赤血球，其曲尿细管内并见少量出血。但间质内，只见毛细管充血，并无其他征象。

右肾，与左肾相似。唯细胞，尚可检见。故炎症较轻。

---

① Lösung：德语，溶液。
② 米克伦：micron，微米（μ）。
③ Emphysem：原文误为"Emphsem"。

丁、肠胃内容及血液之化验报告

检材全量：约 600 公分。检材取用量：200 公分。检材余量：400 公分。

（子）一般检查

检材为胃内容、肠内容及血液 3 份。胃内容呈粘稠之半粥样，作樱赤色，带有血液，无著明之挥发性臭，而呈弱碱性反应为其特征。肠内容则呈褐黄色，无特异之固形物或色彩物发现。血液则呈樱赤色，而不凝固。

（丑）化学检查

（一）第一属毒物（挥发性）之定性、定量检查

取肠胃内容及血液，共 200 公分，加少量蒸馏水，稠和之，速加酒石酸液，在 120℃ 左右蒸馏之，在密车利斯装置（mitscherlich apparatus）内无磷光发现，无蒸发之气体，试用下列三种试纸检查之：

（1）苦味酸钠试纸反应（Sod. piorate paper test）——橘黄色——弱阳性。

（2）愈疮木硫酸铜试纸反应（Guaiacum Copper Sulphate Paper Test）——蓝色——阳性。

（3）非诺夫他林硫酸铜试纸反应（Phenolphthain Copper Sulphate paper test）——玫瑰红色——阳性。

根据（1）、（2）、（3）三项氰氢酸预实验之检查，结果：该检材中，确含有氰酸成分之可疑。

然后持续蒸馏之。将导管之一端，插入受器中，而受器内，则盛有硝酸银液（Silver nitrate, 1%）。如此装置下，经过 3 小时之蒸馏后，受器内之硝酸银液，渐变为灰白色，同时发生沉淀，滤取其沉淀。用铵水[①]（Liq. Ammonia, 5%）溶解，除去硫化银，再加稀硝酸，则沉淀变为纯白色，而析出滤过，置于干燥箱中，于摄氏 35℃ 左右，干燥之。精密称其重量，得 0.031 公分之纯氰化银（Silver Cyanide）。兹按其当量推算检材 200 公分内，纯氰化钾之含量如此：

（1）氰化银与当量之氰化钾数：

AgCN	KCN
107.88+14+12;	39.1+14+12。

———————

① 铵水：氨水。

（2）所求当量氰化钾之比例式：

133.88∶65.1＝0.031∶X

∴[①] X＝（65.1×0.031）/133.88＝0.015（每检材200公分内之氰化钾含量）

0.015×3＝0.045（全检材600公分内之氰化钾含量）

兹为慎重起见，再将上列之氰化银，混合于蒸馏水中，滴入少许之硫化铔[②]液（Sol Ammonia Sulphide），煮沸之后，加稀盐酸蒸发除去硫化氢，滴入硫酸高铁（Iron Sulphate，"Ferri"），呈赤血色之硫氰酸铁反应，是为氰氢酸反应之阳性实性反应。普通胃液多为酸性，既成碱性，而有氰氢酸之反应，即检材内确含有氰化钾或钠无疑。

检材之挥发气体，除能使硝酸银变为灰白色，而含有尸体分解所发生硫化氢及致毒之氰氢酸蒸汽外，别无本属其他毒物之挥发性特有臭味，故应不含有本属其他一切毒质。

（二）第二属毒物（植物性类碱质）之检查

取检材第一属之蒸发残渣，加纯酒精500公撮[③]，在水浴上热浸之，滤取其酒精性浸液，移于水浴上，蒸干之。按司塔施奥特（Stas-Otto）氏法，反复用蒸馏水及纯酒精制之，至不再发生沉淀为度，然后将蒸发残渣溶解于蒸馏水中。滤过而加重碳酸钠，使呈碱性。用普罗氏（Prollius）溶剂振摇后，分离抽出之液体，移于水浴上挥发，将残渣溶于少量之盐酸水中，而分为两份。各加磷钼酸（Sonnenshcin's R.）及碘化汞钾（Mayer's R.），均不发生沉淀，再加普罗氏溶剂之下层碱性水溶液，加盐酸中和，使呈为中性。分为两份，而施行下列之试验：

（1）铜片反应（Oliver's R）——不呈赤酒色——吗啡，阴性。

（2）硫酸单宁反应（Tannin Sulphuric acid R.）——不生绿蓝色——那尔可丁[④]阴性。

根据普罗氏溶剂抽出检材之挥发残渣及其下层检材之水溶液，对于磷钼酸、碘化汞钾、铜片反应，硫酸单宁反应皆呈阴性。得证明检材内不含有秋水仙素（Colchicin）、士的年（Strychnin）、颠茄素（Atropin）、吗啡

---

① ∴：数学符号，意思是所以。

② 硫化铔：硫化铵。

③ 公撮：毫升。

④ 那尔可丁：Narcotine。

（Morphin）、那尔可丁（Narcotine）等一切本属之毒物。

（三）第三属毒物（金属性）之检查

取施行第二属不溶于酒精中之残渣，按汤姆氏（H. Thom's）法，破坏有机质后，分别行不溶性残渣及水溶液之检查。如下①：

1. 残渣之检查：分别施行银、铅、钡各金属之实性检查——阴性。

2. 水溶液之检查：取破坏后之水溶液，加钾水②浓缩之，滴加少许硫酸，使呈弱酸性。而施行砒汞之预备检查：

A. 顾特查特反应（Gutzeit's R.）——无黄色斑——砒之阴性。

B. 铜棒反应（Copper stick R.）——不发生银白色——汞之阴性。

取施行砒、汞预备检查之余剩检液，移于水浴上加热，通入无砒硫化氢③，而检材水溶液，并不发生鲜明色彩之沉淀。兹再分别施行不溶性残渣及水溶液之检查如下：

1. 水溶液之检查：施行铬、锌金属毒物之实性检查——均为阴性。

2. 残渣之检查：取通入硫化氢后所得污褐色少量之沉淀物，加黄色硫化钾及钾水合剂，反复加热洗涤，又分为沉淀及滤液之检查如下：

1. 沉淀之检查：施行汞、铜、铋、镉之实性检查——均为阴性。

2. 滤液之检查：取黄色硫化钾，钾水合剂之洗涤液，移于水浴上，蒸干之。滴入发烟硝酸，使呈为酸性。混以硝石及碳酸钠之合剂，入坩埚中烧灼之。将残渣溶解于蒸馏水中，分别施行不溶性之沉淀及滤液之检查，如下：

1. 沉淀之检查：分别施行锑、锡、铜各金属毒物之实性检查——均呈阴性。

2. 滤液之检查：所得滤液呈碱性反应，加过量硫酸中和之，再移于水浴上，加热，俟检液不发生一氧化氮（NO）及二氧化氮（NO_2）蒸气为止。然后施行下列之砒素定性检查。

A. 马尔希氏反应（Marsh's R）——无砒斑发现——阴性。

B. 杨格氏反应（Jong's R）——不生黑灰色之沉淀——阴性。

根据上列金属毒物全组之定性检查结果：得证明检材中不含一切金属毒物。

---

① 如下：原文为"如左"，下同。

② 钾水：氨水。

③ 硫化氢：原文为"硫化轻"，下同。

（四）第四属毒物（强酸、强碱）之检查

检查之水溶液（胃内容）呈弱碱性。按：胃液中，含有游离盐酸，应呈弱酸性。兹既成碱性，当然不含有本属强酸毒质。在第一属毒物检查中，证明含有氰氢酸，而原检材复为碱性，是为检材中，含有氰化碱金属、氰化钾之证。而不含有本属其他强碱毒质。

戊、分光镜吸收线检查

将剖验时取出之心脏血液（不凝固，作葡萄酒赤色），置于清洁之玻璃瓶中，加蒸馏水稀释为 50 倍，放于试验管中，施行分光镜吸收线检查。结果：在 D—E 偏右间，只显有一条较宽吸收线，几将 D—E 间部位，全部填充。只在左侧留有黄色红色光带，全吸收线右端较浓，左端正在 E 线上。故应为氰化血红质（Cyanhematin）吸收线。所以该血液内，应含有氰酸无疑。

地　说明

（一）据前检验所见，得证明死者尸体时阅长夏，竟不腐败，肌肉新鲜，皮肤淡红色，血液不凝固，呈红葡萄酒红色，内脏组织未腐化，有出血、溢血、充血现象，胃黏膜有出血及被腐蚀征象，故只以肉眼所见，已可疑系中毒，且为腐蚀性、血液性毒质中毒所致死。

在内脏剖验及病理组织学检查结果，证明：（1）心脏有心外膜毛细管溢血，轻度脂肪心，左心代偿性肥大及心肌断裂征象。而脂肪心及左心代偿性肥大，系久于劳动之征。盖死者体非肥胖，亦无肝脏脂肪变性征象，故其脂肪心及左心肥大，当由于长时继续劳动，心力不胜，日积逾久，便生理的形成此种变态，不足为其死因。惟有脂肪心及左心肥大者，甚易因其他原因，而促心停致死。至毛细管溢血及心肌断裂，多见于内窒息。凡血球破坏，氧气输入缺乏，形成内窒息时，则肺必极力吸气，心必努力搏动，毛细管遂充血而出血，心肌遂因过度努力，以致纤维中断也。（2）左肺有纤维素性胸膜炎及肺郁血，右肺且有出血，按：胸膜炎已与肺高度愈着，乃慢性疾病，决非当日所致。故死者应曾患胸膜炎。至肺郁血及出血，则与中毒有关。（3）肝有急性实质性肝炎，脾有郁血及少量出血，左右肾有急性实质性肾脏炎，胃有高度弥漫性充血、出血及被腐蚀征象，是皆为中毒之症象。盖毒物腐蚀性者，入胃后，直接腐蚀胃黏膜，致使局部发炎，受损出血。其毒一部分，被吸收从血行，迅达各内脏，遂亦促起各内脏之急性炎症、郁血、出血等症象。（4）肠内除十二指肠部稍有充血外，其下皆无著明病变，是可证明，该毒质只入至胃，未及排至肠内，而人已死，故肠内无著明病变。而中毒致死时间，一定迅速。

据前分光镜死者血液之吸收线检查，证明：有氰化血红质吸收线，是因血液中血色素已形氰化结果，证明其胃内容内含有氰酸。故死者之死因，实由于氰化钾之中毒。

按：氰酸中毒之血液及内脏，多有氰酸固有之臭气。当尸体解剖时，氰酸挥发，其臭味比较著明。惟本次，因相隔时日已久，故未闻着特别臭味。又氰酸中毒者，因静脉血变为动脉血，并形成氰化血素，故血液乃成鲜明之殷赤色，且血液的凝固力，多半消失，盖血液之凝固作用，原由酵素（Fibrinogen）① 产生 Fibrin② 之故。而氰氢酸又能障碍一切体内之酵素，故血液不能凝固。此与本次所验血液征象相同，在各脏器多充血并有溢血，右心尤著。气管内常含有血性之分泌液，此亦与本次剖验所见相同。又当氰化钾或氰化钠中毒时，因胃中水分溶解碱质发生加水分解作用，而生成苛性碱。其化学式如下：

$KCN+H_2OHCN+KOH$ （Pot. Hydroxide③）

苛性碱；对黏膜有固有腐蚀毒力。本次检见，胃黏膜有被腐蚀现象，即以是故。

血液中血色素既氰化，死斑④颜色特显淡红色，似冻僵之尸体，极少发黑者，是与本次所见之死斑相符。

（二）含有氰氢酸之植物及其用途——天然界氰酸多含于植物中，大多数与氰化类糖质（Cyanogenitic Glucoside）相结合。当植物死后，被酵素所水解，即产生氰酸。如 Cherry Laurel⑤ 中，即含有氰酸0.2%。据 Rosenthaler 氏，谓氰氢酸在植物体中，四季之含量极不一致，在植物之梢端含有0.45%，而近根部则只含0.14%。又苦杏仁（Bitter Almonds）中含有氰酸0.15%，野樱桃（Wild Cherry）中含有0.03%，Lissed Rangon Beans⑥ 中含有0.025%。一般食普通未成熟果实中毒之主要原因，即以未成熟时代之果实内，多含微量氰氢酸。以少量氰氢酸，含存于一般植物体中，实属可能。盖氰酸在

---

① 酵素（Fibrinogen）：现称为"纤维蛋白原"。
② Fibrin：纤维蛋白。
③ Pot. Hydroxide：Potassium Hydroxide，氢氧化钾。
④ 死斑：尸斑。
⑤ Cherry Laurel：月桂樱桃。
⑥ Beans 原文误为"Beons"。

林几论文研究

植物内之作用，系集成植物性蛋白之中间生成物，以营氮素之同化机转（Nitrogen Assimilation），同时并有调节酵素之活动能力者也。昔 Rosenthaler 氏根据特鲁布氏之假说（Treub's Hypothesis），曾分析 88 种植物，结果有56 种呈氰氢酸之阳性反应。Lehmann and Gundermann 氏更由烟中提得氰酸，测其含量为 0.02%~0.04%。现氰氢酸及其盐类既广用于电镀、冶金、照像等工业界，在美洲农业上用之为杀虫剂，卫生机关用之为疫船消毒剂，故中毒例，比较东亚为多，然上海亦为工商业中心地带，氰化钾等固易于购到也。

（三）惟按各种文献记载：正常有机物或动物脏器，在高温或氧化时，亦能发生氰氢酸。硫氰氢在正常人体中，原含有其微量，此微量之硫氰酸或谓能分解发生痕迹之氰氢酸。据 Ganassini，氏实验，谓取不含氰氢酸之动物脏器，加酒石酸或稀硫酸蒸馏，不能发生氰氢酸。但对含有多量硫氰酸之检材，倘如法加以蒸馏，则能发生分解变化。如次：

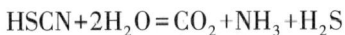

$$HSCN+2H_2O = CO_2+NH_3+H_2S$$

Ganassini 又谓加高热及矿酸[1]，皆能分解蛋白质，而发生 Xanthine bases[2]，致间接产生少量之氰氢酸。凡在油浴加热蒸馏时，温度至多不宜远超过120℃。设在 200℃ 以上或直接放在火焰加热，殊为不妥。故本次对此案之化验，使用蒸馏温度，不使超过 140.0℃，且不加矿酸蒸馏。又 Plimmer 氏曾证明动物组织被氧化剂[3]氧化，亦能产生氰氢酸。设用浓硝酸及硫酸之混合物氧化蛋白质所得氰氢酸之百分数如次：

干酪素（Casein）……………含氰氢酸 0.74%。

血色素（Haemoglobin）………0.56%。

肌纤维（Fibrin）……………0.66%

消化蛋白（Peptone）…………0.53%

卵蛋白（Egg Albumin）………0.6%

动物胶（Gelatin）……………0.2%

---

① 矿酸：指无机酸，通常由矿物制成，如硫酸、盐酸、硝酸等。

② Xanthine bases：黄嘌呤碱。

③ 氧化剂：原文为"养化剂"，下同。

至于普通磠酸（Amino acid）[1]，例如 Glycocoll[2]、Pyrolidine[3]-Carboxylic Acid[4]、Aspartic Acid[5]、Guanidine[6]、Succinimide[7] 等，倘被硝酸及硫酸之混合物氧化时，大概约能产生 0.2% 左右之氰氢酸。其中以 Tyrosine[8] 发生之氰酸量特多，可达 0.79% 以上。故本次化验，特避此种氧化剂。

（四）又尸体腐败，亦能影响于氰氢酸之含量——据 L. Lewin 氏报告谓：氰氢酸在尸体行化学分析之取得与否，须视尸体腐败程度、时间或含量之多少而定。当尸体腐败过盛时，则氰氢酸迅速消失。W. Autenrieth 氏曾将五岁小儿尸体埋于地下 45 日后，而分离取得氰氢酸。又另取普通脏器或血液加入杏仁水或氰化钾，则均甚安定，并不分解变化。反顾对一般生活脏器，则确有一部分能被分解。设取 40% 氰氢酸，加入于脏器内，而暴露于空气中，则该脏器虽经过 60 日，仍不腐败。此种原因系氰氢酸对于酵素及细菌有制止之效能也。但据实验所得，大概氰氢酸之浓度，如在万分之一时，尚有制止发酵腐败之能力。倘稀释至 2 万倍以下，则细菌酵素便能开始活动。设加入葡萄糖于此发酵之尸体，则氰酸之含量便骤减少，即形迅速腐败。Cram 氏曾化验得 0.053 公分及 0.039 公分纯氰化钾，自死后 25 日之两尸体中。但将同一检材之他部，放置 76 日之后，其所含之氰化钾，便不能发现。

总之，氰氢酸中毒之尸体，应即时施行化验。据 Joilyman 研究谓：氰化钾较氰氢酸略为安定。得一例于中毒死后 6 个月，仍能含有著明之氰酸。次另行豕之动物实验：取 0.5 之氰化钾，使一体重 70 公斤之豕吞服。结果该豕并不立时死亡。隔 1.5 小时后，屠杀，更待 7 周后施行化学分析。结果亦证明有氰氢酸之著明反应。

本次尸体已隔 9 个月，竟不腐败，在其 600 公分肠胃内容及血液中，能证明含有 0.045 公分之纯氰氢钾。在不凝固之血液中，能检见氰化血色蛋白之吸收线。按诸前说，亦属可能，盖其内服量一定较多故也。

———————

① 磠酸（Amino acid）：氨基酸。

② Glycocoll：氨基醋酸，氨基乙酸。

③ Pyrrolidine：吡咯烷，原文误为"Pyrolidine"。

④ Carboxylic Acid：羧酸。

⑤ Aspartic Acid：天冬氨酸。

⑥ Guanidine：胍。

⑦ Succinimide：琥珀酰亚胺，原文误为"Succinimike"。

⑧ Tyrosine：酪氨酸。

（五）一般氰酸及其盐类中毒之症候及其致死量——氰氢酸及氰化钾中毒时，发现之中毒征象经过极速，常如电击性，其发作最迟者亦不过数小时，兹综合各型中毒症象如下，聊供参考。

内服多量氢氰酸或其盐类者，瞳孔便骤然扩大，呼吸骤形微弱，迅陷窒息状态，而归死亡。设内服量甚微者，虽有时不致于死，但便于较多症象发生，例如眩晕、智力减弱、头疼、运动失调、急脉、不安、胸部压痛、心跳或自发性痉挛等。

致死量——无水氰酸为 0.06 公分。氰化钾之致死量为 0.015 公分。普通工业用之不纯氰化钾内，多含有碳酸钾，故其致死量为 0.25—0.35 公分。苦杏仁水则为 60 公撮。

按：氰酸为剧毒剂，天然界甚少纯品，罕供药用，而多用其化合盐类，如氰化钾、氰化钠，以供工业化学之需，市中常有贩者，贴有红色毒药禁忌标签。

本次验得胃内容中之氰化钾量，尤不足为其致死量。盖此毒质入胃后，其一部分氰氢酸已转入血液，至各内脏，其在胃内容中之残量，当然减少，且死体腐败过程中，每行分解或化合而渐形消减。据以前记载，氰酸中毒死后，达半年以上者，多不易证明。此尤可证明本次死者之服毒量一定较多，而非纯氰酸也。

况本次检胃内容竟呈碱性（胃[1]内容应为弱酸性），故所内服之毒质，应为碱性，而非酸性，氰酸则属酸性，氰化钾或氰化钠则属碱性，故死者内服之毒品，当为氰化钾或氰化钠。市间贩者多为氰化钾，所以死者中毒，应系由内服氰化钾。

（六）氰氢酸吸收后之毒害作用——氰氢酸不但内服时容易吸收，即由皮肤亦能吸收，其小部分被吸收，而不变化，排泄于肺内。但其大部分，则在肝脏中发生变化，排泄于尿，或与血内之葡萄糖结合，形成 Cyanohydrins[2]。其化学式如下：

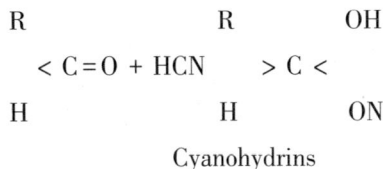

$$R \qquad\qquad R \quad OH$$
$$< C=O + HCN \quad > C <$$
$$H \qquad\qquad H \quad ON$$

Cyanohydrins

---

① 胃：原文误为"谓"。
② Cyanohydrin：氰醇。

故氰酸既入人体，常不易证明，即因能与血中葡萄糖相结合之故也。

又氰氢酸，能与体内蛋白质中之硫化合形成硫氰酸（Thio – cyanic Acid）。其化学式如下：

HCN+S＝HSCN

Thio–Cyanic Acid

氰氢酸更可被酵素所氧化水解（Hydrolysis），生成蚁酸铔（Ammonium formote）。其化学式如下：

HCN+2H$_2$O＝HCO$_2$NH$_4$。

故氰酸及其盐类中毒后，便不易证明。此数种解说，多只就氰氢酸本体而言，但在实验中毒之死体，仍可由化学分析检得之也。

氰酸原为动植物细胞之原形质毒——据实验，将氰氢酸加入于植物子中，植物种子内之同化酵素被毒力麻痹，故其生长机能遂暂停止，须俟氰氢酸之含量渐次减少后，方能恢复其作用。惟氰氢酸对动物细胞之毒力，尤为强大。因动物之机转，不如植物之可暂时停止而不致死亡故也。当氰氢酸毒质达至血内，血液内之氧化酵素（Oxydase）[①] 即被麻痹，失其放氧之作用。氧化血色素，不能变为还原血色素，于是体内组织细胞，突然不能营代谢机转。故由体内呼出之碳酸量，逐形减少，而各细胞内，炭量愈多，乃呈所谓内窒息症象。更因动脉血既失其放氧作用，于是静脉血遂突发生多量之氧化血色素，呈为鲜赤色。同时一部分之氰氢酸与血液结合，形成氰化血色素（Cyano Haemoglobin），而他方面物质代谢所产生之乳酸，又被氰氢酸阻止不能分解，成为简单之碳酸。此时血中之 PH 浓度骤增。故如行检尿便能发现乳酸及葡萄糖之成分也。本次所检乃尸体，非中毒后之生人[②]，故未行检尿。

参考文献（从略）

338

【述评】

本文使用在《东南医刊》和《医药学》上发表的法医学毒物检查方法，详细介绍了对一例氰化钾中毒案件进行鉴定的过程，以及对氰化钾中毒案

---

① 氧化酵素（Oxydase）：氧化酶。
② 生人：活着的人。

例的详细分析说明，从内容看分析详细，论证充分，对于司法鉴定意见书的书写具有借鉴意义，为后人鉴定此类案件提供了详细的参考。

二十八、骨质血瘀之价值及紫外线光下之现象①

【原文】

十年前在德与骨病理学者 Prof. Dr. Schmidt 讨论骨伤现象，据说骨伤至于骨折、龟裂、骨陷，当然较易证明，但是否生前骨伤，抑为死后骨伤（发掘尸骨时），则难区别。一般只能以骨损部周围组织出血等生活反应为参照。倘死后日期过久，周围组织已全腐败，而欲在枯骨上证明其为生前伤或死后伤，殊属难能。

据 Schmidt 氏及 Hofmann 氏研究，凡重伤及骨，则骨上可有血痕附着。在骨组织标本中，可见骨质内出血及骨细胞破灭现象，然亦无多实例，足资证实。

按：各国法医检验尸体，搜索死因，其送检尸体，多较新鲜。故只借尸身外表及剖验所见，已足解决伤型。但我国验伤送检尸体，多属已腐，甚至死后数年，方才复验。往往尸身软部完全腐化消失，只余一部骨殖。故对于骨上生前伤、死后伤之区别，尤感重要。几②前在 Würzburg 大学医学院法医学教室研究（主任教授为 Prof. Dr. H. Fischer），曾根据 Schmidt 氏所述，自行动物试验。

将活兔5匹，活鼠10匹，用钝器击伤后，检其骨上血痕及组织变化。同时并将死后之兔、鼠体部他处再施暴击，以作比较。结果在该各动物生前伤部下骨质上证明有骨损伤，轻者骨表发生纤细之龟裂痕（用墨水沾拭，便易显出，或以丝棉擦拭便生牵连）。重者骨质碎裂、折断或深陷。此时在该伤部皮下组织，当然可见受伤之生活反应，一如一般法医学、外科学所述之挫伤或挫裂伤。

同时检该骨损伤部周围，便可见血液浸入骨质之血痕，虽用水洗、刀

---

① 原文刊载于《法医月刊》1934 年第 6 期第 40—44 页及《中华医学杂志（上海）》1934 年第 20 卷第 5 期第 665—672 页，为中华医学会第二届大会论文之一。

② 几：指林几。

刮，均不可去。在骨组织标本片上，亦可证明有出血及骨细胞磨灭现象。而对死后动物，再行切断或锤裂之骨质上，便无此现象。是与 Hofmann 及 Schmidt 两氏所说，已能相符。惟有疑者，即据本人多次实验，凡尸体或脊椎动物（温血动物）死体，必有死斑及血水下坠（hypostasis）（在死后 3 小时至 10 小时出现，15 小时左右著明，后因腐败进行而消失，多在身体之后侧，系死后血行停止，体液因地心吸力，渗降于组织后下侧，达于后下侧之皮下层，呈淡红乃至褐紫色，渐因腐败而污浊黯淡。仰位尸体，则多见于头后、臀部、背部及臂腿之内下侧。俯位尸体，则见于前身，不及后身）。其在血水下坠部分所浸泡之骨块，往往亦染有血红色，虽用水洗、刀刮，可淡，而不可全去。似此血水下坠浸渍骨块，日久必可形成与骨伤相类之骨上血痕，极易误为伤痕，岂不大谬。当时认为此一发见，并无价值，故未深加研究。

迨返国之后，二十一年八月奉司法行政部令，创设法医研究所于真茹，检案甚多，验骨亦常，实验略有所得，谨略报告，以供研究法医者之参考。

（一）凡尸体仰位者，其后头枕骨下方，肋骨近脊椎端，脊椎及荐骨面，每易被渗下血水所浸染。

（二）凡尸体俯位者，其前额骨，眉弓下，颧骨，肋骨近胸骨端及耻骨内面，每易被渗下血水所浸染。

（三）此种被自然的死后血水下坠浸染之骨块，一经热水煮洗（用碱水煮），硬刷匀刷，便形消失。

（四）如为生前重伤及骨之血痕，便深渗入骨，由骨膜达于骨质，虽用刀刮、水洗，均不能去。

倘加以碱水洗刷，则在骨表血痕，虽稍褪淡，肉眼不甚明了，而在紫外线光分析机（一名紫外线光鉴识器）映视，则可显著明土棕色反应，是与血痕之映视现象相同。

（五）死后骨折之折断面，作白色，毫无血痕。生前骨折之折断面或裂痕上，必有血痕。在紫外线光分析机下映视，尤易鉴别。

死后骨折，呈白色，发灰白色反光。生前骨折，呈土棕色，无反光。

以上所见，在 30 例骨折中，无一不能证明之也。就中最著者，为头骨。如许宝聚一案、王嘉如一案，当检验时，皆将同骨折裂部上方，有意再用人工锤击，使骨裂部分延长。但在该骨生前伤折部分固有血痕，发土棕色，而在死后击裂部分，则发白色。此种骨上血痕，如已陈旧，或经煮洗之骨殖上施肉眼检视，颇不明显。惟施紫外线光分析机映视，格外著明。

故凡生前骨折与死后骨折，诚可用骨质血痕之有无，以为区别。惟此血痕，须煮洗、刀刮不去，深入骨质者，方为伤痕。其洗刮可去者，便不一定必为伤痕，往往为死后血水下坠之血痕。较旧枯骨外表血痕已褪者，则用紫外线光分析机映视，便可显出。

（六）近更精详研究并试行动物试验，据多次尸检结果，凡外伤著明（尤以挫伤），其暴力较大，而局部皮肉之下适为骨部者，则剔除肌肉韧带后检骨，在该伤部直下之骨上，可见著明之血痕，深渍骨膜、骨质，洗刮不去。再用碱水煮骨、刷净，施以紫外线光分析机映视，立显土棕色。然该骨上并无骨折、龟裂等骨损伤。

（七）一般轻伤，如仅皮肉软部受击，轻度红肿出血，其暴力未达至骨质者，则该伤部直下之骨质每无血痕。故如骨上见有血痕，其外来暴力多较重大。

（八）死后尸体虽加重力打击，其皮肉弛缓，每不易使其下之骨质受伤，即使可见骨裂，但在骨折断部，并无血痕检见。

据上（六）、（七）、（八）三项实验结果，得证明骨上血痕，确可为重伤之要征。且此种骨上血痕，虽尸体腐败，历时长久，仍可在肉眼或紫外线光映视之下而显出也。

按学理而论，生前软部组织受有重伤，当然局部出血。血液既出血管，便失常轨，遂可因自身重力关系，而向下溢流。如暴力不大，未使骨膜受损，则溢血亦无从沾着骨上，渗入骨质。倘暴力稍大，骨膜受损，则溢血便可渗入骨组织深层，形成不可刮除之骨上血癥。同时更因骨组织亦受暴力之震荡，骨板内出血，故全骨层皆被血液所浸染。如受伤者生命犹存，则日久骨质内之血液成分被生理机转所吸收，渐可消失。如受伤者于最短期间内失去生命，则在该伤部骨内之血液成分，必仍存在。检骨，当然可见骨有血痕。此种骨质内血痕，日久水分减少，只余赤色之血色素，深藏骨组织之内，较难腐败。故虽尸体全腐，而骨上血痕，永不消失也。惟腐朽骨块，则自能渗入水分，且骨质变色，便难区别。

吾人之头盖、胸廓之内，乃脑、心、主动脉、肺等重要脏器所在部位。如受重伤，便可发生内脏震荡症，或内出血，或其他内损伤而致命。故头部及胸坎，皆为致命伤部位，而此种脏器，在生理构造，于其外有硬固之头盖骨及肋骨为之保护。而在骨外，只有较薄之肌肉、脂肪、皮肤。故此种部位，倘受重伤，暴力既能达于头盖腔或胸廓内之脏器，则其暴力，势亦须先达于外护之骨质，所以在该外护骨组织上能检有血痕。

该骨上血痕，既系渗入骨质内层，只洗刷或刮拭骨面，当然不去。煮后，虽在表面血色素可以消淡，而深入骨质之血色素，仍不能去净也。紫外线光分析器之效能，原能将日光下所不能窥见之物质转使显著或变色。血痕在紫外线光分析器下，原为土棕色、无荧光或磷光也。

骨上如有洗刮不去，煮刷犹见之血痕，经紫外线光分析器分析，证明为土棕色者，则可为该部组织生前曾受挫伤或挫裂伤之证，但轻伤则不可见。

我国自宋中叶（孝宗）检尸必沿用洗冤录。查该书内亦有检骨之记载，即将枯骨蒸煮，用酸醋罨泼，再以黄油纸伞遮映，谓原如有伤，则在骨上可显赤青或黑色瘢迹，名此瘢迹曰骨瘢。此种方法自未尽合科学原理。惟近因个人实验，对骨上血痕之存否，实对法医验伤有极大价值，故特毙狗十匹，记录伤型后，分别埋于法医研究所后园中。拟历 1~2 年，俟狗尸肌肉、内脏完全腐败，再发掘检骨，以对照与原来伤型记录确否符合，并试施旧法检骨，以明究竟。

结论：骨上血痕，可名为血瘢。但可因煮洗、刀刮而消失者，非该部生前组织之重伤（轻伤或尸体之血水下坠）。故经煮洗、刀刮不去者，则确为生前达骨之伤痕，可称之为伤瘢。

凡骨折部带有伤瘢者，即为生前伤。无者，则为死后伤。

骨上伤瘢经紫外线分析机映视，特别发无荧光之土棕色，而无骨瘢部位则发灰紫白或白紫色银样之荧光。（图一、肋骨，图二、右头盖骨被斧所砍伤，图三、紫外线光分析机映照之头盖部裂伤，图四、髋骨之钝器打击伤，均从略）

参考文献（从略）

【述评】

文章详细讲述了生前和死后骨伤的鉴别方法，并设计实验验证鉴别方法的可靠性。最后得出生前骨折伤带有伤瘢，紫外线下发无荧光之土棕色；死后伤无伤瘢，紫外线下发灰紫或白紫色荧光。

二十九、《法医月刊》鉴定实例专号弁言①

【原文】

本刊特出鉴定实例专号，是为法医研究所成立二周②的纪念。回溯两年前的今天，是本所创立之日，当时除小部分器械外，只有"一·二八"战争后由日兵手里接收回来在真茹的一座空屋。经过两个月经营，方始略略就绪，然而外界并不认识法医研究所是怎样一个机关，所以送检案件很少。经过半年，才慢慢地多起来，第一年内办理普通案件，总数有 1000 余件，疑难案件有八十余件，从去年七月到今天止，计算各省送检案件，普通者增至 6687 件，疑难者增至 197 件。远自陕、甘、桂、滇，近则江、浙等处。所有全国法院的悬案，送本所解决的很多，其中有最高法院发交复验的悬案，系多年未能解决的，幸由本所同仁努力研究，方获圆满结果。至所送检案种类，包含尸骨、人证、物证、毒品及文证并医师责任等种种问题。其中所论讨，实有超过医学研究范围，而涉及毒物学、化学、生物学、兵工学、药物学、工业化学、心理学、侦查学、法学诸学科，而本所因限于经济，对于不常需用之各学科家，仅能设法延揽为名誉技术专员，现在陆续聘请者计有 16 人，都是对本所用科学方法究讨法医学问题，而得到很多帮助。

设备方面，除原有者外，以去年临时费增购物械、图书约五千余元，以经常费搏节③项下增置物械、图书约二千余元，于是方得扩充图书室，增设光学室、心理学测验室、X 光检查室、成绩场、动物饲养室，所以在设备方面，略称完备，惟内容设施，尚须逐年扩充，器械图书，日新月异，尤不能不力求增置。

本所执掌民刑案件检务之外，尚有培育人才、研究法医学的责任，故于去秋添设教务股，招收研究员，于今年年底毕业。呈准司法行政部给予法医师证书，可至各省法院服务，以后并拟续招，惟须视本年度预算核准

---

① 原文刊载于《法医月刊》1934 年第 8 期第 1—4 页。弁言：引言、序言。
② 二周：二周年。
③ 搏节：节制、节约、调节。

范围，方能决定。在研究方面，应用紫外线光，对验骨伤瘢、文字涂改及各种化学荧光反应并珠宝真伪区别，均有成效。对银针验毒及一般鸦片烟瘾之验尿法，亦多纠正。兹为实事求是起见，择二年来六千余案中，特有研究价值之疑案百件，编为鉴定实例，在本刊八月份后继续发表，借资纪念，非敢言成绩也。倘国内宏达，于学识法理有加以启导而商榷者，实深望焉。

二十三年八月一日，林几草于真如。

司法行政部法医研究所鉴定实例总目分类：

甲、人证检验（自第1例至第18例）：

烟犯2例、受胎堕胎2例、强奸1例、隐疾2例、精神病4例、年龄1例、伪伤2例、亲权4例、拐骗1例。

乙、检骨（自第19例至第36例）：

梵骨1例、人骨兽骨1例、尸骨真伪1例、骨伤3例、缢死2例、殴死者1例、一人骨多人骨1例、死因判明1例、掘墓1例、验毒1例、骨伤血迹及凶行1例、被押缢死1例、坠落死1例。

丙、剖尸（自第37例至第56例）：

病伤1例、中毒落水1例、猝死1例、殴死移尸假作火车撞跌1例、殴晕溺死1例、虐待致疾1例、伤后致疾2例、仙方治病1例、接生施术致杀母子1例、踢断小肠1例、强奸幼女、勒缢、受暑、孕妇受伤内脏出血、生产异常子宫破裂、氰化钾中毒、病或中毒、伤后抛水再假自缢、伤毙抛水。

丁、检胎1例（第57例）（胎或胎盘）。

戊、单检内脏（中毒？病？），第58例。

己、文证之医师过失杀人（自第59例至第64例）：

牙手术1例、产后母子双亡1例、过期脑膜炎血清应用问题1例、业务责任及病的诊断1例、应否堕胎1例、过失杀人1例。

庚、物证文证之伪据、指纹及足迹检查（自第65例至第71例）：

存根作伪、图记真伪、打字机契约增注、契约纸质新旧、信件碎碰作伪、足痕照片、指纹符否各一例。

辛、物证之麻醉药品化验及勘验（自第72例至第78例）。

壬、物证之置毒、谋害及食物中毒化验（自第79例至第90例）。

癸、物证之血痕、胎便、伪造货币及鼠咬痕检验（自第91例至第100例）：

血痕 7 例、乳儿吞针 1 例、伪造货币药品 1 例、鼠咬电表 1 例。

注意：

一、法医学一科，系以医学及其他自然科学为基础，研究有关法律问题以辅法律之实施，且维法律之信实，推理至微，范围至广，只选百例，难窥全豹。兹不过择较有研究意义者，以供追讨。其因果易明，案情过简者，皆未采集。

二、本次所选百例，不过将各种事实及鉴定结果各略备一种，以供参考。即如血痕虽选七例，而每例各有每例特点，均能影响于案情之判决。

三、本次所选百例中，第 1、2 例，第 12 例，第 15 至 18 例，第 20 例，第 65 至 69 例，第 72 至 90 例，又第 98 至 100 例各检案，皆一部或全部超出普通医学研究范围，而涉及侦察学、毒物学、药物学、药理学、生药学、化学、工业化学、生物学、心理学及各种现行法令等之讨论及应用范围。

四、检骨各例，多属远年命案之复验，施以最高鉴定。其检验方法，系应用实验之最新学理。

五、本次所选尸体剖验各例，均系先由各地方法院初验征象难明，不辨死因，或对自他杀伤，病伤情形，并生前与死后之死伤发生疑义者，再送本所复验。经行剖验及内脏组织显微镜检查或毒物化验，始得判明。就中尸体往往历时数月①已半腐败，故此种剖验，应属验尸学，固非一般病理解剖学之研究范围。

六、亲权鉴定、年龄鉴定、性别鉴定、血痕鉴定、足痕鉴定、指纹鉴定及各种伤型之确定，当时行凶之推测等，系属于个人鉴定学及法医侦查学研究范围。

七、精神病之证鉴定，系属法医精神病学研究范围。注重于责任能力、处分能力、证言能力及审理能力并禁治产等之决定。是与精神病学鉴别诊断之运用，大不相同。

八、损伤鉴定。注重于伤害之赔偿及伤害之预后。故除一般外科、产科、眼科、耳科、牙科等学外，对诈病伪伤学、保险医学、灾害医学，均需彻底研究，方能贯通。

九、烟瘾检验，系用本所改良方法。

十、关于医师责任问题及其他文证审查事件，只能据来文按学理详加

---

① 月：原文误为"目"。

解释，不能负该事件事实上责任。是乃法医学中最难学中最难问题。本此特选六例。

十一、据本所鉴定检验实施规则，鉴定书类得分为鉴定书并检验或勘验报告说明书。法院送检案，证据完全者，给予鉴定书。不完全或有疑点者，给予报告说明书。

文证审查事件，只给予文证审查说明书，其事实责任，由委托者或事实负责者担负。

法院以外机关、团体及个人委托事件，只以民事事件或学理解释为限。本所只能按其片面所举事实加以审验，给予检验或审查说明书。

十二、实例中人名等，因关个人秘密，均行圈隐，其他皆与原送发鉴定书类相同，不加增删，维求真实。只在已圈隐之名圈下，加以被告、原告、被害人等字样名称，括于括弧内，以醒眉目。

十三、本实例可供法官、律师、药师、化学师、警官、医师、法医师及研究法医学、医学、法学、法化学、药学、侦查学者之参考。

十四、鉴定实例一书版权，由主编人保留，禁止全部或一部翻印抄录。

主编人　林几　谨识　二三、八、一

【述评】

本文介绍了编辑出版《鉴定实例》的目的，其中涉及 100 个案件的来源、入选标准、案例特点、分类，以及注意事项。

三十、法医学史谈①

【原文】

法医学，是国家应用科学之一，发明在医学及法学之后，《书经》载有："维刑之恤"，《诗经》载有"在泮献囚"，这是上古治世，虽未明法医学新理，而其尊重学术，慎于用法，以申民冤，立意原极妥善。我国于法

---

① 原文刊载于《浙光》1935 年第 1 卷第 1 期第 19—24 页。

医学，实有长久历史，当石晋时代①，已有和鲁公凝②及其子嵘（后入宋朝，官太子中允）所著的《疑狱集》出世，此书可惜现在已经失传。但亦可见当前千余年左右，我国对刑事案件，已须检验伤证，以佐定谳。唐朝制度，于各府县，均置经学及医学博士各一人，凡当地医事行政及治疗检验，统得参与。宋兴，对于检案，益知注重，于是有无名氏之《内恕录》、《慎刑说》、《未信编》、《结案式》及四明桂之《棠阴比事》③。提刑郑兴裔之《折狱龟鉴》《检验格目》，赵逸斋之《平冤录》等关于检案需要之专门技术及尸格的记载。然内容编列犹如纪事，引证原理类若神话，流传至今，均成稀本。迨及南宋孝宗淳祐七年丁未（即西历纪元1247年）湖南提刑宋慈（字惠父④），因鉴检务的重要，遂集古书之大成，著成洗冤录四册，奉旨颁用，于是迄于明清，乃至现在的内地检验史，均奉为圭臬。此书内容，分检验总论、验伤及保辜、初检、验尸、缢死、溺死、刀伤死、烧死、中毒死、病死、冻死、变死⑤等之外表征象，并对犯罪之研究及犯罪搜索法亦多论述。就中尤以"合血法"、"滴骨法"可认为现在"亲权鉴定"血清学的先声，"检地法"为犯罪搜索学的本义，"保辜"则合于伤害保险之原则。诚属较便于检案实用的论述。可惜后人未能追踪前贤，努力精研，致延至今，其进境程度，仍局限于六百余年前的旧域。虽在元朝至大⑥元年（1308年）有王与损益洗冤、平冤二录，刊行《无冤录》一书，其内容亦不过删去原书不经之谈，加以实践⑦经验而已。明祖驱胡，重光汉族，戡乱图治，注重法检，遂于洪武十七年（1384年⑧）将《无冤录》等书重行付刊，然

---

① 石晋时代：指五代十国时期石敬瑭（892—942年）所建立的后晋，定都汴梁（今开封）。

② 和鲁公凝：和凝（898—955年），在后晋时担任过六年宰相（中书侍郎、同平章事），受封鲁国公。和凝编纂了中国现存最早的案例选编——《疑狱集》（后其子和嵘增修），辑录了汉代至五代时期情节复杂、争讼难决、平反冤狱、揭露奸凶之类的疑难奇案。

③ 四明桂之《棠阴比事》：四明，指四明学派，是南宋时期以传陆九渊心学为宗旨，以尊德性为目的的学术派别，其主要代表人物为杨简、袁燮、舒璘、沈焕，人们尊称他们为"甬上淳熙四先生"。桂，指桂万荣（生卒年不详），南宋慈溪（今浙江慈溪东南）人，字梦协，世称石坡先生。庆元进士。历余干尉、建康司理参军，以知常德府致仕。桂万荣归里，问学于杨简，创石坡书院。读书讲学，曾辑录古籍中有助于折狱之事，编成《棠阴比事》。这是中国古代的一部案例汇编，其中有一些案例涉及法医鉴定的内容。

④ 惠父：原文误为"慈父"。宋慈，字惠父，号自牧。

⑤ 变死：原文误为"变化"。

⑥ 至大：原文误为"大至"。

⑦ 实践：原文误为"时间"。

⑧ 1384年：原文误为"一三四八年"。

当时间固未顾及该书内容的取舍。至清初曾慎斋更著《洗冤录汇编》，王肯堂更集著《洗冤录笺释》，王君明更作洗冤录补及急救各法，当时法律例馆乃荟萃总编，颁行海内。乾隆年间，又增检骨图于后，这实是我国法定的尸体外表及尸骨检验要填图的创始。嘉庆年间，王又槐添取成案足征，医书可信者，原录附书，以备参考，名曰《洗冤录集证》。李观澜更摘录洗冤录补遗及洗冤录备考，并杂说三十余条，附于集证之后。道光年间，阮其新又改正坊本讹错，并以经验成谳，编成《宝鉴篇》附后。仲振履①更著《石香秘录》一篇，中有检验歌诀，专以授不识字的仵作之用，颇称为便，然词多俚俗，错误百出。盖当时的法家，虽早具有法医的心理，但以我国当代医学，崇拜儒医，学理趋重于五行阴阳空玄之说，对于人体构造部位、外伤等，反认为末艺，不切情实。于是法学与医学学理，终究无法沟通②。检验案件及外科医生，均被认为贱业。即一般中医，亦不甘执行检务，以致"法医学"一科，千年以来，墨守成章，毫无进境。当前清末叶，刑章益弛，同治时沈葆桢虽曾奏请解除仵作禁锢，给予椽吏出身，这是吾国最近开始慎重检案的先声。但恪于当世的昏聩，部议竟未实行。到了光绪、宣统年间，效法图强，整顿司法，亦知改良法检。曾由刑部饬令各省的审判厅，附设检验学习所。惜又困于人材，辍遂无继。然在清末民元，勘检命案手续，颇形周详，尚差胜于近年。因为当那时节，虽无合乎科学的法医师，而尚有略懂外表检验的仵作，到现在旧式检验吏已多老死，而合乎科学的法医师尤极缺乏。国内各大学的医学院，只有北平医学院，于民国十三年派几③赴德研究法医学，至十九年，首创法医学教室。其余各医学院，或尚无法医学讲座，或虽有讲座，而无法医学专门主任教授。在今年教育部规定国内各大学及高等专门以上学校教育科目，才将法医学一门，列为医科的必修科，并法科的选科。故此学科，在吾华现代，尚属幼稚。惟检验案件，历来亦有鉴定书、验断书、伤单等格式，虽未尽善，尚堪供用。

党国维新，努力求治，训政肇始，百事待兴。国人皆知领事裁判权存在的可耻。"收回法权"乃当今的急务。况民智增高，对旧日非科学的鉴定，已失信任。且国宇辽阔，人才缺乏，各地医师分配尚未普及，故对新法检验实行，益感困难。但知其难，犹不为备，势必至终无一成。司法当

---

① 仲振履：原文误为"仲振旅"。
② 沟通：原文为"构通"。
③ 几：指林几。

局，因有鉴于斯，于民国二十一年委几①于上海真如创立一法医研究所，执行疑案检务并培育法医人才，于今年冬月可卒业一班，由司法行政部发给法医师证书，分送各省高等法院服务，这是我国有正式法医师的创始。而同时法律上规定，亦改称检验人员为检验员、为法医、为鉴定人，不复蔑视称之为吏役或仵作。

我国的洪武年颁行的《无冤录》，因朝鲜贡臣李朝成的介绍，得译行于朝鲜半岛，到日本足利时代，转传于日本。元文元年（1736 年）翻为日文，盛加注释。当德川时代至明治初年，尚供法检应用。至明治八年，东京医学校及警视医学校，方设有裁判医学一科，聘西人为教师，此实日本设立法医学科之嚆矢②。明治十一年，安藤卓尔译英国法医学，刊行法医学讲义，是为日本输入欧美法医学书籍的初始，其时尚无法医学独立讲座；直至明治十四年，方任片山国嘉充东京帝国大学医学部助教授，主授法医学课于学生。迄明治十五年，旧《刑法》实行，然当时司法官对法医学尚罕了解应用。明治二十一年后，片山返国，东京帝大方设裁判医学正式讲座。二十四年，医学界将裁判医学改称为法医学。三十六年，京都及九州医科大学才设有法医学教室。四十年，修正的《刑法》颁行后，关于法医学论著及人才逐渐增多。至大正九年，法医学方确定为医学生、法医生、警察学生所必修。

当前清光绪三十四年七月，有留日学生王佑、杨鸿通二君，译日本警视厅第三部医员，兼保养院长石川贞吉所著的《实用法医学》，名曰《东西各国刑事民事检验鉴定最新讲义》。宣统元年，曾行再版，是为我国输入新科学的法医学的开始。后此科学，因乏人提倡，毫无进步。现市间中文法医书籍，仅有民国三年万青选编译之新洗冤录、1927 年博医会出版之基氏（Giffen）法医学（Stuckey 氏译）。民国十四年，上官悟尘译日本田中佑吉之近世法医学（原著名法医学讲义）。民国十九年，林几著之法医学总论各论（法官训练所及中央大学并北平大学医学院讲义稿）。民国二十一年一月一日，邓纯棣著之最新法医学，及本年林几主编之法医研究所鉴定实例，并实用法医学总论而已。

至欧美法医学之萌芽，最早要算在纪元前 2285 年。这时西亚细亚巴比伦国正值强盛时代。哈猛辣比（Hammurabi）③ 皇所立法典（The oldest code

349

---

① 几：指林几。

② 嚆矢：开端或先行者。

③ 哈猛辣比（Hammurabi）：汉谟拉比。

of laws by O H W. Johns）中，即有"若一医生疗治重伤时，用铜刀刺割致伤生命，或用铜刀开眼脓疱而致病人盲目者，应割其手"。又"若一医生为奴隶疗治重伤，而用刀致伤生命，便降医生为奴隶"之规定。迨至十五世纪下叶，便有希波可拉特氏（Hippokrates）[1] 对重复妊娠及未成熟儿生存能力之记载，亚历斯德贝士（Aristolebes）[2] 对妊娠期间之统计之报告，加冷氏（Galen）对诈病判定法之公布，及安历士（Anllin）主张西沙克王所受之二十三伤中，以胸部第二创口为其死因等，倾向于运用法医学的事实或刊物。

于中世纪之1249年，波兰市医佛哥鲁斯克氏，首行宣誓于法庭，检验伤型。1302年，意大利首实行法医学之尸体剖验。1311年，法国医师佛依里布氏亦因关于裁判在法庭举行宣誓。然此时鉴定人地位，不过同于证人，在法律上亦无特别之规定。

当十六世纪，欧洲法学甚为进步。有二部著名法律，内均有关法医的规定：一为1507年出版之奔湃哥（Bamberger）氏刑律，一为1532年德王客鲁第五（Karl V.）[3] 颁定新法内规定："凡关杀人、杀儿乃至流产事件之裁判，必须有医师的证明"。这是法医规定于法律之始。1562年，法国方始行法医学的剖验，其后十三年[4]（即1575年），又有法国医生亚猛不罗斯巴黎（Ambroise Pare）[5] 氏发表"损伤与死之关系"，及"暴力致死之论"。1601年，福罗突乃突飞代里氏（Fortunato Fidelis）[6] 著书四卷，内容详有处女征标，妊娠期间胎儿之发育乃至中毒之鉴定等，是为欧洲法医学之处女著作。

十七世纪初叶（即1621年），又有教皇御医奢奇亚氏（Zachias）[7] 刊行法医学二卷。此时北欧各国，在裁判时已经渐能应用法医学。德国亦首有佛贝尔氏（Weber）所著之德文法医学书。后至1667年，经德人塞爷罗（Schreyer）氏发明初生儿之"肺浮扬反应"，于是法医学检验方法方始粗

---

① 希波可拉特氏（Hippokrates）：希波克拉底。

② 亚历斯德贝士（Aristolebes）：应为"Aristoteles（亚里士多德）"。

③ 德王客鲁第五（Karl V.）：德王卡尔五世（1500—1555年）。

④ 十三年：原文误为"五十年"。因巴雷（1510—1590年），于1575年出版其著作《巴雷全集》。

⑤ 亚猛不罗斯巴黎（Ambroise Pare）：安布列斯·巴雷（1510—1590），法国外科医生，被誉为"现代外科之父"。

⑥ 福罗突乃突飞代里氏（Fortunato Fidelis）：福蒂纳特·菲德利斯（1550—1630），意大利巴勒莫大学教授，其编著的《论医生的报告》（*De Relationibus Medicorum*）是欧洲第一部系统法医学著作。

⑦ 奢奇亚氏（Zachias）：应为"查克其亚（Zacchia P.）（1584—1659）"，著有《法医学问题》。

备。自十八九世纪以至今日，法医学因社会及法律的需要，多数学者继续阐明，遂成独立之一专门科学。如英国之谭勘氏、斯密斯氏、破索斯氏、里昂氏、毒门苏氏、古拉哈门氏、特鲁亚氏，德国奥国之火夫盟氏、客斯辈鲁氏、李盟氏、马斯由鲁氏、潘克氏、苦拉特鲁氏、普配氏、斯德拉市盟氏，法国之塔奴德由氏、越鲁首拉氏、多亚脑氏，日本之片山、冈本、田中、小南、高田、浅田、佐藤、三田诸氏，均颇知名。而美国法医学至本世纪，方始有研究之者，在各医学校里，尚罕有法专科的设备。

法医学乃实地应用的医学，各国民情风俗各有不同。而研究此学科，便不应只限于检验的一点技能。就是民族、社会、心理、习惯、法医精神病学、优生学、社会医学、灾害医学、保险医学、毒物学及各科医学、生药学、药理学、药物学、光学、力学、军械学、法律学等，均宜兼顾。当以医学及自然科学为基础，谋贯通法律与医药学等科学的运用，以解决一切疑难民刑案件，且维法律的公平同信实。

所以做一法医，不但技术并学理要维精维明，且道德与自信力亦须十分的可靠，方为妥当。因为本刊征稿甚急，姑聊塞责，不妥之处，请予驳正是幸。

真如法医研究所二三、十二、十九

【述评】

本文详细介绍了国内外法医学的发展简史，主要内容与发表在《法医月刊》1935 年第 14 期第 1—7 页的《法医学史》一文基本一致。

三十一、司法行政部法医研究所
第一届研究员毕业论文专号序①

【原文】

吾国法医，向乏专门研究，墨守旧法。然人类因世界之物质进步，思想发达，而犯罪行为则奇妙新颖，变幻莫测。是以吾国司法检务，犹如以

---

① 原文刊载于《法医月刊》1935 年第 12—13 期合刊第 1—2 页。

稚子之制强寇，其不反被制于强寇，而频与冤狱者几希。且传统之检验方法，毫无科学根据，如蒸骨验伤、银针验毒、检地①、滴血等等。一般检验人员，尚奉行如金科玉律，然以学理解答，谬妄殊甚！即一般执行检务人员，亦多不学无术，只按祖代口传，沿法炮制。以此重任，全委之于此种不学而且毫无常识之人，实属弁髦②人民生命财产。缘一案之发生，小则关系人民名誉财产，大则祸及终身生命，以人道法理而论，司法检务实极重要。而吾国法医之改良尤属当务之急，司法行政部有鉴及斯，筹设本所，以期改良司法设施，杜绝悬案冤狱。

至二十一年八月一日本所正式成立，其职掌除研究法医疑难事件、受理全国检案外，并创始招收医学士为研究员，以培育法医学之专门人才，尽心竭力，时虞陨越，转瞬已逾两载。虽不敢自诩其有若何成绩，然已稍纳吾国法检于正轨。犹堪庆幸者，厥惟第一届研究员等17名，已于上年十二月毕业，并经部授以法医师资格，是为吾国有正式法医师之始。各员均派往各省高等法院及政警机关服务，予以较优待遇。从此吾国法检前途，洵可乐观也。惟此次毕业人数过少，尚不敷全国法院之分配，现正计划继续招收，倘能实现，则全国法检，实有循步渐展之望。

本届各研究员之毕业论文，虽无多创见，然对于各种法医学术之探讨，尚颇具见地。是以刊为专号贡献于各界之前，深望加以指正，则本刊幸甚！法医前途幸甚！

所长　林几　谨序

【述评】

1932年8月1日，司法部法医研究所成立。1933年12月，第一批17法医研究员毕业。1935年，林几将各位一年培训期间的研究成果汇集成册，发表于《法医月刊》，以供大家交流。

---

① 检地：即"检查地面"的意思。据《洗冤集录》记载："又若被刃杀死，却作火烧死者，勒仵作拾起白骨，扇去地上灰尘，于尸首下净地上，用醶米醋洒泼，若是杀死，即有血入地，鲜红色。须先问尸首生前宿卧所在，却恐杀死后移尸往他处，即难验尸下血色。"

② 弁髦：鄙视。

三十二、法医学史[①]

【原文】

　　法医学，乃国家应用科学之一，发明在医学及法学之后，书曰："维刑之恤"，诗曰"在泮献囚"，可见上古治世，虽未明法医学新理，而其尊重学术，慎于用法以申民冤，立意原极妥善。我国于法医学，本有长久历史，当石晋时代，已有和鲁公凝及其子㠓（后入宋朝，官太子中允）所著之《疑狱集》出世，惜现书已失传。但由此以证，当前千余年前，吾国对刑事案件，已极注意检验伤证，以佐定讞。盛唐之制，于各府县，均置经学及医学博士各一人，凡当地医事行政及治疗检验，统得参与。宋兴，对于检案，益知注重，遂有无名氏之《内恕录》、《慎刑说》、《未信篇》、《结案式》及四民桂之《棠阴比事》。提刑郑兴裔之《折狱龟鉴》、《检验格目》，赵逸斋之《平冤录》等关于检案需要之专门技术及尸格的记载，风行于世。然查其内容编列，犹如纪事，引证原理，类若神话，流传至今，均成稀本。迨及南宋孝宗淳祐七年丁未（即西历纪元1247年）湖南提刑宋慈（字惠父），因鉴检务重要，遂集古书之大成，著成《洗冤录》四册，奉旨颁用。迄于明清，乃至现在内地之检验史，犹共奉为圭臬。此书内容，分检验总论、验伤及保辜、初检、验尸、缢死、溺死、刀伤死、烧死、中毒死、病死、冻死、变死等之外表征象，并对犯罪之研究及犯罪搜索法亦多论述。就中尤以合血法、滴骨法可认为现在"亲权鉴定"血清学之先声，"检地法"可认为合于犯罪搜索学的本义，"保辜"则合于伤害保险之原则。诚属较切于检案之实用，不愧为一有光荣之著述。而当时欧洲之法医学，尚正在黑暗时代，吾人之法检制度，似反比较完全。可惜后人未能追踪前贤，努力精研，致延至今，其进境程度仍局限于六百余年前之旧域，一切设施均未能追随一般需要科学以迈进。虽在元朝至大[②]元年（1308年），有王与损益洗冤、平冤二录，刊行《无冤录》一书，其内容亦不过删去原书不经

353

[①] 原文刊载于《法医月刊》1935年第14期第1—7页。

[②] 至大：原文误为"大至"。

之谈，加以实践经验而已。明祖驱胡，重光汉族，戡乱图治，注重法检，遂于洪武十七年（1384年①），将《无冤录》等书重行付刊，然当时固未顾及该书内容之取舍。至清初曾慎斋更著洗冤录汇编，王肯堂更集著洗冤录笺释，王君明更作洗冤录补及急救各法，当时法律例馆乃荟萃总编颁行②海内。乾隆年间，又增检骨图于后，此实吾国法令规定对尸体外表及尸骨检验需行填图之创始。嘉庆年间，王文槐添取成案足征，医书可信者，原录附书，以备参考，名曰《洗冤录集证》。李观澜更摘录洗冤录补遗及洗冤录备考，并杂说三十余条，附于集证之后。道光年间，阮其新又改正坊本讹错，并以经验成谳，编成《宝鉴篇》附后。仲振履更著《石香秘录》一篇，中有检验歌诀，专以授不识字的仵作之用，颇称为便，然词多俚俗，错误百出。盖那时的法家，虽早具有法医学的心理，但以我国当代医学，崇拜儒医，学理趋重于五行阴阳空玄之说，而对于人体构造部位外伤等，反认为末艺，不切情实。于是法学与医学学理，终究无法沟通③。检验案件及外科医生，均被认为贱业。即一般中医，亦不甘执行检务，以致法医学一科，千年以来，墨守成章，毫无进境。当前清末叶，刑章益弛，同治时沈葆桢虽曾奏请解除仵作禁锢，给予椽吏出身，此乃吾国最近慎重检案之先声。但格于当世之昏聩，部议竟未实现，追及光绪、宣统年间，效法图强，整顿司法，亦知改良法检。曾由刑部饬令各省审判厅，附设检验学习所。惜又困于人才，辍遂无继。然在清末民元，勘检命案手续，亦颇周详，固差胜于近年也。盖当时虽无合于科学之法医师，但尚有略懂外表检验之仵作，到现在旧式检验吏已多老死，而合乎科学的法医师尤极缺乏。国内各大学的医学院，只有北平医学院，于民国十三年派林几赴德研究法医学，至十九年，在该学院首创法医学教室。其余各医学院，或尚无法医学讲座，或虽有讲座，而设备方面殊嫌不甚完善。去年教育部规定国内各大学及高等专门以上学校教育科目，才将法医学一门，列为医科之必修科，并法科之选科。故此学科，在吾华现代，尚属幼稚。惟检验案件，历来亦有较简之鉴定书、验断书、伤单等格式，虽未尽善，尚堪供用。

党国维新，努力求治，训政肇始，百事待兴。国人皆知领事裁判权存在之可耻。"收回法权"乃为当今急务，况民智增高，对旧日非科学鉴定，

---

① 1384年：原文误为"一三四八年"。

② 颁行：原文误为"颁行"。

③ 沟通：原文为"构通"。

已失信任。所以法医改良，便成为革新运动之一目标。但国宇辽阔，人才缺乏，各地医师分配尚未普及，故对新法检验实行，益感困难。司法当局有鉴及斯，于民国十九年特派孙逵方于上海真如购地建屋，从事筹备创设法医研究所，至二十一年委林几为所长，执行疑案检务并培育法医人才，招收医师为研究员。去年十二月卒业一班，由司法行政部发给法医师证书，分派各省高等法院服务，即我国有法医师之始。而同时法律上规定，亦改称检验人员为检验员、为法医、为鉴定人，不复蔑称之为吏役或仵作矣。

我国洪武年颁行之《无冤录》，因朝鲜贡臣李朝成为介，得译行于朝鲜半岛。在日本足利时代，转传于日本。元文元年（1736年）译为日文，盛加注释。当德川时代至明治八年，东京医学校及警视医学校，方设有裁判医学一科，聘西人为教师，此实日本设立法医学科之嚆矢。明治十一年，安藤卓尔译英国法医学，刊行法医学讲义，是为日本输入欧美法医学书籍之始，其时尚无法医学独立讲座，直至明治十四年，方任片山国嘉充东京帝国大学医学部助教授，主授法医学课于学生。迄明治十五年，旧《刑法》实行，然当时司法官对法医学尚罕了解应用。明治二十一年后，片山留学返国东京帝大，方设裁判医学正式讲座。二十四年，医学界将裁判医学改称为法医学。三十六年，京都及九州医科大学才设有法医学教室。四十年，修正《刑法》颁行后，关于法医学论著及人材渐形增多。至大正九年，法医学方确定为医学生、法医生、警察学生所必修。

当前清光绪三十四年七月，有留日学生王佑、杨鸿通二君，译日本警视厅第三部医员，兼保养院长石川贞吉所著的《实用法医学》，名曰《东西各国刑事民事检验鉴定最新讲义》。宣统元年，曾行再版，是为我国输入新科学的法医学的开始。后此科学，因乏人提倡，鲜有进步。现市间中文法医书籍，仅有民国三年万青选编译之《新洗冤录》、1927年博医会出版之《基氏（Giffen）法医学》（Stuckey氏译）。民国十四年，上官悟尘译日本田中佑吉①之《近世法医学》（原名法医学讲义）。民国十九年，林几著之《法医学总论各论》（法官训练所及中央大学并北平大学医学院讲义稿）。民国二十一年一月一日，邓纯棣著之《最新法医学》，及本年林几主编之《法医研究所鉴定实例》，并《实用法医学总论》而已。

至欧美法医学之萌芽，最早溯在纪元前2285年。此时亚细亚巴比伦国

---

① 田中佑吉：田中祐吉。

正值强盛时代。汉谟拉比（Hammurapi）皇所立法典（The oldest code of laws by O H W. Johns））中，即有"若一医生治疗重伤时，用铜刀刺割致伤生命，或用铜刀开眼脓疱而致病人盲目者，应割其手"。又"若一医生为奴隶疗治重伤，而用刀致伤生命，便降医生为奴隶"之规定。迨至十五世纪下叶，便有希波克拉底（Hippokrates）对重复妊娠及未成熟儿生存能力之记载，亚里士多德（Aristoteles）对妊娠期间之统计报告，加伦（Galen）氏对诈病判定法之公布，及安历（Anllin）主氏张西沙克斯王所受之二十三伤中，以胸部第二创口为其死因等，倾向于运用法医学之事实或刊物。

于中世纪 1249 年，波兰市医佛哥鲁斯克氏，首行宣誓于法庭，检验伤型。1302 年，意大利首实行法医学之尸体解剖。1311 年，法国医师佛依里布氏亦因关于裁判，在法庭举行宣誓。然此时鉴定人地位，不过同于证人，在法律上亦无特别之规定。

当十六世纪，欧洲法学甚为进步。有二部著名法律，内均有关法医的规定：一为 1507 年出版之奔湃格尔（Bamberger）氏刑律，一为 1532 年德王卡尔第五（Karl V.）颁定新法内规定："凡关杀人、杀儿乃至流产事件之裁判，必须有医师的证明"。这是法医规定于外国法律之始。1562 年，法国方始行法医学的剖验，其后十三年①（即 1575 年），又有法国医生亚猛勃罗斯巴雷氏（Ambroise Pare）发表"损伤与死之关系"，及"暴力致死之论"。1601 年，福罗突乃突飞代里氏（Fortunato Fidelis）著书四卷，内容详有处女征标，妊娠期间胎儿之发育乃至中毒之鉴定等，是为欧洲法医学之处女著作。

十七世纪初叶（即 1621 年），又有教皇御医蔡奇亚（Zacchias）氏，刊行法医学一卷，此时北欧各国，裁判时已经渐能应用法医学。德国亦首有佛贝尔氏（Weber）所著之德文法医学书出版。后至 1667 年经德人塞爷罗氏（Schrlye）发明初生儿之"肺浮扬反应"，于是法医学检验方法方始粗备。自十八九世纪以至今日，法医学因社会各法律的需要，多数学者继续阐明，遂成独立一专门科学。如英国之谭勘氏、斯密斯氏、破索斯氏、里昂氏、毒门苏氏、古拉哈门氏、特鲁亚氏，德国奥国之火夫盟氏、客斯辈鲁氏、李盟氏、马斯由鲁氏、潘克氏、苦拉特鲁氏、普配氏、斯德拉市盟氏，法国之塔奴德由氏、越鲁首拉氏、多亚脑氏，日本之片山、冈本、田

---

① 十三年：原文误为"五十年"。因巴雷（1510—1590 年），其著作《巴雷全集》于 1575 年出版。

中、小南、高田、浅田、佑藤、三田诸氏，均颇知名。而美国法医学至本世纪，方始有研究之者，在各医学校内尚罕有法医专科设备。

法医学乃实地应用的科学，各国民情风俗各有不同。而研究此①学科，便不应只限于检验之一点技能。就是民族社会心理、习惯、法医精神病学、优生学、社会医学、灾害医学、保险医学、毒物学及各科医学、生药学、药理学、药物学、光学、力学、军械学、法律学等，均宜兼顾。当以医学及自然科学为基础，谋贯通法律与医药学等科学之运用，以解决一切疑难民刑案件，且维法律之公平与信实也。

所以凡为法医师，不但技术并学理要维精维明，且道德与自信力亦须十分可靠，或谓法医师名称素不经见，疑非社会所需要。其实法医学既成一专门学科，则研究法医学者，自可称之为法医师。亦如专门外科者之为外科医师，专门内科者之为内科医师，专门病理学者之为病理学专家，岂非以学有专长，技能不一，故名称亦不一律。所以对研究法医学之专家，亦可用法医师名义，以符注重法医学专门之旨。在欧洲当初医学尚未发达之时，法医亦属不良，经各方面科学与法医学相互阐明，始有近来成绩。吾人亦应疾起力追，以图恢复法医学之光荣历史。但是非个人或少数人努力所能成功，须匡合群力，互同督励，共策运用，方能获到良好效果耳，吾人其共勉诸。

【述评】

本文详细介绍了国内外法医学发展简史，相似内容以"法医学史谈"同步发表在《浙光》1935 年第 1 卷第 1 期第 26—31 页，故注释内容请参见"法医学史谈"一文。

三十三、积极整顿检政改进法医办法意见②

【原文】

现行法律首重证据，而证据确实，首要检验制度之精良。欲达检验精

---

① 此：原文为"化"。
② 原文刊载于《京报·医光周刊》1935 年 8 月 26 日第 369 期（第 4661 号）第 10 版。该文完成于 1935 年 8 月 24 日。林几时任国立北平大学医学院法医学教室主任、教授。

良目的，则培育检验人才，普设检验机关，实为当今之急务。

查我国昔日检案，皆用仵作，而仵作则奉六百年前之洗冤录（宋孝宗淳佑年间出版）一书为来源。沿用至今，墨守成章，食古不化，永无改善。而现代科学进步，一日千里，于是犯罪行为日趋新异。故检验技术，自应随科学之文明及社会之需要，以同迈进。只凭旧法，每招贻误，殊不足以维法律之公正而平反冤狱也。但顾国内不但能担任新法检验者，廖若晨星，即旧式富有经验之仵作，亦多凋谢。于是一方实施新颁法律，注重证据，而一方对证据之检验搜索又苦无良法，以致今日之法检，实陷于青黄不接，散漫无章境况。虽司法行政部前有鉴于斯，曾创立一法医研究所于真茹，然终未树立法检之全盘永远计划。兹为整理检政起见，谨拟较具体较经济之治本及治标办法，谨希国内君子教正。

上、治本办法

须逐渐施行，收效虽缓，但得普及，我国法检即臻澄明时代。

【甲】培育法医，并增进法学生之法医学①检案需要常识——办法如下②：

（子）由司法行政部咨商教育部，饬国立各大学、各专科学院及公私立各专科学院，注意办理下列事项：

（一）各大学或专科医学院，增加法医学课程钟点，注重实验。

（二）国立大学医学院酌设法医③研究科。

招收医师研究法医学，并将研究人员成绩报告司法行政部，学届一年后，研究期满，得由司法行政部参与甄别，予以法医师证书，并酌行介绍至需要法医及狱医之地方服务。

（三）国内各法学院增授法医学之罪犯搜索学及犯罪心理，并一一应改之为必修科。

【说明理由】上④（一）系增进一般医学生之法医学常识。现授课时间过少（第五年每周授课只一小时，实习亦一小时），至少酌增三小时（即第五学年授课两小时，实习四小时）。盖国立除北平国立大学医学院外，均尚未设有法医学教室，并研究此科专门设备。而一般均对法医学，认为系绝

---

① 法医学：原文为"法医生"。
② 如下：原文为"如左"。
③ 法医：原文为"法院"。
④ 上：原文为"右"，下同。

对专门学科，非一般医师之正业，故课程甚简，或竟缺法医专门教授。但日本、德、法各国，则均极注重法医学。各大学医科内，均设有法医研究所，容多数专家分别研究，对法医学实验，尤为注意。我国情形应仿此制，俾医学生在医校内，对法医学理论及实验，既有相当修养，则将来一般医师，对普通法医技能尽胜任，数年后此种新入社会之医师日渐分布于内地，则内地检案便可减少许多困难。即一般医师，对鉴定人法律之责任已能胜任愉快。

上（二）系栽培法医专门人才之最经济办法。在司法行政部既有参与甄别发予法医师证书权限，则对不良之法医师便易取缔，此亦挽救流弊之一要着。至介绍卒业人员至地方服务，一方固俾才得其用，一方则司法行政部对法医人员之调用分配权限，可以保全，并免各检员分配不均之弊。而研究员应辅习监狱卫生课程，因国内医师人数过鲜，内地监狱医务及卫生素不讲究，倘法医师能兼顾监所卫生，合两种职务于一人，人员既敷分配，医师薪俸报酬亦可较厚，实一举两得也。惟检务繁忙处所，应否兼职，自须斟酌。

上（三）以前专制黑暗时代，承审长官，犹须熟读洗冤录，莅场亲验，以免蒙蔽，至刻犯罪方法日益新奇，法律益视证据为重要，故法官、律师更应具有相当之法医常识。否则不仅目前足为证据者，忽略未检，更易受人欺瞒，无能核正。且在审判或辩护叙述理由上，亦难免发生困难。故对法学生输入法检、法医常识，实为需要。查现国内各法学院多缺此课，或无专门教授，竟以教授医学生之法医学教材，以教授法学生。其实法律家与医师，对法医学科之应用目的及运用方法，固迥不同也。

（丑）真茹法医研究所应续招医师为研究员，卒业后由司法行政部发给法医师证书，并分发各省法院服务。

【说明理由】国内有法医设备者，惟真茹法医研究所及北平大学医学院，并广东省立法医研究所三处。而真茹法医研究所于去冬曾卒业研究员一班，即按章发给法医师证书，分发至各省法院服务。现国内法医师尚感缺乏，故极应续招（广东法医研究所，即由真茹卒业研究员创办[①]）。

（寅）司法行政部法官训练所应增授法医学之罪犯搜索学及犯罪心理学（关责任能力、证言能力，并应禁治产等精神心理状态）

[①] 广东法医研究所，即由真茹卒业研究员创办：陈安良为林几主办第一期法医研究员学员，毕业后分配到广东高等法院从事法医工作，并创办广东法医研究所。

【说明理由】同前（子）之（三）项。

【乙】整顿检政——办法如下：

（子）司法行政部及最高法院检察署内应酌设一、二法医技术专员，或技正技士，或特设一科，审核一切有关法医事件，主持法医行政，鉴核最高鉴定，编审法医学书籍图表，考察检验机关设施。

【说明理由】法医学一科既属绝对专门，故其设施及鉴定书、检验记录，乃至验断书、伤单等，自非由专家缜密考核，不能辨其优劣，摘发情弊，所以在中央最高主管部院，应设专员，加以纠察。否则各处新旧检验，积弊无从抑制，行政设施，无能入轨。

（丑）各省高级法院需限期设立法医检验所、室，任用法医师为常用驻在检验人员，在相当期后并扩充此种设施于其分院。

法医检验所设备至少须达一万至二万五千元，检验室设备至少须达一千元至五千元。现各法院经费困难，法医人才亦至缺乏。应尤由各省高等法院，拟一概算，呈法部准先事积储款项，筹定该款来源，达相当年限，款项既足，届时培育之法医人才亦可卒业。则次第设立检验所、室，便无困难。然收入较优各省，当即设立检验所、室。上海两特区高等分院检验，可并归法医研究所办理。北平可归国立北平大学医学院法医教室办理。

【说明理由】因法医师须有精良器械以佐检验，故各高等法院乃至高等分院，应逐渐增扩此种设备。在经费充裕省份，自可即日建设，在经费较难省份，亦可先事筹储。至上海各法院离真茹甚近，尽可由真茹法医研究所主持检务。不但可省糜费①，且对国际观瞻及法律信用，均有裨益。各省各地方法院，如遇较难案件，可由高等法院派法医师往验，或将检验物品送至就近高等之检验所、室查。倘在设备上仍感困难，即送至法医研究所或国立医学院内有法医学教室设备者检查。

（寅）各地方法院、县法院于相当时期内，亦应酌经济能力，增设检验室。

【说明理由】俟该省高等法院及其分院法医检验所、室，既有相当成绩，即应推广此种设施于各地方法院、县法院。而此种检验所、室之设立，以与当地医学院或设备较全之医院取得密切联络②或委托兼办为最经济。总之，最后以全国地方法院、县法院均有法医检验室为目的。

---

① 糜费：即靡费，指耗费，浪费。

② 联络：原文为"连络"，下同。

其逐渐推设办法，最初可先由二、三地方法院或县法院合聘一、二法医师，月筹相当的款，陆增设备，渐至各一县法院均有一、二专门法医师担任检务，则我国检政方达澄明时代。倘刻犹不积极筹备实施，则我国司法亦便永无澄明希望。

（卯）各级法院务须与当地医学院、医院并化学等学术机关取密切联络，订定襄助办法，以利检务，凡设有公立医学院地方，倘内具有法医学教室设备者，则当地法院应切实谋与合作，共设法医研究所或检验所，以省需费，且互有益。

【说明理由】法医学范围甚广，涉及医学、化学、药学，心理学、生物学，法律学等专门学科。现国内法医专门人才及设备均形缺乏（以现真茹法医研究所设备亦只足供检验之用，尚未敷学者研究之需）。非利用当地各种学术机关相当设备，不敷应用。惟检验事烦，法庭尊严，致一般学术机关人员或医师等，每视法院委托检验鉴定为畏途，故非法官改换"视鉴定人一如旧式检验吏"之态度，平时予以亲切联络，使能明了法律上尊重鉴定人之意义，则此种隔膜殆难消解，是实影响检务至巨者也。

法院与当地学术机关既订有襄助办法，则检案手续可以简捷，检验时日可以迅速，是对于审判效率得形增进。不但当事人得免讼久案悬痛苦，即法院监所亦可省案多狱满之患。况时日愈久，案情愈晦，往往因付验勘察，距发事日期过久，至证据消失，无从施验。是在初次检察勘验及第一审时尤为重要。故根本上，初级法院之检验履勘，实较第二、三审高级法院更应注意。然初级法院限于经费，在短期内，对法医设施，断难尽善。故应参用此法，以解一部分之困难。

国立、省立之医学院内如有法医学教室设备（例如北平、济南、保定、杭州、长沙各处均有医学院，设有法医课程，惟只北平设有专门法医教室），则可与合办法医研究所及实验机关，在医校方面教授学生教材不缺，在法院方面又可增一检验处所，自属两便。

（辰）提高法医师待遇。凡由法医研究所或国立大学医学院法医研究科研究期满，甄别得有法医师证书者，得照法官训练所卒业学员例，准予以学习推检待遇。一年后成绩优良者，准进推检待遇。

【说明理由】检务在今日已成专门高深技术，非有医学、化学以上专门学识，不堪胜任。故法医师资格系由大学卒业，更进专门研究法医机关从事实验，得有法医师证明书者，方为合格。其资格证与法官训练所卒业学员相等，而求学年限医科且较长于法科，故资格既高，非有较优待遇，安定羁縻①。查法医研究所去冬卒业之法医研究员，即照本项办法，分发各省，惟尚无法医师待遇正式法令，各法院亦缺此项预算，名额等亦未规定，故应以明令颁布，确定待遇，以表示国家注重检验人才，以后此项人才方不至缺乏。否则所学年限既长，所事责任又重，而屈居下位，食不温饱，势必至才智之士，均对研究法医，裹足不前。习者日少，检务振兴，终无可期。况俸足养廉，则贿风可杜，位较优崇，能增当事人信仰。其影响审判前途，实至巨大，故亦整顿司法之一不可忽视问题也。

（巳）派法医师或国内法医专门人才，分赴东西各国研究法医学科内之各一专门学识。

【说明理由】法医学一科，内分法医检验学、侦察法（犯罪搜索法）、指纹法、法官剖验病理学、灾害医学、法医精神病学、罪犯心理学、伤害论、中毒学、毒物化学、显微化学、生物学、伪病学、保险医学、医事法制学、社会医学、行刑医学等专科，欲以一人精力，遍长此各科学识，非经数十年长期不断研究不可。且欲得专精，更非单独研究其中一二门不可。刻国内素乏此项人才，亦无特别专门研究设备，故欲谋法医学内各科之进步，宜分别派遣具有法医学常识之法医师等，赴东西各国研究，以养成绝对专门之法医学内各种专门人才。

此项宜俟部内设有法医专员，选择法医师成绩优长，脑力稳健者，考派出洋为妥，因所培育人才，以性情相近者为宜也。

（午）对国内法医学研究有新发明人士，予以奖励。

【说明理由】我国法医学较其他科学无形落后，近年始有少数人研究，故对研究有新发明者，应予奖励，用资提倡。但此项亦宜俟法部内设有法医专员主持办理。盖是否真正发明，抑系抄袭他人成法，非专门家不能辨识（或组一委员会，聘专门家审定）。其奖励办法，或予奖状，或予奖金，可由主管机关酌行拟定。

（未）审编实用法医学及法官临案应知之罪犯搜索法、罪犯心理学等书。

【说明理由】现国内尚无此种善本之专门书籍，以致一般法、医、警三界人士，临案无可参考，平日无可攻读。宜由司法院或司法行政部聘委人

---

① 羁縻：笼络牵制。

员审编或济助出版界出版（盖此类书籍，过于专门，购阅者鲜，故书局罕印行之也）。

至出版此类书籍，应由主管机关加以审核，其不切实用、不合科学原理者，应加纠正。否则，黑白不分，良劣无别，应用之后，错误百出，流弊尤大。

（申）刊行鉴定实例于《司法公报》，并设法输进民众以法医常识及辅助法医学专门刊物。

【说明理由】鉴定案件于判决后，应即公开，任全国学术界之批评，供法、医、警三界之参考，且即对《司法公报》本身销路亦不无裨益。惟篇幅需增，择稿困难，亦应俟司法行政部内添设专员后再办为妥。而《司法公报》多法界人士订阅，此种稿件，尤感需要。

法医专刊，国内至鲜，惟法医研究所前创法医研究学会会刊行《法医月刊》（即鄙人在该所时所创），但限于经费及稿件，近几停版，故其主管机关，应对法医专门刊物，予以经济上之补助，俾得维持发行。而法医研究所内应设专员，将法医常识编送各处日报、周报登载，以启民众对法医之常识。此虽系细事易举，然影响社会却极伟大。盖民众如富法医常识，则无意识之犯罪行为及迷信鄙习均可减少，岂容忽视。

（西）颁定法医检政制度系统

【说明理由】我国现在检政紊乱，毫无系统，其实尽可凭现行法律，用三款制，即分初次检验、复验及最高检验。每一次检验，在可能范围，由检验人员或会同审核人员负责鉴定。而担任各级检验机关，则暂可分由县法庭或地方法院之初级检验员，高等法院设有法医师之检验所、室，并法医研究所或大学医院法医学教室办理，而法部中更应设有专员总持检政。

（戊）颁定检验简易标准及新式尸格、伤单等，务使全国检政于短时间内能入正轨。

【说明理由】检验简易标准内，应注明某种案件应对某项必须详细检查，并实情在何种状况之下，方得予以鉴定。亦即将各种犯迹主征，加详列明。倘无主征，该检验人不得实施鉴定。倘所验报告不符标准，则临场法官或高级法院，可以按此标准予以驳正，促使详验。如此，则检验人员逢案不致草率从事，更难托辞蒙蔽矣。旧式伤单、验断书等，只合于旧式检验，自应重订颁布。

上应由法部聘一、二法医专门人员起草，经多数专员审定，而后颁布。

则全国检政在短时间内，可入正轨，此点有裨实用，急应筹办。

总之上（巳）至（戊）各项，以（戊）项尤为切要。但此数项举办，应在设施（乙）之（子）项办法之后，俟法部内设有法医专员主持，方有良果。

（亥）司法行政部应商请内政部，对警政学生及警员、警士等注意加以法医、侦查学之训练。

【说明理由】凡城乡发生案件，首先即报告于公安局，无主命案等，尤多由巡警首先发现。故警员对侦查案件及保护证据两点，如无相当常识，则必增法界以无限困难。往往平易案情，陷于迷离，证据销失，无由侦查。故灌输警员以法医、侦查常识，实乃法界最切要事件。惟此种学科，国内罕人研究，此类书籍尤感缺乏，宜先编审为尚（因悉警官训练所曾拟设此科，后因无人教授终缺）。

下、治标办法

须即办以救目前法检之困难，然实非长久妥善之根本办法。

【甲】训练初级检验人员——训练方式有下列三种，并用不悖。

（子）由法院输派固有检验员（即以前件作）到法医研究所，加入所设之初级检验班。

由法医研究所特设一初级①检验员训练班，招收高中及各医院练习生、医学院一年级之肄业生，乃至各法院之检验员，到所训练，一年为期，卒业后，由法部分发各级法院试用，佐理检务。

（丑）由各省高等法院内任有法医师并有法医检验所、室设备者，就近招收前项资格人员训练。

（寅）由各省高等法院商托就近国立医学院法医学教室招收前项资格人员训练。

惟上三项训练人员所受之课程、年限、待遇、教本应完全一致，故需由司法行政部公布一详细章程，以资遵循。

【说明理由】我国在近二十年以内，尚难将内地县法院均分配有良好新式法医师，故一方应着手筹订根本办法，逐渐推广。而一方应训练佐理检验人员，暂行补救法医师人数分配之不足。惟此种人员为学识所限，对剖验、化验、亲权及精神病乃至血迹、手纹等物证、人证检验，断难胜任。

———————————

① 初级：原文为"初"。

只可教以保存及采取证据方法，并检验外表伤痕常识。使对死因显明之死证，或症状显明之伤害，能予简捷之鉴定。倘稍有疑难，即应再由法医师或法医研究所复行详验。此种人员地位即与现在检验员前之仵作相当，并可充法医师之助手。但其检验鉴定范围，应予绝对限制，始免流弊。因谋全国检验人员程度之统一，故须由法部颁章程以资遵循。

【乙】编颁训练初级检验人员之教本并速养成其师资人才。

【说明理由】因谋初级检验人员学力之统一，并工作检验范围之限定，故应详查国内需要情形，编定教本，颁行各处，惟此亦非部中设有专员不能办理之也。此项人员训练时，必须有相当学识人员担任教授。而一般法医师往往只长于技术，而缺教课经验，故须由法部托相当学术机关，速加训练其师资人才。

【丙】修颁洗冤录

【说明理由】查洗冤录内所载外表伤型及缢、勒、搕、溺等死体外表现象，颇多可以采用。惟检骨、验毒、验血等法，皆出古人误会，不合事实，且背学理，应予删正，再行颁用。并当注明各项删正理由，以破众惑。倘能添入代替检法，则即用旧式仵作，亦暂得执行检务，不生窒碍。

维新检政，斯为简速。惟修删此书，须籍实验（中有已经世界学者实验者）。应由法部委托相当学术机关，聘任专门人员，修编为妥。

【丁】各级法院或法庭所择定医师为鉴定人，在尚未有专门法医师以前，应以择定国内外正式医学校卒业之医师为限。

【说明理由】法医学至为烦难，正式医学校卒业之医师，尤或憾经验不足胜任。兹查国内统称医师者，凡有三种：（一）即正式医学校卒业之医学士。（二）即中医。（三）即曾在医院充看护等，而卫生署暂准给与证书而开业行医者。此（二）、（三）两种医师，毫无法医常识，倘法庭择定之为鉴定人，则其结果反不如有经验之仵作也。故择定鉴定人前，应先调查其出身及卫生署发给之医师证书为尚。

【述评】

林几于 1935 年 8 月 26 日在《京报》所发表的《积极整顿检政改进法医办法意见》一文，其主要内容由最高法院检察署检察长郑烈以《积极整顿检政改进法医办法案》提交全国司法会议，被列为第四三五号议案。该文提出的积极整顿检政改进法医办法包括治本办法和治标办法两大部分，详细列出具体改进的实施办法并详细说明理由。例如，林几提出"颁定法医检政制度系统"的设想，他认为，"我国现在检政紊乱，毫无系统，其实尽可凭现行法律，用三款制，即分初次检验、复验及最高检验，每一次检验，在可能范围，由检验人员或会同审核人员负责鉴定。而担任各级检验机关，则暂可分由县法庭或地方法院之初级检验员，高等法院设有法医师之检验所室，并法医研究所或大学医院法医学教室办理，而法部中更应设有专员总持检政"。又如，林几提出"刊行鉴定实例于司法公报，并设法输进民众以法医常识，及辅助法医学专门刊物。"林几认为，"鉴定案件于判决后，应即公开，任全国学术界之批评，供法、医、警三界之参考，且即对司法公报本身销路亦不无裨益。惟篇幅需增，择稿困难，亦应俟司法行政部内添设专员后再办为妥。而司法公报多法界人士订阅，此种稿件，尤感需要"。林几在司法行政部法医研究所任所长期间，就在《法医月刊·鉴定实例专号》上公开法医鉴定案例 100 例；在北平大学医学院法医学教室任主任教授期间，在《新医药杂志》1936 年 4 卷第 5—7 期发表《北平大学医学院疑难检验鉴定实例》50 例，另外，还在《司法行政公报》《医药学》《医药评论》等相关杂志上公开了一些鉴定案例。林几不仅公正地做好法医鉴定，而且将自己的产品——鉴定书放在杂志上公开，交给全社会评价，接受监督。这种法医鉴定公开并接受社会监督的运行机制，是避免法医冤假错案的有效方法，也是向民众普及法医常识的重要手段，是中国法医洗冤文化的体现，更是实验法医学的精髓，是先进的法医学理念和现代法医学真正意义上的"洗冤"，在今天看来仍有实际应用价值。再如，林几还建议：训练初级检验人员，由法院输派固有检验员到法医研究所，加入所设之初级检验班。由法医研究所特设检验员训练班，招收高中及各医院练习生、医学院一年级之肄业生，乃至各法院之检验员，到研究所训练，一年为期，卒业后，由法部分发各级法院试用佐理检务。由各省高级法院内任有法医师并有法医检验所室设备者，就近招收前项资格人员训练。由各省高等法院商托就近国立医学院法医学教室招收进行资格人员训练。林几建议，经过训练合格后由法部委托相当学术机关，聘任专门人员。因此，这是林几培养不同层次人才的建议和设想，有重要的历史史料价值，也是林几学术思想的主要组成部分之一。

三十四、罪犯心理①

【原文】

绪论

以科学方法研究犯罪时之心理，及易踏法网之素因，而谋补救或分析之学科，名曰犯罪心理学。我国向无专书，仅诸子百家中，有论心性之说。如孟轲主张性善，而荀卿主张性恶，实则性有善有恶。得其中者为正为庸，失其平者为恶为劣。固关于世代遗传，亦兴②于教育习尚。欧西研究此科，当 1876 年意大利人伦布落稣 Lombroso 出版《犯罪人》一书，世之刑事法学者，方始注重犯罪人之性格。后德人艾平古始首著《犯罪心理学》一书，于是成为独立之学科。本书所述不过综其要纲，聊启吾人研究此学科之门径而已。

一、犯罪之定义

一般法律上所谓犯罪，系以违犯法规，列举各条事实，包括有责任能力者之造意，或过失的反社会行为而言。故触法网，则法律对之应行处罚。惟该行为之本质，是否应行处罚，则视环境、社会、心理与所定之法制而各不同。例如杀人，在我国法律为犯罪，而在野蛮地方，则视为勇者，乃可以赞许之行为。故犯罪与否之观念，系因时因地而殊。我国旧律，以亲夫杀奸夫及妇为无罪或轻罪，报仇杀人亦得轻减其罪，古代更以代报亲仇者系孝子为无罪。又父母可死其子，主人可死其奴，一时风行，故不视为罪。此种情形，不只我国古代为然，即欧美、日本往年亦莫不皆然也，至现代文明之邦，以犯罪心理研究结果，对犯罪者，认为个人与社会偏畸之异常心理问题，欲谋矫正，根本须改正异常心理。而改正此心理之异常，即须明白犯罪心理。故法官审理案件，亦必周悉及此也。

二、犯罪者之分类

通常犯罪大别分为自然犯罪及个人犯罪。属于自然犯罪者，如杀人、

---

① 原文分四部分，分别刊载于《京报·医光周刊》1935 年 9 月 23 日第 373 期、9 月 30 日第 374 期、10 月 7 日第 375 期和 10 月 14 日第 376 期。

② 兴：产生的意思，繁体字"興"，原文误为"奥"。

窃盗、诈欺、伪造、性欲性及激情性犯罪等。属于个人犯罪者，如触犯社会之必要或任意所规定之特殊法律是也（例如中国之禁烟法令）。

其实犯罪者，有其犯罪之性质、方法、性别、年龄、犯罪次数、犯罪原因等种种。就中分类最繁且不一致者，为犯罪之原因。

兹列举世之著名罪犯学者犯罪之分类如下：

1. 伦布落稣（Lombroso）氏之分类法：

（一）生来性犯罪者；（二）精神病性犯罪者；（三）感情性犯罪者；（四）癫痫性犯罪者；（五）偶发性犯罪者。

2. 哈末乐古爱里司之分类法：

（一）政治的犯罪者；（二）激情性犯罪者；（三）精神病性犯罪者；（四）偶发性犯罪者；（五）习惯性犯罪者；（六）职业性犯罪者。

3. 亚萧费老不老古氏分类法：

（一）发作性犯罪者；（二）感情性犯罪者；（三）偶发性犯罪者；（四）预防性犯罪者；（五）再发性犯罪者；（六）习惯性犯罪者；（七）职业性犯罪者。

4. 佛爱里氏之分类法：

（一）犯罪狂；（二）生来性犯罪者；（三）习惯性犯罪者；（四）偶发性犯罪者；（五）感情性犯罪者。

5. 考拉物斯氏分类法：

（一）势力的犯罪者；（二）恶性的犯罪者；（三）虚弱的犯罪者。

6. 客罗夫盟氏之分类法：

（一）浮浪性犯罪者；（二）势力性犯罪者；（三）非型性犯罪者。

上[①]系诸学者种种分类，但据研究，均非完全得当[②]。盖治此学者，有从精神病理说明犯罪人之精神状态者；有于犯罪人之身体精神方面，加以社会的种种条件，论及较广之范围者，其领域仍无能确定之也。今所述者，亦以犯罪人心理为中心，而涉及较广之范围，其分类似为较妥。

（一）病理的犯罪者——因心身或种之疾病，故对普通健全者，不至受何种影响之刺激，而容易被其支配，发生犯罪之行为，是与精神病者之犯罪相当。

---

① 上：原文为"右"。
② 得当：原文为"的当"。

（二）生来性犯罪者——生性有犯罪之倾向，如精神变质①者，悖德狂者，其犯罪行为多与境遇不相关联，纯因心神之不健全性而发生者。

（三）习惯性犯罪者——先天精神虽稍缺陷，但如在适当境遇中，亦可不至有犯罪行为。倘遭遇不幸之环境，则必较容易罹于法网。换言之，其性质与境遇不良，可促其发生犯罪行为也。例如意志薄弱者，对窃盗、诈欺、卖淫，常有习惯性，使之改正，特形困难。

（四）偶发的犯罪者——具常人之性格，而遇重大事情，致陷于反社会之行为中。其原因不外由生活上之穷迫，感情之激发，行为之模仿，殆多属于一时的精神异常。例如利欲熏心时、焦急狼狈时、受强烈刺激时、沮丧时、发扬时，及迷行、梦游、饥饿、月经、妊娠及产褥，或有错讹、误解时，往往平日循谨、高超品格之人，而突陷于犯罪。

（五）感情性犯罪者——一般感情激昂时，毫无判断事理之余裕时间，而突然爆发，无思虑以陷于犯罪。例如因复仇、救穷或因政治、宗教及迷信之故犯罪，其心情多牺牲自己，以谋他人或多数人之幸福者。如政治犯、暴动之煽动者，宗教之牺牲者等是。

三、犯罪者之心理

甲、犯行前之心理：多数之犯罪，系其食欲、色欲、优越欲及所持感，超出社会之适度而勃发时。为谋解决不满足之欲望，即易生犯罪之起意或动机。起意后加以思考及助因，便易于果行。然间有对犯罪行为的心之过程并未常加以思虑，或以受某种刺激而盲从、行动，毫无犯罪动机之意识者，则谓之冲动性犯罪。例如：愤怒、恐怖、嫉妒及怨恨等情感极度昂进时，其动机往往不暇考虑，即实行犯罪是也。然一般犯罪者，则多经犯罪之起意、动机、思考及决意，而后方继以犯行。

凡为满足一定之欲望，而思考犯罪之手段及方法等，其动机与决意间，有相当思虑之余裕，而后进营犯行者，是曰有意犯罪。但助长犯行之决心者，即对其犯罪之兴味、好奇心、冒险心、空想病的妄想等。又制止犯行之决心者，即对犯罪之不安、恐怖等是也。尚有对犯行之决意有影响者，即自暴自弃，自己的片面辩解及反抗心理等是也。

又预知犯罪之结果，而能助长其犯罪之决心者，为利欲，对境遇之空想，排他之特殊感情及对犯罪之虚荣等，而能制止其犯罪之决心者，为道

---

① 变质：指变态。

德感情、社会刺激，及法律的考虑等是也。

而冲性犯罪实行后，犯罪者反省时恰同梦悟，甚至对自己确实之行为感觉如同他人所犯罪。故往往对犯罪时行为之详细情实，不能想起。然有意犯罪者，又往往于犯罪实行中，加以感情作用，而变更其最初计划。例如犯罪者行为中，因恐怖而变窃盗为强盗。又犯行中，因心理关系，对决意时所预定犯罪之形式、计划，完全忘却，或可因道德的感情、恐怖等，而中止其犯行。

未习惯于犯罪者，当犯行时，每因意外之不注意，焦急、狼狈及错误，而与犯罪搜查，以一线光明。

乙、犯行中之心理：由着手实行犯法，至完了之完全经过中，此时犯罪者，伴有种种的心之过程。今列举如次：

踌躇：一般犯罪，虽对道德或社会的思想均极不良，而当初着手犯罪之时，其间多伴有逡巡或踌躇，但每可因饮酒或共犯者等之劝导而能排除踌躇。

兴奋：犯行时感情之要素虽多，而犯者每须陷于兴奋状态，因当兴奋期行为，便少理智成分。故对其犯罪中之行为举措，多不记忆，往往如同梦中，对所有犯行，常不能自晓。

沉静①：犯行进行中初期，固形兴奋。而继则反渐沉静。如性的犯罪，由初期兴奋能永继续至终了，实不多见。又如穷盗②，当犯罪进行时，常渐次沉默。

不安：犯行将终了时，因目的已达，其精神之紧张迅形迟缓。同时发生不安之念，犯罪者以此时所感不安为最甚。所以此际亦最易惊慌失措，稍有声响，即疑追捕或中伏也。

丙、犯行后之心理：犯罪者每于犯行后，对捕缚发生恐怖，对社会发生危惧，甚至因此而自首，又或对别害者发生错觉、幻觉。犯罪者因此等恐怖，势致睡眠不安，起居不宁，自家惊慌迁居逃避，疑神幻鬼，直至事久或被捕后，心反安恬，方能熟睡。

当犯行后，犯罪者为防止犯罪发觉，更努力种种行为，以防早被破案。各种罪犯中有因猜疑社会或他人知悉其罪，加以冷遇，于是更引起一种反抗态度，变更生活，甚至累犯而不改。其破案入监，罪满释放，亦常因此

---

① 沉静：原文为"沈静"。
② 穷盗：穷途末路的盗贼。

种猜疑而重陷法网。故对已捕之罪犯，须分别处置，盖其中亦有犯行后深自追悔者也。前者属自己不良，后者多由穷迫而致犯罪也。

犯罪者犯行后，每有内省而自感悔悟，不满足个人环境之寂寞孤独。于不知不识之间，对社会怀被压迫情绪，常觉受周围之蔑视及疏远。于是避除社会，毫无朋友。

更有一种犯罪者，则为自辩护或自暴自弃，或因良心之呵责，于是放形耽酒，流于游荡以自慰。反之，间有犯罪虚荣者，以能犯罪为能，为名誉。此在流氓社会或绿林组织中，常有此种事实。甚至本为小盗，而被捕后，宁自称为大盗，夸大自己犯行以示英豪。或于临死刑时，高兴乱唱，或自布罪状，以示世人，更行自夸，恬不畏死，是实一种有趣之心理状态。

四、病态犯罪心理

一般精神病者多犯罪。据德人亚萧夫氏统计：精神病人中犯罪性精神病者占43%，日人松江氏报告巢鸭精神病院，病人425名中，半数有犯罪或不良行为。又据大正二年至五年，日本刑事统计年报，犯罪者中基于心神丧失之理由，判予不起诉或免诉者，共达1125名。其犯罪种类如下[①]：

罪行	不起诉	免诉	综计	百分率（%）
杀人	187	76	263	23.37
伤害	107	3	110	9.60
窃盗	299	1	300	26.67
放火	232	26	258	23.93
诈伪	42	1	43	3.80
其他	140	11	151	13.30
计	1007	118	1125	100

故犯罪人者，可证明有一部分系精神病者，即受刑者中，亦多精神异常者。累犯者中，亦多精神的中间者（变质[②]者）。尼米突氏于监因6498人中，证明有650人为变质者（10.7%）、846人为酒徒（13.8%）。在初犯者中，变质者及酒徒占8.9%，累犯者中占39.7%。

---

① 如下：原文为"如左"。

② 变质：指变态，下同。

而一般犯猥亵行为者，多为癫痫者、变质者、痴愚者及酒徒。杀人犯人中，多痴愚、癫痫及变质者。次放火犯人中，多痴愚、妇人、幼童，其他不良少年。浮浪者，乃至卖笑妇人等中，亦甚多为精神异常，精神低格者。

凡因病的心理或精神病者。每可陷于犯行，精神界分三大方面，即智能，感情及意志，而一般法家只对犯者智能方面的缺陷加以注意，而对精神界其他二大方面，即感情及意志的障碍，对予忽略，实为大谬。盖精神界实以智、情、意三大要素所组成，任何一方面发生障碍或缺陷时，均不能视为完全之精神状态，故其越轨行为不得视为健人之同等行为，应予以心神鉴定，以维其平。

兹将病的心理分析大要于后，以证明精神病者，何以往往有犯行也。

（a）精神异常者往往对外来刺激发生剧烈或衰弱之感应，剧烈者为感觉过敏症，衰弱者为感觉钝麻症。而其感觉，比常人完全错乱者，曰感觉错乱。

（b）知觉之障碍，首为妄觉，系由外来刺激或自生之不相当知觉，通常分为错觉及幻觉，前者由于外界刺激发生不适当之知觉，即所谓错视、错听、错味、错触乃至错嗅等是也。例如夜中见物以为盗贼，风声响动以为叩户，每可由或种刺激发生相当之感觉，而更生其他感觉，是为继发性感觉。

后者即无外来任何种刺激，而自发相当知觉，即所谓幻味、幻听、幻视、幻嗅乃至幻触是也。例如空中目睹神怪，食品中幻臭有味，疑为有毒。

此等妄觉，多由判断力衰弱之精神病者发生，而精神发育衰弱之小儿、妇人或剧烈心身疲劳者亦偶见之。例如小儿往往能见鬼，绝食不眠之迷信者，每闻神佛之声或见其形，过度疲劳之被难①船中乘者数十人，同时共望见有救生船前来，而如何追踪，终不可得。

其自己思考而即目前有所见者，曰有形考虑。其自己思考，而即闻有声响者，曰有声考虑。

然往往由此幻觉而惹起犯行，例如幻听，有恶口骂咒，于是对假想发言，加以争执恶骂，或伤害。又幻味食物中有毒，于是对假定之加害人，加以杀害或暴击或告诉。又或迷信神佛之命令，而生欺诈或放火杀人事件。

---

① 被难：蒙难，落难，遭难。

在法庭或公断事件，如用有妄觉之人作证，其证言是否完全可信，或可信至如何程度，实应加以考虑。

（c）领解之障碍。一旦知觉之事物，与素有之潜在观念，深相契合关照，事曰领解，领即领会，解即了解。如其知觉对事物不能领解者，曰认识不能症，当睡眠时、疲劳时、兴奋时，往往一时对事物不能完全领解，以致人物误认或事件误解。

（d）注意之障碍。于多数外来刺激中，任意选择其一明了之，此种知觉领解，曰注意。注意之唤起，须视刺激之强度、情调及潜在观念之多寡等而不同。因一定之刺激而自向其注意者，曰自动的注意。因他方促成其注意，向之集中者，曰被动的注意，凡因妄想而发怒时，或对一件事件热衷时，则难向他事注意，是曰注意固着。又时对一事注意，不能固定，容易向他方面转移者，曰注意散漫。一般小儿或精神薄弱者，皆注意散漫，而常人于过度疲劳时亦然。此时如从事于需要精密操作，往往发生过误而陷于过失罪。

（e）记忆及记铭之障碍。凡有保存知觉、像、痕迹之能力者，为有记铭力。而对既得之知觉，一旦能再生之能力，为记忆力。故记铭力有障碍时，则对事物之知识经验甚难残存于脑，一切新之事实，速即忘去。人类记铭力通常年少者强，年老渐次薄弱。但当疲劳、嗜眠、酩酊或感动中，其记铭力往往一时发生障碍，故于该时内之事物，多不能记。又头部受伤者记铭力亦往往一时或较久时间发生障碍，而痴呆性精神病者则有记铭障碍之症状。

记忆力障碍时，对往时既有之经验，难再想起，甚至完全不能想起。如对记铭既形不良，往时经验追想又形困难，则完全失去追想力，则曰健忘症。

一般健忘症，因分量关系，得分为部分性或全部性二种。因时间关系，得分为一时性及持续性。因其进行方向，得分为前进性、后进性及迟发性。当酩酊、脑震荡症、绞缢颈或痉挛发作等时，每发生种种之健忘。例如病的酩酊者，有杀伤数人，不能自忆，又杀人后，自缢者救回，对其杀人行为，完全忘记。癫痫发作中种种行为，殆后皆不能想起。

更有记忆不良者，于记忆缺陷部分，加诸种想象以补缀，甚至追想事实，完全出于虚谈，是曰虚谈症。多见于低能者、脏躁症者或痴呆性精神病者等。彼等虚言，并非恶意之伪证，不过为事实之虚谈润色而已。故如遇此种精神缺陷者为原告或被告时，其诉述事件之真实程度，须加十二分之注意。

又有因记忆障碍，而忘却他人委托金钱交付之定期，或契约之履行，致对方蒙其损害，或自忘其职掌责任，而违背章程信约，或作不实之供述，或作奇异夸大之流言，以惑世人，皆可立陷于法网。

（f）想象。与记忆有异，原无再生之实际的知识经验，而为一定之观念结合所发生的新观念的作用也。其有某种目的，再加以新的考虑，所发生之有计划之观念，称为计想力。其无目的任意考虑所发生之无计划观念，称为想象。而想象之能力，或昂进，或减退，一般小儿、妇女、脏躁症患者及变质者之想象力多昂进。精神薄弱者如神经衰弱患者之想象力多减退，且因其追想不良，当其想象力昂进时，则虚谈症益形著明。

（g）抽象障疑。吾人于多数观念群中，抽出该各观念之共同类似各点，再集合之，则构成为概念。而构成此概念之能力，曰抽象力。凡具有此力，吾人乃得由具体观念，构成超形之概念，一般无教育者（知育者）及精神薄弱者构成概念之能力，显形薄弱。例如痴愚，虽知窃盗杀人，实为恶行，但终不能十分领会该恶行，是有如何罪恶的概念。

（h）概念联合障碍。观念联合须要记忆思考及判断等复杂之精神作用之结合，其以义相联合者，曰内联合，反是曰外联合。内联合中由一部而联想全部者，曰上位联合，由一部而联想一部，或全部而联想全部者，曰同位联合。由全部而联想一部者，曰下位联合。又由某观念而思出相从之观念者，曰宾位联合。由因果之关系而联想者，曰因果联合。外联合中亦可区分为同时联合、类音联合、口调联合等。但此各种观念联合之障碍，均因精神作用之障碍所致，一般精神薄弱者、忧郁者等观念联合，多形迟缓，而吾人当兴奋时期及酩酊时，观念联合多形速进，尤以酩酊时，每起类音联合。

（i）考虑障疑。吾人表现某一考虑，须先将其目的或指导观念，加以决定，故须选择排列其间有关之观念等。是以凡观念联合发生障碍，则考虑亦自然发生障碍。例如老人或精神薄弱者，考虑力较拙，于是其考虑之表现，达至目的观念，极为迂远冗长。往往某观念在考虑中，不绝浮出，不能排去，甚至到底排除不能，是即曰优越观念。因其毫无理由，而观念涌出，设法自行排除，而观念益形强固，甚至明知其非，而终不能排除者，曰强迫观念。凡神经质者或忧郁病者，脏躁症者，屡有强迫观念。

能促进考虑之进行者、有酩酊者、躁病狂患者等，甚至于轻移奔逸至谈话中缺乏系统连络，或思虑错乱，不知所云，不过只发无意义之声调而已，是曰语胜。反之当忧郁狂者及神经质者之沉郁时，其考虑进行，著明迟缓，思想之发表，变成极贫弱之单调，是曰考虑抑止。往往因思想错乱或考虑抑止之故，讯问时乃对应发言词，前后左右反复思维而呈意想奔逸状态，倘强迫观念有优越势力，则常占于思考之中心，甚且强迫的以压迫病者，致病者虽明知是乃恶行，然不蹈此恶行，便终觉陷于不快不安思想状态之中。而一时从此病的观念之意志，则暂可感觉安逸，否则须有容易脱除此种不安之事件，方能获一时之安慰。或因无法制止之苦闷，而敢肆行各种的犯罪。例如洁癖、水淫、穿凿癖①、计算癖等者，好侵入他人家宅，以求达到其目的，致陷于家宅侵入罪。

（j）判断及推理之障碍。杂乱多数命题中，而综断其意义者，曰判断，而由其中更自构成新的命题者，曰推理。此推理中有属于对诸事、诸物或多数理由之归纳者，有属于一事一物或多数事物理由之更进而演绎之者。

但此判断及推理障碍，虽在精神健常者亦难免，可因观察粗漏或熟虑缺少及偏见过深或先入为正等关系，而陷于误谬。低能或精神病者，则多可因病的心理之驱策，屡生判断及推理的误谬，此种推理及判断，即同于妄想。换而言之，妄想者之特征，乃有一种误错的信仰，虽从他方面，如何对其误谬及矛盾之处，加以解说，亦毫不能使之订正或变更，故仍得与精神健常者所发生之误谬或迷信，相鉴别也。盖常人之谬误迷信，倘得他方面之反证，便易使之订正。妄想之高度者，其妄想变为有系统的思想，即形成为妄想城府。

妄想有全由于原发者，有诱发于幻觉、错觉者，有由于感情激发者，有显意识混浊、精神薄弱及追想错误等者。

妄想种类甚多，如夸大性妄想、发明性妄想乃至色情性妄想，总称之为发扬性妄想，反之如罪业性妄想、被害性妄想、追踪性妄想、关系性妄想、嫉妒性妄想、化身性妄想、凭依性妄想、贫困性妄想、心气性妄想，乃至虚无性妄想等，总称之为抑郁性妄想。此等妄想，识名知义，例如化身妄想，则相信男可化女，或系只一时性妄想，或竟终身迷信，形成妄想城府。

---

① 穿凿癖：Metaphysical mania，疑虑癖。

因此妄想，多可形成犯罪之原因，通常如遇有非常奇妙之动机，或原因不明之犯罪，吾人先须注意是否妄想，例如被害妄想患者，每杀害其所妄认的仇敌，嫉妒妄想患者，每杀害其所妄想的奸夫及妻子，甚至疑惑或否认其亲生子女为非亲生子女。又罪业妄想患者，每自惶恐、祈祷及自杀自残。

（k）智能薄弱。先天性智能薄弱者如白痴、痴愚及鲁钝等，均有不同程度之症象。后天性智能薄弱者，如种种痴呆症、中毒症、老耄病、脑之疾患及外伤（头部外伤为多）等，均可发生智能减退，或不进步的精神薄弱症状。于是思虑浅薄，判断力缺乏，计算力低减，记忆力、记铭力、指南力①同时亦减退，易于愤激，注意力虽能集中，而终难联想。意志薄弱，易于转移。而被影响性，每模仿他人之犯行或受人之教唆，而营诸种的犯罪行为，故按统计中犯罪者以痴愚为多。

（l）意识障碍。意识者即可应付外界刺激所起之精神作用之转化能力也。在完全无意识状态与有完全意识状态间，有种种深浅之程度，凡有意识混浊状态者，则因对外界事物之了解，不能十分正确，于是注意不充分，考虑不周密，遂至判断多形误谬，且记忆不良，无十分感情之发露，于是行为乃呈冲动性而无目的，更因精神一般茫然，外界之认识不确实，往往伴生妄觉妄想。

而在此意识混浊中之行为，多属追想不能，或不能十分追想，往往追想结果与事实不符，或不完全，一般当意识完全缺如时候，殆不至发生犯罪行为。惟有意识虽混浊，而犹在朦胧状态者，对外来刺激可有相当之反应，于是常发生犯罪行动。

通常在睡眠、酩酊、感动、月经、分娩、高热、中毒及头部外伤或患精神病时，每可发生意识障碍②，而特以脏躁症及癫痫发作时尤多。在朦胧状态中惹起种种的犯罪行为，即病者既陷于朦胧状态，即伴生亢奋、躁暴、苦闷或谵妄，现有恐怖性或迫害性③之妄觉或妄想，病者为驱除此种妄觉或妄想之苦恼，遂竟实行种种不可思议之危险于他人，有时且自招危险。往往同一人在不同意识状态之相当时间，相异有若二种以上之人格，是曰二重人格。

---

① 指南力：定向力。
② 障碍：原文为"障害"。
③ 迫害性：原文为"破害性"。

意识混浊之朦胧状态之持续时间短者，数分钟至一二小时，长者数周乃至数日、月，患者在此时间内，往往发生放水、放火、家宅侵入、窃盗、猥亵行为，乃至杀伤人畜等无理取闹的犯罪行为。殆醒之后，竟全不知晓，即或能略想起其一部分，亦多模糊不清，倘若梦中。

又在被催眠状态中，其浓淡种种之程度亦有差异，凡被催眠者，其行动每与术者之暗示相一致。故催眠术者可利用以犯罪，然使人甘于犯罪，乃一困难事件，用催眠术以强奸固较多见，而暗示使人杀人，则较罕睹。一般被催眠者，对术者无伤害的暗示容易实行，对有害的暗示不易实现。然既惯于该术者强有力多次之被催眠则亦可遂心暗示，促代犯罪。

酩酊中之意识混沌，亦有种种，轻者不过思考错乱，而多话、狡辩、洒落、豪放、多动、不安、考虑浅表、批评偏狭、情感牢骚，变为刺激性，易起愤怒。如人众同醉，当场愈形喧哗，则愈易陷于伤害、放火等罪。但醉至极度则意识全无，陷于酣睡，罕有发生反社会之行为者。惟癫痫、脏躁症患者，或变质者，每因其对酒精之影响比较健人为强，往往因酒可陷入病的酩酊。此种酗酒，不关酒量之多寡，意识甚形混浊，呈抑郁、苦闷状态，常有盲目的暴行或自杀企图，甚或变为狂乱状态，现恐怖性之幻觉及被害妄想等，而敢作极残酷的犯罪事实。

【述评】

林几认为："犯罪者，有其犯罪之性质、方法、性别、年龄、犯罪次数、犯罪原因等种种。"当时中国还没有犯罪心理学专门书籍，这些内容，法医、法官都应具备，因此，林几认为有必要进行介绍。林几结合当时国际上的最新研究进展，从犯罪之定义、犯罪者之分类、犯罪者之心理和病态犯罪心理4个方面进行了详细的介绍。该文应是中国现代法医精神病学的早期著作，对中国现代法医精神病学的建立和发展具有重要的价值和影响。

三十五、北平大学医学院法医学教室 廿四年度疑案鉴定实例叙言①

【原文】

　　法医学乃国家社会应用医学之一。其需用遍及于立法、司法、行政三界。如立法之有关于人生生命部分，无不有需于法医。司法之民刑案件中证实犯迹、病伤、死因、年龄、性别、亲权、复踪②、毒质、药性、印鉴、笔迹乃至心神状态、责任能力、文证审查、医师过误等，亦莫不有需于法医。行政之警务、罪犯之搜索、社会群病之遏止、健康保险之实施、灾害事变之检讨，亦莫不有需于法医。故法医学运用之范围，实不亚于公共卫生学也，在我国现代社会情形尤感切要。计去春四月返平，复就平大③医学院教职，略事整理，稍增设备。法医教室规模遂渐差全，是为国内各医科大学中，首创有较完全法医学教室之始，所有图书、物械，尚足供一般检案之需。适八月中旬，又接司法行政部公字第三九五号公函，准令饬华北黄河流域各省高等法院、检案统归本校法医学教室办理，于是各地送案日多。其中颇不乏疑难有趣实例，足供参考。兹特集去年四月至今年四月一年度间疑难鉴定案件五十例，付刊。谨希海内仁哲教正为幸。

　　法医检案约可分为五大类：（一）人证检查；（二）尸体检查；（三）物证检查；（四）毒质检查；（五）文证审查。

　　对（一）人证检查范围中，以心神鉴定、个人鉴定、年龄鉴定、亲权鉴定、伪匿伤病鉴定、交接生殖机能鉴定等为最难。至于验病、验伤等，固易易者也。惟验伤虽非所难，而伤害赔偿之鉴定，却非法医学专门不可也，本刊人证疑案实例中，只收集心神鉴定、交接机能鉴定及伤害赔偿鉴定、伪伤鉴定数例。至年龄、亲权等鉴定，则惜未有送检者也（前在法医研究所任内曾受理数案。刊于法医月刊鉴定实例）。

---

① 原文刊载于《新医药杂志》1936 年第 4 卷第 5 期第 365—366 页。

② 复踪：指对现场留下的隐蔽脚印、足迹、手印、指纹进行法医学恢复，通过痕迹恢复找到原来的留下踪迹的人。

③ 平大：北平大学。

对（二）尸体检查，均无可称为疑难。一般致命伤痕既见于体表，自无可谓诸疑案。即使体表无伤，而伤及内脏，剖验即见，亦未足认为疑案。本刊只收集体已腐，只余枯骨验伤、验毒之实例数例，较有价值。此外更将轰动南北之北平东车站尸箱一例，加入以增兴趣。

对（三）物证检查，范围至广。如斑痕、犯迹、子弹、兽毛、米谷、纸张、笔迹、印鉴等检查，实超出医学常识之外。本刊因限于篇幅，只收集各种痕迹鉴定八例及子弹检查一例，已占去全刊实例总数五分之一。其余多件均不足称为疑案，概行从删。

对（四）毒质检查，则涉及化学、毒物学、药学、卫生化学、食品化学、工业化学等研究范围。即就历年经办法医检案事实而论，一般医师及检验员对尸体人证之病伤检查，犹能勉强胜任。至若辨认是何斑迹，是否人血，是人何部之溢血，是否杀人之溅血，或是否毒质，是何物质诸问题，则多无法鉴定。故法院对此类案件，大多送至专门研究机关检验。所有种类奇繁，非备有充分化验、检验之精微物械、处所及有经验人员主持，恐不能达到完满结果也。兹姑集各种不同化验结果案件各一例，已占全刊例数之半，其余化验案件，只好割爱之矣。就中以旧法银钗上、指爪上验毒法之证实验正，中国迷药主要药品之发现，特别贩毒方法黄面及机器墩两案之证实，与多年尸骼之验毒；为最有兴趣也。

对（五）文证鉴定中最难者，为医师过失责任之审查，及鉴定书、验断书之审查。此次集有多例，较为难得。

上列①各实例拟分上下册刊印。诸长者题词，新医药刊社同人校阅，不胜感荷，附此鸣谢。

林几　二十五年四月十六日

【述评】

林几将1935年4月至1936年4月北平大学医学院法医学教室办理的50例疑难案件汇编发表，供大家借鉴，本文是序言，介绍了案例的来源及入选的标准。林几将法医检案分为五大类：（一）人证检查（主要为活体检查）；（二）尸体检查；（三）物证检查；（四）毒质检查；（五）文证审查。林几这一分类法，基本上奠定了中国现代法医学检验的分类基础。后来发

---

① 上列：原文为"右列"。

展的现代法医学分支学科法医临床学、法医病理学、法医毒物学等基本与之相吻合。

三十六、教授法医学的我见①

【原文】

法医学一科，研究范围，原分广义及狭义两种。

（一）狭义之法医学研究范围，只限于：（1）总论之医师对法律所负之义务、权利与应具鉴定检验之责任。（2）各论之物证检查、人体犯罪痕迹检验、法医的精神病学、中毒学（不带验毒法）并诈病学，与人体异同之鉴定中之指纹、手印、足纹等检查及个人鉴定之部分而已。故适宜于医学专科学校之课程。在其最后一学年，每周应有两小时授课钟点。至最后一学期应另增两小时实习钟点。盖当教授总论时，固无可实习，而各论之实习检查鉴定一案，亦决非只一小时实习所能蒇事②。其实如全组毒物化验、精神能力检查、尸体剖验等，即至单纯者，至少亦需三个小时至四日。倘设备稍差，问题再稍为复杂，则至少需逾一星期乃至半月矣。故如欲训练一医学生于卒业之后，即能胜任法医师之一般检验与鉴定，最好要在最后实习之一学年或其寒暑假期内轮流至法医学校教室随同练习检案二星期至一个月，较易于受益也。

（二）广义法医学研究范围。则除狭义范围所授细目之外，尚涉及灾害医学、生命保险医学、社会医学及医师、药师看护之责任及过失问题。据去年教育部医学教育委员会编印之医学教材大纲，则似属于广义之法医学。应在大学医学院第五学年授课，而颁定之教材大纲固颇详尽。但同时所颁试办之暂行课目表，法医学却只有 16 小时之授课及 16 小时之实习（在第五学年第二学期）。反较诸物理、化学、国文、算术、体操等门钟点为少。其实法医学一科，其运用范围，原不亚于卫生学。且事实之需要亦同切迫，况在我国特殊社会情形及司法制度之下，一般医师对法医学识，似尤宜有

---

① 原文刊载于《医育》1936 年第 1 卷第 9 期第 2—7 页。

② 蒇事：蒇，完成、解决。蒇事：事情办完。

林几论文研究

充分之修养。故大学医学院之法医学授课时间，在第五学年，每周至少需有 4 小时，实习至少需有 5 小时，方为较妥。如能于第六学年中，分一个月轮流专门实习，随同检案，则最完善。

惟有声明者，在法律上非受法院委托鉴定人员，对于送验人证、尸体、物证等，均不得单独负责。如非正式医师执行尸体解剖验，尤乏根据。至保守本案秘密及维持公正，更为鉴定人员及参与检验佐理人员之天经地义，是在《刑法》及刑事与民事诉讼法内，均有相当之规定也。故教材大纲说明所云："须与本地法庭及检验机关，取得联络，令学生在教师指导之下，得有充分机会参加各种检验工作。"一语，实最切要。其尤要者，即一切证据须在一教师指导之下，方得参加检验。否则将有违犯《刑法》之湮灭证据罪与渎职罪之可能矣，岂不殆哉。一般民众对法律虽多不晓，然医师却不能不知法律。盖医学与法律之保障人众，系处同等地位。而惟其医学为保障人众之科学，故医生常与法律问题多所接触，稍一不慎便易陷于法网中也。至立法、司法、警政之需要医学及法医、医师之帮助，更为著明之事实，无庸多赘。

（三）在欧西各国，因社会需要关系，每将灾害医学、保险医学、社会医学三科，另设讲座。每周各一二小时，视为随意之选修科或研究科。而狭义之法医学课程，则视为医学生之必要科。凡医学生之卒业考及医师之预官医考试者，皆须试验法医学一门。我国现代工业及健康保险等既未发达，则此类专科教材，自属较少。而社会需要此三科亦非切迫。但为将来医学进展起见，自宜先暂兼容于法医学课程之内，亦颇得法。

次据暂行课目表之选修课目中，列有"社会学"一科，在医学生似无学习之必要，疑即乃"社会医学"排印脱落之误。按社会医学研究范围，为社会病之防范与取缔办法。其防范则涉及卫生，取缔则须订定合于医埋并便实施之法令，故又涉于法医。如禁烟、禁娼、禁酒乃至防禁小学生之手淫、男子女子之同性爱、女子之缠足束胸、并劳动者体力过度运动与适宜之调节、性欲与社会之影响、犯罪动机与精神行为习惯之关系等等众多整个社会的医学问题，皆包含于社会医学，以讲求最妥善改进或扑灭之方法。其研究范围，似较公共卫生学为尤泛，在欧洲各国，则列此学科于大学研究科，兹以之属诸公共卫生学或法医学，亦无不可。或特立为一科，暂列之于选修科，亦无不可也。

又据暂行课目表选修课目中，更有医师伦理一科，此科一般皆属于法医学之医师道德与责任章中之一部分。今既特设讲座，多耗钟点，不如仍归并于法医学为宜。再者，选修课目中既列有医院管理法（各国亦有并之于卫生学中者，亦有独立者），何以又缺医事教育（并非学校卫生或教育卫生）一科。按我国现状，亟须多设相当医校，以培育医师，方足供社会及非常时期之急需。似对医事教育一课，亦有选修略识其端倪之必要，方便异日再进趋以专门研究之也，但此非法医学学科内问题，恕不多赘。

保险医学，则为充保险医生应具之学识。凡社会健康保险制度实行愈发达国家，社会上对此学科愈感需要。此学科研究范围，涉及社会经济学、法医学，及保险制度之管理法，并保险医学[①]诊断及治疗之标准法。现我国此类制度并未推行，只偶见于私立团体及三数机关而已。但各地中外商人，颇多以储蓄性质办法，以办理寿险。政府倘无严重办法，加以监视取缔，其流弊固甚大也。故以现时而论，我国所需用之保险医生，只要能执行保险条件之诊断，以诊定病人或鉴别死因，即堪胜任。但必要时，应实施个人鉴定及真伪病伤检查，非对法医学有素习者，恐难应付。故此科现暂并之法医学内，对医学生略授以保险医学常识，亦未为不当，而因是对法医学钟点，益须增加。

灾害医学原为工业发达国家医师需要之常识，以对工人施公私伤病之真伪及其程度之鉴定，并病伤预后及赔偿率与工作能率（又分初伤后工作能率及练习后工作能率）之鉴定。现此学科在欧洲已极发达，日本亦已有专著出版，其应用范围，实已逾于工场及法庭之医师。即一般人众之受公私伤害者，亦须经医师鉴定，以为要求赔偿之根据。此一学科应以外科、矫形科及法医学为基础，再进以研究之也。在德奥则已有特设之讲座，我华工业既未发达，似宜归纳于法医学之内。惟教材之收集须以适于国内工业及社会情形者为尚。故法医学授课时间，亦应予以增加。

（四）医师责任问题与鉴定书之鉴定，多为文证之审查。在法医学名为文证鉴定，至为繁难，须以科学的综合[②]观察，从极复杂问题中，抽出最简明平允之直觉判断，非有相当经验及公正修养之法医师，不能胜任。其难处系须详辨各国现时医学学理及治疗方法之新旧趋势，否则即无学力研究此类问题。倘非平日对医学各科文献杂志，均详浏览，则断不具有若多专门学识。至在法医学课程中，应对一般医师易起之诊断及治疗上过误与各

---

① 保险医学：原文为"保险医"。
② 综合：原文为"纵合"。

症注意要点，加以简明传授，然后临案方能对医师责任，就法律公正立场，加以评断（约可分为轻忽、技术过错、学力不足、有意简慢、作伪、图害、谋杀）。故欲研究此项问题，须以内科、外科、产妇科、小儿科、传染病、热带病、精神病及其他临床各科，与病理学、药物学、血清学、诊断学及医师法、医院管理法、看护法等为基础，而增授以医学相当学识。在我国此类案件颇多，医师之充鉴定人者，对鉴定文倘稍含糊或不能解释明白，即必有害于两造①。在外国倘有此类疑难案件发生，每特召集某案医师责任问题审究会，由国内法医学专家，并二三有关于该疾病学科之有名学者，作共同公平之研究。惟对使用一般禁忌药品，及未通行尚在试验无确效之疗法，则例视为不当也。至对病人之体质，反射机转，如须研究，则应行剖验尸体以判死因，则又纯属于普通法医学之事件矣。

（五）除医科外，法科学生，亦应授以法医学。但所授之课，实各不同。对法科学生所授之法医学，应注重于法律与人体生命关系诸原则，并检案必要手续，环境与证据侦勘及搜索方法，与如何运用法医师以鉴定案件，对该案件证据，即按现代科学已能证明至如何程度及其所证明鉴定是否可靠。在医科学生所授之法医学，应注重于医师应负法律上各义务及权利，并检验之方法。而中尤以医师责任及鉴定书之鉴定并犯行责任能力等心神鉴定为最难，伪病、伪伤次之。非有一般医学各科之优良根底者殆不易了解其精微也，故法医学课程必须列于最后之一学年内也。

对犯行责任能力等心神鉴定，属法医精神病学研究范围，即以精神病学及心理学为基础，进而研究精神或心理之分析鉴别诊断，及佯狂与慝狂乃至夸大症状等判别。而该病之预后并该病于犯行时期及现在是否属于心神丧失或耗弱，有无治产、证言、审理等能力之鉴定，尤为需要。非患狂疾，皆为心神丧失或耗弱②者也。

又智能程度，处分能力，缓止刑罚，应否禁闭，及该精神障碍与外伤或慢性中毒之因果关系，和赔偿率之确定，亦均属于法医的精神病学研究范围，故实非普通之精神病学也。

（六）总之，法医学实乃国家社会应用医学之一，其运用范围遍及立法、司法、行政三界。内分科目，颇为繁难，如按现颁试办之暂行课目表中，只在最后一学年第二学期每周授课一小时，实习一小时，殊感太少。

---

① 两造：指诉讼的双方。
② 耗弱：原文为"耗强"，似有误。

刻下问题并非此科之不需要，实乃国内研究此科之人材过于缺乏，设备完全教室至今尚付缺如。即鄙人前创之司法行政部真茹法医研究所，及近创北平医学院法医学教室内物械设备，亦只足供普通检验之需。次第一届法医研究所研究员陈安良于去年在广州亦创一法医检验所，其设备因[①]限于经费，尤为较简矣。而比较完善设备法医学研究设备至少须三万元以上也。

就去年颁定之法医学教材大纲内容而论，实属广义之法医学。需并授灾害医学、保险医学、法医的精神病学、法医的中毒验毒学，与医师责任问题及医事法制学，故至少于最后一学年，每周需有五六小时之授课及一二个月左右长期之实习。倘以后在专门医学校，只授以狭义之法医学，则每周授课与实习至少亦需有三至四小时。如大学医学院内，另将灾害医学、保险医学、医师责任问题、医事法制学及法医的中毒验毒学、法医的精神病学，另设讲座，列为选修或研究科课目，则在大学医学生，亦只需于最后一学年，每周授课与实习共四小时，已属可敷。惟法医实习一相当检案，决非能以数小时短时间所能计算之也。同时为养成医学生能有充鉴定人之严密谨慎习惯、道德、及编定鉴定书格式与鉴定文中适当措辞等学识，最好能于第五年寒暑假中或第六年实习期间，各予[②]以长期轮流实习之机会，是最妥善。

至法科生所授之法医学（犯罪搜索学）及犯罪心理学，一般皆在第三、第四学年，每周各二小时，或分列于上下学期各两小时（或定为选读课目或为必修课目不一）。亦较现颁医学生，所得授课钟点为多也。

至于法医学之物证检查、犯迹检验、个人鉴定、亲权鉴定、年龄鉴定及尸骨伤痕检查等，其研究范围，除医学之外，每涉及摄影学、物理学、放射学、化学、生物学、遗传学、血清学、法律学等学科。

而法医的中毒学在我华需要研究范围更广，除内科学、工业卫生学、中毒学、病理学等外，更应兼有毒品及物质化验之经验。故对化学、毒物化学、裁判化学、卫生化学、食品化学、分光化学、显微化学、生物化学、生药学、药理学等均须有相当之基础。现所颁医科暂行课目表内既有化学、物理学、生物化学、药理学等，均须有相当之基础。现所颁医科暂行课目表内，既有化学、物理学、生物化学、药理学各课，似宜对医学生授以更

---

① 因：原文误为"内"。
② 予：原文误为"于"。

多毒物化学、卫生化学、显微化学、分光化学等高级实用化学，至有机、无机等初级化学，在高中、初中当已完全授过，似不必重复再温之也。故医学生所须学之化学，应另为医用的化学，不应为普通之化学。即物理学亦应另为医学用的物理学，而不应为普通之物理学也。兹因该两科与法医学基础功课，有密切关系，故便述之（其实此两科与卫生学、外科学、放射学、生理学、药物学等皆有关系）。

【述评】

从司法行政部法医研究所建立至该文发表时，林几已从事法医学教学和人才培养4年。在该文中，林几根据自己从事法医学教学和人才培养的经验，以及多年法医学工作的实践，系统解释了广义法医学和狭义法医学的范畴，以及法医学所涉及的交叉学科，并结合欧洲、日本等国的法医学发展，对中国法医学人才培养课程设置和实施方案提出自己的体会，并对欠缺的地方提出改进意见。首先，关于医学专业法医学教育的课时安排问题。根据教育部的规定，大学医学院和医学专科学校的法医学课程在课时安排上并没有显著的差别，林几认为这种设置不合理，这是由于大学医学院和医学专科学校的学制和要求不同，两者的医学教材大纲、课时设置也应有所差别。从法医学的研究范围来看，法医学有狭义、广义之分，只供刑事、民事案件之法医鉴定为狭义法医学，而广义法医学则是包罗至广的所有为社会和民众谋福利的法医学。他认为狭义法医学研究范围适合于医学专科学校课程，并且实习课时最好应另增两小时，因为法医学之实习"即至单纯者，至少亦须三小时至四日，倘设备稍差，问题再稍为复杂，则至少需逾一星期乃半月矣"。而大学医学院的法医学课程应采用广义法医学研究范围，即除了狭义法医学之外，还包括灾害医学、保险医学、社会医学等内容，对于这三科课程，林几以为虽然中国工业经济和健康保险尚未发达，社会需要并非迫切，但为将来法医学发展起见，宜先暂兼容于法医学课程之内。以保险医学为例，中国虽未大规模推行健康保险制度，但一些私立团体和少数机关已有办理寿险之例，在这种情形下，医生在进行必要的个人鉴定及真伪病伤检查时，非有法医学常识不可，因此"此科现暂并之法医学内，对医学生略授以保险医学常识，亦未为不当"，由此看来，"对法医学钟点，益须增加"。正是基于这样的认识，林几以为：教育部"所颁试办之暂行课目表，法医学却只有 16 小时之授课及 16 小时之实习（在第五学年第二学期）。反较诸物理、化学、国文、算术、体操等门钟点为少。其实法医学一科，其运用范围，原不亚于卫生学。且事实之需要亦同切迫，况在中国特殊社会情形及司法制度之下，一般医师对法医学识，似尤宜有充分之修养。故大学医学院之法医学授课时间，在第五学年，每周至少需有 4 小时，实习至少需有 5 小时，方为较妥。如能于第六学年中，分一个月轮流专门实习，随同检案，则最完善"。其次，关于法学专业的法医学教育课时安排问题。林几还指出了医科学生和法科学生法医学课程内容的不同侧重点。在林几看来，法科学生所授之法医学课程在内容上应侧重于促进其在法律上的应用，诸如"检案之必要手续，环境与证据侦勘及搜索方法，与如何运用法医师以鉴定案件，对该案件证据即按现代科学已能证明至如何程度及其所证明鉴定是否可靠"。同时他又指出法科开设的《犯罪心理学》课程主要探讨罪犯行为的责任能力等心神鉴定，并非普通的精神病学，而属于法医精神病学的研究范围。从这个意义上说，法科学生所习之法医学课程应该包括法医学和犯罪心理学，他建议这两个课程的教学安排"皆在第三、第四学年，每周各二小时。或分别列于上下学期各两小时"。

该文是林几对中国法医学教育的深入思考，是林几法医学教育思想的重要论文。

三十七、北平大学医学院法医学教室
鉴定检验暂行办法①
——附所能鉴验事件及其征费分类表

【原文】

办法

（一）本法医学教室检案，得援用司法行政部法医研究所鉴定检验实施暂行规则（二十二年六月颁行）各规定，惟征费表及检验能率较有损益。

---

① 该文作为《北平大学医学院疑难检验鉴定实例》的附录，发表于《新医药杂志》1936 年 4 卷第 7 期第 476—482 页。林几完成该文的时间为二十四年十月（1935 年 10 月）。

（二）一般送验人证、尸体、棺具，均须预行订期（通函或电话），而尸棺得先商定地点检验，但其地点以不逾北平城内为限。

送验文证、物证，勿须预行通知，径由委托机关或个人密封加印，送邮至北平后孙公园北平大学医学院（电报挂号：1413 号，电话：南局 46 号、2217 号、3690 号）查收。

出外勘验案件，因限于人工药械，暂不受理。

远地骨殖验伤：得由法院酌将需验骨骼全数或数个标明部位，用清水洗净，装箱，严封，邮至北平大学医学院验收，付检。

远地未腐尸体之验毒，得由法院先经医师将尸体内脏（脑、胃、肠、肝、肾、心、肺）剖出，装于镔铁①筒内，加酒精或其他防腐药，严封，送验。

已腐尸体之验毒，得由法院将尸体胸腹部腐烂如泥之脏器烂块，全部取出，装箱，严封送验。

（三）由各级法院、公安局等机关送验之民事案件，统照下表收费，刑事，得行酌减。订有特别鉴验合作办法者，得另议之。

（四）人证、物证及尸体检查，须摄照或映爱克司光等者，其需费另外征收。

（五）凡委托审查检验鉴定案件，须将案由、经过及检验或审查目的详附陈述，在必要时，并得依法调阅卷宗，询问经过，或亲自询问当事人等。

（六）送验证物，须经变质或消耗者，非得委托人同意，不得全部将之消耗，一般至少须留原证物五分之一，以备复验。

（七）送验生人②、尸体、物品、文件等之检材证据，必要时，得保留造成标本或摄照作证存查。

（八）人证诊验。如心神鉴定、烟犯鉴定、特异质检查、年龄鉴定，智能鉴定、个人鉴定等，往往须施长期诊验，除可酌予收容于平大医学院附属医院外；亦可商由当地法院收容于看守所或监狱，日至本教室受验，或由法医学教室派员前往，以昭缜密，而防意外。

（九）一切物证检验终了后半年内，如委托机关或当事人不来领取（缴邮费亦可邮回），则本教室，得自由取置之。尸体检验终了，当时由尸亲或地方具领葬殡；无尸亲者，由医学院代葬于医学院公备墓地，或保留自由处置之。

---

① 镔铁：精炼的铁。
② 生人：活着的人。

鉴验分类

甲、人证鉴定（以每人计算）

一、体格检查（如订婚、入学、服务工场等均须此项检查）——2元

二、乳儿乃至童年年龄鉴定及一般成年年龄之计算〔X（爱克司）光检查及照片须另缴费〕——4至10元

三、病及匿病、伪病之鉴定（又精神病、花柳病另有规定）——2至8元

四、伤及匿伤，伪伤之鉴定〔X（爱克司）光检查及立体照片者须另缴费〕——2至8元

五、盲、聋、哑、残疾真伪及其程度之鉴定——2至8元

六、畸形、肢体异常及病后、伤后对工作能率及作犯能率之鉴定——4至10元

七、发育异常及儿童智能发育（低能儿）障碍等之鉴定——2至10元

八、亲生子及遗传诊验（在有条件下为可能）——10至30元

九、个人异同鉴定（如已宣告失踪者之复籍时，或对再犯多次犯之鉴别，但须有原人、像片及指纹或耳型供参照）——10至20元

十、生殖机能、交接机能、妊娠妊期、受胎期、生产、早产、流产、半阴阳等性的机能鉴定及花柳病鉴定——4至10元

十一、关于猥亵行为及其损伤之鉴定（包括处女、初产、多产、强奸、鸡奸、兽奸、色欲异常、意淫、血淫、虐淫等事件，而因奸死者归验尸）——4至8元

十二、心神鉴定（凡关于精神病、神经病、一时精神异常并处分能力、责任能力、禁治产等问题之研究及解释）——4至20元

十三、关于违禁毒品鸦片、吗啡、海洛因等嗜好之鉴定——至10元

十四、关于传染病传染力之研究及解释——每案6至20元

十五、医师、药师及其辅佐人等责任问题之研究及解释——每案6至30元

十六、关于伤害赔偿、保险赔偿问题之解释或鉴定——每案6至20元

十七、关于违反公共卫生罪案件之研究及解释——每案6至10元

附：因检验身体须施血清学、细菌学、化学、生物学诊断者，另参照丁项缴费。

乙、物证鉴定

（子）物证检查（以案件计算，惟一案内各物件检验目的不同者，应按

各一件征费，同一目的者仍按一案征费。而不同案物证同一检验目的者，不得按一件计算。）

一、物品上含否人或动物新鲜之血、精、尿、粪、脓、痰、唾液、腹水、胸水、白带、月经、恶露等体液及羊水、胎便、胎垢及类似物痕，并与凶行关系之鉴定——4 至 6 元

二、物品上含否人或动物陈旧之血、精、胎便及其类似物痕等之检验——4 至 6 元

三、凶器及致伤物具上附着之脑浆或其他内脏痂片之检查——4 至 6 元

四、器具、机械及物理性毒物之鉴定——6 至 14 元

五、毛发及动物毛羽及麻、棉、丝之鉴定，皮货、鹅绒等真伪之审定，并毛类商品高下比较之鉴定（凡商品高下比较验查须将各等商品备送对照——4 至 20 元

六、米粮、谷物等食物商品高下比较之鉴定（须附样品对照）——4 至 20 元

七、一部分人骨或动物骨质之伤损、死期、年龄、性别及人数之鉴定——8 至 30 元

八、指纹、足纹、鞋袜痕、步迹或啮痕、耳型等鉴定——4 至 10 元

九、单据、文件、拷贝、复写纸、打字机并一切印刷品及照片等异同、伪造之鉴定（须有原底或另件对照）——6 至 30 元

十、钱钞、印鉴、涂改、笔迹等异同、伪造之鉴定——6 至 20 元

十一、珠宝、钻石真伪、良劣之鉴定（以每件计算）——10 至 50 元

十二、字画、契约新旧、真伪之鉴定（以每件计算）——20 至 100 元

十三、枪弹、弹壳、枪具种类及曾否放射①与枪伤关系之研究（与伤口出入方向及大小、部位有关，须详查明送验）——10 至 30 元

（丑）物证化验（以案件计算）

一、动物及其肉类制品毒力并毒性之研究及鉴定——10 至 40 元

二、已熟食物毒质定性及定量之鉴定——10 至 20 元

三、生蔬、生菌、生果及其他一切鲜干植物对生活体有害作用之研究及鉴定——10 至 40 元

四、茶、咖啡、烟草等含否毒质及定量之化验——6 至 12 元

---

① 放射：指发射。

五、着色料（颜色及染料）毒性及毒力之检查——6至12元

六、水、冰、雪、汽水、矿泉等对人及动物、植物有害作用之鉴定——4元

七、乳类、油类对饮用或使用者有害作用及其含量分析之鉴定——6元

八、酒及醇、木醇及酒油等成分及有害作用或渗假之鉴定（渗假检查需备原品对照）——6元

九、糖、蜜、盐、酱油或其他调味剂成分及有害作用或渗假之鉴定（渗假检查需备原品对照）——8至16元

十、饮食物用器或其原料毒质鉴定——5元

十一、成药之毒性、毒量并毒力之研究及鉴定——10至50元

十二、生药毒性、毒量并毒力之研究及鉴定——10至50元

十三、毒剂、药品之毒力鉴定——4至10元

十四、化学品纯杂或有害作用之鉴定——8至20元

十五、中毒嫌疑者之吐物、尿、粪、胃内容、血液等毒质鉴定——8至30元

丙、尸体验断（以每一死体计算）

一、尸体外表检查及死因、死时之测定——2元

二、剖验病伤研究死因并生前与死后损伤之鉴别——2至4元

三、剖验并中毒症象之诊断——4至20元

四、尸体一部分内脏含毒之定性化验——6至25元

五、尸体全部内脏含毒之定性定量化验——10至30元

六、全份骨骸生前年龄、性别、生长特型之鉴定（在可能范围内者）——6至20元

七、尸骨伤痕、病痕及凶器之对照鉴定——6至20元

八、尸骨之化验（金属毒质中毒化验①）——20至50元

九、堕胎、死胎、死产及杀儿行为对法律问题之研究及鉴定——4至16元

丁、文证及其他辅助检定

一、文证及药方、病历、诊治记录等审查并解释或鉴定——4至20元

二、鉴定书、检查说明书、验断书、伤单、诊断书等审查并学理解释

---

① 化验：原文为"有验"。

或核定——4 至 20 元

三、人体或动物体之组织病理学检查——2 元

四、细菌学诊断——2 元

五、血清学诊断——4 至 10 元

六、生理化学诊断——1 元

七、X（爱克斯）光诊断（在本医学院映摄或定明目的、部位自往他处映摄）——10 至 100 元

八、立体摄影——4 至 16 元

九、制模检查——10 至 80 元

十、普通摄影（得自往他处摄影）——1 至 4 元

十一、动物试验——1 至 10 元

附则

附（一）：关于人证住院检验，应按平大医学院附属医院收费办法缴收（有特约者另定）。

附（二）：凡在北平市内诊病、验尸者，得另征车费六元，或由委托机关备车迎送招待。

附（三）：送验人证、尸体，皆由委托机关备车派警押运，物证由邮局或派员递送。

【述评】

本文详细介绍了北平大学医学院法医学教室法医鉴定检验暂行办法，以及每项检验鉴定的收费标准，这是继司法行政部法医研究所法医鉴定检验暂行办法及收费标准之后的第二个检验鉴定办法和收费标准，使法医鉴定逐步走向规范化模式。1948 年，林几教授还主持制定了《国立中央大学医学院法医学研究所鉴定检验暂行办法附所能鉴验事件及其征费分类表》①。

---

① 国立中央大学医学院法医学研究所鉴定检验暂行办法附所能鉴验事件及其征费分类表（续完）.《司法黔报》1948 年第 41 期第 1—2 页。

三十八、法医学史略①

【原文】

我国名法医药诸学，自古已昌。书曰："维刑之恤"。诗曰："在泮献囚"。可见上古治世，虽未明法医学新理，而尊重学术，慎于用法以申民冤，立意原至允也。礼记月令记有："孟秋之月，命理，瞻伤，察创，视折，审断"。据蔡邕②解曰："皮曰伤，肉曰创，骨曰折，骨肉皆折曰断"。考所瞻、察、视、审之意，应即后世验检方法。礼成于周，可知当时业有医事检伤之制矣。若律例中详及伤型之条文，于兹可证③者，首见于前汉（约西历纪元前二百余年，距今二千一百余年，当欧洲罗马鼎盛时代）。据汉书薛宣传："遇人不以义而见疻④者，与痏⑤人之罪均，恶不直也"。注：应邵曰："以杖手击人剥其皮肤肿起青黑，而无创瘢者，律谓之疻痏"。意秦汉以前，我国似有检验之法与律例并行。顾其书多不传，或散见于杂著。例如，意林引风俗通云："汝南张妙会杜士，士家娶妇，酒后相戏，张妙缚杜士锤二十八，县（古字通悬）足指，遂致死"。鲍昱（后汉书鲍昱传，永年十七年代，王敏为司徒，司徒者古法部长官也）决事云："酒后相戏，原（古字通愿）其本心，无残害之意，宜减死也"。又决事都目（鲍昱著）内御览八百四十六引风俗通云："陈留有赵祐者，酒后自相署，或称亭长督邮，祐复于外骑马将绛幡云，我使者也"。司徒鲍昱⑥决狱云："醉骑马，将幡起于戏耳，无他恶意"。此殆与现代各国《刑法》规定酗酒一时性精神失常者，得减轻其责任能力之见解，初无二致也。及王莽篡汉，捕得翟义党王孙度，乃使太医尚方与巧屠共刳剥之，量度五丈，以竹筵导其脉，知所络始（见王莽传）。是为我国医师参与剖尸之始。然其目的只为研究医学，

---

① 原文刊载于《北平医刊》1936 年第 4 卷第 8 期第 22—30 页。
② 蔡邕：蔡邕（133 年—192 年），字伯喈。陈留郡圉县（今河南杞县于镇）人。东汉时期名臣，文学家、书法家，才女蔡文姬之父。
③ 证：原文误为"征"。
④ 疻：读作 zhǐ，凡殴伤皮肤起青黑而无创瘢者，为疻。
⑤ 痏：读作 wěi，殴人皮破血流者，为"痏"。
⑥ 昱：原文为"宣"。

林几论文研究

并与裁判无关也。盛唐［唐朝建国自唐高祖李渊武德元年（戊寅——西历618）至昭宗天祐四年（丁卯——西历 907）为梁太祖所篡唐后，即五代）］之制，于府县均置经学及医学博士，各一人。凡当地医务、检务，医学博士统得参与，是亦与现代欧陆公医性质相类似。惜传至今日，古籍迭亡，遂难详悉。而专门检验之书，犹幸可考其名者，首有五代晋［石敬瑭为晋高祖丙申（西历 936）即帝位至中帝丙午（946）为辽所执，国亡。］和凝与其子𫖮同撰之《疑狱集》三卷［凝历仕梁、唐、晋、汉四代，谨拜太子太傅，封誉国公，汉亡入周，至愿德二年（周世宗乙卯即西历 955 年）卒。事诸见五代杂传，𫖮仕宋，续此书。题官曰太子中允，其他始末不详。该书前有𫖮序及至正十六年（西历 1356 年，至正乃元惠宗年号）杜震序。上誊为凝著，中下一卷疑为𫖮续，后宋赵同又撰疑狱集三卷，王𬤲续疑狱集四卷，元续撰疑狱集十三卷。明张景又增一百八十八条，与和凝著者共为六卷，称补疑狱集，可见此书在明犹存］出世。惟书久散佚，无从详考。但由此可知，我华当二千余年前对刑事案件已极注意伤症之检验矣。宋兴［宋太祖赵匡胤于寅申受周禅，称建隆元年（西历 960），至南宋恭帝德祐二年（1276）被执于元。端宗卫王相继立，逃广东之崖山，乙卯（1279）元兵陷崖山，卫王蹈海死，宋亡。］对检案益趋慎重。遂有无名氏《内恕录》，郑克之《折狱龟鉴》［《四库全书》法家类《折狱龟鉴》八卷，宋郑克撰。是书宋志作二十卷，或类名《决狱龟鉴》，实同一书。该书大旨以五代和凝父子著《疑狱集》未能详尽。故采摭旧文，补苴其阙，分二十门，务求广博，多有出于正史之外，然兼收猥琐，未免庞杂。晁公武读书称："其纲要目录，体例整然，书录解题，载其目，凡二百七十六条，三百九十五事。今世所传锓本①，只存五门，余皆散佚。惟《永乐大典》所载尚为全书而已。经合并连书二十卷，界限不复可考，谨详加校订为八卷。卷数虽减，与其旧文则无关矣"。后元张国纪撰折狱龟鉴二卷（见八千卷楼书目），缘今亦失传，均多遗阅。今坊间已难购到此书］等等关于检验需要之专门著述，风行于时。而无名氏所订之《结案式》，实乃我华创刱②审判案件、口供笔录与检验记录格式之创始。盖斯时对于检验之方式，亦渐归一致矣。不幸辽金来侵，中原鼎沸［宋钦宗靖康丙午年（西历 1126）金兵渡黄河，

---

① 锓本：刻本。特指雕刻书板。
② 刱：同"创"。

陷汴京，明年虏徽钦二帝北去，北宋亡。]，宋祚①南迁［宋高宗建炎丁未（西历1127）逃建康（南京），即帝位，戊申（1129）金兵攻金陵，帝奔镇江，逐年与金战于江淮，互有胜负，至戊午（1138）定都临安，议与金和]。古籍重器，均遭损失，检验诸书益成稀本，辗转抄摘，犹多舛错。加以兵戈载途，庶政紊乱，郡县玩弛，法纪荡尽。故当时检政已不堪闻问矣。俟及南宋孝宗淳熙元年（甲午西历1147），浙江提刑司官（如今之高等法院院长）郑兴裔，首鉴及斯，乃厘定旧法，初定检验格目，上之于朝，颁著为令［据李心传朝野杂记云："检验格目者淳熙初郑兴裔所创也。始时检验之法甚备，其后郡县玩弛，或不即委官，或即委官不即至，至亦不亲视，甚则以不堪检复告。由是吏奸得肆，冤枉不明，讼狱蠹义②，兴裔为浙西提点刑狱，乃创为格目。排立字号，分界属县，若遇有告杀人者，即印格目三本，付所委官。凡告人及所委官属行吏始名，受状承牒，及到检所时日，廨舍去所近远，伤损痕数，致命因由，悉依书填之。一申所属州县，一付被害之，一申本司，又言之于朝。乞下刑部镂版颁之诸路提刑司，准此从之，遂著为令。"此种检验格目，在今已不可见]，遂成为当代之良制。可见当七百八十余年前，我国早已具有检验制度之规模，而所缺者，亦惟检法未悉合于实用，理论多偏涉于迷信而已。宁宗嘉泰四年（西历1204），更诏颁湖南、广西所刊印检验正背人形图于诸路提刑司，令随检验格目，给下，于伤损处依样朱红书画，横斜曲直。当于检验时，唱喝伤痕，命罪人同共观看。所画图本，众无异词，然后著押，使吏奸难行，愚民易晓（见马氏文通）。是实吾华法令规定，对尸体外伤需行填图之创始，后代虽递有增改，亦不过对名称及致命位置互有不同，而立法固至善也。至宁宗嘉定四年（辛未西历1211），乃有桂万荣撰编《棠阴比事》一书［四库全书法家类，棠阴比事二本，宋桂万荣撰。桂仕至朝散大夫，知德府，书前自序，称取和鲁父子《疑狱集》，参用以开封郑公③《折狱龟鉴》，当理宗端平甲午（1234）④，曾重刻其书，内容用四字韵语，联成七十二韵，便于记读。凡一百四十四条，皆记古剖析疑狱之事。明代宗景泰元年至七年（1450—1457），吴纳加以删修，存八十条，不复叶韵，并点窜其注。又添补遗二十

林几论文研究

394

① 祚：指帝位。
② 蠹义：原文模糊不可辨认，疑似"蠹义"。蠹：危害；损害，破坏。义：正义。
③ 开封郑公：指郑克，字克明，宋开封人。
④ 1234年：宋理宗端平甲午年（1234年），原文误为"一二六四年"。

三事，附录四事，而别为一卷。吴纳事，历见明史本传]。但其书，徒拘声韵对偶，叙次无义，类相重复，劣不足法。于是淳祐七年（宋理宗丁未西历1247年），湖南提刑宋慈（字惠父）又博采群书，集齐大成，增以己见，著成《洗冤集录》二卷（四库全书法家类存目，洗冤录二卷，宋宋慈撰。慈于丁未除直秘阁，湖南提刑，充大使行府参议官。该书序称四权臬司，于狱案审之又审，博采近世诸书，自《内恕录》以下，凡数家荟萃厘正，增以己见，名曰《洗冤集录》。至今旧式检验诸书，皆以该书为蓝本，历代法曹递相考究，互有增损，市有贩本)，请旨颁用，迄元、明、清三代，乃至现在内地之法曹与检验史，犹共奉为金科玉律。此书内容分检验、总论、验伤及保辜，初检、验尸、缢死、溺死、刀伤等死，烧死、中毒死、病死、冻死、变死等等尸表征象。并对犯罪之研究及犯罪搜索法亦多演述。就中尤以合血法、滴骨法可认为现代"亲权鉴定"血清学之先声，"检地法"可认为合于犯罪搜索学之本义。"保辜"则合于伤害赔偿之原则。诚较切于检案之需，似比本草①尤略胜一筹。殊不愧一代光荣之宏著也。当时欧洲各国之法医学，尚在黑暗时代。而吾华之法检制度比较原甚完全。可惜后人未能追踪前贤，努力精研。延至今日，其进境程度仍局限于七百年前之旧域，第此岂只法医学一科为然耶？宋氏之后，更有赵逸斋另撰《平冤录》（据顾千里重刻洗冤、平冤、无冤检验三录序。第云无名氏平冤录，又焦竑②《国史经籍志》云："有《平冤录》二卷，题为东欧王氏"。又丁而善本书室藏书志云："此书四库不收，目录自检、覆、总说，至发冢③凡四十三条，板式与洗冤诸录一律"。王与自序《无冤录》云："昔宋惠父念狱情之失，由定验之误，曾编《洗冤录》"，赵逸斋又订《平冤录》，应以王说为是）。无名氏著理冤录、明冤录、慎刑说、未信篇、质疑篇及条考诸书，颇形博杂，訾议④转甚，流转至今，均难征信。惟元朝武宗至大⑤元年（西历1308），有海盐县令王与，更损益洗冤、平冤二录，刊行《无冤录》（《四库全书》法家类存目，《无冤录》二卷，无撰人名，亦无序跋。永乐大典载此书，元王与撰，序题至改元之岁，内多至元元贞大德间官牒条格，又多引

---

① 本草：指《本草纲目》。
② 焦竑：焦竑（1540—1620年），字弱侯，号漪园，又号澹园，又号龙洞山农。万历十七年（1589年）会试北京，得中状元。晚明著名学者。原文误为"焦竤"。
③ 发冢：发掘坟墓。
④ 訾议：说人坏话，非议。
⑤ 至大：原文误为"至天"。

《洗冤录》《平冤录》，而稍加驳正。书分二卷。上卷为官吏章程，下卷为尸伤辨别。又查《敬乡楼丛书》第二辑之四，为无冤录全一卷，乃民国十八年永嘉黄群校印，内有王与序及正统十二年朝鲜经筵侍读官柳义孙序，日本东京上野图书馆存此书原本二册），条理尚优。然亦不过删去不经之谈，酌加时闻经验，缘只限尸表检查，误会仍滋多也。明祖驱胡，重光汉族[明太祖朱元璋于元惠宗（即顺帝）至正十年乙未（1355）起兵，丙申（1356）克金陵，戊申（1368）即帝位，己酉（1369）陷元都（北平），元帝北遁，翌年死，元亡。]，戡乱图治，注意检政，遂于洪武（太祖年号）十七年（甲子即西历1384年）重刊《无冤录》诸书。然固未顾及该书内容之取舍，传至明末，吏治不修，成法废弛。王肯堂（明太仓人）乃集洗冤录笺解，陈氏著洗冤录集说，所记者皆平反冤滥，扶摘奸慝①。虽冀得震愚俗，但实无补检法。迨及清初曾慎斋（清康熙时代江西南昌人）甫修洗冤录汇编，王明德（高丽人，官刑部郎中）更订《读律佩觿②》[《四库全书》法家类存目：读律佩觿八卷，是书成于康熙甲寅（西历1674），采取现行律例分类编辑，各为笺释，附以洗冤录及洗冤录补，每门先载大清律本注，次明律旧注，而以己意辨正，其说好为驳难，尤多穿凿，所做洗冤录补杂记异闻，旁及鬼神医药之事，其附之救急方，颇称于时，清志法家类亦列该书]。后律例馆乃荟萃总编成洗冤录四卷[按：康熙三十三年（西历1694），律例馆修订洗冤录，采取古书数十种，如宋版洗冤集录、无冤录、慎刑说、未信篇、读律佩觿、洗冤录集说、结案式、智囊、素问、奇效良方、证治准绳③、名医录、巢氏病源、本事方集、验方大全、本草衍义、食治通说、琐碎录、铁围山丛谈④、夷坚志、广兴记等，皆在征考之列，然未注明书出处，多由辗转采摘，难免脱落舛错。但内容清顺，实比古本为佳且详]，颁行海内，定为官书。而我国引征医术于刑事检法者，固以此书为首也（附救急方）。乾隆年间，又增检骨图于后[乾隆三十五年（西历1771）奉旨颁定]，盖对尸烂检骨，已生怀疑，故特制图冀免蒙蔽，然因缺医学知识，即男女骨数终亦莫明，历代智者曾增訾议。仁宗嘉庆元年（丙

---

① 奸慝：奸恶的人。

② 觿：读作 xī，古代一种解结的锥子。

③ 证治准绳：明代王肯堂撰。刊于1602年。

④ 铁围山丛谈：是宋朝蔡绦流放广西白州时所作笔记。蔡绦，字约之，别号无为子，兴化仙游（今属福建）人。宋徽宗时太师蔡京之子。

辰西历 1796①），王又槐（乾隆武林人，充刑幕十余年）添采成案足征，医书可信者，附录书后，名曰《洗冤录集证》（见清志法家类）。李观澜（山西人，乃乾隆时皋台陆朗甫之刑幕）更摘录汪歇（乾隆时卢龙县知县）之《洗冤录补遗》及国拙斋（乾隆朝刑部尚书）之《洗冤录备考》，合以在幕闻见之杂说三十余条，附于集证之后，名为《洗冤录汇纂补辑》。宣宗道光七年（丁亥西历 1827 年），瞿中溶（江苏嘉定人，官湖南布政使）更引证古籍校核馆本，编成洗冤录辨正一卷（清志法家类录其名，市可购到）。十一年（西历 1831 年）姚德豫②（襄平人，官慈裕知县），另参己见，列举习误，撰洗冤录集解十篇（见清志法家类，有木版本通行）。十二年（西历 1832 年）阮其新（会稽人，官同知）又录裘恕斋（汉口人，官司马）手批洗冤录讹错数条，附以经验成谳，及所习实鉴篇，内有检验歌诀，专以授不识字之仵作，时称为便。然辞多俚俗，易生误解。而至今僻乡吏役，犹传其不全之韵句，恃为验尸之圭臬。十六年（丙午西历 1836）仲振履（道光时广东禺山县官）复梓行蒋石香藏本检验诸法，名曰石香秘录。朗锦骐（道光时山西人）更辑检验合参一册，由张锡番（浙江元和人，官禺山知县）、李璋煜（诸城人，律例馆提调）先后分别为之校雠③［张本刊期为道光十七年丁酉（1837），即现贩粤五版木版本，李本刊期为道光十八年戊戌（1838），即现色平四色木版本］，合订五册，刊行于世。二十三年（癸卯，西历 1843 年）童濂（官两淮淮北监掣同知），疑阮仲诸氏之作，难资考证，并为删除，而另附以叶玉屏（福建人，道光时官知府）著之《作吏要言》及朱性斋（云间人，官总督）阐解与营见十二则，并成五卷。二十四年（甲辰西历 1844）文晟（萍乡人）尽删后附诸书，单印洗冤录集证，盖亦尊古疑今，对洗冤录一切注解附录，皆因事实之反证，而有所质疑也。至光绪五年（德宗④巳卯，西历 1879 年）梁恭辰（福州人，官杭嘉杭道）、梅启照（南昌人，官浙江巡抚）又重刊补注洗冤录集证，并收阮、瞿诸作，总为六册。清季坊间木石印本，俱以梅本为宗。此外见于清志法家类目者，尚有许裸⑤、葛元煦合撰洗冤详义四卷，抚遗二卷。刚毅撰洗冤录义证四

---

① 1796 年：原文误为"一七六九年"。
② 姚德豫：原文误为"姚德预"。
③ 校雠：读作 jiào chóu，同校雠。校对书籍，以正误谬。
④ 德宗：爱新觉罗·载湉，光绪皇帝，庙号：（清）德宗。
⑤ 许裸：应为"许槤"（1787—1862）。

卷。但后来诸本，附注愈繁，疑窦益多，绪理纷乱，真义转晦。诚以因当时法家文士，虽早其有法医学之心理，然我国当代医学，则崇拜儒医，研究医理，乃趋重于五行阴阳空玄之说，而对人体构造部位外伤等，反认为末艺，不切情实。于是法学与医学之学理，终究无法沟通，检验案件及外科医生，均被认为贱业。即一般中医，亦不甘执行检务，以致法医一科，千余年来，墨守成章，毫无进境。当前清末叶，刑章益弛，同治时沈葆桢（见清史）虽曾奏请解除仵作禁锢，给予椽吏出身，以冀提高检验人员之身份，但怅于当事之昏聩，部议竟未实现。迟至光绪、宣统年间，效法图强，整顿司法，亦知改良法检。曾由刑部饬令各省审判厅附设检验员学习所，惜又困于人才，辍遂无继。顾清末民元勘验命案，手续尚稍周详，固犹差胜于近年也。盖当时虽无合于科学之法医师，但仍有略懂尸体外表检验之仵作［按：大清会典第六百五十四卷内记载："大县额设仵作三名，中县二名，小县一名，每名给发洗冤录一本，选委明白书吏一人与仵作逐细讲解，务令通晓，该府州县所属仵作，每年提考一次，其考试之法，即令每人讲解洗冤录一节，明白则从优偿给，悖谬即分别责革；并将招募非人，懈于稽查之州县，分别责参"。又载："州县仵作缺额不行募补者，州县官及各上司惧交部分别议处，倘不将仵作补足，而私使工贪银两者，州县官革职提问，而该管上司一并交部议处。"可见前代立法之初，本不以仵作为微贱，与取士同年考。］足承其乏。今则旧式仵作已多老死。而合乎科学之法医师，尤极缺少。虽新颁法律（二十四年一月一日国民政府公布《刑法》《刑事诉讼法》）对尸体剖验、妇女检查，均特规定应由医师执行，鉴定事项须选任有特别专门学识之鉴定人充任。且法院组织，亦删去仵作、检验吏之名称（民国后各省法院皆设有检验吏名额，实仍用前清之仵作，刻犹有存者），而设检验员。更在《刑事诉讼法》勘验章内，特指定检验尸体，应用医师或检验员执行。故此后检验员职务亦只限检验尸体之外表，且不能解决时仍应由医师用科学医术以观察，是乃我国检政制度之大进步，即由非科学时代，而演进就合于科学也。惟一般检验员，皆罕受科学之训练，其学识多出于旧式仵作私人之传授，虽洗冤录之尸表征象，亦常疏忽不明。适法院之检察官或承审人员，又因法政学校，多尚无法医学讲座，致对新法检验既难得悉，旧法皮毛亦不全知，于是一般初验尸伤，概行委诸检吏，虽曰亲莅勘验，而目不睹形，鼻不闻臭，何部何伤，何型何症，均莫之晓。因之吏役得施其诈，奸人得售其谋，案多冤抑，讼累莫决，时隔日延，检证愈渺，终至积案弥增，押狱人满，遗憾固无穷也，故刻实吾华检政最困难时期，亦正新旧检法学术交替之时代也。

法医学在我国正式列为医学生功课者，首于民国四年（1915）。当时国立北京医学专门学校及江苏、浙江省立医药专门学校教程上，皆列有裁判医学，药科则列有裁判化学。而解剖规则则始颁于民国二年，三年复颁解剖施行细则，十七年更行修正，就中对变死、死因不明及无主之尸体认为有付剖验研究之必要。而国立各大学中，只北平医科大学（即今北平大学医学院）于民国十三年（1924）有林几赴德研究法医学。至十九年（1930）在该学院（时已改为北平大学医学院）创立法医学教室，其余各医学院或尚无法医学讲座，或虽有讲座而缺研究法医学之设备。二十三年（1934）教育部规定国内各大学及高等专科学校教育课目，方将法医学列为医科之必修科，及法科之选修科。二十四年（1935）医事教育委员会编定大学医学院及独立医学院或医科之教材大纲，方采广义之法医学纲目，为医学校授课之标准，故此科学在吾华现代尚属幼稚。即应用方面，亦以司法界委托之鉴定复验疑案为多。且常须审查医生初验之鉴定报告，或检验员之验断书。诚因民智增高，对旧日非科学之鉴定，已失信用。而普通医师又素乏法医学之经验。乃致验证不明，疑虑丛生。狡诈之徒，益得逞刁饰说，反复案情，甚至尸虽数验，案终难明，追究其故，则皆由初验之未能慎于始也。况国人皆知领事裁判权存在之可耻［清咸丰八年五月十六日（西历1858年5月26日）中英天津条约为始，承认侨民犯六法，由该国领事裁判，后各国均沿例要求。前次世界大战后德奥败，俄革命，均已取消领事裁判权］，收回法权乃当今之急务（此条约不取消，外人在华得不受吾国法律之约束，而英、葡、日、法、美国均借口吾国司法不良，不肯取消）。所以改良法医，便成为司法革新运动之一目标。但国宇辽阔，人才缺乏，各地医师分配尚欠普及，乃对新法检验尤感困难。故北京司法部于民国五年首派医师江尔鄂赴日调查，南京司法行政部于十九年又派医师孙逵方在上海真茹镇购地筹建法医研究所，久未完成。二十一年（1932）春遂改派林几筹备，八月成立，以为专门受理各地法院疑案检查机关。二十二年（1933）后开始招收医师为研究员，卒业后由司法行政部发给法医师证书，分往各省高等法院服务，是即我国有法医师名称之始。至二十四年（1935）

广东创立之法医研究所，鲁、汴①、浙、吴、冀、川、湘等省法院创立之法医检验室，实均由真茹培成之人员所主持也。同年九月司法行政部再划分黄河流域等省（冀、鲁、汴、晋、察、绥、陕、甘、新、宁、青各法院）法院检案，统归北平大学医学院法医学研究室办理。于是全国南北，遂有三个设备比较完全之法医学研究机关。同时又因初级检验员之需要，江浙、山东、河北各省高等法院，竟先后自设检验员训练班。真茹法医研究所，亦开始招收中学生，设班训练检验员。虽所订课程年限，殊嫌不一，而总属较有进步之设施也。

当前清光绪二十七年江南制造局首出版《法律医学》一书，乃新阳赵元益笔录英人傅兰亚氏口译之威廉佛里爱氏《裁判医学》。光绪三十四年（西历1908）又有留日学生王佑、杨鸿通二君，译日本警视厅第三部医员兼保养院长石川贞吉所译《实用法医学》，名曰《东西刑事民事检验鉴定最新讲义》，宣统元年曾行再版，是为我国输入新科学的法医学之肇始。后此学科，因乏人提倡，鲜有进步。现中文法医学书籍，仅有民国三年（西历1914）万青选编译之《新洗冤录》，十四年（西历1925）上官悟尘译日本田中佑吉②著之《近世法医学③》（原名《法医学讲义》，商务印书馆出版）。十六年（西历1927）博医会出版之《基氏（Giffen）法医学》（Stuckey 氏译）。十九年、二十四年林几著之《法医学总论、各论》（法官训练所、中央大学、东南医学院，另北平大学医学院均出版讲义）。又一年（西历1932）邓纯棣编之《最新法医学》。二十三年（西历1934）林几主编《司法行政部法医研究所鉴定实例》（百例，四卷）。二十五年（西历1936）林几撰编《北平大学医学院法医学教室二十四年度疑案鉴定实例》（三卷，由中华医药学会新医药刊社出版）。而杂志则只有《法医月刊》，系由真茹法医研究所第一届研究员组织之法医学会所创办者也（近已改为《法医学季刊④》）。

我国明洪武十七年（西历1384）颁行之《无冤录》，于英宗正统三年（西历1438），因高丽贡臣李朝成为介，得译行于朝鲜半岛（《新注无冤录》二卷，为高丽崔致云、李世衡、卞孝文、金滉等奉敕音注，柳义孙为序，清王穆伯手录，并附新解，刊行）。在日本足利时代，流转至日。元文元年

---

① 汴：开封，当时为河南省省会。
② 田中佑吉：又译为"田中祐吉"。
③ 近世法医学：原文误为"近世医学"。
④ 法医学季刊：原文为"法医季刊"。

［民国纪元前 176 年，清乾隆元年（即西历 1736 年）〕译为日文，盛加注解。迄德川幕府至明治初年，日本法曹均引为用。迨逾明治八年（民国纪元前 37 年，清光绪元年，1875 年）初设东京医学校警视医学校，方列有公法医学或裁判医学一课，聘西人为教师，此实日本设立法医学科之嚆矢。明治十一年（民国纪元前 34 年，清光绪四年，西历 1878 年）安藤卓尔译英国法医学，刊行法医学讲义，是为日本输入欧洲法医学书籍之始，其时尚无法医学独立教室。直至明治十四年（清光绪七年即西历 1881）方任片山国嘉充东京帝国大学医学部助教授，主授法医学。迨明治十五年（清光绪八年，即西历 1882）实行旧《刑法》，才一致应用新法检验。然当时司法官对于医学之运用，尚罕了解之也。明治二十一年（清光绪十四年，西历 1888）后，片山留学返国，东京帝大方设裁判医学正式讲座。二十四年（民国纪元前二十一年，清光绪十七年，西历 1891 年）医学界将裁判医学改称为法医学。三十六年（民国前九年，清光绪二十九年，西历 1903 年）京都及九州医科大学，才设有法医学教室。四十年（民国前五年，清光绪三十三年，西历 1907 年）修正新《刑法》颁行后，关于法医学论著及人才渐形增多。至大正九年（即民国九年，西历 1920 年）法医学方确定为医学生、法学生及警察学生所必修。

至欧洲法医学之萌芽，最早遡在纪元前 2285 年（即民国纪元前 4596 年，当黄帝丙子之岁），此时亚细亚西部巴比伦国，正值强盛时代。汉谟拉比（Hommurapi）皇所立法典（The Oldest of Laws By O. H. W. Johns）中即有"若一医生治疗重伤时，用铜刀刺割而致伤生命，或用铜刀开眼脓疱，而致病人盲目者，应割其手"。又"若一医生为奴隶疗治重伤，而用刀致伤生命者，便降医生为奴隶"之规定。迨至十五世纪下叶，便有希波克拉底（Hippokrates）氏对重复妊娠及未成熟儿生存能力之记载。亚里士多德（Arisoteles）氏对妊娠期间之统计报告。加仑（Calen）氏对诈病判定法之公布，及安历士（Anllin）氏主张西沙克斯王所受之二十三伤中，以胸部第二创口为其死因等，倾向于运用法医学之事实或刊物。

于中世纪 1249 年（民国纪元前 663 年，当宋理宗淳祐九年），波兰市区 Vogt 氏首行宣誓于法庭，检验伤型。1302 年（民国纪元前 610 年，元成宗大德六年）意大利首施行法医学之尸骨解剖。1311 年（民国纪元前 601 年，即元武宗至大四年）法国医师菲利士布（Felixberg）氏亦因关于裁判在法庭举行宣誓。然此时鉴定人地位不过同于证人，在法律上并无特别之规定。

当十六世纪欧洲法学甚为进步，有二部著名法律内均有关于法医学的规定。一为 1506 年①（民国纪元前 405 年，即明武宗二年）出版之奔湃格尔（Bamberger）氏刑律。一为 1532 年（民国纪元前 308 年，即明世宗嘉靖十一年）德王卡尔第五（Karl V）颁订新法内规定："凡关杀人、杀儿乃至流产事件之裁判，必须有医师的证明。"此乃应用法医学规定于外国法律之始。1562 年（民国纪元前 350 年，即明世宗嘉靖四十一年）法国始行法医学的剖验，其后五十年（民国纪元前 337 年，明神宗万历三年，西历 1575 年）又有法国医生亚猛勃罗斯巴雷（Ambroise Pare）氏发明"损伤与死之关系"及"暴力致死论"。1601 年（民国纪元前 311 年，明神宗万历二十九年）福罗突乃突飞代里（Fortunato Fidelis）氏著书四卷，内容详有处女征标，妊娠期间，胎儿发育乃至中毒之鉴定等，是为欧洲法医学之处女著作。

十七世纪初叶又有教皇御医蔡奇亚士（Zacchias）氏刊行法医学一卷（西历 1621 年出版，当在民国纪元前 291 年，即明嘉宗天启元年）。此时北欧各国裁判时，已经渐能应用法医学。德国亦首有佛贝儿（Weber）氏所著德文之法医学书出版。后至 1667 年（民国纪元前 245 年，即清康熙六年）经德人塞耶罗氏发明初生儿之"肺浮扬反应"。1838 年（民国纪元前 84 年，即清道光十八年②）法生理学者普尔金吉（Purkinje）氏证明"人类指纹，可分九类，无人雷同。"1879 年（民国纪元前 33 年，即清光绪五年）法人巴铁仑（Bertillon）氏应用人身测量法，以为犯人个人之鉴定。于是法医学检验方法，方略粗备。自十八九世纪以至今日，法医学因社会及法律之需要，遂有多数学者惨淡研究，陆续阐明。乃扩大光扬而成独立专门之学科。

其在法医学界有相当令誉者如德国、奥国之 Orfila（1848 年已著法医学），Lesser, Casper, Limen, Maschka, Harnack, Lan. genscheidt, Cimbel, Thiem, Heller, Flügge, Lombross, Taylor, Oppenheim, Strassmann, Erben. Stern, Cimbel, Gilbert, Sommer, Gross, H Lewin Pelmann, Silbestein, Schmidmann, Forel, Becker, Cramer, Hang, Neubaner, Pupper, Kraft, Hirschfeld, Leers, Liszt, Gottschalk, Hübner, Lochte Pfeiffer, Zanger Dittrich, Propper Wulffen, Meier, Hoffmann, Haberda Uhlanhuth, Kapmund, Spinner, Mackey, Kratter, Marx, Naegli, Ward Lattes, Lustig, Schiff Eart, Hildebrand, Heinde, Webster, Schaefel, Fischer 诸氏。英国之 Hamilton A M（1909 年有 A

---

① 1506 年：原文误为"1501 年"。
② 道光十八年：原文误为"道光八年"。

System Legale medicin，法医学系统），Jago，Emerson，Wharton，Gross H C，Knocker，Stwart，Hawthorne，Mann，Drapper，Smith，Clevenger，Holland，Brotters，Glueck，Witthaus，Mackey HA，Goues，Taylor，Adler，Glaister，Robertson，Little John，Gillin，Burridge，Sutherland，Peterson，Pearson Buchanan，East，Dantan，Parry，Leon Thomson，Graham，Grant。法国之 Dervieux Bronardel（1897 年著有 Cour de midicine legale de la faculte de medicin legale de Paris），Leglutic，Laccasagne，Proffer，Balthazard，Wibert，Chavigny，Ulfilas，Thoner 诸氏。日本之片山、冈本、小南、三田、中由、高田、石川诸氏，皆有不朽之著作也。奥国法医学发达程度最佳，尤以维也纳大学法医学研究院最为有名。德国次之，以柏林盟旬补力西罗诸邑大学法医学研究院设备较良。法国则以巴黎、里昂之设备为优。日本则以大阪帝国大学医学部法医学教室内容最为充实，东京、京都略次。英国以伦敦警厅内对犯行搜索学设备最为有名，而各大学内尚未有独立之法医学研究院。美国至本世纪乃始有人研究法医学，在各医学校内，尚罕有法医学专科之设备。

【述评】

文中详细介绍了国内外法医学发展简史，相似内容同步发表在 1935 年《浙光》第 1 卷第 1 期第 26—31 页、1935 年《法医月刊》第 14 期第 1—7 页。但本文的介绍更加详细。

三十九、已腐溺尸溺死液痕迹之证出新法[①]

【原文】

在水中发现之尸体，首先须证明为生前溺死，抑或死后抛尸入水。其鉴别当以溺死液之能否检出为最确实。盖溺死者，当营最后之深吸气时，

---

① 原文先后刊载于《北平医刊》1936 年第 4 卷第 10 期第 13—29 页（英文题目为：New methodes on proving the water's vestige in the corrupt drowning corpse，作者林几，英文名 G. LYNN），《中华医学杂志（上海）》1937 年第 23 卷第 4 期第 415—432 页（英文题目为：Methods of Determination of Death by Drowning），以及《实验卫生季刊》1943 年第 1 卷第 3—4 期第 32—48 页（题目为《已腐溺尸溺死液痕迹之证出新法：法医学上困难问题》）。其内容一致。

即将该处之溺死液尽量吸入，于是该溺死液即充满于气管支部、胃、肺与十二指肠上部中，且有一部分更冲破肺泡壁入于肺毛细管，随肺小循环，灌流于左心。吾人对此种溺死尸体，在未腐前或方始腐败时，施行胸腹部剖检，即可检见有溺死及溺死液之征象。而死后尸体抛入水中者，其尸体不能呼吸，当然在气管、肺、心、胃乃至十二指肠之内，均不能证出溺死液，故区别甚易。然凡人胃肠中，原常有液体掺杂，即非溺死者，亦颇常见。故溺死液之证明，当以由肺及支气管深部、左心腔内为最紧要。换言之，非在肺或支气管等内证出溺死液成分，不足视为溺死液之证据。在溺死液中，应含有多量夹杂物，如泥、沙、水草，乃至小动物及粪便等各种污秽物质，是为溺死液之固形成分。故可借之与平常组织内原有水分互相区别。而溺死液之存否，在现代法医学上，只于新鲜尸体较易检出。当行尸体剖验时，即可证明肺部有溺死性肺气肿及肺水肿。在肺水肿部分之肺胞及深部之支气管内，便可检见溺死液之成分。有时更可应用左右心内血液之浓度、比色、比重、冰点、电导力与鼓室内有无溺死液之证明，以为鉴定。但尸体若已腐败，内脏已形糜化者，则用上述诸法证明，殊不可能。在近世法医学上，对肺部已腐烂如泥之尸体的溺死液之检出，实视为困难问题。尤以我国检验尸体，多系已经腐烂，甚至已经骨化，于是对生前溺死与已死后抛尸入水者，遂无法予以鉴定。

按：溺死，除因凉水之刺激发生声带痉挛而死者，其肺、胃内往往不能检见溺死液外，其他一般生前入水之溺尸，在气管支、肺、胃内，应皆能检见溺死液。惟在清水中溺死者，例如溺死于清水滤池或搵[①]死于饮水缸中之尸体，则虽有溺死液，但缺少溺死液成分。然此种特殊情形，当然不在本问题研究范围之内。且此种尸体，易被发现，亦不至候至腐败后方加检验之也。

本问题研究者，即为一般河塘浮尸，业已腐败糜烂，其内外征象已难证明是否为溺死者，则据本人实验，可施以下列三种检查法，以寻获溺死液之残迹。其目标系设法证实确有溺死液固形成分之存在。凡能由尸体肺部组织内，证出溺死成分之残迹者，即可视为委系生前溺死之证据。但是否受伤后自行投水，或被害后推抛入水，则犹须参合尸体其他征象及落水处周围状态，另加考虑。是属另一研究范围，兹不多赘。

---

① 搵：按在水里。

据本人研究对溺死液之检索法，可按尸体外表与肺部腐败情形，施行三种较良之检查方法，足供法医检查溺死体之应用。而前哲对已腐败之溺死尸体之溺死液残余痕迹，固视为难以证出或不可能者也。

（甲）腐败肺组织切片法

尸体胸廓外层犹存，腐败进行未著者，此时尸体内脏内液分每已腐败渗出，在气管、肺及左心内未必可以检见多量著明之溺死液，故此际即应剖取已半腐败，仅存外形之肺脏全部，连气管支，统放于大白瓷盘内，用利剪沿气管上端渐将肺组织内小分支气管切开，而用放大镜[①]检视有无溺死液（此时应对疾病形成肺水肿之液体注意区别）及溺死液之固形成分，并视肺上叶有无气肿及溺死溢血斑，肺中下叶及边缘有无水肿、气肿（此时对腐败气泡应注意鉴别），水肿部组织内有无溺死液成分。但此部肺组织内容之检索，必须应用显微镜检查。即将切下肺组织十余块固定后，分别施以冻结或把腊包埋。然后用切片机切为 10 至 15 米克伦[②]左右薄片（一般切片似觉太薄，反致已半腐之组织内容不明或消失）。再施以病理组织染色法（用 Häematoxylin-Eosin 染色即可），置显微镜上检查。如为溺死尸体，则在标本片中，常可见已半腐无核或混浊之细胞痕迹及破裂融合或被压小之肺泡腔壁，肺泡内充有相当量溺死液成分（泥砂等）。此种检查法，务须多检查数处。至少须制 5—10 个肺组织包埋切片标本，其部位以近气管支部及肺叶中央部为佳。此法与检查病理组织片无异，惟切片须稍厚，目的在检见溺死成分，而不注重于肺组织之构造变化也。腐败后肺组织构造变化，往往不明显。

【实验】经将活大白鼠二匹，家兔一匹，浸溺于混有河塘泥土之大水缸中。逾五日至一星期（行此试验时，系去年三月，天气犹未甚热，静水中腐败进行较缓，故须一星期方行剖验。如在夏日，则一、二日，内脏已可发生腐败。若将溺死动物取出放置空气中，则腐败进行尤速），兽尸浮起。取施剖验，证明肺已半腐，溺死液已有一部渗出，行肺组织切片检查结果，证明溺死液成分皆呈阳性，其组织标本片摄影如下（见摄影一、二，从略）。

（乙）腐烂肺脏粗滤法

尸体胸廓外层犹存，而腐败已著，皮脱肉烂，惟有肋骨及胸膜包围心、肺，不致外面液体中泥土，得混落于烂糜心肺组织之内者，则应剖取既腐

---

① 放大镜：原文为"扩大镜"。

② 米克伦：micron，微米（μm）。

已如糟腐之心、肺、气管全部放于大玻璃盆中，用长柄利刀（拭净）切碎后，另加净水清泡，用轻力流水冲洗。经二十四小时至四十八小时长时间，倾之于大块双层纱布上，俾得粗滤。经数次反复粗滤，使其混浊液渐稀薄，乃再将各纱布上腐烂残渣及其滤液，分别沉淀（置电力远心沉淀器内沉淀5至10分钟），取其沉淀物，分盛于数十个玻璃皿内，使沉淀物平均稀薄，形成半透明红黄色或白黄色淡薄平面，而后逐一用解剖显微镜检索溺死液之固形成分。就中水草等有机物，虽可随同腐败进行而消失，但泥沙晶粒，有壳之虫卵、芽孢乃至植物茎根组织，则尚能久存。此种异物，在肺及气管中，均不应存有者也。

施此法检查时，如感镜下现象不明，则亦可用白金耳检取其粗滤残渣，制成涂抹标本，置较大放大倍数显微镜下，以检溺死液之微细成分。经多数涂抹标本片检视之后，如果为溺死，则未有不能发现溺死液之固形成分者也。

吾华检尸，往往时日过久，尸体已腐，征象不著，案情益晦，即施剖验亦难证明。则应用此法，实至方便。

溺死尸体之左心内血液，虽可因溺死液随小循环流入心而形稀薄，但较大之溺死液成分，如泥沙等，却罕能伴随流入心内。且当肺部外表征象已经不明，则心内液分，亦早自然发生腐败，沉降渗出，无法检验。至由腐败胃内如能检见大量泥沙、水草等，固可视为溺死液成分。如只少量，则甚难遽加判断，盖在动物胃内，难免有少量泥砂等污物存在也。故检验溺死液固形成分，仍应以肺部检出为标准.

【实验】用二天竺鼠，一家兔，溺之于混有河塘泥土之水缸中。阅二星期至三星期，执行剖验，其心、肺均已腐烂如豆腐，仅存外形，触之糜碎。乃应用上法结果，在各动物尸肺之任何部位，皆发现有溺死液固形成分，而肺组织则已糜烂如泥，不能检见其一切构造。其显微镜下征象如下（摄影三、四、五、六，从略）。

（丙）苛性钾一配力丁[①]（Kalilaŭge-Pyridin）分液法

此法据本人实验对全腐如烂泥或半腐如糟腐之肺组织残块，均可应用，且较乙法尤为便利。

法：取肺部组织任何一部（以肺下叶或肺气管支部组织为最佳），分别

---

① 配力丁（Pyridin）：吡啶。

切取数十大块，糜碎后，并其流出污黄白色液体残渣，共投于原盛有 10 至 15 倍量醇性浓苛性钾液（32% 苛性钾液 10 公撮①，约滴加 92% 酒精 3—4 公撮）之尖底高杯或特制大试管中，充分搅拌振荡，而微温之（放 30—36℃ 水浴中温之），使其溶液成粘胶样灰乳色，然后滴以 3—6 滴醚液，再加振荡，使有机质充分溶解，微温，蒸发去醚，而另加适量之醇性苛性钾液，振荡之至开始发生分液层为度。此际如溶液内胶状沉淀物过多，则应先行充分振摇而分盛之于数个试管之内，然后再加以苛性钾液，滴以数滴酒精，务使各分管内容，稀释成黄乳白色或带绿色，而液体约多于胶状沉淀之 3 倍，然后再振荡，微温，俟冷却后，滴以适量之配力丁（Pyridin），再充分振摇，静置一小时至数小时后，则该管内容即起著明分层现象。

如有泥沙等矿物性较重物质，则必下沉于管底，而肺组织一部分有机质，均已溶于苛性钾液中，其质较轻，乃浮游于配力丁液层之下（即苛性钾液上层）。而血液之血色素，则溶解于最上层配力丁液之内，呈淡红色，其下即浮游物，呈污白色，而再下为苛性钾液层，呈淡绿色（砂土分解后）或灰黄白色，在管底沙土呈褐黑黄色。但据多次经验，倘肺组织腐败愈甚，应用苛性钾液浸渍溶解愈久，则其一大部分有机质即呈白絮状，下沉于苛性钾液层之下，而常堆积于砂土之上。故吾人可将该管内容液体全部倾弃（或另倾存于他器），用白金耳取其沉淀，施行显微镜检查。此际在镜下可见已脱色腐败糜碎粉粒状或同质性肺组织残迹，及较多量较明显之砂粒、泥土及其他溺死液成分（见摄照七—九，从略）。

倘该一部肺组织块内，所含血量较少，或日久后血色素已经腐败破坏变质，则用此法实验所形成配力丁液层，只呈淡褐色乃至于无色。如肺组织块淤血、溢血现象著明。则所形成配力丁液层，即呈樱红色。吾人可用分光镜以检血色素之吸收线，然往往因血量太少，窥见吸收线机会颇难遇到（如为碳酸中毒、氰酸中毒、焚死及缢、勒死之尸体血液，常易检见吸收线）。

上述两法实验手续，在大量检材内，固为必需。倘检材较少，则只须将检材浸于 4—5 倍醇性苛性钾液内，充分震摇浸渍，俟数小时至一二昼夜，再加以适量之 Pyridin，再平直静置数小时（或施以电力远心沉淀），亦即可生分液现象。倘肺组织弹性犹存，尚未充分腐败糜化，则须多浸数日，方

---

① 公撮：毫升。

易证出。

　　【实验】用两犬、三天竺鼠、两大白鼠，先后浸溺于混有河塘泥土之大水缸中。俟三星期至二个月后，取出动物尸体。此际腐败进行已剧，皮毛自脱，肌肉如腐，触之贯通，肺脏已腐烂如泥，心内溺死液已全渗出，不能检见，肠胃亦腐烂如泥，胃薄如湿纸。乃专取其肺脏依法供验，结果均可证明溺死液成分。兹将上述三法实验动物日期、结果等列表如下：

实验号数	动物种类	溺死日期	剖验日期	浸溺日数	一般腐败进行程度	肺部腐败状态	实验方法	溺死液固形成分检索	备考
1	大白鼠	25年3月2日	同月7日	5日	已发腐臭，皮毛未能随手拔脱，而体液已发生沉降渗出现象	肺边缘已生少量腐败瓦斯，组织弹性尚存	肺组织切片法（甲法）	阳性	
2	大白鼠	25年3月2日	同月8日	6日	同	肺叶中部已有腐败瓦斯，组织稍软，细胞核已不可见	肺组织切片法（甲法）	阳性	
3	家兔	25年3月2日	同月23日	3星期	已发较高度腐败臭味，皮毛轻拔即脱，心脏内已无血液	肺已全部发生腐败瓦斯，只存外形，组织如糟豆腐	肺组织粗滤法（乙法）	阳性	
4	犬	25年3月8日	同年5月9日	2个月	毛及皮肉腐烂穿脱，内脏均已糜化如泥	肺如烂泥，肺气管已不可分，堆沾于胸廓后面，呈污褐白色	分液法（丙法）	阳性	
5	犬	25年3月12日	同年5月13日	2个月	毛及皮肉腐脱，头部后、左脚骨化，内脏糜化如泥，胃肠已不可分	同上	分液法（丙法）	阳性	

实验号数	动物种类	溺死日期	剖验日期	浸溺日数	一般腐败进行程度	肺部腐败状态	实验方法	溺死液固形成分检索	备考
6	天竺鼠	25年4月5日	同月19日	2星期	毛易拔脱，真皮外露，呈污紫色，内脏已腐软	各肺叶全生腐败瓦斯，心内血液已渗出，肺表面发污棕白斑	切片法	不明	
							粗滤法	阳性	
7	大白鼠	25年4月7日	同年5月7日	1个月	皮脱，腹陷，肌肉触之如槽豆腐	肺腐败如烂泥，发黑，贴于脊柱，水分已渗出	分液法（丙法）	阳性	
8	大白鼠	25年4月20日	同年5月11日	3星期	皮毛一部已脱落，真皮污紫，肌肉浸软，内脏已腐	肺已腐败如槽豆腐，但外形尚存	分液法	阳性	
							切片法	阴性	
9	家兔	25年5月2日	同月9日	1星期	毛易拔落发腐臭，真皮发污红色，内脏腐烂，外形均存	各肺叶全生腐败瓦斯，肺组织细胞核已消失	切片法	阴性	—
							粗滤法	阳性	
							分液法	阳性	
10	天竺鼠	25年5月7日	同月22日	15日	毛易拔落，真皮污紫，肌肉腐软，内脏腐败，尚具外形	肺腐败如槽豆腐，外形尚存，心已萎缩，血水渗出	切片法	阴性	—
							粗滤法	阳性	
							分液法	阳住	
11	天竺鼠	25年5月8日	同年6月1日	3星期	皮毛易脱，真皮污紫，肌肉腐软，内脏腐败如泥	肺心已腐败如烂泥，外形均失，但心肺尚可约略区分	切片法（甲法）	阴性	
12	同	同	同	同	同	同	粗滤法（乙法）	反应不明	
13	同	同	同	同	同	同	分液法（丙法）	阳性	

就上表实验，可知肺部组织尤具外形者，用切片法（甲法）始有结果。倘肺脏已腐败，外形不明，质如糟腐，则再用切片法（甲法），便难获得良果。此时应用粗滤法及分液法（乙法及丙法），均能证明有溺死液成分之存在。倘肺及心脏均已腐败如泥，外形全失，则应用切片法固属无效，即用粗滤法亦是结果不明，但用分液法（丙法）却能获到满意成绩。

尸体腐败进行程度，诚因环境气候而异。大约在五日至一星期内溺死者，应用（甲）法，采取肺组织包埋切片，便可在显微镜下，肺组织中，证明有溺死液之固形成分（但往往细胞核已形不明）。且此际如应用（乙）、（丙）两法反感困难。盖因组织尚未完全腐败，其内之溺死液固形成分不易游离发现。非先将肺组织用人工物理的化学的方法完全破坏，或放置于净水或空气中一二星期，俟其自然腐烂后，再取其一部逐一详检，不易获到良果。倘溺死已逾一星期以上至三星期或一个月左右，其肺部已经外形不明，弹力全失者，则应用（乙）、（丙）两法，均属有验。倘溺死已逾一两个月，肺部已糜烂如泥，则只有用（丙）法，苛性钾配力丁之分液试验，始易证出溺死液之固外形成分。盖用（丙）法能因化学作用，将糜化污黑色之肺组织残渣等有机质分解脱色，于是溺死液浅分小砂粒泥土等，乃得完全暴露于显微镜视野之下也。

以上（甲）、（乙）、（丙）三法，对沉溺水中或埋于土中，胸廓已糜烂穿通之尸体，即无效用。盖胸廓既已腐烂开敞，则泥沙等自易浸入尸胸，与胸内组织相混合，故即检见泥沙成分，亦不足为据。此外，对溺死液成分之证明，尚有三种未能视为一定可靠方法。但曾施实验对其效率，认为或有可能者，兹并奉录，以供参考：

（丁）指甲缝内溺死处泥沙之检出法

取溺死尸体各手皮、指甲缝内夹杂物，制成涂抹标本，用显彻镜检视其内有无溺死液成分，同时并取溺死处水中之泥草，施行对照检查。如为生前溺死，在其十指甲等，应嵌存有多量溺死处水中之水草泥沙。

此法吾华在南宋宋慈所著之《洗冤录》（距今六百余年），元初王与所著《无冤录》（距今四百余年），及清中叶阮其新所著《宝鉴篇》溺死诀内，均曾采用。其原理系因活人溺水，当身体下沉昏迷时候，两手一定向前抓舞，故其指甲内每嵌填进水底或岸旁之泥沙，水草等固形成分，手中亦每握或抱有固形物质（如米粒、水草、泥沙及木块等），手皮抓损处，亦可嵌进泥沙及其他水中物质。然古人检验，只凭目力所及之尸表现象，当然不如现在可借显微镜或化学以检查指甲缝等泥土种类性状，施行实施之对照检查也。兹录古书所载溺死验法，亦可见当六百余年前，吾华对检尸方式，业有相当之某础矣。

《洗冤录集证》本："……肚腹胀，拍著响，两脚底皱白，不胀。头发际，手脚爪缝或脚着鞋，则与鞋内各有泥沙，口鼻内有水沫及有些小淡色血污，或有磕擦损处，此是生前溺死之证"。又"被人殴死推在水内，其尸肉色带 …… 肚皮不胀，口眼鼻无水沥流出。指爪罅缝并无泥沙"。四库全书《无冤录》本："落水投河死……肚皮胖胀，指甲内有泥沙……"又"打死弃尸水中……腹肚不胀，身有损痕，指甲内无泥沙"。

《宝鉴篇》溺死诀："生前投水指藏沙，死后无沙定不差，口鼻再生分水沫，腹膨脚皱岂能遮"。照上所录三节，可见古人只验指甲有无泥沙，亦不即决定是否生前溺死，而应合并尸表其他溺死征象，以为判断。盖一般农夫、渔人或曾在河边抠泥洗物者，其指甲内往往原夹有泥沙等河塘水中固形成分，故如无其他溺死象征，则虽在尸体十指缝内，皆检见有同样溺死液固形成分，亦万难即作为生前溺死之确据。惟指爪内如确不含溺死液成分之泥沙，则又可认为实非生前溺死之证据，所以（丁）法实可应用为溺死之副证，及非溺死而抛尸入水之反证。

【实验】溺死尸体五例。其果为生前溺死者，肺中皆能证明有溺死液，且其手指甲缝内，亦可证明有泥沙等同一溺死液成分。施以显微镜检查，甚易发现。

（戊）头骨腔内微量溺死液成分之检出法

对已完全骨化之骨骼，内脏已完全不能检见，则可试用此法。设自其枕骨大孔间头盖腔内斟水，而能由枕骨大孔溢出少量泥沙或证明有其他溺死液成分者，则亦可为生前投水之一副证。盖溺死液大量冲灌入鼻口，达至后上鼻甲介部，则能因水之压动力，而冲破该部与脑壳交通之窍孔。于是遂有微量溺死液成分，容留于前头盖腔内之硬脑膜外骨性凹下部位。俟脑组织糜化，则此脑组织中便掺有少量泥沙。用净水冲洗，当能检见。然此法实施，殊难皆有良果。第一，因溺死液之冲进头盖腔内之机会过少；第二，因已腐败露骨之骷髅，往往有灰土泥沙浸入之机会；故如非无丝毫泥沙灰尘自然浸入头盖腔内之虞者，即用此法。由头盖腔内发现少量泥沙，吾人亦难认为溺死之确据也。所以尸体出水时，须头项部尚未完全腐败骨化分离，其埋殓棺木须严密未朽，无由进入灰土，则验该骷髅，如由头盖腔内能检见少量泥沙，则自可判为生前溺死。是与中西法医学成籍所举，由鼓室内证出溺死液，为同一之原理也。

按吾华洗冤录旧法，谓取净水从头骨后下方之枕骨大孔细细斟灌，如能自鼻窍流出泥沙，便是生前溺死之证。经本人多次实验，此法诚不可靠。凡腐败已行骨化之尸体，鼻软部已经消失者，在鼻甲介部极易窝藏泥土，且生人之鼻孔后部亦往往容有少量泥垢，故由枕骨大孔冲水，而自鼻孔流出泥沙，安足视为死前吸进溺死液之根据。

【实验】陆续取送验已腐尸骨七例，用壶盛清水，从枕骨大孔徐徐倾注，结果，于确知非溺死之尸体两例，自鼻孔内亦溢流出少晕污垢。故对洗冤录旧法，由鼻孔过水，实应予以驳正。历代不知用此法误却多少事实，冤却多少良民矣。而确是溺死尸体，亦偶见由头盖腔内依法可以检见少许泥沙（只得一例）。故疑头盖腔内冲进溺死液之泥沙，亦属可能，但非溺死者之绝对均有征象。

（己）肺胃内溺死液成分之分析化验法

对尸体胸腹部表层犹存，而肺已腐烂如泥，胃肠腐薄如纸，心亦萎缩，各内脏组织已萎缩贴于胸廓内后壁者，则可应用显微镜分析化学检查法。法：将肺、胃由尸体胸腹腔内取出，放盛瓶内，按福林士－巴布（Frenchus Babo）氏法，用强酸及氯酸钾破坏有机质后，详检其内所含溺死液之砂土及其他化学成分（例如硅、矽、钠、钙等土金属盐类，皆为河塘泥沙中所常见）。惟同时应采取少量落水处水中泥沙，施行对照检查为妥。凡已高度腐败之尸体，其内脏已与溺死液成分同化为泥者，可以用化学成分分析，以为鉴别。然在肺胃内所含泥沙等溺死液成分之量须较多，否则亦不易检出。故非混浊泥塘或浅河中之溺尸，用此方法，未必能有良果。著者曾用此法实验四例，其法较繁（容另报告）实不如第（2）、（3）两法便于法医之应用。如用配力丁法兼施沉淀物显微镜之检查，犹未能检见溺死液中之泥沙等成分者，则应并非溺死。而在肺、胃内所含之溺死液成分，如极稀薄，即便用化学分析，亦必不能证明。故吾人对收集检材，切须注意：（一）务将肺、胃部全量采出。如此则供验材料量可以较多。（二）勿任外界泥土灰尘，再行浸入检材。（三）化学物械设备须完全。（四）有机质之破坏须充分。（五）抽出精制手续须严密，勿殚繁琐，勿稍草率。（六）所用定性试药感应性，应取特较灵敏者为尚。（七）征取该尸落水处水底泥沙杂质，施行对照化验。对此七点皆能兼顾，则自腐尸之肺、胃内证出溺液砂土成分，固属可能者也。

结　论

综上所述方法，对腐败尸体胸廓外层尚存，不至有外方泥沙浸入胸腔之虞者，可按其肺部腐败进行程度，而行肺脏中溺死液成分残迹之检出，以鉴定其是否生前溺死，抑或他故死亡而抛尸入水。

其方法有六：（甲）取未腐之肺组织，制成较厚之病理组织切片染色后，施行显微镜检查。（乙）对已腐败如泥之全部肺组织，用水长时间冲洗，经棉纱粗滤沉淀后，取其沉淀物施显微镜检查。（丙）用醇性苛性钾及 Pyridin 溶液浸渍腐烂之肺组织一部分，使成分液层，而取其下液沉淀，施显微镜检查。

以上（甲）、（乙）、（丙）三法，效率可靠，而（丙）法尤为便利。

次（丁）法证明溺死尸之两手十指甲缝内皆应充填有溺死处河塘内泥沙。（戊）法证明死者头盖腔内可有少量溺死处河塘内泥沙（但须尸体头项部尚未腐脱，委无泥沙浸入之机会者，方为可靠）。（己）法采取死者已腐之肺、胃全部组织，用化学方法能分析出溺死处河塘内泥沙或其他化学成分。此（丁）、（戊）、（己）三法不如前三法方便。且效率有时不准。就中（丁）法，检查如呈阴性者，固可视为非溺死之确证，如呈阳性者，则只可视为有溺死之可疑，应参合尸体其他征象，方能判定。（戊）法在事实上能证出机会较罕。（己）法手续甚繁，如溺死液成分稀薄，便不易检见。

文献（从略）

【述评】

文中详细讲解了鉴定生前溺死与死后抛尸入水的方法，建议未腐败尸体使用肺组织切片法，腐败尸体使用粗滤法或者苛性钾—配力丁分液法，并使用动物实验证明上述方法的可靠性。

四十、现代应用之法医学①

【原文】

法医学（Medicina legalis）乃国家应用医学之一。其开创在医学及法学之后。欧西各国辟为专科前后不逾百年，日本、美国亦不过数十年。而我华远自周秦，以臻唐宋，已传有此种献籍。曾颁为制度，敷行宇内，流衍邻邦，视为专门技术。惜当时科学未昌，终罕进步。纂述汇著虽代有闻人，然概出于刑曹法吏检案之经验，未尝根据医理，进而钻研。且学习检验只限仵作、团头（宋时称司验尸者为团头，即清季之阴阳生、仵作，凡尸体经验后方准殓埋），学浅位卑，久沦贱役。综其知识不外凭目睹外表征象，勉加附会而成。迨至后人更多食古不化，墨守陈规。不但未能继往开来，反曲解事实，迷信玄理，囿于阴阳五行之说，适足阻遏其阐发精进。延至今日，我华之法医学尤落人后，殊深憾惜。但现代之科学化法医学，应以医学、法学及其他有关之自然科学为基础，且非先备充实医学之识者，固难了解运用。凡法官、律师、警员、侦探宪兵乃至各种社会健康保险机关及工场服务暨修订有关吾人生活健康法令之立法人员，对此学科亦须有相当修养。故在欧陆日本各国学制，除医科内应专设法医学研究所外，即法科、警官、宪兵等学校之课程，亦多有法医学讲座之设立。

一、法医学在科学上之地位

医学大致分为基础医学（Basic medicine）及应用医学（Practic medicine），前者如解剖学、胚胎学、生理学、药理学、生化学、病原学、细菌学、血清学、病理学等，后者如诊疗医学、卫生学及法医学等。

应用医学之研究区于治疗疾病者为诊疗医学（Kurative med）或临床医学（Clinical medicine）。属于预防疾病者，如预防医学（Preventive medicine），而研究医学、法学之共同运用者为法医学。自其研究实施目之对象言之，限于个人健康者，如个人医学（Individual or Private med）、诊疗医学及个人卫生学（Private Hygiene）等属之。遍及整个国家社会群众之福利者，为国家

---

① 原文刊载于《医育》1940 年第 4 卷第 2 期第 37—45 页。

医学（State medicine，State arjencikǔnde）、法医学、公共卫生学（public Health，Offentliche Hygiene）及社会学医学（Society medicine）等属之。

兹列医学分类系统如表

医学	基础医学	医学之基础学科		
	应用医学	诊疗医学		个人医学
		预防医学	个人卫生学	
			公共卫生学	国家医学
		法医学		

考近世法医学之进步，实受自然科学及社会与犯罪技能精进所影响，例如细菌学、淋菌、毒菌等之发现，有裨法医学中猥亵及奸淫行为之证明。血清学沉淀素补体结合与异体蛋白凝集现象之发明，有裨法医学中人血、兽血及亲权或个人之鉴定。又爱克斯光之发明，有裨法医学中人年龄之测定与内伤或体内异物之检查。各原质分析之实验，有裨法医学中毒物之化验。紫外线光、红外线光之应用，实有裨法医学中物证、罪迹之侦查。军械学之进步，影响于法医学中枪伤之检验。电学、光学之进步，实影响于法医学中各种凶行之侦索。机械、工业、农业之发达，实促成灾害医学、伪病、伪伤学之迈进。社会经济政策之实施，更促成健康保险医学、社会医学之产生。社会学心理学之演进，实促成法医精神病学及现行法律之改善。就中影响最著者，则为法律之修订。例如德国近颁法律，对花柳病患者实行强制治疗，其不治者，施以阉割。美国严厉酒禁，忽又弛禁，且有数州法令对精神病人限制结婚。是皆与我国法律不同者也。我国新颁《刑法》规定，凡花柳病人倘自行隐瞒，而有猥亵或奸淫，因致传染他人者，则犯伤害罪（《刑法》二八五条）。妇女因有疾病为防止生命危险之必要理由而堕胎者，得免除其刑（《刑法》二八八条）。次新颁民刑，即各法对订婚、结婚、责任能力、处分能力等规定均行改订。其结果可促医学研究及运用范围（与超向、发生必要之）变动。盖法医学与本国法律间殊有不可分离之联系。故其在科学上之地位，亦与一般医学、药学等自然科学毫无国界性者，微有不同。虽所需之技术系综合种种自然科学而成，但其运用研究之方针暨对法律之解释，则应随本国社会情形及法律原理而加以伸缩。倘医学家不明乎此，则所编定之鉴定书，措辞必多出入，甚足影响法庭公

允之裁判。倘法律家不明乎此，则所订定之法令，必不洽于人民心身之健康，有违社会生活之情形，审判检察亦易招意外之错误。故凡独立国家，即应具有适合于本国法律及社会之法医学焉。

二、法医学专科之需要

一般医师及法律家无以为关于医事鉴定人，只须略具普通医学常识之医生，已堪胜任，譬如创伤之于外科医、尸体解剖之于病理学家、婴儿生死之于产科医、毒物有无之于药学者或化学家均日当习，见必能措置裕如，实无庸法医学专门之学识、有无设备。此言乍闻似颇成理，然究其实，殊觉不当。例如检验创伤，法官倘追究该伤由何种凶器所形成，或缘何种枪弹所射击，是否生前伤，抑为死后伤，乃至伤后之病，是否因该伤所续发，又创伤之治疗日期，愈后对于工作能率有无影响，其个人固有工作伤愈后实减几何，应予以几等之伤害赔偿等等，一般外科医对之实缺精密之研究。又如尸体检验，倘法官询及此尸之性别、年龄、籍贯、职业等个人鉴定及死后经过之时间，并死因与病伤或体质之关系，乃至尸身及其周围犯迹之侦索等等，一般病理学家恐难予以圆满答复。次如杀婴事件，倘法官询及该婴是生产，抑系死产，或产后用何方法加以杀害，抑由他故致死等等，一般产科医对此质，一时颇难应对。至若毒物之证出，当毒量较多时，固诚为化学家、医学家所优为，第送交法医检验之检材，往往质量稀少，掺和变质，或混腐败有机分解产物，且毒物既入人体，每自挥发或行变质，故分析化验时，多数试药竟显异常反应，虽富有经验之化学家、药学家对之亦感困难，甚至不能检出。况毒质活用毒量多寡，所影响于人体或动物之生理或病理学等关系，益非药学家、化学家所能明辨。他如医师及其辅佐人员责任问题、心神鉴定之责任能力、处分能力、证言能力、禁治产宣告诸问题，物证鉴定之血液、精液等斑痕及毛发、笔迹、印鉴、枪弹、凶具、淫具等检查，个人鉴定之容貌、亲权、年龄、骨殖、性别、种族、职业、咬痕、指纹、足痕等测定，并社会情况及现行法令与法医间之关联等种种复杂问题，均非其他专门学科所能包涵，故法医学在事实上自有创立专科之价值，实彰彰明甚。

三、现代法医学运用之范围

现代法医学运用范围普及于全社会与立法、司法、行政三界。自立法方面言之，如订定各种法律，凡有关人生、生命部分乃至医事卫生、禁烟、禁酒、禁娼、护幼、养老，暨精神病之监护、职业病之遏止、劳工疲劳之调节、灾害伤害赔偿之审定、急性传染病、慢性传染病或地方病之防范、普遍性猥亵行为、性欲异常，并阻碍儿童发育或成人健康等违反生理事件之制止等，有益于国人心身发育、寿命、康健、生理机能、工作能率诸法则等。自司法方面言之，如民刑案件中证实犯迹、病伤、死因、年龄、性别、职业、人种、亲权、复踪①、毒力、药性、笔迹、印鉴，以至文字涂改、珍宝真伪、品质优劣、智能程度、心神现状、责任能力、伤害赔偿率、枪弹凶器种类、医师看护司药责任过误问题，或文证、鉴定书、验断书、说明书、诊治日记、处方笺、契约、存据之审查等。自行政方面言之，如警务之罪犯搜索、个人异同验断、与社会疾病之扑灭、健康保险之实施、灾害事变之检讨、避孕堕胎行为之判断，暨戒烟、戒酒并禁娼政令检验之执行等，均有需于法医学。故如按医事职务而论，法医学之运用性质得分为下列四方面：

甲、司法方面——充鉴定人（公医、法医师）。

乙、立法方面——充修订法律及卫生法令人员或其顾问。

丙、行政方面——充医官、警医、宪兵医官、监狱医官。

丁、社会方面——充保险医，工场医与医事检验人或法医学教授。研究者及物品真伪优劣之鉴别者。

就中以司法方面需用最繁，立法、行政次之。盖普通医师不但对修订法律、搜索罪犯无表现法医学之特长，且反因此阻碍法令之施行，影响法医学伟大之运用故也。至社会方面，则因我国保险事业及重工业尚未发达。除上海、天津、青岛等埠外，固罕需用保险医及公场医者。然由团体或私人委托法医检验事件，如毛类优劣、食品成分、珍宝真伪、遗言能力、治产能力、生殖能力、复踪、亲权、妊产性别异同、商品文据等，仍所常见者也。

兹录司法行政部法医研究所及北平大学医学院法医学研究室鉴定检验暂行办法附列之鉴验分类表，以为运用法医学鉴定检验能率之参考：

鉴验分类：

甲、人证鉴定

一、体格检查（如订婚、入学、服务工场等健康检查）及应否避孕、堕胎之鉴定（在法律许可范围）。

---

① 复踪：指对现场留下的隐蔽脚印、足迹、手印、指纹进行法医学恢复，通过痕迹恢复找到后来的留下踪迹的人。

二、乳儿乃至童年年龄鉴定及一般成年年龄之计算。

三、病及匿病①、伪病之鉴定。

四、伤及匿伤②、伪伤之鉴定。

五、盲、聋、哑、残、病真伪及其程度之鉴定。

六、畸形、肢体异常及病后伤后对工作能率暨作犯能率之鉴定。

七、发育异常及儿童智能发育障碍等鉴定。

八、亲生子及遗传诊验（在有条件下为可能）。

九、个人异同鉴定（如已宣告失踪者之复踪时，对再犯多次犯之鉴别，但须有原人像片及指纹或耳型参照）

十、生殖机能、交接机能③、妊娠期、受胎期、生产、早产、流产、半阴阳等性的机能鉴定及花柳病鉴定。

十一、关于猥亵行为及其损伤之鉴定（包括处女、初产、多产、强奸、鸡奸、色欲异常、意淫、血淫、虐淫等事件，而因奸致死者归验尸）。

十二、心神鉴定（凡关于精神病一时精神异常，并处分能力、责任能力、遗言能力、审理能力、禁治产等问题之研究及解释）。

十三、关于违禁麻醉毒品嗜好之鉴定。

十四、关于传染病传染他人传染力研究及解释。

十五、医师、药师及其辅佐人等负任问题之研究及解释（鉴定人有亲自询问被告等权限）。

十六、关于伤害赔偿、灾害赔偿、保险赔偿问题之解释或鉴定。

十七、关于违反公共卫生罪案件之研究及解释。

乙、物证鉴定

（子）物证检查

一、物品上含否人或动物新鲜之血、精、尿、粪、脓、痰、唾液，腹水、胸水、白带、月经、恶露及羊水、胎便、胎垢暨其类似物痕，并与④凶行关系之鉴定。

二、物品上含否人或动物陈旧之血、精、胎便及其类似物痕等之检验。

三、凶器及致伤物具上，附着之脑浆或其他内脏痂片之检查。

---

① 匿病：原文误为"医病"。
② 匿伤：原文误为"医伤"。
③ 交接机能：指性功能。
④ 与：原文误为"无"。

四、器具机械及物理性毒物之鉴定。

五、毛发及动物毛羽暨麻棉丝之鉴定、皮货鹅绒等真伪之审定，并毛类商品高下比较之鉴定（凡商品高下比较检查须将各等商品备送对照）。

六、米粮谷物等食物产品高下比较之鉴定（须附样品对照）。

七、一部分人骨或动物骨质之损伤、死期、年龄、性别及人数等鉴定。

八、指纹、足纹、袜鞋痕、步迹及咬痕、耳型等鉴定。

九、单据、文件、拷贝、复写纸、打字机并一切印刷品及照片异同伪造之鉴定（须有原底或另件对照）。

十、钱钞、印鉴、涂改笔迹等异同伪造之鉴定。

十一、珠宝、钻石等真伪良劣之鉴定。

十二、字画、契约新旧真伪之鉴定（须有真品对照）。

十三、枪弹、弹壳、枪具种类及曾否放射与枪伤关系之研究。

十四、土壤种类、性质之区别，并木质种类优劣，含否毒性或毒质之鉴定。

（丑）物证化验

一、动物及其肉类制品毒力并毒性之研究及鉴定。

二、已熟食物毒质定性及定量之鉴定。

三、生蔬、生菌、生果及其他一切鲜干植物，对生活体有害作用之研究及鉴定。

四、茶、咖啡、烟草等含否毒质及定量之化验。

五、著色料（颜色及染料）毒性及毒力之检查。

六、水、冰、雪、汽水、矿泉等对人及动物植物有害作用之鉴定。

七、乳类、油类对饮用或使用者有害作用及其含量分析之鉴定。

八、酒及醇、木醇及酒油等成分，及其有害作用或掺假之鉴定（掺假检查需备原品对照）。

九、糖、蜜、盐、酱油或其他调味剂成分①及有害作用或掺假之鉴定（掺假检需备原品对照）。

十、饮食物用器或其原料毒质之鉴定。

十一、成药之毒性、毒量并毒力之研究及鉴定。

十二、生药之毒性、毒量并毒力之研究及鉴定。

---

① 成分：原文误为"或分"。

十三、剧毒药品之毒性、毒量并毒力之鉴定。

十四、违禁麻醉毒品之毒性、毒量并毒力之鉴定。

十五、化学品纯杂或有害作用之鉴定。

十六、中毒嫌疑者之吐物、尿、粪、胃内容、血液等含毒之鉴定。

十七、土壤等成分或含否毒质之化验。

十八、气质毒性及有害作用之研究。

丙、尸体验断

一、尸体外表检查及死因、死时之测定。

二、剖验病伤尸体、研究死因，并生前与死后损伤之鉴别。

三、剖验并中毒症象之诊断。

四、尸体一部或全部内脏或体液含量之定性定量化验。

五、全份骨骸生前年龄、性别、生长特型之鉴定（在可能范围内者）。

六、尸骨伤痕、病痕及凶器之对照鉴定，与致伤情况暨受伤先后，伤痕新旧或是否因伤致病之研究。

七、尸骨之化验。

八、他杀、误杀①、自杀之研究或假缢、假溺等匿灭犯行或改变凶迹之查验。

九、坠胎、死胎、死产及杀儿行为对法律问题之研究及鉴定。

丁、文证审查及其他辅助鉴定

一、关系人体生理发育、身心康健之各种法规之审议及解释。

二、鉴定书、检查说明书、验断书、伤单、诊断书、药方、病历、诊治记录等文证之审查、解释或鉴定。

三、不列前目之物证、文证、人证或尸体死之检验或鉴定。

四、细菌学诊断。

五、血清学诊断。

六、生理化学诊断。

七、爱克斯光诊断。

八、紫外线光或红外线光检验。

九、立体或普通摄影。

十、制模检查（足模、止述模、伤型模等）。

---

① 误杀：原文误为"误敌"。

十一、动物试验及人体或动物体组织病理学检查。

十二、尸体及动植物之防腐处置。

十三、尸体美容及永久防腐处置。

上系录前北平大学医学院法医研究室鉴定检验暂行办法之附表，因较司法行政部法医研究所鉴定检验暂行章程所附鉴验事件能率尤为详密，但此种分类只便于法官或机关或个人委托检验时之检讨，原非科学的法医学之分目，且法医学鉴验能率，得因科学进步而增加，故上表之编定范围虽广，但难包罗万象也，特附声明。

四、现代法医学研究之领域

为应社会各方适用之需求，对法医学研究领域不得成为①多方面之趋势。故兹按其科学上性质，更分为下列各部，以便学者专门之研究。而医、法、警等校肄业生，则应具有全部法医学相当之常识。

（一）犯迹搜索法（包含枪弹、凶器、笔迹、印鉴、手纹、足痕、斑迹、违禁毒品等检查）——乃法医、警医、宪兵医及监狱医应用之学识。

（二）法医检验学（包前表各项检验鉴定、鉴定②研究及审查）——乃法医、公医或普通医应用之学识。

（三）个人鉴定（包含指纹、足痕、人体测定、年龄、容貌、亲权、职业、性别等鉴定）——乃法医、警医特需应用之学识。

（四）法医验毒学（包化验、剖验及检查）——乃法医特需应用之学识（由药师、化学师验亦可）。

（五）法医精神病学（包含精神病、一时性精神失常、生来性心神发育障碍及变质者）——乃法医、公医、监狱医应用之学识。

（六）诈病学（包含诈病、匿病、诈伤、匿伤及精神性夸大等）——乃法医、保险医、工场医、监狱医应用之学识。

（七）健康保险医学——乃法医、保险医应用之学识。

（八）灾害医学——乃法医、工场医、保险医应用之学识。

（九）医事责任问题及文证审查——乃法医、公医应用之学识。

（十）社会医学及社会病理学——乃法医及卫生行政人员应用之学识。

（十一）医事法制学（医法学）——乃法医学家及法学家与卫生行政人员应用之学识。

---

① 不得成为：这里是"将成为"的意思。
② 鉴定：原文为"鉴"。

上表各专目下注"……应用之学识",原在应用研究上有所限制,不过对该专目学识,应用之机会较多耳。

就前两表列举鉴验分类暨研究专目观之:得明了凡与医理、人生及犯行有直接或间接关联之学识,无不可供法医学之研讨。所以法医学研究进趋方向,不但涉及医学、法学与法律,且对其他自然科学,如生物学、心理学、变态心理学、动物学、植物学、有毒植物学、矿物学、森林学、人种学、遗传学、优生学①、药学、生药学、毒物学、高级化学、显微化学、毒物分析化学、法化学、生化学、物理学、放射学、农学、土壤学、考古学、电学、军械学暨社会学、社会经济学、社会医学、社会保险学、社会统计学、犯罪学、侦探术、摄影术等专门学科,以及本国制度、民族习惯、社会情形等,均有了解其全部或一部学识之需要。就中研究法医学之康健保险医学者,对社会经济学、保险学、统计学及保险法等;研究法医学之灾害医学者,对社会学、职业病学、工业卫生学、社会病理学、灾象学、机械学、工程学、电学、力学等;研究毛发、精虫与体液斑迹等者,对生物学、动物学等;研究罪迹、脚印者,对土壤分类;研究验毒学者,对毒物学、药学、植物学、高级化学、显微化学、生理化学、热带病学、中毒学病理组织学等;又研究个人鉴定者,则对遗传学、人种学、优生学、血型学、容貌检验法(人相学)、指纹学等;研究医事法制学者,对均须先有相当知犯法律学原理、罪心理学、社会学、社会病理学及现行法令等识,彻底贯通,方能运用自如。而研究法医精神病学者,对心理学、罪状心理学、精神病学及法医学原理,尤需有亲切之了解,方能施正确之鉴定。

惟既涉许多专门学识,自非一般法医②学者所尽能。况学海浩瀚,博则难精,故实施检验鉴定,每须借助其他专家,自无庸议。凡负鉴定检验之责者,遇有疑难切不可冒昧行事,此乃鉴定人之第一戒,宜特别注意。反之,倘所委托鉴验事件确为设备及学识能力所可逮,则纵③与医学无关,亦不宜拒而不受也。

要而言之,法医学研究之领域,系"荟粹医学、法学及其他科学与本国法律、社会现状,以讨论研究之学科。"法医学运用之范围系"本法医学及其他科学之特殊识,而防究、证伪、明罪、释疑,以维持法律之公正,

---

① 优生学:原文为"优先学"。
② 法医:原文误为"法愿"。
③ 纵:原文误为"从"。

并辅护社会之康宁"。是乃研究法医学之主旨，亦即国家社会之所以关于法医学者也。

曩者①德国曾将法医学与公共卫生学两学科合并称为国家医学（Staatarjoneikǔnde），至今德奥各地之公医，当考录甄别时，均须先受法医学及公共卫生学之严格试验，然后分发各地，任检政、救急、施医、防疫等职，同时并得充该地医事卫生行政之顾问，其制固至善也。

近二十年来，因法医学研究范围所涉过广，竟再分之为法医学、社会医学、行刑医学及医事法制学。详言之，即将社会病理学并禁烟、禁酒、禁娼、健康保险暨死因、死亡、生产、堕胎、灾害各统计等社会群众所需要之法医学问题，另辟为社会医学。将监狱卫生及有关身心健康之刑罚的执行，与罪犯原因诸问题，另辟为行刑医学。将研究厘订适合国民生活健康之法律等问题，辟为医事法制学或简称为医法学。均列为专科，以便究讨。是与灾害医学、康健保险医学同为医学院或法医学院研究科之课目。在普通医科学校及法学院等，则只视为选修课目而已。

我国现在内地医师，素乏法学及公共卫生学常识，且穷乡僻邑，原缺医师，以致司法检政、民众卫生及疾病诊疗几毫无妥善办法。允宜亟筹施行公医制度，俾检政、卫生、医务均得早树根基。而筹施公医制度，尤需训练公医人才。凡充公医之医师，皆须具有正式医学校毕业资格，再对法医及公共卫生学有相当之经验者，方为适当。否则殆无以应现代社会之需求，所以各医校内宜有法医学研究科之设备，而法医学、公共卫生学课程必须与诊疗医学同等注重，且所讲授者，实以广义法医学较为适宜。

二十四年②教育部新颁之大学医学院及独立医学院或医科教材大纲中，医学教材纲目，即采广义法医学。故法医学书籍，应参用部颁纲目，加以充实。而取材偏重于实验及我国所需要检鉴定与关系法律之运用，方足数大学医学生及普通医师研究与法家、警员、宪兵、侦探乃至负责修订法令人员等之应用也。

【述评】

文章从法医学在医学中的地位、设立法医学专科的必要性、法医学涉

---

① 曩者：从前，以往，过去。
② 二十四年：指民国二十四年，即 1935 年。

及的范围、研究领域等四方面阐述现代法医学的特点，建议教材的编写注重实用性和广义性，以部颁纲目为基础。文章的详细介绍有利于立法、司法、行政三界对法医学的了解。

在该文章中，林几特别指出法医学与其他自然科学的区别："盖法医学与本国法律间殊有不可分离之联系。故其在科学上之地位，亦与一般医学、药学等自然科学毫无国界性者，微有不同。虽所需之技术系综合种种自然科学而成，但其运用研究之方针暨对法律之解释，则应随本国社会情形及法律原理而加以伸缩。倘医学家不明乎此，则所编定之鉴定书，措辞必多出入，甚足影响法庭公允之裁判。倘法律家不明乎此，则所订定之法令，必不洽于人民心身之健康，有违社会生活之情形，审判检察亦易招意外之错误。故凡独立国家，即应具有适合于本国法律及社会之法医学焉。"该文对法医学课程的教材内容进行了重点探讨。现代法医学运用范围相当广泛，涉及于立法、司法、行政与社会各界，如按医事职务而论，法医学之运用范围主要有：立法方面——充当立法人员或顾问，司法方面——充当鉴定人，行政方面——充当医官，社会方面——充当保险医、工伤医、医事检验人员等。"为应社会各方面适用之需求，对法医学研究领域不得（不）成为多方面之趋势"，这种多元趋势如按学科再细分，则有法医检验学、个人鉴定、法医精神病学、诈病学、社会医学、灾害医学、健康保险医学等，即所谓"广义法医学"，在林几看来，上述这些学科知识都是医、法、警等在校生应该学习的。综纵观这些学科知识不但涉及医学、法学与法律，且对其他自然科学如生物学、心理学、动物学、植物学、人类学、遗传学、药学、化学、物理学等，以及本国制度、民族习惯与社会情形均有了解其中一部分或全部学识的需要，正是从这个意义上说法医学是"荟粹医学、法学及其他科学与本国法律，社会现状，以讨论研究之学科"。由于法医学所涉知识范围的广泛性趋势，林几对教育部所颁行的法医学教材纲目给予肯定，他说"廿四年教育部新颁之大学医学院及独立医学院或医科教材大纲中，医学教材纲目，即采用广义法医学"，为此他建议：法医学课程使用之书籍，应参用部颁纲目加以充实，取材应偏重于实验以及我国所需要之鉴定与关系法律之应用，唯有如此，"方足敷大学医学生及普通医师研究，与法家、警员、宪兵、侦探，乃至负责修订法令人员等应用也"。

四十一、医术过误问题①

【原文】

医术过误（Malpraxis of physician, Kunstfehier der Medizinal personen, Manque dadresse ou deprecaution des Medecine）者，即医师及其佐理人员执行业务或凭借业务行为所发生之医学技能上过失或错误也。乃法医学（Legumuliaiu）中最复杂之一问题，而为医事人员所必须具之常识。

我国对医术过误问题，在法律及专门法令中，并未有适用之特殊规定。但就医术过误诉讼发生动机，而引用法律条款，一般不过有：（1）无医术业务上责任之不幸事件；（2）医师业务之过误；（3）利用医药业务易罹之过犯；（4）中医及庸医行为四种。各国每因固有法律条款意义解释之不同，甚有出入，不能一概予以论判。尽有同一情形，同一案件，在甲国法律视为有罪，而乙国法律却视为无罪，或只受较轻之处罚者也。下文分项所举皆依据我国各种现行法令加以解释。此后如值某种法令公布修正，则引用内容亦生变动。故法医学不但有国家性，且随时有研究现行法律之必需。

盖医师业务乃以人类最贵重之生命为对象。故执行医术始终必须充分注意努力。俗谚所谓"医乃仁术"一语，殊不切于现代之医术。按事实而论，现代医师虽非行政司法之公务员，却同负有维持社会康宁及个人健康之重责也。

本来医术系对复杂构成之不健全人体所施排除障碍之技术。其由何而趋陷于过失范围，殊缺明了界限。于是医师业务上行为，亦难如数学答数之确定。一般仅就外部检视或间接诊查而下诊断，以行治疗，往往不能不有偶然谬误。况医师之于病人，原具有割股之心。焉有医人反利人死或症危不治者耶。故法医学者对医术过误事件，遂有种种程度之解释。若按纯粹法律（《刑法》第十四条）立场而言，即医师对一病人不拘其为"能注意"或"必要注意"而"不注意"，竟施以不适当之诊疗，致惹起意外不良结果者，曰"医术过误"。又其诊疗处置之不良结果，虽"预见其能发生"，

① 原文连载于《实验卫生季刊》1943年第1卷第2期第26—49页及第3—4期第31—47页。

而"确信其不能发生",竟疏于预防之适当处置,缺践业务上应负之责任或义务者,皆以医术过误论。然此种种学术上预见及注意能率程度,则因医师学识经验等,而有多少难辨之阶级。例如甲医对所诊疗结果,能得其预见,而乙医对之却不能预见。此际,如甲医为鉴定人则对乙医之诊疗行为,辨析为医学过误。但倘由与乙医同能率程度之丙医鉴定,便对乙医之诊疗行为,认为非医术过误。所以虽为同一之医术过误问题,而依鉴定人学识之高低,竟①有异同之鉴定。第究所以发生此种异同鉴定之原因,实缘医术过误之鉴定标准,难于厘定耳。法律家每谓医术系以人命为对象,实应用最严格之标准。惟为鉴定人者,对医界设施事实情形,固不能不加有相当考虑。现代对医术过误事件之决定标准,有下列三种学说:

一般主义:按现在医学程度为标准,对不具有普通一般医师所不可缺少的医学知识之行为或怠忽一般医师所必须注意之行为,以致侵害病人之权利,或比较的健康者,皆为违犯医师业务上过失罪。此种主义不以个人才能高低为标准,而以一般医师水平智能为标准。倘发生医术上忽略之过误或不适当之诊疗案件,即使该医之学力经验实较差劣,原对该病处置无能注意,并非故意行为或疏忽注意,而鉴定人亦勿庸加以任何考虑,仍判定"应当注意",于是该医乃陷于罪。换而言之,即其诊疗在医师个人学力以外时,仍须负过失责任,不依个人学识所能注意之程度为鉴定也。

照此学说施行结果,则对智能优良之医师过失,取宽大主张;对智能差劣之医师,取严格主张。且医术之有无过误,往往因鉴定人专门知识之高低,而发生异同之鉴定。况与我国《刑法》刑事责任之规定(《刑法》第十二条至十七条)适不切合。

对人主义:按个人智识程度以考虑其所必要注意之能率。此种学说虽与我国《刑法》无所抵触,但却与行政之医事卫生法规有所不合。且对学识优良医师之业务过失,系取严厉主张。对学识差劣医师竟取宽大主张。殊有纵容庸医草菅人命之嫌。

折衷主义:即并前两说,共同考虑。参照现代医学程度及个人学识,并当地设备,以决定业务上所应注意及所注意之范围与所应履行之法定义务。此说似尚妥善,较少流弊。

一般医师习惯,每用护士、助手、助产士代施诊疗,其医术上责任,

---

① 竟:原文为"尽"。

应由受委托之主治医师负之。盖所有业务上佐理人行为，系受主治医师（雇主或主管人）之命令也。但有不遵命令或违背学理习惯之行动、妨碍法令或病人者，得执行解雇或送法院讯办。又雇用医师、药师或助产士，自受病人或病家之委托者，若有医术过误，其刑事责任固当由其本人担负，而民事赔偿责任多归雇主或法人（例如医院院长）担负。

吾人如受医术过误事件鉴定之委托，每感十分苦恼。一方为维持法律鉴定人之责任及医术之信用，不得不作极严格公平之鉴定，往往因此惹起同业间之不安。一方为法律上之解释与医业习惯法解释之不同，所鉴定结果亦未易得法官之谅解。且每有种种陷于两歧暧昧之事态——用善意解释均能合理或不合理。此际，宜以不背医业善良习惯及一般法理为依归也。所以遇鉴定医术过误案件，吾人应研究下列各项问题：

（1）患者之死伤与所施医术有无因果关系。

（2）若有因果关系，则须追究是否只由该医术之结果方致死伤。抑有其他劣因，以共同惹起不幸事件。

（3）用他种医术能否使患者病伤痊愈、轻减或治愈复原，或多数贻留有该种后遗症①。

（4）该医术如适当运用，能否使该病伤轻快或痊愈②。抑只能恢复该病伤至一定程度，或残留有后遗症。

然欲得此数问题之适当完整答复，颇多困难。故鉴定医用药械及技术学理有无业务责任上之错误或疏忽问题，应注意实行下列各项之措置：

（1）向原被告及关系人、证人等善意详密调查，对病者诊疗经过或施行手术前后症状、发病日期、住院或居家诊治、既往病历、病床日记，以及手术需时，手术中及手术前后之处置、处方笺、给药方法、病人服药方法，及自家起卧、饮食、排泄、运动、醒睡、喜怒、静烦等个人昼夜生活经过情形，及护士或病家看护实情、变症死亡经过、救急方法、给养状况等事实。而尤应注意侦查病人、病家有无违反医师嘱咐，或擅改医症处置，并另邀请他人使用不适当治疗方法之行为。

（2）伤病而死者，多须剖验其尸体，研究死因。未死者应立即检验病伤现状，注意其所有因果关系。

（3）对该病伤结果之预后、遗残、病症、瘢痕收缩及最轻或最重并最

---

① 后遗症：原文为"后贻症"。

② 痊愈：原文为"全愈"。

多之变症，应予合于学理统计之解释。

（4）必要时须对现在及以前工作能率程度，加以合于伤害赔偿等之解释。或更予以职业上更换及练习后工作能率之测定。

（5）考虑对医药错误或疏忽之主点，予以公平之解释。如当时消毒不全，药量超过，用药禁忌，疗法失当，看护欠周，违犯法令等等，均可引证于书籍记载法律政令，以为判断之根据。凡已载在教科书之疗法，只要确系对症，不得认为治疗错误。惟乱用尚未试验明白药性效率，或已行废弃不用旧法，乃至不合学理违反医术诊疗原则之行为，医师或其辅佐人应行负责。而用药过量，惹起不良结果，须按政府颁定药典规定之药用极量标准。剧药毒药及麻醉药品之给与及有关于医师责任权利，及义务事项，应按卫生法规、医师药师等条例、《管理药商规则》《管理医院规则》《管理麻醉品规则》《禁烟法令》《管理成药规则》等有关各条款，详加审查。

（6）属于专门疾病或特种药品等之检查或审查，应征求专门家之意见。

（7）详细参阅卷宗及一切文证、检验物证。

（8）对被害人或告诉人不明医理之误会，应予以善意之解释。但此种解释，切勿私对当事人宣布。只宜编入鉴定文件，或口头在法庭陈述之。俾法官及双方当事人能对误会皆充分了解，亦所以维持社会安宁法律平正之一法也。倘仅对当事人一方面多余解释，则极易惹起当事人对鉴定人公平之猜疑及利己不合理之举动，便足反招审批之纠纷矣。

（9）考虑该案情经过与当地医事卫生设施情况，及医师之学力、资格、经验及注意能率，并其医院或诊所内容设备情形关系。经实施前项措置，然后参合该案案情及法律、医事法令、现代医学学理技艺程度，予以直觉之鉴定。如获证据，务当翔实列举，应力避不当之仁慈宽厚。若情理及法律上，确有可以原谅之处，固勿过度苛求。总之，对一切关键之审查，务求其平。宜注意事件之全体经过情形，须调查两方情实，以明该医生是否陷于强制状态，而必须急速决定对该人疾病之诊疗方法，并不得不在不适当之环境中，而对该病症加以比较能合于学理之有效处置，且亦无其他医师辅助诊治之可能。如该疾症乃通都大邑①临症上正常经过之病例，或原无急迫擅施诊断疗治之必要，或药械人员均属齐备，而仍发生不合医理行为，则自属医术之过误矣。

---

① 通都大邑：指四通八达的大都会、大城市。

最后尚须注意发生医术过误诉讼之动机。据各国调查有八点如次：

（1）因同业之嫉妒，或立言不谨，或所学见解不同，或个人学力优劣。往往同医师对同一病人或病人亲友作相反或不切合之谈话，于是发生无意识之纠纷。

（2）因医师或其业务佐理人员对病家或患者之不亲切处置，或不同情态度，亦往往惹起医术过误问题之诉讼。例如患者正受大手术中，生死彷徨之际，医师竟与他人戏谈，或中辍手术，趋出晤客、接谈、电话，或手术室中任人出入喧哗，或医师及佐理人员酒气熏蒸，或对病人病家漠视傲慢，呼喝忿叱①，是皆足引起病家之不满也。而诊查时态度浮躁轻忽，举止促迫忙乱，亦常增病家不信任之心理。

（3）因包治某病，到期不痊，或反趋重，遂招控告。次因作不真实、不量力之过度宣传医药效能广告，病人趋治，发觉其诈，遂被控告。

（4）因诊治索费过高，而诊治结果趋于不幸，或效力轻微，亦多招病家之忿怒②。

（5）医师临症对预后作过分良好之判断，而结果在短时日内，病反趋重或竟死亡，于是惹起病家之反感。

（6）医师对业务上责任、义务、权利、及法律常识过于缺乏，或不注意，每易自招无谓之名誉及金钱之损失。

（7）医师过度信托护士等佐理人员，因个人医业过忙或太简，乃疏忽于管理及监督，养成护士人等对病人或病家之不亲切及业务上之不注意。迨发生事故，医师便被连累。

（8）更有患者，因受人贿赂教唆，或顾切个人之利益，乃对医师加以无理或类乎合理而不切题之诬告。甚至造作伪伤、伪证，以图证实该医师诊疗之谬误。然此终为罕见事件，著者积十数年之经验，亦只检得四例。（一）例：某医对同业攻讦，买通尚未痊愈出院之创伤病人，对局部炎症加以发泡药之刺激，灼痛加甚，而使之诬告同业医师。（二）例：某人保险后伤已治愈，因保险医之诊断，不得具领残废保险费，于是控告该医请求赔偿，并申请给领保险费。（三）例：某人对某医怀恨，乃唆使另一死者家族控告该医延误病机。其实该医只于死者病中前往诊查一次，已认为不能救治。后病家又请多人诊视，终无法挽救之也。（四）例：某外籍在沪开业医

---

① 忿叱：愤怒地责骂。

② 忿怒：愤怒。

师为一舞女施行乳部美容外科手术，采取一定型术式，将乳腺摘取一小部分，使两乳房缩小，乳头稍向上跷。手术结果，在两乳房下例各有一线纹切开瘢痕，该女认为满意，出院经付与一部分诊疗手术费用。后该女又至他国籍医师处诊治他病，该医师询及乳部美容手术经过，因未注意，偶谓其实乳头勿使上跷，方为美观。于是该舞女乃控前医于法院，谓损害其职业所需之身体美观，致其生活备受影响。且乳腺既被割除缩小，将来育婴哺乳亦受障碍。责请赔偿巨额之终身生活补助费及哺乳费，而强唆后医为证人，于是两医均受诉讼之烦恼。虽经鉴定，得申其平。然案逾数月，方始解决，精神、经济、时间已遭虚耗矣。（此四案见于著者所著司法行政部法医研究所疑案鉴定实例，新医药社出版，北平大学医学院法医研究室二十五年度疑案鉴定实例及宋国宾著医讼中）

第一节　无医术业务上责任之不幸事件

医师因注意所不及，或事实上系现代学术所不能防范之变化，乃至在事实上医师无从担负其责任，而致病人精神、身体或生命及经济蒙其损害，健康不得恢复者，是为非出于故意或过失之行为。按我国现行《刑法》第十二条"行为非出于故意或过失者不罚"之规定，应不为罪。此类事件之发生，约可归纳为下列八项：

（1）有先天性异常或特异体质之患者，于施适当之注射、手术或麻醉时，或服适当药剂及手术或理学疗法处置后，突然虚脱或出血不止而猝死者。例如：胸腺淋巴腺体质或血友病及对某类药品、血清之有特异质者等。但注射血清，尽可先施个人敏感性反应实验，然后再施一定量之注射。对曾经注射尤应注意是否可以发生血清病。即对一切含毒性药剂，亦不妨先予少量再渐酌增。同时并应注意病人对该毒质之泄泄①功能及耐量。倘医师不先注意，致生严重结果，则亦不得谓非医师过失。

（2）病人夙有精神障碍或心脏状态不良，虽经诊查并无著明症状，而于大手术或疾病经过中，曾受适当救治，而突然死亡者。例如：脂肪心、心肌障碍、代偿性左心肥大、轻度瓣膜病、脑梅毒、酒精、阿片等慢性中毒、癫痫等精神障碍等。

（3）病人经适当治疗（手术或药物）后或疾病良好经过中，而突发生异常变症，无从预防者。例如：骨手术后发生脂肪栓塞；产后大出血后发

---

① 泄泄：排泄。

生血栓；颈深部大手术由小血管之损伤或产褥及外伤所致大血管或多数血管之损伤而发生空气栓塞；胃肠内气体突然增加充满，致横膈膜上举，心脏停止，或胸水突增加致发生窒息；气管支炎①转为肺炎；肺结核或胸膜炎之互行转发；骨或内脏结核转为全身粟粒结核；恶性肿瘤之复发或转移；胃肠溃疡发生穿孔；盲肠炎、蚓突②周围炎及肝脓疡等之转发腹膜炎；尿道淋病之上延发生膀胱炎及肾脏炎；阴道淋病之上延发生子宫炎及卵巢炎；创伤发生创伤传染丹毒脓毒败血症；齿龈脓疡、耳下腺脓疡、中耳炎、上颚窦蓄脓之转发脑膜炎或脓毒症；两侧肾脏炎之发生尿毒症；急性传染病之多发性内脏残留症，或败血症，或菌体内外毒素作用之变症（例如：种痘性脑炎与白喉，猩红热及流行性脑脊髓膜炎等，治疗或经过良好中，常突然因菌体毒素作用之中毒）等。

（4）该病需要之药械，当地均无从购置或经济、时间上无法设备③，亦无其他较优良医师医院可资介绍，而致贻误病机。虽曾声明用其他适当疗法，均无效力者。例如：需施大手术或特种检验诊断之疾病，而当地适无相当医院有此人才及设备者，或需用特种药饵、血清及理学等诊疗，而当地适缺乏之者，或多数大出血后须急行输血患者，适未有可用之血型人以供输血者。惟严格而论，医院药房对各种药品、特效药或生物学制品及输血人或各血型之血粉原应预有准备。但是在未开发地方，医药设备不完全，固勿庸深怪之也。

（5）施适当治疗后所发生不可幸免之对个人心身康健障碍，或不自然之流弊者。例如：一足坏疽，行切除后之跛行；子宫两侧卵巢肿瘤、两侧睾丸结核等摘出后之不育；脑脊髓及神经、关节、肌肉、腱鞘施外科手术后，知觉或智能运动之异常或麻痹；面部脓疮、肿瘤割治之贻疤者；及各处创口愈合瘢痕收缩之影响于运动，或后贻风湿痛者；胸膜炎或恶性肿瘤等之复发或再生者；传染病后发生有耳下腺、心、肾、肝等脏器之后贻症等者；中耳炎后之耳聋者；眼角膜、瞳孔、虹彩④之疾病，虽经适当治疗，仍贻视力障碍或盲目者；声带喉部炎症肿瘤治愈后，仍遗音哑者等。

---

① 气管支炎：支气管炎。
② 蚓突：又称阑尾，是细长弯曲的盲管，根部连于盲肠的后内侧壁，远端游离并闭锁，位于腹部的右下方。
③ 设备：配备。
④ 虹彩：虹膜。

（6）因症已重笃，或年已衰老，体复积弱，症属不治，医师对之仅能施以对症疗法，聊解痛苦，或试以特新疗法，以冀其生，但终不能挽救病者之生命，或其心身局部之健康者。例如：对癌瘤已转移者之植镭管；对脑心病伤局部之手术；对脑膜炎、脓毒症、丹毒及重笃传染病之注射特效血清；对麻痹狂之注射疟虫或伤寒疫苗；对急性中毒及重大创伤之施适宜救急处置；对心动将停者之注射强心剂；对死战期①呼吸困难者之注射洛比灵（Roboline）；对毒蛇及狂犬咬伤发作后之急行切断肢体指趾伤部，注射大量疫苗药剂；对老人、精神体力之自然衰萎者之予以提神、强心、健胃、强壮剂；对三期梅毒及脑梅毒或对恶性疟疾之用奎宁、阿特勃灵，及扑疟母星②仍不能根治者之用九一四或六〇六③注射；对重笃结核之用 BCG 抗结核素④（乳儿方效）；对积弱或心脏病、脑脊髓病、精神病者更患其他重笃急性病者之予以特效或对症疗法；对患一切无可救治疾病者之施对症疗法等。而年老体弱，不堪施麻醉或手术，经病人或病家再三请求施术，且此外又无他法可治疗者，医师得向病家预先陈明。迨手术结果，终不可救，或竟死于麻醉期间或手术后者，则亦可谓为不幸事件。

（7）在现代科学原无法根治，且无绝对方法预防再发之疾病。例如鼠疫、癞病⑤、阳痿、脑震荡、脑出血（中风）、恶性肿瘤、精神病、先天性精神发育不良或抑止、心脏病、肾脏病、肝硬化、血管硬变或破裂溢血、大血管菲薄或狭窄，主动脉瘤、老人病、习惯性流产、早产儿及初生儿之衰弱夭亡等是也。此外，对某特种疾病之特殊治疗，适有禁忌体质或其他疾病，而又无其他代用之有效疗法，曾经申明不得已情实，结果虽用适当之处置，仍致患者发生变症或残疾者。例如：虽注射血清或疫苗于可发生血清病期内，竟患需再注射该血清为治之疾病，致发血清病者；妊妇患恶性疟疾，不得用金鸡纳酸，而代以美蓝（Methylenblau）（国民十八年，南京某医师予一患疟疾妊妇以金鸡纳酸，致发生中毒流产，被控判徒刑一年，

---

① 死战期：濒死期。

② 扑疟母星：1926 年 Schulemann 合成了第一个人工抗疟药，又称扑疟喹，对杀灭红细胞外形疟原虫及配子体有效，可减少疟疾复发和传播。与奎宁合用，有可能根治间日疟、三日疟，但毒性较大。

③ 九一四或六〇六：六〇六即砷凡纳明，第一种针对梅毒的特效药；九一四是继六〇六之后的第二种含砷的治疗梅毒的有机药物。

④ BCG 抗结核素：卡介苗（Mycobacterium bovis bacille Calmette Guerin，BCG），是一种减毒的牛结核分枝杆菌制成的疫苗，用于预防结核。

⑤ 癞病：慢性传染性皮肤病之一。出《诸病源候论》卷三七。即疠风，麻风病之一种类型。

停业二年）；恶性贫血应用砒铁剂；梅毒用六〇六或九一四等而致病人发生药疹、药斑、皮下溢血等中毒症象者，均为无医术过误之不幸事件。但应用磺酰①胺类药物（Sulfamilamide and its deivestives）以治疗疾病或创伤（考磺酰胺类药物治疗应用范围有下十种：即1）鼠疫；2）创伤之防治化脓及气肿性坏疽；3）脑膜炎球菌所传染疫者，如脑膜炎及败血症；4）肺炎双球菌所传染者，如肺炎、脓胸及脑膜炎；5）溶血链球菌所传染者，如溶血性贫血、丹毒，蜂窝织炎、败血症、局部脓疡、脓毒性咽喉炎、急性扁桃腺炎、产褥热、脑膜炎、猩红热、肺炎、中耳炎等；6）淋球菌所传染者，如尿道淋病、上尿道淋病、淋菌性阴门腔腔，淋菌性眼炎、脓漏眼等；7）葡萄状球菌所传染者，如败血症等；8）泄尿系统各种细菌传染之疾病，如：白葡萄状菌、大肠菌及变形菌所致之肾盂肾炎、膀胱炎；9）砂眼（未能根治）；10）疟疾（效力不如金鸡纳酸）。当考虑患者将有副作用发生（考磺酰胺类药用对病人发生之副作用，在第一星期为：①发黄绀色；②头痛；③恶心呕吐；④脾肿；⑤肾机能障碍，如肾盂肾炎、肾丝球体出血、血尿、尿毒症（死后解剖在肾细尿管内可检见磺酰肾类结晶）。在第三星期为：①轻度进行性贫血；②急性颗粒性白血球减少症）。就中尤以急性溶血作用（用药之最初五日内发生，由于个人过敏反应）及肾脏障碍，每可引起严重后果。故医师对病人之尿、血之检查，不可疏忽。如已发生副作用，仍促病人继续服用大量同样药剂，或服此类药品时，同时并给以硫剂，不忌含磺食品，则皆为过失。若医师曾加注意，发生副作用后立即减除用药，且加以适当补救处置，而患者仍不免中毒，则医师可不负医术过误之责任。而磺苯胺匹啶（Sulfapyridine）之副作用尤大，灭菌效力并不比磺苯胺匹唑（Suifathizale）及磺苯胺嘧啶（Sulfadiozine 或 Suifapyrinidine）为优，使用时益须注意。惟对以前无法可以救治且为必死之急性病，如鼠疫、脑膜炎、败血症等，倘中断使用此类药品，即有反陷患者于不救之可能时，则医师虽然继续用相当适量同样药品，亦属医疗上之正当行为。但同时须加补救疗法，以减轻其副作用耳。

（8）因病家之乱延医师，乱服药饵，不听医师善意之正当指导，不用适当疗法，而致延误不明，或病势反复者。例如：同日并服两医或多医方剂，以致药量过多或相反；或舍正当处置而擅换用不正当处置，对医师所

---

① 酰：原文为"醯"（xī），酰（xiān）的旧称。

指导病人应行禁忌或必须履行事件之违背。譬如：伤寒病第二、三星期或已有出血倾向，而病家不听医师之劝告，任由病人随意走动，或于伤寒病之第三、四期，乱予病人以固体食物；甚至任脑出血之病人便秘、热浴、饮酒，致血压一时亢增；或须绝对安卧病人，而任意运动劳力；对绝需用特殊食饵疾病，而仍予以不当之饮食物；对应禁忌药物食饵，既经医者告诫之后，仍不予禁止；对需用冷罨包之部分，不行罨包，或反施以温热罨包；对有治愈可能之疾病，而不受正当治疗，反喜受刺络、巫方或不相干乃至违反病状之土法治疗等是也。但此类事件如竟发生于住院病人，则主治医师及护士与该院负责人员，仍应负相当之责任。

上举八项，颇足为医师人等医术过误责任之掩护。故鉴定此类案件，为鉴定人者，必须详密，无稍存偏倚成见。否则便有偏袒，甚至犯法之嫌。

第二节　医师业务之过误

医师于业务内正当行为不罚（《刑法》第二十二条）。但所应行注意事件，若因疏忽或怠惰乃至误信佐理人员报告，对病人竟施以不适当之诊疗、看护或收容，结果发生不良之影响，障碍病人之康健，残伤病人之身体，或危损病人之生命及经济等者，是为犯过失之杀人或伤害罪，并应赔偿经济上之损失。按《刑法》第十四条"行为人虽非故意，但按其情节应注意并能注意而不注意者，为过失。行为人对于构成犯罪之事实，虽预见其能发生，而确信其不发生者，以过失论"。第二七六条"因过失致人于死者，处二年以下有期徒刑、拘役或二千元以下罚金。从事业务之人，因业务上之过失，犯前项之罪者，处五年以下有期徒刑或拘役，得并科三千元以下罚金"。第二八四条"因过失伤害人者，处六月以下有期徒刑、拘役或五百元以下罚金。致重伤者，处一年以下有期徒刑、拘役或五百元以下罚金。从事业务之人，因业务上之过失，伤害人者，处一年以下有期徒刑、拘役或一千元以下罚金。致重伤者，处三年以下有期徒刑、拘役或二千元以下罚金"。其犯业务上过失之杀伤人罪，处罚较重，但伤害罪须经告诉乃论（《刑法》第二八七条），杀人罪则不得私和，不待尸亲告诉，即检察官、警员、行政官署职员、与验尸医师及一切邻保人等，均得检举。

关于损害赔偿在法律上有《民法》第一八四条"因故意或过失不法侵害他人之权利者，负损害赔偿责任。故意以背于善良风俗方法加损害于他人者亦同。违反保护他人之法律者推定其有过失"。又第一九二条"不法侵害他人致死者，对于支出殡葬费之人，亦应负损害赔偿责任。……被害人对于第三人负有法定扶养义务者，加害人对于该第三人亦应负损害赔偿责任"。第一九三条"不法侵害他人之身体或健康者，对于被害人因此丧失或减少劳动能力或增加生活上之需要时，应负损害赔偿责任。……前项损害赔偿，法院得因当事人之声请①，定支付定期金，但须命加害人提出担保"。第一九四条"不法侵害他人致死者，被害人之父母、子女及配偶虽非财产上之损害，亦得请求赔偿相当之金额。其名誉被侵害者亦得请求为恢复名誉之适当处分。……前项请求权不得让与或继承。但以金额赔偿之请求权，已依契约承诺或已起诉者，不在此限制"。诸规定。但据《民法》第二一八条"损害非因故意或重大过失所致者，如其赔偿致赔偿义务人之生计有重大影响时，法院得减轻其赔偿金额"。又第二一七条"损害之发生或扩大被害人与有过失者，法院得减轻赔偿金额或免除之。重大之损害原因为债权人所不知，而被害人不预促其注意或怠于避免或减少损害者为有过失"。再据《民法》一八五条之规定："凡数人共同不法侵害他人权利者，应连带负赔偿之责任。"又第一八六条之规定："因故意违背对第三人应执行之职务，致第三人权利受损害者，应负赔偿责任。"暨《民法》二二二条债之付给内规定："故意或重大过失之责任不得预先免除。"照法律规定简而言之：医师如犯业务过失致伤害病人健康及形成残疾或死亡者，除应受《刑法》之处罚外，更应履行民事诉讼判决各项赔偿责任。此种赔偿当被害人生存时，仅对被害人负赔偿责任。虽只名誉或自由之被侵害，被害人亦得请求赔偿。如被害人进而死亡，则对该被害人家属及所负法定有扶养义务者及支出殡葬费之人均担负付与有相当一次或多次定期赔偿金。迨个人经济能力不能胜任时，方得请求减免。

法律对不完全行为若无意中行动，常可不负责任或得轻减其责任。例如施行颈部手术全注意中，医师无意而突发喷嚏，致将颈动脉切断，是对该医师之过误，可认为"无意中行动之不完全行为"，列为"不罚"。倘该医已患感冒，既知能频发喷嚏，则不应不预加注意，若手术中突发此类事变，则仍列之为"怠于注意"，至多只能在可能原谅情形内，减轻其刑。但医师诊视甲传染病人，而致携带病原，于无意中传染于乙健者或他病人者，虽属无意行为，但该医师总对传染病之预防消毒手续，应负履行不完全及不注意之责任。此在医院中门诊或巡回诊查及出诊时，均须加注意，其责

---

① 申请：申请。

任例由主治医师及主管看护负之。倘病家来院探视传染病人，按诸《传染病预防条例》，应力加限制或禁止。当探访人来院入传染病室时，应予以消毒口罩、手术衣，离病室时应即脱下消毒，并用消毒液喷鞋、洗手。倘不得已时，应将探访者来院时日、姓名、立行具报于该管行政官署，同时并促行该个人之消毒或隔离检查。否则医师或医院亦负怠忽政令，不注意危害群众卫生之责任。《刑法》第一九二条："违背关于预防传染病所公布之检查或进口之法令者，处二年以下有期徒刑、拘役，或一千元以下罚金。暴露有传染病菌之尸体，或以他法散布病菌，致生公共危险者亦同。"次当医师酒后或心绪不灵时，对诊疗错误责任，仍不得因神识不明而解免。盖此际医师即不应应诊或施行手术。换而言之，医师在手术及诊疗规定时间前，或规定时间中，原不应过量饮酒或失眠劳神也。但因出诊接生等而致失眠劳神者，应展换所规定之诊疗时间，亦不得因此而不应诊。如不应诊，亦属违犯违警法令及《医师暂行条例》之规定。

医师与患者间预订有相当特种疾病之诊疗契约，或病人向专门或普通医师诊疗其特种疾病，迨后其目的疾病终未治愈，只治愈其他疾病，且对患者并无何等不利，此种结果，虽未得视同医术过误。然该医亦不能向患者请求治愈目的以外疾病之诊疗费，但可凭患者好意之付给，医师不宜不满足也。倘有此类索酬案件发生，为鉴定人者勿得误会而擅判为应付之也。惟所用药材等需费系出于医师垫款，病家必应照付。如医师对病人求治目的疾病并未施治，而因趋治同一病人他种疾患耽误原病病机，致求治目的疾病有增恶倾向，则当视为医术过误行为。

吾人对于医术过误事件之具体条款，既难简括讨论，兹只能就普通医学界所公认为医术过误行为，分项列举如次：

（1）不适当之诊疗行为：过度错误诊断，施行不适当之治疗及取缔，而征收错误巨数诊疗费，束缚或障碍他人之自由，甚致于人死伤者。例如，对无精神病人而误诊为患精神病，竟施行精神病之监护及禁治产；对无急性或慢性传染病，而误诊为患传染病，容纳于传染病院，或约束其自由，或反招传染病之传染；对无花柳病者，误诊为有花柳病①，致施花柳病之处置；对患大动脉瘤者，误为肿瘤，擅行手术以致死亡；对脑充血突然昏厥之患者，误诊为脑贫血或虚脱，而予以大量强心剂，致血压亢进发生脑出

---

① 花柳病：性病。

血；对无盲肠炎或骨痨及肢体坏疽者，而误诊为盲肠炎或骨折及坏疽而施手术；对妊娠误为子宫病或肿瘤，而施通经或子宫摘出；对他伤误诊断为自伤，或对伪伤、伪病误诊断为他伤或因职业之伤病等，致主管官署及被诊人或工场雇主、保险公司等皆蒙巨大损害；或对有或无麻醉毒瘾或酗酒者之误诊，致施行或免施法律相当之处分；或对中毒毒物之误断，致予以相反之救急处置，则医师皆须负绝对责任。惟该医对该病既据现代科学能力，曾行充分检查，而尚误诊之者，则其误诊尚可原谅，例得减轻其责任。又患者如同时患有二种以上疾病，虽只主诉一症，而医师仍应均予诊明，告以事实，并劝施治，勿使贻误，否则亦属医术过误。故医师诊察病人，切勿只据病人之自诉病状经过，仅施简便之局部检查，径予诊断及治疗处置也。

此外，误予病人以不当或过量或禁忌之药品食饵，或不预告其须要禁忌，而引起不良之结果者，医师须要负责。在医院中之主管护士，司药等佐理人员亦须负责。倘主治医师在治疗记录或处方上已经注明禁忌或特别食饵，而调剂或看护人员竟亦忘却者，则当以过失论。

（2）手术之不当行为：误诊所致大手术之错误，当然系医术过误。但对病人无损害或痛苦发生者，往往不至起诉，便不论罪。惟简便手术之不适当，亦同为手术不当。例如绷带过紧、过久，致局部疼痛、麻痹或发生局部坏死及其他不良之影响者。又绷带太松或罨包冷热使用之不适当，或骨折、脱臼、疝气等还纳手术后，绷带使用之不适当，亦往往致治疗结果之差劣，而使病人受重大之不利也。著者曾检一例，亦属医师责任，即有一双胎产后大出血之体弱产妇，而产褥十二日，看护即强促其连次试步，结果子宫创面而再大出血，半日后死亡。看护学识，只知一般产妇应于产后七日至十日前试步，该主治医师忘却告诉，对该妇须特缓试步，以致招此不幸结果。年来抗战中，因军医缺乏，最前线救护人员，多无医学常识，每遇受伤军民，竟于创口强塞不洁棉花或纱布，谓谋止血。而所揣之棉花、纱布及镊子等，均置于衣袋之中，虽以前或曾一度消毒，但既散藏衣袋中便成不洁。以致伤者虽外裹绷带，移送后方，而创部已全部化脓，甚或生有蝇蛆。多数军民因此发生创伤传染，不治死亡。即或幸存性命，亦须切断肢体，或贻脓疤。此种处置，诚不如当时用凉开水洗净创口，涂以碘酊，上覆消毒棉纱，轻扎绷带，任血自凝，再送后方为愈也。又前方救护人员，因求止血，每用橡皮带或绷带加紧缚缠肢体，径送后方，历数小时或数日不解（紧缚不应超半小时以上），遂致全肢发生坏死，贻成残废或危生命。其过误实不只伤害个人，且大有影响于国力也。至若不当全部剔除之脏器（例如两肾），或全脾肝摘造，及误剔健全脏器反留有病脏器等，当然属于过误行为。

（3）手术时之不注意行为：当手术时切损重要之血管、神经，或忘却取出放置于创口或体腔内之种种异物，而致患者发生疾病痛苦者。例如：颈部手术时误将颈动脉切断；腋窝手术误切断腋窝动脉（民国五年，北京有某某大医院外科医师即检一例）；或开腹术时遗留钳子、棉纱等于腹腔（著者曾三检例）；行拔牙手术或注射麻醉药或其他药品时之不注意，亦往往可发生意外结果，著者曾检两例：一行拔牙手术，一行腰椎麻醉，而误高根①为人工新高根，以致发生急性中毒。此种不注意行为，多由于佐理人员之不熟练，汲取药液时之不注意，或盛药瓶笺之未更换，及标签文字之模糊不明。而既发生不幸之诉讼纠纷，则医师便无能逃其责矣。

正当人工流产手术时，误将子宫壁穿通，子宫颈切伤，子宫腔穿窿部创伤。又行静脉注射，误注入异物（血清或药液沉淀残渣或管内细微污物）或空气；输血疗治，误注入异型凝集血液或凝固小血块；施全身麻醉时，发生误咽异物；误用过量麻醉药品；或对心音、脉搏、呼吸不予注意；或误切开或损伤不需要切开或损伤之身体任何部分等，皆属医术过误事件。

若主治医师对所诊治病人之手术，委诸佐理人等实施者，该医师仍应负手术过误之责任。故手术等不宜委交他人动手，或用供学生等实习。但主治医师如委托其他医师执行手术，须由其他医师施行会诊或负责诊治，则原诊之主治医师，得解除其一部或全部责任。看护、助手、学生等对诊疗工作，只限于辅佐主治医师之地位而已。

（4）忽视急救行为：即对必不可缺手续之忽视。例如：非常出血之患者或濒危病人之乞诊时，而故意推托，或作无意义之延搁，不急施救治，以致病人发生不良或不幸结果者。此种责任在医院则应由主管人员、当值医员或该病主治医师负之。故凡诊所、医院皆应有一救急室之设备，随时派有当值医员，轮流负责。倘有施大手术之必要，在医院须由该病主治专门医师处置，则该医师应于得到通知后，急速临诊，迅予处置。倘该医院诊所原无适当治疗设施，亦宜先为止血强心后，介绍到相当医院诊治。此

---

① 高根：cocaine，可卡因。

种医术过误事件，常在清晨、夜间或休假日发生。倘在白昼竟而发生，则该医院主管人员与主治医师，即负绝对责任。当战争时期，或群众集聚处所（如运动会、戏场，民众游行集会等时）、工场、矿场所在，及有灾厄事件（海啸、水灾、火灾、船覆、墙倒、屋塌、饥馑、地震、山崩、地陷、旱涝、走电、风灾等）发生之际，尤宜注意。如需要施行救急处置之人数过多，实非该院医师人等独力一时所能办到，此际应舍其绝对不可救治者，而先施救当可保全生命者。必要时对虽保全生命仍无生活能力者（如全身运动麻痹、四肢缺失、精神智能完全丧失，不能恢复者等），亦可因无暇施救而缓予处置。其余悉应依先后次序妥施救急，并得求援于同业及邻邑之慈善团体为助。

（5）助产及产科之不当行为：接生时，尚无充分适应证或满足之妊期，而施行接生手术或授予催产药品，反致难产或产妇胎儿蒙其不利者。例如：无适当原因先将羊膜破水；无适当征候或未备有相称征候，而施行人工早产、流产或胎儿穿颅术；未至子宫开口期而注射麦角剂等是也；至若滥用帝王切开术①，切开子宫壁，以取出胎儿；子宫搔爬术；胎儿脔解术；钳手术；或不合学理之腹部重压按摩；不适当之毒剂药品，致危损母子之健康或生命者，处罚尤重。有产后忽略对初生儿或产母之照料，未予以合理之处置，如脐带忘于结扎；婴儿口中黏液忘予取出；胎盘忘检查已否全部剥离；忘使初生儿营开始之呼吸运动；忘予初生儿以适当衣服包裹；忘预防产母心脏衰弱、失神、过度出血及创伤传染；忘防护会阴破裂或滥施阴门切剪创伤；忘授予婴儿产母以适当药品食饵；忘用硝酸银等为婴儿点眼以预防脓漏眼②；对妊娠未足月之早产儿，忘加以特别注意，及擅用未消毒器械、棉花、纱布等等。此种不适当违背医理行为，医师或助产士皆应负责，而护士等佐理人员有时亦须负连带责任。而施帝王切开术，至第二次，竟忘告诉病家，该妇以后将不任生育，应于手术时，便将两侧输卵管结扎，或行摘出卵巢者，则该医师须负其责。而对子宫、卵巢等肿瘤疾病或应行避孕或施治疗的人工流产手术者，医师不应对病家吝予预示或警告。

（6）防疫消毒之不充分行为：因消毒之不充分行为，而发生危害他人健康结果者，医师应负其责。例如，在患麻疹小儿旁竟与他儿种痘，或将诊查猩红热或白喉等患者用过之舌压子或体温计，不严加消毒而另放于他

---

① 帝王切开术：即剖官产。

② 脓漏眼：又称淋菌性结膜炎。

人口中，而致发生传染者是也。又如对病人之化脓部手术用械或剖验尸体、动物用械，不经消毒，而再用以穿刺、切开或缝合病人之未化脓组织。或以未充分消毒之器械、用具、被服及必须消毒而未消毒之饮食品房间等，以供给病人，以致发生传染者。则除负消毒责任之护士、助手等应负全责外，主治医师或医院亦应负责。故医院中对急性传染病人或有传染广播能力之慢性传染病人或携菌者之诊查，必须有相当防止传播其病原之设备。对医员、助手、护士、仆役等之患急性或慢性传染病（如猩红热、肺痨、流感、百日咳、癞病、梅毒等）能传染于人者，应严格注意，停其职务。即使症状轻减，仍能扶病任事，亦非治愈后完全无传染他人能力时，勿任其与病人接近。至有传染他人能力之传染病者，非治愈后完全无传染他人之可能时，决不可允其出院。即对不住院病人，亦当告其家属以隔离及严行消毒方法与预防方法。盖为公共卫生及医术责任起见，不得不对个人或全院经济有所牺牲也，此乃医师个人及医院所应遵守之一义务。故医师本人如患有可以传染他人之急性或慢性传染病，即应暂行休息，治愈后，方出应诊。至于手术室、产房之须绝对安全消毒，尤有关于被手术者或产妇之创伤传染。必要十分谨密，能禁止未着消毒衣人员入内为妥。而临时使未充分洗手消毒人员帮忙运送物械，亦所顾忌。

如出诊或门诊发现传染病人，该医师及在旁佐理人员均应严施消毒之适当处置，然后再与第二病人诊治。此种习惯，往往因诊务繁忙，而被忽略，若启讼争，便难逃责。著者曾鉴定一例：某医师先诊一褪屑期猩红热病人，未回医院消毒，旋趋另一家，为一小孩诊治肺炎，致该家大小五口，均得猩红热，活一老者，而一夫一妻及两小儿，皆遭夭折。因由医师车夫口中陈述，酿成诉讼。

当门诊发现有传染病人，即应与普通病人隔离，不得容留于同一诊察室或候诊室，对该传染病人行动，应予限制，必要时得拒绝该传染病人参加门诊，并立即将该病人姓名、住址、病状等通知于该管官署，迅予处置，或介绍之于传染病医院，以免传染他人。其所坐息处所及一切用具、排泄物、诊治用械，均须消毒。然一般医师每因事过烦琐，疏忽履行。于是医师反成为散瘟使者，医院诊所之候诊室反成为传染病之介绍所，岂非大谬。诚皆违背医事卫生法令之行为也。

（7）处方授药之适当行为：例如，对不明作用或不明使用方法之药品，擅行授与病人，或忘授病人以使用法及用量，或误授应行禁忌及不得连续多用之药品，或将甲之处方药剂误授与乙，或误授以违反病情不对症处方剂，而致发生变症，延误病机，惹起增恶或中毒现象者，则医师皆不得不负全责。处方签上如忘写病人姓氏、时期及用途，或其用量超出药用量，或应用违禁之药品等，则药房之司药须负责向开方医师询明究竟，或拒绝配给该药。又处方及药器、药包上指示药饵之用法，应用简明国文，以免病家误会。不了解者，并应对之解释说明，倘因此而发生恶劣之事变，医师仍须负较重责任。若医师不亲自诊查，或虽诊查已经时隔多日而擅予方剂者，或虽亲自诊查，而另交护士、助手人等代为处方者，一旦发生不良结果，该主治医师仍须负绝对责任。至已有特效疗法之疾病，既经诊断之后，而犹不取用特效疗法，而因循仍用无效或不能根治之药品等者，除当地无适当医药设备者外，在医师皆为不正当行为。至少亦须告诉病家此病应施之根治等法、手术或药饵，由病家自决其取舍。必要时应介绍病人于其他医院或远地专科医院。尤其对急性有危及生命之病伤，如果只图诊金而延误病机，则无所逃罪。

（8）对病人之试验诊疗行为：例如，使用新手术法或新药，当其效能作用尚未阐明之先，不得擅对病人加以试验。倘因此而发生危及健康生命之不幸事变，则该医师便负刑事之全责。故非对该药或手术试用有相当把握，或先①经动物试验证明为绝对有效，或先用微量对病人在绝对有益且无危险范围内，决不容试验。设以明知该新药性质成分原对生活体或人体具有相当毒害作用，亦绝对不用试验，即使病人自愿受试，医师亦不可擅用。倘该病人疾病已臻无法可治之境，或性命已经濒危，无可救治之望，则医师征得病家或并患者本人之完全同意，订立明确之委托书后，方可予以试用。否则往往惹起诉讼纠纷，免难逃责。

（9）安死术②（一名助死 Die Einthansie sterbemilfe）：为对绝对不治疾病之痛苦患者，或受致命外伤必死之患者，由医师设计，患者自由主张而授以大量止痛麻醉药品，使得于轻快舒适感觉中而死亡之方法也。施行此术行为，当然同时使患者生命短促。按法律言之，则触犯《刑法》第二七五条（教唆或帮助他人使之自杀，或受其嘱托或得其承诺而杀之者，处一年以上七年以下有期徒刑。前项之未遂，犯罚之，但谋同死，得免其刑）之规定，故医者切宜慎重。但在实际上，对一无救患者注射以大量麻醉毒

---

① 先：原文为"先后"。
② 安死术：安乐死。

品，使其寿命稍短，而能减少其无量无味之痛苦，同亦属人道行为。故各国学者主张或按习惯法法律上默许立论，医师应受不起诉处分（K. Lee 氏主张），或认为该医生之造意原非促短病人寿命，目的系在减免病人痛苦，故此种致人于死之行为，在法律上并不违背也（F. Kaufmann 氏主张）。若按 Hoch 及 Binding 两氏主张，则谓一切无生活价值之生命，皆应完全灭绝，是不仅对痛苦不治患者得应用安死术，即对不治之白痴等精神病患者及衰老残废毫无工作能力者，均应全在促死之列，殊不免过于残酷矣。第尚有多数医学者及法律家，主张救助生命乃吾人天职。按诸正常法律，绝对不容有助人自杀或故意致人于死之行为。然此并非谓不得不予患者以相当麻醉止疼剂，救治当时之痛苦也。惟此行为实有启躲避使用大量毒剂麻醉药等医术过误责任之嫌。故在引我国法律之法医学立场上，自难认可。而睽诸人情伦理及各国习惯，则施此种安死术，虽能短促患者暂时生命，却能减免死者不忍受之痛苦。殊较优于用强心剂等，勉强延长绝对不能挽救之生命，徒使垂毙之人多无限之痛苦也。倘假借施行安死术之名，而行杀人之实，则罪不可恕此种事件，著者曾遇五例，就中两例系见于我国，自应依国法判定，他例在法奥所见，当依该国习惯法处理。兹概述于此：
（一）例：某外妇年已六十七岁，患子宫颈癌，再发甚剧，诊悉已起转移，不可救治，痛苦万分，经医师商得病人与病家同意，施行安死术。妇麻醉中死亡，医者无罪。（二）例：某儿七岁，患肺炎、胸膜炎、肺水肿甚剧，医告不治。其母原习护士，不忍儿陷于窒息症象，苦闷异常，商请医师施行安死术，医者亦无罪。（三）例：某富孀病肺炎颇剧，族侄承嗣，急于护产，乃贿某医称病无救，宜施安死术，用大量吗啡、氯仿麻醉致死，后经族人控告，其侄招服，乃同致医师于法。（四）例：某医为一妇执行堕胎手术，误将子宫底穿通，妊妇痛极晕厥。该医假向男称，为要止腹痛，应多注射盐酸吗啡，结果该妇于昏睡中死亡，男忿，赴控，该医乃招。因该妇自然流产，内损出血，腹痛过甚，已不能活，故为施安眠术，减其痛苦。后经剖验，证确系该医代行堕胎手术，又行注射大量吗啡，致妇于死。遂处以杀人及堕胎罪。尽该妇虽患肺痨，尚未达须行堕胎治疗地步也。
（五）例：某妇有外遇，其夫营商他邑，病归疗养渐痊，奸夫协谋于医，诡称症变，予以峻下剂①，患者突然腹痛，不堪忍受，又急授以制泻药及大量

---

① 峻下剂：一种中药方剂，具有泻热通便作用，适用于里热与积滞互结之实热证，泻下作用峻猛。

麻醉剂，谓为止疼安神，结果患者死亡。而妇乃痛夫之死，急不及谋，控医于官。经验悉尸体症象及余药确有可疑，详行究办，医乃实际系受某人贿赂，遂同处罪。按我国《刑法》，凡医师即得患者本人嘱托同意，或得其监护人委托承诺而施行安死术者，亦有犯《刑法》第二七五条之嫌。若未得本人同意或监护人之委托而施安术死者，则并犯杀人罪及使用违禁毒品之法令矣。但为缓解垂死或无能救治病伤患者不可忍耐之痛苦使用超量之麻醉止痛药品，则系公认之合理处置。

（10）人工避孕及堕胎术：人工流产因相当疾病有危及母体生命者外，固为绝对犯法行为（《刑法》第二八八条至第二九二条）。而使用可致妇女健康受相当侵害之不安全避孕手术或避孕方法，及授与不安全之避孕药品方法等行为，亦属医术过误。但为治疗疾病并防范疾病或生命危险起见，自属例外。又对健康妇女施绝对安全之避孕方法，且出于本人及其配偶之同意者，则可视同正当行为。然决不得列于合理医术之范围也。在奖励生育国家，对人工避孕之施行或方法之授与，均颁法令实行严禁。而准许个人限制生育之国家，多默认其为合法。我国现行法令，对此则尚未有明白之规定也。

至减妊术（绝孕术 Steilisicrung）及阉割术（Kastration），系使个人终身断绝生育能力，永远不得恢复。故除为治疗疾病或防止妇女因生产之生命危险所必要之处置外，在我国法律皆认为伤害行为。而实行优生学及严防花柳病传播政策之国家，则对有遗传能力之精神病、梅毒、癫病、与不能根治之花柳病患者，特颁法律，促行阉割及绝妊手术。我国、罗马、俄罗斯、土耳其各国君主专制时代，宫中每用太监服役，皆系阉萎不能人道之辈。当民国初年，北平尤有存者，北平大学医院曾诊验一例。刻德国全能政府政令对患不能根治之花柳病男子及习惯性荒淫者，执行阉割。俄美各国优生学者，更主张对白痴、痴呆患者禁止结婚，已结婚者执行绝妊，且有数地政令已付实行。（考我国古代刑罚有"腐刑"名目，一称"宫刑"，为五种肉刑之一。书经吕刑"宫辟疑赦"。左传"宫、淫刑也，男子割势，妇女幽闭"。疏解："伏生书传云：男女不以义交者其刑宫，是宫刑为淫刑也。男子割势，妇人幽闭子宫，使不得出也。"于是宫中多用刑余之人，以供给事。汉史学家太史公司马迁得罪，武帝下之蚕室，施以宫刑，仍诏著史记，事见汉书。后代废除肉刑，而宫廷仍须太监服役，民间或慕宫中富贵，往往自阉，贡身宫闱。甚至奸猾游民，亦隐身其间，流品庞杂，行多乖戾，接近帝室，擅行威权。泊①秦至明，代不绝书。满清宫中所蓄太监达万余名，闻多籍出河间（河北省），当地人民多以家人得缘入宫为荣。美阉割之名，谓之净身，或竟私蓄幼童，绳结其阴茎根部，日加紧束，使生干性坏死脱落。或诱唆青年，投身宫掖，乘醉行阉，以备官府之征。太监老后，积有产者，出宫置业，往往亦娶妻嗣子，聊效常人。民国以后，此风自绝）。

（11）业务文书之错误记载：医师对鉴定书、检案书、疾病诊断书、诊疗记录、手术记录、病床日记、种痘记录、种痘证书、死产票、处方笺、尸体剖验报告、健康诊断书、出生票、死亡证明书、检疫证、验断书、尸格、伤单、化验报告、检验报告等医事有关应行记录文件，而不加注意，忘于发录，或发生错误，或过于残缺简略，致个人或官厅蒙其损失者，即属该负责记录之医师人等怠于业务，视同医术过误。但尚未至犯伪造公文及伪证罪之刑罚，惟应受行政之处分耳。

若前述公私各项文书、印文作伪，或涂删、挖改、添补、抽换，以图掩饰罪迹，遮瞒过失，甚至受人贿嘱，特造伪证，或予湮灭，以翼减免第二人之罪状，而致法律尊严及公私或他人蒙其不利者，则为触犯《刑法》伪造文书印文罪，毁灭证据罪，或伪证罪。公务员如公医、法医、卫生机关医务人员、检验员等，及从事业务人员，犯之者处罪尤重。但在裁判前自白者，得减轻或免除其刑。（《刑法》第一六五条：伪造、变造、毁灭，或隐匿关系他人刑事被告案件之证据，或使用伪造、变造之证据者，处二年以下有期徒刑、拘役或五百元以下罚金。第一六六条：犯前之罪，于他人刑事被告案件裁判确定前自白者，减轻或免除其刑。第一六七条：配偶五亲等之血亲或六亲等内之姻亲，图利犯人或依法逮捕拘禁之脱逃人犯而犯第一六四条或一六五案之罪者，减轻或免除其刑。第一六八条：于执行审判职务之公署审判时，或于检察官侦查证人鉴定人通译于案情有重要关系之事项供前或供后具结而为虚伪陈述者，处七年以下有期徒刑。第一七一条第二项：未指定犯人而为伪造，变造犯罪证据或使用伪造、变造之犯罪证据，致开始刑事诉讼程序者，亦同。第一七二条：犯第一六八条至一七一条之罪，于所虚伪陈述或所诬告之案件裁判或惩戒处分确定前自白者，减轻或免除其刑。第二一〇条：伪造、变造私文书，足以生损害于公众或

---

① 泊：到；及。

他人者，处五年以下有期徒刑。第二一一条：伪造，变造公文书，足以生损害于公众或他人者，处一年以上七年以下有期徒刑。第二一二条：伪造，变造护照、旅券、免许证、特许证及关于品行能力服务或其他相类之证书、介绍书，足以生损害于公众或他人者，处一年以下有期徒刑、拘役或三百元以下罚金。第二一三条：公务员明知为不实之事项，而发载于职务上所掌之公文书，足以生损害于公众或他人者，处三年以下有期徒刑、拘役或五百元以下罚金。第二一五条：从事业务之人，明知为不实之事项，而登载于其业务上作成之文书，足以生损害于公众或他人者，处三年以下有期徒刑、拘役或五百元以下罚金。第二一六条：行使第二百一十条至第二百十五条之文书者，依伪造、变造文书或登载不实事项或使登载不实事项之规定处断。第二一七条：伪造印章、印文或署押足以生损害于公众或他人者，处三年以下有期徒刑。盗用印章、印文或署押足以生损害于公众或他人者亦同。第二一八条：伪造公印或公印文者，处五年以下有期徒刑，盗用公印或公印文足以生损害于公众或他人者亦同。第二二〇条：在纸上或物品上之文字符号，依习惯或特约足以表示其用意之证明者，犯关于本章之罪以文书论。）

又按禁烟毒法令及兵役令，对为不确实之证明（伪证）者，另订有严重之处分。禁烟禁毒治罪暂行条例第十条："栽赃诬陷或捏造证据诬告他人，犯本条例之罪者，处以各该条之刑（死刑至有期徒刑）。证人、鉴定人为虚伪之陈述或报告者，亦同。但以利益被告为目的者得减轻其刑。犯前二项之罪于该案裁判确定前自白者，得减轻其刑。"修正兵役法（三十二年三月十五日公布）第三条："男子自年满十岁之翌年一月一日起役，至届满四十五岁之年十二月三十一日除役。"第二十七条："合于本法第三条年龄之女子，战时得征调服任军事辅助勤务，其服务另以法律定之。"第四条："凡身体畸形、残废或有痼疾不堪服役者，免服兵役。"第九条："现役中有下列情形之一者，予以停役，至原因消灭时回役。（一）身体疾病不堪行动在六月内无健复之望者；（二）……。"第十五条："男子年满十八岁者为国民兵役及龄，年满二十岁者为常备兵役及龄；常备兵现役及龄之年，应受下列征兵处理。（一）身家调查；（二）体格检查；（三）……。"第十七条"体格检查每年七月至九月就本籍举行。如寄居他籍者，得就寄居地行之。届检查之年，因故未受检查者，于次年补行。"第三十条："妨害兵役之处罚另以法律定之。"违反兵役法治罪条例（二十六年七月六日公布）第一条："本条例于应服兵役男子及依法办理兵役人员犯本条例之罪者适用之。"第三条："对于缓役、免役、禁役、停役、除役，为虚伪之证明者，处二年以下有期徒刑，其嘱托者亦同。"第四条："意图避免兵役，而有下列行为之一者，处一年以下有期徒刑或拘役。（一）……；（二）对于身体检查，抽签，或因受征集而无故不到者（例如因病伤即须医师证明）；（三）……。第五条：意图避免兵役而有下列行为之一者，处二年以下有期徒刑。（一）故意毁伤身体而委托疾病者；（二）……。"第十条："犯本条例之罪者，军人由军法机关审判，非军人由司法机关审判。"故医师检验毒瘾、烟瘾嫌疑犯者及其证物（瘾者之尿、胃液或麻醉毒品与其佐用品及盛器等），及当役男女心身症状而发给诊断书、鉴定书乃至"无瘾无毒"、"有瘾有毒"、"有瘾无毒"、"无瘾有毒"，及免役、停役、缓役、回役、或伪病、伪伤等证明书时，须十分精细，公正确实，始可免纠纷或犯罪。

（12）报告责任之延却：医师对传染病者或中毒者、猝倒者等发现之后，或当检验尸体及死胎、死产儿与流产妇女时，认为有犯罪之嫌疑者，而有意或无意在法定时间之外方始报告（据《医师暂行条例》第十五条、第十六条为二十四小时内。按《传染病预防条例》第七条规定又为十二小时内，按《管理医院规则》第十六条规定为传染病人于诊断后四十八小时内报告），或将多数应报文书，前后时间倾倒，患者姓名、住址、病名互错，生死更易，或误报文书于非所管辖之官署而致主管机关及私人蒙受其损失者。主管机关得按《医师暂行条例》第二十四条之规定，处以五十元以下之罚金。如系医院而延却报告传染病人之收容、退院，及病人之死亡与治疗之人数者，主管机关得按《管理医院规则》第二十四条及第二十五条之规定，分别处以五十元或二十元之罚金。又按《传染病预防条例》第十九条之规定，医士诊断传染病人或检查其尸体后，不依该条例报告或报告不实者（《传染病预防条例》第七条："医生诊断传染病人或检查其尸体后应将消毒方法指示其家属，并须于十二小时以内报告于病者或死者所在地之管辖官署。"同条例第八条："患传染病及疑似传染病，或因此等病症致死者之家宅及其他处所，应即延聘医士诊断或检查，并须于二十四小时以内报告于其所在地之管辖官署。前项报告义务人如下：一、病者或死者之家属，无家属时其同居人。二、旅舍店肆或舟车主人或管理人。三、学校、寺院、工场、公司及一切公共处所之监督人或管理人。四、感化院、救济院、监狱及与相类处所之监督人或管理人），处五十元以下五元以上之罚金。

（13）违犯传染病管理法令之过误：凡医院、疗养院中，如无适当隔离病室之设备，不得收容传染病人。非同一种传染病不得收容于同一传染病房（《管理医院规则》第十一条及第二十三条）。违者，主管官署得处三百元以下罚金。若因是发生多数病人受该病之传染者，往往引起诉讼。倘医师及其佐理人明知该病人之疾病系能传染他人，而确信在现在情形下尚不致发生传染，而共同收容于普通病房，结果仍致传染于他人者，则以过失论。倘医师等明知其能传染，而故意收容于普通病房，致他人蒙受其损害者，以故意论。是皆须受《刑法》《民法》之裁判（伤害罪未致于死者须告诉乃论）。

医院诊所不奉行《管理医院规则》（第十二条至十五条），及《传染病预防条例》所规定严密消毒处置，则主管行政官署，得处以五十元以下罚金（《管理医院规则》第二十四条）。如因而传染他人，发生损害他人或公众之情实，且被检举控告者，亦当以过失或故意论（《刑法》第一九二条）。

再按《传染病预防条例》第九条："凡传染病人之家宅及他处，其病人以外之人，无论已否传染，均应服从医士或检疫防疫官吏之指示，施行清洁并消毒方法。"第七条："医生诊断传染病人或检查其尸体后，应将消毒方法指示其家属，并须于十二小时内报告于病者或死者所在地之管辖官署。"暨《医师暂行条例》第十五条："医师如诊断传染病人或检验传染病尸体时，应指示消毒方法，并应向该管官署据实报告。"故医师如发现传染病人或其尸体，除执行诊疗并指示病人病家以防疫消毒处置外，应于十二小时内报告（霍乱、鼠疫虽在疑似，未予诊定病名以前，即应报告）于该管官署，以便官署迅派人员调查。病人、病家不听医师等指示者，或不依例报告传染病人之所在或报告不实者，主管官署亦得处以五十元以下五元以上之罚金（《传染病预防条例》第十九条）。倘医师因延搁不报，或所报不实，而致损害公众卫生，发生重大后果者，亦可由该管机关或学术研究团体及曾受损害之个人家族检举控告，则当以故意或过失论罪。

特种传染病如麻风（癞病）、痨病、天花、砂眼及其他地方性流行病，应由地方该管机关及慈善团体或私人设立特种医院、疗养院订定特种法规，以管理之。惟我国刻除《种痘条例》外，尚无其他法令之颁定。又关于花柳病之治疗，原无须特种医院之必要，而《刑法》第二八五条却对花柳病与麻风患者之猥亵行为，致传染于他人者，视为伤害罪，并于《刑法》保安处分内。规定于刑之执行前，得令入相当处所，强制执行治疗，至治愈之时为止。又有猖獗流行之传染病时，医师应接受主管官署委托，协助防疫事宜，必要时并应组织临时专门收容该种传染病之医院，而义务为之诊治病人，违者主管官署得处以五十元以下之罚金（《医师暂行条例》第二十四条）。

据《传染病预防条例》施行细则第三条："凡遇霍乱、赤痢、斑疹伤寒、鼠疫等传染病发生时，无论患病人是否死亡，其受有病毒污染之家屋，该管官署于施行消毒方法未完毕以前，应依《传染病预防条例》第五条（地方行政长官认为有传染病预防上之必要时，得施行下列各款事项之全部或一部：一、施行健康诊断及检查尸体之事；二、隔绝市街村落之全部或一部之交通；三、集会、演剧及一切人民集合之事，限制或禁止之；四、衣履被服及一切能传播病毒之物件，得限制或停止其使用，授受、搬移或径废弃其物件；五、凡能传染病毒媒介之饮食物或病死禽兽等肉，得禁止其贩卖、授受，并得废止之；六、凡船舶、火车、工场及其他多数人集合之处，得命其延聘医士及为其预防之设备；七、凡施行清洁及消毒方法时，对于自来水水源、井泉、沟渠、河道、厕所、污物及渣滓堆积场得命其新设或改建或废弃或停止使用；八、传染病流行区域内，得一定之时日禁止其附近之捕鱼、游泳、涉水等事；九、施行驱鼠除蛆方法及关于驱鼠除蛆之设备）第二款之规定，隔绝交通，及《传染病预防条例》第六条（依前条第五条）、第七款、第八款对于市街村落之全部或一部停止其使用之水，或禁止涉水时，于停止或禁止期间内，须由他处供给其用水等规定。故收容传染病人之病室，在未完全消毒以前，亦应拒绝外人入内。必要时，得实行绝对隔离，即传病院屋舍，亦应独立，少所毗连。各种病房及各一病室，均应各开门窗，仍与他室相通。所有病人用水、排泄物、应行毁弃物，均宜予以特别处置。否则即对传染病管理法令有违犯之嫌矣。

据《传染病预防条例施行细则》第四条："凡与患传染病者同居之人，或其他有受传染病之嫌疑者，该管官署应照《传染病预防条例》第三条（人口稠密各地方应设立传染病院或隔离病舍，前项设置管理方法由地方行政长官以单行章程定之）之规定，使入隔离病舍，施行消毒。其隔离日期，应自消毒完毕之日起，依下列定之：一、白喉三日；二、赤痢四日；三、霍乱五日；四、鼠疫七日；五、流行性脑脊髓膜炎、猩红热十二日；六、斑疹伤寒、天花十四日；七、伤寒或类伤寒十五日。"故医院如收容该九种传染病人，当治疗时，对其家族或其他有被传染嫌疑者，有劝告或执行定期隔离之义务。即对已经治愈病人，全身及所有物品实施消毒后，亦须防病人之体内所有排泄物或饮食残余物中，仍然含有传染力之细菌。故医师对传染病人或其嫌疑之带菌者，均应严密检验其血、尿、粪、痰、鼻涕、口腔或咽喉内是否尚有病菌存在也（其实伤寒及赤痢虽为急性传染病之一种，但在历年实例，证明固无隔离之必要）。

据《传染病预防条例》第十二条："患传染病者及其尸体，非经该管官署许可，不得移至他处。"及十三条："对于传染病人之尸体所施消毒方法，经医士检查及该官吏认可后，须于二十四小时内成殓并埋葬之。"故医院所收传染病人死亡后，应为之消毒，并在二十四小时内通知该管官署，即促殓埋。倘致暴露有传染疾病能力之尸体，则为违犯《刑法》第一九二条第二项之公共危险罪，应被处二年以下有期徒刑、拘役或一千元以下罚金（《刑法》第一九二条："违背关于预防传染所公布之检查或进口法令者，处二年以下有期徒刑、拘役或千元以下罚金。暴露有传染病菌之尸体，或以他法散布病菌致公共危险者亦同。"）以他法致传染病蔓延者亦同。

（14）违犯检验尸体法令之过误：教育部有案之医学校，或其附属医院，及中央及地方政府有案，设备完善之医院，得在政府颁定之《修正解剖尸体规则》范围内，执行为学术研究目的之尸体解剖，或医师个人得受法院法官之委托，为尸体剖验、尸体外表检验及妇女身体之检验鉴定人，否则为犯侵害尸体罪（《刑法》第二四七条："损坏、遗弃、污辱或盗取尸体者，处六月以上或五年以下有期徒刑。损坏、遗弃或盗取遗骨、遗发、殓物或火葬之遗灰者，处五年以下有期徒刑。前二项未遂犯罚之。"），应处六月以上五年以下有期徒刑，并由行政主管署处以三百元以下之罚金（《管理医院规则》第二十三条："违反第二条、第十条、第十八条、第十九条之规定者，处三百元以下之罚金，不遵第六条之命令者亦同"）。医师或私人虽为研究学术，亦不得擅行私取尸体，剖验或切除其一部分。犯者处罪亦同（《刑法》同条）。故普通解剖尸体，只限教部有案之医学院校行之，病理解剖得由医学院校或有设备之医院行之，惟须于六小时前报告该管官署，取得委托认可，然后施行（《修正解剖尸体规则》第五条："凡尸体须于呈报该管地方官署后，经六小时，方可执行解剖。如该管地方官署认为必要时，在据报后六小时以内，得以书面命其停止解剖。"）。其经本人未死前之委托或同意者，亦须向主管机关呈报，且于解剖后并有履行殓葬、汇集报告之责任，如发现死者死因为法定传染病或中毒及他杀、自杀或变死体①或有刑事事件之嫌疑时，应于解剖后十二小时内，向当地该管官署据实报告（《修正解剖尸体规则》第七条："尸体在解剖时始发见其死因为法定传染病或中毒及他杀、自杀时，应于解剖后十二小时以内报告当地各该主管机关。"）。一般可供普通解剖之尸，多属无主之受刑尸体。病死体或变死体可供病理解剖。则除上项无主尸体外，对研究死因必须剖验之尸体，及合法遗嘱愿供学术研究之尸体，曾预得其亲属及该管官署之许可者，均可执行解剖。且在不毁外形范围内，得酌留一部或数部，以资研究。如有亲属之尸体，因研究上必须毁损其外形者，须商得同意，然后执行（《解剖尸体规则》第一条至第十条）。

　　医师私人受行政官署或法官法院正式委托，得检验或剖验尸体，是乃根据《传染病预防条例》第五条第一项（地方行政长官认为有传染病预防上之必要时，得施行下列各款事项之全部或一部：一、施行健康诊断及检查尸体之事。）及《刑事诉讼法》第一五八条（检验或解剖尸体，应先查明尸体有无错误，检验尸体应命医师或检验员行之，解剖尸体应命医师行之）之规定。而更据《刑事诉讼法》第一五九条（因检验或解剖尸体，或一部暂行留存并开棺及发掘坟墓，在检验或解剖尸体开棺发掘坟墓时，应通知死者之配偶或其同居或较近之亲属，许其在场。）之条款，法官应委托医师检验或解剖尸体，得将该尸体或其一部暂行留存。已经殓葬仍需启验之尸体，并得开棺发墓，惟检验时，应通知死者配偶或其他同居或较近之亲属，在场旁观。倘医师未经法官之委托而开棺发墓者，得处以六个月以上五年以下有期徒刑（《刑法》二四八条：发掘坟墓者处六月以上五年以下有期徒刑。前项之未遂犯罚之）。其开棺发墓且损坏、遗弃或私取遗骨、遗发、殓物或火葬遗灰者，得处一年以上七年以下有期徒刑（《刑法》二四九条）。故医师，或医学生及生物学研究者，如私自启发棺墓，采集尸骨为标本以供学术之研究，不论该尸骨为有主或无主，皆属犯法行为。

　　（15）违犯医师条例之惩戒：（一）医师等于业务上有不正当行为，或精神有异状不能执行业务时，应暂行休业，或径行歇业，停止其业务之执行。（二）医师犯罪处三年以上有期徒刑（因政治革命处罪者例外）或有不治之精神病，及不能执行业务之残疾者，应撤销其医师证书，不得开业。

―――――――――――――――

　　① 变死体：非正常死亡的尸体。

（三）医师等未领署颁证书，或受撤销证书与被停止业务执行处分者，概不得擅自执行业务。违者，得处三百元以下之罚金，仍禁止或暂停开业。

（四）医师等开业应呈验证书，请求注册。遇开业、歇业、复业或转移、死亡时，应由本人或其关系人于十日内具报于当地该管官署。医师诊治病人，应备填治疗簿，并保存三年。处方应依法授受，详予记明，对时间及禁忌用途等，尤须注意。遇传染病人或尸体，应予报告，并指示消毒方法。检查死体、死胎，认有犯罪嫌疑者，应于二十四小时内向主管官署报告。医师等不得为营业而散布或载虚伪夸张之广告，乃至诈冒学位、职位。违者，均应取缔，并处以五十元以下罚金。（五）医师等对公共卫生预防等事务不听该管官署之指挥，且违背关于预防传染病所公布之检查法令者，处二年以下有期徒刑、拘役或一千元以下罚金（《刑法》第一九二条）。（六）医师无正当法定理由，不得拒绝为证言及鉴定人，或交付病人诊断书、死亡诊断书、死产证书及种痘证书。并有接受法院或行政官署委托负责协助之义务。违者得科以五十元以下罚金（《刑事诉讼法》第一八〇条、《民事诉讼法》第三〇三条及《医师暂行条例》第十四条）。（七）业经准许凭牌行术之医生或产婆，无故不应招请，或无故迟延者，均得由主管官署处以十元以下之罚金（《违警罚法》第四十八条）。（八）医师等行为触犯法律者，应送法院讯办（《医师暂行条例》第十四条）。

（16）违犯药物法令之处罚：医师得引用《药师暂行条例》第二十四条之规定，执行药师之调配药品事务，以供诊疗病人之需。但对调剂义务及惩戒，亦须按《药师暂行条例》处理。而一般医师往往未明药师义务（第九条至第十七条）。违者，则受五十元以下之罚金（《药师暂行条例》第二十一条："药师违反第四章各条之规定时，得由该管行政官署处以五十元以下之罚金。违反第十九条之规定者，亦同。"）。其触犯《刑法》或禁烟禁毒法令者，则送法院或特种裁判机关依法讯办，并暂停业务，或撤销医师证书（药师违法时，则撤销药师证书）。其受撤销证书或暂停业务处分者，应于三日内将证书交呈当地该管官署，否则得处以五十元以下罚金。倘已受停业或撤销证书处分，仍擅执行医师业务者，得处以三百元以下罚金，仍令停业（《医师暂行条例》第十八条）。

次按《管理药商规则》第二十一条，医师兼营药商者，仍应请领药商营业执照，遵守《管理药商规则》各规定，否则应受该管官署之处罚。兹列其应遵守各项及处分如次：第二十二条：药商有下列各款情事之一者处以三百元以下罚金：一、未领营业执照而营各药商业者。二、中药商雇用不识药性之店员，西药商不雇用药师或药剂生，或虽雇用而未领有部颁证照者。三、不遵管理官署派员查验者。四、药品之容器或包纸上记载错误或虚伪者。五、违反第三条第二项［第三条：凡为药商者，须开具下列事项呈请该管卫生官署注册给予执照始准营业。一、牌号（如系公司之名称地址）。二、药商姓名（如系公司其代表人姓名、年龄、籍贯、住址）。三、营业种类（中药或西药批发、门售，制药调剂之专营、兼营等）。四、资本若干中药商不得兼售西药，但其药虽产在外国向系供中药之用者不在此限］、第六条第一项（西药商购存麻醉及剧毒各药，须将品目数详载簿册，以备该管官署之检查）、第七条（麻醉及剧毒各药，非有医师署名盖章之处方笺，不得售出。其经手售出之药师，须依《药师暂行条例》第十四条之规范之规定办理，见药师义务）、第八条（各公署因其职务购买麻醉及剧毒各药以为医疗之用时，除依前条第三项后半段之规定外，并须取具该负责医务人员署名盖章之单据）、第九条（制药者所制之剧毒各药，须按月将所出数量呈报该管官署查核。但麻醉药在制造药品条例未颁行以前暂行禁止制造）、第十四条第二项（处方中药品遇缺少时，应即告知购用人，不得任意省去，或易以他药）、第十六条（中华民国药典所记载之药品，其性状、品质、制法非适合于药典所定，药商不得制造买卖或储藏。其为中华民国药典所不载者，以各药品所依据之外国药典为标准）、第十七条（中外药典未载之新发明药品，非预将性状、品质、制法之要旨并付样品呈卫生署查验后，不得制造贩卖输入）］之规定者。六、违反第十二条前半段而未达犯罪程度者（药品经验查人员查验认为有害卫生或伤风俗或作伪者，该管官署得禁止其制造售卖或储藏，并得将该项药品销毁）。第二十三条：违反第四条第二项前半段（药商呈请给照时，应缴纳执照费二元，并照章贴用印花）、第五条第二项（未成年者及禁治产者，不得用以管理药品）、第六条第二项（麻醉及剧毒各药应与他种药品分别储藏，标明麻醉药或毒药剧药字样，外加锁钥防不测）、第十三条（药商专营批发或制造者不得为人调剂处方）之规定者，处百元以下之罚金。第二十四条：违反第十二条（各种药品均须按法储藏，倘性味已失或变质者，不得售卖）、第十四条第一项（药商接受药方调剂时，于药名、分量、用法、年月日，病人姓名，年龄，性别，及医师或中医士之姓名钤章，均须注意，有可疑之点，应询明处方之医师或中医士，得其证明，方得调剂）之规定者，处以五十元以下罚金。

第二十五条：一次违反两条以上之规定者得并罚之。第二十六条：所犯涉及刑事范围时，依刑事法规之规定办理，并撤销营业执照。再按同规则第二十七条（营业者系未成年人或禁治产者时，本规则所定之罚则适用于其他代理人，但虽未成年而关于业务行为与成年有同等能力时，不在此限。代理人、雇人或其他从业者关于业务上触犯本规则所定罚则时，则由药商本人负责。营业者系法人时，以法人代表者负其责）之规定，凡药商之从业人员触犯《管理药商规则》时，药商亦须负责。而该管官署所派查看人员如有舞弊及要索或收受贿赂情形，则依《刑法》渎职罪处断（《管理药商规则》第二十八条）。

又违犯《违警罚法》第四十六条第一款（未经公署准许售卖含有毒质之药剂者）及第四款（售卖春药、堕胎药，及散布此等告白者）规定之一者，警署得处以十五日以下之拘留，或十五元以下之罚金。若六个月以内于同一管辖地方内犯前第一款至二次以上者，应暂时停业。三次以上者，勒令永远歇业（同条第二项）。但未撤销药师或医师证书者，易地仍可另请开业。即在原来地方，亦可更换药房或诊所医院名称，另请登记，发给开业执照。

违犯《管理成药规则》各规定，应按该规则第十二条"未依第二条请领成药许可证而擅售（第二条：调制或输入成药者，应填具成药查验请求书，连同样品及仿单等件，呈请卫生署查验核准，给予成药许可证后，始准出售。前项成药查验请求书式另定之），或违反第六条（成药中用麻醉药品吗啡应在千分之二以下，高根应在千分之一以下，其麻醉药品之用量由卫生署核定，但不得用海洛因。调制或输入含有麻醉药品之成药者，应另备簿册，按日详记数量及出售处所、名称地址，以备查考）、第七条（成药中掺用剧毒药品如为中华药典所载，不得超过其剂量三分之一，不为中华药典所载者，由卫生署核定之）之规定者，营业所在地主管卫生官署得报经卫生署之核准，处以三十元以下之罚金，并将违反规则之成药禁止出售，或予以没收"、第十三条"违反第五条（调制或输入成药者，限于药商。其调制成药之西药商，并须任用药师）、第八条（凡核准之成药须将其用量及所含主要药材名称、商号及许可证号数，明载于容器标签或包裹仿单上，方得陈列销售）、第九条（凡成药之广告仿单及附加于容器或包纸之记载，不得有下列情事：一、涉及猥亵壮阳种子之文字图画。二、暗示堕胎等语句。三、虚伪夸张迷信，及以他人名义保证效能，使人易生误解之记载。

四、暗示医疗之无效，或含有诽谤医者之词意。五、用量不当之指示）规定，及拒绝第十条（营业所在地主管卫生官署得随时派遣药学专门人员，赴调制、输入或贩卖成药场所，实地调查。卫生署于必要时得直接派员检查之）之检查者，处以二十元以下之罚金"及第十四条（关于成药营业，除本规则有规定外，余依《管理药商规则》之规定）各规定处理。至故售伪药，致公众及他人受其损害者，则更犯诈欺罪、公共危险罪、妨害商业罪、杀人罪或伤害罪，乃至鸦片罪、堕胎罪、妨害风化罪，或妨害信用罪各条文之罪。

（17）违犯《管理医院规则》之处罚：（一）营业医院未经依呈报该管官署核准而擅行开业者（该规则第二条），及公私医院之无严密隔离传染病室等设备而收容传染病人，或将不同之传染病人收容于同一病房者（第十条），事前未取得病人及其关系人同意签字而擅行大手术者（但原无关系人，或病人已失知觉，或为未成年者，得不取其同意。上据《管理医院规则》第十八条），对医院建筑不遵该管官署之修缮或停止使用及其他必要处分之命令者（第六条），不按《解剖尸体规则》而擅行剖验或私自移动、殓埋、藏储尸体者（第十九条），皆得按《管理医院规则》第二十三条规定处理。即处以三百元以下之罚金，必要时得勒令停止营业，更送法院讯办。（二）医院如对其疗法及经历为虚伪夸张之广告者（《管理医院规则》第九条），医员如对本人之学位作伪，或专门分科名义作伪，或滥行夸张虚伪之广告者（第九条），对传染病人无专用什器、卧具、便具及医药器具者（第十一条），对传染病人用具、排泄物、残余饮食物、污水，不行充分消毒，或随时移置排出之者（第十二条、十三条及十四条），对退出病室不予消毒者（第十五条），及收容传染病人，于四十八小时后仍未报告于当地该管官署者（第十六条）。皆应处以五十元以下之罚金（《管理医院规则》第二十四条）。（三）医院名称、地址、法人、组织、佐理人员、病室、病床数目、火灾及各种非常设备并各项章程等，已有变更或医院迁移休业时，而未向该管官署呈报核查者（第三条及第七条），传染病人退院或死亡后，不将其姓名、事由、时间急速向该管官署或检疫员呈报者（第十六条第二项），医院治疗病人数目，到期不按法定格式呈报者（第十七条），医院不将所邀用医师、药师、助手、护士、助产士等佐理人员履历、资格、证书呈核者（第四条），皆得处以二十元以下之罚金（《管理医院规则》第二十五条）。（四）医院之经营者、代理人、雇人或其他从业者，关于其业务上如触犯

《管理医院规则》各规定者，亦由经营者负责。营业者系法人时（例如合股办医院诊所，或公立医院由院长负责），则以法人之代表人负责（《管理医院规则》第二十六条）。但关于刑事诉讼事件，有关于业务者，行为人应分别共同负责，无关于业务者，概由行为人个人负责。

（18）医师、医院有收容精神病人之设备者，方得收容应行监护之精神病人。但我国精神病人监护法尚未颁定，只在《刑法》第八十七条因心神丧失而不罪者，得令入相当处所施行监护。因精神衰弱或瘖哑而减轻其刑者，得于刑之执行完毕或赦免后，令入相当处所施以监护。第二项处分期间为三年以下，有一概括保安处分之规定。但就《刑法》遗弃罪之条文——第二九三条（遗弃无力自救之人者，处六月以下有期徒刑、拘役或一百元以下罚金。因而致人于死者，处五年以下有期徒刑。致重伤者处三年以下有期徒刑）及第二九四条（对无力自救之人依法令或契约应扶助养育或保护，而遗弃之，或不为其生存所必要之扶助养育或保护者，处六月以上五年以下有期徒刑。因而致人于死者，无期徒刑或七年以下有期徒刑。致重伤者处三年以上十年以下有期徒刑）之规定。则医师所设置之医院或疗养院，如收容有精神病人，不论系受私人或公家之委托监护，或收容他种病人，突然发生精神异常，原未受有私人或公家之委托监护，均应负监护诊治及生活上必需衣食供给之责任。且不能将之随意遗弃也。故精神病院应多由公家设立，厘订有入院、出院及一切手续章则。亦所以避免医师私人之损失耳。但该精神病人如有亲族，则其生活上必要之供给应由其亲族担负（《民法》第二一二条：禁治产人之监护人，依下列顺序定之：一、配偶，二、父母，三、与禁治产人同居之祖父母，四、家长，五、后死之父或母以遗嘱指定之人。不能依前项规定定其监护人时，由法院征求亲属会议之意见选定之。第二一三条：监护人为受监护人之利益，应按受监护人财产状况护养疗治其身体。监护人如将受监护人送入精神病医院或监禁于私宅者，应得亲属会议之同意，但父母或与禁治产人同居之祖父母为监护人时，不在此限）。但我国社会情形特殊，往往一精神病人并无法定监护人之亲族存在，或受监护人并无财产存在，则应按《民法》第五章各条之规定，由法定扶养人之亲属如直系血亲、家长、兄弟姐妹、家属、子妇、女婿及配偶之父母等均应负扶养无谋生能力之人义务。（《民法》第二一四条：下列亲属互负扶养之义务：一、直系血亲相互间，二、夫妻之一方与他方之父母同居者其相互间，三、兄弟姐妹相互间，四、家长家属相互间。

第二一五条：负扶养义务者有数人时，应依下列顺序定其履行义务之人：一、直系血亲卑亲属，二、直系血亲尊亲属，三、家长，四、兄弟姐妹，五、家属，六、子妇女婿，七、夫妻之父母。同系直系尊亲属或直系卑亲属者，以亲等近者为先。负扶养义务者，有数人而其亲等同一时，应各依其经济能力分担义务。第二一六条：受扶养权利者有数人，而负扶养义务者之经济能力不足扶养其全体时，依下列顺序定其受扶养人：一、直系血亲尊亲属，二、直系血亲卑亲属，三、家属，四、兄弟姐妹，五、家长，六、夫妻之父母，七、子妇女婿。同系直系尊亲属直系卑亲属者，以亲等近者为先。受扶养权利者有数人而其亲等同一时，应按其需要之状况酌为扶养。第二一七条：受扶养权利者，以不能维持生活而无谋生能力者为限。前无谋生能力之限制，于直系血亲尊亲属不适用之。第二一九条：扶养之程度应按受扶养权利者之需要与付扶养义务者之经济能力及身分定之。第二二〇条：扶养之方法由当事人协议定之，不能协议时，由亲属会议定之。第二二一条：扶养之程度及方法当事人得因情事之变更请求变更之）而医师往往因此与病家发生财务之纠纷，至无监护人及扶养人之精神病者，（《民法》二一八条：因负担扶养义务而不能维持自己生活者，免除其义务。或无法查悉患者之亲属，或患者孤身在外，虽有朋友但并无亲属而发生精神病者，皆得以无监护人及扶养人论）例应由该管官署供给其生活及疗养费。公立之精神病院收容此类病人，应完全免费供给诊疗及衣食，且并俟病症痊愈既有谋生工作能力时，不能任其出院。但在疗治相当时期，得酌行转送于适当之公共或慈善疗养机关，或工作场所。

又按《违警罚法》第三十二条第八款（疏纵疯人、狂犬奔突道路或入人家第宅及其他建筑物者，得由公安局处以十五日以下之拘留或十五元以下之罚金），故医师对精神病人之收容，需要特别管理监护，精神病院之建筑，亦特需严密。

倘医师未施检查诊断，而遽信他人之口述，或指定某人为有精神病，竟擅予禁闭之收容，或因而致死伤者，则有触犯《刑法》妨害自由罪之虞（《刑法》第一〇二条：私行拘禁以其他非法方法剥夺人之行动自由者，处五年以下有期徒刑、拘役或三百元以下罚金。因而致死者，处无期徒刑或七年以上有期徒刑。致重伤者，处三年以上十年以下有期徒刑。第一项未遂犯罚之）。故医师如收容精神病人，除受有法院或行政官署正式监护之委托公文者外，须得主管官署之认可，或病人配偶或直接亲属法定保护人、监护人或扶养人之委托，并须经两医师以上之诊断，确患精神病有收容监护之必要后，方得执行之。而遇必要时，由病人受业之学校或服务之机关及病人之未婚配偶或远亲朋友等个人，亦得代表病人之法定监护人、扶养人，对医院加以委托而收容之。

当收容监护期内，不得忽视病人之给养，怠于看护。对病人之炫奇喧哗、屋外徘徊、侵入他人家宅，或放火、决水、杀伤人畜等，及其他有碍公众安宁事件，乃至绝食、自残、冒险、暴乱、猥亵等行为，皆宜施以有效之防止及补救之处置。否则，即认为疏忽业务行为。

又按《刑法》第八八条（犯吸食鸦片，施行打吗啡针，使用高根、海洛因或其化合质料之罪者，得令入相当处所，施以监护。前项处分于刑之执行前行之，其期间为六月以下。依禁戒处分之执行法院，认为无执行刑之必要者，得免其刑之执行）及第八九条（因酗酒而犯罪者，得于刑之执行完毕或赦免后，令入相当处所，施以禁戒。前项处分期间为三个月以下）、第九一条（犯第二百八十五条之罪者，即传染花柳病或癞病于人者，亦犯伤害罪，见前。得令入相当处所，强制治疗。前项处分于刑之执行前为之，其期间至治愈时为止）。故医师、医院如收容戒烟、戒毒、酒及强制治疗之花柳病、癞病之病人，应并负监守之责任。倘无监守人犯之设备，则勿擅收容此项病人。若既收容而人犯逃脱，则应负相当责任。最妥办法，先行文请法院警署派警来院，自行监守。或医师每日按时前往监所，代为诊治，必要时并派护士前往看护。此种人犯之诊疗费、药费、住院费、伙食费、车费等，皆应由委托机关担负。但一般多不收诊费、住院费、手术费，只收药费、伙食费、旅费、车费，以示优待。公立医院尤有尽力协助公家之义务。又病伤人犯或嫌疑犯之诊治亦同须监守，一般医院不宜擅受委托。倘致人犯脱逃或受伤饥寒绝食，则必惹起法律之纠纷矣。苟拘禁无心神障碍者、无烟毒瘾者、无酗酒瘾者、无花柳病者、无癞病者，乃至无病伤之健人，而强制加以住院诊治，则为犯妨害自由罪（《刑法》第三〇二条见前，第三〇三条：对于直系血亲尊亲属犯前条第一项或第二项之罪者，加重其刑至二分之一）。如以获利为目的而诱致无病之健人来求诊治住院者，则更犯诈欺罪（《刑法》第三三九条至第三四一条）。盖以疾病不健康有害于身体之恐吓，而致他人误信为确有疾病，不能照常工作，放弃职务或其他权利，卧住家宅或医院中失却正当意志及行动之自由，则一同于妨害个人之自由，而更从之以获得诊疗等报酬，则一同于诈欺取财之鄙行矣。

第三节　利用医药业务易患之过犯

医师固不论其是否属业务之行为，凡抵触法律或不奉行法令者皆为有罪，并不得借有业务为护符也。但在业务上正当行为，或依法令之行为则不处罪，按《刑法》内原只有第十三条（行为人对于构成犯罪之事实明知，并有意使其发生者，为故意行为人。对于构成犯罪之事实预见其发生，而其发生并不违背其本意者，以故意论）、第十五条（对于一定结果之发生，法律上有防止之义务，能防止而不防止者，与因积极行为发生结果者，同因自己行为所有发生一定结果之危险者，负防止其发生之义务）、第二十一条（依法令之行为不罚……依所属上级公务员命令之职务上行为不罚，但明知命令违法者不在此限）、第二十二条（业务上之正当行为不罚）等刑事责任之规定，并无专对医师颁特别处置之条文也。惟因医师既具有救治人体生命为对象之特种学识技能，遂与个人或社会发生十分密切关系，于是其合法业务乃与常人有殊。例如前述之解剖尸体、授予药剂、施行割治、检查身体、执行消毒等事件，在常人多为犯法，在医师却为正当行为。然既受有此类特种行为权利之赋予，则犯罪之机会，犯行之能力，亦皆较常人为多。据调查统计医师由滥用医药等学技所赋有之业务上特种权利，或利用在医药业务之地位而易发生之过犯，致陷于法网者，约有下列数项：

（1）故意应用医术药品以杀人或预备杀人而未遂，或教唆乃至帮助他人杀人或自杀者，为犯杀人罪（《刑法》第二五七条：处死刑、无期徒刑或十年以下有期徒刑，前项之未遂犯罚……是预备犯第一项之罪者，处二年以下有期徒刑。杀人，第二七一条：教唆或帮助他人使之自杀或受其嘱托或得其承诺而杀害者，处一年以上十年以下有期徒刑）。

前项之未遂犯罚之，谋为同死而犯第一项之罪者，得免除其刑。例如：利用霍乱、伤寒菌以杀人。例（一）：日本昭和十一年某耳科医师以伤寒菌拌于生冷饮料中，食其妻，结果其妻患伤寒病死。当妻病时，曾由同事某两内科医生诊治，两医生对某妻伤寒之疫源颇怀疑，随行诘问，遂启该医顾虑，愿再杀两医以灭口。更于饮料内拌置伤寒菌苔，以饮两医，果相继得病，但均治愈，经报警探，查明起诉，案破伏法。例（二）：粤人夫妇曾留学多年，其妻交际甚广，与一外国武弁相稔，夫乃疑愤并集。当二十三年夏，特预至某医院假言研究，需请代接种霍乱培养基一管，俟发育菌苔后，取去，乃在家设宴享客，而拌菌苔于冷皮、酒中，独与该武弁同饮。结果同席均无事，独主人与武弁患霍乱死，而当年北平并无霍乱流行。此案经侦查明白，犯者已同死免罪。

利用泻药、发汗药以杀人。例（一）：为谋产事，对患赤痢将愈之长亲内服药内掺以巴豆煎煮，大泻不止，终至死亡，家人怀疑，送验残药，结果破案。例（二）：久病初愈体仍积弱者，服以细辛、麻黄，或老人、小孩患肺炎或心脏病者，如服以大量发汗剂（故忌服以阿斯匹林），皆可致死。前清德宗①崩，据传系西太后使医服以细辛发汗虚脱而死。利用空气栓子注射血管而杀人（二十五年上海某医为某妇施人工流产，误伤子宫，妇已晕毙，医乃与妻谋（即该看护），倡言须行输血，当时适无同型血者，乃向其男取血接输其妇终不获救，遂生杀机，假再取血，由注射器注空气于男正中静脉，男遂亦死，该医乃埋尸，潜逃。案破被获），或用不当量药品或切伤重大血管神经而致人于死者等是也（民国四年北平某医院医师行腋窝手术，误将腋窝动脉切断，病人立死于手术台上），或应用医学及法医学常识而杀人灭迹（英国爱丁堡大学法医学主任教授 JOHN GLRISTER 博士记载：一九三六年之 Ruxton 案件，即一印度籍医师为爱丁堡大学卒业生，法医学成绩极优，后在英国内地开业，业务甚旺，娶一英女为妻，已生二子，忽因失感，某日竟杀妻于浴室内，适为女仆所见乃并杀此仆。邻居以该二人忽然失踪致疑，同时渔人于河塘中捞获肉糜一包，报警送验，证明人肉，乃大行搜索更得多包腐肉及支离骨块，辨录人骨，且为女人之骨，然终无法证出死者确即其妻即系渠所杀害，后更寻得被剥离之头皮带发及上下腭骨，经传该妇当日之理发师及牙医师证实发经染色齿经修补，确系该妇无疑。又于该医浴室水管中证出人血，始判该医以杀人罪，执行绞刑。临死遗书自认对妻不满，故动杀机，恐人认识，遂应用法医学常识先将死者体部特征全行销除，更将尸骨支解碎胾②分包沉水，欲使法院警署不能实个人之异同鉴定，冀免于罪，不意仍因染发及补牙之特征而被破获）。

（2）故意应用医术药品以致伤害他人心身健康甚至危及生命者，及教唆或帮助他人或使之自伤或受其嘱托或得其承诺而伤害之者，如经告诉，则为犯伤害罪（《刑法》第二七七条：伤害人之身体或健康者，处三年以下有期徒刑、拘役或一千元以下罚金。犯前项之罪因而致人于死者，处无期徒刑或七年以上有期徒刑，致重伤者，处三年以上十年以下有期徒刑。第二七八条：使人受重伤者，处五年以上十二年以下有期徒刑。犯前项之罪

① 德宗：爱新觉罗·载湉，光绪皇帝，庙号：（清）德宗。

② 碎胾：把肉细割成碎块。

因而致人于死者，处无期徒刑或七年以上有期徒刑……第一项之未遂犯罚之。第二八二条：教唆或帮助他人使之自伤，或受其嘱托，或得其嘱托，或得其承诺而伤害之成重伤者，处三年以下有期徒刑。因而致死者，处六月以上五年以下有期徒刑）。

例如诊视瘭疽①为全肢坏疽竟行全肢切除，又如利用发泡药、引赤药使他人局部发炎或症状增恶，以遂其需索或代人假作伪伤或使人工之伪病、聋哑、盲目、残疾，以便请领保险费、赔偿费或免除兵役劳役等是也。例（一）：沪某庸医误诊肠痨为肠胃消化不良之腹泻，乃故予峻下剂，而预谓患者入夜尚当腹痛、大泻，幸医得早，只须再服一二次药即愈，病家信之。翌日再诊，即更予以阿片等止泻剂，然因前服峻下剂，结果患者肠已穿孔，大出血转发急性腹膜炎，越二日毙命，经控将死者尸体剖验证实肠部有数个结核性溃疡，大出血有一已穿孔并起腹膜炎。例（二）：某旧式外科医往往对患小脓②疡病，故称症重难治，虽使药二三日内仍必大肿出脓方可治疗，于是隐用发泡药使患部疼痛破溃流脓以神其说，美其法曰药能拔脓，议得重酬方再用药消肿敛脓，致迁延时日，日必须医，更于病势渐愈时又加药引赤使炎症反甚，非病家结资满其欲望不使收口。其幸者，终遗瘢痕，治愈结疤巨大每贻成美容或运动窒碍，犹谓症重如此，非其药灵决无效果。而不幸者，症既益重，溃烂愈深，形成创伤传染致发丹毒或脓毒症及坏死等症，趋于死亡，然病家犹谓医曾预言症本无救。后该医因多次索诈被控破案治罪。例（三）：疟疾患者早期即用金鸡纳酸等剂，原属根治。某庸医及一般中医故神其说，谓非疟发足不应遏止，耽延时日，致病人症剧不救，或借症剧得痊便厚酬，甚至竟不为完全根治转成慢性疟疾，终身时发时愈，于是体弱病多常需医药。后有某病人另请他医诊疗，方悉其误，忿邀三数病家控告判罪。例（四）：著者曾检三例工场工人，每假病怠工，经厂医证明不准给假，该工乃贿他医内服以 Pikrin 酸诈患黄疸症，或用发泡引赤药贴于手臂足面使生炎症以证实有病伤，请领医疗费。案破该工人与医师均受处分。例（五）：某工年老，厂方将予解雇，适其右足新受机械微伤肿大发紫，乃贿医生假为已生坏疽应行锯落右足，如此方得请领高额残废保险费及厂方灾害赔偿费，后因厂方怀疑何以不经厂医诊治而向外医求诊，乃将

---

① 瘭疽：手指或脚趾急性化脓性感染。
② 脓：原文为"浓"。

该伤者①送当地法医详验，并无坏疽不过疮面甚大，伸母肌腱皆损，如经正当治疗尽可治愈，不过右足行时微跛而已，而须付以较少之灾害赔偿，不必列为残废，不应给领残废保险费，某医亦因被控得罪。

（3）医师倘利用医师及药师之资格，而个人或代人或公同他人经营药业制造销售或意图销售，而收藏陈列伪药者，则触犯《刑法》第三三九条（意图为自己或第二人不法之所有以诈术使人将本人或第三人之物交付者，处五年以下有期徒刑、拘役或科或并科一千元以下罚金。以前项方法得财产上不法之利益或使第三人得之者，亦同前二项之未遂犯罚）之欺诈罪。

倘利用医师业务上之便利，对病人售给或使用伪药者，则更犯《刑法》第三四二条（为他人处理事务意图，为自己或第三人不法之利益，或损害本人之利益而为违背其任务之行为，致生损害于本人之财产或其他利益者，处五年以下有期徒刑、拘役或科或并科一千元以下罚金。前项之未遂犯罚之）背信罪。若因用伪药而致人于死，或损害其健康，贻误其病机者，则更犯《刑法》第二七六条之杀人罪或第二七七条及二七八条之伤害罪。若因而致妇女误服堕胎者，则并犯《刑法》第二九一条之堕胎罪。若因而致他人生麻醉毒瘾者，则并犯《刑法》鸦片罪（第二五七条、第二五九条、第二六三条）或《禁烟禁毒治罪暂行条例》（第五条、第七条）及《刑法》伤害罪（第二二七条、第二七八条及第二八四条）。若因大量伪药之销售引起社会群众之病弱或危险不安者，则更犯《刑法》第一九一条（制造贩卖或意图贩卖而陈列妨害卫生之饮食物品者，处六月以下有期徒刑、拘役或科或并科一千元以下罚金）之公共危险罪，同时均应负《民法》之赔偿责任。倘所犯尚未涉及刑事范围亦当受行政之处分，即依据《管理药商规则》（第二十六条、第二条、第十六条、第十七条、第二十条、第二十二条、第二十四条等）及《修正管理成药规则》（第六条、第七条、第八条、第九条、第二条等）取缔伪药各规定予以惩罚。

而所称伪药之范围，经卫生署三十年命令之规定，系指下列之原料药及制剂：（一）其调制不合《管理药商规则》第十六条（中华民国药典所记载之药品，其性状、品质、制法非适合于药典之）所定，药商不得制造买卖或储藏其为中华民国药典所不载者。以各药品所依据之外国药典为标准及第十七条（中外药典所未载之新发明药品，非预将性状、品质、制法之

---

① 该伤者：原文为"该医"。

要旨并附样品呈请卫生署查验后，不得制造贩卖或输入）之规定者。（二）其广告、仿单、标签、其包纸所载名称文字与实际情形不相符合者。（三）已经过期失效或变性变质者。（四）变换或掺入其他不合规定之原料者。（五）而注射剂之消毒不完全者，亦以伪药论。然医业、药业者如因制售或使用伪药发生恶果而被控多属已涉刑事范围，只有未经被害人向法院之告诉，仅由卫生机关检查鉴定证实者，则可径予以没收及罚金之处分。

例如：（1）配制处方而未得开方医师同意修改，竟擅减原量擅易他品者。（2）应行消毒使用之药品器材，原未消毒而标明消毒或消毒不全竟称完全消毒，或虽已完全消毒而保持不良细菌尽可侵入，或曾经启封污秽而仍称为消毒者。（3）制售各种内外用或注射用之丸散膏液等剂之原药、成药成分与中外药典或呈经核准之处方及标签成分、品质、数量不符，或因调制手续欠妥，或保藏不良致已生变质、变性、潮解、氧化等变化而至失效或少效力者。（4）有时效之药材、注射剂、生物学制品等已经过期，或因制造保藏不良已生浑浊、沉淀者，倘药商、医院、医师、药师人等售给上列四种药材，皆可认为发售伪药。盖其结果轻者可以贻误病机，重者可以危害生命，但此种事实均系业务上所应注意。明知该药失效或能害人，而有意用以牟利，故应以故意欺诈取财罪论。如其后果致他人健康或生命蒙其损害，则同时并应处以伤害杀人堕胎或公共危险罪。

至若药商竟（1）假冒、伪造、仿造其他中外药商出品之商标、商号及包装者，（2）调换原装内容、减少定量、掺和他质者，或（3）意图欺骗他人而将原装药品之原产国或品质为虚伪标记或其他表示者，则并犯《刑法》第二五三条（意图欺骗他人，而伪造或仿造已登记之商标、商号，处三千元以下罚金、二年以下有期徒刑、拘役）或科或并科及第二五五条（意图欺骗他人，而就商品之原产国或品质为虚伪之标记或其他表示者，处一年以下有期徒刑、拘役或一千元以下罚金。明知为前项商品，而贩卖或意图贩卖而陈列，或自外国输入亦同）。倘医师、药师人等及医院、药房或经售药贩等，明知为上两项假造、仿造或变造之伪药，而仍行贩卖或意图贩卖而陈列者，则犯《刑法》第二五四条（明知为伪造或仿造之商标、商号之货物，而贩卖或意图贩卖而陈列，或自外国输入者，处二千元以下罚金）或第二五五条第二项（见前）之妨害商业罪。故医师等如购置药品，发现此类伪药，应即退回更换或弃不使用，不得再行转售，或使用于患者或他人及同业。卫生机关及公医、法医等并医师公会、药师或药业公会与原出品药商乃至购得伪药证实有据者，均可检举依法惩处。

如经售伪药假名固精种子、壮阳补阴等作猥亵之宣传者，则犯妨害风化罪（《刑法》第二三五条：散布或贩卖猥亵之文字、图画及其他物品，或公然陈列，或以他法供人观览者，处一千元以下罚金。意图贩卖而制造持有前项之文学、图画及其他物品者，亦同）。而经售冒牌伪药，致他药商信用受其损害者，则并犯妨害信用罪（《刑法》第三一三条：散布流言或以诈术损害他人之信用者，处二年以下有期徒刑、拘役或科或并科一千元以下罚金）矣。

（4）未经诊查或检验而遽发给疾病诊断书、死亡诊断书、验书、出生票、死产证书或鉴定书等有关于医事诊验之文书，或伪造、变造该类文书足以生损害于公众或他人者，不但违犯《医师暂行条例》第十一条之义务，且为犯伪造文书罪（《刑法》第二一〇条：伪造、变造私①文书，足以生损害于公众或他人者，处五年以下有期徒刑。第二一一条：伪造、变造公文书，足以生损害于公众或他人者，处一年以上七年以下有期徒刑。第二一二条：伪造、变造护照、旅券、免许证、特许证及关于品行能力服务或其他相类之证书、介绍书，足以生损害于公众或他人者，处一年以下有期徒刑、拘役或三百元以下罚金。第二一三条：公务员明知为不实之事项而发载于服务上所掌之公文书，足以生损害于公众或他人者，处一年以上七年以下有期徒刑。第二一五条：从事业务之人，明知为不实之事项而登载于其业务上作成之文书，足以生损害于公众或他人者，处三年以下有期徒刑、拘役或五百元以下罚金。第二一六条：行使第二百一十条至第二百一十五条之文书者，依伪造、变造文书或登载不实事项之规定处断）。就中由医师业务而违犯伪造文书罪者，当照第二一五条处理。由医师充公务员地位而违犯之者，当照第二一三条处理。故国立、公立医院或医事检验机关、医学校之医师等违犯本罪，均应照第二一三条处理。如医师以其技术上之便利，而伪造、变造普通之公私文书者，则仍应照第二一〇条、第二一一条或第二一二条处理。如医师适为证人或鉴定人，而对于侦察调阅之病床诊疗日记、处方笺、手术记录、病历等或一切鉴定检验文件，竟行具结作虚伪陈述者，则兼犯伪证罪（《刑法》第一六八条：于执行审判职务之公署审判时，或于检察官侦查时，证人、鉴定人、通译于案情有重要关系之事项，

---

① 私：原文为"和"。

供前或供后具结而为虚伪陈述者，处七年以下有期徒刑。第一六九条：意图他人受刑事或惩戒处分，向该管公务员诬告者，处七年以下有期徒刑。意图他人受刑事或惩戒处分，而伪造、变造证据或使用伪造、变造之证据者，亦同。第一七一条：未指定犯人，而向该管公务员诬告犯罪者，处一年以下有期徒刑、拘役或三百元以下罚金。未指定犯人，而伪造、变造犯罪证据或使用伪造、变造之犯罪证据致开始刑事诉讼程序者，亦同）。惟于该案件宣判或惩戒处分确定以前自白者，得减轻或免除其刑（第一七二条：犯第一六八条至一百七十一条之罪，于所虚伪陈述或所诬告之案件裁判或惩戒处分确定前自白者，减轻或免除其刑）。此种案件颇为常见，多由于医院、医师及其佐理人员不解法律，一旦事变发生只为求全，而反自陷于法也。例（一）：某医诊一病人死，被病家控告以业务杀人罪，法院调阅处方、病历、诊断书、诊疗日记等文证送法医审核，该医因被控恐怖，竟擅将各种文证悉行添改，致处方内容与药房调剂簿不符，诊疗日记亦与其他文证互异，但于检验尸体得证实该医师对该病诊断并无错误，确为肺结核三期已转全身粟粒结核，原不可救，故所控该医杀人罪并不成立，而却因修改文书作伪证，应有伪证乃伪作文书罪。例（二）：某医受某地方法院某民事产争诉案件之委托为鉴定人，检验收据上指纹、印鉴、笔迹，而私得甲方当事人贿托，作虚伪之鉴定，经乙方上诉高等法院核验得实，遂陷伪证罪。例（三）：某法院检验员当庭验某案原告右臂损伤辩称他伤，而填送伤单却鉴定为自伤，旋经法官深究，确曾受贿，即同处罪。例（四）：某国某步兵右脚面受有擦过枪伤，经治结疤痊愈，战后退伍营商。因年龄关系至五年后再须被征入伍，乃假向医称，伤达肌部，发生瘢痕，脚已残废，疾走长途疼不可忍，某医未详诊查，遂签付残废诊断书证明，应免入伍，不意该商同业某亦同被征，谓其平日行路并不跛，安得免征，查询队部队长乃将该商送法医诊验，证明确属跛瘢痕只在皮肤未伤神经肌腱，疾走长途不至生疼，于是该商即按军法惩处，该医受误忽业务处分。例（五）：青岛某外商名列预备役，国际战起，假称中风以冀免征，并引某医诊断书以资证明，后经军医来验，再送法医详检，证实不确，商既处罪，追究某医。据云系未诊察只凭商妻报告即付诊，遂亦解法院究办。

（5）对交验证据或应保管之医事文件而有意或无意隐匿、毁灭、损坏、毁弃、变造或作伪者，为犯湮灭或毁弃损坏证据罪。故刑事民事诉讼法对鉴定人受理、检验此类证据有特殊权限之规定（旧颁法律即无此条），即在必要时消耗、破坏或变化证件之性质。吾人非得委托法院或法官等之正式许可，不能将之全部消耗（《刑法》见前第一六五条及第三五二条：毁弃、损坏他人文书或致令不堪用，足以生损害于公众或他人者，处三年以下有期徒刑、拘役或五百元一下罚金。第三五四条：毁弃、损坏前二条以外之他人之物或致令不堪用，足以生损坏于公众或他人者，处二年以下有期徒刑、拘役或五百元以下罚金）。但倘犯湮灭证据罪或伪证罪于该案件未裁判以前，自行表白者，得减轻或免除其刑（《刑法》已见前第一六六条及第一七二条）。然如禁烟、禁毒、治罪暂行条例及军法兵役法等，对证人、鉴定人为伪证之处理有特别加重处分之规定，此又吾人所不可不知者也。

（6）擅行不法之堕胎手术及故意或无意予妇女以堕胎药品或介绍堕胎方法，固不论得否堕胎妇女本人或其家族之同意，为犯堕胎罪（《刑法》第二八九条：受怀胎妇女之嘱托或得其承诺而使之堕胎者，处二年以下有期徒刑；因而致妇女于死者，处六月以上五年以下有期徒刑；致重伤者，处三年以上有期徒刑。第二九一条：未受怀胎妇女之嘱托或未得其承诺而使之堕胎者，处一年以上七年以下有期徒刑；因而致妇女于死者，处无期徒刑或七年以上有期徒刑；致重伤者，处三年以上十年以下有期徒刑。第一项之未遂犯，罚之。第二九二条：以文字、图画或他法公然介绍堕胎之方法或物品，或公然介绍自己或他人为堕胎之行为者，处一年以下有期徒刑、拘役或科或并科一千元以下罚金）。而以堕胎为营业者处分尤重（《刑法》第二九〇条：意图盈利而犯前条第一项之罪者，处六个月以上五年以下有期徒刑，得并科五百元以下罚金；因而致妇女于死者，处三年以上十年以下有期徒刑，得并科五百元以下罚金；致重伤者，处一年以上七年以下有期徒刑，得并科五百元以下罚金）。但妇女患有相当之疾病者，生命之危险者，医师为防止该妊妇生命上危险起见，得由该妊妇本人之嘱托或承诺及其家族之同意，而执行安全人工流产手术，然该妇疾病是否因妊娠有危害于本身之性命，且施堕胎后性命是否得获保全或比较安全，均应经两位以上医师之证明，兼得当地主管官署之许可为妥。然在现行法律尚无责成医师得主持治疗的人工流产之明文法令，中亦未颁有执行治疗的人工流产之手续，不过在《刑法》内有第二八八条（怀胎妇女服药或以他法堕胎者，处六月以下有期徒刑、拘役或一百元以下罚金，怀胎妇女听从他人堕胎者，亦同。因疾病或其他防止生命上危险之必要，而犯前二项之罪，免除其刑之规定）及有本条第三项之规定，则怀胎妇女因疾病或其他防止生命上危险之必要，即得实行堕胎，而堕胎除内服之药品外一般手术多不能由妊妇自己执行，且所患疾病是否因妊产可以发生性命危险及实行人工流产是否对该疾病病势不至增恶，可望痊愈抑或疾病倾向已无痊愈希望，不如设法延长妊妇性命而以保嗣为目的，乃至是否不施人工流产而届时执行早产或开腹手术可以取出初生儿不至增加产母生命之危险等等问题，皆非医师不能诊断决定之也。故执行治疗的人工流产手术，遂被默认系医师业务行为之一。虽缺乏法律明文之规定，而医师却责无旁贷也。至助产士、护士等皆无诊治疾病学力及资格，更不应为妊产妇科之手术（所执行技术只限于助产），故亦不得执行治疗之人工流产。然妊妇疾病是否必须实行人工流产方可有救，殆既行人工流产之后时月迁延，由妊妇体部便毫无证据可以复验。往往医师为妊妇执行治疗的人工流产后，妊妇疾病终不可救或谓所患疾病原不必施行人工流产，因行流产病反增恶，则该医师便无法自白其所施人工流产行为，确非犯法之堕胎，极易陷入法网。若能预先经两位以上医师之诊查，认为该妊妇确患有危及性命之疾病，非迅施治疗的人工流产必致病症益劣，各医彼此互为证人，经得妊妇本人主张，家族同意，再由妊妇出名报告当地该管官署备案，然后执行，则可免将来无限纠纷，如此手续办法宜用法令颁布，则可杜绝一切执行非法堕胎行为借口，保障医业正当治疗的人工流产之实施，挽回社会之堕风，救治妊妇之生命。著者曾检验、鉴定多例因非法堕胎所引起之案件，一般妊妇因堕胎受伤或死者，由家族提出诉讼，间有因堕胎后子宫变位久无生育或堕胎后胎盘未完全脱落，最后须行子宫搔爬术，靡费①财物而控告者也。

（7）医师及其业务上佐理人倘无故泄露因业务知悉或持有之他人秘密者，如经告诉，则为犯妨害他人秘密罪（《刑法》第三一六条：医师、药师、药商、助产士、宗教师、律师、辩护人、公证人、会计师或其业务上佐理人或曾任此等职务之人，无故泄露业务知悉或持有之他人秘密者，处一年以下有期徒刑、拘役或五百元以下罚金）。

盖医师等如不得严守业务上知悉之秘密，则病人每虑自己之利益及名誉信用将受妨害，于是对所认为需要秘密之疾病竟不敢请医师诊治，或诊治时隐匿其病因症象与经过事实，是对诊疗之执行个人之保健与诊疗之处置殊有重大障碍，往往可引起个人家庭乃至全社会不安之虞。故医师每可

---

① 靡费：奢侈浪费，过度地消耗费用。原文误为"縻费"。

根据保守业务上秘密（The Medical Secrecy Berwgsg-eheirnmies Le Sacret Medical）之责任，而拒绝为法庭之证言。然同时在特种医事卫生法规内，例如规定医师检视传染病者、变死者及中毒者等时，须于十二小时或二十四小时以内向该管官署报告，但有相当之矛盾，但究其实，法律系以谋个人幸福、社会公安之行动为基础，故一方固应维持个人之幸福，而一方更须维持社会群众之安宁。所以医师对法庭所需要之证言首要考虑倘有本人泄露该事件之秘密是否对社会之公共安宁有较大之利益，在对公众有利益范围内而报告一、二个人秘密则视为"有故"，应不罪也。总之，医师如履行《刑法》、《民法》及医事卫生法规内所规定须行报告之义务，即有揭发业务上秘密之权利，反之怠于报告且将受相当之处分。例如急性传染病人之病家每嘱托医师代守秘密，勿宣于众，但医师尽可将其不当意见全部向该管官署揭穿也，其余有关于预防医学之花柳病疾病、癫病能传染于他人者，医师除向该管官署报告外，并当告病人病家及接近人等，以防止传染他人，及消毒办法必要时并得以书面行之。又精神病人未发作或较轻度时，本人及病家每以送至精神病医院监护为苦，亦往往要求医师代守秘密。如①该种精神病发作时或症状及期增进时，有妨害他人或社会公私之危险者，则医师应不理会病人或病家之要求，而报告之于该管官署或精神病院，但同时须婉示病家非送医院监护不能治愈，且有发生某种危害行为之倾向，然亦切勿宜之于众，谓某人系一疯人或曾患精神病也。次出生、死亡及死产之报告均有关于人权，亦属医师之义务行为，不得视为泄露。因业务上所知悉他人之秘密，尤以发现有刑事嫌疑之死体、死胎时，必须据实迅速具报于主管官署或地方法院也。又因犯法行为而受伤求治者，医师追询其行为经过，既知悉后非得该犯人之承诺，不能将其秘密完全披露，至多只能将诊疗记录呈于法庭，在此记录内除受伤日期及症状诊断、疗法外，不应注明因偷盗或因杀人或其他犯罪行为等有关系之事实也。但曾预受法院或警察官署之委托侦察该病人之病因者，自属例外（按医师条例第二十条）。然此种委托在一般开业医师理应拒绝，而公医（或官医）、保险医、法医等原有报告之职务者，方应履行之也，所以开业医对业务所知悉之秘密须在（1）不违背社会善良风俗，（2）不紊乱社会公众安宁，（3）不传染传播疾病于多人三条件之下，负保守绝对秘密之义务，否则除被诉致犯《刑法》

467

---

① 如：原文为"各"。

妨害秘密罪外，往往并受赔偿名誉损害之要求，殊不可不加慎重。即公医、保险医、法医乃至一般医师之报告他人秘密事件，亦只限向法院或主管官署机关作有益于公众社会之职条陈述，倘故意宣布之于众，而指摘传述甚至公然侮辱致该病人名誉上受有损毁，则为犯妨害名誉或诽谤罪。虽对所诽谤之事实能予证明，可不为罪，然如涉于私德与公共利益无关者，仍不免于处罚也（《刑法》第三〇九条：公然侮辱人者，处拘役或三百元以下罚金。第三一〇条：意图散布于众而指摘或传述足以毁损他人名誉之事者，为诽谤罪，处一年以下有期徒刑、拘役或五百元以下罚金；散布文字、图画犯前项之罪者，处二年以下有期徒刑、拘役或一千元以下罚金。对所诽谤之事能证明其真实者，不罚，但涉于私德而与公共利益无关者不在此限）。

尚须注意者，即医师等发表研究工作或著作时对症例之完全姓名及住址应行删除，即已死之病人亦不应公布，倘因公布之结果而致该病人或其遗族受相当之信用名誉或财产权利等损害者，则该医师须负赔偿之责任。惟法院需查案情、调查病历诊断书等文件，医师等不得代之隐匿，然亦切勿因法庭之来调查，而有意或无意中更行公布之于众也。即法医、公医或保险医之充为鉴定人、检验人或证人者，当法庭或机关未将该事公布以前，除得因委托法官或机关之询问提出口头或书面报告外，倘不得委托法院及被验人或送检委托人之同意，固不应擅将该报告公布或私授与其他机关或他人，盖此种鉴定性质文件如预泄露，一方既有损个人名誉之嫌，一方又启犯人巧避之机，是对私人及公众之利益皆有损害。

其服务于卫生官署或其他公共机关之公医、法医、保险医、药师、牙医师、护士、助产士、兽医及其佐理人等均为公务员，如无故泄露因职务所患他人之工商秘密（如呈请专利药品之处方制法或特别医疗器械之构造，惟药品器械之用法禁忌及效能等不得借口专利请求保守秘密）等者，则为犯《刑法》第三一八条（公务员或曾任公务员之人无故泄露因职务知悉或持有代人之工商秘密者，处二年以下有期徒刑、拘役或二千元以下罚金）之罪。又医师人等依法令或公私之契约有守业务工商秘密之义务，而竟无故泄露之者，则为犯《刑法》第三一七条（依法令或契约有守因业务知悉或特有工商秘密之义务，而无故泄露者，处一年以下有期徒刑、拘役或一千元以下罚金）之罪。医院内人对住院病人或他人之信件无故擅予开拆或隐匿者，则为犯《刑法》第三一五条（无故开拆或隐匿他人之封缄、信函或其他封缄文书者，处拘役或三百元以下罚金）之罪。所以医院于病人入院、出院手续内，应列有病人之转信住址，对已死病人信件，亦当为转于病人家属亲友或所遗之通讯处。

倘无故泄露因业务或职务所悉他人或工商之秘密而致他人私德与公共利益无关之名誉或信用受其损害者，则犯妨害名誉信用罪（《刑法》第三一○条、第三一二条或第三一三条）。倘更因而妨害他人之人格权或财物权等者，则更负《民法》赔偿之责任，当按《民法》各有关规定办理。惟妨害秘密罪与妨害信用或名誉罪，须告诉乃论（《刑法》第三一四条及第三一九条）。

（8）医师或牙医师滥用麻醉药品以授与不相称病症之病人，固为违反麻醉药品管理条例及《医师暂行条例》第十九条或牙医师管理暂行条例第十一条之规定，但尚未得认为有犯《刑法》或禁烟、禁毒法令。而中医、助产士、护士及接生与其他医药佐理人员更不得应用麻醉药品擅供治疗，惟兽医可购用麻醉药品以供医兽之用，药商、药师得承购、储售相当量之麻醉药品并调制某处方及配合成药或承销麻醉药品之注射剂，悉当按《药师暂行条例》（第九条至十七条及第二十三条、二十四条各规定）、《管理药商规则》（《管理药商规则》第六条：西药商购存麻醉及剧毒各药，须将品目数量详载簿册以备该管官署之检查，麻醉及剧毒各药应与他种药品分别贮藏，标明麻醉药或毒药、剧药字样，外加锁钥以防不测。第七条：麻醉及剧毒各药非有医师署名盖章之处方笺，不得售出，其经手售出之药师须依《药师暂行条例》第十四条之规定办理。虽持有医师处方笺，而其人年龄幼稚或形迹可疑时，仍不得售予。其为同业及医师购为业务上用、学术机关购为科学上用或职司试验及制药之公署购为职务上用时，须将购者姓名、职业、住址及所购量数详录簿册，连同购者亲笔署名、盖章之单据保存三年以备查考。第八条：各公署因其职务购买麻醉及剧毒各药以为医疗之用时，除依前条第三项后半段之规定外，并须取具该负责医务人员盖章之单据。第九条：制药者所制之剧毒各药，须按月将所出数量呈报该管官署查核，但麻醉药品在制造药品条例未颁行以前暂行禁止制造。第十条：中药商买卖有剧毒性之中药时，准用第六条之规定。换而言之即中药商不得买卖法定麻醉药品，其含有麻醉作用之中药以剧毒药论，又第五条：药商所用店伙，须熟识药性，其营西药业者并须以领有部证之药师管理药品，但不零售麻醉及其他剧毒药品，西药商得以领有部证之药剂生代之……换而言之，即倘零售麻醉药品，必须有正式药师负责。第十一条：麻醉药及剧毒药之品目由卫生部以部令定之，已早以部令公布。第十二条：各种药品均须按法贮藏，倘性味已失或变质者，不得售卖。药房调制麻醉药品应照上述各条办理)、管理成药规则修正管理成药规则第六条（成药中掺用麻醉药品、吗啡应在千分之二以下，高根应在千分之一以下，其他麻醉药品之掺用量由卫生署核定，但不得掺用海洛因。调制或输入含有麻醉药品之成药者，应另备簿册按日详记数量及出售处所、名称、地址，以备查考)及修正麻醉药品管理条例与其细则、购用麻醉药品办法（各章则均附后）各规定办理。即医院、军医或卫生机关、医学校、药学校、慈善救护医疗团体之使用、购存、转运麻醉药品，及承受中央卫生行政最高官署之委托制造、运售、分销麻醉药品之机关，亦当按法定之手续不得擅违主要者。即对其品类、用量、消耗量、运量、购量、存量、用途及来源与制造、销售乃至进出口、运输等，均须受法律之限制与一定之稽核，刻法定之麻醉药品种类共十一种，但可因国联之公告或应用之需要，再由政令增减之。而麻醉药品之原料及十一种以外之麻醉性毒物，则视为违禁毒品不得自由制造、运售。每年麻醉药品之全国总需量及入口处所由政府明令规定，并通知国际联盟会。我国暂时麻醉药品或毒品概不出口，罂粟等原料亦禁种贩，而制销机关已由政府指定委托，一般机关团体及医药业均不应私自制贩、运销。凡一医师、牙医师、兽医每次每种不得购逾十公分，医院、医校、药师或药商不得购逾五十公分，其数量出入须行登记，并定期呈报用途，须加慎重，应有明白记载，不得有多次连续使用或贩售于一病人，更不得擅以转售。当前次购用后未将用途、消耗量等清报以前，经售机关应不照售。所有发售之麻醉药品以交由邮递为原则，购买者应持有卫生署麻醉药品经理处所给之购运凭照，方得向邮局领取国内运送麻醉药品。均准免税药价，全国划一另加纳邮运费。惟受中央总经理处委托之分销机关得遵照法定成数向购买者或机关酌收制成之手续费。一般购买者除应预声明用途系专供医疗配制方剂或科学研究之用外，并须就购买者之性质而受必要之限制。如（一）医师、药师、牙医师购用麻醉药品，则应以领有卫生署核发证书且有业务之需要者为限；（二）兽医以地方主管官署已核给开业执照且有业务之需要者为限；（三）医院诊所以已在当地主管官署依法登记并有曾领署证之医师负责副署者为限；（四）官立、公立医疗机构或慈善救治法团以用正式公函请购，由其主管人负责，并有曾领署证之医师或药师副署者为限；（五）药房、药厂以领有当地主管官署校发药商执照并有曾领署证之药师负责签署者为限；（六）兽医院或兽诊所以已在当地主管官署依法登记并有负责曾领开业执照之兽医签署者为限；（七）学术机关、医校、药校等以曾经政府立案用正式公函有负责人员签署者为限；（八）军医机关及职司试验或官立、公立有案、制药厂所以有已领署证医师或药师签署或具正式之公函者为限，若购量超过前定数字，经售机关非得卫生行政最高官署之核准，不得擅售。如医院、医师、牙医师、药师、药商、医校及经售机关或承购机关等有违法情实，则除依法惩处外，同时并勒令停业或歇业，撤销其开业执照或证书，中央及地方卫生官署、内政部禁烟委员会及指定委托总经理麻醉药品机关均有随时稽核、查验、检举之责。

若医师、牙医授予麻醉药品或毒品于健人，或所患疾病无需麻醉药品以治疗者，甚或竟意图营利而制贩供给此类药品、毒品于人者，则为犯《刑法》之鸦片罪（《刑法》第二五六条：制造鸦片者，处七年以下有期徒刑得并科三千元以下罚金。制造吗啡、高根、海洛因或其化合质料者，处无期徒刑或五年以上有期徒刑得并科五千元以下罚金，前二项未遂犯罚之。第二七五条：贩卖或运输鸦片者，处七年以下有期徒刑得并科三千元以下罚金。贩卖或运输吗啡、高根、海洛因或其化合质料者，处三年以上十年以下有期徒刑得并科五千元以下罚金。自外国运输入前二项之物者，处无期徒刑或五年以上有期徒刑得并科一万元以下罚金，前三项之未遂犯罚之。第二五九条：意图营利为人施打吗啡或以馆舍供人吸食鸦片或其他化合质料者，处一年以上七年以下有期徒刑得并科一千元以下罚金，前项未遂犯罚之）。

但在新颁禁烟、禁毒治罪暂行条例未废止以前［禁烟、禁毒治罪暂行条例三十年二月十九日公布，其第二十四条规定（本条例自公布日期施行），又第二十三条规定（本条例施行期间定为三年），故至三十三年如无修正或明定缓行停止使用，则在三十三年二月二十日即应废止］，《刑法》鸦片罪之各规定暂行停止使用，我国烟禁风甚严重，历年推行著见成效，曾颁有禁烟治罪暂行条例及禁毒治罪暂行条例，用军令执行，内规定凡人民之种、运、贩鸦片罂粟种子或运贩制造毒品者，均处死刑或无期徒刑或有期徒刑。而吸用毒品，在民国二十四年以前者，处徒刑并勒戒，再犯者处死刑（在二十六年以后，吸毒者径处死刑。而公务员及教育界人不论初吸毒品或再吸者，皆处死刑，犯贩运、供制毒品等项之罪者，则照该条最高刑之处罚，其吸鸦片者处徒刑亦勒限戒绝，过期不戒或戒而三犯者，亦处死刑。原拟二十九年各地即可完全肃清，迨廿六年秋，中日战起，所有沦陷区域烟禁遂弛，毒氛益炽，即未沦陷地方亦受影响，故我政府乃对禁政①勒戒期限及禁绝期间不得不视地方情势而分别酌定，刻所有未沦陷省份均已限一年内禁绝毒品及毒瘾，三年内禁绝鸦片及烟瘾，并根本上严禁播植罂粟、输入罂粟种子、鸦片及一切毒品。遂于三十年二月颁定禁烟、禁毒治罪暂行条例，而废止原颁之禁烟治罪暂行条例及禁毒治罪暂行条例，而定禁烟、禁毒暂行条例，施行期间为三年）。其所指为烟者即鸦片罂粟，其所指为毒者即吗啡、高根（即可卡因）、海洛因及其化合物或配合而成各色毒品（禁烟、禁毒治罪暂行条例第一条：本条例"种烟"者指鸦片罂粟及罂粟种子，称"毒"者指吗啡、高根、海洛因及其化合物或配合而成之各色毒丸）。兹更分列讨论如次：

（一）凡供医药用及科学用之吗啡、高根、海洛因及其同类毒性物或化合物，虽得据禁烟、禁毒治罪暂行条例第二十一条之规定，准依照修正麻醉药品管理条例办法办理，不适用该暂行条例之规定（第二一条：供医药用及科学用之鸦片、吗啡、高根、海洛因及其同类毒性物或化合物，依照修正麻醉药品管理条例办理，不适用本条例之规定），但法定（行政院令核准）麻醉品十一种［即阿片（Opium）、吗啡（Morphine）、可待因（Codeine）、二烷吗啡（狄奥宁，Ethyr Momhine Hydrohroride Dionine）、盐酸阿朴吗啡（Ahomorphine Hydrochlonide）、大麻浸膏（Extraitca-nnadis Sott）、可卡因（Coeaine）、二烷可待因酮（欧可达，Dihydvo-oxy Codeinene Eukodal）、全阿片素（潘妥邦，Pantoloan）、帕帕非林（Paparevine）、狄素吗啡（Desomorphine，Dihydvo-Desoxymorphine）］中并无海洛因，即医药界亦久抛弃不用，至鸦片粉或烟膏土仅可为制造麻醉药品或毒品之原料，不能径供药用，故医药业除正受政府委托销售者外，如径贩用此二品于病人或同业，已属犯罪行为，若贩运、制购或使用未经核准之麻醉药品，亦当按毒品论罪。

（二）若医院、医师或医药业佐理人员，借业务之设备而纵容或予病人及非病人以吸烟毒之方便者，处罚甚重（按禁烟、禁毒治罪暂行条例第七条：帮助他人犯本条例第二条至第五条之罪者，处七年以上有期徒刑；帮助他人犯本条例第六条之罪者，处一年以上七年以下有期徒刑。第八条：制造、运输、贩卖或意图贩卖而持有专供制造毒品施打吗啡或吸用毒品之器具者，处三年以上十年以下有期徒刑得并科三千以下罚金）。除处以长期

---

① 禁政：禁烟政策。

徒刑外，同时更剥夺公权（同条例第十七条：犯本条例各条之罪，受六月以上有期徒刑之宣告者，剥夺公权一年以上十年以下）。并将烟毒及供吸用之器具等统行没收、销毁（同条例第一六条：犯本条例之罪，其罂粟种子、鸦片毒品及专供制造或吸用鸦片毒品之器具均没收销毁之。咖啡、精奶、糖粉、难那素等，查明确系专供制造毒品之用者，亦同），但未遂犯不行处罚。

（三）若借业务有购用麻醉药品之便利，而竟贩运或持用及制造吗啡、海洛因、高根及其代用品者，均处死刑（禁烟、禁毒治罪暂行条例第二条：栽种罂粟或制造鸦片或毒品者处死刑。第四条：运输或贩卖毒品者处死刑，意图贩卖而持有毒品者处死刑或无期徒刑，运输或贩卖鸦片者处死刑或无期徒刑，意图贩卖而持有鸦片者处十年以上有期徒刑……略），同时除并剥夺公权终身，没收、销毁烟土、毒品及专供制造或吸用之用具外，并得没收犯罪人之财产（同条例第十八条：犯本条例第二条至第五条之罪者，得没收其财产之一部或全部。没有财产之执行适用强制执行法之规定）。故医药业对戒烟、戒毒药料之配制、使用必须特别注意，其遂犯亦同处罚（同条例第十五条：本条例第二条至第五条、第八条、第十二条、第十三条之未遂犯，罚之）。

（四）若借业务之获符意图营利，为人施打吗啡，或医院诊所药房等供人吸用毒品者，亦处死刑。供人吸食鸦片者处死刑或无期徒刑（禁烟、禁毒治罪暂行条例第五条：意图营利为人施打吗啡，或设所供人吸用毒品者，处死刑。设所供人吸食鸦片者，处死刑或无期徒刑）。剥夺公权终身，并没收烟毒及其用具与财产一部或全部，其遂犯亦同处罚。

（五）若借医业为人戒烟之便利，竟自吸鸦片烟者，处一年以上五年以下有期徒刑得并科一千元以下罚金，剥夺公权，没收用具及烟土等，但不适用没收财产之规定。其已成瘾者，限期交医勒戒，而戒绝之后再吸食鸦片者，即处死刑或无期徒刑，剥夺公权没收烟土及其用具。如在未被检举告发以前，即自首或预戒绝鸦片者，得减轻或免除其刑。若借业务，竟自打吗啡或吸用毒品者，则处死刑，剥夺公权终身没收用具及毒品等，但不使用没收财产之规定（禁烟、禁毒治罪暂行条例第六条：施打吗啡或吸用毒品者处死刑。吸食鸦片者处一年以上五年以下有期徒刑得并科一千元以下罚金，有瘾者并限期交医勒令戒绝，经戒绝后而复吸食者，处死刑或无期徒刑。第十四条第二三项：犯本条例第四条至第七条之罪，而能供出毒品来源因而破获者，得减轻其刑。犯本条例第六条第二项之罪，如在未发觉以前自动戒绝，经调验确实者，得减轻或免除其刑）。

（六）又按现行禁烟、禁毒治罪暂行条例第九条（持有烟或毒品，而无其他犯罪之证明者，处一年以上五年以下有期徒刑得并科一千元以下罚金。持有专供制造鸦片毒品或吸食鸦片或吸用毒品施打吗啡之器具，而无其他犯罪之证明者，处三年以下有期徒刑或五百元以下罚金）之规定，凡持有阿片、吗啡、高根、海洛因其制造器具使用之注射器等者，即无其他犯行之证明，亦属有罪。故医师、药商、牙医师、兽医等如在业务停止执行及休业歇业期间或当死亡后他人继承或接替其医院诊所、药房、药厂等财产时，必须切加注意，否则极易陷入法网或遭意外之诉讼纠纷。

（七）因禁政之实施对烟瘾、毒瘾之戒治或检验毒品鸦片及其配合料之化验等均有需于医师及药师，故医师、药师之责任益形繁重，且法令森严，倘为鉴定人或证人而检验烟犯、毒犯及毒品等条件，竟有不实或诬陷情形者，即须按禁烟、禁毒治罪条例第十条（栽赃、诬陷或捏造证据诬告他人犯本条例之罪，处以各该条之刑。证人、鉴定人为虚伪之陈述或报告者亦同。但以利益被告为目的者，得减其刑犯前二项之罪，于该案裁判确定前自白者得减轻其刑）之规定处以同被害人被控该条之刑罚。但在裁判未确定以前自白者，或为被告之利益而为之者，得减轻其刑。且在禁烟、禁毒治罪暂行条例未明令废止以前，医师对戒毒业务似有未便公开执行（因犯者悉应处死刑，无勒戒之必要）然法律上亦未禁医师不得为人戒毒，在事实上更无告密检举之义务也，至烟瘾之戒治却为明文所规定（禁烟、禁毒治罪暂行条例第二一条、第六条及第十四条）。

如按《刑法》规定则不论烟毒瘾者，开业医师或公医皆有为之戒治之必要（《刑法》第八八条：犯吸食鸦片或施打吗啡或使用高根、海洛因或其化合质料之罪者，得令入相当处所施以禁戒。前项处分于刑之执行前行之，其期间为六个月以下，依禁戒处分之执行法院认为无执行刑之必要者，得免其刑之执行），此医界同人所不得推诿者也。

（八）滥售或供给注射器者，亦有相当之处分，须按管理注射器、注射针暂行规则办理（按第十二条规定地方主管官署得处以三十元以下罚金，并没收其注射器针）。其专供给为吸用鸦片等麻醉毒品之用者，则按《刑法》第二八五条（制造、贩卖或运输专供吸食鸦片之器具，处三年以下有期徒刑得并科五百元以下罚金，前项之未遂犯罚之）送法院讯办（管理注射器、注射针暂行规则第十条：注射器、注射针之制造输入或贩卖不得兜售、零卖与西药商、医疗器械商、正式医院学术机关或必需此项器针为医疗器械之正式医疗人员以外之人。前项购买人于购买时均应给出购买证明书并签名盖章，此项购买证明书由出售者按期汇报地方卫生主管官署审核。第十一条：注射器、注射针制造输入或贩卖者，应设立簿籍将售去物品名目数及购买者姓名逐一登记以备查考）。而在禁烟、禁毒治罪暂行条例实施期间，则当按该条例第十六条之规定处理（见前）。而医师、医院等购用注射针、注射器均应出给购买证并签名盖章，违者，地方该管官署亦得处以三十元以下罚金并扣留其注射针器（管理注射器、注射针暂行规则第十二条）。

（九）又医师人等如为鉴定人或执行戒瘾业务时，对送验残余之毒器烟料等物证及由瘾者携带或搜没之毒品烟料，应悉数封存签名，数量备文呈交委托法院或地方该管官署。否则即有私存毒品鸦片之嫌，如为实验对照或存证所需要，亦得酌留一部分，宜于复文内详予陈明存证，其间不得有所消耗，并应按时汇报于当地该管官署以凭考核。

（9）未得该管官署之认可，而强以消毒为理由，投放消毒物质或混入有碍卫生之污物（如病人排泄物、脓血用残药料、绷带、棉花布片、死胎、实验死动物、手术割下组织块、加有石碳酸、升汞、石灰等消毒液之用水、洗渗药品或盛器之用水、洗衣水、洗病人食具用具水、洗尸水、残饮食物并病人衣服卧具等）于公共水源、水道通，于饮水井、塘之沟渠或自来水中者，为犯公共危险罪。置有散布病菌或有碍卫生之污物于当街或暴露于公共垃圾堆等者亦然（《刑法》第一九〇条：投放毒物或混入妨害卫生物品于供公众饮料之水源、水道或自来水地者，处一年以上七年以下有期徒刑。因而致人于死者，处无期徒刑或七年以上有期徒刑。致重伤者，处三年以上十年以下有期徒刑。因过失犯第一项罪者，处六个月以下有期徒刑、拘役或百元以下罚金。及第一九二条）。故医学院、医院外科等诊所及医药学术研究机关均应备有消毒室、焚秽炉或埋秽处，以便随时处理业务上所生之污质。因此种污质、污物各混入饮水河塘或曝露于空气之中，尽有影响于公众卫生，传播传染病之病也。医师等误犯之者，多由所雇役伏之未受训练或不注意。然此种事情实乃医师所能注意，且所应注意者也。倘此种过犯系出于医院诊所役伏之不听或不注意医师护士命令之行为，则得视为有于违警罚法（违警法第四十九条第六款：污秽供人所饮之净水者，得处五元以下之罚金）。但若因而发生伤害公众之情实，经官署或个人检举者，仍当按《刑法》治罪。此类事件多见于警政欠良地方或在朝暮夜间由于医佐人员任意倾倒已消毒或未消毒之排泄物、垃圾污水等致曝露于途中或混入于河塘间，又由于医师过讲卫生，擅将其医院、诊所、家宅邻近池塘、河井水源施行消毒，放药过多而又无法禁止他人使用，或竟被人误会以为放毒，乃至涉讼，所以医师等即实行灭蝇蚊及寄生虫或施饮水消毒等公共卫生事项，除系私人井泉池塘外，均应预得有该管官署及乡保邻里之同意或委托也。又药厂、药房对此尤应注意，如洗涤瓶器、制药物械及必要排除之药品、毒质、烧烟焦块液料等等，均不应任之掺入饮源。

（10）凡须住院疗治病人，当病伤未痊无能行动或行动即妨碍性命生存或疾病机转时期即视同无力自能生活，应借本人家族或他人及公私慈善机关之扶助救济，而医师对急症伤除因缺乏适当之设备无能供应治疗者外，概不得任意拒绝诊治，固不应等候病人或病家等先缴需费，而后方施以适当处置也。往往于收容之后发觉该病人在体力上既系不足自活，及经济上亦不能供给治疗费用，此际医院或主治医师除仍可按合法手续向病人病家乃至委托诊治之机关或个人索取相当之医疗伙食等费用外，不得径对该无能力生活者加以驱逐、压迫，逼其出院，甚或竟予遗弃，仍应续为诊治，供其衣食矣，至病痊再行处置。但在无碍疾病与性命范围内可以酌迁之于适当之公立医院或施诊施医处所，同时并通知病人家族或委托诊治机关（如军警机关法院保甲等）及当地该管卫生或保安救济官医，以谋善后。倘竟不顾人道对无能力自活人强施强暴不供药，断绝饮食，甚或乘其昏迷或无能抵抗之际私行抛弃、压迫、驱逐，则皆为犯《刑法》之遗弃罪。如该病伤患者虽治愈之后，而因老幼残废须借他人扶助，又适无亲友托助之者，暨无能力工作生活，势成饿殍者，医院应立向主管官署申陈，执行移地收容，或当传其远地家族前来具领，或永收容之于养老院、救济院、育婴堂或其他慈善救济团体机关。当未实行移地收容以前，并不得断绝其生活上必须之供给。若医院因经济能力关系不能再多供给，即应径送之于当地警署、保甲或慈善团体及愿为收容之慈善家，否则亦为犯《刑法》之遗弃罪（《刑法》第二九三条：遗弃无力自救之人者，处六月以下有期徒刑、拘役或一百元以下罚金。因而致人于死者，处五年以下有期徒刑。致重伤者，处三年以下有期徒刑）。一般官立、公立医院及慈善组织对老幼不具或疾病须借扶助者之收容固属责无旁贷，即医师个人在自己所有场所或服务之医院内，如遇无告儿童、老人、残疾之病人，亦应慈悯为怀，善为安顿，即对贫苦病人宜作一部或全部之施诊、施疗也（此类事例，医师本人应不收其诊费、手术费，而由委托人或医院慈善救济团体机关及主管官署负责①）。

住院治疗或就诊及救急中死亡之尸体，当辨明其死因，出具死亡诊断书。如死因不明或有犯罪形迹之可疑，或为传染病尸体，皆应分报主管警署卫生官署或法院苋验后，方得任予移动、殓葬，无主尸体并得交由政府立案之医学校或医院实施剖验研究，并予埋葬。一般医院医师不得将尸体私行棺殓掩埋或抛弃，更不得未获当地主管官署核准，擅行剖验或截取尸体一部分为标本，并不应对尸体有污辱行为，违者则为犯《刑法》损坏、遗弃、污辱尸体之罪（《刑法》第二四七条：损坏、遗弃、污辱或盗取尸体者，处六月以上五年以下有期徒刑。损坏、遗弃或盗取遗骨、遗发、殓物或火葬之遗灰者，处五年以下有期徒刑。前二项之未遂犯罚之），但为治疗手术所割留疾病组织自为例外。

（11）医师对妇女需行麻醉或当其神志浑浊时，必须有护士助手及病人之配偶或其亲友在旁陪同②，否则往往招触犯妨害风化罪之嫌。盖妇女尤其夙患癔症（烦躁症即歇斯台尼），精神障碍之妇女每于麻醉或神志浑浊期内发生不可思议之妄觉或幻梦，且阴部分泌在麻醉兴奋期中又常增旺，乃疑医师等乘自己心神丧失情形不能抗拒时，既而行奸淫或猥亵行为。故医师对此点务须注意，应允邀患者亲友在旁或手术室外作证为妥，著者曾受理此类医师之被控案。倘果籍业务上之便利而对妇女施以药剂催眠术，或其心神丧失或其他相类情形不能抗拒而奸淫或为猥亵之行为者，暨借业务监督之权力而对应受监督之佐理人员及生徒实行诱胁，以遂奸淫或猥亵之行为者，自应按《刑法》妨害风化罪第二二一条（对于妇女以强暴、胁迫、药剂催眠术或他法致使不能抗拒，而奸淫之者，为强奸罪，处五年以上有期徒刑。奸淫未满十四岁之女子以强奸论。前二项之未遂犯罚之）、第二二四条（对于男女以强暴、胁迫、药剂催眠术或他法至使不能抗拒，而为猥亵之行为者，处七年以下有期徒刑。未满十四岁之男女为猥亵之行为者亦同）、第二二五条（对于妇女乘其心智丧失或其他相类之情形不能抗拒而奸淫之者，处三年以上十年以下有期徒刑。对于男女乘其心神丧失或其他相类之情形不能抗拒，而为猥亵之行为者，处五年以下有期徒刑。第一项之未遂犯罚之）治罪。如持所知业务之秘密或利害关键，而对他人威胁、恐

---

① 负责：原文无"负责"二字。
② 陪同：原文为"参观"。

吓，施行奸淫及诈财者，则犯《刑法》之奸淫罪（《刑法》第二二一条及二二八条：对于因亲属监护、教养、救济、公务或业务关系服从自己监督之人利用权势而奸淫或为猥亵之行为者，处五年以下有期徒刑）及诈财罪或恐吓罪（《刑法》第三三九条：意图为自己或三人不法之所有，以诈术使人将本人或第三人之物交付者，处五年以下有期徒刑、拘役或科或并科一千元以下罚金。以前项方法得财产上不法之利益或使第三人得之者亦同。前二项之未遂犯罚之）。第三四六条：意图为自己或第三人不法之所有，以恐吓使人将本人或第三人之物交付者，处六月以上五年以下有期徒刑得并科一千元以下罚金。以前项方法得财产上不法之利益或使第三人得之者亦同。前二项之未遂犯罚之。至奸淫未成年男女、轮奸或因奸杀伤人命或致羞忿自裁者，处罪尤重（《刑法》第二二一条（见前）、第二二二条：二人以上犯前条第一项或第二项之罪，而共同轮奸者，处无期徒刑或七年以上有期徒刑。第二二三条：犯强奸罪而故意杀被害人者，处死刑。第二二六条：犯第二百二十一条、第二百二十四或第二百二十五条之罪，因而致被害人于死者，处无期徒刑七年以上有期徒刑。至重伤者，处七年以上有期徒刑。因而至被害人羞忿自杀或意图自杀而致重伤者，处七年以上有期徒刑。第二二七条：奸淫十四岁以上未满十六岁之女子者，处一年以上七年以下有期徒刑。对于十四岁以上未满十六岁之男女为猥亵之行为者，处五年以下有期徒刑。然此皆罕见之事件也，至引诱或容允他人或未满十六岁男女在医院内与他人为猥亵行为或奸淫者，处三年至五年以下有期徒刑（《刑法》第二三一条：意图营利引诱或容留良家妇女与他人奸淫者，三年以下有期徒刑得并科五百元以下罚金，意图营利使人为猥亵之行为者亦同。以犯前二项之罪为当业者，处五年以下有期徒刑得并科一千元以下罚金。公务员包庇他人犯前三项之罪者，依各该项之规定加重其刑二分之一，及第二三四条：公然为猥亵行为者，处拘役或一百元以下罚金）。故医师对医院之管理以及对护士等佐理人员及生徒之管理切须严密，倘被人告诉即难洗刷本身之清白矣。

（12）按《刑法》第二五八条（明知自己有花柳病或麻疯隐瞒与他人为猥亵之行为或奸淫致传染于人者，处一年以下有期徒刑、拘役或五百元以下罚金）。而业医者对本人有无花柳病自然明白，倘有病未全根治而传染于配偶或他人，如经告诉，便无所逃罪矣。

（13）违犯红十字公约及我国红十字会管理条例，据中华民国红十字会管理条例第一条（中华民国红十字会依卫生处及内部政、外交部、军政部、海军部之指定办理下列事务：一、辅佐陆海空军战时卫生勤务及平时军事人员之医疗与救护；二、国内外灾变之救护、赈济①及伤病之治疗）、第二条（中华民国红十字会应提倡服务精神，普遍征求会员并完成妇女及青年组织实施有效之服务与训练）、第三条（中华民国红十字会应设立医院，充实医药设备，造就救护人才并预备各项救护材料）各规定。红十字会实为全国民众慈善团体、公设之医疗救护机关，以备平时、战时发生非常事变救护医疗之用，故凡医师及其业务佐理人员悉有参加此项工作之义务。再按同条例第十三条（中华民国红十字会战时随军救护人员之待遇与军属同。救护队之编制及服装之定式由总会呈请军政部、海军部协商核定）、第十四条（战时随军救护人员及救护材料之载运准用军属及军用品办法）、第十五条（战时随军救护人员在战地应用卫生材料、房屋、粮食、舟、车、马匹、航空机，得分别呈请卫生处、军政部、海军部转行拨发）之规定，凡参加红十字会者应随军队出入战区，救护病伤军民，其一切待遇及医药、器械、房屋等有同军队，悉由政府供给服饰，亦有定式不得随意服佩。

次按我国参加国际红十字会修正公约（一九二九年七月签订）第九条（凡用于移开、搬运、诊视、看护伤病及从事管理救护队救护场所之人员、随军之牧师等，无论何种情形均应受尊视及保护，如陷落敌人手内不得以俘虏待遇。军人向曾受特别训练备于需要时帮助护士及搬抬伤病之副手，并持有特别执照者，如遇陷落敌人手中时，正从事于上列之职务，应与普通救护人员同一待遇）、第十条（凡经本国政府承认及允许为救护协会之人员执行上列第九条第一款人员之职务者，以服从军法军令为限，应与该款内列人员同一待遇。各缔约国应于平时或开战时或战争期内，惟无论如何必须丁委用之先，将所拟委托出彼负责协助军队内正式救护机关各协会之名称通告其他缔约国）、第十二条（第九、第十、第十一条所列之人员遇陷敌人时不得受拘留，如道路可通及军务情形能办到时，余另有协定外即送还本国。在等候送还期间内，彼应受敌人指导继续施行救护之任务，此项任务以施行于本国之伤病者为尤善。回国时彼可携带属于自己之物品、器具、军械、运输用具）、第十三条（各交战国对于第九条、第十、第十一条内所列人员应保证在其留管期内，予以本军同级人员相等之饮食、居住及

---

① 赈济：原文为"振济"。

津贴，战事开始后彼即应协商关于各救护人员等级相等之事件）之规定，凡参加救护工作人员应服从军法、军令，即身陷敌手亦不得视为俘虏，擅加拘留，应设法遣送回国或临时给予以相称之救护工作，在留管工作期间应与该国军中同级人员受同样之待遇，无论遇何种情形均应受各方军民之尊视及保护。

又查同公约第四章（建筑物及用品）、第五章（救护运送）各条之规定，凡为战时救护所用建筑物，均受我敌双方之保护，不得任意破坏，或征用或勒令转移之，对一切公私物品更不得没收、稽收，或应受检查者应于发还。凡交通工具系专供搬移伤病及运送救护人员、救护用品者，应受我敌双方之保护，并予以便利，若截获救护运送车辆等，军情必要时虽得暂行将之拘留或解散，但仍须设法照料该车辆内所载之病者伤者，且截获该车辆以在截获地点专供救护当地病伤工作为限，用后仍应发还。

关于红十字会符号应按该公约第十九条（为对于瑞士国表示尊敬起见，瑞士国徽颜色及式之旗样白底红十字应仍旧作为军队内救护机关之特别符号。各国内凡曾用红色半月形或红色狮形或日形于白底以代红十字者，此等符号亦经认可与本约所言之红十字同）之规定，红十字符号系一国际法定军队中救护机关之标志，但用其他红色符号以代红十字者需经签约国之认可，故我国之红十字会等如经国际之认可，亦可享该公约之权利。

按同公约第二○条（凡属于救护机关之各种用品以及旗章臂带等，经主管官所允许后，均应有此特别符号）、第二一条（所有依第九条第一项、第十及第十一条受保护之人等，均应于左臂佩戴由军务机关发给盖印有特别符号之臂带。第九条第一项及第二项所列之人等，应随带一证明书，此项证明或于军照内加以附注或以特别文件为之均可。第十、第十一条所列之人等，而军人制服者应由军务主管机关发给一有照片之执照证明其为救护人员之资格。执照证明书等各军内应一律并有同一之式样。无论如何不得令救护人等无彼等得之符号证明书等，遗失时彼等有要求再发之权）之规定，凡服务军中救护人员皆应佩定式之红十字臂带，上盖军事机关钤印，其无合式制服者，即应发与护照，如有遗失立应再发，其用品旗章亦应加有红十字符号，故违者皆为不合，即不能享前述该公约之保护及权利。

按同公约第二二条（本约之特别旗章，需经军务机关同意并经规定应尊敬者，方能悬挂于救护队及救护所在固定场所，及随行军队亦一并悬挂该所及该队所属国之国旗，但陷落于敌人之救护队在留滞期间内，均只得竖本公约所规定之旗。各交战国应于军情可能范围内，设法令敌国海陆航空军队对于本国救护场所之特别符号显而易见，以免被攻击之意外）之规定，红十字会旗帜并非任何救护机关团体所得悬用，必须由政府法定应加以尊敬者并经军事机关之同意方得悬挂，同时并应悬挂该救护团体所属国籍之国旗，如该救护团体驻在地已陷于敌，则应不并竖本国国旗只竖红十字会旗。又按同公约第二三条（凡中立国之救护队依照第十一条之条件，经允许随同救护者，除本公约之旗章外应一并竖立所服务交战国之国旗，在彼随同一交战国救护时亦有竖立其本国旗之权。上条第二项之规定对于此等救护队亦适用之）之规定，中立国之救护队除应悬挂红十字会旗外并得悬本国旗及驻在地之国旗。

　　按国际红十字会公约第二四条（白底红十字之徽号及红十字字或日内瓦十字无论在平时或战时，只得为保护或标明受本公约保护各救护部队场所人员用品等之用。第十九条第二项所列之符号对于惯用此等符号之国家亦然，惟第十条所列之各种救护协会可依照本国法令佩此项特别符号，为彼等平时善举之用。在特别例外而平时确经各本国之红十字会之特别允许，可在平时用本公约之符号以标示救济场所，专施医护伤病者）、第二八条（缔约各国政府其国内法律尚未完备者，应直接采取或向其立法机关提议各项切要办法，以防止下列各项：甲、除依照本公约规定有权使用者外，其他个人协会等不得使用红十字或日内瓦红十字之符号及名称，亦不准有假冒此项红十字之符号及名称为商业或其他目的之用。乙、为对于瑞士国表示敬意起见，既已采取联邦国徽颜色之反式所有个人或协会等，应一律禁止使用瑞士国徽或仿冒该国徽之符号以为商标之一部分之用，意在违反商业信用或足令瑞士国家感觉受辱者均同。甲项所载仿冒红十字或日内瓦十字符号名称之禁用，及乙项所载瑞士国徽或仿冒该国徽符号之禁用，其实行日期应由各本国国内法规定，但至迟不得过本公约已实行五年之后，自此约实行日起，所有违及此项禁令之商标牌号均为不合法）、第二九条（各缔约国政府遇其本国刑律尚缺完满规定者，应直接采取或其国内立法机关提议采取各项切要办法，以防止战时违反本公约各项规定之任何行为。彼等应于批准本公约后五年之内，将此等防止办法通告瑞士联邦政府，转达其他缔约各国）之规定，红十字会旗章只限于保护或标明受该公约保护各救护部队、场所、人员、用品等之用，而平时民众救济场所专施医护伤病者，亦得应用，但须预得各本国红十字总会之允许。此外悉不准假冒此项红十字之符号及名称为商业或其他目的之用，故开业医师及医业、药业、建筑物、物品药材之商标或标志牌号上均不得擅用红十字为符号，但我国新颁《刑法》至今，对此尚未有专案处罚之规定，虽《刑法》第三章（妨害国交罪）第一一八条（意图侮辱外国而公然损坏除去或侮辱外国之国旗国章者，处一年以下有期徒刑、拘役或三百元以下罚金）瑞士国国旗国徽有受侮辱时得行引用，然须由该国政府之请求乃论（《刑法》第一一九条），未必适用于红十字会公约也。惟商标法第二条规定不得用红十字章或近似红十字章为商标（第二条：下列各款均不得作为商标呈请注册—— 一、……，二、……，三、相同或近似于红十字章或外国之国旗、军旗者……，九、……），得视为我国唯一对红十字旗章之取缔法定。

第四节　中医及庸医行为

政府既颁有中医条例及中医审查规则组织中医审查委员会，于是"中医"二字名称乃为法律所承认。故凡中医有违反中医条例各条之规定者，亦同于医师之违反条例及其他医事卫生法令之庶，被惩罚。尚有贻误病机或诊疗过误，自亦可按前节过误情由究办，在法律上之处理原与医师无别也。然吾人每遇新医、旧医混杂或重复诊治一患者，则对该病延误之事由、处置之前后、过误之情实、处方之当否、病症之机转或特效疗法之有无及根治效率之学理，均应切实注意，尤以病原及病理或预后之追究每可发现无限之困难及不合科学原理荒谬绝伦之事实，此际吾人应持心平正，引学理证古今，力加纠驳，固不宜故入人罪，亦不可故多放纵也。

所谓庸医（Qual Rsaeber, awack）则专指一切未取得医师资格或对医理十分谬误所学尚欠完备之医生或江湖术士而言。我国因国民程度习惯及经济与良好医师之缺乏，遂不克竟对庸医完全摒除，在法律上亦有严格限制，仅在违警罚法第四六条第五项规定以符咒邪术医疗疾病者，处以十五日以下之拘役或十五元以下之罚金处分，过轻且无禁止明文，故祝由科（辰州符）神方拂乱、祈祷经咒、圆魂等迷信之治病，现各地虽有已行禁止者，但仍有擅自营业未予取缔者。其实庸医治病即在诸文明国家在所难免，例如德意日法至今仍有少数不合格之医师及利用草药之医生存在。然社会对其信仰却等于零，政府在行政及法令系施渐进政策分期取缔。而第一步即对有医术谬误者立于惩罚，取消其行医资格并绝对不许收徒授业，第二步即年予一二度考试逐批取缔，于是即素不发生过失之庸医，亦不过终生而没，故此种办法乃任其自生自灭勿得衍传，只要不致危害个人生命影响群众健康，则暂不禁止，惟神方巫符之流则发觉后应予严禁，盖此种乃未诊而疗、卜生命于鬼神、审幸福于迷信，所用药饵不过普通或稍特别之饮食物，所施疗法实乃有意作伪之铺张行为，等于欺诈，结果同于害人，故凡有维持社会安宁之责者，不得不予以严禁也。

但对前两节医师过误事项应均能使用于庸医。盖既以医疗为职业，即应负医师之责任，惟按法律原理而论其解释却微不同，据《刑法》第十二条（行为非出于故意或过失者不罚）、第十三条（行为人对于构成犯罪之事实明知并故意使其发生者为"故意"，行为人对于构成犯罪之事实预见其发生而其发生并不违背其本意者以故意论）、第十八条（行为人虽非故意但按其情节应注意并能注意而不注意者为"过失"，行为人对于构成犯罪之事实难预见其能发生而确信其不发生者以过失论），就此三条解释凡非故意行为或非过失行为应不处罚，而行为（一）以明知其能发生并有意使其发生或预见其发生不良结果者方为"故意"。（二）以应行注意并能注意或预见其能发生而不注意致引起不良结果者方为"过失"。是即未明知其能发生不良结果，并非有意使其发生不良结果，且亦不能预见其能发生不良结果，更不能对该结果有注意之学识能力者，则皆不得视为故意或过失。考一般庸医之学识技术概不充足，自无预见所经手诊治疾病预后结果之能力，更无预致危险发生之学技，既未学得于初又安能取用于后？所知既少，则在其所知之小范围内自信弥坚，并未能预见已行之过误，更不得谓为已明知或有意使其发生过误，学力经验既差，原无能对诊治疾病之预后予以注意，自不得谓为"能注意而不注意"或"预见其能发生而不注意"。故庸医过误便不得解释为过失或过失行为，而既非过失行为又安得谓为业务过失？盖因本无防止危险结果之智能也，故如按《刑法》第十五条反面之解释，反无负防止发生危险之义务，然在个人及社会却深蒙其害矣。例如患急性盲肠炎或初发癌瘤等，若能早期得正当之处置，原非不治，而往往因庸医不明诊断、不解手术，遂耽延时日，病势增进，终陷无救。又如回归热、鼠疫、脑膜炎、猩红热、白喉、梅毒、淋病等传染病及肾脏病寄生虫病等，早期诊治倘得正当之特效治疗，多属有救，亦往往因庸医误诊及不解根治疗法，仅予以轻微之对症不相干药剂以至误事。就中对小儿妊妇用药之超量，或触忌内外科病症诊疗之谬误尤所常见者也。此种庸医之过误在法律上虽有种种解说，但在行政上必应予以取缔，其取缔方法唯一即撤销开业行医之资格耳。例如中医而擅用西药，新医擅用中药，平素对其药性、医理既未研究，乱以病人为试验者，则益须悬为厉禁矣。

欧西现在尚残存之著名庸医疗法，有一八五○年 Baunscheidt 氏创行之刺络术，Bau nscheidtlsmus 法将个人刺络后，全身更涂以 Cotonael 或其他刺激性物质，吾国则更为甚。社会常见之针灸术、接骨科、跌打、外科、温烫局部充血疗法及走方郎中……之草头方剂，有时对轻症患者固亦收效，然每因不识消毒，致引起创伤传染或皮肤炎或脏器炎等危险结果，是在行政上并应予以禁止或限制者也。

【述评】

作者熟练运用当时法律知识并结合医学常识详细地阐述了医生和医务工作者在从事医疗活动中，所发生的医学技能上过失或错误。例如：第一节从8个方面详细列举了可以免于处罚的医疗失误行为。第二节从18个方面详细列举了医疗工作中常见的医疗损害行为，以及相对应的刑罚处罚。第三节从12个方面详细列举了借工作之便，滥用医疗特权所涉及的违法行为。医疗工作中常见的医疗损害行为，以及相对应的刑罚处罚。第四节介绍了中国庸医存在的历史背景、最终的取缔方法，以及其所可能涉及的法律问题。本文详细地论述为中国现代医疗事故和医疗损害相关法律法规的制定提供了详细的蓝本，其中对医疗过失行为担责和免责的区分原则，仍然是我们目前医疗事故和医疗损害鉴定的指导原则。

四十二、新颁医师法之检讨①

【原文】

世界文明各国，均颁有医师法，惟吾国以前仅有《医师暂行条例》，内容殊欠充实，所以许多年来医药界同人，莫不希望速有完全的医师法公布。

三十二年九月二十二日，《医师法》幸由政府公布，但内容颇有值得我们检讨的地方。

因为医师法除能影响到医生的本身外，还能影响到人民健康问题，与

① 原文刊载于《中华医学杂志（重庆）》1943 年第 29 卷第 2 期第 165—173 页。

民族的健康问题，所以这问题是值得我们来研究的。

（《医师法》全文，见本期 219 面）

（一）《医师法》第一条：本条将原《医师暂行条例》年龄限制的资格删除，大概系因在考试法规内已有规定，故姑从略，否则未成年的人智虑未全，决不能负责当医生的重大责任，不但科学的西医是如此，就是非科学的中医亦是如此。

次，本条既规定有"中华民国人民"字样，当然友邦人士此后在国域内便不得开业行医，但现时我国医师缺乏，是否国内数千百个教会医院、医学院与各地公私立医院所聘请的外籍教授医师，从此均不得临症处方，诊治疾病，这却是一个值得注意的事实问题。俱有由当局另公布一种暂行法规，以供临时的需要，此点希望卫生署能与立法院研究一妥善办法，以事补救。

又本条规定医师可由考试而取得医师之资格。当然非正式医学校院毕业之学生，及由医院见习之助手练习生，亦可应考。但用考试方法及拔选人才，严格的讲起来，一次的"考试"并非真正就能辨别个人的学识能力及技能。如果考试所录太滥，所定录取水准太低，势必致有许多侥幸的及格医师。其贻害社会人民健康生命，实非浅鲜，故为国家保全人民生命计，医师考试科目，应极完备；取录应极严格，宜在笔试口试之外，另加以应用技能之一二年长期实际考验，方为妥善。关于此点，希望考试与卫生主管官署，能特别注意，对医师考试，应取宁缺勿滥的宗旨。因为医师的业务，确与其他专业有所不同。换一句话说，就是因为医师的业务，是以人们健康生命做对象的，不应不特加慎重。

（二）《医师法》第二条：关于医师考试得用检覈①方法作代诚。适合于目前情形，但倘若将第一条国内专科以上之医学院校毕业考试，统由考试院执行，则似无再行另一道检覈之必要。这点可省却一道无用的手续，对国家人力及经济上或不无稍补。

至第二条第二项所指：在国外政府领有医师证书，经卫生署认可者，系指曾在国外行医之中国人民，或改入中国籍之外国人而言。然开业医师，理须能通当地方言，才能对病人病家详细问诊，所以对当地语言的考试，以属必须实行。关于此点，望考试院与卫生署应有相当补充的办法颁布，

① 检覈：检查核实。

我国语言原颇繁杂，此种考试宜交地方政府，就地考试。如能通某处方言，方准在某处开业，而予以证书与开业执照。

（三）《医师法》第三条：按关于中医与西医之业务，在医疗之目的上，原系一致。但西医用科学方法研究医学，而中医之研究却沿用非科学方法。而国家立法，实应遵使能同样入轨，即应使全国中医，亦得渐趋于科学化。希望将来国内可以无中西医之分，即在他国，往昔亦有非科学医的存在，但迄今均与科学医融和为一。就是研究古代医药，亦悉采用科学的方法，所以对国粹能充分发扬，对学理能逐渐阐明。不意我国之医法内反将科学医与非科学医对峙并立，未免使本来可以渐渐一元化的医学，再趋二元，永久不得融合。这点实在关系医学前途至大，似宜设法纠正。

况按第三条分款，凡是中医，似均可不经考试，就得领到医师证书，既领有开业执照，和开业到五年后的中医就可用证件请求检覈，轻巧地就领到医师证书，似有背慎重人命立法的原意。就是晚清及北京政府时代，对于中医似乎尚不敢如此放任。历来举行各地中医考试，由主管机关敦聘名医主持考验。其法实行既久，尚无流弊，似尽可如旧办理，又何必规定凡属中医，悉许检核，而大开方便之门？不良的医师，不管中西，是不能不加有限制的。并且第三项更许中医开业五年后就可以送请检核。势必至中医未领医师证书竟先开业。是否医师法主张中医可以不用领有医师证书就可自开其业？似对本法管理医业的意义，不免抵触，若谓既往开业五年之中医，著有名望者，方可送请检覈，这不过是一短时的暂行办法。只可订于暂行条例，不宜订入永久大法。

（四）《医师法》第四条之规定，将《医师暂行条例》之第四条，加以修正，最为合理。

《医师法》第五至六条，将原《医师暂行条例》第三领证程序加以修删，亦甚妥善。

《医师法》第七条领证详细手续办法，似尽可列入医师法施行细则内，无庸订入大法。

（五）《医师法》第二章，医师开业之第七八条，系择用《医师暂行条例》之原第九十二条，而另加第九条，使开业医师，必须加入医师公会，加强社会团体组织，便于实行医事管理，在本法各条中，可称为甚有意义最有价值的条文。

（六）《医师法》第三章，对义务的规定，虽颇详细，但（a）第十一条内第二项，诊疗簿改为应保存十年，似属过久。按刑事之追诉，则为保管五年，实已足够，再按民事而说，医师对医疗费用之请求权，在《民法》内只限为二年。故今保管十年，殊非必要，徒增加医师个人的无意义担负。

《医师法》第十四条对传染病报告时限规定为48小时。但在现行传染病预防条例内，只规定24小时，再按国际公例，急性传染病之报告均为24小时。实因传染病有传播于群众的危险，不得不迅速报告当地主管机关，以便立施防范处置。且在《医师法》第十五条内，规定发现有犯罪嫌疑之尸体，亦只限24小时内报告，故传染病之报告，似仍改为24小时为妥，因对医师及行政上，原无不便。且如霍乱和鼠疫两种特别急性危险传染病，医师向例不应待诊断确实后始行报告，当发现疑似病例或尸体时，即应立时报告。又本法中对传染病未分慢性急性，如对沙眼、痨病、脚湿气、疥疮等凡能传染的疾病，皆一一分别依限具报，岂不太烦？关于此点，希望政府详予规定，以便有所遵循，不至贻误。

《医师法》第十九条规定"医师不得违背法令或医师公会公约，收受超过年额之诊疗费，开设医院者亦同"。其实诊疗费中不尽是病人对医生的报酬，本可分为病人对医师的报酬及药品、衣食、居住、看护及检查材料等消耗费，医师固不应向病家过分索取报酬，但消耗费在《民法》债权上属于代垫款项性质，原应向病家全部索还，固不应一律而论。关于此点，希望将来全国医师公会联合会订定公约原则，或卫生社会机关颁定此等法令时，务规定明白，以事补救。

《医师法》第二十条内指定：医师对危急之病症，不得无故不应招请，或无故迟延。尽医生之业务，系治疗病人，原不得无故拒绝诊治（包括门诊及出诊），不但不能不应招请（出诊），且亦不能拒绝就诊（门诊）。今本法颇有允许医师可以拒绝门诊之含混意义，亦请政府依法加以解释。又本条原文指定仅系"对于危险之病症"，是否允许或默认医师对于非危急的病症可以不应招请，此点亦希望加以解释。至于无故迟延，当然系专指危急之病症而言。但医生在未诊查之前，绝对不能预知究系危急病症，抑仅属普通病症，所以此项如付实行，恐多窒碍。最好加颁一条，以处罚病家诳告急症办法，否则将无病不急。虽然开业医师不辞辛劳，而事实或不免耽搁若干真正危急病人，致受迟误处分。关于此点，希望当局有一补救办法。

《医师法》第二十一条至第二十三条，合于《刑法》、《民法》、及《刑事诉讼法》，及《民事诉讼法》之规定，但缺《刑法》对保安处分各条有关医师业务的规定（如精神病、酗酒、花柳病、癫病等传染病；与盲、瘖哑、残伤、中毒及毒瘾病人，医师与警察似皆应有检举及强迫诊疗的责任），未免有与现行法未能配合运用之感。

又各地如有灾厄发生（如水灾、火灾、荒灾、兵灾及火山爆发、海啸、山崩、矿坑工厂等大不幸灾厄）有多数人民死伤，如按本法，医师便无协助当地政府救治诊治的义务（因本法仅规定有帮助司法鉴定及防疫的义务），各医院亦无特设急救室或急症部之必要。然此种大范围之救急工作，实非各地卫生机关或军警医务设备所能胜任。再如路中猝倒，或汽车碾伤，或高楼跌伤等无主伤病，及昏迷病人，例应由事主警察护送，请邻近医师诊治，或施急救，现在本法对医师有救急的义务一事既未有明文，而对公安及社会上救济援助该管政府一层亦未予规定。若谓无主病伤人等之医药费，可由本人付给或由加害人或警察全部代付，故不妨应用本法第二十条的规定，但此种无主濒危人之救治，不但生死未必有把握，即获救治，亦未必有偿付能力。警察机关更无偿付此类医疗费用的预算，而事件发生又往往并无另外的加害人，如此情形之下，本法第二十条之应用颇为困难。所以一般救急事件，医师只应向当事人或主管机关请领因医疗消耗之垫款，而技术上报酬费则应牺牲。当病人无力付给时，即应尽义务。此点主要固属医师之医德问题，但在立法观点上，如能加以规定，不仅便利执行，抑且加惠贫病及猝遭事变之事主。

（七）关于第四章所订之各条，犹缺对医业之保障。此点颇使吾人失望，按医师之诊疗工作，在常人多属犯罪行为，而医师却是业务之正常行为。所以医师业务行为之是否正当，关系专门学术，并非平常人所能判断，实有交付专家切实研究讨论的必要。查医师之正当业务行为，可以分为受委托后应履行之正当业务行为，及普通应履行之正当业务行为。

（甲）医师受委托之后应履行的正当业务行为如下：

a. 帮助司法机关执行鉴定业务，受法院委托的医师，按《民事诉讼》及《刑事诉讼法》、《解剖尸体规则》及医师法等的规定，得伴同法官勘验场所，侵入家宅检查，或剖验化验尸体骨殖，或诊查人证，调验文证，审验化验物证，询问当事人及证人，请求开棺发墓，检点凶器及遗物，毁变或消耗证据之一或全部，出庭陈述检验事实，说明学理，编付说明书、鉴定书（检案书），且对委托者不得无故拒给，亦不得自由泄露秘密，但必须受有法院法官书面委托，始可负责执行，或参同检察官及主管行政人员

林几论文研究

行之。

b. 为执行法律上保健及优生防疫法令：1. 得对地方病、职业病及慢性传染病患者加以：（子）执行保健法令，（丑）报告，（寅）强迫诊疗；2. 对精神病、花柳病患者、麻醉毒品有瘾者、酗酒者及有不良劣质遗传之倾向，或犯色欲变态，屡有淫乱行为者，加以：（子）检举，（丑）强迫诊疗，（寅）实施断育手术，但须经特种法院裁判后，（卯）执行优生法令，惟现行《刑法》保安处分，只对麻疯、花柳病、精神病患者、毒瘾者及酗酒者犯法时，方限期强迫治疗。

c. 帮助民政警察机关，执行维护民众康宁责任：（1）得计划实行防治地方病与社会多数的疾病、职业病等，（2）帮助地方政府或慈善机关，执行灾厄的救济、医疗与紧急诊治。

d. 受政府之征调，服务兵役，当国际战争，在前方医治伤病兵民；或加入慈善机关，在后方执行医务工作；就中医师法内除帮助防疫工作，已载有明文外对 b、c、d 三项，皆缺规定。

（乙）医师应履行之普通正当业务行为如次：

（a）严守业务之秘密：得按《刑法》第三一六条，谨守业务秘密；故更得按此理由，据民诉第三〇七条，或刑诉第一六九条，与医师法之第二十二条，拒绝为证人或鉴定人，否则即犯《刑法》第三一六条之罪（一年以下有期徒刑、拘役或五百元以下罚金）。

（b）拯救人民疾苦，得不经详诊或委托而立施救护处置，且不得无故拒诊或行敲诈（医师法第九及二十条）

（c）医疗个人病伤，执行医疗之正当业务，得：（1）检查人体精神征象，并取验体液、组织排泄物或物品；（2）切剖人体，实行各种手术；（3）授与药品毒剂于病人；（4）指导或执行保健及调治方法，但非亲自诊查后，不得付给处方或施诊断与治疗，并不得滥用剧毒或麻醉药品（否则为犯《刑法》第二八四条、第二七六条、第三〇一条之罪，并负《民法》赔偿之义务）；（5）更得经妊妇之委托或承诺，同时更经两医师以上会诊之决定，执行合法堕胎及早产，或对胎儿加以残杀，但常人有此等行为，则犯《刑法》第二八八至二七一条之罪，而意图营利堕胎者，均犯《刑法》第二九二条之罪；（6）次更因治疗之目的，得限制个人自由，在常人则犯妨害自由罪；（7）得询究病人有关系病伤原因及病伤经过中之秘密。

（d）得作法律上有效之证言，发给医事检验证书，更得诊查鉴定大小男女及胎儿之健病伤亡，禁治产责任能力，性能猥亵行为、奸行、恶嗜好（烟酒等），伪伤、伪病、及个人异同，遗传血型、亲权、年龄、性别、职业，或犯迹与职业病伤、工作能率、赔偿率等，而发与：（1）鉴定书，（2）健康诊断书、残疾诊断书、病伤诊断书、伪匿病诊断书，（3）死亡诊断书，（4）出生票、死产票，证明书等，可致他人之人权、物权或财权，并受法定之处分及限制。此外更得宜告他人死亡，此种行为，在常人则犯《刑法》第二九○条之罪。又据《刑法》第二三二条规定，医师等如不确实业务上记录者，应处有期徒刑，拘役或罚金，更按医师法内规定，医师非亲自诊查检验，不得给予检验书、诊断书、死亡证书及死产证书等，且不得无故拒给，如竟为之，则视为不正当行为。

（e）履行业务上法定之报告，得照限按式向该管行政官署具报：（1）急性传染病人及其尸体（现定 48 小时，内似宜改为 12 小时内）；（2）变死体、死产儿，或死因不明有犯罪嫌疑之尸体（定 24 小时内）；（3）诊疗簿（规定保管 10 年，似太长）；（4）药房调剂簿（药剂师法规定保管 10 年，亦似太长）并所给含有毒性药品之处方（反只保管 5 年，按药剂师法）；（5）医院治疗病人表，半年一报（管理医院规定：上期七月十五日以前，下期翌年一月十五日以前）；（6）医院创业（须先期呈报，请求核准）暨人员及设备等的变更迁移或休业（随时呈报）；（7）医师开业、歇业或移转死亡等事报告（现限 10 日内呈报），并缴核或缴销证件；（8）出生死亡产证明书（检验后交付，而死因分类表、生死统计表，由当地卫生主管机关汇编）；（9）麻醉药品用途表（第二次购用时填写）；（10）种痘记录簿及报告表（半年一次）；（11）精神病、花柳病及其他遗传病报告（现行法尚缺规定）；（12）传染病、地方病、职业病及普遍于社会之其他疾病及毒伤灾厄之报告（现行法尚缺规定）。

（f）因研究医学，以利人群：（1）得解剖尸体；（2）检查骨殖及死胎；（3）检验人体与体液排泄物及病的组织；（4）并许制为标本；（5）更为研究目的起见，得实验毒物、细菌抗素及其他生物；（6）施行动物试验；（7）得在绝对安全或不增危险之条件下，试用新药、新法疗治病伤，否则犯《刑法》第二四七条及二四九条之罪。

（g）教育医药扶佐人员，以增加业务之功能：医师得按卫生及教育主管机关颁行之法令课程，招收一定资格年龄之男女为练习生、助产士或护士、检验员（但不得自行训练医师、药剂师、药剂生）。惟仍应呈准主管机关立案，发给证书，否则有犯伪证诈财罪之嫌，须负《民法》赔偿责任，并受《刑法》之处分。

考上列各项，在新颁医师法内，除已有不精详之诊疗及给证，与须守业务秘密三项外，余皆尚缺规定，似宜酌用法令，予以订定。

又查关于医业之保障，现只有《刑法》上所定三条：

（a）依法令之行为不罚（《刑法》第二十一条）

（b）业务上之正当行为不罚（《刑法》第二十二条）

（c）因避免自己或他人生命身体自由财产的紧要危难，而出于不得已行为，不罚。但避免行为过当者，得减轻或免除其刑。前项关系避免自己危险之规定，于公务上或业务上有特别之义务者不适用之（《刑法》第二十四条），殊觉不够。故本医师法内更应参照《医师暂行条例》第二十条原文之规定，对医师业务之正当或不正当行为的审查，授权于全国医师公会，及医学研究团体机关。然立时修改本法，固属困难，而现本法内既将医师停业、休业及撤销开业执照和除名之权，授与当地医师公会；将撤销医师证书之权授与卫生署；故关于此两级制裁，希望卫生署与社会部会订本法施行细则时，先详加考虑，然后增订，予以补救。

又医师业务过误行为，原应受刑事及民事处分，自当送由法院依法办理，但医业问题，皆系专门学识，原非一般法官及常人所易了解，所以在文明各国，凡关于医药过误事件，应由法院先交付于医学研究机关，研究审查，然后再予以起诉或不起诉，及有罪或无罪处分。关于此点，在以前不完全之《医师暂行条例》，原未有规定，而现行医师法亦竟未订入。如谓委托鉴定在《民事诉讼法》及《刑事诉讼法》内已有规定，则业务秘密等在《刑法》、《刑事诉讼法》亦已有规定，似亦不妨特予订入，以为医业之保障。关于此点，亦希望卫生署及社会部合订本法施行细则时，先予补救。因此种规定，与《刑事诉讼法》、《民事诉讼法》内鉴定人的规定，并无抵触。

（八）医师法第五章关于公会之规定，甚为完备，但在中国医生缺乏时期，要各地均能组成一个很完善合乎理想的技术学术可以领导社会的医师公会，恐不容易。所以此际即将医业正当行为之评判，交此发育尚未健全的机构去研究，实略带危险。似不如此将此种职权，交与全国医师公会与中华医学会（全国只有一个），较为合理。此乃必须经过之阶段，望在本法细则拟定时特加补救。

至于医师公会组织宗旨，应全国一律，公约大纲及贫民医药扶助的实施办法，各地亦应大抵相称，似在细则内亦应有明文规定。

（九）医师法第六章附则，乃法规例文，勿庸置议。

（十）总之，本法中除因将科学医（西医）与非科学医（中医）两相并立，而使益趋于二元化，实有碍于中西医学的融合；且无意中容许中医未领证书，即先开业，似应待修正外，余关于医业之保障，及医师正当业务责任（义务），与医师公会各点，虽略有未妥，但尚可于修订医师法施行细则，或另颁单行法令时，予以补救。故在本法未修正以前，希望执掌全国之考试、卫生及社会主管机关，详加研究。否则法行弊生，后患可以想见，当非当局立法执法原意，此外更希望医界同仁努力团结。

（一）不论开业与非开业的医师，全自动的立即加入医师公会与中华医学会，以改善分子的质量，并增进团体的力量。

（二）各级医师公会与中华医学会，联合特组一医业业务保障委员会，专以审议医师业务行为是否正当，或是否有犯《刑法》，并预用全会名义，呈请行政及司法主管官署，转各级法院、卫生、社会机关查照，以后凡遇有医师业务行为问题，应交由各级医业业务保障委员会审议。

（三）以全会决议呈请国民政府请立法院对本法复议修正。管见难免遗漏，固本抛砖引玉之意，以待海内有心人士之共惠珠玉，共谋纠正，实国家之幸。

【述评】

本文对1943年颁布的《医师法》中一些不合理的规定进行了充分阐述并提出修改意见，希望《医师法》细则制定时对所述不足加以修正、补充。并且呼吁医师加入医师公会与中华医学会，利用团体的力量递呈诉求，为医师争取自身合法权益提供了一条合法的渠道。

林几一生不仅在医学、法医学学术上有突出贡献，而且在医学、法医学管理上也有突出贡献。此外，他在医事立法上有丰富的经验，是位多栖的且有成就的学者。他的敏锐思维和宽阔视野，常令后人赞叹不已。他当时一些关于法医学实践和理论建设的建议及论述，由于受当时历史、社会条件的限制和其他种种原因未能在他有生之年得以实现。今天，再温故林几教授几十年前的论述时，我们不能不为他那富有远见卓识的见解而折服。时至今日，人们仍然能从现代法医学发展的轨迹中寻觅到林几教授所做出的贡献。

四十三、漫谈社会医学及实施社会
医生应与法令的联系①

【原文】

凡是预防及治疗社会大众的疾病，都属于社会医学研究范围。所以社会医学，是荟萃医学、公共卫生学、社会经济学及法医学与法律之一种学科。现代无一文明国家的社会卫生设施与现行法律可以不发生联系。

譬如我国刑法，就有第八十七条"因心神丧失而不罚者，得令入相当处所施以监护。因精神衰弱或瘖哑而减轻其刑者，得于刑之执行完毕或赦免后，令入相当处所施以监护。前二项处分期间为三年以下"之规定。民法之亲属编第四章"监护"第二节更有"禁治产人之监护，（即民法———〇条至——一三条）"之规定。按全文意义，实至完善。可是国内每一县市如未能普设有精神病医院或疯人疗养院，就莫能执行民法刑法上各条监护治疗的法令。所以普遍筹设精神病医院，即为现在社会上极紧要的一个问题。而研究用何种妥善方法，方能达到普设有良好效率的精神病医院，并用如何方法可以减少全国精神病率而消减劣质遗传，以冀达到民族永远健昌的目的，则属于社会医学所应调查究讨的项目。在事实上，现在实施自然尚有种种条件未臻完备。必须先仗着教育方面充分培植多数专门人才。仗着经济的供应，建设备置巨量的医院及药械，与贤明政府于及时颁布适合时代的法令，且能严格执行推进。这当然不是一件容易筹划的事业。可是环顾我国现在的实际情形，全国合格医师不过万余，就是全数都能成为精神病专家，恐怕亦不敷执行刑法民法这一项的措置。然而刑民两基本法，既然是如此规定，我们要实现法治，促成合理的社会，增强民族的健全与繁盛，就不应不及早开始着手进行。

次据刑法八十八条："犯吸食鸦片或施打吗啡或使用高根海洛因或其他化合质料之罪者，得令入相当处所施以禁戒，"及刑法第二十章鸦片罪（第二五六至二六五条）并现行禁烟禁毒暂行条例各规定，则全国实行禁烟，

---

① 原文刊载于《社会卫生》1945 年第 1 卷第 45 期第 1—3 页。

是包含禁种、禁运、禁卖乃至禁吸与强迫戒瘾各项。所以在行政方面，必须能执行全国性之严密调查及侦缉。至社会方面，必须实行普遍之检举与督促。在司法方面，必应须执行合法的裁判。而社会与卫生主管机关方面，必应于全国每一城乡普设戒烟处所，收容戒烟戒毒瘾犯。并另设机构，检验瘾犯与烟毒质料，筹制戒烟药品。如此便当由多方面发生横的联系，同时推进，方能收到切实的效果。

又按刑法第八十九条："因酗酒而犯罪者，得于刑之执行完毕或赦免后，令入相当处所施以禁戒。前项处分期间为三个月以下"之规定，则酒犯必须戒酒。其饮酒以致精神失常而犯罪者，是属精神病，原可以并送入精神病疗养院施以戒治。而一般人之酗酒，虽然犯罪，却是一时的精神失常状态，迨酒性既过，即全醒觉，固勿庸送入相当处所，强迫戒治，只须在酒量上加以限制。此乃属于社会医学应予研究之禁酒问题。现代各国禁酒所采政策及方法，各有不同。但其原理多主张不能完全取缔。因严禁之后，反足增加私酿与烈酒的营销机会。所以禁酒第（一）须厘定酒中所含之酒精成分。其所含之酒精及不良之掺和杂质较多者，绝对不许酿造及售卖。第（二）限制酒馆发售之酒量。第（三）严禁未成年人及妊妇乳妇饮酒。关于此三项设施之实现，除须借行政各主管机关对法令之严格执行外，同时社会卫生教育亦占重要地位。至于检验是否酗酒或者有无中酒性的精神障碍及犯罪，且是否个人之犯罪行为系饮酒后的冲动性暴动，则均属于法医检查项目，应由专门医师加以鉴定。我国如欲实施本条之规定，必须在行政上运用适当之法令，同时对检查酒之设备与精神病院之普涉及法医师之栽培，甚感切要。

再刑法第九十一条之规定：凡明知自己犯有花柳病或麻疯病而传染于人者，除处以伤害罪外，并得令入相当处所强制治疗。我国既往对麻疯病人，各省间设有麻疯院，局部收容，绝对隔离。但因设备简陋，收到治疗的效果，极为微薄。而对花柳病，除卫生署于民国三十年曾在全国筹设数个花柳病防治所，至三十二年又因经费不足，多行取消外，全国对花柳病之蔓延现象，尚无统计与大规模扑灭的计划。然花柳病的蔓延，实可以使整个民族陷于灭亡。在平时，花柳病原是都市病的一种，为社会医学上所急切的应行研究的问题。但当战争混乱时代，花柳病尤易向邻村各地散布传播。它的毒害，便可以深入，遍及于全国民众。现代各国处置花柳病方法，多取强迫治疗制度。其中较严格者，应包含检举、检验、取缔、强迫治疗与对治疗无效者、继即执行优生法令，实施断欲①手术。凡无方趋治者，其在病中之生活及应用药品，完全由公家供给。所以我国欲执行此条法律，扑灭全国花柳病与麻风病，必须建立大药厂，并普设医院及夜诊所，同时运用适当法令及社会力量，积极推进，方能有效。

以上所言，不过偶举其关于刑民二法内四项"保安"问题，与社会卫生行政宜相配合的事件。其他关于社会救济法规，社会健康保险法规及医事卫生法规，工厂法规，劳动法规，兵役法规等内，犹有若干条文关系于医药卫生与防疫、保健等，莫不须有实际设施以与现行法令条文相呼应。然而我国自十七年设立卫生部以来，至今已有十六载，医师登记之数未逾二万，人才缺乏，可谓已极。而国土辽阔，安数分配。所以加紧医师及卫生行政人才之栽培，医学校之增设，是为推进我国社会卫生之首要办法。不然一切设施，都是无补大众，徒事点缀而已。只此四项刑法条文，要完全达到实现的境域，恐非五六十年努力不可。

只望嗣后一切政令的颁定，对卫生法令与有关法令的配合，必须注意。至于各地卫生行政机构，逐年虽渐增多，然限于经济人才，工作推进亦至困难。就目下国内情形而论，仅阅医疗设施，尚难普及。至若保健之积极建设，尤难如意。不过防疫治疗工作，尚能适时代需要。然在行政上若不能与各方发生严密的横的连系，则进步亦大不易，效率必然减低。

欲增加这个连系，个人建议，应择一适当时期由卫生署与社会部先发起一个全国社会卫生推进会议，请立法、司法、内政、教育、军政等有关主管机关，并全国各医学院校卫生法医等专家参加检讨。即以"如何能实施既颁发法令中各条款之有关社会大众卫生事项"为讨论研究的中心题目，为决定一个适合国情的分期推进，具有步骤，不唱高调，不落空乏地实施纲要。然后再向政府提出全盘计划与预算，分别由各主管机关，按期推行，则十年内外，这种连系，方能逐渐普遍，达到全国各个地方，使民众能普遍得到实实在在的好处。

世界各国医生人数与人口总比列：	
美国	1/750
奥地利	1/880

---

① 断欲：断除欲望。

世界各国医生人数与人口总比列：	
瑞士	1/1250
丹麦	1/1430
英格兰与威尔斯	1/1490
德国	1/1560
法国	1/1690
挪威	1/1760
荷兰	1/1820
比利时	1/1850
瑞典	1/2890

【述评】

文中以精神病人看护、毒瘾犯管理、禁酒、传染疾病管制等常见的社会问题为例，阐述了社会卫生问题与现行法律的联系，呼吁各方专家联合起来制定适合国情的社会卫生法令，使民众能普遍得到实实在在的好处。

在这篇文章中林几提出社会法医学问题，以及提出法医学是服务社会、为人类造福的观点，值得后人研究。正如林几所说："凡是预防及治疗社会大众的疾病，都属于社会医学研究范围。所以社会医学，是荟萃医学、公共卫生学、社会经济学及法医学与法律之一种学科。现代无一文明国家的社会卫生设施与现行法律可以不发生联系。"

四十四、对医院诊所管理规则之检讨①

【原文】

三十三年九月，卫生署公布医院诊所管理规则二十一条以代替十八年四月公布之管理医院规则二十八条。照大体而论，新规则确能略加强医业之管理。惜犹未能应时代之需要，以补救前秋所颁医师法及现在社会上之

---

① 原文刊载于《中华医学杂志（重庆）》1945 年第 31 卷第 4 期第 305—318 页。

缺憾耳。查前颁医师法内对医师之正当业务、义务与救济及协助卫生与保安诸问题，均多遗漏。故当厘定此类补助法规时，即宜从事纠正。况即本规则内容，亦对医业管理尚未周妥。尤以既删旧规则之第二十六条，而不另明规定，似反有减轻医业负任人之嫌也。兹谨逐条检讨如次，聊供海内明达之研究，斯或有益于本规则之实施。

（一）本规则第一条（医院诊所之管理，除法令别有规定外，依本规则之规定）为旧管理医院规则所未有。而新予规定之意义，当系约束本规则，勿与其他有关法令相抵触。就文义解释，则以后尽可另颁其他不同性质之管理医院诊所法规及政令，而均可不受本规则各条文之限制。但同时却默允援用本规则中之任一条款，而本规则自不得违反医师法、传染病防治条例等较大法规之规定。且凡中央及地方另用其他法令颁定之医业管理事项，而开业诊所及医院之负责人员亦须同遵守。故条文中"除法令"三字，如能改为"除法规"三字，则含义似属较形严格。俾医业人员，勿须滥从一切地方有关政令，庶免有无所适从之弊。

再在旧管理医院规则，对开业医不设医院者，并未加以管理。凡开业医不设医院者，原仅有遵守医师法各规定之责任。今新规则将诊所并录入管理之列，是即为政府加紧医业管理之一步骤。但不设医院诊所之医师，仍只须履行医师法之义务。至官立、公立之诊所及医院，如无特定之管理法规，原须受本规则之管理。

（二）按本规定第二条（凡设置病室收治病人者为医院，其无病室之设置而仅应门诊者为诊所。前项医院包括产院、疗养院及其他疗养机关在内）之规定，即用以代旧管理医院规则之第一条（凡以治疗为目的，设置病床，收容病人者为医院，依本规则之规定管理之）！就新规则本条之文义解释；乃用以标明医院与诊所之区别，并表示"医院"二字系已包括产院、疗养及其他疗养机关。故凡设有病床之公路卫生站、医疗防疫队或卫生院与慈善团体收容病人之机关，例如麻疯收容所、戒烟所、传染病隔离所、疯人院等，乃至公私各机关学校、工厂、矿场农场所设疗养室、医务处等，当未由政府特定有另外之管理规则时，一律应受本规则各条款之管理。且不论中央与地方公私设立之任何医疗机关，实均有履行本规则所厘定之种种业务上义务。第按时下各地情形而言，一般机关、学校、工厂等内设之医疗机关，多不受驻在地方卫生主管机关之管理。中央设立者，尤忽视履行传染病及生产死亡等报告之业务。而该管机关遂只能以开业医为执行之对象，甚或明知故违，敷衍公事。以致医疗统计及医药管理竟已名实均亡。似此卫生行政之第一关，尚不贯彻实施，焉能冀何进步？兹经改善，实为进步。

惟本条文以（其无病室之设置，而仅应门诊者）为诊所之定义，似有未妥。不知开业如不设医院，得准外应病家之招请而出诊否？此点望主管机关亟有补充之解释。倘就本条字面而言，则开诊所之医师便无应出诊之权利及义务。所以本条此半句似应改"应门诊"三字为"应诊"两字为宜。或曰条文对医院亦未言"出诊"可以不碍。盖其病只在于"仅应"两字之限制性过强，是不过因文字之少修饰。惟既颁之为法律，遂感其严重而已。

中医之诊所及医院，既未由政府另颁有管理规章则，当然亦同受本规则之管理。凡中医之未领医师证书，及未加入医师工会而擅在当地设立医院或诊所开业者，固可引用医师法第九及二十六条予以取缔惩处。但如按医师法第三条第三款（曾执行中医业务五年以上，卓著声望者）之资格，似医师法又已公认中医可以先擅开业，到五年以后再领医师证书。不知是否主管官署同时仍可以按医师法第二十六条惩罚之规定，随时科以五百元以下之罚款。此点亟望立法机关预先予以解释，否则不但卫生主管机关无法执行医师法。即中医亦难于放胆开业。因如不先开业，便无从积成五年以上"中医业务"之资格，何能便领到医师证书？若未领得证书，先擅开业，则又须受罚并禁营业，殊有矛盾。此点实有关于本规则之执行，而在本规则内仍未予有纠正之新办法，殊属遗憾。

次在事实上，我国社会中，尽多下列四类例外之医业人员。（1）原非医师，无医师资格，而从事医业，公开或隐密执行医师业务者。例如助产士、护士、医学技术助理员等。虽无医师证书，但往往因其业务之方便，竟擅执行病伤之治疗。甚至拳术家、草药采贩者、药店伙伴……祝由科①、女巫、方士等，并无开业执照，亦竟公然登报或招贴广告、散发传单为人诊治。其玩忽人命，殊对国民健康大有影响。然在医师法及本则，则未订有明确取缔及惩处之规定。（2）有医师资格，而未领开业执照，擅先开设诊所或医院者，虽据医师法第七条（应领）之规定。但因缺不领执照而开业之惩处。所以即使医师违反医师法第七条，亦无可执行惩罚。（3）医师在当地未设医院或诊所，或虽开有医院诊所，而于个人休业歇业期间，仍

---

① 祝由科：又称祝由十三科，是古代医术的一种流派。中国古时治病有十三科，"祝由科"乃其中之一科，即祝说病由，不需用针灸或药物即可治病。

有尝应病家请求而执行诊疗者，或当时仍收诊疗酬劳，或当时不收诊疗费，迨逢年节或事后方收受病家之谢仪①。考其行为虽确不能称之为完全营业，但实际上，对民众则同于医师，常予以治疗处置。第在该医师本身而言，甚或原有另外正当职业，其诊病行医，不过因素知医，便用以应酬或济人，故其医疗行为，只属副业而已。是在医师法及本规则内并未加以限制，殊对医业管理之执行有欠周密。（4）公医并不兼有他业。例如某医师现在某机关充公医，原不开业，但时常另与该机关以外之人诊病，甚至一身混兼数处公医职务，冀免开业医医务及法令之约束。此四种事实，不论在科学医与非科学医界，均甚普遍。原非一细小问题，盖若按现行医师法及本规则内容，凡非医师及不正式开业之医师行医，在法律条文解释上，殊无遵守各法规之义务也。如此结果，未免国家有真正医业严加管理，而对不正当医业反予放任之虞。故在本规则第二条下（或另列一条）似可再加三款。即（一）凡未领有当地开业执照之医师，不得在当地擅设诊所或医院并执行诊疗。（二）凡非医师不得主持诊所及医院之诊疗。（三）凡医师设有诊所或医院者，不得兼业。于是本规则第十九条处罚之规定，自然亦同可援用。不但可以加强医业之管制，取缔庸医之贻害，且可以减免各地医师之流动，调节国内医师之分配，以保障正式开业医师业务，与政府公共卫生设施之互同进展。盖如添有此项规定，则无医师资格者，便不得开业或擅施医疗。而开业医师，便不得兼业，可专心于业务。如无当地开业执照者，虽为医师或原曾以医为副业者，不得随意执行医疗工作。一般服务于公立机关不开业之医师，亦须向当地主管机关登记领取开业证书，其药方配制等考核，及当地疾病生死等统计报告，医院诊所管理与地区分配调节诸问题，便能与当地开业医院诊所同纳于一轨。事权既获划一，方能渐收管理之功效也。查前清新刑律犹颁有第二百九十六条（凡未经官署许可之医生而业医者，处以五百元以下之罚金，驱逐出境）之规定，不意现在医师法及本规则反无如此明白处理非医行医之条款，殊使医业管理有退步之消。

惟当局若体念我华医师向极缺少，偏僻地方尤罕医药之设备，而拟行放宽管理尺度，则对未领医师证书之医业人员，似可稍缓取缔。前项拟加之三款，只宜先实施于各大都市，俟若干年后，再逐渐推行于全国。如此则非正式医师，便暂可纷往鄙乡小邑自由开业。其成绩较良者，可借考试

---

① 谢仪：谢礼，酬金。

院医师考试验覈①，予以甄拔②。同时政府倘能更予以适当时期必要学识之训练，未始不可用以弥补医师之缺乏。然决不应一概放任，不予管理耳。

（三）按本规则第三条（医院或诊所之设置，应将下事项报经所在地卫生管理机关，转报县市政府核给执照后，方得开业。其所在地为院辖市者，应由市卫生局核给执照。一、经营者姓名、年龄、籍贯、住所或法定之名称，事务所及代表者之姓名、年龄、籍贯、住所。二、医院或诊所之名称、地点。三、医师、药剂师、牙医师及护士、助产、药剂生之姓名、年龄、籍贯、资格、所领证书或执照号码。四、诊疗规则。五、建筑物略图。六、病室间数、区别及每间所占面积。七、病床数目。八、其他特殊设备。前项第六款至第八款所列事项，诊所得免予列报。县市政府核给执照后，并应转报省卫生主管机关备查）之规定，即以代旧管理医院规则之第二条（经营医院者须将下列事实呈经该管官署核准后方得开业：一、经营者姓名、年龄、籍贯、住所，经营者如系法人，则其法人名称，事务所、代表者之姓名、年龄、籍贯、住所。二、医院之名称位置。三、医院各项规章。四、建筑物略图。五、病室间数及每间所占面积。六、病室区别及病床数目。七、火灾及其他非常设备）并第四条（医院应将所用之医师、药师、及其助手与看护士之姓名、年龄、籍贯、资格、证书呈报该管官署查核其人员，有变更时亦同），而略加文字之修饰。其首项特对"核给开业执照之主管机关"为县市政府及院辖市之卫生局予以明白之规定。末项又明定省与县市主管机关隶属监督管理之关系，殊属加强医业管理之一端。

至其附款（一）亦即旧规则之第一款。而加"或法令之名称，事务所及代表者之姓名、年龄、籍贯、住所"半句。是对公私、机关、团体之诊疗机构，遂概包括于应予管理之列，惟其经营者或代表者，则并非定须医师。故非医师亦可充某一医院或诊所之理事长、董事长或院长主任，以主持该所院之事务或代表法令之法人。经此明白规定，实可免含混不明，妨碍执行之舞弊③。但似尚不如旧管理医院规则，另加附项条款之较为明晰也。次本规则中尚缺"医院或诊所之医务（或诊务）必须由医师主持"之规定。虽在第五条有"医院至少须有医师一人"之明文，然对医院及诊所之医务非医师不得主持一层，并未申述。苟再合并第三条第一款文字而解

---

① 验覈：检验核实。
② 甄拔：甄别选拔。
③ 舞弊：原文为"舞"。

释，似颇有容允非医师亦可主持医院或诊所医务之嫌。所以前检讨（二）中所提议：请于本规则第二条下（或另列一条）再加三款，尤感必要。

同条附款（二）：将旧规则同款"位置"二字改为"地点"，甚为妥当。

同条附款（三）：即将旧规则第四条应报之人事并入本条，而增有旧规则所未列入之"牙医师"、"助产士"、"药剂生"，似较完全。惟取消"助手"，未将"医事检验员"或"技术助理员"列入，未免尚有遗漏。或谓本款内只简列"医师及其医务之佐理人员"，已可包罗上述各种医事从业员。其实细究"牙医师"及"助产士"在医院诊所内之地位，系介于医师之辅佐与非辅佐之间。因其尽可独立执行业务，故宜特予提明。

同条附款（四）：即以代旧规则第二条附款（三），而将"各项规章"缩改为"诊疗规则"。似该管范围，过着重于诊务，遂对有关之卫生及保安等管理事项尽予放任。不如仍用原文为佳。

同条附款（五）：同于旧规则第二条附款（四）。

同条附款（六）：即沿用旧规则第二条附款（五）全文，并移旧附款（六）之病室"区别"两字于内。使对病室应报事项归于一款，眉目一清。

同条附款（七）：专列旧附款（六）病床数目一项，表示其重要性。

同条附款（八）：即将旧附款（七）改为"其他特殊设备"，实较旧规则仅包括"火灾及其他非常设备"之含义为广。如此，则有一切特殊设备如临症需用之检验、化验或病理血清、细菌之诊断检查、各种理学疗法之用械，暨特种手术室、疗养室、研究室、剖验室，与重要之卫生、保安、防灾等设备者，均有履行报告之必要。

次因诊所原无附款（六）、（七）、（八）之设备。故乃增本条第二项"免予列报"之规定。其实诊所内尽可能有特殊之诊验或保安卫生与研究之设备，故附款（八）似须报告为妙。

（四）按本规则第四条：前条各项如有变更，应随时呈报卫生主管机关查核。其在县市地方并须由县市政府转报省卫生主管机关备查。全文系用以代旧管理医院规则之第三条：前条所列各款如有变更，须随时呈报该管官署查核。不过旧规则只规定经营者于前条任一款有变更时有"随时呈报"当地主管机关之责任。新规则更添一项：规定当地主管机关更有转报于上级机关之责任。是实含有加强医药管理，并增进地方与中央卫生行政联系之意义。

（五）按本规则第五条：医院至少须有医师二人，药剂师或药剂生一人，在非诊疗时间亦须有医师一人当值。同于旧规则第五条：各医院至少须置合格之医师二人，药师或药剂士一人。在非诊疗时间亦须以医员一人当值，只在文字上略加以修正，惟将"合格医师"之"合格"两字取消，甚为得体。一方固足以表示，凡充医师，自必"合格"；一方又可表示，国内医业已有长足之进步，在法律上，已不默认社会上有"不合格"之医师存在。然究其实"不合格之医师"现时执行业务者，犹充斥于各地。且人数或反较"合格之医师"为多。似不宜不加取缔，是均因素无管制法令，勿庸登记，自由营业，其数遂漫不可纪。故前检讨（二）之提议，另行附添三款，诚有考虑之价值。

（六）按本规则第六条（县市卫生主管机关对于医院或诊所之建筑物认为有预防危险，或不适合卫生时，得命其修缮或停止使用，及为其他必要之处分）系沿用旧规则之第六条（该管官署对于医院之建筑物认有预防危险，或不适当卫生之必要，得命其修缮或停止使用，及为其他之必要处分），而加以文字必要之修正，同时对该管官署予以指明，庶免责任之推诿。

（七）按本规则第七条（医院或诊所遇有迁移或休业情事，应随时报告卫生主管机关查核。其在县市地方，并须由县市政府转报省卫生主管机关备查）系修正旧规则之第七条（医院如有迁移或休业情事，应随时呈报该管官署），并加强当地主管机关与上级主管机关之联系。

（八）按本规则第八条（省市卫生主管机关，每半年应汇造医院诊所现状报告表一份，呈报卫生署查核。上半年于八月十五前，下半年于翌年二月十五日前编就送出。前项报告表格式由卫生署定之）乃旧规则所未有。全文订明地方卫生机关对中央具报各地医业情况之办法及时限，是乃开始实行中央统制全国医业管理之必要步骤。倘各地均能严格奉行，切实推动，中央再能随时加以考核纠正，多予补助指导，则我国医事卫生设施定能获有长足之进步。盖平时之保健与防疫急救及司法检验、战时之军医征调与伪匪病伤检查，及后方防护救治等医药分配管理问题，无不有关于此项之报告与统计也。反之倘各地对此奉行不力，视为例行公事，中央亦不加以统计考核，毫无指导补助，则亦可成为虚耗财力、人力之具文[①]，贻误医药

---

① 具文：指徒具形式而不起实际作用的规章制度。

管制之疵政①。

（九）按本规则第九条（医院或诊所须备挂号簿，将病人之姓名、性别、年龄、职业、住所详细记入，保存五年）系改动旧规则第八条（医院所用之挂号簿、入院簿将病人之姓名、性别、年龄、职业、住所详细记入）之内容。即取消"入院簿"之保管，而专注重"挂号簿"之保管，且加以五年长期保管时限之规定。但查来院挂号诊治之病人，原未必住院，而当住院时，病人身心健康甚至个人之性命，即完全归医院与主治医师及其他佐理人员负责诊治，并予防护。故凡入院病人，例须填写入院志愿书，将病人身心健全，委托于医院。所以医院须设有入院簿，以凭稽核，其意义至为重大。来诊所求诊之病人，医师对之仅负诊疗时有无直接过误之简纯责任。一般医院所应注意住院病人之病机、时间及护理、药饵、衣食、起居等有关该病医治诸问题。诊所医师并勿庸负其全责，甚或可以勿庸负责。至诊所及医院须备挂号簿之意义，不过可用为诊查来诊病人顺序之标志，有时并用为每日诊查人数之限度（例如施诊日限二十号，初诊晨限若干号，过数或过时即可视为特别号，多收诊费或号满不予诊视），当病人少时（例如数日仅有一二个病人，全日仅三五个病人），尽可勿须挂号，随时随诊，不致延误。况病人挂号后不来就诊，本无不可。招请出诊，尤罕挂号。故实际上挂号簿之价值，远不如入院簿之切要。盖既不能用之考核医业全部收入之多寡，且亦不足据以审查医术延误之有无，殊无长期保管五年之必要。故本条似仍应并添"入院簿"之名称。而入院簿却应予以长期之保管，或以为医院之挂号簿尽可再分之为门诊、入院及出诊与门诊、救急等多种。则对所有应诊病人均可包罗无漏，似属可行。惟尚须候当局对本条文加以正当之解释耳，而所以特规定保管期为五年者，殆系根据已废止之医师暂行条例第十二条第二款（前项治疗簿应保存五年）之时限。使医师治疗簿之保管年限恰与挂号簿相一致，可有便于必要时之查考。其实保管五年，就民法及刑法之运用关系而言诚为已定。无奈前秋颁定之医师法第十一条，已将治疗簿保管之时限展为十年。致与本规则规定应保管文证之时间，仍复长短不齐，殊为可惜。

（十）按本规则第十条（医院或诊所不得以其治疗及经验为虚伪夸张之广告。其从事治疗之医师，除学位称号专门科名外，亦不得有其他夸张之

---

① 疵政：是有弊病、不完善的政令。

广告）即沿用旧管理医院规则第九条（医院不得以其疗法及经验为虚伪夸张之广告，其从事治疗之医员除学位称号专门科名外，亦不得有其他之广告）之内容，略予以字面之修饰。惟将末句"其他之广告"改为"其他夸张之广告"，似对从事治疗之医师，现已准除却个人学位称号专门科名之外，并得有"其他非夸张"之广告。例如"前某医校教授""前某机关医师""某医院院长、主任""国联防疫团医师"等头衔，或本人确曾治愈若干某种病人，对某症有若干年之经验，对某药有研究等事实真确之广告，当一齐解禁，概不在新医院诊所管理规则取缔之列。故本条文对医师个人之广告，实已算大行放宽，诚不如旧规则之严格也。

（十一）按本规则第十一条（医院非有隔离传染病之设备者，不得收容传染病人。医院收容传染病人，在病名诊定之二十四小时内，应将病人姓名、年龄、住所、病名、发病地点、年月日及入院诊定年月日，详报县市卫生主管机关，如疑似鼠疫、霍乱，虽未诊定病名，亦应提前报告。前项病人死亡或治愈及其他事故退院时，应立即报告县市卫生主管机关）系采并旧规则第十条（各医院非设有隔离之传染病室，不得收容急性传染病人。非同病名之人，并不得收容于同一传染病室）、第十六条（医院收容传染病人，在病名诊定之四十八小时内，须将病人姓名、年龄、住所、病名发病地点、年月日，及入院诊定年月日详细呈报该管官署及检疫委员。但鼠疫、霍乱虽仅在疑似尚未诊定病名以前，亦应呈报。前项之病人死亡或治愈及其他事故退院时，须将其姓名、事由及年月日时详报该管官署及检疫委员）两条之内容，而予以相当纠正。惜所纠正要点仍未能完全适合于现代之医学。（1）新条文（医院非有隔离传染病之设备不得收容传染病人）自较旧规则第十条全文含义为合于学理。盖（甲）"隔离传染病之设备"意义，较隔离病室为广。如诊查室、候诊室、浴室、厕所、太平间，凡可因之传染他人者均应隔离。（乙）应予隔离传染病，不仅限于急性传染病。即肺痨、癞病等慢性传染病亦尽易有传染之机会。（丙）况如伤寒、霍乱、赤痢等胃肠急性传染病人，及疟疾、斑疹伤寒等寄生虫性急性传染病人，只须对病人排泄物能充分消毒，或能绝对防止蚊虫之媒介，即使无隔离室，亦尽可与他称病人共同收容于同一病室，并无互相传染之危险。故对旧规则第十条"……非同病名之人，并不得收容于同一传染病室"一句之取消，实为合理贤明之措置。惟新条文第一款苟能更改为：医院非有防止传染之设备者，不得收容该传染病人。岂不较原来措辞尤为适当？其含义既不仅限于隔离之设备，故服药、消毒、与预防接种、注射免疫、隔除媒介等防治处置亦同包容。吾人便对某种传染病人必须绝对隔离者，尽当隔离（更可分为单人隔离及同病共室之隔离），其勿庸严格隔离，即非传染病院之普通病室内，亦得准许收容。但须负责严加防止传染他人之处置，是不但对病家及医院双方均有裨益，即卫生行政设施、医防效能亦易增进。

次本条第二项系用以代替旧规则之六条，将医院报告收容传染病人之时限，缩改为"二十四小时内"，是为改正旧规则不合国际防疫法则错误之一点。然竟又与医师法第十四条及新颁传染防治条例第十四条所规定之"四十八小时内报告"不符，真使吾人不知当何所适从矣。或曰"二十四小时以内"之规定，仍是在"四十八小时内"之以内，所以，亦可算为"无所抵触"，否则"法"及"条例"在立法程序上，均较大于"规则"，则本规则本条即归于"无效"之列。就此解释，凡开医院者，应在二十四小时以内，报告已诊定之住院传染病人。至医院及诊所门诊或出诊诊定之慢性或急性病人，按条文字面而言，却不在限廿四小时以内报告之列，仍得如医师法或传染病防治条例"四十八小时内报告"之规定办理。又未设有诊所或医院而执行医师业务之医师，亦同应履行医师法及传染病防治条例所赋医师之义务。然原无医师资格擅行医师业务者，有无同样义务，却为疑问。因刻国内尚缺取缔非医师开医业之法令，致形成纵容之现况耳。

所谓"在病名诊定之二十四小时以内"一句，当然包含有"未诊定病名"者，便勿庸先报或谎报之意义。换而言之，即医院收容可疑传染病人后，非诊断确实，便无庸报。倘疑似传染之病人住院，未及诊断确定，而病人已死亡或退院转院者，亦同不必引用本条之第三项"立即报告"之规定。此点有关防疫，似颇有慎详研究之价值。且"传染病"仅为一概括名词，是否不论任何慢性或急性传染病，均应依限填报。却仅择现行传染病防治条例所颁定十种传染病具报，犹须由主管机关明令予以规定，窃以为全报确属过繁。惟如欲审知国内何时何地何种传染病为猖獗，进以讲求国民保健之方略，便必须先作精确病类之调查。然此种调查，固非医药管理与人才缺乏时代所能坐置者也。

再本条第二项将旧规则之"防疫委员"名义取消，将"该管官署"指明系"县市卫生主管机关"两事，自系顾及事实，简化手续，明白职权之妥善修正条文之一例。惟其末句"如疑似鼠疫、霍乱，虽未诊定病名，亦应提前报告"仍承前文，故显只限于医院所收容之疑似鼠疫或霍乱病人应提前报告。如医院及诊所医师门诊出诊时发现疑似鼠疫或霍乱病人而不提前报告，甚至竟按医师法及传染病防治条例在四十八小时内始报，亦系不违反本规则及现行其他医事管理法规。故本条二项首句"医院收容"四字似以改为"医院诊所诊治"六字，为较周妥。

且急性传染病中传染力最强，死亡率最大，防治处置，最为烦难者，远不止"鼠疫"与"霍乱"两种。而疫势猛烈，必须极早防治者，如白喉、猩红热、流行性脑脊髓膜炎、睡眠性脑炎、黑热病等，在吾华并甚多见。其有无提早报告或增加颁定传染病名范围之必要，确颇有讨论之价值。尤其对凤为发生某疫病之疫区，应对防治该种传染病订有加速报告及处理之规定。此种条文即不编列本规则之内，亦应列入于传染病防治条例或某地方病防治法令中也。

本条第三项将传染病人死亡或退院之报告改为"应立即报告于县市卫生主管机关"，诚较旧规则所规定之时限及主管职权为显妥。盖医院当发出病人死亡通知书，或允许病人出院时，同时即应向当地该管机关迅报，俾便立即执行防疫消毒等必要之处置。惟就防疫目的而言，此种"立即报告"之责任，自不宜只限于医院，每一医师均应有此业务。本条第三项既系上承"前项"，倘第二项首句不改，则医院及诊所医师对门诊出诊诊定之传染病人死亡或退院，仅有按医师法及传染病防治条例时限报告之义务，殊有延误于防疫也。

本条第二、三项既不宜只限于医院所收容之传染病人，故改正时似应仍另列一条，不与本条第一项相混为便。

（十二）按本规则第十二条（医院对于传染病人之隔离须依下列之规定：一、备具传染病人专用之什器、卧具、便器及医疗器具，并须施行消毒。二、传染病人使用之物品及排泄物、残余饮食或其他污染病毒之物品，非经施行消毒，不得移置他处。三、传染病人退出病室后，室中设施行消毒）系归并旧管理医院规则第十一条（传染病室须备传染病人专用之什器、卧具、便器及医疗器具）、第十二条（传染病人使用之什器、卧具及排泄物、残余饮食物并其他污染病毒或有污染嫌疑之物品，须施行适当之消毒方法）、第十三条（传染病室内之物品除因施行消毒搬出外，非经过适当消毒后，不得移置他处）、第十四条（传染病室之污水及排泄物等非经过适当之消毒不得搬置或排出于他处）、第十五条（传染病人退出病室以后，其室中须施行适当之消毒方法）各内容，而予简明处置病室及病人用具、排泄物等必要之规定，颇醒眉目，且无形中已将对传染病人之"隔离"两传染字处置加以扩大，说明极为新颖。惟本条对传染病人之疫力传播之防范，仅限于医院，即医院之门诊及病房乃至其他处所均已全包括在内。而一般诊所，则按条文解释，并勿须履行消毒防疫之责任，然诊所对来就诊之传染病人，似亦有预防其辗转传染于其他来诊病人或健人与工作人员之必要，宜予补充。

（十三）按本规则第十三条（医院或诊所治疗病人人数，每年分上下两期，上期于七月十五日以前，下期于翌年一月十五日以前，列表报告卫生主管机关，其在县市地方并应由县市政府转报省卫生主管机关备查。省市卫生主管机关依前项报告，及每半年应编制医院诊所治疗病人汇报表，呈报卫生署，上半年于八月十五日前，下半年于翌年二月十五日前送出）系用以代旧规则第十七条（各医院治疗病人人数每年须分上下两期，于七月十五日以前，下期于翌年一月十五日以前，依下列表式呈报该管官署），而将该管之地方与省至中央卫生官署层层职掌明予规定，俾必按时具报，勿得推诿，甚为妥善。而两种表式由中央卫生署划一颁定，并另附后，尤为得体。惜至今我国尚缺各种疾病分类报告（只有死因分类报告，亦不完善，仅颁行院辖市），实为憾事。虽曰医师犹缺，人事难减，然在各大都市，未尝不可始试调查，渐谋推展，以促医疗设施之进步也。

（十四）按本规则第十四条（医院于治疗上需用大手术时，须取得病人及其关系人之同意，签立字据后，始得施行。但未成年之病人，或病人已失知觉，得仅取得关系人之同意。如无关系人，得由医院院长召集医务会议商定之）即用以代旧规则第十八条（医院于治疗上需用大手术时，须取得病人及其关系人之同意，签立字据后始得施用，但未成年之病人，或病人已失知觉时，得不取病人之同意，病人当时并无关系人时，得不取关系人之同意），而加以文义之修正。目下因各医院所自订入院志愿书、手术志愿书之格式，未经中央明令颁定，毫不一律。每发生不幸纠纷，时引起疑义。在法律立场上，病人或其关系人签字后，有无必要遵守该志愿书之约束，甚难解释。就我国民法规定，私人间契约之订定，其约束力只限于债权及物权。故该两志愿书内所载病人应缴费用（包括诊费、检查费、手术费及住院、看护、衣食、药品等垫款），该病人本人、病家及该志愿书之保人，确有负责履行之义务。若案情关系人身死伤，及自由之责任问题，则均属于刑事。按我国法律，尚未承认私人契约可以生效。遂只能援用刑法

第十二条（行为非出于故意或过失者，不罚）、第二十二条（业务上之正当行为，不罚）及第二十四条（因避免自己或他人生命、身体、自由、财产之紧急危难，而出于不得已之行为，不罚。但避难行为适当者，得减轻或免除其刑。前项关于避免自己危难之规定，于公务上或业务上有特别义务者，不适用之）与第二十一条（依法令之行为，不罚。依所属上级公务员命令之职务上行为，不罚。但明知命令违法者，不在此限）各规定，于发生事故时作合法之申诉耳。倘政府能早颁一包含有关病人死伤及自由，可受私人契约（入院类于约束身体自由，手术类于截割身体，在常人皆为犯罪行为）约束之志愿书格式，则医院医师即多受一层法令之保障。但仅附于本规则之内，其意仍不著也。

（十五）按本规则第十五条（医院非依解剖尸体规则之规定，不得解剖尸体）即用以代旧规则第十九条（医院解剖尸体，须依解剖尸体规则之所定），而作反面文字之修正，使添含有取缔意义，亦是可取。

（十六）按本规则第十六条（卫生主管机关得随时派员视导医院诊所之业务）即沿用旧规则第二十条（该管官署得随时派员检查各医院），而改"检查"为"视导医院诊所业务"，甚为妥当。不但文字上可与宪警之保安及刑事"检查"名词有别，足避免非理检查之烦扰，且可表示派员视察结果。主管卫生官署更有指导该区院及诊所业务改善之责任，实为进步管制医业之规则。而所谓卫生主管机关，宜包括中央与地方之卫生官署，固不宜仅限于当地机关。故"卫生主管机关"六字，或可改为"各级卫生官署"较为明显。然按本规则第二十条规定，则"主管"两字仅限于当地地方主管机关，殊嫌太狭。

（十七）按本规则第十七条（医院得附设助产或护士学校，但须呈经省市教育主管机关核准，始得开办）系援用旧规则第二十一条（医院经管辖官署之核准，得附设助产士及看护士学校），而将管辖机关，肯定为省市教育主管机关。且按文义，非先经主管机关核准，不得开办。故以后医院中决不能未经请准，而先设班开课训练助产士或护士。同时将"看护士"之名词，予以修正。

（十八）按本规则第十八条（医院或诊所，须受政府之委托，协助办理关于公共卫生事宜）系沿用旧规则第二十二条（医院得受政府之委托协助办理关于公共卫生事宜）全文，而添入"诊所"二字。此一规定固堪补助医师法"医师义务"缺点之一部分。惟有关救急、济贫、保安、优生及服

林几论文研究

役、应征诸医业诊疗业务，似未能完全包括于"公共卫生事宜"范围之内，宜另补订。

（十九）按本规则第十九条（医院或诊所违反本规则之第三条、第十一条、第十四条、第十五条及不遵从第六条之规定者，得由县市政府处三百元以下之罚金。违反第十条、第十二条之规定者，处五十元以下之罚金。违反第四条、第十条、第十三条之规定者，处二十元以下之罚金）即合并旧规则第二十三条（违反第二条、第十八条、第十九条之规定者，处三百元以下之罚金，不遵第六条之命令者亦同）、第二十四条（违反第九条、第十一条至第十五条、第十六条第一项之规定者，处五十元以下之罚金）及第二十五条（违反第三条、第四条、第七条、第十六条第二项、第十七条之规定者，处二十元以下之罚金）各罚则，加以文字之修正，其罚金数目均未改，仍沿旧时之罚数，似嫌过少。然本规定罚金之数目，不能超过违警罪法或其他行政法规耳。又旧规则第二十七条（本规则施行前已成立之医院，须于三个月内依本规则第二条之规定，补行呈报，逾期不呈报者，由该管官署勒令停止营业）之罚则全被取消。殆因旧规则颁行已久，在名义上各地主管官署应全已执行医业登记。现在再订词条，似失时效。然究其实，各地仍多未经呈准立案或登记之医院及诊所。盖全国卫生设施，固未普及，僻县边区，何有登记。故此条即使不复明定于本规则之内，亦应另用政令分省查报，酌展限期为妥。

（二十）按本规则第二十条（本规则称卫生主管机关在县市为卫生院所，在省市为卫生处局，在特别行政区及蒙藏地方为该管卫生主管机关）为旧规则所未有。特添此条以明定地方主管机关之隶属。

（二十一）按本规则第二十一条（本规则自公布日施行）援用旧规则第二十八条，全文未改，系法规之例有条文。总之细审本规则全文，虽疵瑜互见，固犹不失为实行加强医业管制创始之制。中亦不之明晰进步之条款，惜尚未能洽合现时社会实情，而仅对正式业医者严加管理，反放宽非医业医者，未遑①取缔。殊增流弊。深望政府以后续颁有关法令时，统筹补救，则吾业幸甚。

【述评】

本文详细解释了新颁医院诊所管理规则 21 条，并与旧版法规进行对照，

---

① 未遑：没有时间顾及，来不及。

逐条评述新版与旧版的优缺点，以及后期应该补救的方法。林几指出，"照大体而言，新《规则》确能加强医业之管理，惜犹未能应时代之需要，以补救前秋医师法（1943年9月22日颁布，1948年12月28日修订，医师法内容包括医师资格、执业、义务、惩处、协会，共43条）及现在社会上之缺憾耳。故当厘定补助法规时，即宜从事纠正。况即本规则内容，亦对医业管理尚未周妥"。故林几对《规则》21条逐条进行了分析、研究、补充、删减。

林几在这篇文章中主要提出了以下5个观点：

第一，他提出要"加强医业之管制，取缔庸医之贻害"。林几对新《规则》第五条与旧《规则》作了比较，认为在"医师"前取消了"合格"二字（旧《规则》为"合格医师"）很恰当。他说："一方面固足表示凡充医师"，自必"合格"；另一方面表示，国内医业有长足之进步。法律已不默认社会上有"不合格"之医师存在，然究其"不合格医师"，犹充斥于各地，且人数或反较"合格医师"为多，应加取缔。林几分析，社会上有4种例外医业人员。（1）原非医师，无医师资格，而从事医业，公开或隐密执行医师业务，如助产士、护士、医技人员。虽无医师证书，但往往因其业务之便，擅执行病伤之治疗。甚至拳术家、草药采贩者、药店伙计……祝由科、女巫、方士等，并无开业执照，亦竟公然登报，张贴启事，为人诊治。其玩忽人命，殊对国民健康有很大影响。（2）有医师资格，而未取执照，擅自设诊所或医院者。（3）医师闲暇时，以应酬或济人而治病，或收诊疗酬劳，或当时不收费而迫逢年节或事后收受病人谢礼。考其行为称之为不完全营业，其医疗行为，只属副业而已。（4）一身混兼数处公医职务，时常另与某机构以外多地方与人诊病，冀免开业医师的法令约束。这四种人，"盖若按现行医师法及本规则内容，殊无遵守各法规之义务也。如此结果，未免国家有真正医业管理，而对不正当医业反予放任之虞也"。因此，他认为："（1）凡未领有当地开业执照之医师，不得擅设医院或诊所，并执行诊疗。（2）凡非医师不得主持诊所及医院之治疗。（3）凡医师设诊所或医院者不兼业。"林几不仅从医师资格上提出严格要求，还从医师管理和取缔庸医等方面提出建设性建议，时至今日看来还有意义。此外，林几对中医的看法与他人不尽相同。林几认为，"中医之诊所、医院另颁管理规则，当然，亦同受本规则管理。凡中医之未领医师证书，擅在当地开业，可取缔之。但如按医师法第二条第三款，曾执行中医业务五年以上，卓著声望之资格者可先开业。到五年以后再领医师证书。不知是否主管官署同时仍可按医师法二十六条惩罚规定处罚。此点望立法机关预先以解释。否则，不但卫生主管机关，无法执行医师法，即中医亦难放胆开业。因此，不先开业，便无从积成五年以上'中医业务'之资格，何能取到医师证书。若未领取证书，先擅开业，则又须受罚并禁营业，殊有矛盾。"林几在立法上提出保护中医、发展中医的观点，是正确、有远见的。这在当时中医被排挤的年代，能提出如上观点是很不容易的。

第二，他提出关于医疗纠纷处理的看法。林几认为，使用药品和施行手术均会造成医疗过失，这是难免的。就手术而言，签定手术志愿书是必要的。但未成年的病人或病人已失去知觉，应取得关系人同意。从法律立场上说，民法规定，私人间契约，其约束力只限于债权和物权，故有义务履行手术费、检查费等，若造成死伤则需援用刑法条款。对于"非故意或过失"或"业务上之正常行为""不得已行为"不作处罚；反之，则应按法规处理。林几呼吁，医院法令过少，处罚不当易引起反作用。"倘政府早颁法规，则医院医师即多一层法令之保障"。"若发了医疗纠纷，概属专门学技问题，学理精微，症变繁多，绝非法官及常人所能通晓也。故当先期交由医学研究机关、医学会、医师学会，群集研讨，裨佐定谳，方昭公允"。林几从法律角度谈了医疗事故的发生与处理，又从发展医疗事业和保护受害人合法权益的角度认识医疗事故，并提出成立专门机构处理医疗事故以别于刑民法有关规定，采取"专家""群集研讨"的办法，解决医疗事故问题，是很有见地的观点。林几是我国早期提出科学处理医疗事故或事件的很有远见的学者之一。

第三，传染病管理。林几主要提出了3点建议：（1）修改"医院非有隔离之设备不得收容传染病人"的提法。他认为，这种提法不妥，"因为传染病有急性与慢性、烈性与非烈性之分"。"肺痨（肺结核病）、癞病（麻风病）等慢性传染病"可在家庭治疗；"伤寒、霍乱、赤痢等胃肠急性传染病人及斑疹伤寒等寄生虫传染病人，只需对病人排泄物充分消毒，即使无隔离室，病人也可在一般病房治疗"。此外，一些胃肠道性传染病如霍乱、伤寒应尽早治疗，以免延误治疗时机。（2）报告时限问题。林几认为，传染病应在"医院收容"时病名确定24小时内报告也欠妥。一则，有些不一定确诊，只要拟诊也应报告，而且一旦确诊就应立即报告的，如鼠疫、霍乱。二则，《规则》还把传染病限制在"医院收容"的病例。防疫机构、诊所、厂医、乡医，一旦发现传染病也有义务报告，故应改为"医院诊所诊治"中发现传染病及时报告为妥。(3) 传染病分类。《规则》只规定十种传染病上报，而烈性传染病只列有鼠疫、霍乱。林几认为，"疫势猛烈，必须早防治者，如白喉、猩红热、流脑、眠睡脑炎、黑热病等吾华甚多见。其有必要早报告或增加颁定传染病报告范围"。林几又指出，传染病应分类别报告，并作精确病类调查。即把多种传染病按急慢性或烈性非烈性，作出精确分类调查，然后按类别规定报告时限。但林几感叹说："然此种调查，因非医药管理与人才缺乏时代所能坐置者也。"

第四，死亡与检验。林几认为，"惜至今吾国尚缺乏各种疾病分类报告，只有死因分类报告"。他建议先在大都市试调查，渐谋推展。特别是死因分类亦不完善乍认为应尽早研究，解决这一难题。死因分类中有自然病死医院中，有传染病死亡，有手术、用药不当等死亡，有与司法有关的外伤、投毒致死等。各种死亡应分别对待。医院尸体解剖应按《解剖规则》进行。他强调指出，医院除临床需要的检验、化验、病理、血清学、细菌学的诊断检查，还应设特种手术室、研究室、剖验室。明确提出了死亡解剖在医院管理中的位置。他还提出医院要重视配合"司法检验""战时之军区调查与伪病、伪伤检查"，否则，"倘对此奉行不力，视为例行公事，则误医药管制之庇政"。明确提出了法医学在医学中的位置及医院医师了解法医学知识的重要性和必要性。

第五，病案管理。林几对《规则》中病案管理、保存提出看法。他认为，今后医院、诊所，不可能只有挂号簿，还应有门诊、急诊、入院志、急救记录、手术记录等。而且，"实际上挂号簿之价值远不如入院簿之切要。具体说，医院就诊记录要完备，分门诊、入院、出诊、救急等各种记录簿，对所有应诊病历包罗无漏"。关于病历保管年限，林几指出，"除法律规定的治疗簿保管十年、挂号簿五年、药房调剂簿十年、毒品处方簿五年外，还应把病人入院病历、手术志愿书与治疗簿同归入档案一并保管。尸体解剖记录，与挂号簿一律，诊断证明书，如检验证明书、档案鉴定书一份交付证明保存，一份与治疗簿一律"。

四十五、对改良医学教育的刍议①

【原文】

中国医护人员的缺乏同医药卫生的落后是无可讳言的。在战时，无论前线后方，都是医护人员不敷分配。在平时，亦不能普及医疗卫生设施于全国。不管是技术或管理，运输，勤务，以至于药械的供应，任何一方面，总是不够完善，缺少纵横的密切联系，以至一切因时制宜的能率，亦特形减退，忘却了敏捷运用我们所需要发挥诊疗卫生功效的主要目标。我们能相信在前线为国家为民族浴血抗战的不幸病伤将士，都已能得到迅速救护与适当医疗么？我们能相信在后方的民众与逃出战区的难胞，都已得到无憾的医药疗养么？绝不！那么，我们对它要不要加紧改革，积极着手补救呢？还是任其自然，算是"毫没办法"的，而不加以整理呢？我想：凡是一个有爱民族爱国家爱自己心理的人，决不能是死心眼，对关切本身且影响到民族兴亡的健康问题，还要推诿，让后代的人再来努力，而不自现在即行积极去着手改善。

为顾及胜利以后的救济与建设，现在就应立刻做有计划的充分准备。首要从速栽培医学人才。除应赶派多数人员出国研究专科学识培成师资外，更应将现在国内开业医、军医与公医同法医分歧的制度融合为一，并伸展到医学教育，以加速训练医学从业人员。

我们要训练医学从业人员，首要晓得他们中心业务是什么，然后所施教育才不白费，教育时间才合经济；卒业后所有人员作业能适所学，方能乐业。我们都知道现代医师的业务，是不只限于医疗。他对社会保安亦要尽一部分责任。其防制疫病的责任，有似士兵之抵抗强敌。其鉴定检验的责任，有似警探之维持治安。就按新颁医师法的规定而言，开业医师除了须应诊务外，仍有接受公署委托鉴定检案（刑民诉讼法更规定检查妇女身体、尸体、剖验尸体及心神状态、禁治产均须由医师执行）及帮同防疫的

---

① 原文连载于《社会卫生》1946年第2卷第1期第8—13页及《社会卫生》1946年第2卷第2期第15—19页。

义务。所以无一医师可以不懂临诊医学和法医学与公共卫生学。并且要时时刻刻的进修，以准备应用他的专门学识，为个人或公众服务。所以临诊医学及个人卫生学各科统称之为个人应用医学。而公共卫生学及法医学、社会医学统称之为国家或社会应用医学。况且自兵役法公布以后，凡一国民皆有为国服役的义务，医师自是不能例外。所以每一个医学从业员，必要被征调充当军医，否则便应另服他种兵役。应征军医的年限与及龄期间，当然要与国民应服兵役之年期相合。再依现代各国医学进展的趋势而论，总以医病不如防病，较合经济。要讲防病，就要群众来讲，决不是少数人讲讲就能生效。必须做到全国人民皆能有适当的卫生环境，以资生活，才算达到实现卫生的一个阶段。这种卫生环境，一半是要借重天然，一半是要仗着人工建设。还要人工来设计，利用天然的条件，以造成有利人众身心的卫生环境。所以防疫的工作，从全盘看来，只不过是防几种急性传染病而已。防疫与清洁两项，只能算是讲公共卫生的起码事业。可是就凭现在我们的社会经济，人民知识与政府设施，又何尝办得到呢？连起码的公共卫生事业，都未办周全，当然更谈不到其他保健与优生强种的设施了。其所以办不到的缘故，是有三种原因。不将此三种原因根本解决。成将因错为果，则永远没有改进的可能。

第一，就是由于医护人才的不敷。不但不敷分配，并且有人不听分配。

第二，就是由于经济条件的不够。因此以致城乡一切建设，都是粉饰外表，成敷衍潦草。紧要者如上下水道及污物处置，都没彻底改善办法。建筑物及工场、矿坑、尽多不合卫生及安全原理。

第三，就是由于人民知识及生活水准过低。百分之九十以上的国民，天天只要能获一饱，已算是生活优裕。对一切生活，尽可能的降低标准，日趋简陋。其最大原因，还是因为生产效能，未能十分发挥。所以只能应付固有的穷困环境，却无力量去创造较好的环境。因为在事实上，仅顾合家衣食，犹难周全，乌敢奢望读书求知，以及衣食住行都能合乎卫生？多数的人民，连吃饭都成问题，害病的没得药医，遂更谈不到防疫与保健了。自己衣食成为问题，安遑婚娶成家或添丁，以增加自己的担负。于是民间鳏寡与溺婴的事件，乃往往而有。说起来其实简单得很，还不是生产力不够，造成农村经济恐慌，因此逼成的么？然体力不健，营养不足，何能有健全的生产力，只是造成大多数的疾病，夭亡；形成卫生行政的设施和民众生活的脱节。我们一定要在民众目前生活允准之下，来推进适当的卫生。

否则一定一点亦办不通。例如以现在农村情形而论，只好先就饭菜要煮熟，饮水要煮沸，黎明即起，不灯而睡，日下操勤，游泳沐浴，路要平净，屋要简洁，窗要开大，厕井要远，病伤要医，勿祈仙方，岁时令节应有休假娱乐等等做起，渐渐地提高其生活标准。如果违反其生活经济条件，枉干奢求，势将隔膜横生，甚至于欲速不达了。就中次大原因，还是无眼光远大统筹全盘指导计划并基本的适当设施。总计从民国初年，内政部就设有卫生司，民国十七年国民政府更立卫生部，后改卫生署，各省市亦逐渐设立卫生局处。可是这三十余年来，除零星在首都及各大都市，设了不上十个医院，抗战后沿公路设三数十个诊所或卫生站与几队行动不灵的医疗防疫队，同两个规模略具，出品不多的血清疫苗制造所（即中央及西北两防疫处）外，又有什么是针对老百姓有关痛痒的设施？说药，药品不全，价贵无比。老百姓病了吃不起。说医，医生多数是在做官，对老百姓是光打官话。再说抗战，前后方军医缺乏，应行医师的征调呢，应征的能有多少？拿中国人口之多，土地之广，充其量，恐怕受益的不过千万分之一，极小一部分的人吧。这就是因为什么呢？据我所知，多数在卫生界工作的人员，工作的确很努力，很紧张，他们不是不努力、白吃饭。可是经费的限制，民智的限制，员额的限制，并卫生设施与医学教育不能配合的限制，使他们忙手忙脚，亦只好枝枝节节，勉强按着小小规模的计划，用着少量的工人，经费，材料，来做这无大不大的事业。所以确是办不动。而现在能有如许成绩，已经算是难能可贵的了。倘使国家经济政策，社会建设，医学教育及国民教育都能与卫生设施相辅辏，则我们不是不能办到同欧美文明各国一样现代化的卫生环境。这里问题很多。例如实行全民康健灾害保险（或总称为生命保险）制度，必须与公医制度相辅而行，而医师等从业时期应与兵役劳役制度相调节，且与公医制度互成表里。又社会救济事业的推进，城乡的建设，更应与卫生设施相连系配合。而根本上医学卫生教育尤要针对着社会的切要。所以奠定教育制度，栽培适用人才，并普及民众常识，亦要勿离了健民强种的建国重心。

三民主义同建国方略内，都十分着重经济与卫生对建国的重要性。而至今在事实上，所有设施，并未实现，更难免彼此不大联贯，处处脱节。但这个问题太大，已出于本题讨论范围以外。我们还是就题论事，研究研究根本的医学教育改革问题同各种医制的配合问题，以应时代只急需。

子　医学教育改革问题

按医学教育必要针对社会对医学从业员需要情形而定。但其主要方针总不外三方面，即：一、训练普通诊疗医师，二、训练专科诊疗医师，三、训练医学各科之专门研究者及师资。其一、二两种诊疗医师训练之方式，则不妨分为甲乙两种。

（甲）分科制：就是当教育时代即行分科，将医学分为数大部门。例如分为（1）内科（或更分为内科、小儿科、脑系科、皮花科①等），（2）外科（或更分为外科、矫形科、眼科、耳鼻咽喉食道科及泌尿科等），（3）妇产科（或更兼小儿科则称为妇婴科），（4）牙科（或更兼耳鼻咽喉科，眼科，及美容外科，可称为头部外科），（5）国家应用医学科（或更分为公共卫生学、社会医学及法医学三科）。当学生受完两年或半年基础医学各课后，由自愿选修任一门学科。其最后两年功课除所专习之诊疗医学外，更应修读法医学与预防医学，以应业务之需要。这种制度实可省个人脑力，缩短修业年限。而社会人众又能迅获专科医师供应医疗。在医师个人又得早日执行专科业务，解决个人生活。所以似颇妥善。不过在我国现时却是无法实施。因为要实施这种分科制，必定要肯学医的人多。可是学医的人一定要先有科学的脑筋，曾经高中毕业。返顾我国一共有多少高中呢？每年能有多少高中毕业生呢？更有多少高中毕业生有力量升学呢？并且能升学的，亦未必全适宜或志愿学医。怎么算算！恐怕全国各医学院校，总共每年招不到几千人。倘再分科教授，则各科所能成材的，一定更有限了。又怎能够在短期内产生多数医师，分到全国各处服务呢？所以这种医学教育制度，对中国现在情形，是不适合的。

（乙）全能制：就是当教育时代各课都教，俟学生卒业后有志学习专科者，再自进修研究，这种方式的教育其修业年限必须加长，个人学能一定较优，而社会及个人受益却较徐缓，国力经济便多消耗。际兹我国医疗卫生亟急需才的时候，缓不应急。并且个人家庭及国家社会的经济力量，一定不够。势必致有学医志愿的中学卒业生，不敢学医。于是学医人数亦受限制。计我国之有医校已有四十余年的历史（连清末京师医学馆，天津海军医校，并外人在港沪设立医校皆算在内），到现在还没能造就有大批医生来应世。其缘故泰半亦就是受了个人经济与受业年限太长的暗亏。但一向

---

① 皮花科：皮肤病、花柳病科。

各国多是采取这种方式，中国效法，早已养成惯性。要改制度，根本师资就成问题，例如将生理病理合授或解剖生理合授，使学生听课能生对照或全贯性的观念，虽亦算得一种新颖授课方法，可是要找生理学、病理学或解剖学、生理学兼精的教授，却还没有。所以我们似不如只就（乙）方式中，设法改良学制以谋速成医才，供应社会之切需。

最理想的方式，似宜将医师划分为医士、医师及某专科医师三个阶段，而施行教育。同时并当与兵役法及公医制度互相参联。这种教育方式与现行医学教育不同之点，就是医专卒业生称医士，医士入大学卒业称医师，医师研究专科有得者，得称为专科医师。凡投考医专及医学院者，悉为公费，并供膳宿。但卒业后，除须应征服务兵役充当军医外，并须服从公医，受卫生行政机关之支配。俟服务期满，始得进修或自由开业。但其中亦有接受政府或公共机关团体供应进修成专科医师者，则更应多为政府或供应机关团体服务若干年。此种办法，似对各方均能兼顾，公私两面皆有方便。学医员额亦可增多。应征并充公医人数亦不至再有不敷。至学制课程等，自应详由专家平心详议，再付实施，现姑贡拙见，聊供参择。

（丙）三级医学制——第一级为三年制，等于高级职业专门学校性质。毕业后得为普通医士。基础课一年。临诊课一年半。再在医院见习半年。与诊疗无关各课，皆从略从简。或另设补习班，使分别课外补习，视为选修科。寒暑假缩短，并供见习，以养成医师业务罕有休假的习惯。当卒业考后，即应征调先受军医训练半年，再分发至军医院及部队轮流充低级军医官一年半。就等于服务兵役（国民兵役期为两年）。然后再受公医训练半年。由卫生署指派至公立医院或其他诊疗机关充医员若干年。然后方许自由开业，（如不容许私人开业制度存在，则应择其成绩优良保送入大学进修），或自由入大学医学院讲修。其卒业考，由考试院委当地教育卫生军政主管人员监试，由学校执行。成绩及格者，资格等于高考及格，授以卒业证书，医学士学位。有卒业证书及军医训练公医训练证书并应征实习无劣绩者，方准请领医士证书。有医士证书者，方准至各地方主管官署请领开业执照，自由开业。

中医亦可依此同一方式办理；不应偏倚，或通融缩短役限，或免除考试，不受训练或征调。

三级制医士当在校所授之技能，谨以诊治普通疾病为目的。例如外科即以整复骨折脱臼、缝治皮肉创伤脓疡、割治阑尾炎或肠疝脱痔疮等为度。

内科以防止已有特效药可治之急性传染病及呼吸消化系统疾病等为度。妇产科以调经、安胎、接生以至钳手术或搔爬子宫等为度。眼科以诊治外眼疾病、割治绿内障①摘出水晶体等为度。耳鼻咽喉科以调治中耳炎及上颚窦排脓、扁桃腺摘除、气管切开术等为度。总之所授范围，应以极常见易治诸疾病为主。至其他须用专科大手术及难治之较少见疾病，均以进修经得有专科文凭者方准执行。

第二级医学教育为四年制（连第一级共七年）。凡医学士学力成绩较良并有志进修者，方得由公家供应入大学医学院。其前二年为医学前期各学科学识之补充讲授与实习；其后二年为后期各学科学识之补充讲授与见习。其技术实习时间必须倍于学理之讲解时间。修业终了，仍经考试院委人监试。考试及格者予以医学硕士学位。由卫生署发予医师证书。惟须先应卫生署公医征调二年（或为终身业）。其服务于军队者，同于应征服务常备兵役（一年）。在战时则未满四十五岁以下及龄之医士医师均应受军医之征调。即私人开业医及公立机关团体服务之医师及龄者亦当应征分配于前后方工作。而未满六十岁者，亦得志愿参加服役。其每次征调之及龄与服务时限，当由政府参照兵役法，另行颁定之。

第三级医学教育为研究科。凡医师志愿修进为专科医师者，得自请在国家指定之中外某大学医学院某专科研究部某专家指导之下研究，其年限不定。但每一专科至少须研究满二三年，有优良成绩，其论文经医学专科审查委员会（此委员会拟由考试院，教育部，卫生署与数大学专科主任教授组织之）认为合格者，授以医学博士学位，称为某专科医师，得执行专科诊疗或检验等业务，医学硕士服务医校或公医、军医、法医之成绩优良者，亦得由服务主管机关供应保送至某专科研究部，研究若干年。结业后，得充教师或某专科医师。

至其他医事人员之栽培，如药剂师、药剂士、牙医师、牙医士、兽医师、兽医士、护士、助产士、医事检验员，司法检验员亦极需要。其学制亦得分为初级及高级职业班与师资研究班。初级者可招初中卒业生。高级者应由初级从业员及高中卒业生选招训练。其教材宜适用切要，勿过庞杂。年限方面，讲授及实习至多三年，至短两年。并宜缩短寒暑假，以期速成。

惟为谋医师执行业务之便利起见，凡助产士、护士与药剂士所受课目，

---

① 绿内障：指青光眼，俗称青眼。

应互通兼备，务使在事实上能胜任看护、助产并调剂任务。否则每一医师固难偏用多数佐理人员也。况我国中学教育尚未普及，学习护士助产士又多妇女，故就学人数及就业人数恐一时难得充裕。盖女子另有一重大天职，在我国社会托儿、育婴、小学等设施尤甚欠缺之际，女子出嫁生育子女之后，自然减少其从业的时间及心力。且对事业亦多不感兴趣。所以对此项人员必须加倍培植，方能稍稍抵住此项员额的损失。就是医学院内男女学生的人数，似亦应酌有此例。盖当国步艰难社会急切需才的时候，原不容不力求作合理经济的打算。

应设多少医学校呢？其数目应当视各省人口的密度酌定。倘若以平均每有百万人口就设一专科医校计算，全国就要设四百五十个专校。在近十年内每校皆招双班（即设六班），每班均以五六十名额为度。否则教材（病人及尸体等）恐无从筹措。如是则十年以后，方可以有十六万位医士，当可略敷分配于各地。然如以四万万五千万人口计算，约合二万八千人方有一个医士，仍然太少，须增培植。此种教育目的，只先求各地医学从业人员之普及。故人数以多为尚。次则于每一两省各设一大学医学院。各医学院内，皆酌设数个设备完善之专科研究部，以供进修员生之研究。其名额不定，而以学业稍善为目标。但有一先决问题，即建立此多数医专与医学院并研究部，必须有多数师资。故师资栽培与设备尤为迫切。因为教课亦须另有一番本领，不是凡系专科医师或研究学者、留学生都善教导学生。并且大学的教授未必能教专科学校里的学生，犹之中学大学的教师之不会教小学同幼稚园。必须及早设法训练师资，方是要着。次之每一医师医士当服务或开业已经五至十年者，当予以暑假或假期进修之机会。因为近世的医学，系随各种科学而进步。医药上的技术，日有改进。故欲促进全国医学卫生之精进，宜在大学及研究部内特设分科短期进修研究班。或一二个月，或半年，各视该科五年或十年来进步情形而异。各地医师公会及中华医学会分会，更可公请各医校专家作定期学术研究演讲，亦可为增进医学从业人员学识之辅助方法。军医学校应改行集中训练已卒业之医士，其课程注重行军之医疗防疫设施，应急处置，运护管理，并研究改良军医院管理，军用医药械料供应，士兵营养，军队卫生等重要问题。

丑　如何统一管制

如何统一管制开业医、公医、法医、军医于一个制度之内，并使适合于战时平时社会的需求？欲解决此项问题，应先明了什么叫做公医以及公医制度？什么叫做法医？什么叫做军医？现在这几种医业，在中国是什么情形？然后方能拟一合理制度，联系运用。

（一）开业医：以诊疗他人疾病为职业，博取酬金以生存者，为开业医。据卫生署医师执照的登记，我国已有医师执照之医师，至今仅一万余人。其中尚有许多不是医学校卒业的医生。因为医生本来很少，所以政府对医生开业地点，既往未予合理的管制，于是酿成多数医生集中在大都市，而边僻地带竟罕医药人员前往执行业务的情形。若凭事实，就人口的密度而言，就是现在大都市里的医师员额，亦未尝达到理想的饱和点。可是拿小县城及乡下地方来说，一般人偶有病伤，往往只好等着死亡或自家痊愈。如此现状之下，无怪巫医神方及草药大夫，在内地还是十分盛行。为什么开业医多聚在大都市呢？其原因有种种。第一，开业医个人的生活水准，要比乡下人生活高得多。因为顺适个人及家庭的生活，并子女读书，当然选择大都市来开业。第二，开业医的生活依赖于病人的适当报酬。大都市人口密，病家多。并且病家手头方便，经费充足。而乡下农民，居多生活收入较为艰难，对医师酬劳常常较吝。所以要开业贸利，当然选居都市。第三，都市居民知识较高，有闲有钱居民，亦多不像乡下人，小病小疼，决不吃药，任其自然，到了大病方急投医，多半难治，甚或无钱医治，一切听凭天命。所以为生意发达，亦是要在都市较合理想。有这三个缘由，我们如自己是个要开业的医师，是不是先向都市里设想立足呢？除非在都市里已站不住脚，或有特别眼光，是不会舍都市，而到乡间开业的。至说乡下人不信西医或反对割治，这是不争气的遁辞。且看教会医院，他们在乡间或小城市里，是如何得人民的信仰崇敬。只要诊治不收费，并施舍药品，不收住院费，甚至伙食费，你看病人多不多。只要治好了一两个乡下人眼光所视为疑难不治的病，如白内障，膀胱尿闭，蛔虫鼓肠，卵巢囊肿，白喉，霍乱等等，顷刻名满城乡，众口皆碑。病人就源源的来了。立住脚跟，对有钱好义的人，叫他捐地捐粮，他们亦是肯的。倘若一到乡间，自己本事未显，就要照收诊费，侈谈卫生，或要捐钱募款，我敢保他的成绩，不会比化缘盖庙的和尚还好。所以要推动办中国小城市和乡间的民众卫生，决不能听任医师开业之自然发展。补救办法不外四种。（1）实行公医制，使卫生医疗机关，密布于各城市及乡间。按人口及里数比例，分配诊所、医院、产院、及疗养院、特种专科医院（如麻风病院、精神病院、急性传染病院、肺痨疗养院等）。住院者除伙食费外，完全免费。医师等薪俸及医院等设备与经常开支经费，全由国民健康保险费收入项下供给，不足者，由政府年予补助。（2）凡有医师开业地方，其医师须经常受政府稽核，又必须日至指定之公立诊所或医院，为民众义诊，并施手术若干小时（或月中轮若干日）。而诊所或医院设备及经常费，则由公家供应，对贫民或全体民众一切免费诊治（亦可分由国民健康保险费下支付供应）。（3）由地方政府按当地人口地区情形，择定数位开业医师或医院，担任义务诊疗民众工作，或每星期几日或每日若干小时。在较大城市亦可采用此法。由医师公会公推开业医师轮流担任义诊。而对病人之一切消耗，悉由公家补助或供应。（4）原无开业医师之乡间，应由当地卫生行政官署派员驻在要冲①乡村设立诊所。其必须住院调治之病人，则应用病车送至城内公立医院收容。至少亦须设有巡回医疗队，按市集周期，轮流分赴各乡间施行诊疗及卫生工作。

（二）公医和公医制度：说到公医，其广大意义，凡不是私人开业贸利，而由公众或公家供应执行医师业务者，皆为公医。如（1）政府机关任用之医师。如意义稍狭，则为（2）政府机关任用司医疗工作之医师。如意义再广，则（3）各公私团体机关聘用司医疗工作之医师，及其他医学从业人员亦可称公医。而公医之性质则又有完全贡身公家及兼开业与临时受委托三种之别。除任职公家机关之医师外，开业医师亦可以兼受公家之委托为公医。例如现在学校、工厂、银行等公医，多属兼业，或数日一值，或半日或每日一二小时往诊，或对某机关团体之病人就诊者，优予减免费用，其方式虽殊，而其性质则同为公众诊疗，另由公家供给薪金及药料费用。次之当有紧急事变，防疫，救灾，则卫生行政主管官署依法得召集当地医师临时出动，为公服务。至若按时饬为免费或收费种痘，注射免疫针，尤为日常需要的事情，亦是开业医师所应尽的义务。

公医制度——就是定一为公众服务医疗卫生及检查工作的法则，使医师及人民共同遵守并获利益。严格的说起来，公医制度的实施，最好不容许社会有开业医的存在。医为仁术，对人命健康，应该仅怀有绝对救治防治的目的，不要有贸利谋生的目的掺杂其间。健全无病与长寿，是个人及公众的最大幸福。不论穷富智愚，无不怕老死、害病、遭伤。可是人类乃至一切生物，终生的过程中，又都难免有老、死、病、伤的时候。而医生

---

① 要冲：原文为"冲要"。

的职务就是减除人们所共怕而不可终免的缺憾。这难道不比抵抗外侮的军人，维持治安的警探，处理罪人的法官，更来得重要么？可是世界上军人、警员、法官，不需要仗着自己用营业方式，去维持自己与家庭的生活，惟有医学从业员，却是公开来待价而沽。其中是有一点道理的。第一，由于病家病人，对自己生命健康是特别关切，所以对医师的能力，有自由选择的要求。病人的信仰力，是医师治效率的一部分，断难强勉病家病人都相信某一医师。而政府又不能集中供养多数医师，以待病家的自由选择。第二，由于历史的演变。古代神权至重，巫医不过是传达神命治病的人。故求诊的尽可逢庙祝祷，无指定某个地方专归某巫治病的习惯。第三，更因祈福竞献酬礼的心理，乃促成医业可为贸利、解决个人生活的途径。于是医师可以开业，乃成惯例。在中古时代，不论中西各地，已多视医乃济人技术。学医本为救人，并非图利。我国此风尤甚。中医与乡鄙草药大夫，仍常自命是以医行道。至"开业"一词，译自日本，原非妥善。然政府既承认医为特别营业之一，既准其营业，安能不凭其业，以营私利么？业医其利既薄，于是不开业而服务公家之公医，势因个人利益比较关系，对其职务将发生惰性，或癖气冲天，或兼管副业，或奴视病人，或忽视诊务。种种流弊，应时而生。所以实行公医制度，似以同时不容有开业制度为尚。全国医学从业人员全归政府管制，分配地区，公家供应药械，给予薪金，数年一调，考其成绩，予以奖惩，则惰风当然立革。

各国现多以公家或卫生机关任用之专任医师为公医。而同时社会仍允许开业医存在。凡公医担任有三种任务。即（1）诊疗该区民众。（2）督促当地卫生，充卫生顾问或执行人。（3）检查并收集当地案证，解剖尸体，检验病伤，勘察凶场，为法律之鉴定人。所以凡一公医，必须经国家考选（公医考试、诊疗医学、公共卫生学、免疫学及法医学皆须应试）。考试及格者，由政府分发至某地工作。倘无误失，得如法官定作终身职业，而年加俸级，以至退老。然亦有并兼开业或对病家自愿之酬谢准予接受者。此点各国不同。英美则采自由制。法德则采兼业制，苏俄则不容许个人开业。我国则尚未颁为制度，而事实上已默认开业医与公医之共存。然现代世界医学卫生事业进展之趋向，则多注重普行完全公医制度。其所以仍容开业制度并存者，概由于社会历史习惯，难以骤改。我国卫生设施尚在萌芽，医师人数原来无多，似尽可速予革新为完全之公医制或征用公医制。即凡一医学从业人员，必须应征为公家服务若干年，或以公医为终身职业。但其医学教育，亦应全由或半由公家供应为是。

（三）法医师：医师除有上述应诊防疫并应征三项义务外，原更有接受公署委托检鉴案证及报告所检尸体及死产儿有无犯罪嫌疑的义务。那虽专是法院的事情，可是检举犯行，慎刑重命，其责任亦不能不说是很大。一般打官司的人们，无不希望自己胜诉。可是到了证确判允，胜诉的，固然欣喜，虽败诉的亦当情甘。然奸诈之徒，常作伪证。因是证据之确否，往往必须借鉴定检验，始能辨明。所以司法机关受理案件，首要审证。而关于吾人身体生命部分之案证，必须请教于医师及检验员。

我国法院因检务过忙，而国宇辽阔，医师原不敷分配。且一般医校素缺法医课程（因无师资），致当地即有开业医师，亦多无检案经验学识，于是司法行政部乃于民国二十二年创立法医研究所。二十三年、二十五年始招考医师，训练之为专门法医师，分发各地法院供职。现法医师待遇已与推事检察官相同。而考试院更始行法医师考试，认为自由职业之一，实属错误。盖在各国法院检案，原乃一般医师义务。遇有疑难案件，须详细检查审查，而普通医师，未能解决者，始就近委托医学院校法医专家详为鉴定。故法医师当由医师进修而成，一如普通医师之进修成外科、内科或眼科、产科等专科医师，并非医师之外，另有法医师。况法医师职务，系为法律之特别鉴定人，并非律师性质，如果容许其自由开业，则贻害必至无穷。刻因各地法院切需法医师，仍当续办法医师研究班，招收医师进修研究。如以后公医制度果然普遍推行，各地已遍立医校，各校内皆有法医学科或法医研究部设备，则各地初检案件，尽可由普通医士及法医师、司法检验员检验，疑难须施覆验者，均可分送医学院校由专家鉴定。则法医师尽可更兼法院及监所等诊疗并检验身体职务，非法医师即可不皆诊治。故法医师实即司法之公医，亦一普通医师，不过较懂检案所需的常识技能而已。

（四）军医与医师征调问题：凡服务于军队之医师，概可称为军医。军医并不一定绝对须由军医学校卒业。其实军队中之卫生检验及诊疗等工作，原亦具有特性，与普通医业设施不同，在战时需员尤多，似宜将普通医师，按前述办法，实施一年半年军医训练。就中国而论，现在海陆空军中军医，百分之七十，系出身于普通医校。尤以战时，更应动员全国及龄医师，以补员额之不足。各国军医中服务人员，原不少女性。惟最前线则限制超龄及女性之医学从业人员服务。现在我们既感医学从业人员缺少，为什么后方军医院里，不多征用女医师看护呢？中医若果无用，则国家就不应准其开业，平日公共机关中就不应要中医诊病。所以战时要征调医师为军医，一定同时并征调中医到军队服务。否则应予以其他服务光荣兵役的机会，方不至有不公平或蔑视中医之嫌。这些年来，一般人都说"医药贵，病真看不起。抗战八年，凡是开业的医生药房没有不发财的。学这种把别人身体性命做发财对象的，硬是要不得。并且本领越大的，生意当然越好，所发的国难财越多，以至于大家看得眼红。现在前方吃紧的地方，后方边僻的所在，硬是没医生。军队里，机关里，学校里，硬是养不住好医生。所以拿得起的好手，都集中到几个都市开业。对国家抗战，民族竞存，好像同医药人员满不相干"。若说话全是污蔑，却倒亦有点"不假"。若说凡是好医师，都没有爱国观念，都只顾自己开业发财，却亦不见得。就在各医学校，各卫生机关，各公家医院里，尽有不少好手，忍着冻饿，守着岗位；亦同其他书呆子一样，并没懂得利用国难期间，自去发财。据我看起来，一般开业医师爱国爱人的热忱，必不至比其他从业人员还差。倘若国家兵役法真能彻底实施，凡是及龄几岁到几岁的男女，不论是中医西医，或是在田里当农夫，店里当老板，校里当教师，路上当乞丐；亦不论是什么公司的经理，什么税局的督办；或是什么公馆的厨子，什么银行的司库，什么公署的委员，什么县府的县长；市区拉包车的，乡下当绅粮的，都一律不容有所规避，及龄的，一概从军。我想我们医界同仁及龄应征的，一定亦决不后人。虽然多数医师是有家累，尽靠着本人营业收入，才能解决这时候的薪桂粟珠的日常生活。可是人人如此，家家如此；及龄者全受征调，又安敢特行规避，自取罪戾？那时同业或政府一定要代为设法安家。再说就是不用普遍征调。倘若政府或社会对被征人员家属，皆能事先筹划妥为安置，使其衣食无忧，教养不缺，再对个人任务分配能够合理，药械设备供应、交通运输工具能敷应用，使所学得尽所用，工作之外毫无后顾之忧，则爱国好事，吾辈医师，又何乐不为。应征者一定非常踊跃。倘若征调结果虽亦派定任务，而药械不备，助手不称，或战场伤兵无法退运至比较安全的治疗地点，则就是国手，天大本领，亦将无以施其技。所以征调医师办法，不但应与兵役法相辅而行，务求公正，实行及龄全征方法，对药械供应，助手人数，运送问题，并须虑及，则推动当不至永远困难。在紧急时代，设使征调全数及龄华籍医师人数尤不能敷，则不妨暂时借重外材或征用外籍在华医员。即缺乏之药械车辆等，亦可向盟国请求接济。吾人应努力减少战时军民之亡病伤残。此点不但关系抗战力量，并且对建国基本的人力，亦有影响。

（五）如何统一管制：最简便方法，即实行完全之公医制度，不容许有开业制度存在；不论是何种学校出身之医学从业人员，平时及战时统由卫生主管官署统一调遣，支配分发，充任各地之公医、军医及法医或其佐理人员，按兵役规定年龄及年数与个人所长技术能力，分担医疗、卫生、防疫、法检工作。倘因顾全社会习惯，法律上仍容许医师开业，则政府应速颁一完善的医学从业人员平时战时征调法规，就是一种医学从业人员的兵役法、劳役法的实施细则。其中规定各医学从业人员，在一定年龄期限内，必须分期为公服务于公医、军医若干年数。而不论军医、法医与个人或公共团体需要之医师，均统称之为公医。平时受训，服务期短。战时动员，服务期长，可因届时之需要，按兵役法原来规定，予以调整。即平时在各地之诊所，战时亦可改为兼办救治伤病民兵之卫生医疗站。平时在各地之医院乃至医校附属之实习医院，战时亦可扩充病床设备，兼办伤病民兵后方医院。由军政部指派一二管理士兵纪律之副官，发予充分之经费（另派会计分司计政）及药械，参同工作。则立时后方可有多数设备较全、人员较整的好医院。必要时，更可随军推进至恢复省区，办理医疗卫生工作。同时更可由各医院校红十字会并外籍在华医师组织巡回手术车队，分驶至前方，随时处理救急事宜，将伤病者交运伤车送至后方专门医院诊治。如是似可补救目前情势于万一。

【述评】

抗战胜利后，生产恢复和社会建设成为执政当局着力解决的问题，就如何开展医疗卫生建设，已经调任中央大学医学院的林几于 1946 年撰写了《对改良医学教育的刍议》一文，提出了自己的看法。他认为：要改变中国落后的医药卫生状况，应当从速培养医学从业人员。欲栽培医学人才，就必须发展医学教育。他提出了医士—医师—专科医师的三级医疗人才培养体系，并就培养年限及科目进行了详细阐述。建议实行公医制度，由卫生主管官署统一调遣医疗人员的分布，解决目前医务人员地区分配不均的现状。体现了林几爱民族，迫切要求解决影响民族兴亡的健康问题，为后代打造一个医者仁心、无私奉献医疗体系的远大抱负。

对于医学教育，他再次阐述了法医学科在普通医学教育中具有重要地位和作用，这是因为普通医者有担当一些法医检验工作的义务，"我们都知道现代医师的业务，是不仅限于医疗。他对社会保安亦要尽一部分责任。……就按新颁医师法的规定而言，开业医师除了须应诊务外，仍有接受公署委托鉴定检案，及帮同防疫的义务。所以无一医师可以不懂临诊医学和法医学与公共卫生学"。以此可见，在普通医学教育中进行法医学的教育，具有重要的现实意义。与此同时，由于在司法检案中，对于一些疑难案件，需要详细检查，普通医师无法解决，非专门法医师不可，因此他又强调了法医专门人才培养问题，"刻因各地法院切需法医师，仍当续办法医师研究班，招收医师进修研究"。此外，林几在该文还描绘了对法医学教育的憧憬，"各地已遍立医校，各校皆有法医学科或法医研究部设备，则各地初检案件，尽可由普通医士及法医师、司法检验员检案，疑难须施覆验者，均可分送医学院校由专家鉴定"，可见这个理想目标就是建立完整、系统的法医学基础教育和专业教育同时兼具的法医学教育体系。

林几还对法医学教育属性提出自己看法，认为法医学应发展成为所有医学生乃至所有医学从业人员都要有法医学知识背景的普及教育。正如林几所说的："首要从速栽培医学人才。除应赶派多数人员出国研究专科学识培成师资外，更应将现在国内开业医，军医与公医同法医分歧的制度融合为一，并伸展到医学教育，以加速训练医学从业人员。"林几的愿望，今日还没有完全实现，有待我们这一代继续努力。

四十六、二十年来法医学之进步[①]

【原文】

民国十四年五月，著者旅德，曾撰《最近法医学界鉴定法之进步》一文，经刊于《中华医学杂志》第十二卷第三期。兹时逾二十载，适值本志三十周年纪念抗战胜利特刊征稿。用特貂续前文，尚希海内贤达，多予指教是幸。

法医学之进步得分为：（甲）法医学运用与研究范围之进步；及（乙）

① 原文刊载于《中华医学杂志（上海）》1946 年第 32 卷第 6 期第 244—266 页。

法医学检鉴技术上之进步。

（甲）法医学运用与研究范围之进步

三十余年前法医学之运用，仅限于鉴定罪迹，故名为裁判医学（Forensic med.），而将毒物检验另称裁判化学（Forensic chemistery），归药学化学家研究。日久发现应用实多不便，近二十年来，渐将医学内科之中毒学、病理学内之急性、慢性中毒及药科之裁判化学、毒物学容纳于法医学内，另创为法医中毒学（Legal Toxicology）、裁判毒物学（Forensic Toxic.），同时更据法医学①与心理诸学家研究，公认犯罪行为多出于社会或个人之不健全及疾病的心神变态。而法庭需要心神鉴定之案件日繁，遂更采犯罪心理学及精神病学与犯行征象容纳于法医学，创为法医精神病学（Legal Psychiatry，Forensic Psychiatry）。

迨近十余年来，涉于法医学之问题更趋繁重，致研究领域与应用范围益形扩大，无论立法、司法、行政三界，以至全社会凡企谋人群康健幸福、维护个人身心健全、永保民族繁昌诸问题，倘与实施法令暨医药等自然科学有关者，莫不包容于法医学。例如：（一）立法之厘订各种法律中关生命健康繁衍乃至医学卫生、禁烟、禁淫、禁娼、护幼、养老暨精神病之监护、遗传病职业病之遏止、劳工疲劳之调节、灾害伤害赔偿之审定、急慢传染病地方病之防范、普通性行猥亵行为、性欲异常，并阻碍儿童发育、成人健康等违反生理事件，及堕胎、节育之制止等有益于国人心身发育、寿命、康健生理机能、工作能率诸条款，均有需法医学之学识。（二）司法之民刑案件中证实犯迹、病伤（包括伪匿病伤）、死因、年龄、性别、职业、人种、亲权、堕胎、复踪②、毒力、药性、笔迹、印鉴以至文字涂改、珍宝真伪、商品优劣、智能程度、心神现状、责任能力、治产能力、侵害赔偿率、枪弹、凶器种类并医疗看护司药等责任过误问题，或文证、鉴定书、说明书、检验报告、病历、诊治日记、处方笺、契约、字据、笔录等之审查，尤有需法医学之专门技术。至若（三）行政中警务之罪犯搜索、个人异同验断、与社会病、传染病之扑灭、健康保险之实施、灾害事变之检讨、保健避妊暨戒烟、戒淫、禁娼政令检验之执行，亦莫不需法医学之学技。吾华现仍以司法方面，对法医学之需用为最繁，立法行政已渐感切要，至社

---

① 法医学：原文为"法医哲"。

② 复踪：复，繁体为"復"，原文误为"腹"。复踪：指对现场留下的隐蔽脚印、足迹、手印、指纹进行法医学恢复，通过痕迹恢复找到原来的留下踪迹的人。

会方面则因我国保险事业及重工业尚未发达，除上海等有数城埠外，因罕需用保险医及工场医，然由团体或私人委托检验法医事件，如健康证明、死亡宣告、毛革优劣、食品成分、珍宝真伪、遗言能力、治产能力、生殖能力、复踪、亲权、性别、异同、商品、文据等仍能常见者也。盖法医学者，乃荟萃医学、法学及他科学与本国法律、社会现状以讨论研究并应用之一种学科，为国家社会应用医学之一，与临床各科运用有殊，且其运用范围及方式，每因国家现行制度法律而不同。因法医学运用所涉范围过于广博，故应研究法医学者，亦不仅限于医师，凡法家、宪警侦探及药师等，对于法医学亦宜有相当之修养。于是遂陆续更有医法学（医事法制论）、伪病论（Simulation Malingering）、健康保险医学（Medicine of life inssurance）、灾害医学（Medicine of accidents）、社会医学（Social medicine）、社会病理学（Social Pathology）、施刑医学（Medical knowledge applied to prisoners）等精密专门分科之创立，而均属法医学之一分科，遂形成包罗万象庞大广义之现代法医学（Medicina Legalis, Legal med.）。

我国名法医诸学自古已昌，而检伤之制，首载《礼记·周礼·月令》"孟秋之月，命理瞻伤、察创、视折、审断"司法检术，古籍月考者，仅见有石晋[①]和凝和嶸之《疑狱集》，北宋郑克之《折狱龟鉴》，南宋郑兴裔[②]之《检验格目》及宋慈之《洗冤集录》，元王与之《无冤录》。迨后明清两朝，虽多增注，但均出诸法曹之手，未明人体构造、病理死因，以致疑窦滋多，真义转晦。而法学与医学之学理，终究无法沟通，世俗又轻视检验职务，视为贱业[③]。当时律例规定：检验死伤，均由仵作，妇女身体检查，另由稳婆[④]，直至民国二十四年国府颁布新《民法》、《刑法》及民事、刑事诉讼法，方更定尸体剖验及妇女身体检查应由医师执行。民刑案件鉴定事项，须选任特别专门学识之鉴定人充任，具法院组织亦删去仵作验吏名称，而设检验员，更在法律内特指定检验尸体应由医师或检验员执行，故此后检验员之职务，亦只限检验尸表及人体之外伤，但不能解决时，仍应由医师复验。是乃我国检政制度之大进步，即由非科学时代而演进就合于科学也。惟一般检验员皆罕受科学之训练，其学识多出于旧式仵作私人之传授，虽

---

① 石晋：指五代十国时期石敬瑭（892—942 年）所建立的后晋，定都汴梁（今开封）。
② 郑兴裔：原文误为"郑典裔"。
③ 贱业：原文为"职业"。
④ 稳婆：旧时以接生为业的妇女称稳婆。

《洗冤录》之尸表征象亦常疏忽不明，适国内法政学校多缺法医学讲座，致法官对新法检验既难得悉，旧法皮毛亦全不知，于是一遇检验尸伤，概委诸检验员之手，遂至案多冤抑，讼累莫决，故此时实乃吾华检政最困难时期，亦即新旧检法学术交替之时代也。

法医学在文明各国，均列为医、法、宪、警诸校课程。吾华民国四年，国立北京医学专门学校及江苏、浙江省立医药专门学校，始列有裁判医学，药科则列有裁判化学。而尸体解剖规则，却始颁于民国二年，就中对变死①、死因不明及无主之尸体，认为有对剖验研究之必要者，得施剖验。前年新颁之医师法中，亦规定医师有检举犯罪嫌疑死因之尸体、死胎及急性传染者之义务，并对官署委任检鉴案件，必须据实作证。而国立各大学中，只北平医学院于民国十九年春首创法医学研究室，中央大学医学院于民国三十二年秋续创法医学科，并于三十四年春受法部委托，首用科学方法设班训练司法检验员。又司法行政部曾于二十一年，在申设立法医研究所，二十二年夏，开始招收医师为研究员，二年结业，发给法医师证书，派往各地法院服务，是即我国有法医师名称之始。经办两班，惜无继。迨届三十四年，方由法教两部合订《法医人才五年训练计划》②以栽培：（一）各医、法、警、宪学校所需之法医学师资；（二）各地法院所需之法医师；（三）各地法院所需司法检验员；与（四）法医学各分科研究者。并拟以中央大学医学院法医研究所为训练中心。闻刻计划业已批准，惟预算犹未颁定。事前法部更修颁条例，提高法医师及司法检验员待遇，准与法官同受保障，考试院及铨叙部亦视为专门技术人员，并予考试，叙职。

（乙）法医学检鉴技术上之进步

二十年间列强争事军用物械之研究，更因战事频因，军械往往散落民间，所以凶徒作犯能力，随益猖獗，故防范及检验鉴定犯证之技术因之亦日有阐明。兹概述如此，经各种检验手续方法，因限篇幅，姑略，容续。

（1）铳伤检验③之改进：（a）以前法医学成谳之铳伤记载，均着重于有烟火药与子弹形成褐黑色铳伤射入口之挫轮。而现代应用之枪械均已改用无烟火药，在射入口周围罕能获见射弹之烟屑，仅沾附微量某种无烟火药

---

① 变死：指非正常死亡。

② 《法医人才五年训练计划》：参见国内外教育消息：法教两部会拟计划，设法医师员训练班．《四川教育通讯》1948 年第 7 卷第 6 期第 13 页。

③ 铳伤检验：铳，指用火药发射弹丸的管形火器。铳伤检验，即火器伤的检验。

之屑粒，所以其外晕无，不著明，如隔衣中弹，则火药屑粒多附于衣外，只在射入口挫轮火伤边缘内，略有微量烟屑，非洗拭创口施行比较显微镜检查，难以区别。（b）因现代手枪、步枪及手提机关枪制造之进步，大号手枪口径与机关枪、步枪几近相等，所以其中弹弹径大小亦几相等，只测铳伤射入口之大小，殊难断定确系何枪所发射。但因新式连射枪械皆能自动退壳，落于发射人身旁。现在检验枪伤，除根据中弹者体部之射入口、射管或并射出口之创型外，原应检验子弹、枪筒及火药，以断定系由何枪所发射。盖每枪射出之弹头、弹壳上所生成之各压痕均有定型，沾附痕迹亦互有异。而某一种子弹内所装之火药构造亦有一定，无枪筒内构造纹线缺陷复微有不同，遂可用以互相对照检查，而为鉴定何枪射击根据。（c）因军械制造之改进，步枪、手枪之有效射程亦形增远，旧据铳伤射入口外晕上火药辐射[①]范围之大小、浓淡及中弹创口之形态，以定发射之距离，遂有变动。是应依弹壳所在与尸身距离而定，至创形及外晕上屑迹，不过能供吾人研究射程之参考而已。（d）第二次大战中各国子弹多为铝头及白铜钢心之套皮弹，甚至有用开花弹者，故所生成之铳创射管及射出口均形较大，且不规则，组织损伤出血较巨，虽确能减少对方之作战能力，殊不人道耳。

（2）刺伤伤口之新研究：据各国学者二十年来实验，已知活人之皮肤刺入口，拔出刺器后均呈点线状，其方向顺皮纹者哆开愈窄，逆皮纹者哆开稍大。单刃刺器刃侧之裂端必锐，钝侧之裂端必圆，此与十年前所有法医学书籍之记载迥异。双刃之刺器则刺入口两端皆锐，其形如梭。深棱刺器则刺入口生小分枝[②]，一如棱数。盖以前每用尸体皮肉刺入试验，以为凡刺入口均应与刺器之横断面棱角一致，例如三棱者应生三枝，四棱者应呈十字交叉。是惟棱角锐度较长之刺器，在生活体方显如此现状。活人皮肤富有弹性，如用尖圆或非圆仅有小棱刺器之刺入口，当拔出刺器后，均应呈点线状椭圆形。惟尸体软部组织及骨上刺创，其形状必与刺器之横断面棱角相称耳。

（3）已腐溺尸之新鉴定法：溺死鉴定既往对烂尸苦难证明，虽云心腐较迟，可检左心存血是否较右心为稀薄，但稍久，心中血水自渐沉降，施行左右心血之比重、比色及电力传导冰点测定等试验，手续繁琐，难切实

---

① 辐射：原文为"辐射"。
② 分枝：原文为"分歧"。

用。著者于三十二年冬发表《已腐溺死液痕迹之证出新法》一文，载于中央卫生实验院《实验卫生杂志》第一卷第三四期合刊中，确可解决法医检验之困难。对腐尸尚不至外方泥沙浸入胸腔者，按其肺部腐败进行程度，而行肺脏中溺死液成分残迹之检出，得鉴定其是否生前溺死，抑或他故死亡[①]而抛尸入水。其方法有七：a. 取未全腐之肺组织制成较厚切片，染色后施以镜检。b. 对已腐败如糜全部肺组织用清水长时间冲洗，经棉纱粗滤，沉淀后，取其沉淀物施行镜检。c. 用醚及醇性苛性钾与配力丁（Pyridine）溶液浸渍腐肺组织少许，使成分液层，而取其下沉淀施行镜检。上 a、b、c 三法效率可靠，而 c 法尤便。次 d 法：证明溺尸两手十指甲缝内，皆应充填有溺死处河塘内泥沙。e 法：证明死者头盖腔及前额窦内，或可有少量溺死处河塘内泥沙。但须尸体头项尚未腐脱，委无泥沙侵入机会者，方为可靠。f 法：由两内耳欧氏管管内，或可检见少量溺死液成分。g 法：采取溺尸已腐之肺、胃全部组织，用化学方法能分析出溺死处河塘内泥沙或其他化学成分者。e、f 二法不如前三法方便，且有时虽为溺死，不见泥沙。然当沉尸胸廓既破渗入流水时，应凭验证。d 法检查如呈阴性者，固可视为非溺死之确证，如呈阳性者，则只有视为有溺死之可疑，盖水滨居民指甲内原多嵌有水底泥沙也，应参合尸体其他征象方能判定。g 法手续甚繁，如溺死液成分稀薄时，不易检见。第对醍醐非刑、游湖非刑[②]与洗胃医术过误之鉴定，则颇有用。

（4）尸体腐败进行研究结果：据各地三十年来实验、统计：尸体在各种环境之下，其腐败进行程度互有不同。但已有结论如次：a. 尸体在空气中停放一日，其腐败程度等于水中二日，或地中深埋八日。尸停空气中一星期等于水中两星期，土中八星期。但污浅水塘中，其腐败进行与尸体空气中速度相等，甚或加速。海中尸浮较速，较淡水中难于腐败，惟日晒部分，均较易腐败，紧压体部腐败较慢。故棺殓严紧尸体，除夏秋外，可不腐败。但亦与个人之胖瘦、疾病、死因种类有关。通常死后二十四小时至四十八小时方闻尸臭，腐败之进行与气温、湿度有关，夏秋之一二日约当春冬之五六日，严寒及冰雪内埋尸，可不腐败，迨溶冻后，尸反易腐。冷泉冷流中尸亦不腐，但可成浸软尸体。伤口疮疱均易腐败。b. 尸蜡（Adipoceration）之形成，据十年前研究报告已明系由于体皮下脂肪中脂肪酸与

---

① 死亡：原文为"死之"。

② 醍醐非刑、游湖非刑：具体含义参见第 543 页解释。

脂肪甘油分离，而另与外浸含有大量镁、钙盐类液体碱化而成，故海滨厝棺多成尸蜡，海中每浮有高度石碱化（胰皂）硬性脂肪之尸蜡残块，硬如浮石，敲声似杠炭。即往成漱，仅谓尸蜡系由于皮脂碱化所成，固未辨其必由于镁盐也。c. 近年来各种尸虫发育之研究颇有进步，可用为测定死时鉴定之标准，但亦视地域、气候、季令及殓葬情形而略有不同，大致如下①：

昆虫发育程度	尸体经过时日及腐败现象
可见蝇卵（蝇有家蝇、金蝇之分，金蝇则一代卵生一代产蛆）	1—2 日（始闻尸臭、瞳孔混浊）
蝇蛆到处攒动（长 2—12 毫米，日长 1—2 毫米）	4—6 日（尸体始变色，尸斑浓，尸僵缓解，血水下渗）
常有蝥蛆（长约 10 毫米，雪白粗短）	10 日—2 星期左右（尸已腐烂，全身污绿，唇鼻掀塌，毛甲易剥时）
蛆缩蝥成蛹（如小红豆）	2—3 星期（尸已全烂时）
蛹蜕成虫（一半日幼蝇能飞，遗空蛹壳）	3—4 星期后
鉴节虫（Anthrrenus museorum）（内脏已啜食殆尽）	1—2 个月后（尸全腐败后，呈半干枯状态时）
出尾虫（Rhixoqhagus parallel collis）、尸蚂蚁及幼虫	半年后②（尸腐皮革渐干时）
折翼小红圆甲虫	半年—1 年以上（干僵尸棺中见之）
尸蚕俗称金蚕	1 年至 1 年半左右〔嗜食腐败内脏（蛋白质），多居头盖腔内〕
蝶状网衣蛾	2 年左右（尸体已全骨化，飞附骨上，遗白粉）
尸蜣螂及其幼虫与遗蜕	2 年以上（尸体软部全腐，混同泥土时）

d. 流水中浮尸，每多男俯、女仰，系因骨盆重点中心不同之故。倘女尸腰前携重，则尸亦俯，男尸腰后携重，则亦仰。而水中尸体腐败进行，在初可据手足表皮浮白，剥离及附生藻类程度而定尸体浸水时间。

---

① 如下：原文为"如左"。
② 半年后：原文误为"半日后"。

e. 跳井尸多脚下头上，跌井尸多脚上头下，凡倒撞落井，常生头顶重挫伤，气管、胃中吸入之水量较少，甚或未尝吸水已经头破脑裂而死。隘井尸当倒立，于是全身血水、尸斑向上身头部沉降，而尸僵则先由下肢发生强直，尸项、上肢反迟。如跌落井，而井隘尸，当蹲卧，每并有下肢骨折，尸斑全注下，尸僵先始上身。如果水浅则肺、胃水少或无水。多因损伤出血及饥饿致死。

（5）骨上伤瘢之发明：损伤检验当尸腐烂，尸表极难检出，惟伤及骨，检骨损伤，方能辨明。然伤未及骨多属无法再验。而近十年来吾人利用紫外线之映视，得于枯骨上检见当其生前皮肉巨伤，高度皮下溢血，沾附骨上之伤瘢；且于生前骨伤可见骨瘢，而死后之伤则决无伤瘢。拙著《骨质血瘢之价值及紫外线光下之现象》一文（曾载于《中华医学杂志》第二十卷第五期）内已曾述及，凡骨折部带有伤瘢者，即为生前，伤瘢往紫外线分析机映视，特别发无荧光之土纹色，而无骨瘢部位，则发灰紫白或白紫色银样之荧光。兹提近数年来经验，得悉凡正型缢死者，两侧下腭骨隅下内方或外侧及颞骨乳突下后侧，无可显出绳索紧压①皮肉，出血沾附骨上点线状棕红色之骨瘢。勒死者，第二、三或四头椎后突，每有横行之骨瘢或骨损。故可用为腐尸缢、勒之鉴别。缢死多为自杀，勒死多为他杀，故此种检验在法医学上甚为重要。著者经验一案，以尖刀刺入人头（醉人），同时用沸水冲入刺口，随切随冲，平切下颈，其两端伤口皮肉组织均呈半熟状态，色白，皮肉略卷，内层组织发红、充血，所溢血液被沸水冲洗稀释后淡薄宛如茶色，乍见难辨为生前刺切创，倘尸腐败，便莫可验，惟检头椎椎间切痕，可见骨上伤瘢，足资为证。

又另两例绞毙尸：（一）夜将尸移枕铁道轨上，火车开过，颅身分离，颈项勒痕大部销毁，惟其挫裂压榨之创口截齐，皮肉不生卷缩，溢血较微，第三、四颈椎断面毫无伤瘢而后突缺损，显有横走血瘢，且于项侧创缘组织，发现狭短半截索勒残痕，遂据断为绞毙移尸，偷装卧轨辗死。（二）醉后绞毙，尸难运出，乃俟一日后，尸已冻僵，再用菜刀顺后项绞痕切下头颅，并切割四肢躯干分成两箱，送至火车站，拟运他埠灭迹。破获，送验。其颈椎及各切创部均无生理反应及骨块切伤伤瘢，是为死后伤，仅于第二、三颈椎索沟部下组织见有溢血红肿及后突端部骨损与伤瘢，是为生前伤。

---

① 紧压：原文为"紫压"。

（6）紫外光线、超紫外线及红外线光之应用：（a）利用紫外线光有显物质磷光①及荧光之作用，故在暗中映视物质可显物质之有磷光带或荧光带或无磷光及荧光。而此发磷光或荧光又因物成分不同，乃呈种种不同光波浓薄之色彩。凡化学品、药品、结晶、色素、油类、宝石、珠玉、毛发、矿质等良劣、纯杂、真伪之检查，指纹、斑迹（血迹、血瘕、精斑、粪斑、汗斑、体液斑等）之检索，笔迹之涂改、挖补之证实、票据、印刷品及书画纸绢皮毛新旧、真伪、熏染之区别、食料、毛线品、织编物之检验，皆有需于紫外线分析机之应用。（b）125 超紫外线-（黑光）有三种。吾人应用者为强水银蒸气灯，其光线虽入目，不可觉察，乃超紫外线之黑光，但可使某种发光性物质发荧光或白光，取暗色光泽，以供工业制品之鉴定。例如绳索中隐一股某荧光物质线；若用此绳致生②事故，则可借以区别。矿业亦用以勘定金属矿腺，废塌物中可用以查看有无掺有贵重矿物，但铜、铁不发荧光，钨、锌、磷等却发荧光。荧光墨水及印刷品，不但可应用于美术，且可以供文证之鉴定。又发荧光树脂可以做成花盆或纺织品。次对鲜蛋、牛乳、黄油、人造牛油、翡翠、珍珠、象牙、骨类之赝③真，好恶亦可用以区别。又布纸、橡皮与物械上油腻、污渍均可在此光下显出。纸张、漂白、着色、药品墨水之涂改伪造、邮票修补色彩的添加、再镀④胶痕迹以及注销删除痕迹，皆可于黑光下显出。故对舞弊、作伪、贸易背信、诈财、伪证等犯行鉴定，均可借以判明。（c）红外线光之应用。凡平常目力所不能见之痕迹阴影用红外线均能映出。故应用红外线感光板，可摄映不著明⑤无法摄影之相片。如已涂改、霉黑之字画文件、淡没之指印、尘迹均得以现出。

（7）笔迹、印鉴及印刷品、照像及物具、商品、凶器等异同鉴定之进步。刑事之伪证、伪钞或恐吓文件及民事契约、婚约字据、票单等每需行笔迹印鉴及单一指纹之比对检查。

（a）笔迹异同：近利用摄影扩大⑥及紫外线强光映像并审查字形、行气、肩架、转度、斜角、起落笔、顿挫、飘划、点勾、方向、圈转角度等

---

① 磷光，原文为"燐光"。

② 致生：导致发生。

③ 赝，原文为"膺"

④ 镀，原文为"度"。

⑤ 著明：原文为"着明"。

⑥ 扩大：放大。下同。

笔势、连笔姿态得为是否同一人笔迹相称或粗似之鉴定。

但在事实上倘有意作伪或努力模仿之字迹不能区别。惟同一人之多数字迹随手疾书，其行气字形之惯性虽能相同，而同时之大小、正斜、勾撇、横直、点划长短亦常互异，倘素罕写字或罕用毛笔写字之人，其所写笔迹原无惯性，则姿势生涩不熟，几乎无一笔可以相同。而西文字迹及数目字之区别真伪，则较容易。

（b）印鉴、印刷品、钞票、汇票、支票、发单、收据、打字机、文件拷贝、复写文件异同：可用扩大观察比对该多数文件上纸质、油色、油晕、掺纹、边纹、花纹、压孔之大小、粗细、形态、行路、部位、数目、字体、角度、每字距离、每行距离、叠折纹、印章、水印、戳记等异同，以相鉴别。惟同一印鉴之各字每笔及边角折度、缘形，均应完全相符，能相重叠，毫无长短差错，但印色有时或不相同。不能因其印色有异，而遂断为非同一之印鉴，且印油有时发晕或一部字缝有时闭塞及木戳，泥印日久废销，皆可生相当之不同，此点应切注意。而模刻图章，往往能完全相同，非行特别扩大契对不易鉴别。至若铜章、石印、木戳各有定型纹理，用强扩大及日常经验，便能区别。假作古印者，每将陈旧印色印后，用火熨去油分，则色发暗，但用醚等拭之，其色转鲜，是可用以对古字画印鉴作伪为之区别。

（c）照像异同：对同一底板同大小照像翻印事件之鉴定，自属一目了然。更施以尺度或放大器契合检查或扩大镜对照检查，愈易鉴别。但有时必需用各方向立体映片，方为可靠。又对非同一底印之照像异同鉴定，颇属困难。尤因底板可以修改，非用同一方向、同一角度未修改底片之像片互相比较难于凭准。有时并须用比较显微镜或立体照像放大器等检查之。

个人照像异同或人与照片之异同鉴定颇属不易。世上尽多面目绝似之人，倘再加以精巧化装，则所照像片完全不能区别。或原同一人，竟误为两人，或原非一人，误为一人。此际只有应用扩大底片，而测定其体部、头面、五官、躯干与四肢长短比例或指纹、耳型、足型、畸形、斑症等以参同对照。是对不同龄之照片中个人异同之认定，尤须注意。

（d）不著明之纸张、绢或石、磁、陶、泥、金属等器具之补凿损伤，布乃至物品上之挖补，涂粉设色或涂改、洗擦，或石、磁、陶、泥、金属等器具之补凿损伤新旧，均可用紫外线光、黑光机映视、红外线光映照摄影及扩大强光反映机透视予以证实。而著明之挖补涂改则在肉眼灯光映视之下，亦可透见。

（e）钞票、票据、绢帛、纸张、字画、金属器及各种物具、商品、食料异同：每可用强映光机①或比较显微镜及紫外线分析机对照检视其细微部分之性状、构造纹路、色泽或另用他法称其轻重、量其大小、化验其含有成分以相区别。

（8）斑迹及尘埃之检查：因近年应用光学发明之进步，获有相当满意之进展。

（a）斑迹检查为犯罪搜索之紧要事件。吾人对于黏附于任何物体上面发黏或发特异色泽，或发特异臭味，或呈一定形态者，皆应加以注意。例如血指印、足迹或化学品之腐蚀斑、电火之烧物斑、盗贼有意遗留厌魇之大小便或污物，乃至符书、标记等斑迹，窗门、墙头、瓦面、襜前及一切可隐身处之尘迹，皆可为侦查案情之确据。至缢绳梁间支柱上之绳迹，火场已焚灰烬之尸灰身下周围之斑迹，尤与假缢或焚尸灭迹行为有关。而地上窗墙内外遗落物、奇异之泥土、木叶或特异之物品、器械、锯磨、划、挖之痕迹亦应审其大小、方向、形态，往往得用为侦案之线索。吾人如遇此种种斑迹，便应用软尺测定，用扩大镜审视或采集，以取供法医学之研究。

（b）次在衣物、食具等上沾迹：为人、兽肉汁之区别，或果汁、油斑、油痕、虫粪、红泥浆、油漆、烟筒水迹、色素染斑、铁锈水斑等之判明，均须借血清与血色素沉降素之生物学检查，或化学与动植物学显微镜及紫外线光、红外线光分析机之检验，方能判明。

（c）各种短发屑、砂尘、锯屑、花粉、纸碎、矿物晶粉、线头、米粉、土块、植物织经、树叶、草茎、灰粉、烟灰等，由个人衣服、头发、鼻垢、指甲垢中检出，可为该人职业鉴定之证据。

（9）内因猝毙（Sudden death）原因之研究：三十年前世人对不明死因之猝毙尸体，每擅判为心脏麻痹（Syncope）、精神反射（Inhibition）或猝厥（Shock）致死。近各国医学界因病理及临床医学大有进步，对内因猝毙之原因，已不能如从前作模棱之验断矣。其实凡人临死，最后心胸均陷麻痹，是乃人死之一般症状，不得谓为死因。至精神反射名目，尤属玄虚不经，安足征信。惟休克（Shock-猝厥）猝毙名目尚属可用，当剖尸内外毫无病

———————————————
① 映光机：投影仪。

理病变或只有轻微不足致死之病伤征象，且临死前确曾发作迟钝性或过敏性之猝厥症状者，方得判定为猝厥致死。故心脏麻痹及精神反射两名称，在现代法医学死因分类中，业已摒除不用，然就在事实上往往有外观健好士女，而突然[①]无故或仅受轻微外因，竟尔猝毙，常惹起重大法律之纠纷。据近十余年来多数法医学者研究，得归纳内因猝毙之死因为次。

内因猝毙之原因：均属于偶然，得概分为内在及外在二种。

其内在偶然原因：即体内潜伏之疾病或特异之体质。而外在偶然原因即系外来轻微之直接诱因，例如威吓恐怖、不致命之微伤、轻力之撞碰乃至剧笑或饥渴、过劳等，皆可引起内在原因之突然发作，迅速死亡。其症状与尸表征象往往不明，然解剖尸体详细检查，殆难验断。倘无内因存在，而仅有外来诱因，则绝对不致死亡。间有毫无外来之诱因，竟亦能发生内因之发作，例如中风、心脏疾、血栓、胃肠溃疡出血、癫痫等等，均可无直接诱因而猝毙。故内因猝毙内在之原因实为内猝毙之基因。而外在之原因则不过为内因发作之诱因而已。

（a）内在之基因。兹列其内在基因分类于次：

（一）血行器病：a. 心脏病变（心脏死）；b. 血管病变。

（二）呼吸器病：a. 上气道堵塞之窒息；b. 肺及胸膜等病变；c. 外界空中氧气供给不充分。

（三）脑及脑膜疾病。

（四）泌尿生殖器疾病：a. 泌尿器病变；b. 男生殖器病变；c. 女生殖器病变。

（五）消化器病：a. 肠管闭塞；b. 腹部脏器特发性破裂及潜在性出血。

（六）特异体质及精神感动所致大虚脱或猝厥：a. 淋巴胸腺体质；b. 实质性脏器淀粉样或脂肪变性及肿胀时；c. 精神的虚脱。

（七）其他基因：a. 传染病毒；b. 新陈代谢障碍；c. 中酒及毒瘾；d. 热力直射或熏蒸；e. 过度疲劳、饥渴及寒冷。

（b）直接诱因。得归纳为下列五目：

（一）窒息（分内外窒息）；（二）血行急变（栓塞破裂出血）；（三）心脏急剧兴奋；（四）身体激急运动；（五）其他过饱、过暖、过冷、饥渴、过劳、失眠、剧烈感动等均可为其助因。

---

① 突然：原文为"实然"。

（c）内因猝毙之基因分类统计：

欧美学者统计内因猝毙约占死亡率2%—3%，热带、寒带、国度及卫生设施未善地方，俱较增高。在兵燹①饥荒年间及重工业发达社会而未实行工时调节者，其指数亦大。又花柳病与烟酒中毒普遍流行之城乡，其百分率亦巨。

据著者二十一年八月至二十六年七月在平沪两地检见之内因猝毙之实例，其基因分类如下。

（一）心脏血管疾病，计有：（a）心冠状动脉硬变2例；（b）心瓣病兼梅毒1例；（c）脂肪心2例；（d）梅毒性主动脉淀粉样硬变1例；（e）脑出血21例（酒精中毒10例、头外伤1例、其他10例）。共27例。

（二）呼吸器病，计有：（a）异物堵塞1例；（b）声带痉挛2例；（c）声门水肿1例；（d）急性肺出血1例；（e）肺炎3例；（f）醉中误咽2例。共10例。

（三）脑病，计有：（a）梅毒性麻痹狂1例；（b）癫痫3例；（c）脑肿瘤出血1例；（d）梅毒性脑膜炎1例。共6例。

（四）消化器病，计有：（a）肠嵌顿1例；（b）肠穿孔3例；（c）肝硬肿破裂2例；（d）脾肿破裂1例；（e）肝、脾、子宫破裂1例。共8例。

（五）泌尿生殖器病，计有：（a）肾脏尿毒症1例；（b）妊娠胎盘异常致子宫破裂1例。共2例。

（六）急性传染病，计有：（a）伤寒1例；（b）霍乱1例。共2例。

（七）中酒者，计有：（a）慢性醇中毒血管硬化脑出血7例；（b）急性醇中毒脑出血3例；（c）醉中误咽窒息2例；（d）心脏卒中1例；（e）心脏死1例；（f）酒醉冻死2例。共16例。

（八）精神的虚脱，计有4例。

（九）淋巴胸腺体质，计有3例。

（十）内脏毛细管出血虚脱，计有1例。

（十一）热射病虚脱，计有1例。

（十二）疲乏虚脱死，计有1例。

（十三）心尖畸形（两心尖婴儿），计有1例。

以上82例中，大多有外力之诱因。但其暴力均不足为猝毙之主因，无

---

① 兵燹：因战争所遭受的焚烧破坏。

外来诱因者，约占全数七分之二。

内因猝毙，据前哲调查统计，有法国马鲁伯里氏，巴黎 14 年间 1100 人，德国海利许普记两氏 13 年间 116 人，阿伯罗氏 5 年间 852 人，但未详其全人口或全死亡数之百分率。日本之内因猝毙，据小南氏调查，由司法并行政问题关系，每年东京剖验猝毙尸四五十例中，常有内因猝毙五六例。

次据奥国威伯尔氏统计 2668 例中，其内因猝毙之基因有如下表：

（一）基因于心及血管疾病之猝毙者：计有：（a）冠状动脉硬化梗塞血栓等 832 例，约占全数内因猝毙之三分之一；（b）心内膜炎心瓣病 156 例；（c）主动脉梅毒及变性 128 例；（d）心肌心囊疾病 47 例。共 1116 例。

（二）基因于呼吸器疾病之猝毙者：计有：（a）肺炎胸膜炎 267 例；（b）肺痨 210 例；（c）支气管炎肺气肿 47 例；（d）肺动脉血栓 68 例；（e）窒息 23 例；（f）气管肿瘤 1 例。共 623 例。

（三）基因于脑及脑膜疾病之猝毙者：计有；（a）脑出血 133 例；（b）脑底动脉瘤破裂出血 69 例；（c）其他脑及脑膜疾病 35 例。共 237 例。

（四）基因于消化器疾病之猝毙者：计有：（a）食道胃肠病 147 例；（b）胆、膵①、副肾②病 15 例。共 162 例。

（五）基因于泌尿生殖器疾病之猝毙者：计有：（a）生殖器病 22 例；（b）泌尿器病 159 例。

（六）体质异常解剖无变化者：计有 44 例。

（七）中酒者（醉死）：计有 50 例。

（八）其他基因之猝毙者：（a）体质异常 23 例；（b）胸腺淋巴腺异常 6 例；（c）恶性贫血 4 例；（d）衰老 103 例；（e）营养不良衰弱 66 例；（f）尸腐死因不明 31 例；（g）Kranzadern 破裂 2 例。共 132 例。

（d）发生内因猝毙之素因：

内因猝毙之发生与个人体质、年龄、性别或病变脏器性质及外力诱因并部位均有关系。在暮夜、中宵，当七至九月间，最常发现。多系劳动界或老人，而夙有血行系统异常及肝肾机能病变、过度劳心、生活困难、营养不足、体力羸瘦者、好酒者或患梅毒性疾病及精神障碍者、神经质者、卒中质者或淋巴胸腺体质者并曾患重病或失血过多，体未复原者，均易陷于内因猝毙。而五六十岁以上老人及幼弱者、与经期妊产期妇女，亦易

① 膵：胰的旧称。
② 副肾：指肾上腺。

发作。

（10）血痕及体液、肉、骨检定之进步：在近二十年来因生物学、血清学之发明，据各国学者报告近对血痕检查，已由能辨是否血液，是否人血或动物血，而进步至是为何人之血型，此种血簇之检查，已不复仅限于新鲜之血液，凡陈旧血痂及体液，如唾液、痰、鼻涕、眼泪、腹水、胸水、精液及阴道粘液，均可予以是否人类或动物之血痕、体液，并是何血型人之血痕或体液的鉴定，虽其血痕或体液稀释达一至二万倍以上，仍可检见。

关于人类体液与动物血混合斑迹之检查，旧用特制家兔抗人血，血清沉淀素反应，未能鉴别。近应用特制之抗人血血色素沉淀素家兔血清，已能予以证出。惟对既腐败血液及曾加高热破坏之血痕，尚无法应用生物血清学方法，予以证明。至人与动物碎肉、碎骨之鉴定，除应用组织学以区别外，并可利用血清学以鉴定。惟抗人兽各种体液及肉骨之特殊血清之制造技术，刻尚在研究精求中耳。

（11）个人鉴定法之进步：（A）除应用旧日之贝劳特命（Berlillon）氏人体各部长短测定法、体部特征检查法、十指纹比对法、眼底或指端血管网鉴别法、足痕比对俭查法、容貌比对检查法（人像学）外，近更有应用血簇检查及耳型分类检查者。

（B）关于年龄鉴定，以前仅据体长、体重及身体与知识、牙齿发育程度，予以鉴定，殊难证确。近因世界学者纷纷应用爱克司光研究生人各骨软骨及关节之化骨与各骨融合、愈合情形，得知自初生儿至二十二岁或二十五岁间各龄，骨发育情形差度甚巨，自十八岁至三十岁发育差度逐渐迟缓，二十八至三十岁后已停止发育，四十至五十岁以后骨又起退化灰化。一般女骨比男骨成熟期较速。营养不足、迭患重病者骨发育迟缓。黄种民族骨之成熟比白种稍速（约一年）。又指纹之乳嘴线在一定距离（5mm）内之纹数，亦可供年龄之鉴定。惟我华拥四万万五千万人口，而此种检查记录，虽亦俱见于中外文献，但统计之数尚微，似犹难用供法医学年龄鉴定之参考。且是与个人疾病及营养、人种遗传均有密切关系。固不能一概而论也。

（C）指纹法。近十年来指纹研究已有新的趋向，在二十年以前，世人只知十指纹之分类法列其系数，全世界无一雷同。二十年后乃渐有人研究单一指纹校对法。如：（一）扩大照相底片透视法；（二）纸张上指纹油浸强光映视法；（三）主纹加色比对法；（四）重叠透视契合法种种，均颇便于实用。但因指纹分类过于简单，贝斯特里克（Bâstullic）氏更制一指纹测定计，刻划圆度于扩大镜玻片上，用以测定指纹；并予以新之分类，著者更于该指纹测定计，添制交叉等分十字，遂加分该计圆度为八格，较便于单一指纹检查。惟此法对幼年、老年人之指纹，却未便用以与成年人之指纹相比对耳。

又现代指纹检查法，终对尸体与活人之指纹无法鉴别。致遗嘱上指纹发生疑问时，便莫能决。

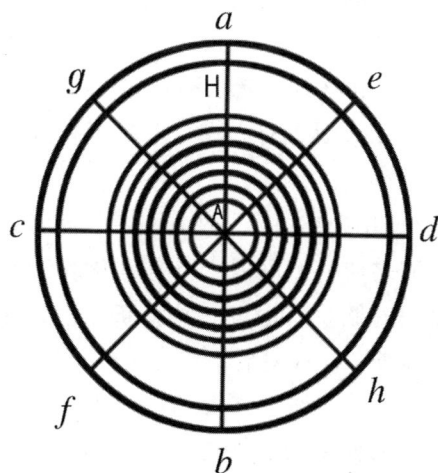

又近十年来对指纹新研究之文献颇多，归纳其中对法医学检查有价值者：

（a）年龄检查：在 5mm 直角范围内，乳嘴纹数目：大抵乳儿 23—24 根；4—5 岁，15—18 根；8—12 岁，12—14 根（16 根）；14 岁，11—12 根；15 岁，10—11 根；16 岁，9—11 根；18 岁，9—10 根；20 岁，8—9 根；30 岁，7—9 根；40 岁肥胖者，5—6 根。老人指纹特形扁平或有皱褶，惟此种统计报告太少，且不一律，各国不一，尚待研究。

（b）性别检查：统计女子多涡状纹、甲种蹄状纹，男子多弓状纹及乙种蹄状纹，且左右手指纹出头率不一，其关男子适形相反。

（c）职业检查：如缝匠、女红作者左手指有筛状点刺痕，指掌胼胝痕与手业及个人生活状态有关。

（d）民族指纹型：同一民族之指纹出现率颇相近似，混血不生变化，故各地民族指纹分布率亦异。据考林（Collin）氏调查我国五千人中，弓状指纹占 4.2%，蹄状纹占 57.2%，涡状纹占 38.6%。指纹系数为 67.77（以蹄状指纹百分率除涡状纹百分率，再乘 100%）。各民族系数各有不同，满洲型 90 以上，华南 67.77，日人 90 至 70，意人 70 至 60，印度人型 60 至 50。以下为西欧人型。

（e）特种指纹与歧指纹、双胎指纹每极相似，排列亦复相近。

（f）掌纹研究之文献，亦偶览及，但除可供个人鉴定外，尚难有其他之用途。

（g）足痕之研究：各国对足痕与步迹之检查种种测量统计，已能证明是类何人之足痕，行动或静立时之姿态与该人着鞋、赤足之坐高或身长并男女之步阔。但我国尚缺此种统计，仅二十三年时，法医研究所研究员张积钟医师曾有实例统计发表（刊于《法医月刊》第六期中），颇足供我人之参考。近来研究趾纹与跖纹者大有人在，但犹无特别之阐明，只足佐个人鉴定之检查。

（12）食时检查：应用爱克司光之透视，并历年经各国学者对各种食物吸收消化排便需时不同之研究，可据之以分别化验活人及尸体胃肠各部内容，以推定系在何日何时饮食所中毒，并验断死亡与食时之距离。是对毒害、虐待、饥饿案件检查，甚有关系。

（13）外力窒息鉴定之新材料：（a）缢痕：用开放型单绳缢死者，其项后皆提空，无有索沟。即使索双绕颈项，而前颈总比后项较多一道索沟，且必前重后轻，斜行而后上方行走，达至耳后发际，渐趋淡没。反缢痕则交叉在颈前，项上应有绳索压痕，但每较浅，其位较低，斜向前上方，达于颔下。

（b）绞痕：则必周匝颈项，前后暴力平匀，索沟同数，但据个人十年来经验，吾华有所谓隔勒（即背隔板、隔栏以绳索颈者）、提勒（即卧人于地，足踏其项，而用绳索套提起勒毙者）及背勒（即以绳套入项，背于身施行数十步，致于窒息者，俗名背娘舅），其项后每亦开放，缺有索沟，极似缢痕。惟有借其绳索压痕，行走方位之不同及其他体部伤痕、沾迹以佐鉴定。自绞较罕，惟利用动力或横杆系绳旋绞，可自绞毙。

（c）揸痕①：从中外文献仅知，揸痕有指甲、指端与指节压痕之分。其实拇示②两指开之掌扠缘（俗名虎口）压痕，亦所常见。其因揸式及被害人颈项长短、粗细之不同，所生成揸痕之位置，遂亦互异。一般可分为单手

---

① 揸痕：指扼痕。
② 示指：即食指。

叉搤（又分左右手型）、两手环搤（又分对向背向及左右侧向四型）及指节压搤（又分中指、食指两型）。自搤者以一手捏损喉节，后向紧压，亦能致命，是名扣颈。

（d）叠糊绵纸紧蔽醉人口鼻，或用湿巾覆蔽婴儿口鼻，均可窒死，虽有一般窒息内外征象，但口鼻外毫无压痕等征标。

（e）搵①死：乃以头倒浸浅水塘或水缸中窒息溺死，吸水不多，颜面、唇、指黛紫，口鼻有沫，然无其他溺死外表征状。

（f）游湖非刑：乃在监中私刑，将囚醉饱食后，裹以荐毯倒立浸于盛有灰水桶中，不顷窒息，面白（因灰水可使颜面血管收缩，故虽倒立而不发紫）、身黄，除唇、指微黄，眼结膜稍有溢血外，外观无征，一似病死。

（g）醍醐非刑：乃中外警务机关常见之灌水逼供之非刑、水中或更掺有烟油、辣粉、粪尿、煤油等刺激性质料。

上 e、f、g 三种溺死尸外表均无一般溺尸征象。必须剖验方能证实。

（h）活埋：亦属窒死②之一种，其尸颜面郁紫，眼突口张，口鼻各窍与气道、肺、支气管均堵泥，胸膜及内脏溢血斑甚著，肺、心及脑膜尤甚，指端、趾端及指甲均青紫，与误咽尸之征象相似。此种案件，在华乡野颇属常见。而此次东西战场，日德军队，每用此法残害盟国民众，然既往法医学书籍则罕述及。

（i）土布袋非刑：为监中非刑之一，令囚饱食后，荐裹绳捆，使卧，次于胸腹部上压置盛土之大布袋，致胸部呼吸不能，约四五小时即渐窒死。眼结膜、口、鼻及肺、胸膜、心肌乃至胃、脑膜均有溢血现象，余鲜所见。

（14）亲权鉴定：当二十年前研究法医学者，已知应用血型检查，以解决亲权问题。各国学者经十余年统计，研究公式如次：

公　式

父 × 母 = 子女

（a）O× O = O

（b）A× A = O 或 A（呈 A 者多）

　　B × B = O 或 B（呈 B 者多）

（c）O× A = O 或 A（或 O 与 A 者数相等）

　　O× B = O 或 B（或 O 与 B 者数相等）

---

① 搵：按在水里。原文为"榲"。

② 窒死：窒息死。

（d）O× AB，B× AB，A×AB，AB×AB = O、A、B 或 AB

（e）无 A×无 A = 无 A

无 B×无 B = 无 B。

后 1927 年（前十八年[①]）Landersteill 及 Levine 两氏更创 MN 或血型。据历年各国学者研究，其遗传系有表如次：

父母血液型组合	可生子女之血液型	否定子女之血液型
M × M	M	N、MN
N × N	N	M、MN
M × N	MN	M、N
MN × M	M[②] 及 MN	N
MN × N	N 及 MN	M
MN × MN	M、N 及 MN	无

又据 Bernstein 氏、古烟等之三角对等型遗传学说。

（a）两亲之一方 O 型，则不生 AB 型之子女。

（b）两亲之一方为 AB 型，则不生 O 型之子女。

（c）两亲为 O × AB 时，其子女不现两亲之同型。换而言之，即生 A 或 B 型之子女。

但以上血型分类仍感过少，鉴定亲生问题，每生困难。著者曾应用无线电摄影原理，参照人像学人相分型方法，实施容貌遗传检查。即将被检人（父母及子女兄弟）拍摄同大正面、侧面（左右各一）、后面定型立体照像，次画分各像面部以同数等分小方格（并不同大），而核对各一人像之五官及各部位之距离，更用透明半圆角度测定仪，详测各部各顶点相互之斜线、交叉线与切线之角度，凡亲生子女必与其直系尊亲属能有相符之点，可以别为多型，以资鉴定。盖子女容貌能肖双亲者，缘禀遗传原则，其面部乃至全身每一部分之组织骨骼发育，悉同于亲，或偏肖父，或偏肖母，或掺混父母两型，而显折中，遂呈差异。又因各人偏肖一亲之程度，部位互有异同，所以兄弟、姊妹虽多貌似，仍终有别。亲堂兄弟之相似，系缘

---

① 前十八年：该文发表于 1946 年，其完成时间应为 1945 年，因此前十八年即 1927 年。

② M：原文误为"N"。

父系之隔代遗传。舅甥姻表之相似，系缘母系之隔代遗传。且各家族容貌及骨格，每可保存一种体部之特征，历久遗传于后嗣。即额角、眼神、眼角、鼻梁、口角、颔角及五官位置、型态、毛发性状乃至斑症、皱裂、指纹等等，无一莫能遗传。至发音、身架、步态并举止姿势，有时亦尽与遗传有关。古人非不知容貌之能遗传，特未审比对测试之方法耳，此法大有助于亲权之鉴定。据个人实验，用之配合血型检查，便可确定亲权，不至有疑。此外体部特征遗传检查、妊期受胎期之测算法及当事人记忆、讯问笔录之审该法等，亦曾参用，以佐血型及容貌遗传检查法之不足。绝不应只凭一血型遗传检查，遂为鉴定亲权。

新近文献记载各一指纹、趾纹①、跖纹系数统计比较，及正试验中之血清折光度测定法，当亦可供亲权鉴定之参考。

（15）心神鉴定问题：近二十年来因生化学、内分泌学、中枢神经组织学、病理学与精神病学②、变态心理学、犯罪心理学、性心理学等之进步，遂改善对精神病人精神之分析与治疗，殊有影响于法医学对心神鉴定处分之决定。二十四年新《刑法》、《民法》及《刑事诉讼法》皆已继续公布，将心神异常区分为心神丧失及精神衰弱轻重两类。民刑处分亦按年龄及心神状态予以差级之区分。第我华各民族人民之责任及处分能力之年龄差级，是否均应恰以满 7 岁、14 岁、16 岁、18 岁、20 岁为合宜，似尚有研究之价值。至对喑哑者视同未成年及精神衰弱，均得减轻其责任能力；酗酒或甫产后之冲动与自卫或救急行为，视为精神一时之失常，亦得减除其责任能力；并心神丧失或未满 8 岁者并免除其责任，免予处罚诸点，尤堪称前进之法律。次所订关系心神失常与幼年之监护、禁治产③及其他人权、物权、财权之保护、取缔与行刑处理各法规，固颇符现代法律及医学之理论。然实施至今，检案鉴定时，颇增疑难。譬如一时精神失常与着意行为，借酒逞凶之鉴别，犯行当时心神状态之追究，意识未达混浊不明程度之病的妄想暴行，梦游中之二重人格行为，一部分心理精神或性行之异常，忽明忽昧意志之行动，并监护之期限，病人之预后，治愈期复发期与暴行发作之预断等等，均与我国现行法律各规定不易相洽。而国内医疗监护并检验设备

---

① 趾纹，原文为"踱纹"。
② 精神病学，原文为"神精病学"。
③ 禁治产：民国时期法律术语，即对心神丧失者（如疯癫、白痴），由于失却知觉作用，民法上禁止其自行治理财产。

尤欠普及，是亦为增加执行心神鉴定困难之一原因。

极权国家教育，昧忘人性，致日德军队，对盟国人民，惨肆淫虐，非刑屠杀，其心理悉呈异常。

中日战争及世界大战，因立体战术及重兵器之高度发展，致不论前后方军民均感战争恐怖性之增加，所以战争及外伤性神经症或精神病，遂形增多。此种长期精神的刺激，每影响于个人及社会心理，致人格道德发生摇动。更因长期战时生活紧缩，遂养成个人漠情、自私或奋激、偏癖及冒险、残忍情绪。故在数年间，吾华离婚、奸猥堕胎、杀儿及窃盗、诈财、背信等案件，倍形增多。此风岂堪长存，殊碍国家社会之复兴，亟应力谋补救纠正者也。

（16）伪匿病伤问题：当第一次世界大战后，工业管理既多改进，健康保险、灾害保险普遍推行，而怠工及伪匿病伤事件，仍未减少。及近二十余年来，各国均渐知缩短工时，改善劳力之调节，并应用电力等以实现严密机械之安全装置，讲究劳工卫生、医疗保安之设施。届第二次大战中，伪伤、伪病之事件已大趋减少。我国尚非工业国家，此种案件仅在工矿区域偶时发生。迨近兵役、劳动法规颁布之后，自难免偶尔发现假病、诈伤。而机关学校及军农工商各界之伪病、伪伤事件，尚鲜发见。惟各地乞丐奸民每有以假病、假伤等为取怜或需索之企图者。至若匿病、匿伤，在现社会环境之下为冀求就业入学或旅行、结婚等时，固不免常遇也。

（17）验毒及中毒问题：法医学验毒，原不仅限于采集尸体内脏及其内容之化验。即既腐如泥之内脏残渣、枯骨及患者之吐物、排泄物与疑含毒质之药料、饮食品或盛器与动植物，乃至棺殓物具、棺外泥土等，有时亦应采供检验。迨近十余年来对酗酒检验、麻醉毒瘾检验、及尸毒、生物碱毒并未知动植物毒、机生物毒，与人体对毒物之吸收排泄器能等研究，累有新颖之阐明。凡生物化学、生药学、毒物学、毒化学、显微化学、细菌血清学、中毒学、病理学历年之进步，均对法医之检毒有伟大之帮助。尤以分光镜光像及紫外线光、超紫外光线光分析法之应用，益能增速验毒之判断。而战中各国曾发明多种毒气及新药，故对验毒范围，亦须有所改进。

麻醉毒品及鸦片[①]，历年虽经严禁。遭日人侵入时间，在占领区内，肆施毒化方策。即未沦陷各地，亦因战争影响，未能彻底完全禁绝。故禁烟、

---

① 鸦片：原文为"雅片"。

禁毒一事，仍属吾华复兴工作之一严重问题。而戒除及检定烟犯、毒犯暨检验毒品与其配合质料，自为医界及法医学检验所宜注意。只凭验尿而不验瘾，殊多流弊，未足凭断。据个人二十余年经验，至少须禁闭三五日，断绝烟酒，照常工作，以验瘾，同时累集被验人5日间各次排尿，以送验。综其结果，可分：（a）有瘾有毒者；（b）无瘾无毒者；（c）无瘾有毒者，是或因偶有吸烟吸毒未果成瘾，或因已先戒除，而体内蓄毒，偶自排出，或因医用麻醉药品恰存体内排出所致，故宜再予数度复验。（d）有瘾无毒者，是或因有意伪证，竟以他人之尿供验，或因新吸生瘾，而体内蓄毒既少，已全排尽，或当日适未排出，或因体力衰弱，易招疲劳，疑似毒瘾，亦应严复侦验。另据《刑法》及禁烟禁毒治罪条例之规定：吸烟（阿片）与吸毒（吗啡、海洛因、高根①及其化合物衍化物）处罪轻重大有悬殊，故吾人检验亦应善为区别。考吸鸦片者鸦片中所含吗啡、鸦片素、鸦片酸、罂粟酸、那尔可丁、那尔采音等成分均同升华入于胃肺，故胃液及尿中往往多能检见。而打吗啡、吸海洛因者，尿中只含吗啡，不含有阿片其他成分。习惯注射吗啡、高根者，注射部皮肉每因中毒溃结成疮，堪供参证。

吾华法医检验变死死因，据十四年来统计（因战争死亡者未计）：中毒约占27%，外伤46.5%，窒息死22.5%，夙有疾病内因猝毙者3%，其他不明死因者1%。而中毒案件中，以砷中毒为最常见，约当中毒案件五分之三；鸦片次之，约占五分之一；强碱、安眠药、酚类、氰酸、汞铜、强酸铝铜、乌头、钩吻、巴豆及其他动植毒等，再次之，共约占五分之一弱；而磷等其他毒品极罕睹。盖吾华犹居农业社会，工业未兴，平民对用毒物常识素缺，购毒不便，惟农用肥料多掺信石、红矾、鸡冠石等（悉为不纯之亚砒酸）用以杀蝗，故民间便于取用，且其致死量甚小，色味又微，便于置毒，遂多用以谋杀。阿片、安眠药、盐卤、铵水、铝粉、石碳酸、强酸多用于自杀。而汞蓝、氰酸、铜绿、钡盐、乌头、钩吻及河豚、毒蕈、蛇毒等则多属误用，间有用以自杀者。

利用霍乱菌、伤寒菌调于夏日饮料中，以害人之实例亦偶见二例。而因误食腐败肉类及因罐头杆菌之食品中毒，在欧美近年较昔为少，在华犹未经见。然因食病兽肉类，致生类似副伤寒及中毒之急性胃肠炎症状，甚至迅速死亡者，则颇非鲜。至私用芦荟、红花、巴豆、麦角膏、柳酸苍铝、

---

① 高根：cocaine，可卡因。

安息香、砷、汞、金鸡纳吐酒在杜松、扁柏、检叶及果、蓖麻子、苍术、荟香、樟脑及其他剧毒药品、通经药、驱虫药、下剂、吐剂以企图堕胎之事件，殊形日增。窃意我国卫生官署对医药管理，宜益加严。

（18）医术过误问题：近年手术及药品均有划时代之新发明，故医疗技能乃有长足之进步。遂对医术过误范围，自须多予纠正。而近吾华医师法，医院诊所管理规则及防疫、医药等管理法令之颁行，益对医师业务多数影响。参照各法令颁定医师所应履行之义务，具有二十余条，就中所须及时按式报告或保管事件，已达十四行之多，均不得有所延误。

（A）业务应行报告事项：医师诊所及医院，应照限依式向该管行政管署具报之事项。计我华现行法令，已有规定者有下列十项：

（一）急性传染病人或尸体之报告。按医师法限 48 小时以内，向该管署报告。医院诊所管理规则，对医院收容之传染病人，限在病名诊定之 24 小时以内报告。惟疑似鼠疫、霍乱者，虽未诊定病名，亦应提前报告，前项病人死亡或治愈及其他事故退院时，应立即报告于当地卫生主管官署。而传染病防治条例又限医师诊治病人检验尸体，如系真性或疑似传染病，即应指示消毒及预防传染方法，并于 48 小时内报告。解剖尸体规则，限医院解剖尸体，如发现其死因为法定传染病时，应于解剖后 12 小时以内报告于当地卫生机关。

（二）变死体①、死产儿或死因不明有犯罪嫌疑之死体、死胎之报告。按医师法，限于 24 小时以内向该管官署报告。而解剖尸体规则，规定医院解剖尸体为发现其死因为中毒及他杀时，应于解剖后 12 小时以内报告当地各该管机关（法院、警局及卫生机关）。

（三）医院诊所之创业。照医师及医院诊所管理规则，均须在事前向当地卫生主管机关请求登记，发给同业执照，同时加入当地医师公会后方得开业。

（四）医师歇业、复业或转移及死亡之报告。按医师法，限医师于 10 日内向该管官署报告。而医院诊所管理规则，却规定医院或诊所遇有迁移或休业情事，应随时具报。

（五）医院诊所之人事及设备与诊疗规则变更之报告。按医院诊所管理规则，应随时具报当地卫生主管机关。

---

① 变死体：指非正常死亡之尸体。

（六）医院诊所诊治人数之报告。按医院诊所管理规则规定，每年分上下两期限：8月15日以前，下期翌年1月15日以前。

（七）种痘记录簿及报告表。按种痘条例第八条，种痘人员应备册登记，并分别统计，造具报告表，送由当地卫生主管机关汇转。

（八）医学院校及医院解剖尸体之报告。按解剖尸体规则规定，有两种报告：（1）每校拟施解剖时，皆须先呈报当地该管官署，后6小时，方得执行剖验；（2）每年分上下两期：限1月7日内，将半年内所剖验尸体，列表汇报于当地该管官署。

（九）麻醉药品用途表。按卫生署颁定购用麻醉药品暂行办法第四条，购用麻醉药品者除初次购买外，自第二次起，应将前次所购药品用途及现存品量，逐一声明，否则概不售与之规定。故应于翌次请购时，向麻醉药品经理商家报告前次之用途及余量。凡医师购用麻醉药品例每次每件限20公分①，医院、药房每次限50公分，学术研究机关及军医院得另函卫生署、军医署核准多购。但麻醉药品之购用，按麻醉药品管理条例，只限用供医药及科学上研究之需要。如以之转售他人或为非法使用，应依法严处。

（十）医院附设助产士、护士等训练学校。按医院诊所管理规则，应先呈经省市教育主管机关核准，方得开办。

此外尚有下列四项，我华现行法律固未规定，但列国则有视为应行报告者。

（十一）精神病、花柳病及其他遗传病与色欲异常之检举报告。现行法律尚无规定。

（十二）非法定传染病、地方病、职业病或烟酒、毒瘾者及普遍于社会之其他疾病之检举报告，现行法律尚无规定。

（十三）妊娠、生产及流产、早产之检举报告。现行法律尚无规定。

（十四）中毒、伤害或灾厄病伤与经治后残废、死亡或痊愈结果之检举报告。现行法律只限医生当检验尸体、死胎，有犯罪嫌疑时方向各主管机关报告。

按前十一至十四项，须待我国亦颁行国民保健或民族培护②法规后，医师或医业始有执行报告之业务。

（B）业务应行保管之文书。我华现行法令规定，有保管年限者共四种。

549

---

① 公分：gram，克，当时译为"公分"。
② 培护：培养和保护，培育和保护。

（一）治疗簿。医师法规定，应保管十年。

（二）挂号簿。医院诊所管理规则规定，应保管五年。

（三）药房调剂簿。药剂师法规定应保管十年。

（四）剧毒及麻醉禁品之处方。药剂师法规定应保管五年。

（五）病历与病人入院志愿书及手术志愿书。现行法规尚无特别规定，似应与治疗簿或挂号簿归入同档一并保管。

（六）尸体解剖之记录。现行法律未规定有保管之年限。似应与挂号簿一律。

（七）诊断书、证明书、检验报告书及检案鉴定书等已经交付证明文件之存根。现行法律未规定有保管之年限，似应与挂号簿或治疗簿一律。

而《刑法》及兵役法规、禁烟法令规定对身体健康病伤之证明有为伪证者，悉加处《刑法》中，处理业务过误杀人或伤害罪均较常人为重。而新颁医师法，却对医业尚乏适当之保障，致医师对本身正当业务之执行乃添顾忌。然向谓正当或不正当业务行为之界说，犹难明白。故每易惹诉讼之纠纷，徒增社会及个人之损失。窃以为运用医药有无过误，概属专门学技问题。学理精微，症变繁多，绝非法官及常人所能通晓。故宜先期交由医学研究机关、医学会或医师公会，群集研讨，裨佐定献，方昭公允。

次按《刑法》条文解释，医师人等，非娠妇有必须堕胎方能挽救生命之疾病者，不得接受其堕胎委托。且非自妊妇本人委托或得其承认，不得擅为堕胎。否则处刑，致生重伤或死亡者尤重。苟借以贸利或教唆堕胎者，亦有常刑。又医师人等为诊疗疾病或执行戒烟戒毒者，绝对不得无故连续滥用毒品。对一人滥用麻醉药品或竟用以营业贸利者，倘被检举，则视同毒犯，可处死刑，或无期徒刑，并没收其用具财产。上举数端皆医术过误问题中有关我华现行法律之要目，亟宜注意，幸勿蹈之。

至于故意应用医术杀人者，仅于二十五年有某阜某医，为人堕胎，误致子宫穿孔，大出血，乃取妇夫血液，擅行输血，未检血型，致突身死。遂再另取护士血液，注于该男，以致两人皆死，埋尸楼板下，潜逃旋获。此种案件，因极罕见。而有意应用引赤发泡药或泻药、吐剂使病症增剧；企图病人肯信医人预告以遂需索敲诈之案件，与有意延误诊疗，漠视病情，临危不救，或夸大危机等，时常引起诉讼问题。是均涉医业道德，极易误罹法网。

以上罗列十八项，殊欠详尽。但亦可略窥二十年来法医学之运用及技术进步之概端矣。

【述评】

这是一篇中国现代法医学史上的重要文献，是林几的代表作，是林几逝世前五年为医学界、法医学界的奉献力作，是中国 20 世纪 40 年代法医学发展水平的总结，也是林几法医学教育思想、学术思想、法医学历史观、人格魅力等的集中体现，对研究林几和民国时期法医学发展史都有重要的史料价值。

林几 1926 年在《中华医学杂志（上海）》上发表《最近法医学界鉴定法之进步》，讲述了父权鉴定的最新方法、人类及动物骨片之鉴别、溺死鉴定新法、毛发鉴定新参考等新进展。20 年后，林几于 1946 年再次撰文总结 20 年来法医学的新进展。林几《二十年来法医学之进步》一文由两个部分构成，分为（甲）法医学运用与研究范围之进步和（乙）法医学检验技术之进步。进展主要体现在法医学研究范围逐渐扩大，从单一的裁判医学发展为以自然科学和医学为基础的现代法医学，各地开始重视法医学人才的培养，并建立了较为成熟的培养体系。鉴定技术取得显著发展，例如，枪弹创射入口射出口的区别、创伤致伤物的推断、肺组织学检查鉴定溺死、运用昆虫学推断死亡时间、紫外线在痕迹鉴定中的运用、猝死的原因分析、体液的血清学鉴定、骨龄发育对年龄的推断价值、基于 ABO 血型的亲权鉴定、毒品的鉴定、医疗损害的鉴定等。

在林几看来，法医学的发展不能只包括科学技术方面的成果，必须对法医学本身发展历史、人文，以及法律、哲学等多学科进行全面研究。只有这样，法医学才会健康发展。

四十七、现代法医所须知之枪弹检查[①]

【原文】

检验铳创无疑系法医检验工作之一。而要检知是由何种枪弹，乃至追

---

① 原文刊载于《国立江苏医学院十周年纪念特刊》1948 年特刊第 47—54 页。作者林百渊，即林几，字"百渊"。

究系由那一把枪并何人所发射，则属刑事警察侦查范围。然医师因《医师法》第十五条、十六条、第二十条之规定：有鉴定死因及关于犯行罪迹之义务，故对关系研究铳创性状的枪弹与火药检查，便不能不具有相当之常识。此种检验方法，近十年来已有长足之进步。兹为应江苏医学院十周年纪念特刊征稿。略述概要，聊以塞责，望海内同仁指正为幸。

甲　铳器①区别

铳器分军用枪、手枪、猎枪等，其构造不一。近时军用枪皆用后膛连发铳，铳身内面有旋线条（即来复线），枪之口径 6.5—8mm，子弹直径比较稍小，发弹之初速极强，子弹因受旋线条之压迫，留螺旋状痕。猎枪则枪内无旋线条（多系两个枪口，故所发出子弹无螺旋状痕，而通常则用散弹，着身多散子，故射入口多，而散粒甚小，往往钳于组织内，无射出口。猛兽射击枪与军用枪略同。手枪则其旋线条大者口径同于军用步枪，小者可握掌中，口径仅 2—3mm。

凡自动手枪必有复座弹簧、滑机筒及弹匣。转手枪必有弹轮、弹轴（旋左或旋右及由上装弹三种）。

口径以英寸计算者为海洋系，如英美各国所制之枪。以厘米计算者为大陆系，如德、意、法、日各国所制之枪。我国兵工厂出品多用厘米计算，如 6.35mm，口径则为比造白朗林②。0.38 马牌（Colt）转轮手枪则为美国马厂所造之口径 0.38 吋③之转轮手枪。8 口径④则为日本南部式手枪。

乙　子弹种类

子弹因枪之种类而异，其形状及构造。军用枪弹往时用软铅弹，刻用铜、白铜及钢铁等包裹硬铅核，故称之为套皮弹。其形呈圆柱状，一端尖，基底陷凹，可与药夹相接触。该弹之穿彻力强大，离 2000 公尺（米突）⑤之远距离，亦能贯通身体，其有效射程达 4000 公尺，在 2000 公尺以内之距离，则现剧烈破坏作用。譬如头盖骨等便可致全部粉碎。盖弹之动力强大，而富水分之脑髓又易传达，此部发生压力，即传播于四方，脑质遂致四散溃裂，骨及软部著明破坏，即所谓水压作用之发现。如管状骨干部被子弹

---

① 铳器：用火药发射弹丸的管形火器。
② 比造白朗林：比利时制造的勃朗宁手枪。
③ 吋：民国时期对"英寸"的翻译。1 吋＝1 英寸＝2.54cm。
④ 8 口径：即口径为8mm。
⑤ 公尺（米突）：meter，米。

贯穿时，因该部组织致密硬固，且为圆筒状，故呈破坏现象颇剧。如管状骨骨端被弹时，则不过发生单纯之穿孔或在穿孔之周围发生"冰裂骨伤"。Damdum[①]弹破坏力极大，可使身体多成破溃，系英国用以镇压印度土民，文明国家刻以禁用，只备以猎射猛兽，其弹头端无套皮，露出铅核，故射出后遇中等度之抵抗物，其端便尔变形。

通常所用猎枪之子弹则多为圆形之铅弹，其形状大小种种不同。手枪所用子弹则为多圆柱形软铅所制之圆头弹。军用枪则多为套皮弹或全钢之尖头弹，有时亦有用特制之平顶或凹顶之畸形弹者。而大炮弹、炸弹或气体或液体之爆发事件，则对法医学关系较鲜。盖往往除尸体外，已勿庸法医检查，已可鉴定。发生此种事件，究竟稀有，惟对公共危险罪炸弹案或灾厄事件之判决，颇需之耳。按《洗冤录集证》内载有以爆竹插入粪门内点放致死之例。近报载绑匪对待无钱撕票人员，亦曾用此法，则在肛门部除可见火伤、裂伤、出血等症状外，更可见火药纸屑之存在。较大爆竹其爆力作用亦甚伟大，尽能炸碎贯穿腹部组织也。著者检（一例），两人相恶，而劫其子，年仅 16 岁，施以鸡奸后塞炮仗天地雷于其肛门内燃之炸死，肠腹皆裂。

按《洗冤录备考》有云："枪伤处周围肿胀、焦黑色或紫红色不等，若越数日死者火毒内攻孔烂黑色"。又云："枪子伤人著肉裹者，以大吸铁石吸之，其子自出"。

又据《洗冤录补》云："受鸟枪伤者，有枪眼可验。惟肚腹空凹之处日久腐烂无迹可验，须将棺肉腐烂等物一并淘洗，如系枪伤必有枪子。又恐尸亲、仵作怀挟枪子混入图害，务需严防"。

著者按《洗冤录补备考》所述验法，在内地剖验不能执行地方，仍可应用。上所云之枪，必是上制之前膛土枪，内地犹有用之守卫或打猎者，间亦见用以杀人。系用有烟火药须连在一起烟火药，参杂铁、砂、钉、石块、碎片等装入后，燃火绳发射，故射入口、射管、射出口，皆不规则。烧晕挫轮甚大且黑，附烟屑尤多。铁钉砂石等多嵌入组织，形成剧烈挫伤，出血著明。

近年我华仿制各种手枪，外观式同舶来品，但内无来复线，发射乏力，子弹射出后，弹头不能于攒直贯组织。往往虽在近距离中的，竟取斜位穿

---

① Damdum：达姆。

进，形成椭圆斜走之钝刺创。又或因弹质过劣，发射经热，即自熔化分裂，射至人身，竟能生 2 个以上不规则之射入口。且吾华因既往枪支登记未能举办完密，国内军用、民用枪弹各国兼备，至为复杂。故核对枪弹与铳创，每成为疑难工作。

子弹构造可分五部，即（a）雷汞（发火点），（b）抓子槽，（c）弹壳，（d）药室及（e）弹头（射出物）。兹列现代常见之弹类如下：

（1）铅弹：多作蛋头或椭圆形。其构成质料内外皆铅，故较软，触压变形，稍远多生盲管铳创，手枪多用之。

（2）钢弹：圆头或尖头。用全钢所制，甚坚硬，能洞坚厚物体，射入组织常成贯通铳创，不至变形。

（3）套皮弹：尖头或圆头。其外由合金、铜或钢作皮，呈灰白、白铜或褐紫色，中心用铅，质较坚硬，贯通力较大，罕易变形，现代步枪、机关枪多用之。

（4）开花弹：铜皮铅心，平头或凹头。中通一细管至尖端，内装火药，射贯组织，弹头炸裂，乃生巨大组织损伤，殊不人道，现已禁用。

（5）散弹：粒状如豆，大小不一。多用于猎枪，一次发射多粒，每浅嵌于皮肉内，罕生骨折，常用铅或合金制成。

A. 弹壳检查

弹壳检查第一步，先检视弹壳之构造形状。得借以辨枪支之种类，例如有边弹壳多系转轮手枪所用之子弹，其底座大于弹壳下口。无边弹壳多系自动手枪之子弹，其底座与弹壳下口同大，附有抓子槽。腰环形弹壳亦系自动手枪之弹壳，其周围近弹壳下口部有凹下之纹痕，并附有抓子槽。肩形弹壳系步枪或自动手枪之子弹，其下口比底座小，亦附有抓子沟。

新式枪弹壳常于发射后由枪膛门自动跳落，旧式枪则须再扳机时方褪落。吾人视其跳落位置便可确定放射①子弹之位置角度。更由弹壳与尸体距离可以确定死者与枪口之距离。盖远距离放射皆非自杀也。次弹壳中火药种类可与创口内外轮上火药屑粒相参照，又由创口周围之弹灰及残留之火药屑末得证实放射凶手与死者之距离，而尤以由弹壳可检见下列七种之印迹。均勘供各一枪支个性之鉴定。

（1）弹筒（Cylindrical）壁痕：即弹壳当子弹发射时在枪膛内运动撞碰

---

① 放射：指发射。下同。

所留之周围划纹及摩擦之痕迹。

（2）弹底纹：在弹壳基底表面，系由于子弹发射时后膛座子之理化作用，使弹壳后退所形成。可分十大类，计：(a) 弹底纹呈平行纹者；(b) 弹底纹呈直线兼具弧形纹者；(c) 纯呈弧形纹者；(d) 弹底纹呈不同方向交叉之直线者；(e) 呈不同方向交叉直线，兼具弧形纹者；(f) 呈弧形纹兼具环形纹者；(g) 弹底纹呈不同方向之直线，而不交叉者；(h) 弹底纹呈坏形兼具直线者；(i) 模糊不清无法分类者。

（3）退壳闩（Ejector bar）压痕：在弹底外侧边缘，由于子弹发射后退壳时，退壳闩端拨压所形成。惟自动枪发射之子弹，其弹壳多缺此痕。

推子痕：亦见于弹壳基底外向边缘之一侧。由于推子钩拨碰刻划所形成，仅自动枪方有推子钩，故只自动枪有之。转轮枪无推子痕，如检见推子痕，可将枪底等分 12—24 扇面，其推子痕当在各扇面中。而在推子痕反面 180°壳底上或其左右两肩部可见抓子痕。

（4）拨针（Striker pin）孔：当子弹发射时枪之撞针即顶撞于枪底之雷汞部位，乃形成凹陷。按其位置约可分为 15 种。而检查枪底后端之雷汞（发火点）位置有居中者，有偏位者，有呈针状者，亦可供发类之区别。

（5）抓子钩（Etractor hook）压痕：一名抓子痕。常见于弹底内向边缘之一侧，由抓子钩尖端刻划而成。

此外（6）弹匣痕：系弹匣内壁紧迫子弹。当子弹自动入膛时经过匣口所划成，仅见于自动枪弹。

（7）弹筒上指纹：多见于旧式枪支所用排弹。因装膛时，经手捏压子弹外壁，遂往往遗有一部分指纹，但非一定绝对存在。

以上各弹痕迹应用比较立体[①]显微镜检查之。然用较大倍数之两个扩大镜或施照相放大检视，亦未尝不能作明确之比对。采集时应用镊子、夹子、筷子检取，净纸包裹，忌用手触或加擦洗，虽上附污垢亦暂勿擅除，宜送交检验机关详验，便可以辨别该弹是否嫌疑犯之枪所发射。惟须将嫌疑犯之枪弹一并送验，方便对照。

B. 弹头检查

检视弹头：不论系从身体内检出或由身旁检查，须先验受伤者是否有穿通铳伤。吾人检查弹头首须注意在上来复线痕之 4 种性状。

---

① 立体：原文误为"五体"。

（a）方向：有左偏右偏。

（b）来复线条数：应将弹头嵌印于弹头纹痕压印机上，以供比对，计有 4—7 条数之分。

（c）旋距宽度：亦可印于弹痕压印机，显出其两凹下阴纹之宽度（为 1 寸百分之几）。

（d）深度：可借弹头来复线阴沟测定之。同时应注意枪之口径为枪筒两隆起阳沟之宽度，当以测微计测定之。

倘上述 4 项弹头检查获有结果，则可据之以推测枪支之种类，是为步枪，抑为猎枪或手枪。而步枪、手枪是属左轮或自动枪，是属 0.38 口径或 0.42 口径等区别。

次借下列 3 种弹头上印迹亦可为何枪发射之鉴定

1. 弹头上螺旋纹：即枪膛内来复线之印纹，其上下两阴纹之距离曰旋距（Pitch）。各厂出品枪支来复线互不相同，例如史密斯出品左轮手枪，有 5 条右旋来复线。而格尔脱牌手枪，却有 6 条左旋来复线。

2. 附属纹：即弹头表面粗细之划纹。

3. 枪膛内凹陷印痕。

惟比对时，吾人宜兼留意时间、机件及枪弹构成质料等因素。盖撞针、来复线虽为同一枪支，而因经用日久，先后所生纹痕便生变化也。而枪支机件每可分别取下，另予配装更换，故所生抓子痕、撞针孔各部虽同一枪，常①不一致。次土制不良枪弹，常生变形或乏力现象。次验嫌疑者子弹种类及数目与被害者铳伤及体内存弹应相对照。有时并可询邻近居人所闻枪声响数为参考。

枪弹存在体内与否，用 X 光可以证明之，是在治疗上故甚重要。然法医学案件有时因欲明白弹头存在体内之真正原来状态以为凭证，或既证确实系生前受铳伤致死，则亦可利用 X 光拍影存证。

---

① 常：原文为"章"。

C. 现在我国通用枪弹表

手枪		子弹		火药
名称	口径（mm）	构造	重量（gm）	片状
白朗林	7.62	铅心被甲	7.12	片状
自来得	7.63	铅心被甲	10.70	片状
毛瑟	7.63	铅心被甲	55.70	片状
可尔特	11.33	铅心被甲	14.25	片状
南部式	8.00、7.00	硬铅无被甲	10.90	片状
美国左轮	3.80	圆硬铅头无被甲		粒片状
美国二号左轮手枪	3.20	圆头铅质无包皮		
美国三号左轮手枪	9.65	圆头铅心外用铜锌合金包皮		
比国左轮	8.13	圆头铅头无被甲		
英国自来得手枪	7.63	圆头铅心外用铜锌合金包皮		
英白朗林手枪、毛瑟手枪	7.65	圆头铅心外用铜锌合金包皮		

D. 各国之步枪子弹筒构造简表

步枪名称	枪口径（mm）	子弹构造	子弹长度（mm）	弹径（mm）	弹重（gm）	弹筒重量（gm）	火药
日本三十年式	6.50	硬铜套内白铅	32.5	5.0	10.5	22.0	
英国95年式	1.70	硬铜套内白铅	31.5	4.1	13.9	27.3	
德国98年式	7.90	被甲白铜加铜内心硬铅	31.5	3.9	14.7	27.3	
法国93年式	8.00	与日本三十年式铜	31.0	3.88	15.0	27.3	
奥国93年式	8.00	被甲铜铁套内心白铅	31.8	3.8	15.8	28.5	
意国91年式	6.50	被甲白铜套内心软铅	30.5	4.7	10.5	22.0	
俄国91年式	7.62	硬铜套内心软铅	30.12	3.9	13.66	23.45	
美国92年式	7.62	被甲铜铁套内心硬铅	32.0	4.2	14.26	26.10	
日本三八式	7.50	尖形铜心弹			9.5	21.0	
英国95年式	7.70	蛋尖铅弹			15.0	27.0	
德国95年式	7.90	尖S弹			13.8	23.85	

步枪名称	枪口径（mm）	子弹构造	子弹长度（mm）	弹径（mm）	弹重（gm）	弹筒重量（gm）	火药
法国86-93年式	8.0	尖D弹			10.0	28.0	
奥国95年式	8.0	尖形套皮夹铅弹			12.8		
俄国91年式	7.62	尖形套皮夹铅弹			10.0		
意国91年式	6.50	尖形套皮夹铅弹			13.68		
美国91年式	7.82	尖形套皮夹铅弹			8.2	23.25	
墨国91年式	7.00	弹头铜皮弹			9.0	20.8	
墨国自动步枪（千九百年式）	7.00	弹头铜皮弹			8.6	24.6	
比自来得手枪	7.63	圆头铅心外用铜锌合金包皮			11.2		
比白朗林手枪毛瑟手枪	7.65	圆头铅心外用铜锌合金包皮					

我国制步枪：

步枪名称	枪口径（mm）	子弹构造	子弹长度（mm）	弹径（mm）	弹重（gm）	弹筒重量（gm）	火药
中正式	7.5	尖头钢心弹	31.5	8.1	14.7		
七九圆头步弹	7.9	弹顶圆形外钢壳内铅心	28.3	8.23	10.0		
七九尖头步机弹	7.9	弹顶尖形外钢壳或铜壳铅心	33	6.63	9.02		
六五尖头步弹	6.5	弹顶尖形外钢壳内铅心	13.8	7.83	5.55		
七六三手枪弹	7.63	圆形外钢壳内铅心	11.7	7.83	4.55		
七六五手枪弹	7.65	圆形外钢壳内铅心	12	6.38	3.2		
六三五手枪弹	6.35	圆形外钢壳内铅心	14.2	7.82	57		
32寸左轮手枪弹	0.32	铅顶无外壳	18.8	9.1	9.25		

林几论文研究

步枪名称	枪口径（mm）	子弹构造	子弹长度（mm）	弹径（mm）	弹重（gm）	弹筒重量（gm）	火药
38寸左轮手枪弹	0.38	铅顶无外壳					
备考	三二、三八寸左轮手枪弹名分长短两种，以弹筒长短为别，弹头构造，分完全铅、钢壳铅心，及半钢壳铅心三种。						

丙 验枪法

应注意者有下列四点：

（1）枪柄平滑部，子弹夹上常遗有指纹。故发现可疑枪支、子弹及弹夹，必须用钳镊或筷子检取，或用小杆穿入扳枪机圈，挑起枪支，外包以极洁丝巾，避免手纹等印迹之重叠磨损湮灭也。

（2）口径（Calibre）：枪口圆径，一般应较弹头圆径最大处稍小或同大，倘用太大子弹，则格不入膛，不能射出，倘用太小子枪，则虽能发射，但不能远射。

（3）枪膛内形：可用反光之特别窥视镜（Special endoscope）窥视膛内来复线及其他凹陷，或制硫磺模，凝固后倒出，以详验来复线之旋度跨离，应与射出弹头上来复线印纹相比对。

同时并可验膛内火药屑末结晶之性质，以与尸体或枪伤未死者之铳创射入口烧晕上所附药烟屑结晶相比对，则可判定该子弹是否由该枪所发射，并是否射中其人。是逢数枪共中一人及数人各中一枪或数枪，生死不一，须鉴别孰为杀人凶手，孰仅伤害或未杀伤他人也。

（4）新放枪筒必热，半小时方渐全冷，且其膛内必含有硫化钾（Potas Sulphidum-火药成分）。若取出加滴以醋酸铅液即生黑垽[①]，稍久硫化钾触空气中之氧气，即变为硫酸钾（Potas Sulphas），如加滴以醋酸液即生白垽。

试枪：检视弹壳弹头所由枪身内部刻印之各种纹痕及特征，以与发现于现场之射出物相鉴别比对。

（A）装卸枪支应注意以下10点：

1. 启卸弹药；2. 自动枪应先卸弹匣；3. 转轮枪应先卸弹轮；4. 有螺丝

---

① 垽：沉淀的渣滓，积垢。

者循螺丝装卸；5. ……①；6. 装卸时应防伤人及细小零件弹簧机件之散失；7. 卸枪时依拆卸顺序，由右至左，逐一放置，以免遗漏凌乱，不能复装；8. 装枪时即以相反之次序逐渐装置；9. 装卸时切忌棰搞硬卸；10. 无必要勿随时开卸枪机。

（B）试枪应有下列之设备，惟以不损坏弹头纹痕且检取方便并经济者为尚。

1. 棉花试放箱。2. 马粉纸厚 2.5 尺左右，质料须细而松，试枪前分别用水喷湿，稍润，以减硬度（可代棉花试放箱）。3. 水槽当用水泥制成，高 4 尺，两端长宽各 1 尺半左右，底部垫以棉花、橡皮或细砂，中置水逾高四分之三。自上端开口，以枪对准发射，弹头经水徐徐沉底。4. 或用石蜡、石膏、橭木、黏土以供试枪者。5. 发弹时摄影（特制照相器装置）。

（C）试枪所应注意事项有三：

1. 选择射场：（a）须隐密、安全、稳实。忌在石地等硬物及木泥壁堵中行之。（b）试枪设备应先予以布置。（c）检视子弹。（d）擦净枪支。（e）划定警戒线。

2. 发射时务要沉着，动作须纯熟，枪口勿乱指向，并小心排除障碍，非至发射时，食指切勿伸入护圈。

3. 发射后应注意：（a）收拾枪支；（b）顺弹道检取弹头；（c）依退弹窗方向于 5 公尺内觅取弹壳（指手枪而言）；（d）试枪后即与未视之枪分别放置，或予编号，刻印号码，或予与现场枪弹比对鉴定。

刻印之号码有明码、暗码之分。在枪身、弹壳、弹头上应属一致，以便稽查对照。明码多刻于试枪之后，而暗码刻于试枪之前。

（D）分析比对：利用目力、经验与比较扩大镜等以检试枪所得弹头，弹壳与现场所获弹壳、弹头相比较。并施合型摄影，俟比对完成，即可编制报告并行储藏或注册。

（E）储藏：将分析后之检材妥为贮藏或特制之弹卷柜，以备随时调查。

（F）注册：警局应将枪支验收情形及检查结果详细记入于规定表册之内。

（G）制卡：刑警应备登记各式卡片如总目片、历史片、枪厂号码片、遗失片、销毁片、刑事鉴定报告片等，以便稽查。

---

① 原文缺第 5 点内容。

丁　验火药

火药之组成有：（1）混合火药（低级火药），多属有烟火药，如碳酸硝等混合之火药，常见用于鸟枪，发射后产生大量烟屑。（2）化合火药（高级火药）：多属无烟火药，系由硝化纤维、硝化甘油等化合而成，现代枪弹多用之，发射后火药爆炸烟雾霏微。

一般有烟火药随弹丸触于人体，弹丸穿入组织，而火药既爆之后，在近距离内其爆发气体（烟）即侵染射入口周围之皮肤或衣服外面，成为淡黑色乃至褐色灰色之轮晕，上附有多数散在性之粉粒。倘用无烟火药发火者，则轮晕呈带黄淡绿色或带白淡褐黄色，难于拭除，晕圈之内无烟屑可见。惟据实验，常见用手枪装填无烟火药发射者，若射程在50cm内外，则晕圈中可见有粉粒存在，但其量必比用有烟火药为少，且用扩大镜①检查有烟火药之粉粒系粉状，无晶形。而无烟火药则反是，多为结晶或晶形粉末。倘射程距离在70cm以上者，则用无烟火药者，射入轮晕上皆无粉粒，而有烟火药则一定可见少量火药粉末。

有烟火药除有不成晶形之块末外，可见烟屑。然新式枪械多不用有烟火药，惟前膛枪弹、土枪弹、土炮弹、炮仗、烟火等犹用有烟火药者。

无烟火药多数呈淡绿黄色、灰褐色结晶，强光下有折光力，一似粉碎有色玻璃细屑，未燃烧前呈种种形态，如粉、如块、如饼、如豆、如线、如晕、如片、如晶。但其色调折光力，晶型则因火药配制工厂而异，种类繁多，各国不一。且有关于军事秘密，每不公布，故宜取验创口、射入口上火药烟屑或结晶，以与嫌疑犯枪弹或所检验枪弹中之火药相对照，即能辨认该弹系为何种枪弹，系用何种药也。

【述评】

这是1948年林几在江苏医学院十周年特刊上发表的文章。林几明确指出，枪弹检验是法医检验工作之一，其目的是确定由何种枪弹、哪一把枪并何人所发射。这是我国早期法医枪弹学检验较为完整的专著。

因当时社会动乱、战事频繁，枪械不仅军警使用，往往也散落民间，枪弹创多见。文章从枪械分类、子弹种类、枪械检查以及试射、火药检验等四个方面详细讲解了枪弹创的法医学鉴定方法。

---

①　扩大镜：放大镜。

参考文献

[1] 陈康颐. 中国法医学史 [J]. 医史杂志, 1952, 4 (1): 1-8.

[2] 陈康颐. 我国现代法医学奠基人——林几教授 [J]. 法医学杂志, 1986, 2 (2): 1.

[3] 陈康颐. 悼念我敬爱的老师——林几教授 [J]. 中国法医学杂志, 1991, 6 (4): 233-237.

[4] 陈康颐. 忆恩师林几教授 [J]. 法医学杂志, 1998, 14 (1): 53-54.

[5] 陈康颐. 应用法医学总论 [M]. 北京: 群众出版社, 1995.

[6] 陈康颐. 现代法医学 [M]. 上海: 复旦大学出版社, 2004.

[7] 陈忆九. 林几诞辰 120 周年纪念文集 [M]. 上海: 司法部司法鉴定科学技术研究所, 2017.

[8] 陈忆九, 王飞翔. "据学理事实, 公正平允, 真实不虚" ——浅析林几教授的鉴定承诺 [J]. 中国司法鉴定, 2017, 6 (总 95): 18-20.

[9] 丁涛. 忆林几教授 [J]. 中国法医学杂志, 1991, 6 (4): 237-238.

[10] 法医检验所将落成 [J]. 医药评论, 1931, 62: 53.

[11] 国立中央大学. 设立法医学研究所, 本校奉令业已核准 [J]. 国立中央大学校刊, 1947, (18) (复员后): 4.

[12] 国内外教育消息: 法教两部会拟计划设法医师员训练班 [J]. 四川教育通讯, 1948, 7 (6): 13.

[13] 胡丙杰, 黄瑞亭. 民国时期我国法医学教育的建立与发展 [J]. 中国继续医学教育, 2018, 10 (24): 18-20.

[14] 胡丙杰, 黄瑞亭. 中国近代法医学人物志续补 [J]. 中国法医学杂志, 2020, 35 (6): 664-667.

[15] 胡丙杰, 黄瑞亭. 我国早期现代法医学人物志续补 [J]. 法医学杂志, 2021, 37 (4): 569-573.

[16] 胡丙杰, 黄瑞亭. 中国现代法医学人物志续补 (一) [J]. 中国法医学

杂志，2021，36（3）：313-317.

[17] 胡丙杰，黄瑞亭. 中国现代法医学奠基人林几论著目录系年及述评——纪念林几教授逝世 70 周年［J］. 中国法医学杂志，2021，36（5）：445-453，458.

[18] 胡丙杰，黄瑞亭. 法医研究所的创立、发展及贡献［J］. 中国司法鉴定，2022，5（总 124）：88-96.

[19] 胡炳蔚. 怀念我的老师——林几教授［J］. 中国法医学杂志，1991，6（4）：239-240.

[20] 华. 法医人才五年训练计画开始实施［J］. 教育通讯（汉口），1946，复刊 2（4）：1.

[21] 黄瑞亭. 留有清气满乾坤——纪念中国现代法医学奠基人林几教授逝世 40 周年［J］. 中国法医学杂志，1991，6（4）：243-246.

[22] 黄瑞亭. 法医青大——林几法医生涯录［M］. 北京：世界图书出版公司，1995.

[23] 黄瑞亭. 中国近现代法医学发展史［M］. 福州：福建教育出版社，1997.

[24] 黄瑞亭.《拟议创立中央大学医学院法医学科教室意见书》与林几教授的法医学教育思想——纪念林几教授诞辰 100 周年［J］. 法医学杂志. 1998，14（1）：55-58.

[25] 黄瑞亭. 百年之功——纪念林几教授诞辰 110 周年［J］. 中国法医学杂志，2007，22（2）：141-144.

[26] 黄瑞亭. 我国近代法医学人物志［J］. 中国法医学杂志，2011，26（4）：345-348.

[27] 黄瑞亭. 我国早期现代法医学人物志［J］. 中国法医学杂志，2011，26（5）：430-432.

[28] 黄瑞亭. 我国现代法医学人物志［J］. 中国法医学杂志，2011，26（6）：513-516.

[29] 黄瑞亭. 法庭科学的真谛——重温林几教授《二十年来法医学之进步》［J］. 证据科学，2012，20（4）：489-499.

[30] 黄瑞亭. 林几教授与他的《实验法医学》——缅怀中国现代法医学奠基人林几教授［J］. 中国司法鉴定，2014，4（75）：110-114.

[31] 黄瑞亭. 林几教授在日本侵华时期坚持法医学教育［J］. 中国法医学杂

志，2015，30（5）：516.

[32] 黄瑞亭. 1936 年以前林几论文著作的综览 [J]. 中国司法鉴定，2017，6（95）：21-24.

[33] 黄瑞亭. 林几学术思想及其当代价值—纪念林几诞辰 120 周年 [J]. 中国法医学志，2017，32（6）：547-551.

[34] 黄瑞亭. 宋慈与林几学术思想的比较研究——以司法鉴定文化为视角 [J]. 中国司法鉴定，2019，1：81-90.

[35] 黄瑞亭，顾真. 中国现代法医学奠基人——林几 [J]. 闽都文化，2014，5：45-51.

[36] 黄瑞亭，胡丙杰. 中国近现代法医学史 [M]. 广州：中山大学出版社，2020.

[37] 贾静涛. 世界法医学与法科学史 [M]. 北京：科学出版社，2000.

[38] 孔庆洪. 弘扬林几教授精神，发展法医事业 [J]. 法医学杂志，1998，14（1）：59.

[39] 林几任上海卫生局秘书 [Z]. 上海特别市市政府市政公报，1928，13：4.

[40] 刘泉，林几：中国现代法医学创始人 [A]. //周斌. 警史钩沉（第 4 辑）. 武汉：武汉出版社，2009.

[41] 龙毓荣，林几. 西北卫生专员办事处函请毕业生报到：秘训字第一五五六号（民国二十九年八月十七日发）[J]. 国立西北医学院院刊，1940，5：5.

[42] 马栋. 科研道德的几点认识——以现代法医学奠基人林几教授为例 [J]. 中国司法鉴定，2017，6（95）：33-35.

[43] 设立法医学研究所本校奉令业已核准 [J]. 国立中央大学校刊，1947，18（复员后）：4.

[44] 史慧珠. 不该忘记他 [J]. 中国法医学杂志，1991，6（4）：242-243.

[45] 孙永兴. 学习前辈启迪后人为发展我国法医事业而努力奋斗 [J]. 法医学杂志，1998，14（1）：59.

[46] 田振洪. 论林几法医学教育思想的形成和价值 [J]. 中国司法鉴定，2017，6（总 95）：25-32.

[47] 田振洪. 林几的中国法医学史观探析 [J]. 中国法医学杂志，2020，35（2）：204-209.

［48］ 王一方. 林几与中国现代法医学的发端［N］. 中国社会科学学报，2013-5-13. 第 B01 版.

［49］ 魏立功. 我国法医概况［J］. 中华医学杂志（上海），1939，25（12）：1066-1067.

［50］ 吴军. 我国法医学奠基人林几教授［J］. 法医学杂志，1998，14（1）：52.

［51］ 薛笃弼. 国民政府行政院卫生部公函第一〇二号（中华民国十七年十二月十三日）：函农矿、工商部：派科长林几调查矿场、工厂劳工卫生状况由［Z］. 卫生公报，1929，1：17-18.

［52］ 薛笃弼. 卫生部公函第五二七号（中华民国十八年五月二十九日）：卫生部同意林几为法官训练所教授法医学［Z］. 卫生公报，1929，6：11.

［53］ 张蒙. 国家医学的视角：留日学生与民国法医学的制度化［J］. 齐鲁学刊，2021，2（总 281）：32-45.

［54］ 张其英. 缅怀林几老师［J］. 中国法医学杂志，1991，6（4）：240-241.

［55］ 赵子琴. 林几教育思想与我国现代法医学教育［J］. 法医学杂志，1998，14（1）：58.

［56］ 郑钟璇. 林几教授和他的《洗冤录驳议》［J］. 法医学杂志，1991，7（4）：145-148.

［57］ 朱小曼. 忆我们的好导师——林几教授［J］. 中国法医学杂志，1991，6（4）：241-242.